Andreas Blank, Heinz Hagel, Hans Hahn, Claudia Kauenberg,
Jörn Menne, Helge Meyer, Udo Müller-Stefer, Ingo Schaub,
Christian Schmidt

Herausgeber: Andreas Blank, Hans Hahn, Helge Meyer

Ausbildung im Einzelhandel

Band 1

7. Auflage

Bestellnummer 31020

Bildungsverlag EINS

Haben Sie Anregungen oder Kritikpunkte zu diesem Produkt?
Dann senden Sie eine E-Mail an 31020_007@bv-1.de
Autoren und Verlag freuen sich auf Ihre Rückmeldung.

www.bildungsverlag1.de

Bildungsverlag EINS GmbH
Hansestraße 115, 51149 Köln

ISBN 978-3-427-**31020**-4

Vorwort

Dieses Buch erfüllt die Anforderungen der Ausbildungsordnung des lernfeldorientierten Rahmenlehrplans für den Ausbildungsberuf **„Verkäufer/Verkäuferin und Kaufmann/Kauffrau im Einzelhandel“**. Die Gliederung der Inhalte orientiert sich an den Richtlinien des Rahmenlehrplans, der die zu vermittelnden Kompetenzen und die Inhalte einzelnen Lernfeldern zuordnet. Die **Lernfelder** sind didaktisch reduzierte Handlungsfelder der betrieblichen Praxis und durch spezifische Zielformulierungen beschriebene thematische Einheiten. Sie orientieren sich an konkreten beruflichen Aufgabenstellungen und Handlungsabläufen, die mit dem Berufsbild umschrieben sind.

Um den Auszubildenden der verschiedenen Branchen die Lerninhalte zu veranschaulichen und wegen der Verschiedenheit der Ausbildungsbetriebe, werden bei der Erarbeitung einzelner Lernfelder drei unterschiedliche **Modellunternehmen mit je einem Auszubildenden** zugrunde gelegt:

- **Center Warenhaus GmbH mit der Auszubildenden Sabine Freund**
- **Mars Elektrofachmarkt e. K. mit dem Auszubildenden Mehmet Aydin**
- **Lebensmitteldiscount Schlegel KG mit der Auszubildenden Kerstin Dahm**

Im Vergleich mit diesen Modellunternehmen erkennen die Auszubildenden die Besonderheiten ihres Ausbildungsbetriebes.

In diesem Buch „Ausbildung im Einzelhandel, Band 1“ sind folgende berufsspezifischen Lernfelder zusammengefasst:

Lernfeld 1: Das Einzelhandelsunternehmen repräsentieren
Lernfeld 2: Verkaufsgespräche kundenorientiert führen
Lernfeld 3: Kunden im Servicebereich Kasse betreuen
Lernfeld 4: Waren präsentieren
Lernfeld 5: Werben und den Verkauf fördern

Die **Kapitel innerhalb der Lernfelder** sind in sachlogisch strukturierte Unterrichtseinheiten gegliedert. Jede Unterrichtseinheit ist folgendermaßen aufgebaut:
1. Handlungssituation, 2. Sachinhalt, 3. Zusammenfassung, 4. Aufgaben

Jede Unterrichtseinheit (= Gliederungspunkt im Buch) wird mit einer **unternehmenstypischen Handlungssituation** eingeleitet. Über **Arbeitsaufträge** werden die Schüler zur eigenständigen Lösung der darin erkennbaren Problematik aufgefordert.

Betriebliche Probleme werden an Beispielen mit Lösungen veranschaulicht, Zusammenhänge in Schaubildern schematisiert, Lösungswege und wichtige Merkstoffe jeweils aus dem schülergemäßen Text hervorgehoben sowie in einer **Zusammenfassung** als Grundlage der Übung und Wiederholung strukturiert dargestellt. Zu jedem Lernfeld werden **Aufgaben** mit unterschiedlichem Schwierigkeitsgrad und Umfang, einerseits zur Sicherung und Anwendung betriebswirtschaftlicher Begriffe, Definitionen und Abläufe, andererseits zur Auswertung und entscheidungs- und handlungsorientierten Durchdringung der Ergebnisse gestellt. Jedes der Lernfelder wird mit fallbezogenen **Wiederholungsaufgaben und prüfungsvorbereitenden Aufgaben** abgeschlossen.

Verweise auf andere Lernfelder, bei denen die zu bearbeitenden Inhalte ebenfalls behandelt werden, sind an den entsprechenden Stellen mit der Unterlegung des Begriffes und einem Verweis auf das jeweilige Lernfeld gekennzeichnet.

Die dem Buch beiliegende **CD-ROM** enthält ein **Warenwirtschaftsprogramm mit integriertem Datenkranz eines Modellunternehmens**, eine ausführliche Beschreibung zur Arbeit mit diesem Programm anhand von praxisorientierten Lernsituationen sowie Belegmasken der Modellunternehmen.

Im **Lehrerhandbuch** sind alle Aufgaben ausführlich gelöst. Ferner werden zu jedem Lernfeld handlungsorientierte Unterrichtsskizzen vorgestellt. Darüber hinaus sind zahlreiche Kopiervorlagen enthalten, die die Arbeit der Lehrer und Schüler im Unterricht unterstützen. Mit der im Lehrerhandbuch enthaltenen CD „Dobis EH 2012", in der bereits zahlreiche Lernsituationen zu den Lernfeldern 1 bis 14 enthalten sind, können weitere Lernsituationen effizient geplant und verwaltet werden.

Zum Lehrbuch gibt es eine CD-ROM mit Tafelbildern für das interaktive Whiteboard (Bestell-Nr. 31920). Im **Arbeitsheft** (Bestell-Nr. 31040) werden die Einstiegssituationen des vorliegenden Lehrbuchs aufgegriffen und über zusätzliche Arbeitsaufträge und methodische Hinweise, die einen handlungsorientierten Unterricht steuern, in Lernsituationen überführt. Hinweise aufs Arbeitsheft sind an den entsprechenden Stellen durch das Icon gekennzeichnet.

Zum vorliegenden Lehrbuch existiert eine multimediale Materialsammlung (www.bildungsverlag1.de/just-click). Just Click online unterstützt die Unterrichtsvorbereitung und -durchführung mit interessanten Materialien zu jeder Buchseite, z. B. in Form von Videos, Audio-Dateien, Weblinks, Animationen, PowerPoint-Präsentationen (als Zusammenfassung zu jedem Kapitel) sowie Word- und PDF-Dokumenten. Verweise auf Just Click online sind an den entsprechenden Stellen durch ein Icon gekennzeichnet.

Unter der Internetadresse **www.modellunternehmen-rheinpark.de** steht ein virtuelles Modellunternehmen zur Verfügung, in dem den Schülern die Geschäftsprozesse im Einzelhandel per Mouse-Klick nähergebracht werden. Der Onlineservice ist vielseitig einsetzbar.

Die Verfasser

Verzeichnis der Gesetzesabkürzungen

AFG	Arbeitsförderungsgesetz
AO	Abgabenordnung
ArbZG	Arbeitszeitgesetz
BBiG	Berufsbildungsgesetz
BDSG	Bundesdatenschutzgesetz
BetrVerfG	Betriebsverfassungsgesetz
BGB	Bürgerliches Gesetzbuch
BundUrlG	Bundesurlaubsgesetz
EStG	Einkommensteuergesetz
GebrMG	Gebrauchsmustergesetz
GeschmMG	Geschmacksmustergesetz
GewO	Gewerbeordnung
GewStG	Gewerbesteuergesetz
GG	Grundgesetz
GPSG	Geräte- und Produktsicherheitsgesetz
HGB	Handelsgesetzbuch
JArbSchG	Jugendarbeitsschutzgesetz
KSchG	Kündigungsschutzgesetz
MarkenG	Markengesetz
MitbestG	Mitbestimmungsgesetz
MuSchG	Mutterschutzgesetz
PAngV	Preisangabenverordnung
PatG	Patentgesetz
ProdHaftG	Gesetz über die Haftung für fehlerhafte Produkte
SchG	Scheckgesetz
StGB	Strafgesetzbuch
TKG	Textilkennzeichnungsgesetz
UStG	Umsatzsteuergesetz
UWG	Gesetz gegen den unlauteren Wettbewerb
VerpackV	Gesetz über die Vermeidung von Verpackungsabfällen
ZPO	Zivilprozessordnung

Inhaltsverzeichnis

Einleitung

Unternehmen im Einzelhandel

Die einzelhandelsspezifische Wirtschaftslehre beschäftigt sich mit dem Verhalten von **Unternehmen** und **Endverbrauchern** auf dem **Markt**. Jedes Unternehmen ist dabei gleichzeitig Kunde bei anderen Unternehmen, bei seinen Lieferanten, und hat selbst Kunden, seine Abnehmer. Einzelhandelsunternehmen beschaffen Waren in großen Mengen von Großhändlern oder Herstellern und verkaufen sie in kleinen Mengen an ihre Kunden, die Endverbraucher.

Damit Sie die vielfältigen Probleme und Methoden der Wirtschaftslehre kennenlernen, haben wir in diesem Buch für Sie mehrere **typische Einzelhandelsunternehmen**, die sich alle im Einkaufszentrum Rheinpark in Köln und in 15 weiteren Städten in Deutschland befinden, als Modellunternehmen ausgewählt. In jedem der Modellunternehmen befindet sich ein Auszubildender, der wie Sie mit seiner Ausbildung beginnt. Diese **Auszubildenden** werden bei der Beschreibung der Modellunternehmen ebenfalls vorgestellt. An typischen Situationen der im Einkaufszentrum angesiedelten Unternehmen und insbesondere der **Center Warenhaus GmbH, des Lebensmitteldiscounts Schlegel KG und des Mars Elektrofachmarktes e. K.** lernen Sie die wesentlichen Probleme kennen, mit denen sich die Betriebswirtschaftslehre beschäftigt. Sie lernen, wie betriebswirtschaftliche Entscheidungen zustande kommen und welche Methoden eingesetzt werden, damit ein Unternehmen Erfolg hat.

Betrachten Sie die ausgewählten Unternehmen als „Ihren Ausbildungsbetrieb", in dem Sie **betriebswirtschaftliches Denken und Handeln** erlernen. Hierzu sollen Sie zunächst einige Details über das Einkaufszentrum Rheinpark und die ausgewählten Unternehmen erfahren. Auf den nächsten Seiten wird Ihre Neugier gestillt.

Sie erfahren, welche **Einzelhandelsbetriebe** sich im **Einkaufszentrum Rheinpark in Köln** befinden und wo die Center Warenhaus GmbH und die anderen Unternehmen ihren **Sitz** haben, wie diese **Unternehmen aufgebaut** sind, welche **Abteilungen** vorhanden sind, wie sich diese auf die vorhandene **Verkaufsfläche** verteilen und welche **Mitarbeiter** in den Abteilungen beschäftigt sind. Diese Mitarbeiter werden Sie in typischen betriebswirtschaftlichen Situationen beobachten.

Sie finden einen Auszug aus der **Liefererdatei** der Center Warenhaus GmbH. Außerdem wird der **Gesellschaftsvertrag** der Center Warenhaus GmbH vorgestellt. Schließlich erfahren Sie, in welchen **Verbänden** die Center Warenhaus GmbH Mitglied ist und wie ihr **Betriebsrat** und ihre **Jugendvertretung** zusammengesetzt sind.

Auf diese Informationen werden Sie bei Ihrer Lernarbeit sicher häufig zurückgreifen müssen. Deshalb haben wir sie zusammengefasst und dem ersten Kapitel als Einleitung vorangestellt.

Zur besseren Lesbarkeit werden in diesem Buch nur die männlichen Bezeichnungen verwendet. Wenn also von den „Kunden" oder den „Verkäufern" die Rede ist, sind selbstverständlich auch „Kundinnen" und „Verkäuferinnen" gemeint.

Das Einkaufszentrum Rheinpark Köln stellt sich vor

Daten und Fakten

Knapp sechs Kilometer vom Stadtzentrum Kölns entfernt, im Mittelpunkt der Städte Köln, Frechen, Brühl und Hürth, befindet sich das Einkaufszentrum Rheinpark Köln.

Seit der **Eröffnung 1981** und den Erweiterungen 1986, 1995 und 2004 belegen über 160 **Fachgeschäfte** und **Dienstleistungsbetriebe** das Einkaufszentrum (EKZ), das als ein „Einkaufszentrum im Grünen" mehr Brunnen, Grünoasen und Verweilplätze als die City von Köln hat. Eine Auswahl der Unternehmen finden Sie auf den Seiten 13 und 14.

Mit der Fertigstellung des letzten Bauabschnitts vergrößerte sich die **Geschäftsfläche** von 61.000 m^2 auf 80.000 m^2. Es befinden sich 3.500 kostenlose **Parkplätze**, übersichtlich angeordnet und nach einer ADAC-Empfehlung angelegt, auf dem Gelände.

Ideale **U-Bahn- und Busverbindungen** ermöglichen den Einwohnern der umliegenden Städte und Gemeinden einen bequemen Zugang zum EKZ. Die guten Verkehrsverbindungen garantieren einen reibungslosen Verkehrsfluss.

Besucher des EKZ, die mit öffentlichen Nahverkehrsmitteln kommen, können bei Vorlage ihrer Fahrkarte einen besonderen **Service** in Anspruch nehmen. Wenn die Kunden für mindestens 500,00 EUR im EKZ eingekauft haben, bringt ihnen der Rheinpark-Servicewagen die Waren bis zur Haustür – zur vorher vereinbarten Uhrzeit.

Eine Vielzahl von **Serviceeinrichtungen**, die große Anzahl der Geschäfte, attraktive Unterhaltungsprogramme (Trödel-, Weihnachts-, Kunsthandwerkermarkt, Kulturfestivals, Ausstellungen, um nur einige zu nennen) und eine behindertengerechte Ausstattung tragen zum Erfolg des EKZ bei. Durch all diese Besonderheiten war es möglich, das **Einzugsgebiet** auf einen Radius von 30 km auszudehnen. In diesem Einzugsbereich leben etwa 1,8 Millionen Menschen.

Wie originell die **Aktionen im EKZ** sind, können Sie im Guiness-Buch der Rekorde nachlesen. Das EKZ hält 14 Weltrekorde, u. a. für den größten Apfelstrudel oder für die höchste Sektglaspyramide mit 7.000 Sektschalen.

Das **Motto des EKZ** lautet: „Bei uns trifft man sich zur Unterhaltung und Information, zum Mitmachen und Mitlachen."

Daten und Fakten auf einen Blick	
1. Eröffnung	27.09.1981
Erweiterung in den Jahren	1986, 1995, 2010
2. Bruttomietfläche	80.000 m^2
3. Zahl der Geschäfte/Dienstleister	168
4. Verkaufsfläche	59.000 m^2
Dienstleistungen und Freizeiteinrichtungen	16.000 m^2
5. Umsatzvolumen in Millionen EUR p. a.	etwa 200
6. Zahl der Kunden/Besucher pro Tag im Durchschnitt	etwa 40.000
7. Zahl der kostenlosen Parkplätze	3.500
8. Einzugsgebiet	30 km, etwa 1,8 Millionen Einwohner

Im EKZ finden über 2.000 Menschen Arbeit. In allen Geschäften des EKZ werden über 200 Auszubildende ausgebildet, u. a. in den Ausbildungsberufen Verkäufer/Verkäuferin, Kaufmann/Kauffrau im Einzelhandel, Bürokaufmann/Bürokauffrau, Bankkaufmann/Bankkauffrau, Schauwerbegestalter/-in, IT-Kaufmann/Kauffrau.

Der Standort

Die Verkaufsräume der Center Warenhaus GmbH und der anderen Unternehmen befinden sich im Einkaufszentrum Rheinpark in der Aachener Straße 1250, 50859 Köln. Die Räume wurden jeweils von der Rheinpark Verwaltungs GmbH angemietet.

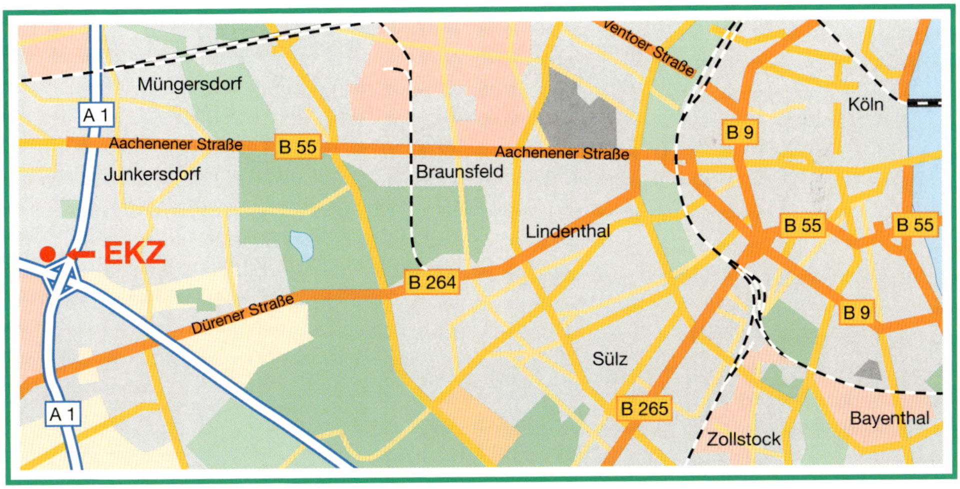

Über die Aachener Straße ist das Autobahndreieck Köln-West mit den Autobahnen A 61, A 1 und A 4 in wenigen Minuten zu erreichen.

Arbeitnehmerinnen und Arbeitnehmer können mit den Bus- und S-Bahnlinien 7, 8 und 20 bis zum Einkaufszentrum fahren.

Die Geschäftsleitungen der im EKZ ansässigen Unternehmen möchten über die Ausgabe von Jobtickets für die öffentlichen Verkehrsmittel ihre Mitarbeiter zu umweltbewusstem Verhalten anhalten.

Das erfolgreiche Konzept des Einkaufszentrums findet sich in 15 weiteren Städten in Deutschland wieder.

In all diesen Einkaufszentren finden Sie sowohl eine Filiale der Center Warenhaus GmbH, des Mars Elektrofachmarktes e. K. als auch des Lebensmitteldiscounts Schlegel KG.

Name des Einkaufszentrums	Stadt
EKZ Leinepark	Hannover
EKZ Weserpark	Bremen
EKZ Alsterpark	Hamburg
EKZ Eiderpark	Kiel
EKZ Warnowpark	Rostock
EKZ Spreepark	Berlin
EKZ Elbepark	Dresden
EKZ Gerapark	Erfurt
EKZ Saalepark	Magdeburg
EKZ Havelpark	Potsdam
EKZ Mainpark	Frankfurt
EKZ Moselpark	Koblenz
EKZ Neckarpark	Stuttgart
EKZ Isarpark	München
EKZ Saarpark	Saarbrücken

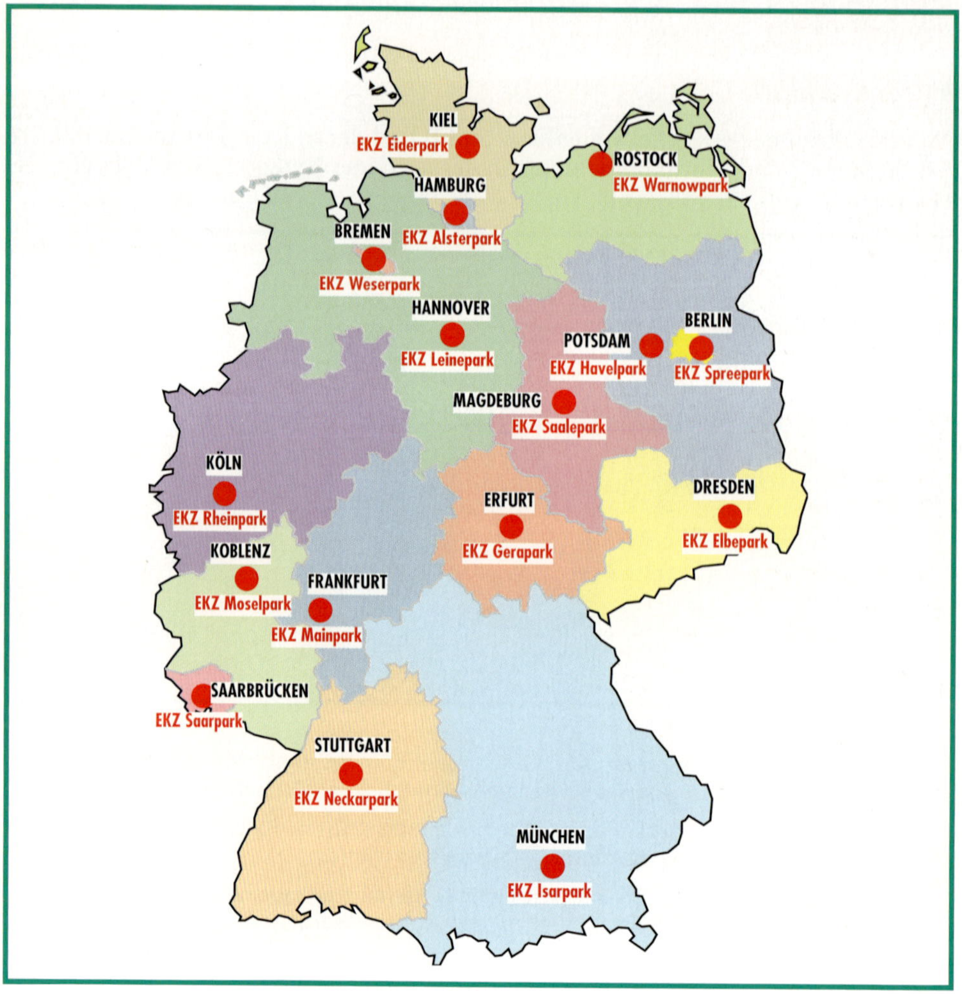

Einzelhandelsbetriebe im Einkaufszentrum Rheinpark Köln

Nr.	Betrieb	Typ	Verkaufsform	Sortiment	Mitarbeiter/ Azubis	Fläche in m^2
92	Abels Bau- und Hobbymarkt GmbH	Fachmarkt	SB	Werkzeuge, Teppichböden, Baubedarf, Gartenbedarf, Kleinmöbel, Tapeten	30/4	6.800
2	Willi Meyer e. K. Schreibwaren	Fachgeschäft	B	Schreibwaren und Bürobedarfsartikel, Geschenkartikel, Schulbedarf	2	60
71	Mars Elektrofachmarkt e. K.	Fachmarkt	B/V	Weiße Ware, Braune Ware, Tonträger, Software, Neue Medien	40/6	1.400
4	mod-shop GmbH Gisela Meyer	Boutique	B/V	Modische Damenbekleidung, Modeschmuck, Schuhe	3	50
5	Buchhandlung Tauber-OHG	Fachgeschäft	B/V	Kinderbücher, Reisebücher, Belletristik, EDV-Literatur, Hobby-Bücher	3	100
6	Champions-Sport Gerhard Blunk KG	Spezialgeschäft	B/V	Angelsportartikel	3/1	85
7	Juwelier Josef Kanter e. K.	Fachgeschäft	B	Uhren, Schmuck	2	75
11	ABO-Versandhandels AG, Verkaufsfiliale	Versandhandel	V	Auswahl des Gesamtkataloges, Bestellungen werden im Laden bearbeitet	9/3	560
20	Lebensmitteldiscount Schlegel KG	Discounter	SB	Lebensmittel, Aktionsangebote	16/3	680
8	Meeresfrüchte GmbH	Fachgeschäft	B	Fisch, Partyservice, Stehimbiss	5	180
22	Werl-Textilkaufhaus KG	Kaufhaus	V	Damen-, Herren-, Kinderbekleidung, Schuhe	45/8	4.000
9	Foto-Knirps, Inh. Gertrud Moll e. K.	Fachgeschäft	B	Fotoartikel, Bilderrahmen und -alben, Entwicklungslabor, Passfotos	5/1	100
12	Baby-Markt Verkaufs-GmbH	Fachgeschäft	SB	Bekleidung, Möbel, Nahrungsmittel, Spielsachen, Pflegeartikel für Kleinkinder	8/2	450
29	Autobedarf Herkenrath OHG	Fachgeschäft	V/B/SB	Autozubehör, -ersatzteile, Auto-Hi-Fi, Autotelefon, Einbauservice	22/4	900
1	Center Warenhaus GmbH	Warenhaus	V/B/SB	Textilien/Sport, Schuhe, Lederwaren, Schreibwaren, Haushalt, Spielwaren, Lebensmittel, Elektro	65/10	10.500

Nr.	Betrieb	Typ	Verkaufsform	Sortiment	Mitarbeiter/ Azubis	Fläche in m^2
90	Kaufland eG (Genossenschaft)	Supermarkt	B	Lebensmittel	8/2	1.400
14	Philatelie Werner Wurms e. K.	Spezialgeschäft	B	Briefmarken, Alben, Zubehör, Tauschbörse	2	40
17	Frischobst Günter Wilms	Ambulanter Handel	B	Obst	1	18
18	Self-Selling GmbH	Automatenhandel	SB	Süßwaren, Konserven, Spielwaren	1	20
21	Die Blumenwelt, Hanna Gerdes e. K.	Fachgeschäft	B	Blumen mit Fleurop-Dienst	3/1	30
67	Wolfgang Schwarztrauber	Kiosk	B	Tabak, Zeitschriften, Süßwaren	1	10
70	Der Käseladen, Wolfgang Wilke e. K.	Spezialgeschäft	B	Käse und Molkereiprodukte, Delikatessen	3/1	90
92	men-shop Bernd Kreitner GmbH	Fachgeschäft	B	Herrenkonfektion mit Änderungsschneiderei, Schuhe	3	120
28	Jeans-ModenKarla Möltgen KG	Boutique	V/B	Herren-, Damen-, Kinderbekleidung in Jeans	3	80
33	Geschenkeparadies Klara Klein GmbH	Boutique	V/S	Geschenkartikel aller Art, Grußkarten, T-Shirt-Druck	3	120
29	Getränkemarkt Gerhards KG	Fachmarkt	SB	Wasser, Bier, Spirituosen, Zustelldienst, Party-Service	12/1	700
3	Exklusives Wohnen Waltraud Schiffer GmbH	Fachgeschäft	VB	Möbel, Inneneinrichtungsgegenstände	12/3	150
38	Fahrrad-Center Mauel GmbH	Fachgeschäft	VB	Fahrräder und Zubehör, Reparatur-Service	6	300
89	Garten-Center Klein KG	Fachgeschäft	V/B/SB	Gartenbedarf	20/2	2.000

SB = Selbstbedienung, B = Bedienung, V = Vorwahl

Weitere Betriebe im EKZ

- Telekom-Laden
- Eiscafé
- 3 Imbiss-Stände
- China-Restaurant
- 2 Kneipen
- Videothek
- Notariat
- Ärztehaus
- Schuster
- Schlüsseldienst
- 2 Banken
- Reisebüro
- Optiker
- Tankstelle
- Rechtsanwalt
- Mietwagenagentur
- Apotheke
- Kopiercenter
- Reinigung
- Friseur
- 2 Bäckereien
- Schuhreparatur
- Steuerberater
- Übersetzungsbüro
- Metzgerei
- Versicherung
- Blumengeschäft
- Solarium
- Kinocenter
- Kindergarten
- Internet-Café
- Fitnesscenter

Sonstige Einrichtungen

- Taxi-Stand
- Verbraucherberatungsstelle
- Wickelraum für Säuglinge
- Städtische Seniorentagesstätte
- Sammelstelle für Sondermüll (Farben, Lacke, Batterien)
- Bushaltestellen
- Parkhaus mit bewachtem Fahrradabstellbereich
- Privater Sicherheitsdienst
- Städtische Bücherei
- Polizeiwache
- Erste-Hilfe-Station
- Postniederlassung

Das gesamte Einkaufszentrum wird von der **EKZ-Rheinpark-GmbH** geleitet. Hier sind acht Mitarbeiter beschäftigt. Ihre Aufgaben bestehen u. a. in

- der Anwerbung neuer Betriebe,
- der Beratung bei der Gestaltung der Geschäfte,
- der Veranstaltung gemeinsamer Aktionen (Weihnachtsmarkt, Sommerfest, Trödelmarkt usw.),
- der Verwaltung der gemeinsamen Einrichtungen (Parkhaus usw.),
- der Konzeption der Gemeinschaftswerbung.

Supermarkt Kaufland eG

Exklusives Wohnen Waltraud Schiffer GmbH

Bäckerei im Einkaufszentrum Rheinpark

Lageplan aller Einrichtungen im EKZ

Einstiegssituation

Anna Weigel, Olga Vier und Ali Güdü haben die allgemeine Schulpflicht erfüllt und möchten im kommenden Jahr eine Ausbildung als Kauffrau/Kaufmann bzw. Verkäuferin/Verkäufer im Einzelhandel beginnen. Deshalb haben sie gerne von dem folgenden Angebot Gebrauch gemacht:

Center Warenhaus GmbH

Praktikum in einem modernen Unternehmen

Interessierte Schüler haben die Möglichkeit, unser Unternehmen während drei Wochen in den Ferien kennenzulernen. Sie bringen Ihre Arbeitskraft ein und erhalten dafür:

- einen Einblick in den Aufbau und die Arbeitsweise eines Einzelhandelsbetriebes,
- wichtige Erkenntnisse aus der Berufs- und Arbeitswelt,
- praktische Kenntnisse, die für Ihre schulische Laufbahn wertvoll sein können,
- gute Voraussetzungen für einen späteren Ausbildungsvertrag,
- ein kleines Gehalt von 50,00 EUR je Woche.

Wenn Sie Interesse haben, melden Sie sich bitte bei Frau Meys, Personalabteilung.

Telefon: 0221 4171-18/19 • Fax: 0221 4171-20
E-Mail: Info@Center-Warenhaus.de
Internet: http://www.Center-Warenhaus.de

Center Warenhaus GmbH · Aachener Straße 1250 · 50859 Köln

Zu Beginn des Praktikums haben Anna, Olga und Ali den Prospekt „Das Einkaufszentrum Rheinpark Köln stellt sich vor“ erhalten, in dem sich die Center Warenhaus GmbH befindet. Ferner wurden ihnen einige Unterlagen über die Center Warenhaus GmbH zur Verfügung gestellt.

ARBEITSAUFTRÄGE

- Stellen Sie fest, welche Unternehmen sich im Einkaufszentrum Rheinpark Köln befinden, und überprüfen Sie, ob auch ein Unternehmen Ihrer Branche in diesem Einkaufszentrum seinen Standort hat.
- Beschreiben Sie, aus welchen Abteilungen die Center Warenhaus GmbH besteht.
- Überprüfen Sie, welche Warengruppen von der Center Warenhaus GmbH angeboten werden.
- Kerstin Sommer und Thomas Becker sind die Geschäftsführer der Center Warenhaus GmbH. Beide haben Kapital in das Unternehmen eingebracht. Stellen Sie anhand des Gesellschaftsvertrages fest, wie hoch die jeweiligen Einlagen sind und über welches Kapital die Gesellschaft verfügt.
- Untersuchen Sie, in welchen Verbänden die Center Warenhaus GmbH Mitglied ist.
- Sammeln Sie Argumente für und gegen ein Praktikum, wie Anna, Olga und Ali es absolvieren, und begründen Sie Ihre Antwort.
- Versetzen Sie sich in die Lage der Geschäftsleitung der Center Warenhaus GmbH und begründen Sie, weshalb Praktikantenplätze für Schüler ausgeschrieben werden.

Die Center Warenhaus GmbH

Die Center Warenhaus GmbH wurde vor 75 Jahren in Köln gegründet und hat sich seitdem bundesweit ausgedehnt.

Organigramm der Center Warenhaus GmbH

Assistent der GL	Geschäftsleitung	Umweltbeauftragter
Sven Braun	Kerstin Sommer, Thomas Becker	Hermann Hohn

Einkauf Hanne Bauer Aln	Lager Gerd Rubens Al	Verkauf/Marketing Oliver Lehnert Al			Verwaltung Claudia Ahlemann Aln
Textil, Sport Hanne Bauer **Schuhe, Lederwaren** Nicole Wiedemann Sn **Schreibwaren, Bücher, Spielwaren, Uhren, Schmuck** Eva Bilstein Sn **Lebensmittel** Renate Öztürk Sn **Haushaltswaren, Elektro** Klaus Berger S	**Zentrallager** Peter Baldus S – Warenannahme – Auszeichnung **Fuhrpark** Holger Hübner S	**Textil/Sport** Elena Gutowski Sn – HK – DOB – KiKo – Wäsche – Sport – Gardinen **Schuhe, Lederwaren** Helga Kowski Sn **Dekoration** Vera Hausberg	**Parfümerie** Yvonne Berg Sn **Elektro** Helmut Winkler S – Weiße Ware – Braune Ware – Lampen – Zubehör **Lebensmittel** Peter Pade S – Non-Food – Getränkemarkt – Spirituosen – Fleisch, Käse – Obst, Gemüse – Konserven – Tiefkühlkost **Reklamation** Otto Schaaf	**Schreibwaren, Bücher** Anna Monberg Sn **Haushaltswaren** Claudia Rosen Sn **Spielwaren** Edith Mauser Sn **Uhren, Schmuck** Edith Schiefen Sn **Hausdetektiv** Helmut Meyer	**Personal** Maria Meys Sn **Rechnungswesen** Werner Schmick S – Kassenabrechnung – Finanzbuchhaltung – Rechnungsprüfung – Kostenrechnung – Statistik **Organisation, Datenverarbeitung** Hartmut Groll S **Hausdienst** Dieter Nahnsen

Betriebsrat: Sieben Mitglieder, Vorsitzender Herr Peter Pade, Stellv. Frau Helga Kowski
Jugendvertreter: Petra Jäger, Stellvertreter: Marc Cremer

Al = Abteilungsleiter
Aln = Abteilungsleiterin
DOB = Damenoberbekleidung
GL = Geschäftsleitung
HK = Herrenkonfektion
KIKO = Kinderkonfektion
S = Substitut
Sn = Substitutin

Steuernummer: 223/514/8546 USt-IDNr.: DE-835872142

Liste der Auszubildenden der Center Warenhaus GmbH				
Kaufmann/Kauffrau im Einzelhandel		Verkäufer/ Verkäuferin	Schauwerbe-gestalter/in	Bürokaufmann/ Bürokauffrau
Petra Jäger Sabine Freund Marc Cremer	Ali Rezwani Petra Breuer Bodo Stamm	Gaby Dohm Silvia Meiser	Birgit Moll	Nicole Höver

Am ersten Berufsschultag füllt **Sabine Freund** folgenden Fragebogen aus, um sich ihren Mitschülern vorzustellen:

Name:	Sabine Freund, Auszubildende zur Kauffrau im Einzelhandel
Ausbildungsbetrieb:	Center Warenhaus GmbH, Einkaufszentrum Rheinpark Köln
Ausbildungssortiment:	Sport, Sporttextil
Verkaufsform:	Bedienung
Ausbildungsdauer:	2 Jahre
Geburtsdatum:	10.03.19.. (20 Jahre)
Geburtsort:	Köln
Wohnort:	50937 Köln Asbergstraße 5
Schulabschluss:	Abitur
Größte Stärken:	Belastbarkeit und Ausdauer: Ich bin auch noch abends richtig fit Begeisterungsfähigkeit: Ich kann andere mitreißen
Was ich vor der Ausbildung gemacht habe:	Grundschule, Gymnasium mit Abitur, 1 Jahr Animateurin im Robinson Club Fuerteventura
Warum ich mich für diese Ausbildung entschieden habe:	Bin an Textilien aller Art und Sport interessiert Wollte auf keinen Fall ins Büro Gute Aufstiegschancen im Einzelhandel
Mein erster Eindruck von der Ausbildung:	Anstrengend, macht aber viel Spaß, insbesondere der Kontakt zu den Menschen

Wegweiser durch das Center Warenhaus (Erdgeschoss)

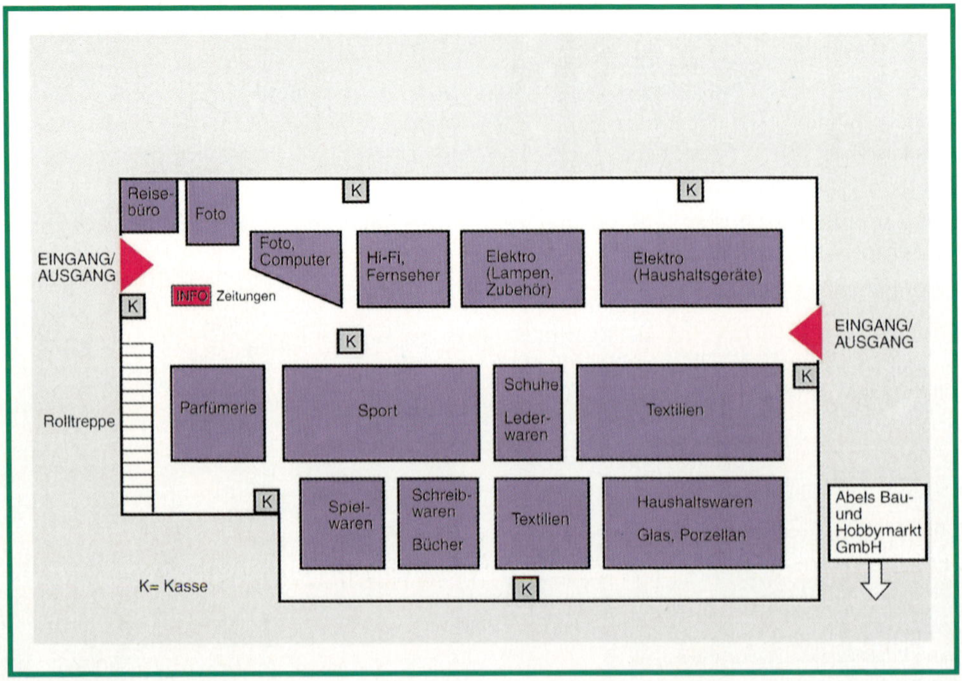

Wegweiser durch das Center Warenhaus (Basement)

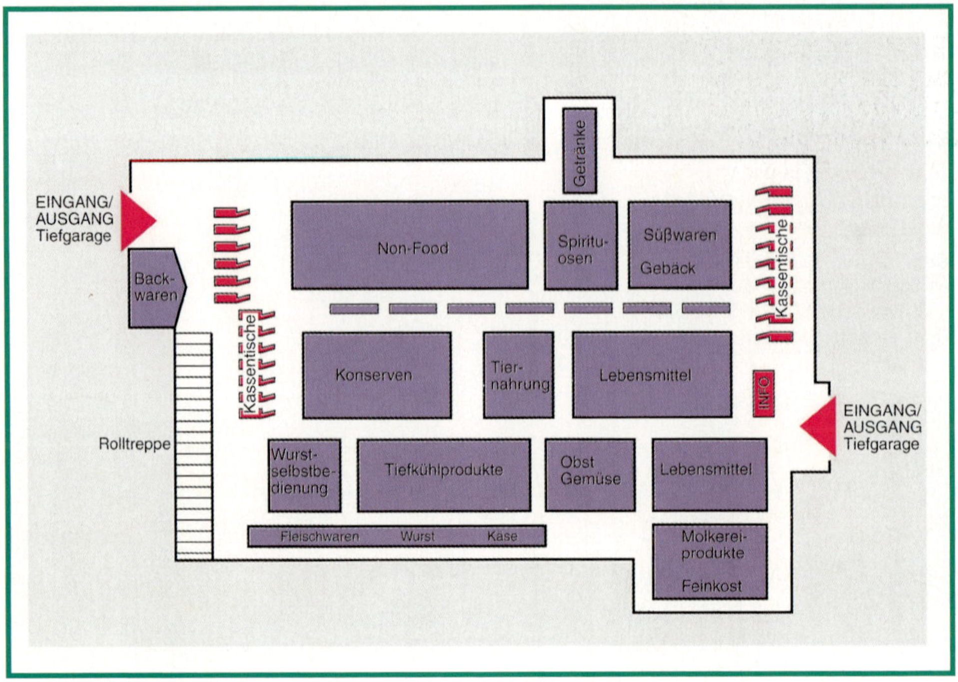

Verschiedene Abteilungen in der Center Warenhaus GmbH

Die Hauptlieferer

Lieferdatei der Center Warenhaus GmbH (Auszug)

Lieferer-/ Kreditor-Nr.	Name	Anschrift	Telefon/ Fax	Bank
5681 K70001	Bürobedarfs-großhandel Schneider & Co. KG	Laarstraße 19 58636 Iserlohn Ansprechpartner: Herr Solf	02371 342311 02371 342315	Commerzbank Iserlohn BLZ 445 400 22 Kto.-Nr. 871 112 365
5677 K70002	Lederwarenfabrik Bernd Lüghausen e. K. Fabrikation von Lederbekleidung	Im Talacker 18 47829 Krefeld Ansprechpartner: Frau Sudhoff	02151 417118 02151 985410	Commerzbank Krefeld BLZ 320 400 24 Kto.-Nr. 546 387 657
5621 K70003	Porzellan-manufaktur Latschenreuther GmbH	Lessingstraße 44 01662 Meißen Ansprechpartner: Herr Lukas	03521 511225 03521 511289	Postbank Berlin BLZ 100 100 10 Kto.-Nr. 223 421 654
5641 K70004	Schuhfabrik Mata OHG	Dresdner Straße 116–124 66955 Pirmasens Ansprechpartner: Frau Sonius	06331 866350 06331 866401	Volksbank Pirmasens BLZ 542 900 00 Kto.-Nr. 231 987 654
5610 K70005	Lebensmittel-großhandel Westkauf KG	Quarzstraße 98 51371 Leverkusen Ansprechpartner: Herr Oswald	0214 763499 0214 763434	SEB Leverkusen BLZ 370 101 11 Kto.-Nr. 354 624 453
5666 K70006	Textil AG	Münzstraße 89–121 10178 Berlin Ansprechpartner: Frau Demming	030 445546 030 445548	Postbank Berlin BLZ 100 100 10 Kto.-Nr. 543 399 988
5620 K70007	Sportex GmbH & Co. KG Sportartikel-herstellung	Volksparkstraße 23–43 22525 Hamburg Ansprechpartner: Herr Inanci	040 1843467 040 1843154	Commerzbank Hamburg BLZ 200 400 00 Kto.-Nr. 456 321 675
5669 K70008	Elektro Bader KG Elektrogeräte	Fabrikstraße 10–34 04129 Leipzig Ansprechpartner: Herr Wiemann	0341 554645 0341 554849	Stadt- und Kreis-sparkasse Leipzig BLZ 860 555 92 Kto.-Nr. 650 342 344

Auszug aus dem Gesellschaftsvertrag

Gesellschaftsvertrag der Center Warenhaus GmbH

durch die Gesellschafterversammlung am 1. Januar ... in 50859 Köln, Aachener Straße 1250, festgelegt:

§ 1 Die Firma der Gesellschaft lautet Center Warenhaus GmbH.

§ 2 Der Geschäftssitz der Gesellschaft ist in 50859 Köln.

§ 3 Die Gesellschaft betreibt die Anschaffung und Weiterveräußerung von Waren aller Art an den Letztverbraucher. Nach Möglichkeit sollen umweltverträgliche Artikel angeboten werden.

§ 5 Das Stammkapital der Gesellschaft beträgt 300.000,00 EUR.

§ 6 Das Stammkapital wird aufgebracht:
1. Gesellschafterin Dipl.-Kauffrau Kerstin Sommer, Köln
mit einem Nennbetrag der Geschäftsanteile in Höhe von 150.000,00 EUR.
2. Gesellschafter Dipl.-Betriebswirt Thomas Becker, Köln
mit einem Nennbetrag der Geschäftsanteile in Höhe von 150.000,00 EUR.

Die Nennbeträge der Geschäftsanteile sind in bar oder in Sachwerten zu leisten. Sie sind sofort in voller Höhe fällig.

§ 7 Der Mindestbetrag eines Geschäftsanteils muss 500,00 EUR betragen. Jeder andere Geschäftsanteil muss durch 100,00 EUR teilbar sein.

§ 8 Die Gesellschafterversammlung beruft einstimmig die Geschäftsführung.

§ 10 Die Gesellschafter treten jährlich einmal zu einer ordentlichen Versammlung zusammen. Der Geschäftsführer lädt mit einwöchiger Frist unter Angabe von Tagungsort, Tagungszeit und Tagesordnung ein.

§ 11 Die Rechte der Gesellschafterversammlung werden bis auf Widerruf auf die Geschäftsführung übertragen. Für den Widerruf ist eine Mehrheit von 3/4 der Stimmen erforderlich. Abgestimmt wird nach Geschäftsanteilen. Je 50,00 EUR eines Geschäftsanteils gewähren eine Stimme.

§ 13 Jeder Gesellschafter kann aus wichtigem Grund seinen Austritt aus der Gesellschaft erklären. Der Austritt ist nur zum Ende eines Geschäftsjahres zulässig. Er hat durch Einschreibebrief mit einer Frist von sechs Monaten zu erfolgen. Bei Kündigung der Gesellschafter oder Austritt wird die Gesellschaft nicht aufgelöst.

§ 16 Bekanntmachungen der Gesellschaft nach den gesetzlichen Bestimmungen erfolgen ausschließlich im Unternehmensregister.

§ 20 Außerhalb des Gesellschaftsvertrages wurde folgender Beschluss gefasst: Als Geschäftsführer gemäß § 8 des Gesellschaftsvertrages werden bestimmt:
1. Frau Dipl.-Kauffrau Kerstin Sommer, Köln
2. Herr Dipl.-Betriebswirt Thomas Becker, Köln

§ 21 Vorstehendes Protokoll wurde den Gesellschaftern vom Notar vorgelesen, von ihnen genehmigt und eigenhändig wie folgt gegengezeichnet:

zu 1. Kerstin Sommer

zu 2. Thomas Becker

Köln, 1. Januar 20..

● Die Verbände

Gemäß § 1 IHK-Gesetz ist die Center Warenhaus GmbH Mitglied in der Industrie- und Handelskammer. Die Geschäftsführerin, Frau Sommer, und die Substituten Pade, Gutowski, Kowski, Winkler und Berg sind Mitglieder in Prüfungsausschüssen der IHK. Das Unternehmen ist im Einzelhandelsverband Nordrhein e. V. organisiert, die organisierten Arbeitnehmer sind Mitglieder der Vereinten Dienstleistungsgewerkschaft (ver.di).

● Der Betriebsrat und die Jugend- und Auszubildendenvertretung

Vorsitzender des Betriebsrates der Center Warenhaus GmbH ist Peter Pade, seine Stellvertreterin ist Helga Kowski. Jugend- und Auszubildendenvertreterin ist Petra Jäger, Stellvertreter ist Marc Cremer.

Die Bankverbindungen			Telefon und Telefax	
Kreditinstitut	Bankleitzahl	Kontonummer	Telefon	Telefax
Deutsche Bank Köln Postbank Köln Sparkasse KölnBonn	370 700 60 370 100 50 370 501 98	02 520 138 54 666 504 85 313 948	0221 417118 0221 417119	0221 417120

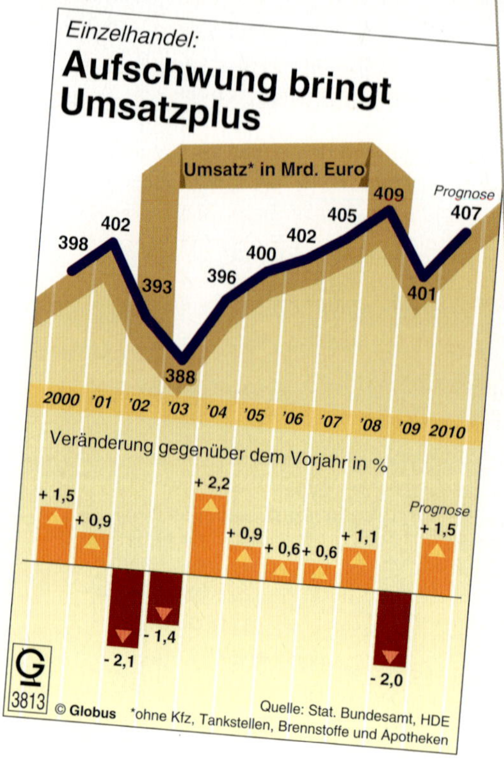

Die Lebensmitteldiscount Schlegel KG

Die Lebensmittel Discount Schlegel KG

Steuernummer: 223/689/2369
USt-IDNr.: DE-986578960

Verwaltung
Gudrun Schlegel

Filialleiter
Oliver Schlegel

Stellvertr. Filialleiter
Tobias Hell

12 Mitarbeiter
(6 Vollzeit, 6 Teilzeit)

- Tina Klein
- Claudia Tiffels
- Dimitri Weimann
- Klaus Hinrichs
- Cornelia Hülder
- Sevil Mehmet
- Michael Felix
- Larissa Henze
- Tommy Krumm
- Lena Bogdanow
- Frederic Cahon
- Mandy Klein

Ausbilderin:
Angela Bergmeier

Azubis:
Verkäufer/-in:
Kerstin Dahm (1. Ausbildungsjahr)
Thomas Herre (2. Ausbildungsjahr)

Kaufmann im Einzelhandel:
Manfred Time (3. Ausbildungsjahr)

Tel: 0221 476844
Fax: 0221 476845

Bank: Kreissparkasse Köln
BLZ: 370 502 99
Kto-Nr.: 058723801

135 Filialen in Deutschland
Verkaufsform: überwiegend Selbstbedienung mit Bedienung bei Fleisch/Wurst und Käse
Verkaufsfläche: 680 m^2

Lieferungen erfolgen vom Zentrallager Porz

Kerstin Dahm ist in derselben Berufsschulklasse wie Sabine Freund und füllt ebenfalls den Fragebogen aus:

Name:	Kerstin Dahm, Verkäuferin
Ausbildungsbetrieb:	Lebensmittel Discount Schlegel KG, Einkaufszentrum Rheinpark Köln
Ausbildungssortiment:	Lebensmittel
Verkaufsform:	überwiegend Selbstbedienung mit Bedienung bei Käse und Fleisch/Wurst
Ausbildungsdauer:	2 Jahre
Geburtsdatum:	21.09.19.. (17 Jahre)
Geburtsort:	Leipzig
Wohnort:	50672 Köln Mittelstr. 86
Schulabschluss:	Realschulabschluss
Größte Stärken:	Loyalität: Ich halte zu meinen Freunden und Kollegen. Kontaktfreude: Ich bin nicht auf den Mund gefallen.
Was ich vor der Ausbildung gemacht habe:	Grundschule, Mittlere Reife
Warum ich mich für diese Ausbildung entschieden habe:	Hatte keine Lust mehr auf so viel Schule Empfehlung meiner Mutter
Mein erster Eindruck von der Ausbildung:	Nette Kollegen, aber sehr anstrengend, weil ich so viel stehen und heben muss

Der Mars Elektrofachmarkt e. K.

Steuernummer: 223/337/2973
USt-IDNr.: DE-583442585

Der Mars Elektrofachmarkt e. K.

Geschäftsführerin
Daniela Mars

Verwaltung	Marketing	Verkaufsleiter	Verkaufsleiter	Verkaufsleiter	Verkaufsleiter
Heinz Tophoven	Michaela Bauer	WW[1]	BW[2]	Tonträger/ Software	Neue Medien
		4 Mitarbeiter	8 Mitarbeiter	7 Mitarbeiter	6 Mitarbeiter
		Nicole Orth	Alex Kraft	Eray Ozyurt	Toyah Quirl

Logistik	Service	Kasse	Rechnungswesen
2 Mitarbeiter	2 Mitarbeiter	6 Mitarbeiter	3 Mitarbeiter
Nico Bonnet	Helga Dick	Irina Kopp	Vera Feld
Ausbildungsleiter			

6 Azubis:

Mehmet Aydin (1. Ausbildungsjahr)	Marco Klaso (2. Ausbildungsjahr)
Murrat Canbahan (1. Ausbildungsjahr)	Anna Klettke (2. Ausbildungsjahr)
Timo Beuth (2. Ausbildungsjahr)	Diana Stagnet (3. Ausbildungsjahr)

Tel: 0221 1610705
Fax: 0221 1700088

Bank:	Deutsche Bank Köln	Kreissparkasse Köln
BLZ:	370 700 60	370 502 99
Kto-Nr.:	340 731 420	013 600 564

15 Filialen in Deutschland
Verkaufsform: überwiegend Vorwahl,
bei Foto, Computer, Hifi Bedienung
Verkaufsfläche: 1.400 m^2

1 *WW = Weiße Ware (z. B. Haushaltsgeräte)*
2 *BW = Braune Ware (z. B. Hi-Fi-Geräte)*

Mehmet Aydin besucht ebenfalls dieselbe Berufsschulklasse wie Sabine Freund und Kerstin Dahm. Auch er füllt den Fragebogen aus:

Name:	Mehmet Aydin, Kaufmann im Einzelhandel
Ausbildungsbetrieb:	Mars Elektrofachmarkt e. K., Einkaufszentrum Rheinpark Köln
Ausbildungssortiment:	Elektro
Verkaufsform:	überwiegend Vorwahl
Ausbildungsdauer:	3 Jahre
Geburtsdatum:	24.12.19.. (18 Jahre)
Geburtsort:	Ankara
Wohnort:	51429 Bergisch-Gladbach Goethestr. 16
Schulabschluss:	Fachoberschulreife
Größte Stärken:	Offenheit: Ich habe keine Vorurteile bei Leuten, die ich noch nicht kenne. Kompromissbereitschaft: Mit mir kann man reden – bin flexibel.
Was ich vor der Ausbildung gemacht habe:	Grundschule, Hauptschule Bergisch-Gladbach, Klasse 10 B
Warum ich mich für diese Ausbildung entschieden habe:	Liebe alles Technische Möchte mich später selbstständig machen
Mein erster Eindruck von der Ausbildung:	Macht total Spaß, insbesondere die Beratung von Kunden bei hochwertigen Artikeln

Das Einzelhandelsunternehmen repräsentieren

1 Mit der Ausbildung beginnen

1.1 Berufliche Handlungskompetenz und das System der Dualen Berufsausbildung

Am ersten Arbeitstag als Auszubildende zur Kauffrau im Einzelhandel der Center Warenhaus GmbH wird Sabine Freund vom Assistenten der Geschäftsleitung Sven Braun in Empfang genommen. *„Herzlich willkommen als neue Mitarbeiterin der Center Warenhaus GmbH!“*, sagt Sven Braun freundlich. *„Ich habe auch gleich einen großen Auftritt für Sie, die Geschäftsführer Kerstin Sommer und Thomas Becker begrüßen alle neuen Mitarbeiterinnen und Mitarbeiter an ihrem ersten Arbeitstag und möchten auch Sie kennenlernen.“ „Frau Sommer kenne ich schon aus dem Vorstellungsgespräch, aber auf die anderen bin ich natürlich gespannt“*, erwidert Sabine. Sven Braun führt Sabine zum Fahrstuhl und fährt mit ihr in die vierte Etage. Sabine und Sven Braun betreten den Konferenzraum. Frau Sommer kommt ihr lächelnd entgegen und drückt ihr die Hand: *„Herzlich willkommen als neue Mitarbeiterin der Center Warenhaus GmbH! Darf ich Ihnen meinen Kollegen Thomas Becker vorstellen? Das ist Frau Ahlemann, die Abteilungsleiterin der Verwaltung, die für Sie erste Ansprechpartnerin in allen Fragen der Ausbildung ist, und das ist Frau Meys, Ihre Ausbilderin in der ersten Etappe der Ausbildung!“* Alle nehmen um den großen Konferenztisch Platz. *„Sagen Sie, Frau Freund“*, beginnt Herr Becker, *„als Abiturientin eine Ausbildung zur Kauffrau im Einzelhandel, hätten Sie da nicht andere Möglichkeiten?“ „Ich wollte immer eine betriebliche Ausbildung im Dualen System machen“*, erwidert Sabine, *„meine Eltern sind Inhaber des Herrenausstatters Freund und da lag es für mich nahe, im Einzelhandel zu lernen.“ „Stimmt, ich erinnere mich an Ihren Lebenslauf“*, sagt Herr Becker, *„wir haben in der vergangenen Woche über die Bedeutung der Kundenorientierung für den Einzelhandel gesprochen, sind Sie mit diesem Thema im Betrieb Ihrer Eltern schon einmal in Berührung gekommen?“* Frau Sommer unterbricht: *„Herr Becker, das haben wir doch alles schon im Bewerbungsgespräch erörtert, wir sollten jetzt Frau Meys Gelegenheit geben, etwas über die Ausbildung zu sagen.“ „Seit der Neuordnung der Ausbildungsberufe Kaufmann/Kauffrau im Einzelhandel und Verkäufer/Verkäuferin steht die Vermittlung der beruflichen Handlungskompetenz mit den Dimensionen der Fach-, Sozial- und Personalkompetenz im Mittelpunkt der Ausbildung. Wir werden Sie daran messen, inwieweit es Ihnen gelingt, diese Kompetenzen zu erwerben und auszubauen“*, führt Frau Meys aus. *„Herauszufinden, wie die Ausbildung konkret aufgebaut ist, und was sich hinter dem Begriff der beruflichen Handlungskom-*

petenz verbirgt, wird Ihre Aufgabe in der nächsten Woche sein", sagt Frau Ahlemann. *„Hier haben Sie eine Liste der Arbeits- und Erkundungsaufträge. Und denken Sie daran, dass Sie jeden von uns jederzeit ansprechen können, wenn Sie Fragen haben."* Mit der Liste in der Hand verlässt Sabine den Konferenzraum.

ARBEITSAUFTRÄGE

- Sabine hat sich vorgenommen, die Ausbildung mit einem sehr guten Ergebnis abzuschließen. Sie überlegt sich, an welchen Verhaltensweisen die angesprochenen Kompetenzen jeweils festgemacht werden können. Helfen Sie ihr bei der Lösung dieser Aufgabe.
- Erläutern Sie, welche Kompetenz den Auszubildenden von heute hilft, das Wissen von morgen zu erwerben.
- Stellen Sie dar, welche Alternativen Sabine Freund gehabt hätte, um die für die Übernahme des Betriebes ihrer Eltern erforderlichen Kompetenzen zu erwerben.

Berufliche Handlungskompetenz

Die Welt, in der wir leben, unterliegt einem immer schnelleren Wandel. Insbesondere im Bereich der informationsverarbeitenden Berufe haben sich in den letzten Jahren Veränderungen ergeben, die eine Anpassung der schulischen und betrieblichen Ausbildung erforderlich machten.

Um die Auszubildenden zu befähigen, auf neue Entwicklungen flexibel reagieren zu können, steht neben der **fachlichen Qualifikation** der Erwerb sogenannter **Schlüsselqualifikationen** im Vordergrund.

Schlüsselqualifikationen sind fachübergreifende Qualifikationen, die den Auszubildenden befähigen, auch in veränderten Situationen sachgerecht, persönlich durchdacht und verantwortlich zu handeln.

Sie sind somit der Schlüssel zur Lösung der Aufgaben von morgen.

Wer über Schlüsselqualifikationen verfügen will, muss folgende Kompetenzen erwerben:

- **Fachkompetenz** bezeichnet die Bereitschaft und Fähigkeit, auf der Grundlage fachlichen Wissens und Könnens Aufgaben und Probleme zielorientiert, sachgerecht, methodengeleitet und selbstständig zu lösen und das Ergebnis zu beurteilen.

  Beispiel Im nächsten Kapitel werden Sie die Rechtsgrundlagen der Berufsausbildung kennenlernen. Wesentliche Regelungen, z. B. aus dem Berufsbildungsgesetz (BBiG), müssen Sie kennen. Sie gehören zum Fachwissen eines Kaufmanns.

- **Sozialkompetenz** bezeichnet die Bereitschaft und Fähigkeit, soziale Beziehungen zu leben und zu gestalten, Zuwendungen und Spannungen zu erfassen und zu verstehen sowie sich mit anderen rational und verantwortungsbewusst auseinanderzusetzen und zu verständigen. Hierzu gehört insbesondere auch die Entwicklung sozialer Verantwortung und Solidarität.

  Beispiel Kaum eine der Aufgaben, die Sie im Rahmen Ihrer Ausbildung lösen müssen, werden Sie allein bewältigen können. Sie müssen mit Ihren Kolleginnen und Kollegen partnerschaftlich in der Gruppe zusammenarbeiten. Nur so können z. B. Rechte der Auszubildenden aus dem BBiG im Rahmen einer Jugend- und Auszubildendenvertretung (JAV) durchgesetzt werden.

- **Personalkompetenz** bezeichnet die Bereitschaft und Fähigkeit, als individuelle Persönlichkeit die Entwicklungschancen, Anforderungen und Einschränkungen in Familie, Beruf und öffentlichem Leben zu klären, zu durchdenken und zu beurteilen, eigene Begabungen zu entfalten sowie Lebenspläne zu fassen und fortzuentwickeln. Sie umfasst personale Eigenschaften wie Selbstständigkeit, Kritikfähigkeit, Selbstvertrauen, Zuverlässigkeit, Verantwortungs- und Pflichtbewusstsein.

Beispiel Im BBiG sind Rechte und Pflichten des Auszubildenden aufgeführt. Das Abwägen zwischen dem Einfordern dieser Rechte und dem bewussten Verzicht darauf erfordert eine positive Einstellung zum Beruf und zum Ausbildungsbetrieb und die selbstbewusste Wahrnehmung der eigenen Interessen.

- Fach-, Sozial- und Personalkompetenz werden durch die **Methodenkompetenz** ergänzt. Hierbei handelt es sich um die Fähigkeit, Aufgaben selbstständig, fachlich richtig und methodengerecht zu bearbeiten und das Ergebnis zu beurteilen.

Nur der Erwerb aller vier Kompetenzbereiche sichert **berufliche Handlungskompetenz.** Sie muss durch **lebenslanges Lernen** ständig aktualisiert werden. Ist der Auszubildende dazu bereit, kann er kreativ und selbstbewusst im Team Aufgaben lösen. Er hat Freude am Beruf und als guter Mitarbeiter einen sicheren Arbeitsplatz im Einzelhandel als einem zukunftsträchtigen Bereich der Wirtschaft.

Das System der Dualen Berufsausbildung

Auszubildende werden in der Bundesrepublik Deutschland an zwei Lernorten ausgebildet: im Ausbildungsbetrieb und in der Berufsschule. Da zwei Einrichtungen bei der Berufsausbildung zusammenwirken, bezeichnet man diese Art der Ausbildung als „Duales Berufsausbildungssystem“.

- **Ausbildungsbetrieb:** Im **Ausbildungsbetrieb** findet die fachpraktische Ausbildung statt. Hier gelten folgende bundeseinheitliche Rechtsvorschriften:
  - Verordnung über die Berufsausbildung zum/zur Kaufmann/Kauffrau im Einzelhandel, zum Verkäufer, zur Verkäuferin
  - Berufsbildungsgesetz
- **Berufsschule:** In der **Berufsschule** werden den Auszubildenden berufsübergreifende und berufsbezogene Inhalte vermittelt. Rechtsgrundlage sind hier der **Rahmenlehrplan** und die **Richtlinien und Lehrpläne** der Kultusminister der Länder.

Der Rahmenlehrplan ist in fächerübergreifende **Lernfelder** gegliedert, die sich an konkreten beruflichen Aufgabenstellungen und Handlungsabläufen orientieren.

Der Berufsschulunterricht kann in Teilzeitform oder als Blockunterricht erteilt werden.

Beim **Teilzeitunterricht** besuchen die Auszubildenden an ein oder zwei Tagen in der Woche die Berufsschule. An den anderen Arbeitstagen werden sie im Betrieb ausgebildet.

Beispiel Die Auszubildenden des 1. Ausbildungsjahres der Center Warenhaus GmbH besuchen die Berufsschule Montag von 07:45 bis 13:05 Uhr und Donnerstag von 07:45 bis 11:05 Uhr.

Beim **Blockunterricht** besuchen sie z. B. drei Monate hintereinander die Berufsschule und arbeiten anschließend neun Monate im Betrieb, ohne in dieser Zeit die Berufsschule zu besuchen.

Schülerinnen und Schüler, die die Berufsschule erfolgreich besucht haben, erhalten das **Abschlusszeugnis der Berufsschule.** Voraussetzung hierfür sind mindestens ausreichen-

Übersicht über die Lernfelder für den Ausbildungsberuf Verkäufer/Verkäuferin, Kaufmann/Kauffrau im Einzelhandel

Lernfelder Nr.		*Zeitrichtwerte in Stunden*		
		1. Jahr	2. Jahr	3. Jahr
1	Das Einzelhandelsunternehmen repräsentieren	80		
2	Verkaufsgespräche kundenorientiert führen	80		
3	Kunden im Servicebereich Kasse betreuen	80		
4	Waren präsentieren	40		
5	Werben und den Verkauf fördern	40		
6	Waren beschaffen		60	
7	Waren annehmen, lagern und pflegen		60	
8	Geschäftsprozesse erfassen und kontrollieren		60	
9	Preispolitische Maßnahmen vorbereiten und durchführen		40	
10	Besondere Verkaufssituationen bewältigen		60	
11	Geschäftsprozesse erfolgsorientiert steuern			80
12	Mit Marketingkonzepten Kunden gewinnen und binden			60
13	Personaleinsatz planen und Mitarbeiter führen			60
14	Ein Unternehmen leiten und entwickeln			80
	Summe (insgesamt 880 Std.)	320	280	280

de Leistungen in allen Fächern bzw. mangelhafte Leistungen in nur einem Fach. Die Noten der Fächer werden zu einer Berufsschulabschlussnote zusammengefasst.

Der Berufsschulabschluss ist z. B. in Nordrhein-Westfalen (NRW)

- **dem Abschluss der Sekundarstufe I (Hauptschulabschluss nach Klasse 10) gleichwertig,**
- **dem Abschluss der Sekundarstufe I (Fachoberschulreife) gleichwertig**, wenn der Schüler die Berufsabschlussprüfung bestanden hat, eine Berufsschulabschlussnote von mindestens 3,0 erreicht und die Englischkenntnisse der Fachoberschulreife nachweist.

Die **Berufsschulpflicht** regeln die Kultusminister der Länder.

Beispiel In NRW ist ein Auszubildender für die gesamte Dauer der Berufsausbildung berufsschulpflichtig, wenn er vor Vollendung des 21. Lebensjahres einen Ausbildungsvertrag unterschreibt.

Finanziert wird die betriebliche Ausbildung durch die Ausbildungsbetriebe. Die Kosten der schulischen Ausbildung tragen die Schulträger und die Länder.

Gemeinsames Ziel von Ausbildungsbetrieb und Berufsschule ist es, den Auszubildenden die Fertigkeiten und Kenntnisse zu vermitteln, die zum Erreichen des Ausbildungszieles erforderlich sind. **Die betriebliche Ausbildung** wird von den **Kammern** (Industrie- und Handelskammer, Handwerkskammer), die **schulische Ausbildung** von der **Schulaufsicht** der Kultusminister der Länder **überwacht.**

Beispiel Der Ausbildungsberater der Industrie- und Handelskammer besucht die neuen Auszubildenden der Center Warenhaus GmbH und informiert sie über ihre Rechte und Pflichten. Er stellt ihnen darüber hinaus die Rolle der Schlichtungsstelle vor.

PRAXISTIPP Fragen Sie Ihren Betriebsrat bzw. Jugendvertreter, er kann Ihnen zusätzliches Info-Material zur Zusammenarbeit zwischen Schule und Betrieb beschaffen.

Berufliche Handlungskompetenz und das System der Dualen Berufsausbildung

Ziel der Berufsausbildung: Erwerb von beruflicher **Handlungskompetenz**

Fachkompetenz
In beruflichen Situationen sach- und fachgerecht, persönlich durchdacht verantwortungsvoll handeln

Personalkompetenz
Als Individuum Entwicklungschancen in Beruf und Privatleben beurteilen und eigene Lebenspläne entwickeln

Sozialkompetenz
Soziale Beziehungen und Interessenlagen erfassen sowie Spannungen und Konflikte bewältigen

Methodenkompetenz
Aufgaben selbstständig, fachlich richtig und methodengerecht bearbeiten und das Ergebnis beurteilen

Hierbei ergänzen sich die **Lernorte des Dualen Systems**:

Berufsschule

- Ausbildung in Lernfeldern (berufsbezogene und berufsübergreifende Inhalte)
- Kontakt zu Azubis anderer Betriebe und Branchen
- Ges. Basis: Schulgesetze der Länder, Lehrpläne

Abschlusszeugnis der Berufsschule

Ausbildungsbetrieb

- Fachpraktische Ausbildung und Anwendung
- Kontakt zu Kollegen und Kunden
- Ges. Basis: Berufsausbildungsgesetz, Ausbildungsordnung, Berufsausbildungsvertrag

Abschlussprüfung vor IHK

1. Ordnen Sie die folgenden Qualifikationen den Kompetenzbereichen zu: Logisches Denken, Entscheidungsfähigkeit, Kritikfähigkeit, Kommunikationsfähigkeit, Fairness, wirtschaftliches Denken, Identifikation mit der Arbeit, Sprachkenntnisse, Planungsfähigkeit, Toleranz, Mobilität.

2. Erläutern Sie, unter welchen Voraussetzungen der mittlere Bildungsabschluss im Rahmen einer Berufsausbildung erworben werden kann.

3. Die Rechtsgrundlagen der Berufsausbildung sind für die gesamte Dauer Ihrer Ausbildung wichtige Nachschlagewerke. Beschaffen Sie für Ihre Klasse die Ausbildungsordnung, das Berufsbildungsgesetz, das Jugendarbeitsschutzgesetz und den Lehrplan und legen Sie einen Ordner mit diesen Unterlagen an.

4. Der Berufsschulunterricht kann als Teilzeitunterricht oder als Blockunterricht stattfinden. Diskutieren Sie Vor- und Nachteile der unterschiedlichen Regelungen aus der Sicht der Auszubildenden und aus der Sicht der Betriebe.

5. Diskutieren Sie andere zeitliche Modelle des Berufsschulunterrichts, z. B. Projektphasen oder zusammenhängende Wiederholungsphasen vor der Zwischen- und Abschlussprüfung.

1.2 Rechtsgrundlagen der Berufsausbildung

Sabine Freund sitzt mit ihrer Cousine Caroline zusammen. Caroline hat nach dem Hauptschulabschluss ein Berufsgrundbildungsjahr im Berufsfeld Wirtschaft und Verwaltung absolviert. Sie erzählt Sabine begeistert, dass sie nach dem Abschluss auch Kauffrau im Einzelhandel lernen möchte: *„Und stell dir vor, für mich dauert die Ausbildung nur zwei Jahre!"* Sabine ist empört. Auch sie hat einen zweijährigen Ausbildungsvertrag, aber sie hat schließlich das Abitur! Die Ausbildung zur Kauffrau im Einzelhandel dauert regulär drei Jahre, da ist sie sich ganz sicher.

ARBEITSAUFTRÄGE

- Klären Sie, unter welchen Voraussetzungen die Ausbildung verkürzt werden kann und welche Möglichkeiten der Verlängerung der Ausbildung bestehen.
- Erläutern Sie die wesentlichen Inhalte des Berufsbildungsgesetzes und stellen Sie die Rechte und Pflichten des Auszubildenden auf einem Plakat gegenüber. Hängen Sie das Plakat in der Klasse auf.

Die Ausbildungsordnung

Die Verordnung über die Berufsausbildung zum Kaufmann und zur Kauffrau im Einzelhandel und zum Verkäufer/zur Verkäuferin (**Ausbildungsordnung**) enthält Regelungen über die Ausbildungsdauer, die Struktur der Berufsausbildung, das Ausbildungsberufsbild, den Ausbildungsrahmenplan, den betrieblichen Ausbildungsplan, das Berichtsheft und die Prüfungen.

Ausbildungsdauer: Die Ausbildungsdauer für den Ausbildungsberuf Verkäuferin/Verkäufer beträgt zwei Jahre, für den Beruf Kaufmann/Kauffrau im Einzelhandel drei Jahre. Bei überdurchschnittlichen Leistungen oder aufgrund vorausgegangener Schul- und Ausbildungszeiten kann das Unternehmen oder der Auszubildende bei der Industrie- und Handelskammer bzw. bei der Handwerkskammer einen Antrag auf **Verkürzung** der Ausbildungszeit stellen.

Beispiel Die Auszubildende Nicole Ganser ist die beste Schülerin der Klasse. Auch ihr Ausbildungsbetrieb ist mit ihr zufrieden. Aus diesem Grund beantragt der Ausbildende nach Rücksprache mit Nicole bei der Industrie- und Handelskammer eine Verkürzung der Ausbildung zur Kauffrau im Einzelhandel auf 2,5 Jahre.

Hat der Auszubildende vor Beginn der Ausbildung ein Berufsgrundbildungsjahr im Berufsfeld Wirtschaft und Verwaltung erfolgreich abgeschlossen, **muss** die Ausbildung um ein Jahr **verkürzt** werden.

Grundsätzlich ist auch eine **Verlängerung** der Ausbildung möglich, wenn diese erforderlich ist, um das Ziel der Ausbildung zu erreichen. Der Antrag auf Verlängerung kann nur vom Auszubildenden selbst gestellt werden.

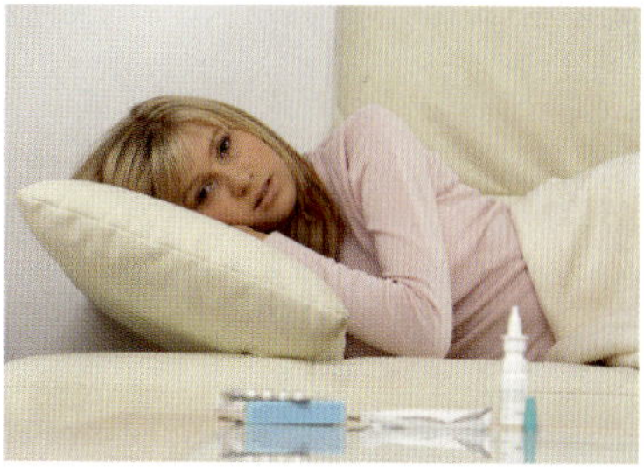

Beispiel Eine Auszubildende versäumt wegen einer langen Krankheit ein halbes Jahr ihrer Ausbildung. Sie stellt bei der zuständigen Kammer den Antrag, die Ausbildung um diesen Zeitraum zu verlängern.

Struktur der Berufsausbildung: Die Ausbildung im Beruf Verkäufer/Verkäuferin und Kaufmann/Kauffrau im Einzelhandel gliedert sich in Pflicht- und Wahlqualifikationen. **Pflichtqualifikationen** sind in der Ausbildungsordnung zwingend vorgeschriebene Inhalte der Ausbildung. Bei den **Wahlqualifikationen** können Ausbildender und Auszubildender aus einer Liste Schwerpunkte der Ausbildung auswählen. Der Auszubildende hat so die Möglichkeit, sich ein Profil für seine Ausbildung zu wählen. Die Wahlqualifikationen werden im Ausbildungsvertrag festgelegt.

Pflichtqualifikationen für den Ausbildungsberuf Verkäufer/Verkäuferin und Kaufmann/Kauffrau im Einzelhandel

Gegenstand der Berufsausbildung sind die folgenden Fertigkeiten und Kenntnisse:

1. Der Ausbildungsbetrieb;
2. Information und Kommunikation;
3. Warensortiment;
4. Grundlagen von Beratung und Verkauf;
5. Servicebereich Kasse;
6. Marketinggrundlagen;
7. Warenwirtschaft;
8. Grundlagen des Rechnungswesens.

Wahlqualifikationen für den Ausbildungsberuf Verkäufer/Verkäuferin

Aus der folgenden Auswahlliste müssen Verkäuferinnen und Verkäufer **eine Wahlqualifikationseinheit** auswählen:

1. Warenannahme, Warenlagerung
2. Beratung und Verkauf
3. Kasse
4. Marketingmaßnahmen

Beispiel Kerstin Dahm ist **Auszubildende zur Verkäuferin** der Center Warenhaus GmbH. Sie ist kommunikativ, war viele Jahre Klassensprecherin und im letzten Jahr sogar Schülersprecherin der Kopernikus-Realschule. Dabei hatte sie viel Freude am Kontakt zu Menschen. Das Gespräch und die Beratung fallen ihr leicht. Nach einem ausführlichen Gespräch mit der Ausbildungsleiterin Frau Meys entscheidet sie sich für die Wahlqualifikationseinheit „Beratung und Verkauf“.

Wahlqualifikationseinheiten I für den Ausbildungsberuf Kaufmann/Kauffrau im Einzelhandel

Aus der folgenden Auswahlliste muss für den Ausbildungsberuf Kaufmann/Kauffrau im Einzelhandel **eine Wahlqualifikationseinheit** ausgewählt werden:

1. Warenannahme, Warenlagerung;
2. Beratung und Verkauf;
3. Kasse;
4. Marketingmaßnahmen;

Wahlqualifikationseinheiten II für den Ausbildungsberuf Kaufmann/Kauffrau im Einzelhandel

Aus der folgenden Auswahlliste müssen für den Ausbildungsberuf Kaufmann/Kauffrau im Einzelhandel **drei Wahlqualifikationseinheiten** ausgewählt werden. Dabei muss mindestens ein Baustein aus den Positionen 1 bis 3 gewählt werden.

1. Beratung, Ware, Verkauf;
2. beschaffungsorientierte Warenwirtschaft;
3. warenwirtschaftliche Analyse;
4. kaufmännische Steuerung und Kontrolle;
5. Marketing;
6. IT-Anwendungen;
7. Personal;
8. Grundlagen unternehmerischer Selbstständigkeit.

Beispiel Sabine Freund ist **Auszubildende zur Kauffrau im Einzelhandel** der Center Warenhaus GmbH. Sie ist kreativ und aufgeschlossen. Während der Schulzeit hat sie ein Praktikum in einer Werbeagentur absolviert, das ihr sehr viel Freude gemacht hat. Ihr Plan ist es, sich später einmal selbstständig zu machen. Nach ausführlicher Beratung mit Frau Meys entscheidet sie sich für die Wahlqualifikationen Beratung und Verkauf, beschaffungsorientierte Warenwirtschaft, Marketing und Personal.

Ausbildungsberufsbild: Das Ausbildungsberufsbild beschreibt die Fertigkeiten und Kenntnisse und die Einsatzgebiete, die Gegenstand der Berufsausbildung sind.

Beispiel Auszug aus den **Fertigkeiten und Kenntnissen** gem. § 4 Abs. 1 Ausbildungsverordnung:

Lfd. Nr.	Teil des Ausbildungsberufsbildes	Zu vermittelnde Fertigkeiten und Kenntnisse
1	2	3
4	Grundlagen von Beratung und Verkauf (§ 8 Abs. 1, Nr. 4)	
4.1	kunden- und dienstleistungsorientiertes Verhalten (§ 4 Abs. 1, Nr. 4.1)	a) die Rolle des Verkaufspersonals für eine erfolgreiche Handelstätigkeit erläutern und bei der eigenen Aufgabenerfüllung berücksichtigen b) Anforderungen und Aufgaben einer erfolgreichen Verkaufstätigkeit darstellen c) durch eigenes Verhalten zur Kundenzufriedenheit und Kundenbindung beitragen

Im Ausbildungsberufsbild für den Ausbildungsberuf **Kaufmann/Kauffrau im Einzelhandel stehen** die **kaufmännischen Geschäftsprozesse** wie z. B. das Planen und Verwalten im Vordergrund.

Beispiel In der Center Warenhaus GmbH werden ausgebildete Kaufleute im Einzelhandel in der Funktion Substitut oder Erstverkäufer eingesetzt.

Für den Ausbildungsberuf **Verkäufer/Verkäuferin** sind die **Bereichstätigkeiten** wie z. B. das Warensortiment, Beratung und Verkauf und der Servicebereich Kasse Schwerpunkte der Ausbildung.

Beispiel In der Center Warenhaus GmbH werden ausgebildete Verkäufer in der Funktion Verkäufer und Kassierer eingesetzt.

Ausbildungsrahmenplan: Die sachliche Gliederung der Berufsausbildung erfolgt im Ausbildungsrahmenplan, dem eine zeitliche Gliederung beigefügt ist. Hier ist das Ausbildungsberufsbild konkretisiert und es ist genau aufgeführt, in welchem Ausbildungsabschnitt dem Auszubildenden welche Fertigkeiten und Kenntnisse zu vermitteln sind.

Betrieblicher Ausbildungsplan: Auf der Grundlage des Ausbildungsrahmenplanes erstellt der Ausbildungsbetrieb für jeden Auszubildenden einen betrieblichen Ausbildungsplan. Er hat so die Möglichkeit, die gesetzlichen Vorgaben auf die konkreten betrieblichen Bedingungen zu übertragen. Der Ausbildungsplan ist dem Auszubildenden zu Beginn der Ausbildung auszuhändigen.

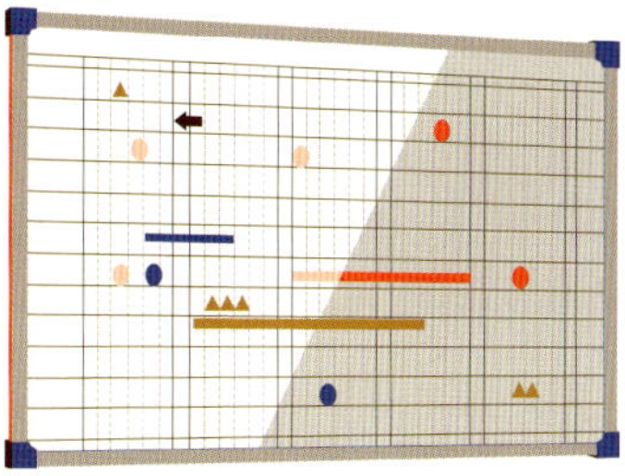

Er beinhaltet

- einen in zeitlicher und sachlicher Hinsicht **vollständigen Überblick über den Ablauf der Ausbildung** und
- einen **Umsetzungs- und Schulungsterminplan**, der die Abfolge der Ausbildung in den einzelnen Abteilungen festlegt.

Berichtsheft: Um den ordnungsgemäßen Ablauf der Ausbildung belegen zu können, führt der Auszubildende ein Berichtsheft. Es wird in Form eines Ausbildungsnachweises geführt, ist vom Ausbildenden regelmäßig durchzusehen und vom Ausbildenden sowie vom Auszubildenden zu unterschreiben. Im Berichtsheft ist der der Ausbildung zugrunde liegende Warenbereich zu dokumentieren. Dem Auszubildenden ist Gelegenheit zu geben, das Berichtsheft während der Ausbildungszeit zu führen.

PRAXISTIPP Führen Sie Ihr Berichtsheft von Anfang an sauber und vollständig.

Prüfungen: Die Prüfung legt der Auszubildende in zwei Teilen ab. Sie wird von den zuständigen Kammern **(Industrie- und Handelskammer, Handwerkskammer)** abgenommen.

- **Prüfung für den Ausbildungsberuf Verkäufer/Verkäuferin**

Zwischenprüfung
Die Zwischenprüfung für die Ausbildungsberufe Verkäufer/Verkäuferin wird zu Beginn des zweiten Ausbildungsjahres durchgeführt. In 90 Minuten soll der Prüfling praxisbezogene Aufgaben oder Fälle aus folgenden Gebieten bearbeiten:

1. Verkauf und Marketing
2. Warenwirtschaft und Rechnungswesen
3. Wirtschafts- und Sozialkunde

Abschlussprüfung
Die Abschlussprüfung besteht aus den folgenden **vier Prüfungsleistungen:**

1. Prüfungsbereich **Verkauf und Marketing:**
   In 90 Minuten soll der Prüfling praxisbezogene Aufgaben und Fälle insbesondere aus den folgenden Gebieten bearbeiten:
   a) Verkauf, Beratung und Kasse b) Warenpräsentation und Werbung
2. Prüfungsbereich **Warenwirtschaft und Rechnungswesen:**
   In 60 Minuten soll der Prüfling praxisbezogene Aufgaben und Fälle insbesondere aus den folgenden Gebieten bearbeiten:
   a) Warenannahme und Lagerung c) rechnerische Geschäftsvorgänge
   b) Bestandsführung und -kontrolle d) Kalkulation

3. Prüfungsbereich **Wirtschafts- und Sozialkunde:**
   In 60 Minuten soll der Prüfling praxisbezogene Aufgaben und Fälle bearbeiten und dabei zeigen, dass er wirtschaftliche und gesellschaftliche Zusammenhänge der Berufs- und Arbeitswelt darstellen kann.
4. Prüfungsbereich **Fallbezogene Fachgespräche:**
   Im Rahmen eines Fachgespräches soll der Prüfling anhand einer von zwei ihm zur Wahl gestellten praxisbezogenen Aufgaben zeigen, dass er kunden- und serviceorientiert handeln kann. Die festgelegte Wahlqualifikationseinheit ist Grundlage der Aufgabenstellung; der im Berichtsheft dokumentierte Warenbereich ist zu berücksichtigen.

- **Prüfung für den Ausbildungsberuf Kaufmann/Kauffrau im Einzelhandel**

Für Auszubildende im Beruf Kaufmann/Kauffrau im Einzelhandel, die ihre Ausbildung nach dem 01.08.2009 beginnen, wird die Abschlussprüfung als **gestreckte Prüfung** durchgeführt. Die gestreckte Prüfung besteht aus den zeitlich auseinanderfallenden Teilen 1 und 2. Die Zwischenprüfung für die Kaufleute im Einzelhandel entfällt.

- **Teil 1 der Abschlussprüfung** findet am Ende des 2. Ausbildungsjahres statt. Er umfasst die Prüfungsbereiche
  1. Verkauf und Marketing
  2. Warenwirtschaft und Rechnungswesen
  3. Wirtschafts- und Sozialkunde

  und ist mit der schriftlichen Prüfung im Ausbildungsberuf Verkäufer/Verkäuferin identisch.
- **Teil 2 der Abschlussprüfung** erstreckt sich auf die Fertigkeiten, Kenntnisse und Fähigkeiten des dritten Ausbildungsjahres sowie auf den im Berufsschulunterricht zu vermittelnden Lernstoff. Er umfasst die Prüfungsbereiche
  4. Geschäftsprozesse im Einzelhandel, 5. Fallbezogenes Fachgespräch
  - Im Prüfungsbereich **Geschäftsprozesse im Einzelhandel** soll der Prüfling in höchstens 105 Minuten praxisbezogene Fälle und Ausgaben schriftlich bearbeiten. Dabei soll er zeigen, dass er fachliche, wirtschaftliche und soziale Zusammenhänge bezogen auf die Kern- und Unterstützungsprozesse des Einzelhandels versteht, Sachverhalte analysieren sowie Lösungsmöglichkeiten zu Aufgabenstellungen entwickeln kann. **Kernprozesse** sind die Bereiche Einkauf und Sortimentsgestaltung, logistische Prozesse und Verkauf, **Unterstützungsprozesse** der Bereiche Rechnungswesen, Personalwirtschaft, Marketing und IT-Anwendung.
  - Im Prüfungsbereich **Fallbezogenes Fachgespräch** soll der Prüfling anhand einer von zwei ihm zur Wahl gestellten praxisbezogenen Aufgaben zeigen, dass er kunden- und serviceorientiert handeln kann. Eine der festgelegten Wahlqualifikationseinheiten ist Grundlage der Aufgabenstellung; der im Berichtsheft dokumentierte Warenbereich ist zu berücksichtigen.

  Bei der Ermittlung des Gesamtergebnisses sind die Prüfungsbereiche wie folgt zu gewichten:

Prüfungsbereich	Gewichtung
1. Verkauf und Marketing	15%
2. Warenwirtschaft und Rechnungswesen	10%
3. Wirtschafts- und Sozialkunde	10%
4. Geschäftsprozesse im Einzelhandel	25%
5. Fallbezogenes Fachgespräch	40%

Das Berufsbildungsgesetz

Die berufliche Ausbildung, Fortbildung und Umschulung ist im **Berufsbildungsgesetz** geregelt.

Der Ausbildungsvertrag (§ 11 BBiG)

Vor Beginn der Ausbildung muss zwischen Ausbildendem und Auszubildendem ein Ausbildungsvertrag abgeschlossen werden.

Auszubildender ist derjenige, der ausgebildet wird. Minderjährige Auszubildende benötigen zum Abschluss des Ausbildungsvertrages die Zustimmung des gesetzlichen Vertreters.

Beispiel Sabine Freund hat vor vier Wochen ihren Ausbildungsvertrag abgeschlossen. Sie ist Auszubildende.

Ausbildender ist derjenige, der einen anderen zur Berufsausbildung einstellt.

Beispiel Sabine wird von der Center Warenhaus GmbH ausgebildet. Die Center Warenhaus GmbH ist Ausbildender.

Ausbilder ist derjenige, der vom Ausbildenden mit der Durchführung der Ausbildung betraut ist.

Beispiel Sabine wird zunächst in der Personalabteilung eingesetzt. Hier wird sie von Frau Meys ausgebildet. Frau Meys ist Ausbilderin.

Der **Ausbildungsvertrag** muss vor Beginn der Ausbildung schriftlich niedergelegt werden. Hierfür wird in der Praxis meist ein Vordruck der Industrie- und Handelskammer (IHK) oder der Handwerkskammer verwendet. Der Vertrag muss nebenstehende **Mindestangaben** enthalten:

1. Art, sachliche und zeitliche Gliederung sowie Ziel der Berufsausbildung
2. Beginn und Dauer der Berufsausbildung
3. Ausbildungsmaßnahmen außerhalb der Ausbildungsstätte
4. Dauer der täglichen Ausbildungszeit
5. Dauer der Probezeit
6. Zahlung und Höhe der Vergütung
7. Dauer des Urlaubs
8. Voraussetzungen, unter denen der Vertrag gekündigt werden kann
9. Hinweis auf die Tarifverträge, Betriebs- oder Dienstvereinbarungen, die anzuwenden sind

Der Ausbildungsvertrag muss der Industrie- und Handelskammer bzw. der Handwerkskammer zur Eintragung in das **Verzeichnis der Berufsausbildungsverhältnisse** vorgelegt werden.

Mit Abschluss des Ausbildungsvertrages übernehmen Ausbildender und Auszubildender Pflichten, die gleichzeitig die Rechte der anderen Vertragspartei sind.

Pflichten des Ausbildenden (§ 14 ff. BBiG)

- Der Ausbildende hat dafür zu sorgen, dass dem Auszubildenden die **berufliche Handlungsfähigkeit vermittelt** wird, die zum Erreichen des Ausbildungszieles erforderlich ist.

  Beispiel Der Ausbildungsrahmenplan für den Beruf Kaufmann/Kauffrau im Einzelhandel sieht vor, dass die Auszubildenden rechtliche Vorschriften der Berufsausbildung kennenlernen. Laut betrieblichem Ausbildungsplan wird Sabine Freund zunächst in der Personalabteilung eingesetzt.

- Die Ausbildung muss entweder **vom Ausbildenden selbst** oder **von persönlich und fachlich geeigneten Ausbildern** durchgeführt werden.

  Beispiel Als Ausbilder setzt der Ausbildende den zuständigen Abteilungs- oder Gruppenleiter ein. Alle Ausbilder haben vor der Industrie- und Handelskammer eine Ausbildereignungsprüfung abgelegt.

- Dem Auszubildenden müssen die **Ausbildungsmittel kostenlos** zur Verfügung gestellt werden.

  Beispiel Berichtshefte, Fachbücher und Schreibmaterial für die Ausbildung im Ausbildungsbetrieb (nicht in der Schule).

  Vorgeschriebene Berufskleidung, z. B. die Kittel in der Lebensmittelabteilung, werden vom Ausbildenden ebenfalls zur Verfügung gestellt.

- Der Auszubildende ist zum **Besuch der Berufsschule** und zum **Führen der Berichtshefte** anzuhalten. Das ordnungsgemäß geführte Berichtsheft ist **Voraussetzung** für die Zulassung zur **Abschlussprüfung.**

  Beispiel Sabine Freund muss ihr Berichtsheft einmal im Monat dem jeweiligen Abteilungsleiter vorlegen und unterschreiben lassen.

- Der Ausbildende muss dafür sorgen, dass dem Auszubildenden **nur Tätigkeiten** übertragen werden, **die dem Ausbildungszweck** dienen und seinen körperlichen Kräften angemessen sind.

  Beispiel Sabine Freund ist in der Sportartikelabteilung eingesetzt. Alle hier anfallenden Arbeiten hat sie auszuführen. Als die Substitutin Elena Gutowski sie auffordert, für sie private Besorgungen zu erledigen, schreitet Frau Meys ein und teilt Frau Gutowski mit, dass Sabine nur Tätigkeiten übertragen werden dürfen, die dem Ausbildungszweck dienen.

- Der Auszubildende muss für die **Teilnahme am Berufsschulunterricht und an Prüfungen freigestellt werden.** Dies gilt auch für andere schulische Veranstaltungen.

  Beispiel Die Berufsschule führt einmal im Jahr einen Wandertag durch. Herr Becker ist der Meinung, dies habe nichts mit der Ausbildung zu tun. Herr Becker ist im Irrtum; der Wandertag ist eine schulische Veranstaltung, für die der Ausbildende den Auszubildenden freistellen muss.

- Dem Auszubildenden muss bei Beendigung des Ausbildungsverhältnisses ein **Zeugnis** ausgestellt werden. Der Auszubildende kann dabei zwischen dem **einfachen Arbeitszeugnis** und dem **qualifizierten Arbeitszeugnis** wählen.

  Beispiel Das einfache Arbeitszeugnis enthält Angaben über Art, Dauer und Ziel der Berufsausbildung sowie die erworbenen Fertigkeiten und Kenntnisse. Das qualifizierte Arbeitszeugnis enthält zusätzlich Angaben über Führung, Leistung und besondere fachliche Fähigkeiten.

- Dem Auszubildenden ist eine **angemessene Vergütung** zu zahlen.

  Beispiel **Gehaltstarifvertrag Einzelhandel Nordrhein-Westfalen (2011), Auszubildende**

1. Ausbildungsjahr	EUR 645,00
2. Ausbildungsjahr	EUR 717,00
3. Ausbildungsjahr	EUR 820,00

- Die Vergütung muss spätestens **am letzten Arbeitstag des Monats** gezahlt werden. Eine über die regelmäßige Ausbildungszeit hinausgehende Beschäftigung ist besonders zu vergüten.

- Erkrankt der Auszubildende, wird die Vergütung bis zur Dauer von sechs Wochen durch den Ausbildenden weitergezahlt, danach erhält er von der zuständigen Krankenversicherung **Krankengeld.**

PRAXISTIPP Über die Höhe der tariflichen Ausbildungsvergütung können Sie sich beim Einzelhandelsverband oder der Gewerkschaft ver.di (www.verdi.de) informieren.

○ Pflichten des Auszubildenden (§ 13 BBiG)

- Der Auszubildende hat sich zu bemühen, die **berufliche Handlungsfähigkeit zu erwerben**, die zur Erreichung des Ausbildungsziels erforderlich ist.

Beispiel Die Auszubildende Kirsten Schorn, eine Mitschülerin von Sabine Freund, besucht regelmäßig die Berufsschule, macht die Hausaufgaben und arbeitet im Unterricht mit. Trotzdem ist das Ergebnis der Zwischenprüfung in allen drei Fächern mangelhaft. Ihr Ausbilder droht daraufhin mit Kündigung. Eine Kündigung ist in diesem Fall nicht zulässig, da die Auszubildende sich bemüht hat, das Ziel der Ausbildung zu erreichen.

- Der Auszubildende muss alle ihm im Rahmen der Ausbildung **aufgetragenen Tätigkeiten sorgfältig ausführen.**

Beispiel Sabine Freund verliert den ihr vom Betrieb zur Verfügung gestellten Taschenrechner. Sie ist zum Ersatz des Schadens verpflichtet, da sie gegen die Sorgfaltspflicht verstoßen hat.

- Der Auszubildende muss **an Ausbildungsmaßnahmen**, für die er freigestellt ist, **teilnehmen.**

Beispiel Eine Auszubildende schwänzt mehrfach die Berufsschule. Hierbei handelt es sich um eine grobe Pflichtverletzung der Auszubildenden, die zu einer Kündigung führen kann.

- **Weisungen**, die ihm im Rahmen der Berufsausbildung erteilt werden, muss der Auszubildende **befolgen.**

Beispiel Sabine hat im Verkauf Kontakt mit Kunden. Sabines Ausbilderin erteilt ihr die Weisung, nicht mit einem bauchfreien Oberteil in den Betrieb zu kommen. Sie muss diese Weisung befolgen, da ein solches Erscheinungsbild von den Kunden nicht akzeptiert würde und geschäftsschädigende Folgen hätte.

- Die für die Ausbildungsstätte **geltende Ordnung ist zu beachten.**

Beispiel In allen Räumen des Ausbildungsbetriebes gilt striktes Rauchverbot. Hieran muss sich jeder Auszubildende halten.

- Arbeitsmittel und Einrichtungen sind **pfleglich zu behandeln.**

Beispiel Sabine benutzt eine vom Betrieb überlassene Schere zum Öffnen einer Getränkeflasche. Die Schere bricht ab. Sabine muss das Werkzeug ersetzen.

- Über Betriebs- und Geschäftsgeheimnisse ist **Stillschweigen zu wahren.**

Beispiel Sabines Freund ist kaufmännischer Angestellter in einem Konkurrenzbetrieb. Sie berichtet ihm von der bevorstehenden Sonderverkaufsaktion. Damit verstößt sie gegen die ihr auferlegte Schweigepflicht.

○ Beginn und Beendigung der Ausbildung (§ 20 ff. BBiG)

- Das Berufsausbildungsverhältnis beginnt mit der **Probezeit.** Sie muss mindestens einen Monat und darf höchstens vier Monate betragen. In der Probezeit prüft der Auszubildende, ob ihm der Beruf gefällt, und der Ausbildende, ob der Auszubildende für den Beruf geeignet ist.

- Das Ausbildungsverhältnis endet **mit Ablauf der Ausbildungszeit.** Besteht der Auszubildende die Prüfung zu einem früheren Zeitpunkt, so endet das Ausbildungsverhältnis mit Bestehen der Abschlussprüfung.

Beispiel Kerstins Ausbildungsvertrag endet am 31. August. Am 15. Juni schließt sie vor dem Prüfungsausschuss der Industrie- und Handelskammer erfolgreich die Kaufmannsgehilfenprüfung ab. Mit diesem Tag endet das Ausbildungsverhältnis und ihr steht im Falle der Übernahme das entsprechende Tarifgehalt zu.

- Eine **Kündigung** des Ausbildungsverhältnisses ist in folgenden Fällen möglich:

1. **während der Probezeit** jederzeit ohne Einhaltung einer Frist und Angabe von Gründen. Die Kündigung muss schriftlich erfolgen.

Beispiel Silke stellt während der Probezeit fest, dass ihr die Ausbildung zur Einzelhandelskauffrau nicht zusagt. Sie teilt dies ihrem Chef schriftlich mit und kündigt das Ausbildungsverhältnis.

2. nach der Probezeit

a) aus einem wichtigen Grund ohne Einhaltung einer Kündigungsfrist. Die fristlose Kündigung muss spätestens zwei Wochen nach Bekanntwerden des Grundes erfolgen.

Beispiel Ein Auszubildender wird bei einem Diebstahl ertappt. Der Chef kündigt ihm fristlos.

b) vom Auszubildenden **mit einer Frist von vier Wochen**, wenn er die Berufsausbildung aufgeben will.

Beispiel Angela erbt ein großes Vermögen. Sie möchte nicht mehr arbeiten. Mit einer Frist von vier Wochen kann sie ihren Ausbildungsvertrag kündigen.

c) wenn der Auszubildende sich für einen anderen Beruf ausbilden lassen will.

Beispiel Ein Jahr nach Beginn der Ausbildung zum Einzelhandelskaufmann kann ein Auszubildender eine Ausbildung in seinem Traumberuf als Goldschmied antreten. Er kündigt mit einer Frist von vier Wochen.

Die Kündigung muss **schriftlich und unter Angabe der Kündigungsgründe** erfolgen.

Einhaltung des Berufsbildungsgesetzes: Die Einhaltung des Berufsbildungsgesetzes wird von der Industrie- und Handelskammer oder der Handwerkskammer überwacht.

Aufstieg und Funktionen im Einzelhandel: Verkäuferinnen und Verkäufer oder Kaufleute im Einzelhandel können nach abgeschlossener Ausbildung im Unternehmen aufsteigen. Die Funktionen im Einzelhandelsunternehmen lassen sich z. B. anhand der im Tarifvertrag geregelten Gehaltsgruppen erläutern.

- **Angestellte mit einfacher kaufmännischer Tätigkeit**
  a) Verkäufer
  b) Kassierer mit einfacher Tätigkeit
- **Angestellte mit einer Tätigkeit, die erweiterte Fachkenntnisse und eine größere Verantwortung erfordert**
  a) Erste Verkäufer
  b) Abteilungsaufsichten
- **Angestellte mit einer selbstständigen Tätigkeit im Rahmen allgemeiner Anweisungen und mit entsprechender Verantwortung für ihren Tätigkeitsbereich**
  a) Substitut
  b) Erste Verkäufer mit Einkaufsbefugnis
- **Angestellte in leitender Stellung mit Anweisungsbefugnis und mit entsprechender Verantwortung für ihren Tätigkeitsbereich**
  a) Abteilungsleiter
  b) Einkäufer

Darüber hinausgehende Funktionen, wie z. B. die Geschäftsführer der Center Warenhaus GmbH, sind tarifvertraglich nicht geregelt.

Rechtsgrundlagen der Berufsausbildung

- Die **Ausbildungsordnung** enthält Regelungen über:
  - **Ausbildungsdauer:** Verkäufer/Verkäuferin 2 Jahre
    Kaufmann/Kauffrau im Einzelhandel 3 Jahre
  - **Ausbildungsberufsbild:** Fertigkeiten und Kenntnisse, die Gegenstand der Berufsausbildung sind
  - **Ausbildungsrahmenplan:** sachliche und zeitliche Gliederung der Berufsausbildung

- **Struktur der Berufsausbildung**

Pflichtbausteine für Verkäufer und Kaufmann im Einzelhandel „8 aus 8“	**Berufsbildposition**
	1. Der Ausbildungsbetrieb 2. Information und Kommunikation 3. Warensortiment 4. Grundlagen von Beratung und Verkauf 5. Servicebereich Kasse 6. Marketinggrundlagen 7. Warenwirtschaft 8. Grundlagen des Rechnungswesens

Wahlbausteine I für Verkäufer und Kaufmann im Einzelhandel „1 aus 4“	**Berufsbildposition**
	1. Warenannahme, Warenlagerung 2. Beratung und Verkauf 3. Kasse 4. Marketingmaßnahmen

Wahlbausteine II für Kaufmann im Einzelhandel „3 aus 8“ (mind. eine aus Pos. 1–3)	**Berufsbildposition**
	1. Beratung, Ware, Verkauf 2. Beschaffungsorientierte Warenwirtschaft 3. Warenwirtschaftliche Analyse 4. Kaufmännische Steuerung und Kontrolle 5. Marketing 6. IT-Anwendung 7. Personal 8. Grundlagen unternehmerischer Selbstständigkeit

  - **betrieblicher Ausbildungsplan:** zeitlicher und sachlicher Überblick über den Ablauf der Ausbildung
  - **Berichtsheft:** Nachweis über den ordnungsgemäßen Ablauf der Ausbildung
  - **Prüfungen:** Zwischenprüfung und Abschlussprüfung für den Ausbildungsberuf Verkäufer/Verkäuferin und Teil 1 und Teil 2 der Abschlussprüfung als gestreckte Prüfung für den Ausbildungsberuf Kaufmann/Kauffrau im Einzelhandel

- Der **Berufsausbildungsvertrag** muss vor Beginn der Berufsausbildung schriftlich abgeschlossen werden.
  - **Auszubildender** ist derjenige, der ausgebildet wird.
  - **Ausbildender** ist derjenige, der einen anderen zur Berufsausbildung einstellt.
  - **Ausbilder** ist derjenige, der vom Ausbildenden mit der Durchführung der Ausbildung betraut ist.
  - Der Berufsausbildungsvertrag muss bestimmte **Mindestangaben** enthalten.

Pflichten des Ausbildenden	Pflichten des Auszubildenden
– Ausbildungspflicht – Freistellung des Auszubildenden zum Besuch der Berufsschule – Bereitstellung von Arbeitsmitteln – Zeugnispflicht – Vergütung	– Lernpflicht – Besuch der Berufsschule – Gehorsamspflicht – Sorgfaltspflicht – Einhaltung der Betriebsordnung – Schweigepflicht

- Die **Probezeit** muss mindestens einen Monat und darf höchstens vier Monate betragen.
- Die Einhaltung des Berufsbildungsgesetzes wird von der **Industrie- und Handelskammer** überwacht.

1. Beschaffen Sie sich die Verordnung über die Berufsausbildung für Ihren Ausbildungsberuf. Sie kann über die zuständige Kammer bezogen werden. Verschaffen Sie sich einen Überblick über die Fertigkeiten und Kenntnisse, die Gegenstand Ihrer Berufsausbildung sind.
a) Stellen Sie für den Themenkreis „Der Ausbildungsbetrieb" der Ausbildungsordnung fest, welche Fertigkeiten und Kenntnisse im Ausbildungsrahmenplan vorgesehen sind.
b) Prüfen Sie, wann diese Themen in Ihrem betrieblichen Ausbildungsplan vorgesehen sind und in welcher Abteilung Sie dazu ausgebildet werden.
c) Stellen Sie fest, in welchem Unterrichtsfach und wann dieses Thema im Lehrplan der Berufsschule vorgesehen ist.

2. Markus Rother beginnt seine Ausbildung zum Kaufmann im Einzelhandel. Nachdem ihn der Ausbildungsleiter durch die Abteilungen geführt hat, erklärt er ihm, dass er als jüngster Auszubildender in der Frühstückspause für alle Kaffee zu kochen habe. Markus ist empört. Er ist der Meinung, dass er als Kaufmann im Einzelhandel und nicht als Kaffeekoch ausgebildet wird. Führen Sie das Gespräch des Ausbildungsleiters mit dem Auszubildenden in Form eines Rollenspiels. Setzen Sie dabei einen Beobachtungsbogen ein. Bei der Erstellung des Beobachtungsbogens können Sie sich am Beispiel auf Seite 78 orientieren.

3. a) Erstellen Sie eine Übersicht mit den Rechten und Pflichten des Auszubildenden. Schlagen Sie dazu im Berufsbildungsgesetz nach. Fertigen Sie die Übersicht auf einem großen Bogen Papier an und hängen Sie diesen in der Klasse auf.
b) In § 14 Berufsbildungsgesetz heißt es: „Dem Auszubildenden dürfen nur Aufgaben übertragen werden, die dem Ausbildungszweck dienen und seinen körperlichen Kräften angemessen sind." Befragen Sie Ihre Mitschüler, welche Tätigkeiten sie in der vergangenen Woche ausgeführt haben, die dem Ausbildungszweck dienen und welche Tätigkeiten nicht im Sinne der Ausbildung waren. Diskutieren Sie, warum es sinnvoll sein könnte, auch die eine oder andere Tätigkeit auszuführen, die nicht im Sinne der Regelung des Berufsbildungsgesetzes ist.

4. Sabines Freund Jan ist seit einem Jahr als Auszubildender im Beruf Kaufmann im Einzelhandel in der Bürodesign GmbH. Als er eine Lehrstelle in seinem Traumberuf als Fotograf angeboten bekommt, will er das Ausbildungsverhältnis kündigen.
a) Erarbeiten Sie anhand der § 22 f. BBiG die Möglichkeiten der Kündigung eines Ausbildungsverhältnisses.
b) Stellen Sie fest, unter welchen Bedingungen Jan seinen Ausbildungsvertrag kündigen kann.

5. a) Stellen Sie Aufstiegsmöglichkeiten für Verkäufer/Verkäuferinnen und Kaufleute im Einzelhandel dar.
b) Ermittlen Sie, welche Kompetenzen für die von Ihnen vorgestellten Positionen erforderlich sind.

2 Sich mit dem Unternehmensleitbild und Zielsetzungen von Einzelhandelsunternehmen auseinandersetzen

2.1 Die Ziele unternehmerischen Handelns

Kerstin Sommer und Thomas Becker, die Geschäftsführer der Center Warenhaus GmbH, sitzen wie jeden Montag mit den Abteilungsleiterinnen und Abteilungsleitern zusammen. Heute ist das Thema der Sitzung die Frage, ob zum kommenden Termin Auszubildende eingestellt werden sollen. Frau Sommer eröffnet das Gespräch: *„Eigentlich möchte ich möglichst vielen jungen Menschen einen Ausbildungsplatz bieten.“* Herr Becker wirft ein: *„Jeder Auszubildende verursacht Kosten, die nur über die Erlöse wieder in das Unternehmen zurückfließen können. Also einfach ausgedrückt: je mehr Auszubildende wir einstellen, desto höhere Preise müssen wir von unseren Kunden fordern, und je höher die Preise, desto weniger Kunden kommen in den Laden!“ „Aber unsere Auszubildenden sind doch die Fachkräfte von morgen und darüber hinaus wertvolle Arbeitskräfte, in vielen Abteilungen ersetzen sie zumindest eine Halbtagskraft“*, entgegnet Frau Meys, die Ausbildungsleiterin. *„Aber nur im dritten Jahr, und dann sind sie auch noch zwei Tage in der Berufsschule“*, erwidert Herr Becker. *„Wenn jeder Unternehmer so dächte wie Sie“*, sagt Frau Sommer, *„dann gäbe es bald keine ausgebildeten Fachkräfte mehr! Darüber hinaus haben wir als Unternehmen auch eine soziale Verantwortung!“*

ARBEITSAUFTRÄGE

- Fassen Sie die Argumente der Befürworter und Gegner der Ausbildung schlagwortartig zusammen.
- Führen Sie die Diskussion der Geschäftsführer fort. Bilden Sie dazu drei Gruppen, die Befürworter und die Kritiker der Ausbildung und eine Beobachtergruppe. Befürworter und Kritiker sammeln zunächst Argumente und halten diese auf Karten fest. Die Beobachter sammeln Kriterien, auf die sie bei der Beobachtung der Diskussion achten wollen.
- Erstellen Sie eine Liste der Ziele, die von einem Einzelhandelsunternehmen verfolgt werden können.
- Stellen Sie fest, ob und wenn ja, wie sich die Ziele gegenseitig beeinflussen können.

Unternehmensziele

Alle Wirtschaftsbetriebe verfolgen Ziele, die sie mit unterschiedlichen Methoden und Maßnahmen erreichen wollen.

- **Sachziele:** Unter einem Sachziel versteht man den sachlichen Inhalt bzw. den sachlichen Zweck eines Unternehmens, der bei der Gründung eines Unternehmens im

LF 14 Handelsregister, dem Verzeichnis aller Unternehmen in einem Bezirk, angegeben werden muss.

Beispiele
- Das Sachziel der Center Warenhaus GmbH ist der Handel mit Waren aller Art.
- Die Lederwarenfabrik Bernd Lüghausen e. K. ist ein Lieferant der Center Warenhaus GmbH. Ihr Sachziel ist die Herstellung von Lederwaren.
- Mit der Sparkasse KölnBonn arbeitet die Center Warenhaus GmbH eng zusammen, ihr Sachziel ist die Bereitstellung und die Anlage von Kapital sowie die Beratung in Geldgeschäften.

- **Wirtschaftliche Ziele:** Das Sachziel eines Unternehmens ist letztlich nur ein Mittel zur Erreichung anderer, nämlich wirtschaftlicher Ziele, wie angemessener Gewinn und Verzinsung des eingesetzten Kapitals (= erwerbswirtschaftliches Prinzip).

Beispiel Die Center Warenhaus GmbH möchte Gewinne erwirtschaften, Kosten senken, rentabel arbeiten, Marktanteile sichern und ausweiten.

- **Soziale Ziele:** Unternehmen verfolgen auch soziale Ziele, die sich vorwiegend auf ihre Mitarbeiter beziehen.

Beispiele
- Die Arbeitsplätze der Mitarbeiter sollen gesichert werden.
- Die Arbeitsbedingungen der Mitarbeiter sollen verbessert werden.
- Die im Unternehmen ausgebildeten Nachwuchskräfte sollen in ein festes Arbeitsverhältnis übernommen werden.

Zu den sozialen Zielen gehört auch die Übernahme von sozialer Verantwortung, insbesondere gegenüber sozial benachteiligten Gruppen.

Beispiele
- Die Center Warenhaus GmbH beschäftigt einen Rollstuhlfahrer. Er ist in der Datenerfassung der Buchhaltung an einem behindertengerechten Computer-Arbeitsplatz eingesetzt.
- Einige Unternehmen haben für ihre älteren Mitarbeiter einen flexiblen Übergang in den Ruhestand geschaffen. Diese Mitarbeiter können ab dem 58. Lebensjahr eine Reduzierung ihrer wöchentlichen Arbeitszeit beantragen.
- Die Center Warenhaus GmbH gewährt sozialen Institutionen einen Sonderrabatt, z. B. Blindenwerkstätten, Heimen für Behinderte usw.

- **Ökologische Ziele:** Sie werden im Zielsystem eines Unternehmens zunehmend wichtiger. Das Anstreben ökologischer Ziele drückt die Verantwortung von Unternehmen gegenüber ihrer Umwelt aus (vgl. Seite 120 f.).

Unternehmen, die ökologische Ziele in den Vordergrund stellen, orientieren sich am **Prinzip der Nachhaltigkeit.** Dieses Prinzip besagt, dass alle unternehmerischen Entscheidungen so ausgerichtet sein müssen, dass sie auch langfristig im Einklang mit der Umwelt stehen.

Bei **produzierenden Unternehmen** bedeutet dies z. B., dass an die verwendeten Materialien folgende Anforderungen zu stellen sind:

- Die bei der Fertigung von Gütern anfallenden Rückstände sollten recycelbar sein.

Beispiel Die Bürodesign GmbH, ein großer Büromöbelhersteller, saugt alle bei der Holzverarbeitung anfallenden Sägespäne ab. Das Sägemehl wird für die Herstellung von Spanplatten verwendet.

- Für Fertigung und Verpackung sollten Rohstoffe eingesetzt werden, die durch Recycling gewonnen wurden.

Beispiel Für die Verpackung der Büromöbel der Bürodesign GmbH wird Recyclingpapier verwendet.

- Für die Fertigung sollten erneuerbare Primärrohstoffe eingesetzt werden.

  Beispiel Bei der Fertigung von Schreibtischen der Bürodesign GmbH werden nur Echtholzfurniere verwendet.

- Nicht erneuerbare Rohstoffe sollten sparsam verwendet werden.

Der **Einzelhandel** könnte das Prinzip der Nachhaltigkeit z. B. in folgenden Bereichen umsetzen:

- Verwendung von Verpackungsmaterial aus recycelten Rohstoffen
- Zusammenstellung des Sortiments unter ökologisch vertretbaren Gesichtspunkten
- Bevorzugung von Lieferanten, die sich dem Prinzip der Nachhaltigkeit verschrieben haben
- Förderung von Lieferanten, die das Mehrwegsystem z. B. bei Getränken nutzen

Beispiel Die Center Warenhaus GmbH achtet beim Einkauf auf recycelbare Artikel aus umweltverträglichen Werkstoffen.

PRAXISTIPP Unter www.beschaffung-info.de finden Sie einen Informationsdienst für Beschaffung. Hier erhalten Sie Informationen über umweltverträgliche Artikel und deren Lieferanten.

- **Zielbündel bzw. Zielsystem:** Jedes Unternehmen verfolgt gleichzeitig mehrere Ziele. So hat jedes Unternehmen ein ganzes Zielbündel bzw. Zielsystem, das erreicht werden soll.

Beispiel

Zielbündel der Center Warenhaus GmbH

Sachziele	Wirtschaftliche Ziele	Soziale Ziele	Ökologische Ziele
– Handel mit Waren und Dienstleistungen aller Art – Beraten von Kunden – Kundendienst und Service	– Erwirtschaften von Gewinn – Rentabilität des eingesetzten Kapitals – Sichern und Ausweiten von Marktanteilen	– Schaffen und Sichern von Arbeitsplätzen – menschengerechte Gestaltung von Arbeitsplätzen – gerechte Entlohnung von Mitarbeitern	– Vermeiden von Umweltbelastungen – Verkauf von recyclingfähigen Produkten – Einsparen von Verpackungsmaterial – Nachhaltigkeit

Das Zielsystem eines Unternehmens reagiert auf sich wandelnde Einflussfaktoren aus Politik, Gesellschaft, Konkurrenz und Kunden. Neue Ziele werden erkannt, oder die Bedeutung bestehender Ziele kann sich ändern.

Beispiel Noch vor 15 Jahren hatten ökologische Ziele bei vielen Unternehmen keinen hohen Stellenwert. Heute hingegen werden diese Ziele mit hoher Priorität verfolgt.

- **Zielharmonie, Zielkonflikte:** Das Erreichen von wirtschaftlichen Zielen ist nur in Verbindung mit sozialen und ökologischen Zielen denkbar. Wenn betriebliche Ziele sich gegenseitig ergänzen, liegt **Zielharmonie** vor.

Beispiel Die Center Warenhaus GmbH beschließt, für die Verpackung der Waren nur noch Verpackungsmaterial aus Recycling-Papier zu verwenden. Eine Anfrage bei einem großen Lieferanten bringt die Information, dass die Papiertüten für die Lebensmittelabteilung preiswerter sind als vergleichbare Kunststofftüten. Hierdurch wird das wirtschaftliche Ziel der Kostensenkung durch das ökologische Ziel des sparsamen Umgangs mit Rohstoffen ergänzt.

Wenn gleichzeitig verschiedene Ziele angestrebt werden, kann es zu **Zielkonflikten** kommen. Ein Zielkonflikt entsteht, wenn sich zwei oder mehrere Ziele gegenseitig behindern oder ausschließen.

Beispiel Um die Gesundheit ihrer Mitarbeiter zu schonen, setzt die Bürodesign GmbH, ein Lieferant der Center Warenhaus GmbH, in der Lackiererei nur noch Farben ein, die frei von gefährlichen Lösungsmitteln sind (soziales Ziel). Gleichzeitig soll damit ein Beitrag zur Verringerung der Umweltbelastung erbracht werden (ökologisches Ziel). Bis hierhin besteht Zielharmonie. Die gewünschten Farben sind aber teurer und erfordern eine längere Trockenzeit der lackierten Möbel. Dadurch entstehen höhere Kosten, die den Gewinn des Unternehmens schmälern (wirtschaftliches Ziel). Hierdurch entsteht ein Zielkonflikt.

Die Ziele unternehmerischen Handelns

- **Zielsystem von Unternehmen**

Sachziele	Wirtschaftliche Ziele	Soziale Ziele	Ökologische Ziele
– Herstellen und Vertreiben von Sachgütern – Erbringen von Dienstleistungen	– Erwirtschaften von Gewinn – Kapitalverzinsung – Festigung und Ausweitung der Marktstellung	– Sicherung von Arbeitsplätzen – menschengerechte Gestaltung von Arbeitsplätzen – soziale Verantwortung	– verantwortungsbewusster Umgang mit Ressourcen – Vermeidung von Umweltbelastungen – Nachhaltigkeit

- Betriebliche Ziele können sich gegenseitig behindern **(Zielkonflikt)** oder günstig beeinflussen **(Zielharmonie).**

1. Erstellen Sie eine Liste der wirtschaftlichen Ziele Ihres Ausbildungsbetriebes und vergleichen Sie Ihr Ergebnis mit dem Ihrer Mitschüler.

2. Formulieren Sie soziale Ziele für ein Unternehmen aus der Sicht des Arbeitnehmers.

3. Erstellen Sie einen Katalog von ökologischen Zielen für Ihren Ausbildungsbetrieb und erläutern Sie, wie diese Ziele erreicht werden können.

4. Nehmen Sie Stellung zu der These: „Ökologische und soziale Ziele lassen sich nicht mit wirtschaftlichen Zielen vereinbaren. Der Zielkonflikt ist nicht lösbar."

5. Das Prinzip der Nachhaltigkeit findet zunehmend auch im Bereich des Einzelhandels Berücksichtigung.

a) Stellen Sie Ihnen bekannte Einzelhandelsbetriebe vor, die dieses Prinzip in besonderer Weise berücksichtigen.

b) Erläutern Sie, an welchen Punkten Ihr Ausbildungsbetrieb das Prinzip der Nachhaltigkeit realisiert.

c) Entwickeln Sie eine Geschäftsidee im Einzelhandel, die das Prinzip der Nachhaltigkeit zum Thema hat.

6. Zielharmonie und Zielkonflikt gibt es auch im Privatleben. Stellen Sie mögliche Zielkonflikte aus dem Privatbereich vor.

2.2 Kundenorientierung als Unternehmensphilosophie im Einzelhandel

Die Entscheidung für die Einstellung von drei Auszubildenden ist gefallen. In der Montagsrunde berichtet die Ausbildungsleiterin Frau Meys über die Auswahlgespräche. *„Ich glaube, wir haben eine gute Wahl getroffen. Als Auszubildende für die Bereiche Sport und Sporttextil haben wir die Tochter des Inhabers eines Herrenausstatters ausgewählt.“ „Als Tochter eines selbstständigen Einzelhändlers müsste sie das Thema Kundenorientierung ja aus dem effeff kennen“*, erwidert Herr Becker. *„Sie wollen doch wohl nicht einen kleinen Herrenausstatter mit unserem Warenhaus vergleichen“*, mischt sich der Leiter der Abteilung Verkauf/Marketing, Herr Lehnert, ein. *„Kundenorientierung sollte unabhängig von Branche und Größe zur Unternehmensphilosophie jedes Einzelhändlers gehören“*, stellt Sven Braun, der Assistent der Geschäftsleitung, entschieden fest.

ARBEITSAUFTRÄGE

- Diskutieren Sie mit Ihren Mitschülern, welche Bedeutung das Thema Kundenorientierung in Ihren Ausbildungsbetrieben hat.
- Erstellen Sie eine Liste von Maßnahmen, die dazu beitragen, die Kundenorientierung in einem Einzelhandelsbetrieb zu fördern.

In Zeiten schärfer werdenden **Wettbewerbs** gleichen sich die Artikel der großen Markenartikelhersteller und die Sortimente der Filialbetriebe in Qualität und Preis immer mehr. Der Einzelhandel reagiert darauf mit einem immer härter werdenden Preiswettbewerb. So beträgt die durchschnittliche Handelsspanne im Lebensmittel-Einzelhandel nur noch rund 1 %. Um Kunden jenseits des Preiswettbewerbs zu binden, versucht der Einzelhandel zunehmend mehr, als nur preiswerte Produkte anzubieten, d. h., verkauft wird nicht mehr nur der Artikel, sondern **eine** bestimmte **Philosophie**, die durch das Einzelhandelsunternehmen als Ganzes vermittelt wird.

Die Summe der Überzeugungen, Regeln und Werte, die das Einmalige eines Unternehmens ausmachen, ist die **Unternehmensphilosophie.** Sie wird auch als **Corporate Identity** bezeichnet. Nach außen sichtbar wird die Unternehmensphilosophie durch

- **Corporate Design**, d. h. das einheitliche Erscheinungsbild des Unternehmens

  Beispiel Die Center Warenhaus GmbH hat sich als einheitliche Hausfarbe auf Blau festgelegt. Diese Farbe ist vom Namensschild der Verkäufer über das Logo bis hin zur Gestaltung der Verkaufsräume überall anzutreffen.

- **Corporate Behavior**, d. h. das Verhalten des Unternehmens gegenüber seinen Mitarbeitern und seiner Umwelt

  Beispiel Die Center Warenhaus GmbH gibt eine eigene Mitarbeiterzeitschrift heraus. Hier werden neue Artikel vorgestellt und erfolgreiche Verkäufer porträtiert.

- **Corporate Communications**, d. h. die schriftliche und mündliche Ausdrucksform des Unternehmens

  Beispiel Die gesamte Korrespondenz der Center Warenhaus GmbH wird in einer einheitlichen Formatvorlage in der Schriftart *Arial* geschrieben. Die Verkäufer sind angehalten, im Verkaufsgespräch keine negativen Wertungen (wie etwa „Die Farbe steht Ihnen nicht") zu gebrauchen.

Die Unternehmensphilosophie kann dabei unterschiedliche Themen in den Vordergrund stellen, z. B. das Unternehmen selbst **(Unternehmensorientierung)**, die Mitarbeiter **(Mitarbeiterorientierung)**, die Leistung **(Leistungsorientierung)**, die Kosten **(Kostenorientierung)**, die Umwelt **(Umweltorientierung)** oder die Technik **(Technologieorientierung)**.

Für den Einzelhandel liegt es nahe, den Kunden in den Mittelpunkt zu stellen **(Kundenorientierung)**.

Erhebt ein Unternehmen die Kundenorientierung zur Unternehmensphilosophie, muss sich der Blickwinkel aller Mitarbeiter ändern. Die Frage lautet jetzt nicht mehr „Was nützt dem Unternehmen?" oder „Was nützt mir persönlich?", sondern **„Was nützt dem Kunden?"**. Ein gut beratener Kunde, mit dem es zu keinem Verkaufsabschluss kommt, kann aus dieser Sicht langfristig ein größerer Gewinn für das Unternehmen sein als ein Abschluss um jeden Preis.

Beispiel Die Center Warenhaus GmbH führt ein neues Provisionssystem ein. Danach wird nicht mehr der Umsatz pro Verkäufer, sondern der Umsatz pro Abteilung und die Zahl der Beratungen pro Verkäufer als Grundlage für die Berechnung der Provision eingesetzt.

Kundenorientierung muss **für jeden Mitarbeiter** im Unternehmen Leitlinie seines Handelns sein, unabhängig von der Stellung im Unternehmen, der Funktion, der Dauer der Betriebszugehörigkeit oder den Verdiensten der Vergangenheit.

PRAXISTIPP Denken Sie einmal darüber nach, wie Sie als Kunde behandelt werden möchten und nehmen Sie dies als Maßstab Ihres Auftretens gegenüber dem Kunden – oder: „Behandle andere so, wie Du als Kunde behandelt werden willst."

Damit die Unternehmensphilosophie der Kundenorientierung in einem Unternehmen umgesetzt werden kann, müssen die **Mitarbeiter** entsprechend **geschult** werden. **Mögliche Maßnahmen** sind hier:

- Verkaufstrainings, die die Bedarfsermittlung in den Vordergrund stellen

Beispiel Die Center Warenhaus GmbH führt für neu eingestellte Mitarbeiter im Verkauf Seminare durch, die von externen Verkaufstrainern geleitet werden.

- Simulation von Verkaufsgesprächen, z. B. in Form von Rollenspielen in der Abteilung

Beispiel Beim Vorstellungsgespräch von Sabine Freund stand das Thema „Kundenorientierung" im Mittelpunkt.

- Berücksichtigung einer kundenorientierten Grundhaltung bei der Personalauswahl

Beispiel Mitarbeiter einer Unternehmensberatung treten anonym als Testkäufer in allen Abteilungen der Center Warenhaus GmbH auf.

- Permanente Prüfung von Arbeitsabläufen auf die Kundenfreundlichkeit hin
- Einbeziehung von Stammkunden, z. B. durch die Einladung zu Veranstaltungen
- Einrichtung eines Kundenvorschlagswesens
- Regelmäßige Treffen der Verkäuferinnen und Verkäufer mit der Geschäftsleitung

Beispiel Die Center Warenhaus GmbH verteilt an alle Mitarbeiter die kurzgefasste Unternehmensphilosophie.

Wer zahlt Ihr Gehalt?

Die Center Warenhaus-Philosophie

Der Center Warenhaus-Kunde ist der Mittelpunkt jeglichen Tuns und Handelns im Unternehmen.
Die Zufriedenheit des Kunden hat absoluten Vorrang.
Alle Center Warenhaus-Mitarbeiter sind daher aufgerufen, mit echtem Engagement die bestehende Kundschaft rundum zufriedenzustellen, um auf diesem Wege neue Kunden zu gewinnen und vorhandene Kunden an das Unternehmen zu binden.
Denn ein zufriedener Kunde ist auf Dauer die beste Werbung.
Und das heißt zugleich: Zukunftssicherung für alle Mitarbeiter.

Kundenorientierung als Unternehmensphilosophie im Einzelhandel

- **Corporate Identity** = Summe der Überzeugungen, Regeln und Werte, die das Einmalige eines Unternehmens ausmachen
- **Corporate Design** = das einheitliche Erscheinungsbild des Unternehmens
- **Corporate Behaviour** = das Verhalten des Unternehmens gegenüber seinen Mitarbeitern und seiner Umwelt
- **Corporate Communications** = die schriftliche und mündliche Ausdrucksform des Unternehmens
- **Kundenorientierung** = Unternehmensphilosophie, bei der der Kunde im Mittelpunkt steht

1. Erläutern Sie die Begriffe Corporate Identity, Corporate Design, Corporate Behaviour und Corporate Communications anhand eines Beispiels.

2. Ein großer deutscher Bekleidungshersteller kauft nur Stoffe von Lieferanten, die eine Erklärung abgeben, dass sie keine Kinderarbeit dulden. Diskutieren Sie, welcher Unternehmensphilosophie sich dieses Unternehmen verschrieben hat.

3. Die Center Warenhaus GmbH hatte lange Jahre ein Provisionssystem, das auf der Grundlage des Monatsumsatzes berechnet wurde. Erläutern Sie, warum es hierbei zu Problemen mit dem Konzept der Kundenorientierung kommen kann.

4. Beobachten Sie die Kolleginnen und Kollegen Ihres Ausbildungsbetriebes. Stellen Sie fest, wo diese sich im Sinne der Kundenorientierung verhalten und wo dies nicht der Fall ist. Berichten Sie in der Klasse über Ihre Beobachtungen.

3 Zielgerichtet und effektiv lernen und arbeiten

3.1 Grundsätzliches zum Lernen und Arbeiten in Gruppen

Sabine Freund wird auf ein Plakat aufmerksam, das an vielen Stellen des EKZ Rheinpark aufgehängt ist.

Einkaufszentrum Rheinpark Köln

AuRheiKa

Was? AuRheiKa steht für **Au**sbildung und **Ka**rriere im EKZ **Rhei**npark. Es ist ein **Projekt,** das von allen ausbildenden **Unternehmen** des EKZ unterstützt wird.

Wer? Angesprochen sind **alle Auszubildenden** im ersten Lehrjahr im **EKZ** Rheinpark.

Wozu? AuRheiKa hat das Ziel, **Schulabgänger** für eine **Ausbildung** im EKZ Rheinpark zu interessieren. Außerdem sollen die **Teilnehmer** am Projekt ihre **Team-, Planungs- und Präsentationsfähigkeiten** verbessern.

Wie? Gearbeitet wird in drei **Gruppen** zu je vier Personen. Die Gruppen bereiten eine **Präsentation** vor, die dann an **Schulen** in **Abgangsklassen** durchgeführt wird. Die Zeit für die Arbeit im Projekt wird zur Hälfte als Arbeitszeit angerechnet. Die Gruppe mit der besten Präsentation erhält zudem einen **Preis.**

Interessiert? Dann melden Sie sich bis zum 30. Oktober 20.. bei Frau Maria Meys, Personalabteilung des Center Warenhauses, die die Koordination des Projektes übernimmt.

Sabine bespricht sich mit ihren Klassenkameraden Mehmet Aydin und Kerstin Dahm und die drei entschließen sich, am Projekt teilzunehmen. Die Klassenlehrerin in der Berufsschule, Frau Schlüter, findet die Projektidee auch sehr gut und möchte noch weitere Schüler ermuntern: *„Die Teilnahme an AuRheiKa unterstütze ich voll und ganz. Wer mitmacht, kann am zweiten Berufsschultag zwei Stunden früher gehen, das habe ich mit der Schulleitung abgesprochen. Außerdem stehe ich Ihnen zur Verfügung, wenn Sie meine Hilfe wünschen."* Kerstin Dahm ist jedoch noch skeptisch: *„Bammel habe ich vor der Gruppenarbeit und vor allem der Gruppenzusammen-*

setzung. Hoffentlich können wir drei zusammen in einer Gruppe bleiben; eine vierte Person können wir dann sicher gut integrieren."

ARBEITSAUFTRÄGE

- Begründen Sie, ob Sie auch an AuRheiKa teilnehmen würden. Bringen Sie in diesem Zusammenhang Ihre Erfahrungen mit Gruppenarbeiten ein.
- Sammeln Sie konkrete Merkmale, anhand derer Sie „Teamfähigkeit" beobachten können.
- Beschreiben Sie die Bedeutung von Teamfähigkeit in Ihrem Ausbildungsbetrieb.
- Machen Sie begründete Vorschläge, wie Frau Meys bei der Einteilung der Gruppen vorgehen sollte.

Grundlagen der Gruppenarbeit

„Mehrere Personen bearbeiten über eine gewisse Zeit, nach gewissen Regeln und Normen, eine aus mehreren Teilaufgaben bestehende Arbeitsaufgabe, um gemeinsame Ziele zu erreichen; sie arbeiten dabei unmittelbar zusammen und fühlen sich als Gruppe."[1] Diese Definition von Gruppenarbeit macht deutlich, dass Gruppenarbeit sehr viel mehr bedeutet, als ein schlichtes gemeinsames Bearbeiten von Aufgaben.

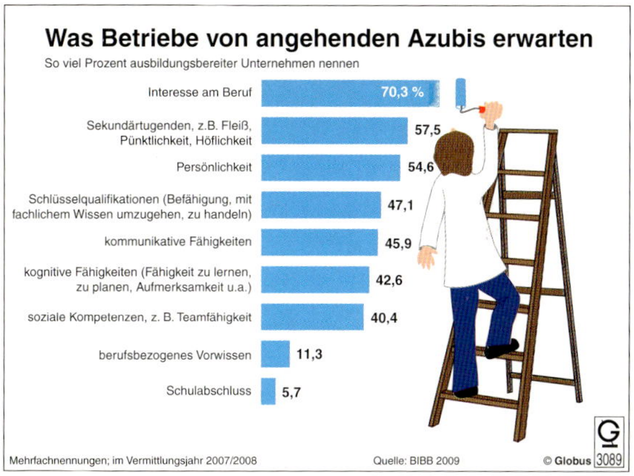

Beispiel Sabine Freund soll mit drei ihrer Mitschülerinnen in der Berufsschule sechs Aufgaben aus dem Lernfeld 3 zum Thema Dreisatz lösen. Jede bearbeitet alle Aufgaben und sie vergleichen anschließend die Ergebnisse. Ein solches Vorgehen kann nicht als Gruppenarbeit im eigentlichen Sinne angesehen werden.

Die Merkmale, die eine Gruppenarbeit auszeichnen, werden Ihnen in der folgenden Abbildung verdeutlicht:[2]

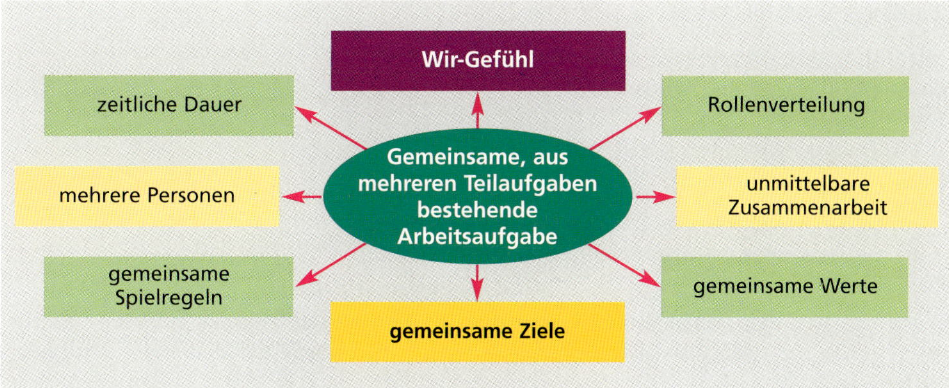

[1] *Antoni, C. H. (Hrsg.): Gruppenarbeit in Unternehmen. Konzepte, Erfahrungen, Perspektiven, Weinheim 1994, S. 25.*
[2] *ebenda.*

Erfolgreiche Gruppenarbeit hat vielfältige **Vorteile.** Diese gelten für schulisches und betriebliches Lernen und Arbeiten gleichermaßen.

Vorteile von Gruppenarbeit				
Mehr Ideen und bessere Ergebnisse	Ausgleich von Stärken und Schwächen	Übung von Planung und Organisation	Selbstständigkeit und Verantwortung	Lern- und Arbeitsfreude

Aber auch das kennen Sie: Gruppenarbeit ist oftmals mit **Problemen** verbunden. Diese können Sie jedoch häufig im Vorfeld verhindern, bzw. bei ihrem Auftauchen beseitigen:

Probleme bei Gruppenarbeit			
Ineffizientes Arbeiten	Organisationsprobleme	Einseitige Arbeitsverteilung	Gruppenkonflikte

PRAXISTIPP Machen Sie sich die Chancen, aber auch die Probleme der Gruppenarbeit immer wieder bewusst. Nur so können Sie Schwierigkeiten vermeiden bzw. ausräumen.

Bedingungen für eine erfolgreiche Gruppenarbeit

Ob Ihre Gruppenarbeit erfolgreich verläuft, hängt von der gesamten Gruppe, dem zu bearbeitenden Thema und natürlich von Ihnen selbst ab. Was der oder die Einzelne alles falsch machen kann, wird in den folgenden „11 Minusregeln“ verdeutlicht:[1]

11 Minusregeln, um eine Gruppe zu ruinieren

1. Rede nie von dir selber, bleibe immer nur sachlich und ernst.
2. Rede in jede Pause hinein.
3. Gerechtigkeit ist nicht zu erreichen, sei ungerecht.
4. Ignoriere Konflikte in der Gruppe.
5. Erzähle eine Anekdote nach der anderen.
6. Greife nie in das Gruppengeschehen ein.
7. Fühle dich immer persönlich angegriffen und antworte mit Kurzreferat.
8. Gehe zum Lachen in den Keller.
9. Gib überall deinen Senf dazu.
10. Erteile ungefragt, aber heftig, Ratschläge.
11. Scheue dich nie, Gesprächsteilnehmer zu korrigieren und zu unterbrechen.

PRAXISTIPP Bevor Sie die Fehler bei anderen suchen, schauen Sie zunächst kritisch auf sich selbst und versuchen Sie Ihr eigenes Verhalten zu korrigieren und zu verbessern, um die Ergebnisse der Gruppenarbeit zu optimieren.

Abgesehen von dem Verhalten der einzelnen Gruppenmitglieder gibt es weitere **Bedingungen**, die den **Erfolg Ihrer Gruppenarbeit** und die **Freude** daran maßgeblich beeinflussen:

[1] *Vgl. Knoll, J.: Kleingruppenmethoden, Weinheim und Basel, 2. Auflage 1997, S. 33.*

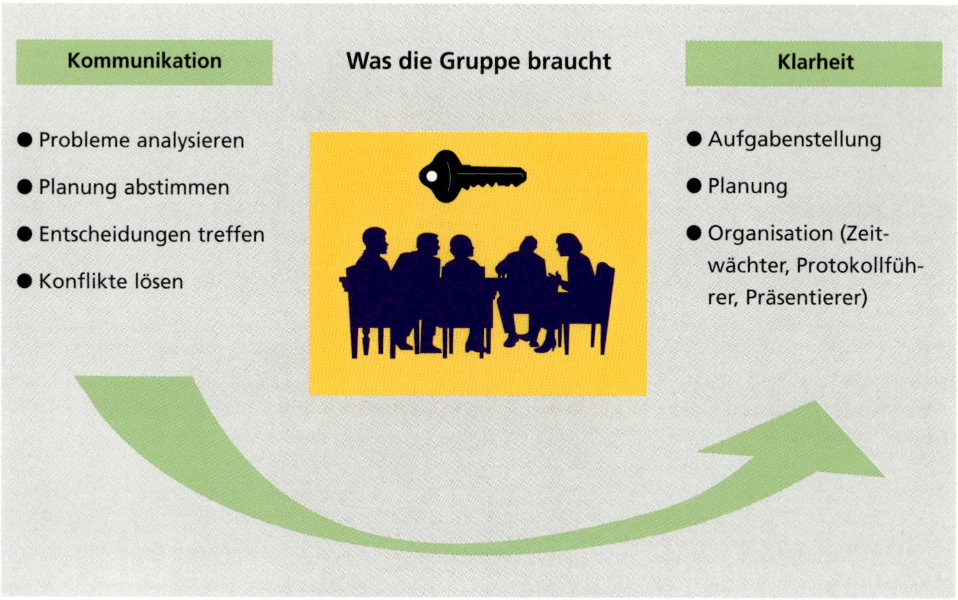

Gerade bei Gesprächen, die das (Fehl-)Verhalten eines Einzelnen zum Gegenstand haben, ist es wichtig, dass Sie **konstruktive** – also aufbauende – **Rückmeldungen** geben, statt jemanden zu belehren oder gar zu beschimpfen. Dieses „Feedback-Geben" und „Feedback-Nehmen" ist jedoch eine anspruchsvolle Aufgabe, wie die nachfolgenden Feedbackregeln zeigen:

Regeln für ein konstruktives Feedback:

Feedback geben
- Ich-Botschaft
- Feedback-Nehmer direkt ansprechen
- konkret beschreiben (statt werten)
- kurz (statt ausschweifend)

Beispiele
- Ich habe gesehen/gehört, dass du ...
- Das wirkt auf mich ...

Feedback nehmen
- nachfragen
- klären
- nicht rechtfertigen

Beispiele
- Kannst du das noch mal genauer beschreiben?
- Wann genau/Wie lange habe ich das gemacht?
- Wieso empfindest du das als Zeichen von ...?

PRAXISTIPP Geben Sie Feedback, um anderen zu helfen, ihre Stärken zu erkennen und sich weiterzuentwickeln.

Die wenigsten Gruppen schaffen es, von Beginn an reibungslos und effizient zusammen zu arbeiten. Oftmals muss die Gruppe erst lernen, zielorientiert zu arbeiten und dabei Ergebnisse zu produzieren, für die sich alle Gruppenmitglieder gleichermaßen verantwortlich fühlen. Um diesen Entwicklungsprozess zu unterstützen, ist es hilfreich, von Zeit zu Zeit den Arbeitsprozess sowie die bisher erreichten Ergebnisse kritisch zu überdenken und sich darüber auszutauschen. Zu diesem Zweck können Sie eine Vielzahl von Methoden nutzen, von denen hier zwei vorgestellt werden:

○ Einpunktabfrage

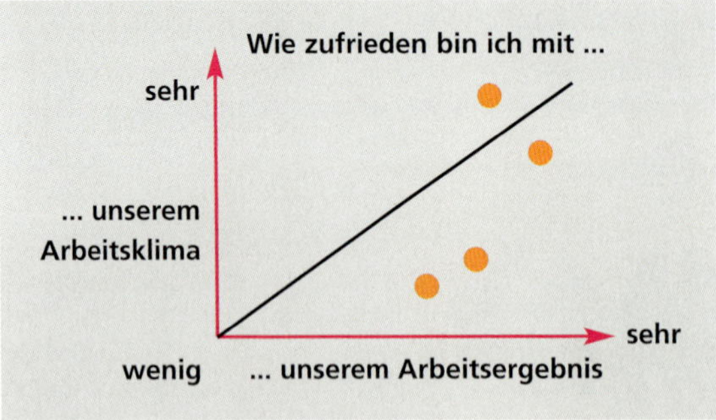

Bei der Einpunktabfrage kann jedes Gruppenmitglied mit einem Klebepunkt eine Beurteilung der Gruppenarbeit auf zwei Ebenen abgeben. Zum einen – horizontal – auf der **Sachebene**, wo es um die Bewertung des Arbeitsergebnisses geht. Zum anderen – vertikal – auf der **Beziehungsebene**, wo der Gruppenarbeitsprozess im Mittelpunkt steht.

Beispiel In der oben abgebildeten Einpunktabfrage bewertet die Gruppe das Arbeitsergebnis durchweg als positiv; mit dem Arbeitsklima sind hingegen nur zwei Gruppenmitglieder zufrieden, sodass es auf dieser Ebene Klärungsbedarf gibt.

PRAXISTIPP Die Einpunktabfrage können Sie in mehreren Arbeitssitzungen verwenden, wodurch auch der Entwicklungsprozess Ihrer Gruppe deutlich wird. Die Arbeitssitzungen werden dann mit farblich verschiedenen Klebepunkten voneinander abgegrenzt.

○ Gruppenprozessanalyse[1]

Gruppenprozessanalyse

Bitte geben Sie an, inwieweit Sie mit den unten stehenden Aussagen übereinstimmen. Tun Sie dies zunächst individuell. Nachdem jedes Gruppenmitglied für sich die Punkte 1 bis 14 ausgefüllt hat, zeichnen Sie bitte das unten stehende Schema auf einen großen Bogen Papier. Dann gibt jedes Mitglied seine Meinung mit einem Strich im entsprechenden Feld an, damit Sie ein Bild des Gruppengefühls erhalten. Falls dieses Bild in Ihnen den Wunsch nach einer Diskussion über eventuelle Ursachen weckt, dann diskutieren Sie darüber. Es könnte sich bewähren, dieses Schema an der Wand hängen zu lassen, um im Verlauf der Gruppenarbeit auftretende Veränderungen zu diskutieren.

	A	B	C	D	E	F
1. Die Gruppe analysierte die Probleme richtig.						
2. Wir waren uns darüber im Klaren, was wir erreichen wollten.						
3. Ich war mit der Art zufrieden, wie wir den Problemen auf den Leib rückten.						
4. Wir überprüften während der Arbeit laufend die Zweckmäßigkeit unseres Vorgehens.						
5. Alle Ideen der Gruppenmitglieder wurden festgehalten.						
6. Wir unterstützten uns während der Gruppenarbeit gegenseitig.						
7. Ich hörte aufmerksam zu, wenn andere sprachen.						
8. Die anderen hörten aufmerksam zu, wenn ich etwas zu sagen hatte.						

[1] *Vgl. Philipp, E.: Teamentwicklung in der Schule, Weinheim und Basel, 4. Aufl., 2006, S. 106.*

	A	B	C	D	E	F
9. Meine Fähigkeiten kamen voll zur Geltung und wurden von der Gruppe genutzt.						
10. Die Fähigkeiten der anderen kamen voll zur Geltung und wurden von der Gruppe genutzt.						
11. Ich fühlte mich in meiner Rolle sicher und wohl.						
12. Die Gruppe wurde nicht durch ein oder mehrere Mitglieder dominiert.						
13. Es gab keine Konkurrenzkämpfe zwischen Gruppenmitgliedern, die die Effizienz der Arbeit reduzierten.						
14. Das Interesse am Problem war groß.						

A = Dieser Aussage kann ich vorbehaltlos zustimmen.
B = Dieser Aussage kann ich nur mit einigen Vorbehalten zustimmen.
C = Ich bin nicht ganz sicher, doch würde ich dieser Aussage eher zustimmen.
D = Ich bin nicht ganz sicher, doch würde ich diese Aussage eher ablehnen.
E = Diese Aussage muss ich mit einigen Vorbehalten ablehnen.
F = Diese Aussage muss ich vollständig ablehnen.

Bei beiden Methoden ist es oftmals sinnvoll, die Bewertungen von den Gruppenmitgliedern anonym vornehmen zu lassen. Die Auswertung der Ergebnisse und die Vereinbarung von Konsequenzen muss selbstverständlich in der Gruppe geschehen.

Grundsätzliches zum Lernen und Arbeiten in Gruppen

- **Projekt- und Teamfähigkeit** gewinnen in modernen Unternehmen zunehmend an Bedeutung. Gruppenarbeit in Schule und Betrieb kann helfen, diese Fähigkeiten weiterzuentwickeln.
- **Erfolgreiche Gruppenarbeit** bietet zahlreiche Vorteile, die zu einer höheren Arbeitszufriedenheit und -qualität führen.
- Das **Gelingen von Gruppenarbeit** ist an zahlreiche Bedingungen gebunden, die das Verhalten der einzelnen Mitglieder, die Kommunikation innerhalb der Gruppe und die Arbeitsorganisation betreffen.
- Methoden wie die **Einpunktabfrage** oder die **Gruppenprozessanalyse** helfen, Arbeitsprozesse in Gruppen auszuwerten und zukünftig erfolgreicher zu gestalten.

1. Erläutern Sie die Bedeutung der Gruppenarbeit im Rahmen der Ausbildung im Einzelhandel.

2. Führen Sie eine Podiumsdiskussion zum Thema „Sinn und Unsinn der Gruppenarbeit" durch. Nachdem in Gruppen Argumente für jeweils eine Position (Befürworter bzw. Gegner der Gruppenarbeit) gesammelt wurden und ein Sprecher je Gruppe gewählt wurde, gehen Sie bei der Podiumsdiskussion wie folgt vor:

Darstellungsrunde

- *Der Leiter eröffnet die Diskussion, nennt das Thema der Diskussion und stellt die Teilnehmer nacheinander vor. Der zuletzt genannte Teilnehmer erhält als erster das Wort.*
- *Die einzelnen Diskussionsteilnehmer stellen nacheinander ihre Positionen dar. Sie dürfen dabei nicht unterbrochen werden. Die Redezeit ist allerdings auf zwei Minuten begrenzt, dann gibt der Leiter das Wort weiter.*

Diskussionsrunde

- *Die Teilnehmer an der Podiumsdiskussion können nun miteinander „streiten", das heißt, sie gehen auf die Argumente der „Gegenseite" ein und versuchen sie zu entkräften oder durch schlagkräftigere eigene Argumente zu übertreffen.*
- *Dem Leiter kommt in dieser Phase eine wichtige Stellung zu. Er erteilt und entzieht den einzelnen Teilnehmern das Wort. Es ist darauf zu achten, dass die Gesprächsanteile gerecht verteilt werden, und dass die Redebeiträge zeitlich begrenzt werden. Hierbei ist es hilfreich, wenn der Leiter eine Redeliste führt.*

Plenumsrunde

- *Wenn die Positionen auf dem Podium ausreichend ausgetauscht und diskutiert worden sind, hat der Rest der Klasse Gelegenheit, mit Fragen an einzelne Teilnehmer oder auch mit eigenen Beiträgen die Diskussion zu bereichern.*
- *Auch in dieser Phase muss der Leiter auf eine gerechte Verteilung der Redeanteile achten.*

3. Halten Sie in Gruppen nacheinander sogenannte „Stegreifreden": Die Gruppe oder der Lehrer gibt ein beliebiges Thema vor (z. B. „Gelb", „Tanzen", „Umweltschutz", „Fußball", „Sommer", „Duales System der Berufsausbildung" etc.) und der Redner hat maximal 60 Sekunden Zeit, sich auf dieses Thema gedanklich vorzubereiten. Er soll dann einen Vortrag halten, der höchstens drei Minuten dauern darf. Der Rest der Gruppe gibt dem Redner anschließend ein Feedback zum Vortragsverhalten. Beachten Sie dabei die Regeln zum Feedback-Geben und Feedback-Nehmen.

4. Beschreiben Sie die Einpunktabfrage und die Gruppenprozessanalyse zur Auswertung von Gruppenarbeiten.

3.2 Methoden für die Gruppenarbeit

Für das Projekt AuRheiKa, in dem die Ausbildung und die Karrierechancen im Einzelhandel Schulabgängern präsentiert werden sollen, ist Sabine Freund einer Gruppe zugewiesen worden. Ihre Freunde Kerstin und Mehmet sind ebenso dabei wie zwei andere Auszubildende des Center Warenhauses, mit denen sie sich auch gut versteht. Es sind Marc Cremer und Gaby Dohm. In der ersten Gruppensitzung wird Sabine zur Gruppenleiterin gewählt. Ansonsten herrscht jedoch allgemeine Ratlosigkeit, wie nun vorzugehen ist. Sabine meint: *„Lasst uns zunächst ein Ziel abstecken und dann überlegen, wie wir vorgehen wollen."*

ARBEITSAUFTRÄGE

- Erstellen Sie einen übersichtlichen Ablaufplan zur Vorbereitung und Durchführung einer Präsentation der Ausbildung und der Karrierechancen im Einzelhandel.
- Diskutieren Sie die verschiedenen Ablaufpläne in der Klasse.

Allgemeines Vorgehen bei der Bearbeitung von Projekten

Das nachfolgende Schema zeigt Ihnen eine Struktur der wesentlichen Schritte („Meilensteine") auf, mit denen Sie Projekte systematisch bearbeiten bzw. umfangreichere Problemstellungen lösen können:

Projektbearbeitung/Problemlösung

Die Kernidee des Schemas ist, die Arbeit an größeren Projekten oder komplexen Problemen in sinnvoller Weise zu strukturieren. Da die einzelnen Phasen des Prozesses aufeinander aufbauen, sollte der Ablauf in seiner Grobstruktur erhalten bleiben.

1. Ziel-/Problembestimmung
- Hier geht es um die Festlegung des Ziels bzw. der komplexen Problemstellung.
- Die Gruppe muss darüber Einigkeit erzielen.
- Das Ziel/Problem sollte für alle sichtbar schriftlich festgehalten werden.
- Leitfrage in dieser Phase ist: „Was genau ist das Ziel/Problem?"

2. Analyse
- In dieser Phase sollen die möglichen Teilziele bzw. die in der komplexen Problemstellung enthaltenen Teilprobleme gesammelt werden.
- Jedes Gruppenmitglied sollte seine Sicht der Dinge ungehindert einbringen dürfen.
- Eine Diskussion findet nicht statt; es werden alle Beiträge gesammelt und unter Umständen zusammengefasst.

3. Sammeln von Lösungsvorschlägen
- Es beginnt die Arbeit an Lösungsvorschlägen, die sich auf die in Phase 2 ermittelten Teilziele bzw. Teilprobleme richten sollen.
- Falls möglich, kann die Arbeit an einzelnen Teilzielen/Teilproblemen in Kleingruppen oder in Partnerarbeit erfolgen.
- Auch in dieser Phase ist die Kritik an Ideen einzelner Gruppenmitglieder verboten. Es können aber auch hier die Einzelideen zusammengefasst werden.

4. Auswahl einer Lösung
- Von den in Phase 3 gesammelten Lösungsvorschlägen wird einer durch die Gruppe ausgewählt.
- Dabei ist es hilfreich, wenn die Gruppe zuvor Kriterien (z. B. Aufwand, Kosten) festlegt, nach denen die Lösungsvorschläge bewertet werden.
- Die Lösungen zu den einzelnen Teilzielen/Teilproblemen ergeben dann eine Art Maßnahmenkatalog.

5. Umsetzung
- Die Lösung(en) muss/müssen umgesetzt werden. Hierzu sollte sich die Gruppe (schriftlich) festlegen:
- Wer ist (mit wem) für die Umsetzung einer Maßnahme verantwortlich?
- Bis wann soll die Umsetzung erfolgt sein?

6. Ergebnisbeurteilung
- Nach erfolgter Umsetzung muss das Ergebnis beurteilt werden.
- Wenn das Ergebnis zufriedenstellend ist, ist das Ziel erreicht bzw. das Problem gelöst.
- Wenn nicht, dann beginnt der Prozess von Neuem. Dabei ist es in aller Regel sinnvoll, wieder bei Phase 1 zu beginnen (und nicht in Phase 4).

Alternative Methoden zur Unterstützung von Gruppenarbeiten

Das Brainstorming

„Gehirnsturm" übersetzt man wörtlich und kann sich darunter nicht so recht etwas vorstellen. Es ist ein Verfahren zur **Ideenfindung** und wird häufig zu Beginn von Gruppenarbeitsprozessen eingesetzt. Brainstorming ersetzt weder Allgemeinbildung noch Fachwissen, aber es kann Ihnen helfen, kreative Ideen hervorzubringen. Wesentlich ist, dass jede Idee beim Brainstorming **willkommen** ist und keine Ideenbewertung stattfindet. Damit die Vorteile des Brainstormings zur Geltung kommen, sollten Sie auf die strikte Einhaltung bestimmter, einfacher **Regeln** achten:

- Regel 1: **Keine Kritik**
  Das Ziel des Brainstormings ist die Ideenfindung. Ideenkiller sind z. B. „Das geht doch nicht!“, „Hört sich gut an, aber ...“, „Viel zu teuer“, aber auch „Das wurde schon gesagt“.
- Regel 2: **Möglichst viele und wilde Ideen**
  Quantität geht beim Brainstorming vor Qualität. Originalität und Humor, sinnlose, verrückte und alberne Beiträge sind erwünscht.
- Regel 3: **Fortführen von Ideenansätzen**
  „Ideenklau“, „Trittbrettfahren“, „Rucksackideen“, sonst verpönt, sind hier einmal ausdrücklich zum höheren Zweck eines gemeinsamen Ideensuchens erwünscht.

Ablauf eines Brainstormings	
Vorbereitung	Ein Protokollant (sammelt alle Ideen und schreibt sie für alle sichtbar auf) und Moderator (achtet auf Einhaltung der Regeln) müssen bestimmt werden. Das Problem, zu dem Ideen gesammelt werden sollen, wird für alle sichtbar aufgeschrieben.
Durchführung	Je nach Vereinbarung werden die Ideen einfach zugerufen (Normalfall) oder der Moderator erteilt das Wort (bei großen Gruppen). Der Protokollant schreibt alle Ideen stichwortartig auf. Das Brainstorming sollte zeitlich begrenzt werden (z. B. 15 Minuten) oder abgebrochen werden, wenn keine neuen Ideen mehr „sprudeln“.
Auswertung	Damit die gesammelten Ideen für die weitere Problembearbeitung nützlich sind, müssen sie jetzt geordnet, gegliedert, überdacht und bewertet werden.

Beispiel Sabines Gruppe führt ein Brainstorming zum Thema „Meinungen der Schüler zum Einzelhandel“ durch, das von Gaby Dohm moderiert wird. Es werden eine Vielzahl von Ideen gesammelt, die unterschiedliche Bereiche (z. B. Arbeitszeiten, Arbeitsplatz, Öffnungszeiten, Image, Vergütung) betreffen und noch geordnet werden müssen.

○ Die 635-Methode

Die 635-Methode ist ebenfalls ein Verfahren zur Ideenfindung: Hierbei sollen **6 Teilnehmer 3 Ideen** (zu einem bestimmten Begriff oder zur Lösung eines Problems) in Zeitabschnitten von **5 Minuten** auf einem Formblatt notieren:

Begriff/Problemstellung:			
Teilnehmer 1	Idee 1	Idee 2	Idee 3
Teilnehmer 2	Idee 1	Idee 2	Idee 3
Teilnehmer 3	Idee 1	Idee 2	Idee 3
Teilnehmer 4	Idee 1	Idee 2	Idee 3
Teilnehmer 5	Idee 1	Idee 2	Idee 3
Teilnehmer 6	Idee 1	Idee 2	Idee 3

In einem ersten Durchgang erhält jedes Gruppenmitglied ein **Formblatt** und trägt innerhalb von fünf Minuten in der ersten Zeile seine ersten drei Ideen ein. Die Blätter werden dann an den rechten Tischpartner weitergegeben. In dieser zweiten Runde wird dann die zweite Zeile bearbeitet usw. Der Prozess wird so lange fortgesetzt, bis die Formblätter vollständig ausgefüllt sind.

Die Schwierigkeit, eine derart hohe Anzahl an Ideen „produzieren" zu müssen, wird durch den Umstand gemildert, dass bei jedem Durchgang mehrere (fremde) Ideen bereits auf dem Formblatt stehen, die Sie als Anregung nutzen können und sollten.

Die 635-Methode bietet vielfältige **Vorteile:**

- Im Idealfall werden in 30 Minuten 3 x 6 x 6, also 108 Ideen hervorgebracht und schriftlich fixiert.
- Jeder kann in Ruhe nachdenken und wird dennoch aktiv beteiligt.
- Durch das Aufgreifen fremder Ideen werden Synergieeffekte wirksam.
- Bei der Methode unterbleibt eine Diskussion während der Ideenfindungsphase, sofern die Kritik an Einzelbeiträgen ausdrücklich ausgeschlossen wurde.
- Die Arbeit erfordert keinen Moderator.

Natürlich können Sie die Methode auch abwandeln; z. B. in eine 524-Methode, bei der 5 Teilnehmer 2 Ideen in Zeitabschnitten von 4 Minuten auf einem Formblatt notieren.

PRAXISTIPP Lassen Sie sich nicht beirren. Bei Ideensammlungen haben alle Ideen ihren Platz – auch die verrücktesten. Lassen Sie sich nicht auf Wertungen und Diskussionen ein.

○ Der Morphologische Kasten[1]

Der Morphologische Kasten ist eine Methode, bei der Sie zunächst eine komplexe Problemstellung **in leichter zu bearbeitende Teilprobleme zerlegen,** bevor Sie dann nach Ideen bzw. Lösungsansätzen suchen. Insofern dient diese Methode nicht allein einer offenen Ideensammlung wie das Brainstorming oder die 635-Methode, sondern bildet einen Problemlösungsprozess in knapper Form ab.

Der Ablauf kann in drei Schritten abgebildet werden:

- **Schritt 1:** Möglichst exakte Beschreibung eines komplexen Problems und Zerlegung in Teilprobleme bzw. mögliche Ursachen. Diese werden in der entsprechenden Spalte festgehalten.
- **Schritt 2:** Bearbeitung der Teilprobleme/Ursachen durch Sammlung sämtlicher Lösungsmöglichkeiten.
- **Schritt 3:** Ermittlung der Gesamtlösung durch Kombination der Teillösungen.

MORPHOLOGISCHER KASTEN

Gesamtproblem: ______________________________

Teilproblem/Ursache	Teillösung	Teillösung	Teillösung

[1] *Morphologie = Wissenschaft von den Gestalten und Formen*

Beispiel Nach einiger Zeit treten in Sabines Gruppe massive Probleme auf. Die Arbeit macht den Gruppenmitgliedern keine Freude und auch die Arbeitsergebnisse sind bislang dürftig. Die Gruppe ist kurz davor aufzugeben. Die Gruppe beschließt zur Lösung des Problems die Methode des morphologischen Kastens einzusetzen. Sie geht dabei folgendermaßen vor:

Schritt 1
Das Problem wird in mögliche Teilprobleme/Ursachen zerlegt: Gruppenarbeiten können z. B. scheitern, wenn ...
... der Arbeitsauftrag unklar ist,
... die Art des Umgangs miteinander ungeeignet ist,
... die Arbeitsbedingungen störend sind,
... eine gute Arbeitsorganisation fehlt,
... die Arbeiten ungleich verteilt sind.

Schritt 2
Zu den Teilproblemen werden mögliche Lösungen gesammelt.

MORPHOLOGISCHER KASTEN

Gesamtproblem: *Scheitern der Gruppenarbeit*

Teilproblem/Ursache	Teillösung	Teillösung	Teillösung
Arbeitsauftrag ist unklar.	*Diskussion über den Arbeitsauftrag und die Ziele führen.*	*Jeder klärt seinen eigenen Auftrag für sich.*	*Frau Meys um Rat wegen des Auftrages bitten.*
Arbeitsbedingungen (Raum, Termine) sind unbefriedigend.	*Musik und Kaffee bei den Sitzungen.*	*Festen Raum im Warenhaus und Termin für Gruppentreffen wählen.*	*Jeder lädt die Gruppe abwechselnd zu sich ein.*
Umgang miteinander stimmt nicht.	*Gesprächsregeln vereinbaren, aufhängen und auf Einhaltung achten.*	*Ausschluss des/der Querulanten von der Sitzung.*	*Wahl eines „Schiedsrichters" bei Streitigkeiten.*
Arbeitsorganisation – wir reden immer über „irgendwas".	*Erhöhung der Sitzungszeit auf drei Stunden.*	*Arbeit mit zwei Zeitwächtern.*	*Vereinbarung von Zwischenzielen bei jedem Treffen.*
Arbeitsverteilung ist ungerecht.	*Jeder erstellt abwechselnd Sitzungsprotokolle.*	*Tätigkeitskatalog (wer macht was bis wann?) erstellen und aufhängen.*	*Es werden Punkte für gemachte Arbeiten vergeben.*

Schritt 3
Die beste **Gesamtlösung** könnte z. B. wie folgt aussehen:
Die Gruppe bittet zunächst **Frau Meys** um Rat, damit der Arbeitsauftrag nochmals ganz klar verdeutlicht wird. Sämtliche Gruppensitzungen finden im **selben Raum** zu einem **festen Termin** statt. Es werden **Gesprächsregeln** vereinbart und auf ein Plakat geschrieben, die alle einzuhalten haben. Zur Verbesserung der Arbeitsorganisation werden **Zwischenziele** vereinbart, die in den Sitzungen erreicht werden müssen. Schließlich soll eine gerechte und für alle sichtbare Arbeitsverteilung durch die Erstellung eines **Tätigkeitskataloges** erreicht werden.

PRAXISTIPP Zerlegen Sie zunächst ein Problem, dann haben Sie es schon halb gelöst.

○ Mind-Mapping

Das Mind-Mapping[1] ist eine Lern- und Arbeitstechnik, die der Funktionsweise des menschlichen Gehirns besonders entgegenkommt. Die Erstellung eines Mind-Maps ist einfach. Die folgenden Empfehlungen sollen Ihnen als Hilfestellung und Anregung dienen. Letztlich ist ein Mind-Map immer ein individuelles Produkt, und daher haben Ihre eigenen Vorlieben bei der Erstellung ihre Berechtigung.

Grundstruktur

Das **Thema** des Mind-Maps schreiben Sie in den Mittelpunkt eines quergelegten Blattes und heben es durch eine Umrahmung optisch hervor. Von dort erstellen Sie zunächst **Hauptäste**, die das Thema in seine Teilbereiche untergliedern.

Von diesen Hauptästen erstellen Sie weitere **Verzweigungen**, die Ihre Gedanken zu dem jeweiligen Teilbereich aufnehmen. Die Verzweigungen können Sie dann beliebig fortsetzen.

Empfehlungen und Hilfestellungen

- Nutzen Sie Schlüsselwörter und Bilder. Ganze Sätze sollten vermieden werden.
- Die Wortlänge sollte der Zweiglänge entsprechen.
- Schreiben Sie deutlich (Druckschrift), insbesondere wenn andere das Map „lesen" sollen.
- Verbinden Sie stets die Zweige, sodass Ihre Gedankenketten nicht unterbrochen werden.
- Nutzen Sie grafische Mittel zur Veranschaulichung.

Beispiele
- **Pfeile,** um Querverbindungen zwischen Gedanken darzustellen.
- **Symbole** (Sternchen, Fragezeichen usw.), um etwas zusätzlich hervorzuheben.
- Einsatz von **Farbe.** So können Sie z. B. Haupt- und Nebenäste oder einen ganzen Gedankenkomplex farblich abheben.

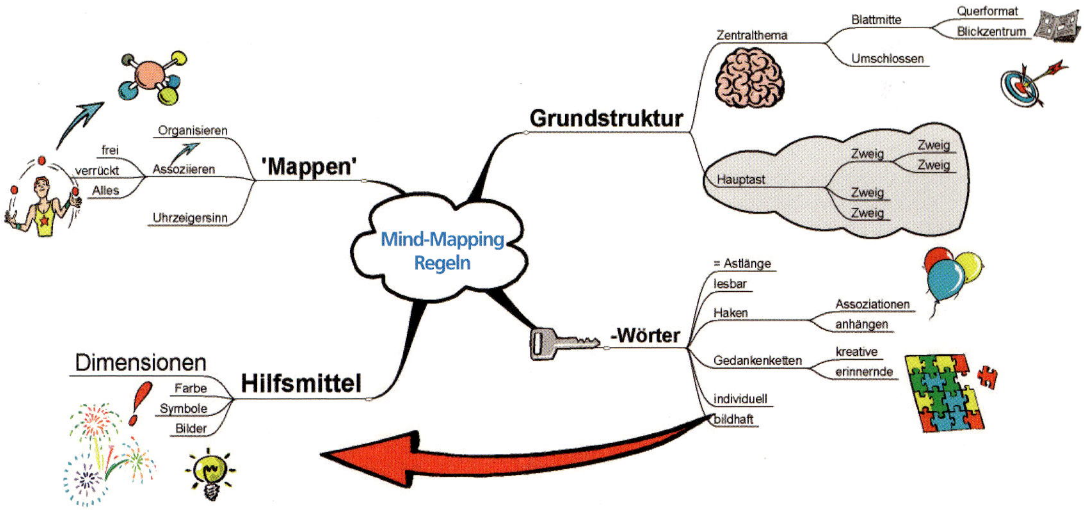

[1] *Vgl. Buzan, T., North, V.: Business Mind-Mapping, Wien 1999; sowie Bachmann, W., Friedrich, M.: Chaos – die neue Kraft im Selbstmanagement. Das Kreative Brainwriting als innovatives Ordnungskonzept, Paderborn 1994. Das abgebildete Mind-Map wurde mit dem Programm „Mind-Manager" erstellt.*

Vorteile

- Ihr zentrales Thema steht auch tatsächlich im Zentrum der Aufzeichnung und nicht als leicht zu verlierende Überschrift am Anfang.
- Der „rote Faden“ bleibt durch die Grundstruktur eines Mind-Maps stets erhalten. Ihre wichtigsten Ideen finden sich in der Nähe des Zentrums, weniger wichtige eher am Rande.
- Die nach allen Seiten offene Struktur eines Maps ermöglicht es Ihnen, nahezu beliebig viele Ergänzungen vorzunehmen, ohne dass Ihnen der Überblick verloren geht.
- Durch die Nutzung von Schlüsselworten können sehr viele Ihrer Gedanken in kurzer Zeit auf engstem Raum dargestellt werden.
- Jedes Map ist einzigartig. Sie können sich daher leichter und nachhaltiger an das Map erinnern.

Anwendungsbereiche für das Mind-Mapping

- **Ideensammlung:** „Was fällt mir/fällt uns alles ein zum Thema x?“
- **Ermittlung des persönlichen Wissensstandes:** „Was weiß ich/wissen wir noch zum Thema y?“
- **Vorbereitung von Referaten:** „Wie gliedere ich mein Referat? Welcher Aspekt gehört wohin?“
- **Mitschreiben von Vorträgen:** Zum Beispiel von Mitschülern oder Lehrern.
- **Unterstützung von Präsentationen:** Mind-Maps sind eine sehr gute Hilfe für Vortragende und können auch als visuelle Hilfe für die Zuhörer eingesetzt werden. Hierzu eignen sich insbesondere Mind-Maps, die mithilfe entsprechender Software am PC erstellt wurden.
- **Textbearbeitung:** Zusammenfassen und Strukturieren der wichtigsten Inhalte.
- **Prüfungsvorbereitung:** Die Methode macht den meisten Menschen einfach Spaß und kann daher die oftmals unangenehme Belastung positiv beeinflussen.
- **Problembearbeitung in Gruppen:** Selbst komplexe Gruppenarbeiten können durch das Mind-Mapping sinnvoll unterstützt werden. Hierbei hat sich ein Stufenschema bewährt, in dem eine sinnvolle Kombination zwischen Einzel- und Gruppenarbeitsphasen angestrebt wird:

Das Team-Modell

PHASE		AUFTRAG
Zielvereinbarung	→	Einigt Euch auf ein gemeinsames Ziel bzw. Thema, mit dem alle einverstanden sind.
Einzel-Map	→	Erstellt, jeder für sich, ein Mind-Map zum Thema. Lasst dabei Euren Gedanken freien Lauf.
Map-Ausstellung	→	Seht Euch – ohne zu kritisieren – an, was die anderen Gruppenmitglieder zu dem Thema entwickelt haben.
Crazy-Map	→	Erstellt gemeinsam ein Map, in dem alle Ideen ungeordnet erfasst werden.
Orga-Map	→	Erstellt ein zweites Map, in dem die Ideen zusammengefasst und geordnet werden.
Präsentation	→	Präsentiert Eure Arbeitsergebnisse der Klasse.

Methoden für die Gruppenarbeit

- Um Probleme systematisch zu lösen oder Projekte zu bearbeiten, bietet sich die **Nutzung eines Problemlösungsschemas** an, in dem die wesentlichen Schritte systematisch strukturiert werden.
- Je nach Gruppe, Rahmenbedingungen und Zweck der Gruppenarbeit bieten das **Brainstorming**, die **635-Methode**, der **Morphologische Kasten** und das **Mind-Mapping** eine hilfreiche methodische Unterstützung.

1. Erläutern Sie, warum es gerade für Gruppenarbeiten sinnvoll ist, bei der Bearbeitung von Projekten und zur Problemlösung planvoll vorzugehen.

2. Sammeln und ordnen Sie anhand des Brainstorming oder der 635-Methode Ideen zu der Leitfrage „Wie können wir das Image der Ausbildung im Einzelhandel verbessern?".

3. Entwickeln Sie – in Einzel-, Partner- oder Gruppenarbeit – ein Mind-Map zum Thema „Die Ausbildung im Einzelhandel" und halten Sie anhand Ihres Maps einen Kurzvortrag zu diesem Thema in der Klasse.

3.3 Methoden zur Informationsbeschaffung und zum Lernen

Sabine Freund und ihre Gruppe haben anfängliche Probleme gelöst und eine Planung für die Präsentation der Ausbildung und der Karrierechancen im Einzelhandel entworfen. Sie sollen sich dabei auf die Ausbildung und die Möglichkeiten in einem Warenhaus, wie der Center Warenhaus GmbH, konzentrieren.
Hierzu können außer den innerbetrieblichen Informationsquellen Artikel aus Fachzeitschriften und natürlich das Internet genutzt werden. Schnell ist eine riesige Menge an Material gesammelt. Sabine meint dazu etwas ratlos: *„Wie sollen wir diesen Berg an Informationen denn jetzt bewältigen?"*

ARBEITSAUFTRÄGE

- Beschreiben Sie Ihre Vorgehensweise, um die wichtigsten Informationen aus einem Fachartikel herauszufiltern.
- Stellen Sie Vor- und Nachteile der Informationssuche im Internet gegenüber.

Techniken zur aktiven Bearbeitung von Sachtexten

Im Gegensatz zu Texten, die Sie in Ihrer Freizeit lesen, wie z. B. Zeitschriften, Romane oder Gedichte, kommt es bei der Arbeit mit Sachtexten darauf an, dass Sie die wesentlichen Informationen herausfiltern. Bei ausformulierten Sätzen ist der Großteil der Worte jedoch ohne wesentlichen Informationsgehalt und daher nicht erinnerungswürdig. Daher kommt der **Reduktion** (= Verringerung auf das Wesentliche) eine entscheidende Bedeutung zu. Zur Textreduktion gibt es eine Vielzahl von Techniken, die – richtig angewandt – im Ergebnis zu einer effektiveren Textverarbeitung und zu einer nachhaltigen Informationsspeicherung führen.

Grundtechniken

Zu den Grundtechniken der Textarbeit gehören das **Markieren**, das Unterstreichen und das **Herausschreiben** von Schlüsselworten. So einfach und vertraut diese Techniken scheinbar sind, so häufig werden sie falsch eingesetzt, z. B. wenn Sie ganze Sätze oder gar Absätze markieren oder unterstreichen. Stattdessen sollten Sie nur die Worte markieren, unterstreichen oder herausschreiben, die im Hinblick auf das zu lösende Problem oder die zu bearbeitende Fragestellung einen hohen **Informationsgehalt** haben. Solche Worte sind in aller Regel **Substantive und Verben**. Wenn Sie sich auf die Markierung der wesentlichen Substantive nach dem Grundsatz „Weniger ist Mehr" beschränken, werden diese Worte zu Schlüsselworten, mit denen Sie die damit verbundene Information aus dem Gedächtnis „aufschließen" können. Zu umfangreiche Markierungen bieten Ihrem Auge und Ihrem Gedächtnis hingegen keinerlei **Entlastung**, sodass Sie ganze Textpassagen mehrmals lesen müssen, was unnötig Zeit kostet und zudem ziemlich langweilig ist.

Das Exzerpt

Ein Exzerpt ist eine umfangreichere Möglichkeit des Herausschreibens von Wesentlichem. Es ist ein schriftlicher, mit dem **Sachtext** übereinstimmender **Auszug**. Hier werden nicht nur einzelne Worte, sondern die wesentlichen Aussagen, Erklärungen oder Meinungen erfasst. Es geht dabei nicht um eine Kommentierung des Sachtextes, sondern um seine möglichst genaue **Wiedergabe**. Gleichwohl gilt auch hier der Grundsatz, dass Sie nur die Stellen herausschreiben sollten, die im Hinblick auf die zu bearbeitende Aufgabe von Belang sind.

Textbearbeitung mit Mind-Mapping

Informationssuche im Internet

Damit Sie sich im World Wide Web (www) bewegen („surfen“) können, brauchen Sie neben der notwendigen Hardware (z. B. DSL, Kabel) und einem Internet-Provider (z. B. Deutsche Telekom, vodafone, o2) ein spezielles Programm. „Mozilla Firefox“ und „Internet Explorer“ sind die derzeit bekanntesten. Beide Programme sind sogenannte Web-Browser, die sich in Bedienung und Funktionsumfang recht ähnlich sind. Beispielhaft soll hier die „Explorer“-Oberfläche vorgestellt werden.

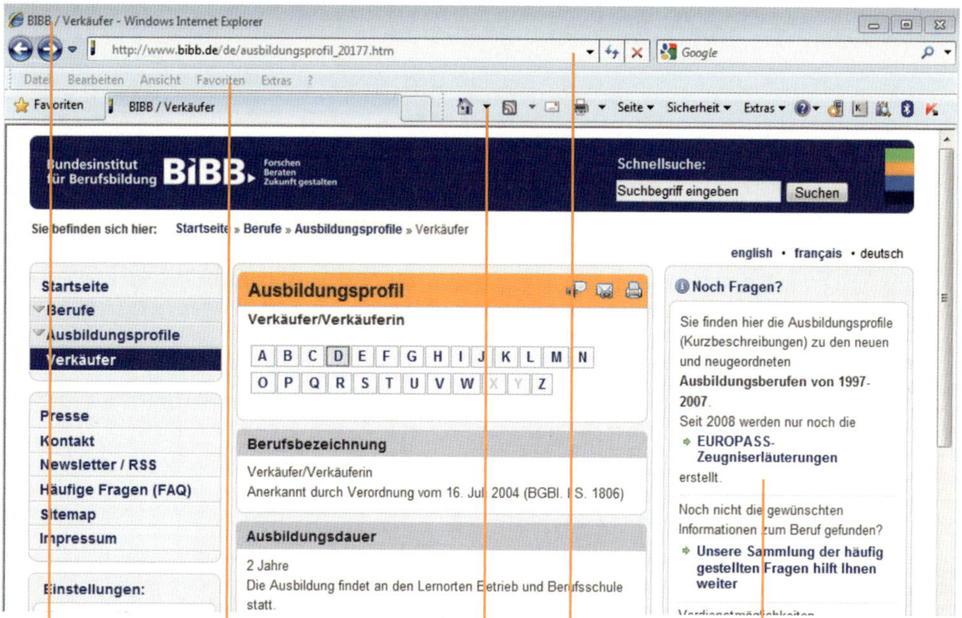

Titelleiste	Menüleiste	Werkzeugleiste	Adressenfeld	Link
Enthält den Namen der Seite	Zum Aufruf von Programmfunktionen	Schaltflächen für wichtige Funktionen	Zur Eingabe und Ansicht	Bilder oder (hervorgehobene) Worte, die bei Mausklick eine Verbindung zu einer anderen Seite herstellen

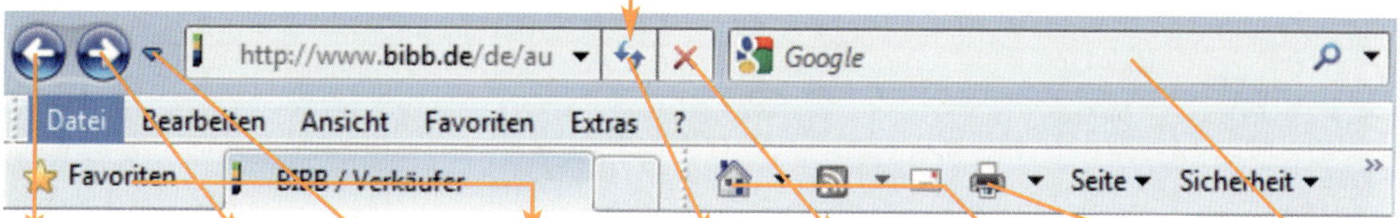

Durch Anklicken springen Sie eine Seite **zurück**	Durch Anklicken springen Sie eine Seite **vor**	Hier sehen Sie den Seiten-**Verlauf**	Hier können Sie **Adressen** abspeichern bzw. aufrufen	**Lädt** Seite **erneut**	**Bricht** Übertragung der Seite **ab**	Lädt die **Startseite** ihrer „Internetreise“	**Druckt** die aktuelle Seite	Hilft bei der **Suche** nach einer Seite

○ Informationssuche bei bekannten oder bereits gespeicherten Adressen

Adresse: http://www.bibb.de/	Favoriten/Lesezeichen
Kennen Sie die Adresse (= Internet-Name eines Computers) Ihrer gewünschten Internetseite, geben Sie sie in das Adressenfeld ein. Hierzu einige Erläuterungen: *http:* *Hypertext transfer protocol.* Gibt den Namen des Protokolls an, mit dem die Übertragung der Daten erfolgt. http:// muss nicht miteingegeben werden. *www:* Information, dass der Computer Seiten aus dem *World Wide Web*-Bereich des Internets zur Verfügung stellt. *bibb:* ist der Kern der Adresse *de:* gibt den Ländercode an. Bsp.: de = Deutschland uk = England fr = Frankreich	Oftmals nutzen Sie bestimmte Adressen immer wieder. Dann sollten Sie diese Adressen als „Favorit" (bei Firefox: Lesezeichen) speichern. Der Vorteil ist, dass Sie auf diese Adressen bei späteren Sitzungen sehr schnell (per Mausklick) zurückgreifen können. Des Weiteren können Sie die „Favoriten verwalten". Das heißt, Sie können Unterverzeichnisse – z. B. nach bestimmten Themen oder Projekten – bilden. Dort können Sie dann die Adressen geordnet ablegen bzw. später wieder schnell aufrufen.

○ Informationssuche mit Suchmaschinen

Suchmaschinen sind spezielle Systeme im Netz, die Ihnen helfen, Informationen zu einem vom Benutzer bestimmten Stichwort zu finden. Hier die Adressen einiger Suchmaschinen:

Deutschsprachige Suchmaschinen	Adressen	Internationale Suchmaschinen	Adressen
Google	www.google.de	Excite	www.excite.com
Bing	www.bing.com	Euroseek	www.euroseek.com

Alle Suchmaschinen sind ähnlich aufgebaut. Das folgende Beispiel zeigt Ihnen die Eingabemaske der Suchmaschine Google. Die eingegebenen Suchbegriffe sind *Ausbildung* und *Einzelhandel*.

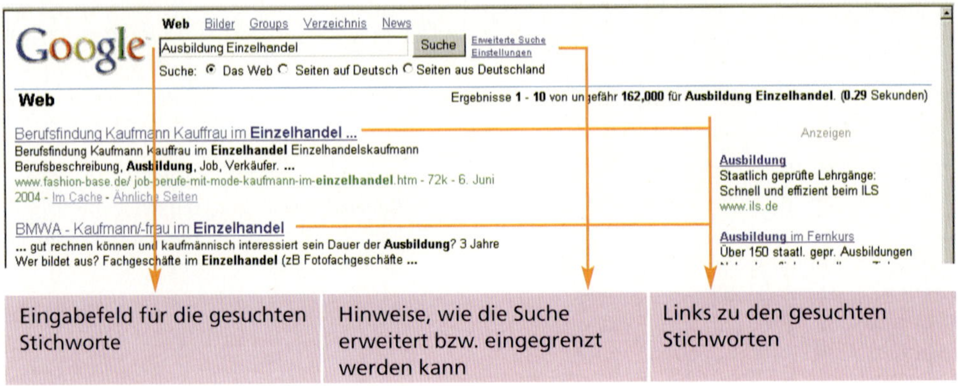

Techniken zur vertiefenden Wiederholung von Lerninhalten

Die Lernkartei

Die Lernkartei basiert auf dem Prinzip der vertiefenden Wiederholung.

- **Schritt 1:** Der zu lernende Stoff wird zerlegt, indem Sie auf der Vorderseite jeder Karteikarte eine Frage, Aufgabe oder Vokabel etc. formulieren. Die Rückseite enthält die Antwort, Lösung oder Übersetzung. Wichtig: Pro Karte nur eine Frage/Aufgabe.

Beispiel Zur Vorbereitung eines Tests zum Thema „Lernen im Dualen System" arbeitet Gaby Dohm mit der Lernkartei. Auf der Vorderseite einer Karte steht „Zu welchen sechs Bereichen enthält die Ausbildungsordnung Regelungen?" Auf der Rückseite steht: „Ausbildungsdauer, Ausbildungsberufsbild, Ausbildungsrahmenplan, betrieblicher Ausbildungsplan, Berichtsheft, Prüfungen".

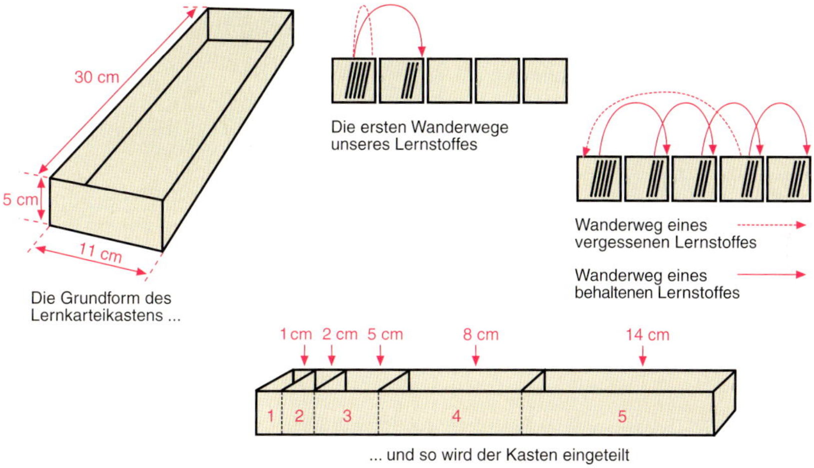

- **Schritt 2:** Es beginnt Ihr Übungs- bzw. Kontrollprozess. Sie lesen die Vorderseite der ersten Karte. Wenn Sie die Lösung wissen, wandert die Karte in Abteilung 2 der Lernkartei. Ist dies nicht der Fall, bleibt die Karte in Abteilung 1. Sie darf erst weiterwandern, wenn Ihnen die Lösung bekannt ist. Ziel ist es, alle Karten in Abteilung 5 zu befördern. Alle Karten werden auf diese Weise zumindest fünfmal wiederholt; Karten, die „nachsitzen" mussten, entsprechend häufiger.

Die Lernkartei hat vielfältige **Vorteile:**

- Die Lerngeschwindigkeit und die Anzahl der Wiederholungen wird durch Sie selbst bestimmt.
- Den Lernprozess können Sie beliebig oft unterbrechen und wieder aufnehmen.
- Die Lernkartei bietet Ihnen eine permanente, unmittelbare und sichtbare Kontrolle über Ihren aktuellen Wissensstand.
- Die Methode erscheint überaus geeignet zur Vorbereitung auf Prüfungen, bei denen die Wiedergabe von Wissensinhalten im Vordergrund steht.

Das Lernplakat

Lernplakate sind selbst erstellte, einprägsame **Darstellungen der wesentlichen Inhalte** aus einem Lerngebiet. Sie dienen Ihnen zur vertiefenden Wiederholung, z. B. bei der Vorbereitung auf eine Klassenarbeit oder andere Prüfungen.

In jedem guten Lehrbuch finden Sie heutzutage brauchbare Übersichten zu den wichtigsten Lerninhalten. Diese können Sie auch für ein Lernplakat nutzen. Einprägsamer sind aber in jedem Fall **selbst erstellte Übersichten**, da Sie bei der Erstellung bereits den größten Teil lernen werden.

Für Lernplakate nutzt man oft große Blätter (DIN A3 und größer) und dicke farbige Stifte, sodass die Informationen auf dem Plakat auch aus einiger Entfernung lesbar sind.

Lernplakate sind im Prinzip große **Spickzettel**, bei deren Erstellung ja auch sehr viel gelernt wird. Für Spickzettel und Lernplakat gilt gleichermaßen:

- Wichtige Stichworte (Schlüsselworte) oder kurze Sätze sind ganzen Textpassagen vorzuziehen.
- Wenn möglich: Ganz auf Text verzichten, denn: „Ein Bild sagt mehr als tausend Worte."
- Die Verwendung möglichst vieler Bilder, Grafiken, Diagramme und Symbole dient auch der Darstellung von Zusammenhängen.
- Wenn Text eingesetzt wird, dann sollte er gut lesbar sein.

PRAXISTIPP Lernplakate dienen zur vertiefenden Wiederholung. Daher ist es sinnvoll, sie an Orten aufzuhängen, an denen Sie sich oft aufhalten und wo Sie keiner anderen Tätigkeit nachgehen, bei der man eine hohe Konzentration benötigt (z. B. über dem Spülbecken, Pausenraum). So können Sie das Plakat immer wieder und im Grunde beiläufig betrachten und sich einprägen.

Methoden zur Informationsbeschaffung und zum Lernen

- Zur aktiven Bearbeitung von Sachtexten stehen Ihnen zahlreiche Methoden zur Verfügung: Neben den Grundtechniken z. B. das **Exzerpt** und das **Mind-Mapping.** Durch alle Methoden können Sie die wesentlichen Informationen eines Textes besser herausfiltern und nachhaltiger erinnern.
- Das **Internet** ist für Sie eine schier unerschöpfliche Quelle bei der Suche nach Informationen. Der zielgerichtete Einsatz von Suchmaschinen ist dabei eine unverzichtbare Voraussetzung.
- Zur vertiefenden Wiederholung von Lerninhalten und insbesondere zum Faktenlernen stellen die **Lernkartei** und das **Lernplakat** effektive Methoden dar.

1. Fertigen Sie ein Mind-Map zum Thema „Kundenorientierung" (vgl. Seite 49 ff.) an.

2. Finden Sie im Internet Informationen zu Einzelhandelsunternehmen (suchen Sie deren Adressen mit einer Suchmaschine) Ihrer Branche. Beurteilen Sie die Seiten hinsichtlich der Aspekte Informationswert und Übersichtlichkeit.

Einzelhandelsunternehmen (Internet-Adresse)	Informationen, die auf der Seite gegeben werden	Meine Beurteilung der Seite (mit Begründung)

3.4 Professionelle Präsentationen

Nach drei Wochen haben Sabine Freund und ihre Gruppe alle benötigten Informationen gesammelt und bearbeitet. Nun gilt es, die erste Präsentation vorzubereiten, die von allen mit etwas Nervosität erwartet wird. Die Gruppe kann dabei auf eine Vielzahl von Medien und Materialien zurückgreifen. *„Wir sollten alles mit ‚PowerPoint' machen"*, meint Mehmet, der sich mit dem Programm auch gut auskennt. Sabine erwidert: *„Schön und gut – lasst uns aber bitte noch zuvor andere Möglichkeiten prüfen. Ich denke, allein durch ‚PowerPoint' ist der Erfolg unserer Präsentation noch nicht gesichert."*

ARBEITSAUFTRAG

- Sammeln Sie in der Gruppe Merkmale einer gelungenen Präsentation.

● Präsentationsvorbereitung

Jede Präsentation kann in drei Phasen gegliedert werden:

Einstieg → Hauptteil → Schluss

Jede dieser Phasen erfüllt bestimmte wichtige Funktionen und bedarf daher einer intensiven Planung.

○ Wirkungsvoller Einstieg

Jeder Mensch benötigt zu Beginn einer Präsentation ein wenig Zeit, um Konzentration aufzubauen. Außerdem ist es für den Zuhörer angenehm, wenn er weiß, mit wem er es zu tun hat und was inhaltlich von der Präsentation zu erwarten ist. Gelingt es Ihnen dann noch, durch eine interessante Leitfrage oder eine lustige Bemerkung eine **positive Stimmung und Interesse** herzustellen, ist ein idealer Einstieg für die Zuhörer und die Präsentatoren geschaffen.

○ Klarer Hauptteil

Der **zielgerichteten Auswahl** der Präsentationsinhalte kommt eine Schlüsselstellung zu. Oftmals fällt es schwer, mühsam erarbeitetes Material oder Informationen in der Präsentation nicht einzusetzen. Dieser Verzicht ist jedoch unumgänglich, um die Aufnahmefähigkeit der Zuhörer nicht zu überfordern. Stattdessen sollten Sie ausgewählte Inhalte so aufbereiten, dass dem Zuhörer ein klares Bild vermittelt wird und der Zusammenhang zwischen den Präsentationsteilen deutlich bleibt.

○ Runder Schluss

Damit Ihre Zuhörer am Ende der Präsentation noch eine Gedächtnisstütze und den Gesamtzusammenhang verdeutlicht bekommen, empfiehlt sich zur Abrundung eine **Zusammenfassung** der wesentlichen Inhalte. Zudem können Sie offene Fragen, die möglicherweise noch in der Zukunft geklärt werden sollen, darstellen und damit zu einem Gespräch ermuntern. Schließlich ist es eine Geste des Anstandes, sich bei den Zuhörern für ihre Aufmerksamkeit zu bedanken.

PRAXISTIPP Bereiten Sie Präsentationen sorgfältig vor. Das steigert die Qualität und gibt Ihnen Sicherheit.

● Tipps für die Durchführung einer Präsentation

Vor und während einer Präsentation ist „Lampenfieber" ganz natürlich. Neben einer sorgfältigen Vorbereitung sollten Sie bei der Durchführung der Präsentation einige Hinweise beachten, die für die Zuhörer und für Sie selbst eine erhebliche Entlastung und damit eine Entspannung herbeiführen können.

○ Eröffnung einer Präsentation

Bereits vor der eigentlichen Eröffnung einer Präsentation können Sie zu ihrem Gelingen beitragen, indem Sie sich dem Anlass und **der Zielgruppe entsprechend angemessen kleiden**, wobei Sie darauf achten sollten, dass Sie sich in „Ihrer Haut" wohlfühlen. Gerade wenn Sie als Team präsentieren, ist es leicht, sich z. B. mit ein paar **lustigen Bemerkungen** vor einer Präsentation positiv einzustimmen. Aus einer entspannten Stimmung heraus gelingt eher ein souveräner Start, denn bekanntlich sind die ersten Sekunden eines Vortrags die schwersten. Daher wird auch empfohlen, zu Beginn eines Vortrages zunächst einmal **Blickkontakt** zu einem vertrauten und/oder sympathischen Menschen im Publikum aufzunehmen, bevor man dann den Blick schweifen lässt. Schließlich sollten Sie die Präsentation pünktlich beginnen.

Beispiel Vor der ersten Präsentation in einer Schule vor 60 Schulabgängern trifft sich Sabines Gruppe, um alles vorzubereiten. Als sie eine Viertelstunde vor dem Beginn alles erledigt haben, macht Marc noch ein paar Witze, sodass Sabine, die die Präsentation eröffnet, immer noch lächelnd vor das Publikum tritt. Dort sitzen auch die restlichen Gruppenmitglieder, um Sabine den Einstieg zu erleichtern.

○ Hilfen für einen rundum gelungenen Vortrag

Beispiel Viele Redensarten wie „Ein Lächeln ist der kürzeste Weg zwischen zwei Menschen" oder „Ein freundliches Gesicht schlägt man nicht" weisen auf den Effekt einer sympathischen Ausstrahlung hin.

○ Sinnvolle Visualisierung

Neben einem gelungenen Vortrag sollten Sie eine Präsentation stets durch eine sinnvolle Visualisierung unterstützen. Visualisierungen entlasten die Zuhörer, da sie Informationen vorstellbarer und begreifbarer machen – **ein Bild sagt mehr als tausend Worte.** Gleichzeitig wird Ihr Vortrag auf natürliche Weise unterbrochen und belebt, sodass die gesamte Präsentation anregender und besser zu erinnern ist. Schließlich helfen Visualisierungen auch Ihnen, da zum Beispiel Gliederungen oder wesentliche Informationen deutlich hervorgehoben werden und so Ihr Vortrag zuverlässig und flüssig strukturiert werden kann.

Beispiel Sabines Gruppe visualisiert die Gliederung ihrer Präsentation auf Flip-Chart-Papier, das auf eine Pinnwand geheftet wird. Sowohl die Vortragenden als auch die Zuhörer haben so einen permanenten Überblick, an welcher Stelle man sich gerade befindet.

Für alle eingesetzten Medien gilt, dass der Blickkontakt zu den Zuhörern stets erhalten bleiben sollte. Wenn Sie sich dem Medium zuwenden – sei es eine Projektionsfläche, ein Flip-Chart oder eine Pinnwand – sind Sie schlecht zu verstehen und verlieren den Kontakt zum Publikum.

PRAXISTIPP Die Gefahr bei der Arbeit mit einem Overheadprojektor und Transparentfolien besteht in erster Linie darin, dass sämtliche Informationen auf die Folien gebracht werden und Sie letztlich eine hohe Zahl an Folien vorlesen. Um eine solche, sehr ermüdende „Folienflut" zu vermeiden, empfiehlt es sich, nur ausgewählte Inhalte in knapper Form (Schlüsselworte, prägnante oder provozierende Aussagen) oder Bilder, Grafiken und Diagramme zu projizieren, die im Vortrag erläutert werden.

Visualisieren mit Overheadprojektor

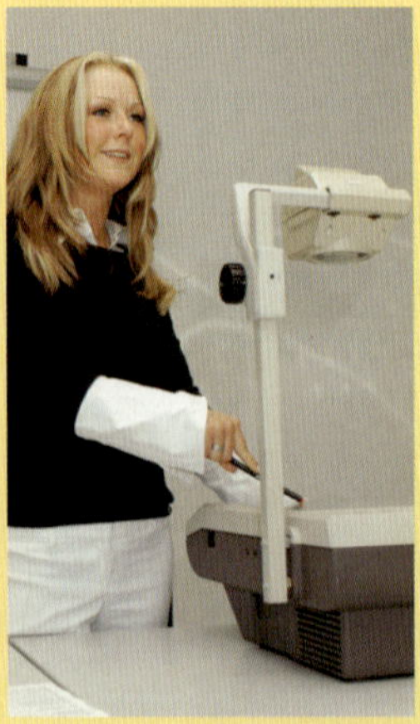

- Ideal einsetzbar bei vielen Teilnehmern.

Beachte

- Wenige Informationen auf die Folie.
- Ausreichende Schriftgröße sichern.
- Auf der Folie zeigen, zu den Zuhörern sprechen.
- Zeigegerät (z. B. Stift) nutzen.
- Gerät bei Nichtgebrauch abschalten.

Mit einem PC oder Notebook, speziellen Programmen (wie z. B. MS-PowerPoint) und einem Beamer stehen Ihnen fast grenzenlose Möglichkeiten zur Verfügung, um Präsentationen mit Visualisierungen anzureichern. Einzelne Informationen können Sie auf unterschiedliche Weise ein- und ausblenden; visuelle und auditive Effekte können Sie für eine besondere Lenkung der Aufmerksamkeit nutzen; Verbindungen zwischen einzelnen Präsentationsteilen können Sie per Mausklick herstellen und vieles mehr.

Die **Vorteile** dieser technischen Möglichkeiten sind immens. Oft verleiten sie jedoch auch dazu, dass zum einen – ähnlich wie beim „Folienvortrag" – zu viele Informationen visualisiert werden, und zum anderen können die visuellen und auditiven Effekte bei übertriebenem Einsatz die Konzentration des Publikums auf die Präsentationsinhalte stören.

PRAXISTIPP Nutzen Sie technische Effekte nur dann, wenn Sie sicher sind, dass der Inhalt Ihrer Präsentation unterstützt und nicht in den Hintergrund gedrängt wird.

Auswertung einer Präsentation

Größere Präsentationen, die z. B. von einer Gruppe durchgeführt werden, können im Vorfeld durchaus einmal geprobt werden, um die Bewährung des vorbereiteten Ablaufs, den zeitlichen Umfang einzelner Präsentationsteile oder auch die Eignung der eingesetzten Medien zu testen.

Unabgängig davon, ob Sie einen „Probelauf" oder den „Ernstfall" durchführen, sollten Sie jede Präsentation ausführlich auswerten, um sich **Stärken bewusst zu machen** und **Schwächen in Zukunft beheben** zu können.

Das folgende Beispiel zeigt mögliche Leitfragen für eine solche Auswertung:

Beispiel

Leitfragen	Bewertung in Schulnoten				
	1	2	3	4	5
● Wurde die Zielsetzung erreicht?					
● Hat sich der Ablauf bewährt?					
● Wie war die Güte der einzelnen Phasen?					
– Einstieg					
– Hauptteil					
– Schluss					
● Wie sicher haben die einzelnen Vortragenden gewirkt?					
– Sabine					
– Marc					
– Gaby					
– Mehmet					
– Kerstin					
● War die Abstimmung zwischen den Vortragenden harmonisch?					
● Haben sich die eingesetzten Medien bewährt?					

Damit eine Auswertung ergiebig verläuft, kann eine solche Bewertung nur Ausgangspunkt einer intensiveren Auseinandersetzung sein. Insbesondere das Feedback an die einzelnen Vortragenden sollte den bereits vorgestellten Feedback-Regeln folgen.

Professionelle Präsentationen

- Für die erfolgreiche Gestaltung einer Präsentation kommt deren gründlicher **Vorbereitung** eine Schlüsselstellung zu.
- Die Beachtung bewährter **Tipps für die Durchführung einer Präsentation** kann Ihr „Lampenfieber“ mildern und wesentlich zum Erfolg beitragen.
- Präsentationen sollten stets durch geeignete **Visualisierungen** angereichert werden. Dabei sollten die einzelnen **Präsentationsmedien** (Overheadprojektor, Flip-Chart, Pinnwand, PC, Beamer usw.) zielgerichtet ausgewählt und professionell genutzt werden.
- Jeder Präsentation sollte eine ausführliche **Auswertung** folgen. Nur auf diese Weise können Stärken und Schwächen genutzt und zukünftige Präsentationen verbessert werden.

1. Erläutern Sie die Vorteile einer intensiven Vorbereitung von Präsentationen und beschreiben Sie deren Hauptbestandteile.

2. Stellen Sie vier Aspekte dar, mit denen die Wirkung eines Vortrages erhöht werden kann.

3. Erstellen Sie zum Thema „Visualisierung“ eine Folie und halten Sie mit der Folie einen kleinen Vortrag zum Thema. Holen Sie sich dann ein Feedback zum Medieneinsatz von Ihren Mitschülern.

3.5 Rollenspiele als Vorbereitung auf die Praxis

Nach einem Test der „AuRheiKa-Präsentation" vor den Auszubildenden der Center Warenhaus GmbH, bei der sie die Ausbildung und die Karrierechancen im Einzelhandel vorgestellt haben, sind Sabine und ihre Gruppe insgesamt zufrieden. Die Rückmeldung, die sie von ihren Kollegen bekommen haben, war hervorragend. Besonders gelobt wurde die professionelle Visualisierung der vorgetragenen Inhalte. Nur Frau Meys bemängelt, der Vortrag sei insgesamt zu lang gewesen, die Auszubildenden hätten zum Schluss unkonzentriert gewirkt und seien unruhig geworden. *„Beim nächsten Mal brauchen wir noch was Knackiges außer dem Vortrag!"*, schlägt Sabine daher vor. *„Gute Idee!"*, meint Mehmet, *„wie wär's mit einem Rollenspiel, in dem wir zeigen, wie z. B. ein Beratungsgespräch mit einem Kunden abläuft. Das ist doch was richtig Anschauliches aus der Praxis und viel besser, als immer nur darüber zu reden!"*

ARBEITSAUFTRÄGE

- Tauschen Sie in der Kleingruppe Ihre Erfahrungen mit Rollenspielen aus. Erstellen Sie darauf aufbauend eine Liste mit fünf Regeln, die bei Rollenspielen unbedingt eingehalten werden sollten.
- Erläutern Sie, was Sie mithilfe des Rollenspiels lernen können.

Grundsätzlich können Rollenspiele unterschiedliche **Ziele** verfolgen:

- Im Rahmen von **Präsentationen** dienen sie der **Veranschaulichung** von Situationen aus dem Berufsalltag. Hier werden tatsächlich erlebte Situationen nachgestellt.
- Rollenspiele können auch Ausgangspunkt sein, um ein **Problem** darzustellen und nach **alternativen Verhaltensweisen** zu suchen.

  Beispiel Mehmet hatte ein Problem mit einem Kunden, der ihn als Auszubildenden nicht ernst nehmen wollte und einen erfahreneren Verkäufer verlangt hatte. Das hat Mehmet geärgert. Er stellt in der Klasse das Gespräch mit einem Mitschüler nach. Anschließend sammelt und diskutiert die Klasse Möglichkeiten, wie man sich in einer solchen Situation verhalten könnte.

- Das häufigste Ziel eines Rollenspiels ist das **Hineinschlüpfen in eine Rolle**, in der man **neue Verhaltensweisen** erprobt, übt und lernt, die entweder vorgegeben oder im Vorfeld selbst bzw. in Gruppen erarbeitet werden.

  Beispiel Nach langen Diskussionen in der Klasse ist man sich einig, dass in der Konfliktsituation mit dem Kunden verschiedene Verhaltensalternativen möglich gewesen wären. Mehmet und andere Schüler erproben in Rollenspielen die Alternativen und werten sie anschließend aus Verkäufer- und Kundensicht aus.

Vorbereitung von Rollenspielen

Wenn es darum geht, **neue Verhaltensweisen** zu erlernen, sollten Sie Rollenspiele in jedem Fall **vorbereiten**. Spontan vorgetragene Rollenspiele sind zwar oft näher am eigenen bisherigen Verhalten, aber um etwas Neues zu erproben, müssen Sie sich auf eine Situation in Ruhe einstellen und sich z. B. überlegen, was Sie Ihrem Gegenüber sagen und wie Sie sich dabei verhalten werden. Die **Vorbereitung** sollten Sie aber **nicht übertreiben**, damit Ihr Verhalten und das gesamte Rollenspiel nicht zu unnatürlich wirken. So ist ausdrücklich davor zu warnen, Texte auswendig zu lernen oder gar ganze „Drehbücher" zu schreiben.

PRAXISTIPP Nutzen Sie Rollenspiele als Möglichkeit, spielerisch verschiedene Verhaltensweisen zu erproben. In der Praxis können Sie dann flexibler reagieren.

○ Rollenkarten

Rollenkarten dienen den Spielern als knappe Vorbereitung auf ein Rollenspiel. Sie werden entweder vom Spielleiter (z. B. einer Lehrkraft) oder von den Spielern selbst oder in Kleingruppen erstellt. Auf den Karten wird kurz die zu spielende Situation beschrieben und es werden Anweisungen für den Spieler notiert. Diese können sehr offen sein (z. B. „Begrüßen Sie den Kunden!") oder detaillierter:

Beispiel

Rollenkarte Kundin

Sie sind seit Jahren Stammkundin der Textilabteilung des Center Warenhauses, kaufen dort oft und besonders hochwertige Artikel ein. Heute Morgen hatten Sie Streit mit Ihrem Mann und sind daher schlecht gelaunt. Von dem Einkauf erhoffen Sie sich eine erfreuliche Ablenkung zur Besserung Ihrer Laune. Sie kaufen am liebsten bei Frau Funke ein, der erfahrenen Erstverkäuferin.

Rollenkarte Verkäuferin

Sie sind Auszubildende der Textilabteilung des Center Warenhauses, die in Vollbedienung geführt wird. Im Moment sind Sie allein in der Abteilung, als die Stammkundin Frau Fricke auf Sie zukommt.
Begrüßen Sie die Kundin freundlich und eröffnen Sie das Verkaufsgespräch.
Achten Sie dabei auch auf eine unterstützende Körpersprache.

○ Beobachtungshilfen

Bei einem Rollenspiel sind **nicht nur** die **Spieler aktiv**. Damit die an das Spiel anschließende Auswertung ergiebig wird, müssen alle nicht direkt Beteiligten das Rollenspiel **zielgerichtet beobachten**. Hierzu muss man sich bereits vor dem Rollenspiel einigen, wo die **Beobachtungsschwerpunkte** liegen sollen, damit alle – Spieler und Beobachter – wissen, auf was sie genau achten sollen.

Beispiel Im Unterricht wurden Grundsätze zur Begrüßung und dem ersten Kontakt mit dem Kunden erarbeitet. Sabine – als Verkäuferin – und Kerstin – als Kundin – sollen die Begrüßung in einer Bedienungsabteilung in einem Rollenspiel zeigen. Die Klasse wird aufgefordert, die ersten 15 Sekunden des Gespräches genau zu beobachten und dabei vor allem auf die Körpersprache zu achten.

○ Auswertungskriterien

Damit die Beobachtung zielgerichtet erfolgen kann, müssen Sie Kriterien festlegen, anhand derer Sie eine Situation beurteilen wollen.

Beispiel Für eine gelungene Begrüßung des Kunden werden an der Tafel Kriterien gesammelt:

Eine gelungene Begrüßung des Kunden – worauf müssen wir achten?

- Wir lassen dem Kunden ein wenig Zeit, damit er sich orientieren kann.
- Wir nehmen Blickkontakt auf.
- Wir begrüßen den Kunden aktiv und in einem freundlichen Ton oder durch ein Nicken.
- Wir lächeln.
- Wir haben eine angemessene Distanz zum Kunden (ca. zwei Armlängen).
- Wir haben eine aufrechte und offene Körperhaltung.

↓

Wir signalisieren Gesprächsbereitschaft (Gebesi).

○ Beobachtungsbogen

Die gesammelten Kriterien können dann in einen Beobachtungsbogen übernommen werden. Ein solcher Bogen ist für Sie eine **Arbeitserleichterung**, da Sie nicht so viel mitschreiben müssen. Bei **geschlossenen** Beobachtungsbögen können Sie die Erfüllung von Kriterien auf einer Skala beurteilen. Bei **offenen** Beobachtungsbögen schreiben Sie neben die Kriterien einen Kommentar, der Ihre Wahrnehmung und Beurteilung ausdrückt. Das Beispiel zeigt beide Varianten:

Beispiel

Beobachtungsbogen							
Beobachtungsschwerpunkt: Begrüßung des Kunden							
Kriterien/ Beobachtungsmerkmale	**Beurteilungsskala Das Beobachtungsmerkmal wurde erfüllt … (1) = voll und ganz (6) = gar nicht**						**Beobachtung/ Kommentar**
Dem Kunden wird Zeit gelassen, damit er sich orientieren kann.	①	②	③	④	⑤	⑥	
Der Verkäufer nimmt Blickkontakt auf.	①	②	③	④	⑤	⑥	
Der Kunde wird aktiv und in einem freundlichen Ton oder durch ein Nicken begrüßt.	①	②	③	④	⑤	⑥	
Der Verkäufer lächelt.	①	②	③	④	⑤	⑥	
Der Verkäufer sorgt für eine angemessene Distanz zum Kunden (ca. zwei Armlängen).	①	②	③	④	⑤	⑥	
Der Verkäufer hat eine aufrechte und offene Körperhaltung.	①	②	③	④	⑤	⑥	

Durchführung von Rollenspielen

Die Durchführung von Rollenspielen ist für die **Spieler** immer eine anspruchsvolle Aufgabe, die gerade zu Beginn von einiger **Nervosität** begleitet wird. Dabei ist es selbstverständlich, dass auch einmal **Fehler** passieren oder es zu ungewollt **lustigen Szenen** kommt. Diese Fehler sind nicht schlimm und können sogar dazu dienen, die Situation aufzulockern, sodass es später leichter fällt, das Rollenspiel durchzuführen.

PRAXISTIPP Bei Rollenspielen dürfen Fehler gemacht werden und es darf auch ruhig einmal herzlich gelacht werden. Nehmen Sie sich Zeit und wiederholen Sie eine Szene wenn nötig.

Um die Situation für die Spieler nicht unnötig zu erschweren, sollten die **Beobachter** des Rollenspieles absolut ruhig sein und sich auf ihre Aufgabe konzentrieren. Sie sollten sich mithilfe des Beobachtungsbogens **Notizen** machen und die Situation möglichst genau wahrnehmen. Dies ist eine anspruchsvolle Aufgabe, da der **Inhalt** des Rollenspiels sowie die **Körpersprache** und das **Sprachverhalten** zu beobachten sind. In manchen Schulen ist es möglich, das Rollenspiel in einem von der Klasse **getrennten Raum** durchzuführen, mit einer **Digitalkamera** aufzunehmen und gleichzeitig per **Fernseher** in der Klasse zu zeigen. Das sind **ideale Voraussetzungen** für Spieler und Beobachter. Sollten diese Voraussetzungen nicht erfüllt sein, wird ein **Stuhlkreis** oder **-halbkreis** gebildet und von den Beobachtern besetzt. Das Rollenspiel selbst findet dann innerhalb des Kreises statt.

Auswertung von Rollenspielen

Rollenspiele sind sehr ergiebige **Lernanlässe**, wenn sie **professionell ausgewertet** werden. Dabei sollte klar sein, dass **Rollenspiele**, wie der Name schon sagt, **nicht** die **Realität** bzw. das tatsächliche Verhalten der **Spieler** im Verkaufsalltag genau wiedergeben. Dennoch sind die Spieler bei der Durchführung und Auswertung **persönlich betroffen** und verdienen daher grundsätzlich **Anerkennung**.

Durch Rollenspiele werden

- richtige Verhaltensweisen trainiert,
- fehlerhafte Verhaltensweisen deutlich gemacht,
- Verhaltensmöglichkeiten verschiedener Art ausprobiert,
- Maßstäbe zur Beurteilung verkäuferischen Könnens gesetzt.

Feedback

Feedback-Geben (vgl. Seite 55) bedeutet eine **Rückmeldung** zu geben. Man schaut auf eine möglichst kurz zurückliegende Situation, schildert möglichst **konkret** und genau seine **Wahrnehmungen** und wie das Wahrgenommene auf einen selbst **gewirkt** hat. Bei der Auswertung von Rollenspielen bewährt sich die folgende **Schrittfolge**:

Zunächst sollten sich die einzelnen **Mitspieler** des Rollenspiels äußern dürfen. Sie berichten, wie sie die Situation erlebt haben, was leichtgefallen ist und was unter Umständen schwer oder störend war. Dabei ist es auch durchaus gewünscht, dass die Spieler berichten, wie sie sich in einzelnen Momenten gefühlt haben.

Die **Beobachter** sollten zunächst die **positiven Aspekte** hervorheben und erst dann auf Dinge zu sprechen kommen, die sie als verbesserungswürdig empfinden. Die **Spieler** sollten in dieser Phase **Rechtfertigungen vermeiden**, da die Beobachter nur ihre persönliche Meinung zum Ausdruck bringen.

Gemeinsam können dann verschiedene **alternative Verhaltensweisen** gesammelt und diskutiert werden. Da in der Realität die Wirkung von unterschiedlichem Verhalten nie eindeutig vorhersehbar ist, gibt es auch hier kein „richtig“ oder „falsch“.

Wenn ausreichend Zeit vorhanden ist, sollten ein bis zwei **Alternativen** mit anderen Spielern **erprobt** werden. Der Kreislauf beginnt anschließend mit dem Feedback der Spieler von Neuem. Besonders interessant ist der **Vergleich** der beiden Rollenspiele zur gleichen Situation.

Damit das Feedback zum **Gewinn** für die Spieler und die Beobachter wird, ist es unbedingt erforderlich, Feedback-Regeln zu beachten (vgl. Seite 55).

○ Einsatz der Digitalkamera

Der wohl **größte Vorteil** des Einsatzes einer Kamera liegt darin, dass ein **unverfälschtes Abbild** des Rollenspiels erstellt wird. Wenn Sie ein Rollenspiel ohne Filmaufzeichnung beobachten, können Sie nur einen **Ausschnitt** wahrnehmen. Außerdem vermischen Sie Ihre Wahrnehmung automatisch mit Ihren eigenen **Vorstellungen** und **Interpretationen**. Spätere **Auswertungen** werden dann häufig dadurch erschwert, dass die unterschiedlichen Beobachter auch scheinbar ganz unterschiedliche Dinge gesehen haben.

PRAXISTIPP Eine anfängliche Scheu vor der Kamera ist normal. Beginnen Sie daher mit kleinen Übungen und kurzen Aufzeichnungen.

Die Aufzeichnung

Sie sollten grundsätzlich **keine allzu langen** Aufzeichnungen machen, da sich die anschließende Auswertung sonst zu schwierig gestaltet. In **maximal fünf Minuten** gibt es hinreichend viel zu beobachten, sodass es auch häufig Sinn macht, nur **Teilabschnitte** eines Rollenspiels aufzuzeichnen.

Beispiel In der Klasse wird ein Verkaufsgespräch in einem Rollenspiel durchgeführt. Der Filmmitschnitt setzt jedoch erst nach der „Kontaktaufnahme“ und der „Bedarfsermittlung“ ein, da derzeit die „Angebotsphase“ im Mittelpunkt des Unterrichts steht.

Die **Kameraführung** kann von einem **Schüler** übernommen werden, der sich damit auskennt oder eingewiesen wird. Ganz wichtig sind dabei eine **ruhige** Kameraführung und der Verzicht auf den Zoom, da sonst die Aufzeichnung unruhig wird und die spätere Auswertung erschwert.

PRAXISTIPP Richten Sie die Kamera so aus, dass Sie die Gesichter (Mimik) und die Oberkörper (Körperhaltung, Gestik) beider Spieler erfassen. Verzichten Sie auf den Zoom.

Die Wiedergabe

Nach einer ersten Feedback-Runde sollte der Mitschnitt zunächst in seiner vollen Länge abgespielt werden, damit Sie sich einen Gesamteindruck verschaffen können. Nach einer zweiten Feedback-Runde wird dann festgelegt, welche Situationen nochmals genauer betrachtet und analysiert werden sollen:

Durchführung des Rollenspiels mit Filmaufzeichnung

↓

1. Feedbackrunde: a) Spieler b) Beobachter

↓

Wiedergabe des Videomitschnitts in voller Länge

↓

2. Feedbackrunde: a) Spieler b) Beobachter

↓

Einigung auf eine oder wenige bestimmte Situationen, die näher analysiert werden sollen

↓

Wiedergabe und Analyse der ausgewählten Situationen

↓

Sammeln von Alternativen und gegebenenfalls Erproben in einem neuen Rollenspiel

Bei der Analyse ausgewählter Situationen des Filmmitschnitts empfiehlt es sich manchmal, mit „**Verfremdungseffekten**" zu arbeiten. So kann die **Aufmerksamkeit konzentriert** werden, z. B. auf körpersprachliche Aspekte.

Beispiele

- Den Film „stumm" abspielen
- Eine Bildhälfte (also einen Spieler) am Fernseher abdecken
- Wiedergabe mit Zeitraffer
- Wiedergabe in Zeitlupe
- Standbild

Rollenspiele als Vorbereitung auf die Praxis

- Rollenspiele sind hervorragend geeignet, um **neue Verhaltensweisen** zu erproben und zu üben. Für das **Erlernen** von besonderen Gesprächen – wie dem **Verkaufsgespräch** – sind Rollenspiele **unverzichtbar**.
- Sie können Rollenspiele **spontan** und ohne lange Vorbereitung durchführen oder mithilfe von **Rollenkarten planen**. Ein **Beobachtungsbogen** sollte Grundlage Ihrer **Auswertung** sein.
- Bei der Durchführung von Rollenspielen sind **Spieler** und **Beobachter** aktiv. Das Rollenspiel findet in einem **separaten Raum** mit Fernsehübertragung oder in einem **Stuhlkreis** statt.
- Bei der **Auswertung** des Rollenspiels lernen Sie besonders viel. Dabei sind unbedingt **Feedback-Regeln** zu beachten. Der Einsatz einer **Kamera** kann die Auswertung erheblich erleichtern und verbessern.

1. **Rollenspiel:** Begrüßungs-Standbilder (Pantomime)

a) Bilden Sie in der Klasse Dreiergruppen.

b) Schreiben Sie die nachfolgenden Situationen auf große Karteikarten und „verlosen" Sie die Karten unter den Dreiergruppen. Die Gruppen müssen geheimhalten, welche Situation sie gezogen haben.

(1) A und B sind gut befreundet und treffen sich zufällig auf der Straße
(2) A ist berühmt, B ist Fan
(3) A und B sind Kollegen, haben aber ein äußerst unterkühltes Verhältnis
(4) A ist verliebt in B, B weiß das aber noch nicht
(5) A trifft seine Chefin B beim Stadtfest
(6) A ist ein Stammkunde, B ist ein Verkäufer in einem Bedienungsgeschäft
(7) A ist ein Konkurrent von B, der immer wieder unfaire Mittel einsetzt

c) Die Rollen werden in den Dreiergruppen verteilt: Rolle A, Rolle B und der dritte der Gruppe ist „Regisseur". Der „Regisseur" stellt die zwei anderen in ein „Standbild", welches das Verhältnis der zwei Personen auf der Karte widerspiegelt.

d) Die Standbilder werden nacheinander auf Film aufgezeichnet oder in der Klasse aufgeführt.

e) Die Klasse gibt dann ihre Meinung ab, welche Szene von der jeweiligen Gruppe dargestellt wird. Das Ergebnis wird an der Tafel festgehalten.

f) Die Gruppe löst auf, ob die Mehrheit der Klasse das Standbild richtig gedeutet hat. Es wird geklärt, woran die Beobachter ihre Einschätzung festgemacht haben.

2. **Rollenspiel:** Eine Konfliktsituation aus dem Alltag

a) Planen Sie ein Rollenspiel zu einer Konfliktsituation aus Ihrem Ausbildungsalltag und erstellen Sie dazu Rollenkarten.

b) Führen Sie zwei bis drei Rollenspiele durch. Die Rollenspiele sollten ca. fünf Minuten dauern und nach Möglichkeit mit einer Kamera aufgezeichnet werden.

c) Werten Sie die Rollenspiele aus. Beachten Sie dabei die Feedbackregeln.

Hinweis: Viele weitere Rollenspiele finden Sie in Aufgabenteilen zu anderen Kapiteln, insbesondere in den Lernfeldern 2 und 10 (Band 2).

4 Leistungsschwerpunkte und Arbeitsgebiete von Einzelhandelsunternehmen erkunden

4.1 Bedürfnis, Bedarf, Nachfrage

Sabine Freund ist unzufrieden! Sie hat ihre Ausbildung bei der Center Warenhaus GmbH zwar erst vor zwei Monaten begonnen, aber eins weiß sie genau: Das Sortiment in der Sport- und Sporttextilabteilung stimmt ihrer Meinung nach nicht. Das Konzept der Kundenorientierung funktioniert nicht schlecht, alle sind freundlich, und Beratung und Kunde stehen im Mittelpunkt. Aber das Sortiment der Abteilung sollte ganz anders aussehen. Wenn sie zu entscheiden hätte, würden nur noch Markenartikel der gehobenen Preisklasse angeboten. *„Man kann doch jeden Tag in der Zeitung lesen, dass das Bedürfnis nach Luxus ständig zunimmt"*, sagt Sabine zur Substitutin Frau Berg in der Mittagspause. *„Das Bedürfnis nach Luxus ist vielleicht vorhanden"*, antwortet diese, *„was fehlt, ist der entsprechende Bedarf, der in der Nachfrage nach Luxusgütern am Markt wirksam wird. Unseren Kunden fehlt es einfach an der Kaufkraft für Luxusartikel."*

ARBEITSAUFTRÄGE

- Klären Sie anhand der dargestellten Situation den Zusammenhang der Begriffe Bedürfnis, Bedarf, Nachfrage und Kaufkraft.
- Erläutern Sie die entsprechenden Bedürfnisarten anhand von Beispielen aus dem Sortiment der Center Warenhaus GmbH.

Ausgangspunkt allen Wirtschaftens sind die **Wünsche** der Menschen. Diese Wünsche sind i. d. R. unbegrenzt. Jeder hat das Gefühl, dass ihm noch etwas fehlt. Dieses Gefühl eines Mangels, verbunden mit dem Bestreben, ihn zu beseitigen, bezeichnen wir als **Bedürfnis**. Nach der Dringlichkeit der Bedürfnisbefriedigung kann man zwischen Existenz-, Kultur- und Luxusbedürfnissen unterscheiden.

- **Existenzbedürfnisse** sind lebensnotwendige Bedürfnisse. Sie müssen i. d. R. kurzfristig befriedigt werden, um das Leben der Menschen nicht zu gefährden.

  Beispiele Wunsch nach Grundnahrungsmitteln, Kleidung, Wohnung.

- **Kulturbedürfnisse** werden durch die Umwelt oder Kultur geprägt. Sie müssen weitgehend befriedigt werden, wenn der Mensch in seiner sozialen Umwelt anerkannt werden will.

  Beispiele Wunsch nach Bildung, modischer Kleidung, Hobbys.

- **Luxusbedürfnisse** sind übersteigerte Ansprüche. Ein Großteil der Bevölkerung kann sie sich nicht erfüllen.

  Beispiele Wunsch nach Modellkleidern, täglich Champagner, einer eigenen Yacht.

Man kann Bedürfnisse auch noch anhand weiterer Merkmale unterscheiden:

- **Individualbedürfnisse**, die von einem einzelnen Menschen, dem Individuum ausgehen.

  Beispiel Der Wunsch nach einem Auto.

- **Kollektivbedürfnisse**, die aus dem Zusammenleben der Menschen entstehen und nur in der Gemeinschaft befriedigt werden können.
  Beispiele Ein gut ausgebautes Straßennetz, Schulen oder Krankenhäuser.
- **Materielle Bedürfnisse**, die sich auf sachliche Güter richten.
  Beispiele Modische Kleidung, Lippenstift.
- **Immaterielle Bedürfnisse**, die sich auf Dienstleistungen oder geistige Belange richten.
  Beispiele Ein Haarschnitt, ein Kinobesuch, Freundschaft, Anerkennung, Geborgenheit.

Der Teil der Bedürfnisse, der auf Leistungen der Wirtschaft gerichtet ist und den die Menschen mit den ihnen zur Verfügung stehenden finanziellen Mitteln **(Kaufkraft)** befriedigen können, wird **Bedarf** genannt.

Beispiel Sabines Freundin Kirsten hat von ihrer Ausbildungsvergütung 50,00 EUR gespart, um sich ein teures Parfum zu kaufen.

Wird der Bedarf am Markt wirksam, d. h., wird für ein bestimmtes Gut tatsächlich Geld ausgegeben, so wird er zur Nachfrage.

Beispiel Kirsten kommt in die Kosmetikabteilung der Center Warenhaus GmbH und kauft bei Sabine ihr Traumparfum.

Ziel jedes Einzelhändlers ist es, aus den allgemeinen Bedürfnissen seiner möglichen (potenziellen) Kunden eine konkrete Nachfrage nach Waren seines Sortiments zu machen. Um dies zu erreichen, muss er die Bedürfnisse seiner **potenziellen Kunden** genau kennen und das Sortiment der angebotenen Waren darauf abstellen.

Beispiel Im Sommer ist das Bedürfnis nach Geselligkeit im Freien groß. Deshalb bietet die Lebensmittelabteilung der Center Warenhaus GmbH in einer Sonderverkaufsaktion „Alles für das Grillfest" an.

Bedürfnis, Bedarf, Nachfrage

Bedürfnisse

Existenzbedürfnisse	Kulturbedürfnisse	Luxusbedürfnisse
– müssen zur Erhaltung des Lebens befriedigt werden – z. B. Nahrung, Kleidung, Wohnung	– müssen befriedigt werden, wenn der Mensch in seiner sozialen Umwelt anerkannt werden will – z. B. Bildung, Hobbys	– können vom Großteil der Bevölkerung nicht befriedigt werden – z. B. Sportwagen, eigene Yacht

- Aus den Bedürfnissen entsteht der **Bedarf**.
- Aus dem Bedarf entsteht die **Nachfrage** nach Gütern.

1. Nennen Sie je drei Beispiele für a) Existenz-, b) Kultur-, c) Luxusbedürfnisse.

2. Erläutern Sie, wie es zu erklären ist, dass ein Luxusbedürfnis zu einem Existenzbedürfnis werden kann.

3. Erläutern Sie, wie aus dem Bedürfnis die Nachfrage wird.

4. Erläutern Sie, warum es für den Einzelhändler wichtig ist, die Bedürfnisse seiner potenziellen Kunden zu kennen.

5. In den kalten Wintermonaten nach Weihnachten haben viele Menschen das Bedürfnis nach Häuslichkeit. Wie könnte ein Haushaltswarenfachgeschäft diese Information nutzen?

4.2 Güterarten und das ökonomische Prinzip

Der Umweltbeauftragte der Center Warenhaus GmbH, Hermann Hohn, hat die Abteilungsleiter zu einer Sitzung zum Thema „Nachhaltigkeit" eingeladen. Ein neues Entsorgungskonzept für den Verpackungsmüll soll diskutiert werden. *„Ich stelle mir vor, dass unsere Kunden ihren Verpackungsmüll sortieren und ihn in den im Eingangsbereich bereitstehenden Container entsorgen"*, trägt Hermann Hohn vor. Yvonne Berg, die Substitutin der Parfümerieabteilung ist empört: *„Müllcontainer im Eingangsbereich meiner Abteilung sind unmöglich, gerade die Parfümerieabteilung ist auf ein hochwertiges Ambiente angewiesen!" „Container im Eingangsbereich sind ideale Verstecke für Warenhausdiebe, da muss ich aus Sicherheitsgründen widersprechen"*, ergänzt der Warenhausdetektiv Helmut Meyer.

ARBEITSAUFTRÄGE

- Erläutern Sie den Begriff der Nachhaltigkeit an weiteren Beispielen aus Ihrem Ausbildungsbetrieb.
- Sammeln Sie Argumente, die die Kritiker des Entsorgungskonzeptes überzeugen und tragen Sie diese Ihren Mitschülern vor.
- Erläutern Sie, warum immer mehr freie Güter zu knappen Gütern werden und stellen Sie einen Zusammenhang zum Konzept der Nachhaltigkeit her.

Güterarten

Die Mittel, mit denen die menschlichen Bedürfnisse befriedigt werden können, nennt man **Güter**.

- **Freie Güter** sind im Überfluss vorhanden und ihre Bereitstellung verursacht keine Kosten.

  Beispiele Luft, Wasser, Sonne, Wind.

- **Knappe (wirtschaftliche) Güter** sind nur begrenzt vorhanden. Ihre Herstellung verursacht Kosten und sie haben am Markt einen Preis.

  Beispiele Auto, Heizöl, Kleidung, Lebensmittel.

Im Laufe der Zeit sind immer mehr freie Güter zu knappen Gütern geworden. So sind z. B. sauberes Wasser und klare Luft in vielen Gegenden nur noch unter großem Kostenaufwand zu erhalten.

Beispiel Jeder Kunde des Einzelhandels trägt pro Jahr etwa 9.000 Verpackungen nach Hause. Der daraus entstehende Müllberg muss von den Gemeinden deponiert oder beseitigt werden. Dabei belastet die Mülldeponie das Grundwasser und die Müllverbrennung die Luft. Grundsätzlich ist für die Verpackung der Ware zwar der Hersteller verantwortlich. Der Einzelhandel kann ihn jedoch auf das zunehmende Umweltbewusstsein der Kunden hinweisen und z. B. auffordern, keine Produkte in Einwegflaschen zu liefern, um Abfälle zu vermeiden.

Bei vielen knappen Gütern wissen wir, dass die für die Herstellung erforderlichen Rohstoffe nur noch für wenige Jahre reichen. Hier kann der Einzelhandel Hilfe bei der Wiederverwertung von Rohstoffen **(Recycling)** leisten. Dies kann z. B. durch das Aufstellen von Glas- oder Altpapiercontainern geschehen.

Die knappen (wirtschaftlichen) Güter können in verschiedene **Güterarten** unterschieden werden.

Nach der Beschaffenheit wird in materielle, d. h. greifbare, und immaterielle, d. h. nicht gegenständliche, Güter eingeteilt.

- **Materielle Güter** sind Sachgüter.

  Beispiele Ein CD-Player, ein Schokoriegel oder eine Damenbluse.

- **Immaterielle Güter** sind Dienstleistungen; Rechte.

  Beispiele Die Leistung des Handels oder der Banken; Rechte wie z. B. das Recht, einen bestimmten Markennamen zu führen oder eine gemietete Wohnung zu nutzen.

Nach der **Art der Verwendung** können materielle Güter, Dienstleistungen und Rechte in Konsum- und Produktionsgüter eingeteilt werden.

- **Konsumgüter** dienen der Bedürfnisbefriedigung. Sie werden vom Endverbraucher verwendet.

  Beispiele

Sachgut als Konsumgut	→	Fruchtjogurt
Dienstleistungen als Konsumgut	→	Sabine Freund geht zum Friseur
Recht als Konsumgut	→	ein Kunde mietet in einem Baumarkt eine Teppichreinigungsmaschine

- **Produktions- oder Investitionsgüter** dienen zur Herstellung anderer Güter.

  Beispiele

Sachgut als Produktionsgut	→	Ladenkasse
Dienstleistung als Produktionsgut	→	Kreditgewährung an einen Einzelhändler
Recht als Produktionsgut	→	ein Ladenlokal wird angemietet

Da bei der Einteilung in Konsum- und Produktionsgüter nicht die Art des Gutes, sondern die Art der Verwendung den Ausschlag für die Zuordnung gibt, kann ein und dasselbe Gut sowohl Konsum- als auch Produktionsgut sein.

Beispiel Wird ein Schreibtisch, Schreibblock oder Kugelschreiber z. B. im Büro des Geschäftsführers der Center Warenhaus GmbH eingesetzt, handelt es sich um Produktionsgüter. Sind diese beim Auszubildenden in der Wohnung und dienen der Erledigung der Hausaufgaben, handelt es sich um Konsumgüter.

Nach der Nutzungsdauer können Güter in Gebrauchs- und Verbrauchsgüter eingeteilt werden.

- **Gebrauchsgüter** können mehrmals verwendet werden und nutzen sich erst allmählich ab.

  Beispiele Möbel und Kleidung für den Haushalt, die Ladeneinrichtung für den Einzelhändler.

- **Verbrauchsgüter** können nur einmal zum Zwecke der Bedürfnisbefriedigung oder Produktion eingesetzt werden.

  Beispiele Lebensmittel für den Haushalt, Preisetiketten bei der Einzelpreisauszeichnung.

Im Rahmen seiner Bemühungen zur Abfallvermeidung kann der Einzelhändler versuchen, möglichst viele Verbrauchsgüter gegen mehrmals verwendbare Gebrauchsgüter auszutauschen, z. B. die Einwegflasche gegen die Pfandflasche oder die Plastik-Einkaufstüte gegen eine wiederverwendbare Einkaufstasche.

● Das ökonomische Prinzip

Die **Bedürfnisse** der Menschen sind i. d. R. **unbegrenzt. Wirtschaftsgüter** sind **knapp**. Sie sind nur begrenzt vorhanden und ihre Bereitstellung verursacht Kosten.

Private Haushalte wie Unternehmen lösen dieses Problem, indem sie mit den knappen Wirtschaftsgütern sparsam umgehen, das heißt, sie **wirtschaften**. Dieses planvolle Handeln nennt man das **ökonomische (wirtschaftliche) Prinzip**. Es hat zwei Erscheinungsformen:

- Beim **Minimalprinzip** wird versucht, ein gegebenes Ziel mit möglichst wenig (minimalen) Mitteln zu erreichen.

  Beispiele
  - Kirsten versucht, ihr Traumparfum so preiswert wie möglich zu bekommen. Sie bittet Sabine, ihr dieses im Wege des Personalkaufs zu beschaffen.
  - Silke versucht, zwei Wochen Spanien-Urlaub so preiswert wie möglich zu buchen.

- Beim **Maximalprinzip** wird versucht, mit gegebenen Mitteln einen größtmöglichen (maximalen) Erfolg zu erreichen.

  Beispiele
  - Kirsten versucht, sich mit den gesparten 50,00 EUR so viele Wünsche wie möglich zu erfüllen.
  - Silke versucht, mit einem bestimmten Geldbetrag so lange wie möglich in Spanien Urlaub zu machen.

Im Einzelhandel werden sowohl das Minimal- als auch das Maximalprinzip angewandt. Nach dem Minimalprinzip handelt ein Einzelhändler, wenn er z. B. versucht, seinen Umsatz mit möglichst geringen Personalkosten zu erwirtschaften. Nach dem Maximalprinzip handelt er, wenn er versucht, mit den vorhandenen Mitarbeitern einen möglichst großen Umsatz zu erzielen.

Güterarten und das ökonomische Prinzip

● Güterarten

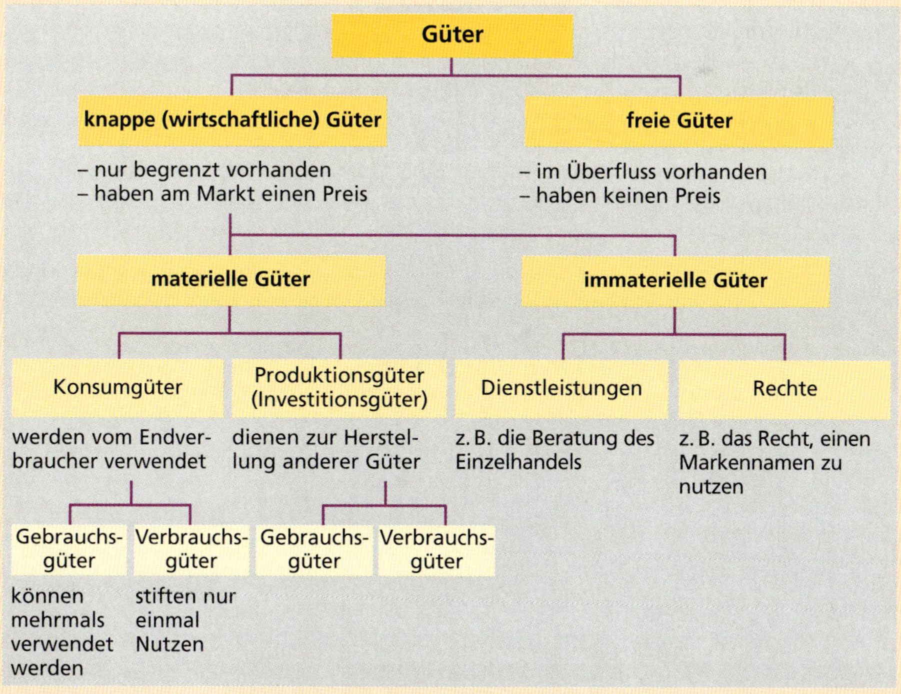

● Das ökonomische Prinzip

Wünsche sind **unbegrenzt** | **Güter** sind **knapp**

Zwang zum Wirtschaften

mit gegebenen Mitteln einen maximalen Erfolg erreichen
Maximalprinzip

ein gegebenes Ziel mit minimalen Mitteln erreichen
Minimalprinzip

1. Erläutern Sie, welche Maßnahmen der Einzelhandel ergreifen kann, um begrenzt vorhandene Rohstoffe sinnvoller zu nutzen.

2. Schildern Sie anhand eines Beispiels, warum ein Gut gleichzeitig Konsum- und Produktionsgut sein kann.

3. Beschreiben Sie fünf Fälle, wie in Ihrem Ausbildungsbetrieb Verbrauchsgüter gegen mehrmals verwendbare Gebrauchsgüter ausgetauscht werden können.

4. Susanne möchte am Wochenende mit dem Auto nach Holland fahren. Erläutern Sie anhand der Kriterien Kilometerleistung und Benzinverbrauch das Maximal- und Minimalprinzip.

5. Beim Kauf exklusiver Ware gehen Kunden oft nicht nach dem ökonomischen Prinzip vor. Nennen Sie Gründe, die die Konsumenten von ihrem sparsamen und planvollen Verhalten abbringen können.

4.3 Arbeitsteilung und Wirtschaftskreislauf

Aufgrund der Anregungen von Frau Meys haben Sabine und ihr Team die „AuRheika-Präsentation" überarbeitet, und sie haben auch noch einige gute Ideen für die Visualisierung. In einer Arbeitspause kommen Sabine und ihr Klassenkamerad Martin Blank über ihre Ausbildungsbetriebe ins Gespräch. Sabine ist im 1. Jahr der Ausbildung zur Kauffrau im Einzelhandel bei der Center Warenhaus GmbH, Martin Blank lernt im Schreibwarenfachgeschäft Willi Meyer e. K.

Martin: *„Mir macht es Spaß, in einem kleinen Fachgeschäft zu arbeiten. Ich habe viel Kontakt zu den Kunden und meine Tätigkeit ist abwechslungsreich. Die eingehende Ware wird von mir angenommen und kontrolliert, ich packe sie aus, zeichne sie aus, räume sie in das Lager und die Regale ein, berate die Kunden, verpacke die Ware und kassiere."*

Sabine: *„Für mich wäre das nichts. In unserem Warenhaus haben wir für jeden Bereich entsprechende Spezialisten. Allein mit der Warenauszeichnung sind drei Vollzeitkräfte beschäftigt. Und in der Sportartikelabteilung, in der ich zurzeit eingesetzt bin, ist jeder Verkäufer auf eine Sportart spezialisiert."*

ARBEITSAUFTRÄGE

- ◆ Erläutern Sie mithilfe des Modells der betrieblichen Arbeitsteilung, wodurch sich die Tätigkeiten von Martin und Sabine unterscheiden.
- ◆ Stellen Sie die Center Warenhaus GmbH und ihre Beziehungen zu den anderen Wirtschaftssubjekten grafisch dar.

Arbeitsteilung

Arbeitsteilung findet in vielen Betrieben des Einzelhandels statt. Das heißt, die Leistung des Handels ist in Teilverrichtungen aufgeteilt worden. **Formen** der Arbeitsteilung sind die

- berufliche,
- volkswirtschaftliche,
- betriebliche Arbeitsteilung.

Der Ursprung der **beruflichen Arbeitsteilung** geht weit zurück in die Zeit, als die Menschen noch in geschlossenen Hauswirtschaften lebten und es keinen Austausch von Gütern und Leistungen gab. Hier existierte nur die Arbeitsteilung zwischen Frau und Mann. Die Frau versorgte den Haushalt, der Mann ging auf die Jagd und besorgte die Landwirtschaft.

Mit der Zeit entwickelten einzelne Menschen ein besonderes Geschick für bestimmte Tätigkeiten. Da sie in ihrem Spezialgebiet mehr produzieren konnten als ihre Mitmenschen, widmeten sie sich nur noch dieser Tätigkeit und tauschten die Überschüsse. Die **Berufsbildung** hatte stattgefunden. Die Grundberufe wie der des Schmieds, des Landwirts oder des Fischers entstanden.

Als Folge der Berufsbildung waren die Menschen darauf angewiesen, ihre Güter zu tauschen. Der Schmied musste seine Werkzeuge gegen Getreide und der Bauer sein Getreide gegen Fisch eintauschen. Als Mittler zwischen den Tauschpartnern entstand hier der Beruf des **Händlers**.

Im Laufe der Zeit spezialisierten sich die in den Berufen Tätigen auf einzelne Teilbereiche. Ein Händler beschaffte z. B. nur noch Waren aus dem Ausland, ein anderer belieferte nur Großabnehmer und ein dritter handelte nur noch mit Fisch. Diese Aufgliederung von Arbeitsfeldern in kleinere Arbeitsgebiete bezeichnen wir als **Berufsspaltung**.

Mit der Entstehung der Berufe entwickelten sich die ersten Unternehmen (Werkstätten, Manufakturen, Fabriken), die sich drei großen Wirtschaftsbereichen oder **Produktionsstufen** zuordnen lassen. Dem primären (ersten), dem sekundären (zweiten) und dem tertiären (dritten) Sektor. Die Einteilung der Wirtschaft anhand der unterschiedlichen Wirtschaftsstufen bezeichnen wir als **volkswirtschaftliche Arbeitsteilung**.

- Dem **primären Sektor** werden die Unternehmen der **Urerzeugung** (Urproduktion) zugeordnet. Sie beschäftigen sich mit dem landwirtschaftlichen Anbau und dem Abbau der Bodenschätze und sorgen damit für die Voraussetzung der Produktion.

  Beispiele Betriebe der Landwirtschaft, der Forstwirtschaft, der Fischerei, des Bergbaus und der Öl- und Gasgewinnung.

- Zum **sekundären Sektor** (Verarbeitung) gehören die Unternehmen der **Weiterverarbeitung**. Hierbei kann es sich um Handwerksbetriebe oder Industriebetriebe handeln.

  Beispiele Bäckerei, Schuhreparatur, Schlüsseldienst, Metzgerei, Metallgießerei, Büromöbelhersteller.

- Zum **tertiären Sektor** lassen sich die Unternehmen des **Handels** (z. B. Groß- und Einzelhandel, Verteilung) und der übrigen Dienstleistungen (z. B. Kreditinstitute, Versicherungen, Verkehrsbetriebe) zuordnen.

Beispiele **Unternehmen des tertiären Sektors im Einkaufszentrum Rheinpark:**

Handelsbetriebe: Center Warenhaus GmbH, Mars Elektrofachmarkt e. K., Abels Bau- und Hobbymarkt GmbH, mod-shop GmbH Gisela Meyer, Willi Meyer e. K. Schreibwaren

Sonstige Dienstleistungsbetriebe: Fitnesscenter, Kopiercenter, Reinigung, Eiscafé, Imbissstand, Restaurant, Solarium, Kinocenter, Übersetzungsbüro, Friseur

In der Wirtschaft der Bundesrepublik Deutschland vollzieht sich ein stetiger **Strukturwandel** vom primären über den sekundären zum tertiären Sektor. Immer weniger Menschen arbeiten in den Bereichen Urerzeugung und Weiterverarbeitung, und immer mehr Menschen sind im Bereich von Handel und Dienstleistungen beschäftigt.

Die **betriebliche Arbeitsteilung** findet in der Organisationsstruktur des Einzelhandelsunternehmens ihren Niederschlag. Hier werden anhand der Aufgaben des Einzelhändlers Abteilungen gebildet **(Abteilungsbildung)** und Arbeitsabläufe in Teilverrichtungen zerlegt **(Arbeitszerlegung)**, die jeweils getrennt ausgeführt werden.

Beispiel

Abteilungsbildung	**Arbeitszerlegung**
Einkauf	
Lager	Kundenberatung
Verkauf	Abwiegen und Verpacken
Verwaltung	Kassieren

Wirtschaftskreislauf

Um die Volkswirtschaft als Ganzes betrachten zu können, bedient man sich eines **Modells**, d. h. einer Abbildung der Wirklichkeit. So wie ein Globus eine vereinfachte Wiedergabe der Erde und ein Stadtplan eine vereinfachte Abbildung, z. B. der Stadt Dresden, ist, versucht ein volkswirtschaftliches Modell die wesentlichen Zusammenhänge der Volkswirtschaft in vereinfachter Form wiederzugeben. Da unsere Volkswirtschaft aus einer Vielzahl sehr komplizierter Beziehungen besteht, ist es erforderlich, das Modell auf wenige Grundannahmen zu beschränken.

Dem Modell einer Volkswirtschaft werden folgende Annahmen **(Prämissen)** zugrunde gelegt:

- Es gibt nur zwei Gruppen von Beteiligten am Wirtschaftsgeschehen **(Wirtschaftssubjekte)**: die privaten Haushalte und die Unternehmen.
- Alle privaten Haushalte und alle Unternehmen werden jeweils zu einem **Sektor** zusammengefasst.
- Die Haushalte stellen den Unternehmen die **Produktionsfaktoren** Arbeit (= Arbeitsleistung), Boden und Kapital zur Verfügung (vgl. Seite 95 f.).
- Die Unternehmen zahlen den Haushalten für die Nutzung der Produktionsfaktoren **Einkommen** in Form von Lohn (für Arbeitsleistungen), Miete und Pacht (für Boden) und Zins (für Kapital).
- Die Unternehmen stellen durch die Kombination der Produktionsfaktoren (vgl. Seite 98 f.) alle in der Volkswirtschaft benötigten Konsumgüter her.
- Alle in den Unternehmen produzierten Konsumgüter werden an die Haushalte abgesetzt.
- Die Haushalte verwenden ihr gesamtes Einkommen für die Beschaffung von Gütern bei den Unternehmen.

Man kann das vereinfachte **Modell der Volkswirtschaft** grafisch darstellen:

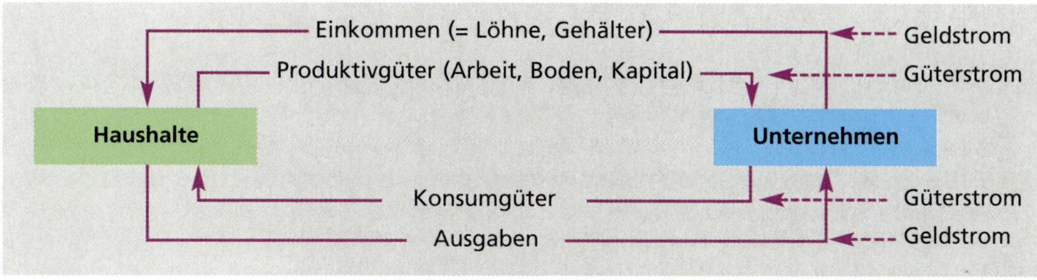

Anhand dieses Modells einer Volkswirtschaft lassen sich folgende **Aussagen** machen:

- Im Modell lässt sich ein geschlossener **Wirtschaftskreislauf** erkennen, der von einem Geldstrom und einem Güterstrom gebildet wird.
- Der **Geldstrom** besteht aus den Einkommen der Haushalte und ihren Ausgaben für Konsumgüter.
- Der **Güterstrom** besteht aus den von den Haushalten bereitgestellten Produktivgütern und den von den Unternehmen produzierten Konsumgütern.
- Jedem Güterstrom läuft ein Geldstrom von gleichem Wert entgegen, d. h. **Güter und Geldkreislauf sind wertmäßig gleich**.

Der Wert aller Sachgüter und Dienstleistungen, die in einem Kalenderjahr in einer Volkswirtschaft produziert werden, heißt **Inlandsprodukt**.
Die Summe aller Einkommen, die von den Haushalten bezogen werden, heißt **Volkseinkommen**.

Inlandsprodukt und Volkseinkommen sind wertmäßig gleich.

Als Indikator bei internationalen Vergleichen wird das **Bruttoinlandsprodukt** verwendet. Es erfasst die innerhalb der Staatsgrenzen erbrachten Leistungen, d. h. die Inlandseinkommen der In- und Ausländer.

Arbeitsteilung und Wirtschaftskreislauf

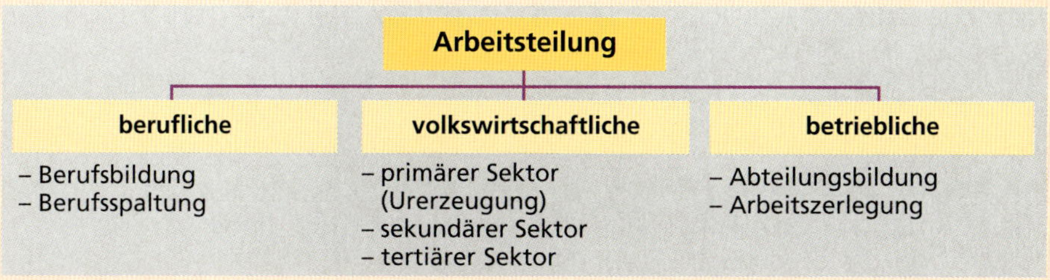

Wirtschaftskreislauf

- Der einfache Wirtschaftskreislauf wird von einem **Geld-** und einem **Güterstrom** gebildet.
- Der Wert aller Sachgüter und Dienstleistungen, die in einem Kalenderjahr in einer Volkswirtschaft produziert werden, heißt **Inlandsprodukt**.
- Die Summe aller Einkommen, die von den Haushalten bezogen werden, heißt **Volkseinkommen**.
- **Inlandsprodukt und Volkseinkommen sind wertmäßig gleich.**

1. Erläutern Sie die Entstehung der Berufsbildung und die Berufsspaltung anhand eines Beispiels.

2. Beschreiben Sie die Herstellung von je zwei Konsum- und Produktionsgütern durch alle drei Sektoren der Volkswirtschaft.

3. Erläutern Sie Abteilungsbildung und Arbeitszerlegung anhand eines Beispiels aus Ihrem Ausbildungsbetrieb.

4. Erläutern Sie die Begriffe Bruttoinlandsprodukt und Volkseinkommen.

5. Stellen Sie den einfachen Wirtschaftskreislauf grafisch dar und erläutern Sie Geld- und Güterströme.

4.4 Stellung und Aufgaben des Einzelhandels

Sabine Freund und ihre Gruppe haben die „Au Rheika-Präsentation" fertiggestellt. Natürlich hat Mehmet sich durchgesetzt, und sie haben eine PowerPoint-Präsentation erstellt. Mehmet ist stolz darauf, dass es ihm sogar gelungen ist, Fotos in die Präsentation einzubinden. Auch Frau Meys, der sie die Endfassung vorstellen, ist begeistert und hat gleich einen ersten Auftrag für das Team. *„Am Albertus-Magnus-Gymnasium ist am kommenden Mittwoch ein Berufsinformationstag. Ich habe euch bereits angemeldet. Euer Thema lautet ‚Ausbildung und Karriere im EKZ Rheinpark'. Die Technik stellen wir. Ihr habt 30 Minuten Zeit für die Präsentation, und im Anschluss werden Fragen aus dem Publikum gestellt." „Das ist meine alte Schule"*, erwidert Sabine begeistert, *„da machen wir natürlich mit!"*

Am Mittwoch stehen Sabine und ihre Freunde beklommen auf der Bühne in der Aula des Albertus-Magnus-Gymnasiums. Die Oberstufe sitzt erwartungsvoll in den ersten Reihen, und auch einige Lehrer sind gekommen. Glücklicherweise geht mit der Technik alles glatt und die Schüler scheinen von der Präsentation beeindruckt. Sabine eröffnet die Fragerunde. Nach einigen Fragen zur Ausbildungsvergütung und zur Arbeitszeit meldet sich ein kritischer Schüler. *„Als Einzelhändler habt ihr es gut, ihr braucht nur im Laden zu stehen und zu kassieren. Ihr verdient euer Geld doch im Schlaf!"* Sabine ist empört, aber der Oberstufenschüler lässt nicht locker. *„Der Einzelhandel ist doch überflüssig, er verteuert nur die Ware. Die Kunden können doch beim Hersteller oder Großhändler viel billiger kaufen."* Jetzt platzt Sabine der Kragen. *„Ohne uns müsstest du für jede Scheibe Käse nach Holland fahren und dein neues Handy könntest du dir in Hongkong oder Helsinki abholen. Und wenn du neue Tennissocken brauchst, kannst du ja beim Großhändler eine Palette mit 500 Stück kaufen!"*

ARBEITSAUFTRÄGE

- Erläutern Sie, mit welchen Aufgaben der Einzelhandel seine Stellung im Wirtschaftsprozess behauptet.
- Führen Sie die Diskussion zwischen Sabine Freund und dem Oberstufenschüler fort. Bilden Sie hierzu zwei Gruppen, die Befürworter und die Gegner des Einzelhandels. Jede Gruppe sammelt zunächst ihre Argumente. Bedienen Sie sich hierzu einer der Methoden zur Unterstützung der Gruppenarbeit (vgl. Seite 58 ff.).

Stellung des Einzelhandels in der Gesamtwirtschaft

Die **volkswirtschaftliche Bedeutung** des Einzelhandels liegt in der Versorgung der Bevölkerung mit Waren. Er unterstützt auch die Hersteller von Waren, denn wie sollte z. B. eine Fabrik für Margarine in Schleswig-Holstein ihre Ware in München sonst absetzen können? Der Einzelhandel erfüllt für die Verbraucher Dienstleistungen, indem er für sie Warengruppen **(Sortimente) bereitstellt** und sie **beim Kauf berät**. Hierfür steht ihm eine entsprechende Vergütung (Gewinn) zu. Der Einzelhandel verteuert die Waren nicht grundlos, sondern macht ihre **verbrauchergerechte Verteilung** erst möglich. Der Einzelhandel erfüllt somit folgende Aufgaben:

Aufgaben des Einzelhandels

Sortimentsbildung: Ein **Sortiment** ist die Gesamtheit der in einem Geschäft zum Verkauf angebotenen Waren und Dienstleistungen. Der Einzelhändler wählt aus dem Angebot vieler Hersteller diejenigen Waren aus, die den Bedürfnissen seiner Kunden entsprechen und stellt ein entsprechendes Sortiment zusammen.

Beispiel Im Mars Elektrofachmarkt e. K. im EKZ Rheinpark werden Farbfernseher angeboten. Sie stammen von neun verschiedenen Herstellern, es gibt Standgeräte, Flachbildschirme und Portables in jeweils verschiedenen Größen und Farben mit und ohne Stereoqualität, die Verkaufspreise liegen im Bereich von 99,00 bis 1.500,00 EUR.

Markterschließung: Der Einzelhändler kennt die Wünsche und die Bedürfnisse seiner Kunden. Er kann mit diesen Kenntnissen den Herstellern von Waren helfen, marktgerechte Produkte zu entwickeln. Seine **Marktkenntnisse** helfen dem Produzenten, sich rechtzeitig mit seinem Produktionsprogramm auf Marktentwicklungen einzustellen. Der Einzelhändler hilft aber auch den Kunden, wenn er ihnen neue Waren, die häufig auch Problemlösungen sein können, präsentieren kann und sie über ihre Verwendungszwecke informiert.

Beispiele
- Im Lebensmitteldiscount Schlegel KG im EKZ Rheinpark wird eine neue Fertigmahlzeit für Einzelpersonen angeboten, die die Kunden bisher nicht kannten.
- Ein Hersteller von Jogging-Anzügen befragt das Center Warenhaus über mögliche Absatzchancen für entsprechende Kinderbekleidung.

Raum- und Zeitüberbrückung: Der Einzelhändler ermöglicht den Herstellern, ihre Waren Endverbrauchern anzubieten, die z. T. an weit entfernten Orten wohnen. Der Einzelhandel ist den Kunden räumlich näher als die Hersteller. Ferner wird die Zeit zwischen der Produktion von Waren und ihrem Verbrauch überbrückt.

Beispiele
- Im „Käseladen Wolfgang Wilke e. K." im EKZ Rheinpark kann ein Kunde Käse aus 18 verschiedenen Ländern kaufen.
- Obst wird nur zu bestimmten Zeiten geerntet, kann aber meist das ganze Jahr über gekauft werden.

Warenverteilung: Ein Einzelhändler kauft Waren in großen Mengen ein und verkauft sie in haushaltsgerechten Mengen an seine Kunden.

Beispiele
- Der Lebensmitteldiscount Schlegel KG kauft 40 Zentner Kartoffeln und verkauft sie kiloweise.
- Die Textilabteilung der Center Warenhaus GmbH kauft 500 m Stoff in Ballen und verkauft ihn meterweise.

Lagerhaltung: Der Einzelhandel übernimmt die Vorratshaltung für seine Kunden. Kein Kunde kauft z. B. seinen gesamten Jahresbedarf an Konserven auf einmal und lagert ihn selbst. Die Lagerhaltung ist insbesondere wichtig für Waren, deren Herstellung und Verwendung durch die Endverbraucher zeitlich nicht übereinstimmen. Sie ist ferner wichtig für Ersatz- und Verbrauchsteile von Waren. Die Lagerhaltung bedeutet aber für den Einzelhändler auch das **Risiko des Verderbs und des Veraltens** von Waren. Fachgerechtes Lagern und Pflegen der Ware erfordert zusätzliche Arbeit.

Beispiel Der Verbrauch von Honig ist fast gleichmäßig über das ganze Jahr verteilt, er wird aber nur zu einer bestimmten Jahreszeit hergestellt.

Kundenberatung: Eine kundenorientierte Beratung erleichtert die Kaufentscheidung des Kunden. Sie ist bei vielen Waren unerlässlich. Der Kunde hat Anspruch auf Informationen über Art, Güte, Bedienung und Verwendung der gekauften Waren. Dies gilt insbesondere für technische Geräte (Kameras, Computer, Hi-Fi-Geräte usw.).

Beispiel Eine Großmutter möchte ihrem Enkel zur Konfirmation eine Kamera schenken. Im Fachgeschäft Foto-Knirps im EKZ Rheinpark wird sie beraten.

Warenveredelung: Einige Waren werden im Einzelhandel durch Reifen, Mischen, Rösten usw. veredelt, verbessert oder erst verkaufsfertig gemacht.

Beispiel Einige Käse- und Weinsorten erreichen erst durch Reifung den gewünschten Qualitätsstandard. Die Reifung erfolgt z. T. im Lager des Einzelhändlers.

Kundendienst (Servicedienstleistungen): Häufig machen Kundendienst- und Serviceleistungen den Verkauf einer Ware erst möglich.

Beispiele
- Lieferung von Waren an den Kunden (Möbel, Großgeräte usw.)
- Installation und Aufbau von Einbauküchen, Waschmaschinen
- Wartung und Reparatur von Geräten (Uhren, Elektrogeräte)
- Änderung und Anpassung (bei Hosen, Jacken)

Stellung und Aufgaben des Einzelhandels

Der Einzelhandel sorgt in einer Volkswirtschaft für die Versorgung der Bevölkerung mit Waren.

Funktionen des Einzelhandels

Sortimentsbildung	Bedarfsgerechtes Angebot von Waren für die Kunden.
Markterschließung	Neue Produkte werden den Kunden präsentiert.
Raumüberbrückung	Der Einzelhändler ist dem Kunden räumlich näher als der Hersteller.
Zeitüberbrückung	Die Zeit zwischen Produktion und Bedarf wird ausgeglichen.
Warenveredelung	Durch Reifen, Mischen, Rösten werden Waren verkaufsfertig gemacht.
Warenverteilung	Große Mengen werden eingekauft und in kleinen Mengen an die Kunden verkauft.
Lagerhaltung	Der Einzelhandel übernimmt für seine Kunden die Vorratshaltung.
Kundenberatung	Die Kunden werden über Art und Verwendung von Waren informiert.
Kundendienst	Anlieferung und Aufbau von Geräten, bequeme Einkaufsmöglichkeiten durch Parkplätze, Cafeteria usw.

1. Beschreiben Sie den Weg eines Artikels aus dem Sortiment Ihres Ausbildungsbetriebes von der Herstellung bis zum Verkauf an einen Kunden.

2. Erläutern Sie die Bedeutung des Einzelhandels im Wirtschaftsprozess.

3. Nehmen Sie kritisch Stellung zu den Aussagen:
a) „Der Einzelhandel verteuert die Waren, ohne echte Aufgaben zu erfüllen."
b) „Der Einzelhandel ist nur Erfüllungsgehilfe der Hersteller."

4. Erläutern Sie die Aufgaben des Einzelhandels am Beispiel Ihres Ausbildungsbetriebes. Erklären Sie dabei möglichst genau, wie der Betrieb seine Aufgaben erfüllt.

5. Nennen Sie je vier Serviceleistungen eines Möbelfachgeschäftes, eines Parfümeriefachgeschäftes, eines Warenhauses und eines Supermarktes.

6. Es ist Aufgabe des Einzelhandels, die Bevölkerung bedarfsgerecht mit Waren zu versorgen. Welche Tätigkeit des Warenhauses hat mit der Erfüllung dieser Aufgabe zu tun?
1. Verteilung von Gebrauchsgütern
2. Herstellung von Verbrauchsgütern
3. Lagerhaltung von Produktionsfaktoren
4. Verbrauch von Dienstleistungen
5. Verarbeitung von Konsumgütern

4.5 Betriebsfaktoren des Einzelhandels

Kaum ist Sabine von der Präsentation am Albertus-Magnus-Gymnasium zurück, hat Frau Meys eine weitere Sonderaufgabe für sie. Wegen der unvorhersehbaren Erkrankung einer Kollegin muss Sabine am Samstag am Informationsstand im Erdgeschoss aushelfen. Eigentlich hat Frau Meys ein schlechtes Gewissen. Sie dürfte Sabine nicht so kurz nach Beginn der Ausbilung an die Information setzen. Gut, Sabine hat eine schnelle Auffassungsgabe. Aber das Wissen um das Sortiment eines großen Warenhauses ist etwas ganz anderes. Frau Meys hat jedoch keine andere Wahl. Die Information eines kundenorientiert geführten Warenhauses muss permanent besetzt sein. Sie nimmt sich aber vor, eine Präsentation über den Sortimentsaufbau der Center Warenhaus GmbH anzufertigen und diese in der nächsten innerbetrieblichen Schulung vorzuführen.

ARBEITSAUFTRÄGE

- Stellen Sie die Sortimentsbegriffe in einer Übersicht dar.
- Erstellen Sie eine Präsentation des Sortimentsaufbaus Ihres Ausbildungsbetriebes. Beachten Sie dabei die Regeln einer professionellen Präsentation (vgl. Seite 71 ff.).

Um ein Einzelhandelsunternehmen betreiben zu können, müssen Betriebsfaktoren beschafft und planvoll miteinander verknüpft werden. Betriebsfaktoren sind alle sachlichen, personellen und finanziellen Mittel, die in ein Unternehmen einfließen. Die volkswirtschaftlichen **Produktionsfaktoren** (Boden, Arbeit, Kapital) werden so in einem Unternehmen konkret durch die **Betriebsfaktoren** dargestellt.

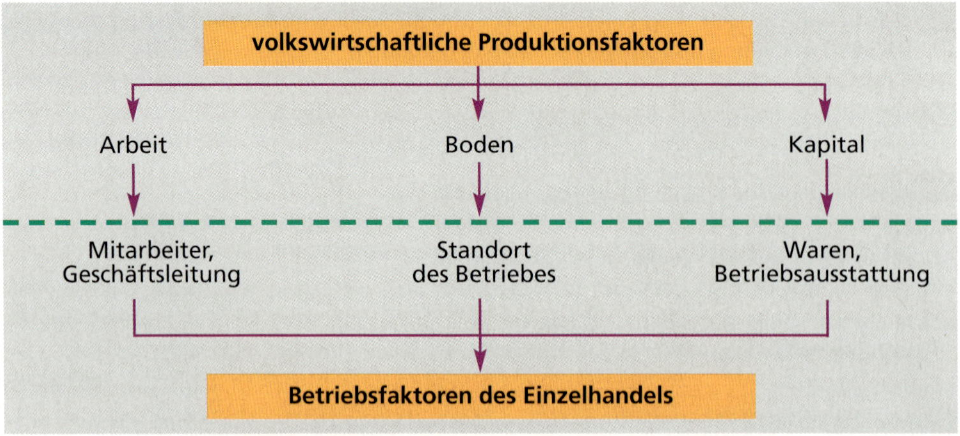

Betriebsfaktor Mitarbeiter

Der Mitarbeiter im Einzelhandel ist meist in der Kundenberatung tätig. Er beeinflusst durch sein Verkaufsgeschick wesentlich den betriebswirtschaftlichen Erfolg eines Unternehmens, denn selbst die beste Ware verkauft sich nicht von selbst. Daher ist die **menschliche Arbeit** ein sehr wichtiger Betriebsfaktor. Ein gut ausgebildeter und motivierter Mitarbeiterstamm ist heute deshalb ein entscheidender **Wettbewerbsvorteil** für ein Unternehmen.

Mitarbeiter verursachen aber auch Kosten für den Betrieb, deshalb sollte jeder Mitarbeiter so eingesetzt werden, dass seine Fähigkeiten, Kenntnisse und Erfahrungen **(Leistungsvermögen)** den Anforderungen an seine betriebliche Tätigkeit entsprechen. Die Anforderungen an einen Arbeitsplatz sind in Stellenbeschreibungen (vgl. Seite 109 f.) aufgeführt.

Die menschliche Arbeit in Betrieben wird unterschieden in ausführende Arbeit und leitende (dispositive) Arbeit. Mitarbeiter, die **ausführende Tätigkeiten** in einem Einzelhandelsunternehmen ausüben, dürfen anderen Mitarbeitern keine Anordnungen erteilen. Die **leitende (dispositive) Tätigkeit** beinhaltet die Planung, Organisation und Kontrolle sowie die Personalführung.

Beispiel Center Warenhaus GmbH

Ausführende Tätigkeiten:	Kassierer, Verkäufer, Lagerhilfskraft
Leitende Tätigkeiten:	Geschäftsführer, Abteilungsleiter, Substitut

Betriebsfaktor Standort

Die Wahl des Standortes eines Einzelhandelsunternehmens ist eine Entscheidung, die langfristige Wirkungen hat. Ein Standort verursacht **Kosten** (Miete, Pacht oder Kauf eines Grundstückes und Bau eines Geschäftshauses). Diese Kosten sind je nach Standort unterschiedlich. Es leuchtet ein, dass ein Ladenlokal in der City einer Großstadt teurer ist als in einer ländlichen Gegend. Auch die Kosten für Transport und Arbeitslöhne sind regional unterschiedlich. Andererseits haben verschiedene Standorte auch verschiedene Möglichkeiten der Kundenansprache und Absatzchancen. Ein Einzelhändler hat also bei seiner Standortentscheidung zwischen **Kostenvorteilen** und **Absatzvorteilen** abzuwägen.

Beispiel Das Einkaufszentrum Rheinpark Köln hat seinen Standort am Rande von Köln, da dort die Grundstückspreise deutlich unter denen im Zentrum von Köln liegen. Die Kunden müssen jedoch mit dem Auto oder öffentlichen Verkehrsmitteln anreisen.

Betriebsfaktor Ausstattung

Jedes Einzelhandelsgeschäft benötigt eine **Sachausstattung**. Hierin ist ein großer Teil des Kapitals eines Unternehmens gebunden. Diese Investitionen sind erforderlich, um überhaupt die Dienstleistungen des Einzelhandels erbringen zu können.

- **Verkaufsraumausstattung**

Beispiele
- Ladeneinrichtung (Ladentheken, Packtische, Einkaufswagen und -körbe, Kassen, Waagen, Kühlanlagen usw.)
- Warenträger (Regale, Vitrinen, Ständer, Kühltruhen, Gondeln, Schütten, Körbe usw.)
- Dekorationen (Displays, Plakatständer und -rahmen usw.)
- Verkaufsraumgestaltung (Bodenbeläge, Beleuchtung, Sitzmöbel, Garderoben usw.)

- **Lagerausstattung**

Beispiele
- Regale
- Container
- Gabelstapler
- Leitern
- Hubwagen
- Beleuchtung usw.

- **Ausstattung der sonstigen Räume**

Beispiele
- Verwaltungsbereich (Büromöbel, Büromaschinen usw.)
- Schulungsbereich (Möbel, Tafel, Projektoren usw.)

- **Ausstattung mit Computern und Software**

Beispiele Textverarbeitung, Tabellenkalkulation, Präsentations- und Bildbearbeitungsprogramme, Warenwirtschaftssystem.

- **Ausstattung mit Kraftfahrzeugen**

Beispiele Fuhrpark, z. B. für Auslieferungen, Einkauf im Großhandel

Die Ausstattung der Verkaufs- und Betriebsräume ist bei den verschiedenen Einzelhandelsunternehmen unterschiedlich. Sie hängt ab von Betriebsgröße, Branche, Vertriebsform, Bedienungsform und Standort.

Betriebsfaktor Ware

Die Gesamtheit aller Waren und Dienstleistungen, die ein Einzelhändler anbietet, bezeichnet man als **Sortiment**. Ein kundengerechtes Sortiment ist für den Erfolg eines Geschäftes entscheidend. Die Ware ist der zentrale Leistungs- und Betriebsfaktor des Einzelhandels.

Ein Sortiment besteht aus verschiedenen **Warenarten** (Textilien, Elektro-, Lederwaren, Möbel usw.). Die **Sorte** ist die kleinste Einheit des Sortiments. Sorten, die sich nur nach Farbe, Größe, Gewicht unterscheiden, werden zu **Artikeln** zusammengefasst. Ähnliche Artikel bilden eine **Warengruppe**. Je nach Branche und Betriebsgröße reichen diese Unterteilungen nicht aus. So werden z. T. Warenuntergruppen und -bereiche und Artikelgruppen gebildet. In großen Warenhäusern wird häufig ein **Abteilungssortiment** gebildet, welches ebenfalls in betriebsbedingte Waren- und Artikelbereiche untergliedert wird. Für manche Einzelhandelsbetriebe reichen aber auch weniger tiefe Gliederungen aus.

Sortimentsumfang: Ein **breites Sortiment** umfasst viele Warenarten.

Beispiele Textilien, Lebensmittel, Elektrogeräte, Gartenmöbel, Sportartikel, Parfümerie

Warenhäuser haben breite Sortimente (vgl. Seite 101). Sie führen von A wie Autozubehör bis zu Z wie Zoobedarf fast alle Warenarten.

Ein **schmales Sortiment** unfasst nur eine oder wenige Warenarten. Fachgeschäfte und Spezialgeschäfte haben ein schmales Sortiment.

Beispiele aus dem EKZ Rheinpark: Fachgeschäft für Herrenkonfektion „men-shop" Bernd Kreitner GmbH, Buchhandlung Tauber OHG, Baby-Markt Verkaufs-GmbH

Bei einem **flachen Sortiment** werden nur wenige Artikel einer Warenart oder -gruppe angeboten.

Beispiel Im Supermarkt Kaufland eG werden in der Warengruppe Schreibwaren Kugelschreiber in nur drei Ausführungen präsentiert.

Je mehr Sorten und Artikel einer Warenart im Angebot sind, desto **tiefer** wird das Sortiment. Der Kunde hat innerhalb einer Warenart und -gruppe eine große Auswahl.

Beispiel In der Lebensmittelabteilung des Center Warenhauses werden an einer „Käse-Ecke" über 90 verschiedene Käsesorten angeboten, wahlweise geschnitten oder am Stück in beliebiger Menge und Zusammensetzung.

Ein breites und tiefes Sortiment umfasst alle Waren einer Branche **(Vollsortiment)**, es erfordert hohe Lagerkosten. Ein schmales und flaches Sortiment bietet im Extremfall nur eine Warenart mit wenigen Artikeln an.

Sortimentsaufbau: Der Einzelhändler unterscheidet in seinem Geschäft zwischen Kern- oder Muss-, Rand- oder Soll-, Rahmen- oder Kann-, Probe- und Auslaufsortiment.

Beispiel

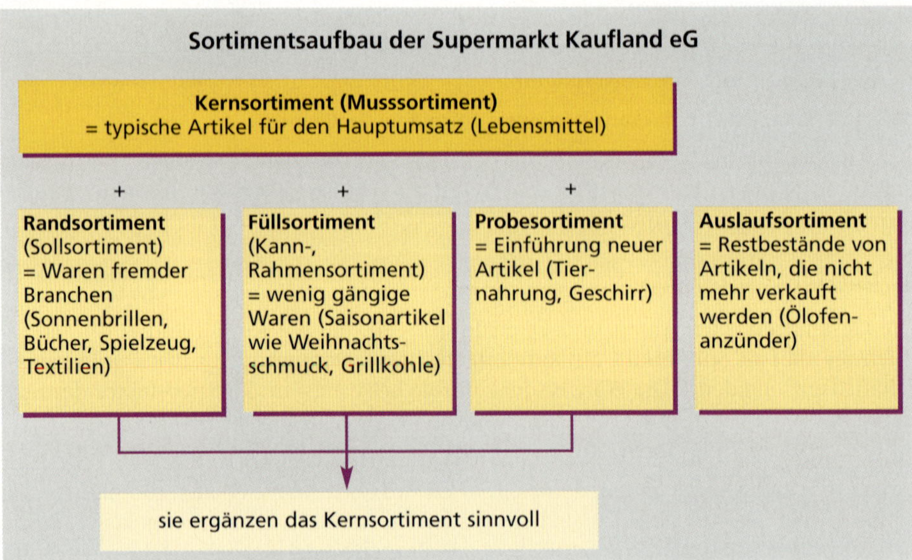

Der Einzelhändler muss sein Sortiment so gestalten, dass es für seine Kunden bedarfsgerecht ist **(Normalsortiment)**. Ein zu umfangreiches Warenangebot **(Übersortiment)** verursacht eine hohe Kapitalbindung, denn die Ware muss bezahlt und gelagert werden. Ist sein Warenangebot dauerhaft zu gering (= **Untersortiment**), wird es zu Umsatzrückgängen kommen. Seine Kunden werden zur Konkurrenz abwandern.

Die Kombination der Betriebsfaktoren im Einzelhandel

In einem Einzelhandelsunternehmen müssen täglich von verschiedenen Personen eine Vielzahl von Entscheidungen getroffen werden, damit das Unternehmen wirtschaftlich und erfolgreich arbeiten kann, d. h.

- die Waren rechtzeitig im Verkaufsraum zur Verfügung stehen,
- die Verkäufer sinnvoll eingesetzt werden,
- die Kunden optimal beraten werden,
- die Kosten gedeckt und zusätzlich ein angemessener Gewinn erwirtschaftet werden.

Diese Entscheidungen und Maßnahmen betreffen die **Kombination der Betriebsfaktoren im Einzelhandel**. Waren, Mitarbeiter und finanzielle Mittel müssen so eingesetzt (kombiniert) werden, dass ein größtmöglicher Erfolg erzielt wird. Dadurch werden die Kundenwünsche realisiert und auch die Arbeitsplätze der Mitarbeiter erhalten. Alle diese **Entscheidungen** werden aber in einem gut geführten Einzelhandelsunternehmen nicht aufgrund von Zufällen gefällt. Vielmehr ist die Grundlage einer guten Geschäftsführung mit sinnvollen Entscheidungen ein sorgfältiges Abwägen der zur Entscheidung notwendigen **Informationen**.

Betriebsfaktoren des Einzelhandels

Betriebsfaktoren des Einzelhandels

Mitarbeiter	Standort	Ausstattung	Ware
– leitende Arbeit – ausführende Arbeit	– Kosten – Kundennähe	– Verkaufsraum – Lager	Sortiment als Gesamtheit aller Waren und Dienstleistungen

- Kombination der Betriebsfaktoren: optimaler Einsatz, um größtmöglichen Erfolg zu erzielen.

1. Überprüfen Sie, welche Überlegungen für die Wahl des Standortes Ihres Ausbildungsbetriebes maßgebend waren.

2. Ein alteingesessenes Schuheinzelhandelsfachgeschäft in Stadtrandlage hat folgende Raumkosten: Miete des Ladenlokals mit 235 m², je m² 48,00 EUR monatlich, Energie (Heizung, Strom usw.) monatlich 1.230,00 EUR. Es erhält ein Angebot, in der Stadtmitte (Fußgängerzentrum) ein Ladenlokal mit 160 m² zu mieten, je m² sind hier aber 380,00 EUR zu bezahlen, für Energie wird eine Monatspauschale von 12,00 EUR je m² verlangt. Wie beurteilen Sie einen Standortwechsel? Begründen Sie Ihre Entscheidung.

3. Erklären Sie mit je einem Beispiel: breites, schmales, flaches und tiefes Sortiment.

4. a) Ordnen Sie das Sortiment Ihres Ausbildungsbetriebes (bzw. Ihrer Abteilung) bezüglich des Kern-, Rand-, Rahmen-, Probe- und Auslaufsortimentes ein.
b) Wie viele Warenarten, Warengruppen, Artikel und Sorten umfasst das Sortiment Ihres Ausbildungsbetriebes?

5. Geben Sie zu den folgenden Kernsortimenten sinnvolle Artikel eines Ergänzungssortimentes an:
a) Herrenhemden,
b) Getränke,
c) Kinderbekleidung,
d) Weine und Spirituosen,
e) Blumen,
f) Fotoartikel

4.6 Vertriebs- und Betriebsformen des Einzelhandels

Der Tag an der Information ist Sabine Freund ganz schön lang geworden. Am anstrengendsten war es, immer freundlich und ruhig auf die Fragen der Kunden zu reagieren. Mehr als einmal musste Sabine die Zähne zusammenbeißen und an Frau Meys denken. *„Das erste Gebot unserer Unternehmensphilosophie ist die bedingungslose Kundenorientierung. Der Kunde ist unter allen Bedingungen zufriedenzustellen. Jeder Kunde, der unzufrieden aus dem Haus geht, ist ein verlorener Kunde“*, hat Frau Meys ihr mit auf den Weg gegeben. Und dann ist ihr doch einmal der Kragen geplatzt. Eine Kundin hatte sich bei Sabine danach erkundigt, wo sie einen Trüffelhobel bekommen könne. Sabine war unsicher, ob sie den Artikel im Sortiment führen, hatte die Kundin aber in die Haushaltswarenabteilung geschickt. Nach ein paar Minuten kam die Kundin erregt aus der vierten Etage zurück. *„Das ist ja eine Unverschämtheit“*, schäumte sie, *„wegen der paar Tupperdosen und Plastikreiben bin ich in den vierten Stock gelaufen! Ich habe mir doch gleich gedacht, dass Sie kein anspruchsvolles Sortiment im Gourmetbereich führen!“* Sabine ärgerte sich. *„Wir sind das erste Kaufhaus am Platz! Selbstverständlich führen wir auch Gourmetartikel!“* Zufällig hat Frau Meys die Szene beobachtet. Sie lässt Sabine ablösen und bittet sie in ihr Büro. *„Sie haben gegen das erste Gebot unserer Unternehmensphilosophie verstoßen und auch fachlich einen Fehler gemacht!“*, sagt Frau Meys. Dass Sabine hätte freundlicher sein müssen, versteht sie. Aber ein fachlicher Fehler ist ihr nicht bewusst.

ARBEITSAUFTRÄGE

- Überlegen Sie, wie Sie sich in Sabines Situation verhalten hätten.
- Diskutieren Sie mit Ihren Mitschülern alternative Reaktionen auf die erregte Kundin.
- Lesen Sie den nachfolgenden Sachinhalt und stellen Sie fest, wo der fachliche Fehler in Sabines Aussage liegt.
- Erstellen Sie ein Plakat der Betriebsformen des Einzelhandels und ordnen Sie Ihre Ausbildungsbetriebe den unterschiedlichen Betriebsformen zu.

Die **Vertriebsformen** des Einzelhandels werden wie folgt gegliedert:

Ladenhandel	Versandhandel	ambulanter Handel	Automatenhandel

● Der Ladenhandel (Stationärer Handel)

Im **Ladenhandel** gibt es sehr verschiedene Möglichkeiten, einen Einzelhandelsbetrieb zu gestalten. In der Umgangssprache werden häufig keine genauen Unterschiede gemacht. Kunden sprechen von einem Supermarkt, meinen aber einen Verbrauchermarkt; sie gehen in ein Warenhaus und sagen, sie haben in einem Kaufhaus eingekauft. Damit aber überbetriebliche Vergleiche durchgeführt werden können, müssen die Bezeichnungen für die **Betriebsformen** einheitlich sein. Die Betriebsformen unterscheiden sich u. a. hinsichtlich:

- Sortiment (Warenangebot)
- Präsentation der Waren
- Bedienungsform
- Branche
- Betriebsgröße
- Ausstattung
- Kundenstruktur
- Standort

Fachgeschäft: Es ist ein Einzelhandelsbetrieb, der Waren einer Branche mit ergänzenden Dienstleistungen anbietet, wobei in vielen Branchen die Verkaufsform der Bedienung überwiegt.

Beispiele aus dem EKZ Rheinpark: Willi Meyer Schreibwaren e. K., Juwelier Josef Kanter e. K. (Uhren, Schmuck), Foto-Knirps e. K., Autobedarf Herkenroth OHG, Garten-Center e. K.

Spezialgeschäft: Hier wird ein einzelner Ausschnitt des Sortiments eines Fachgeschäftes angeboten.

Beispiele aus dem EKZ Rheinpark: Champions-Sport Gerhard Blunk KG (Angelsportartikel), „Der Käseladen" Wolfgang Wilke e. K., Philatelie Werner Wurms e. K.

Warenhaus: Es ist ein Einzelhandelsgroßbetrieb, der in verkehrsgünstiger Geschäftslage Waren aus zahlreichen Branchen (Bekleidung, Textilien, Hausrat, Wohnbedarf, Nahrungs- und Genussmittel) anbietet, Motto „Alles unter einem Dach!" In Angebot und Qualität können sich Abteilungen von Warenhäusern oft mit Fachgeschäften messen. Alle Verkaufsformen kommen hier vor. Erklärungsbedürftige Artikel werden vorwiegend mit Bedienung verkauft, für Lebensmittel wird Selbstbedienung ermöglicht. Das Sortiment umfasst oft mehr als 200.000 Artikel.

Beispiele Center Warenhaus GmbH (vgl. Seite 18), Kaufhof, Karstadt

Kaufhaus: Man findet es in zwei Ausprägungen:

- **Fachgeschäftstyp:** Es ist auf eine Branche spezialisiert, das Sortiment ist tief gegliedert. Als Verkaufsform überwiegt die Bedienung, kombiniert mit Vorwahl.

  Beispiel Werl-Textilkaufhaus KG

- **Gemischtwarentyp:** Ursprung war der Fachgeschäftstyp, es wurden aber weitere Warengruppen in das Sortiment aufgenommen (keine Lebensmittel). Das Gemischtwarenkaufhaus ist kein Vollsortimenter wie ein Warenhaus.

  Beispiel Strauss Innovation 1902

Gemeinschaftswarenhaus: Es handelt sich um den räumlichen und organisatorischen Verbund von meist selbstständigen Fachgeschäften und Dienstleistungsbetrieben (Reinigungen, Cafés) verschiedener Art und Größe. Ihr Ziel ist ein warenhausähnliches Angebot.

Diskonthandelsgeschäft (Discounter): Es ist ein Kleinpreisgeschäft, bei dem auf einen raschen Umschlag der niedrig kalkulierten Waren geachtet wird. Auf (Kunden-)Dienstleistungen wird verzichtet. Die Ausstattung des Geschäftes ist bescheiden, der Verkauf erfolgt aus dem Karton in Selbstbedienung. Das Sortiment umfasst etwa 800 bis 3.000 Artikel.

Beispiel Lebensmitteldiscount Schlegel KG (vgl. Seite 25)

Gemischtwarengeschäft: Hier werden Waren des kurz- und mittelfristigen Bedarfs (Lebensmittel, Schreibwaren, Hausrat, Kurzwaren, Gartenbedarf usw.) mit Bedienung angeboten. Standort sind meist ländliche Gegenden und Kleinstädte.

Beispiel In der Nähe des EKZ Rheinpark befindet sich ein Gemischtwarengeschäft, das sich trotz der Nähe zum EKZ halten konnte. Es hat die Atmosphäre eines „Tante-Emma-Ladens" und wird deshalb gerne von Kunden aus der näheren Nachbarschaft besucht.

Supermarkt: Er ist ein Betrieb, der auf einer Fläche von mindestens 400 m^2 Nahrungs- und Genussmittel einschließlich Frischwaren (Obst, Gemüse, Fleisch) und ergänzend problemlose Waren in Selbstbedienung anbietet. Supermärkte sind die Nachfolger der Gemischtwarengeschäfte. Das Sortiment umfasst etwa 3.500 Artikel, davon sind etwa 20 % der Waren aus dem Non-Food-Bereich.

Beispiel aus dem EKZ Rheinpark: Kaufland eG

Verbrauchermarkt, SB-Center: Es handelt sich um einen Einzelhandelsbetrieb mit mindestens 1.500 m^2 Verkaufsfläche, der preispolitisch den Discountern ähnlich ist. Es werden vor allem Lebensmittel (Food) angeboten, ergänzend aber auch Waren anderer Branchen geführt (Non-Food), die sich für die Selbstbedienung eignen und rasch umgeschlagen werden. Verbrauchermärkte befinden sich häufig in Stadtrandlagen und verfügen über große Parkplatzflächen und Service-Betriebe (Reinigung, Schusterei, Tankstelle, Reisebüro). Im Sortiment werden bis zu 30.000 Artikel geführt.

SB-Warenhaus: Hierzu zählen alle Betriebe, die überwiegend in Selbstbedienung Waren des kurz-, mittel- und langfristigen Bedarfs auf einer Fläche von mindestens 4.000 m^2 anbieten. SB-Warenhäuser bieten ihren Kunden umfangreiche Service-Betriebe und eine ausreichende Anzahl von Parkplätzen.

Einkaufszentrum, Shopping-Center: Hier haben sich an einem verkehrsgünstigen Standort viele Einzelhändler und Dienstleistungsbetriebe niedergelassen. Gemeinsame Aufgaben wie Werbung, Bewachung, Reinigung werden meist durch eine zentrale Verwaltung wahrgenommen. Auf einer Fläche von mindestens 60.000 m^2 wird den Kunden ein umfassendes Einkaufserlebnis geboten.

Beispiel Einkaufszentrum Rheinpark Köln, Einkaufszentrum Havelpark Potsdam (vgl. Seite 12 ff.)

Fachmarkt: In einem Fachmarkt werden Waren aus einem bestimmten Sortimentsbereich großflächig und meist in Selbstbedienung angeboten.

Beispiele aus dem EKZ Rheinpark: Abels Bau- und Hobbymarkt GmbH, Baby-Markt Verkaufs-GmbH, Getränkemarkt Gerhards KG, Mars Elektrofachmarkt e. K.

Off-Price-Stores (Restpostenmärkte): Diese Einzelhändler kaufen Restposten und Waren aus Versicherungsschäden auf und bieten sie ihren Kunden preiswert und in schlichter Verkaufsraumausstattung an.

Factory-Outlets (Fabrik-Verkaufsflächen, Fabrikladen, Store in Factory): Hersteller, die vorwiegend an Großabnehmer und Wiederverkäufer verkaufen, haben am Ort der Produktion kleinere Läden **(Fabrikläden)** für Endverbraucher eingerichtet. Von einem **Factory-Outlet-Center** spricht man, wenn verschiedene Hersteller ein Factory-Outlet gemeinsam betreiben.

Partiediscounter: Einzelhandel ohne festes Sortiment, in dem je nach Verfügbarkeit Überschusswaren verschiedener Hersteller zu Sonderangebotsbedingungen angeboten werden.

Beispiele Inferno, Urban

Discount-Catalogue-Showroom: Hier können Kunden nur Warenmuster bzw. Kataloge einsehen und bestellen. Die Ware kann entweder sofort mitgenommen werden oder sie wird wie im Versandhandel zugestellt.

Convenience-Stores: Dies sind kioskähnliche Geschäfte („Mini-Supermärkte"), die sich z. B. durch längere Öffnungszeiten und ein spezielles Sortiment auszeichnen.

Beispiele Tankstellen-Shops, Bahnhofs-Shops

Boutique: Hierzu gehören Einzelhändler, die vorwiegend modische Waren (Textilien, Schmuck) in betont auffälliger Verkaufsatmosphäre anbieten.

Beispiel aus EKZ Rheinpark: mod-shop-GmbH Gisela Meyer

Filialbetriebe: Das sind Betriebe mit verschiedenen, räumlich getrennten Verkaufsstellen (Filialen), die unter einheitlicher Leitung stehen.

Beispiele aus EKZ Rheinpark: Kaufland eG, Werl-Textilkaufhaus KG

„Shop in the Shop": Einige Einzelhandelsunternehmen gestalten einen Teil ihrer Verkaufsräume oder ganze Abteilungen so, dass bei den Kunden der Eindruck erweckt wird, als betreten sie gerade ein anderes Geschäft. Der Eindruck wird z. T. durch besondere Eingänge und eigene Kassen verstärkt. Es wird somit ein „Geschäft im Geschäft" (Shop in the Shop) vorgespiegelt. Somit handelt es sich im strengen Sinne **nicht um eine eigenständige Betriebsform** im Einzelhandel.

Beispiel aus EKZ Rheinpark: Young-fashion-shop in der Center Warenhaus GmbH

Der Versandhandel

Der Versandhandel verzichtet auf Ladenlokale und somit auf den persönlichen Kontakt zu seinen Kunden. Er bietet seine Waren in Katalogen, Anzeigen, Prospekten sowie in Radio- und TV-Werbung an, manchmal werden auch Vertreter eingesetzt. Die Waren gelangen meist auf dem Postwege oder über private Paketzustelldienste zu den Kunden. Das Risiko für Kunden ist beim Versandhandel gering, da das Versandgeschäft ein Rückgabe- oder Umtauschrecht einräumt. Beim Ratenkauf ist das Rückgaberecht innerhalb von zwei Wochen nach Erhalt der Ware sogar gesetzlich verankert (§§ 355, 491 BGB). Hinsichtlich des Umfangs und der Zusammensetzung der angebotenen Waren wird unterschieden in:

LF 10

Sortiments-Versandhandel: Hier ist das Warenangebot vergleichbar mit einem Warenhaus, es werden von Lebensmitteln über Haushaltsgeräte und Textilien bis hin zu Büchern, CDs und Spielzeug fast alle Waren angeboten.

Beispiel Abo Versandhandels GmbH im EKZ Rheinpark

Spezial-Versandhandel: Hier werden Waren einer bestimmten Warengruppe angeboten.

Beispiel Versandhaus für Gartenbedarf

Der übliche Kauf bei einem Versandhandel erfolgt über eine **schriftliche Bestellung** auf einem Bestellformular. Häufig ist aber auch eine **telefonische Bestellung** möglich oder die Bestellung erfolgt über **Telefax**. Eine moderne Form ist das Einkaufen über das Fernsehen oder das **Internet** (Teleshopping, Onlineshopping). Über die Homepage des Anbieters kann der Kunde das Sortiment abfragen und zu jedem Artikel Preise, Beschreibungen usw. erfahren. „Per Mausklick" legt er die bestellte Ware in den virtuellen Einkaufskorb. Die Zahlung kann per Nachnahme oder online (Kreditkarten) erfolgen.

LF 12

Ambulanter Handel

Der ambulante Handel wird auch Wanderhandel genannt, da er keinen festen Standort hat. Er ist die älteste Form des Einzelhandels und kommt in verschiedenen Formen vor:

Hausierhandel: Der Händler geht von Haus zu Haus und bietet seine Waren an. Diese Betriebsform kommt immer seltener vor und verliert an Bedeutung.

Straßenhandel: Ein Straßenhändler errichtet meist auf einer belebten Hauptstraße einen Verkaufsstand und bietet nur wenige Waren an.

Beispiel Frischobst Günter Wilms im EKZ Rheinpark

Markthandel: Auf Tages- oder Wochenmärkten werden vorwiegend Gemüse, Obst und Textilien angeboten. Immer beliebter werden aber auch saisonbedingte Märkte wie Weihnachts- und Ostermärkte mit entsprechendem Sortiment. Zum Markthandel können auch Floh- und Trödelmärkte gerechnet werden.

Beispiele Trödel-, Weihnachts-, Kunsthandwerkermarkt im EKZ Rheinpark

Mobiler Wagenhandel: Hier kommt der Einzelhändler mit seinem Sortiment in einem Wagen („rollender Supermarkt") zu bestimmten Zeiten zu seinen Kunden. Insbesondere in ländlichen Gebieten erfüllen die mobilen Verkaufsstellen eine wichtige Versorgungsfunktion.

Beispiel In den Morgenstunden steht auf dem Parkplatz des EKZ Rheinpark ein Kleintransporter eines Bäckers aus Frechen.

● Automatenhandel

Im Automatenhandel werden vorwiegend kleinere Artikel wie Zigaretten, Getränke, Süßwaren angeboten, z. B. werden fast 40 % aller verkauften Zigaretten über Automaten verkauft. Der Vorteil für den Kunden ist insbesondere die Unabhängigkeit von Ladenöffnungszeiten. Nachteilig für die Kunden sind defekte Automaten, die weder Ware noch eingeworfenes Geld ausgeben. Vorteile für den Einzelhändler: keine Personalkosten für Verkaufspersonal und Verkauf auch nach Geschäftsschluss. Allerdings verursachen Automaten Anschaffungs-, Betriebs- und Reparaturkosten.

Beispiel Im EKZ Rheinpark betreibt die Self-Selling GmbH Automaten für Süßwaren und Getränkedosen.

Vertriebs- und Betriebsformen des Einzelhandels

Vertriebsformen des Einzelhandels

- **Ladenhandel**
  Verkauf von Waren in einem Ladenlokal
- **Versandhandel**
  Verkauf nach Katalog, Teleshopping, Homeshopping oder über Internet
- **Ambulanter Handel**
  - Hausierhandel
  - Straßenhandel
  - Markthandel
  - mobiler Wagenhandel
- **Automatenhandel**

Betriebsformen des Einzelhandels

Betriebsform	Sortiment	Bedienungsform	Beratungsqualität	Ladenausstattung	Image
Fachgeschäft	tief, schmal	Bedienung	fachgerecht	zweckmäßig bis luxuriös	Problemlöser
Spezialgeschäft	sehr tief, sehr schmal	Bedienung	spezialisiert, fachgerecht	aufwendig, speziell	Problemlöser für spez. Bedarf
Warenhaus	z. T. sehr breit, tief	alle Formen	meist fachgerecht	warengerecht, aufwendig	Alles unter einem Dach
Kaufhaus – Fachgeschäft	tief, schmal	Bedienung, Vorwahl	fachgerecht	aufwendig bis luxuriös	Problemlöser
– Gemischtwaren	breit, flach	Selbstbedienung, Vorwahl	z. T. unzureichend	zweckmäßig, einfach	preiswert für Normalbedarf

Betriebsform	Sortiment	Bedienungsform	Beratungsqualität	Ladenausstattung	Image
Gemeinschaftswarenhaus	breit, tief	Bedienung, Vorwahl	fachgerecht	aufwendig, warengerecht	Fachgeschäfte unter einem Dach
Discounter	schmal, flach	Selbstbedienung	gering	einfach	preiswert
Gemischtwarengeschäft	breit, flach	Bedienung	gering	z. T. veraltet	Tante-Emma-Laden
Supermarkt, ab 400 m^2	insbes. Lebensmittel	Selbstbedienung	gering z. T. keine Beratung	modern, zweckmäßig	schneller Einkauf
Verbrauchermarkt, ab 1.500 m^2	breit, z. T. tief	Selbstbedienung	gering	modern, warengerecht	preiswert
SB-Warenhaus, ab 4.000 m^2	breit, tief	Selbstbedienung	gering	modern, warengerecht	preiswert
Einkaufszentrum, Shopping-Center	sehr breit, sehr tief	alle Formen	hängt vom einzelnen Geschäft ab	erlebnisorientiert	Kauferlebnis
Boutique	schmal, mittel bis flach	Bedienung, Vorwahl	verschieden	auffällig	modern, im Trend

1. Beschreiben Sie die Unterschiede zwischen

a) Fach- und Spezialgeschäft,
b) Warenhaus und Kaufhaus,
c) Supermarkt und Verbrauchermarkt,
d) Discounter und Einkaufszentrum.

2. Dem Inhaber des Fotofachgeschäftes Filger-Foto in Köln wird das Angebot gemacht, im Einkaufszentrum Rheinpark eine Filiale zu eröffnen. Erläutern Sie, welche Vor- und Nachteile das Einkaufszentrum als Standort einer Filiale für Herrn Filger hat.

3. Beurteilen Sie die folgende Aussage: „Fachgeschäfte haben keine Zukunft, die Warenhäuser bieten doch ein besseres Sortiment."

4. Sammeln Sie Argumente, weshalb sich Einzelhändler zu einem „Shop in the Shop" entschließen können.

5. Die Betriebsformen des Ladenhandels unterscheiden sich anhand der Kriterien

- Sortiment
- Präsentation der Ware
- Bedienungsform
- Branche
- Betriebsgröße
- Ausstattung
- Kundenstruktur
- Standort

Beschreiben Sie vier Betriebe Ihrer Wahl anhand der genannten Kriterien. Stellen Sie die Betriebe in einer Präsentation in der Klasse vor.

4.7 Organisatorischer Aufbau von Einzelhandelsbetrieben

Nicole Wiedemann, Sachbearbeiterin für den Einkauf von Schuhen und Lederwaren der Center Warenhaus GmbH, ist sauer! Ständig kommt ihr Kollege Klaus Berger und erteilt ihr irgendwelche Aufträge. Außerdem kritisiert er sie laufend. Nachdem sich Klaus Berger auch noch über sie bei Sven Braun beschwert hat, platzt ihr der Kragen. *„Du hast mir gar nichts zu sagen und wenn Du Beschwerden hast, wende Dich direkt an mich – oder halte wenigstens den Instanzenweg ein – ein toller Kollege bist Du!"*

ARBEITSAUFTRÄGE

- Stellen Sie anhand des Organigramms der Center Warenhaus GmbH (vgl. Seite 18) fest, in welchen Positionen Nicole Wiedemann und Klaus Berger eingesetzt sind.
- Erläutern Sie vor dem Hintergrund der Aufbauorganisation der Center Warenhaus GmbH, ob Nicoles Vorwürfe berechtigt sind.
- Erstellen Sie ein Organigramm Ihres Ausbildungsbetriebes. Stellen Sie das Organigramm in der Klasse vor und diskutieren Sie Unterschiede und Gemeinsamkeiten zwischen der Aufbauorganisation Ihres Ausbildungsbetriebes und der Betriebe Ihrer Mitschüler.
- Beschreiben Sie die Ablauforganisation Ihres Ausbildungsbetriebes am Beispiel der Beschaffung von Ware von der Bestellung bis zum Einräumen in das Regal einer Abteilung.

In jedem Einzelhandelsbetrieb muss gewährleistet sein, dass die anfallenden Arbeiten reibungslos und mit dem geringsten Aufwand erledigt werden. Alle Maßnahmen, die hierzu ergriffen werden, betreffen die **Organisation** eines Betriebes. Es muss geregelt werden:

- **welche** Aufgaben und Tätigkeiten zu erledigen sind → **Aufgabengliederung**
- **wie** die Aufgaben erledigt werden → **Arbeitsanweisungen**
- **wer** die Aufgaben bearbeitet → **Zuständigkeiten, Kompetenzen**
- **wer** Anweisungen erteilen darf → **Anordnungsbefugnis**

Dauerhafte **organisatorische Regelungen** ersetzen zufällige bzw. vorläufige Improvisationen. Sie sind für alle Mitarbeiter eines Betriebes verbindlich. Bei unvorhersehbaren Störungen des Betriebsablaufes kann allerdings auf kurzfristige Improvisation nicht verzichtet werden.

Beispiel Durch einen Streik des Straßenbahnpersonals sind morgens nicht genügend Mitarbeiter in der Warenannahme des Center Warenhauses anwesend. Kurzfristig wird hierzu Verkaufspersonal eingeteilt.

Alle Einzelhandelsbetriebe müssen Ware einkaufen, lagern, verkaufen und Verwaltungsaufgaben (z. B. Buchhaltung) erfüllen. Je nach Größe und Betriebsform sind sie aber unterschiedlich organisiert, sie haben verschiedene **Organisationsstrukturen**. Wir unterscheiden zwischen der **Aufbauorganisation** und der **Ablauforganisation**.

Aufbauorganisation

Um ein Unternehmen zu organisieren, muss zunächst festgestellt werden, welche Aufgaben, Tätigkeiten und Arbeiten zu erledigen sind. Die grobe Einteilung in die Hauptaufgaben (Funktionsbereiche) „Einkauf", „Lagern", „Verkauf" reicht nicht immer aus. In diesem Fall muss stärker gegliedert werden. Eine Hauptaufgabe wird untersucht (analysiert) und in Teilaufgaben und Einzelaufgaben aufgeteilt.

Beispiel Center Warenhaus GmbH

Hauptaufgaben	Teilaufgaben	Einzelaufgaben
Einkauf	Feststellen von Lieferanten Einholen von Angeboten Auswerten von Angeboten → Verhandlungen mit Lieferanten Auftragserteilung	Prüfen der Lieferbedingungen Prüfen von Qualität, Preis Prüfen der Zahlungsbedingungen
Lagerung	Warenannahme → Waren in Lager einräumen Warenpflege Waren umpacken Waren auszeichnen Retouren zusammenstellen Transport zum Verkauf	Ware auspacken Ware kontrollieren Verpackung entsorgen
Verkauf	Sortimentsbestimmung Warenpräsentation Kundenberatung → Verpacken der Ware Kassieren Reklamationen	Kundenansprache Ermitteln der Wünsche Zeigen von Waren Hilfen bei der Auswahl Abschluss des Verkaufsgespräches Transport der Ware zum Packtisch
Verwaltung	Personal Rechnungswesen → Organisation	Kassenberechnung vornehmen Rechnungen prüfen Belege buchen

Die Beispiele geben nur einen groben Überblick. In großen Unternehmen werden die Teil- und Einzelaufgaben noch stärker gegliedert.

Alle Aufgaben eines Betriebes müssen von den Mitarbeitern erledigt werden. Der Aufgabenbereich eines Mitarbeiters wird als **Stelle** bezeichnet. Für jede Stelle sollte eine schriftliche **Stellenbeschreibung** vorhanden sein.

Eine präzise Stellenbeschreibung hat den Vorteil, dass alle Beteiligten (Mitarbeiter und Vorgesetzte) genau über die Inhalte einer Stelle Bescheid wissen und somit Zuständigkeiten, Verantwortungsbereiche und Arbeitsgebiete klar abgegrenzt sind. Alle Stellen eines Unternehmens sind in einem Stellenplan verzeichnet. Stellen werden zu überschaubaren Bereichen, zu **Abteilungen** zusammengefasst, denen ein Leiter vorsteht. Die Abteilungsbildung kann nach verschiedenen Gesichtspunkten erfolgen. Man kann sie an den Hauptaufgaben (Funktionen) eines Unternehmens ausrichten (**Funktionsprinzip)** oder nach Warengruppen bilden (**Objektprinzip**).

Eine Aufstellung aller Organisationseinheiten eines Unternehmens nennt man **Organisationsplan** oder **Organigramm** (vgl. Organisationsplan der Center Warenhaus GmbH, Seite 18). Aus einem Organisationsplan kann man die **hierarchische Struktur** eines Unternehmens erkennen. Hierunter wird die Über- und Unterstellung von Abteilungen und Stellen verstanden. Stellen, die Weisungsbefugnis haben, also anderen Stellen Anordnungen erteilen dürfen, heißen **Instanz**. Über die Instanzen laufen von der obersten Ebene (Geschäftsführung) bis zu den Stellen auf der ausführenden Ebene (z. B. Verkäufer, Sachbearbeiter in der Rechnungsprüfung, Lagerhilfskräfte) die Anweisungen und Entscheidungen. Jeder Mitarbeiter erhält nur von seinem unmittelbaren Vorgesetzten seine Anweisungen. Vorschläge und Meldungen sind auch nur an ihn zu richten, der **Instanzenweg** (Dienstweg) muss eingehalten werden. Selbstverständlich kann der Instanzenweg auch abgeändert werden, indem z. B. ein Abteilungsleiter einem Auszubildenden unmittelbar eine Anweisung erteilt.

Inhalt	Erläuterung	Beispiel
Bezeichnung der Stelle	Genaue Bezeichnung der Stelle, zur inner- und außerbetrieblichen Orientierung (z. T. wird hier auch die Kostenstelle aufgeführt)	Erster Verkäufer mit Einkaufsbefugnis
Instanzielle Eingliederung	Über- und Unterstellungen im Betrieb (Vorgesetzte, Mitarbeiter)	untersteht dem Leiter Verkauf/Marketing
Stellenvertretung	Wer vertritt den Stelleninhaber, wen vertritt er?	wird vertreten durch anderen Ersten Verkäufer aus Abteilung, vertritt Abteilungsleiter
Ziele der Stelle	Hier wird aufgeführt, welche Teilziele des betrieblichen Zielsystems vom Stelleninhaber zu erreichen sind	Leitung einer Abteilung und Beschaffung der benötigten Waren in geforderter Qualität und Menge unter Beachtung von ökologischen und ökonomischen Bedingungen
Verantwortlichkeiten und Kompetenzen	Hier werden die Einzelaufgaben des Stelleninhabers festgelegt	Personaleinsatzplanung in der Abteilung, Zusammenstellung des Sortiments, Platzierungsentscheidungen, Nachlässe, Ermittlung geeigneter Lieferer, Einholung von Angeboten, Führen von Einkaufsverhandlungen, Abschluss von Verträgen bis 20.000,00 EUR
Persönliche und fachliche Anforderungen	Hier werden spezielle Anforderungen des Stelleninhabers formuliert, die erforderlich sind, um die Stelle auszufüllen	abgeschlossene Ausbildung als Kaufmann/Kauffrau im Einzelhandel, engl. Sprachkenntnisse, Produktkenntnisse, Kontakt- und Teamfähigkeit

Beispiele

- Im Center Warenhaus stellt ein Verkäufer in der Spielwarenabteilung fest, dass von den Bausteinen „LOGO" nicht mehr genügend auf Lager sind. Er meldet es Frau Mauser, der Abteilungsleiterin.
- Leitungssystem eines kleineren Einzelhandelsgeschäftes nach dem **Funktionsprinzip:**

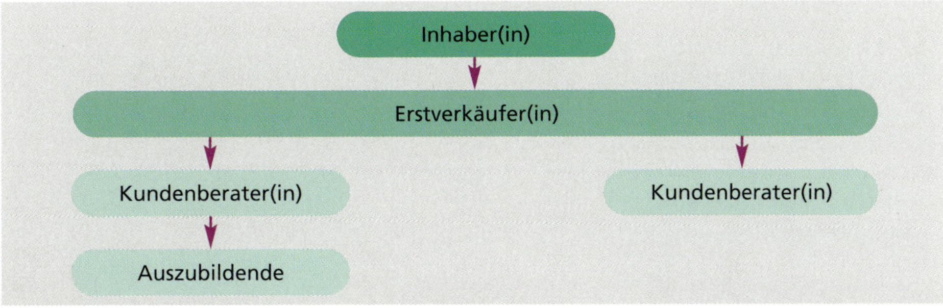

– Leitungssystem eines mittelgroßen Einzelhandelsgeschäftes nach dem **Objektprinzip:**

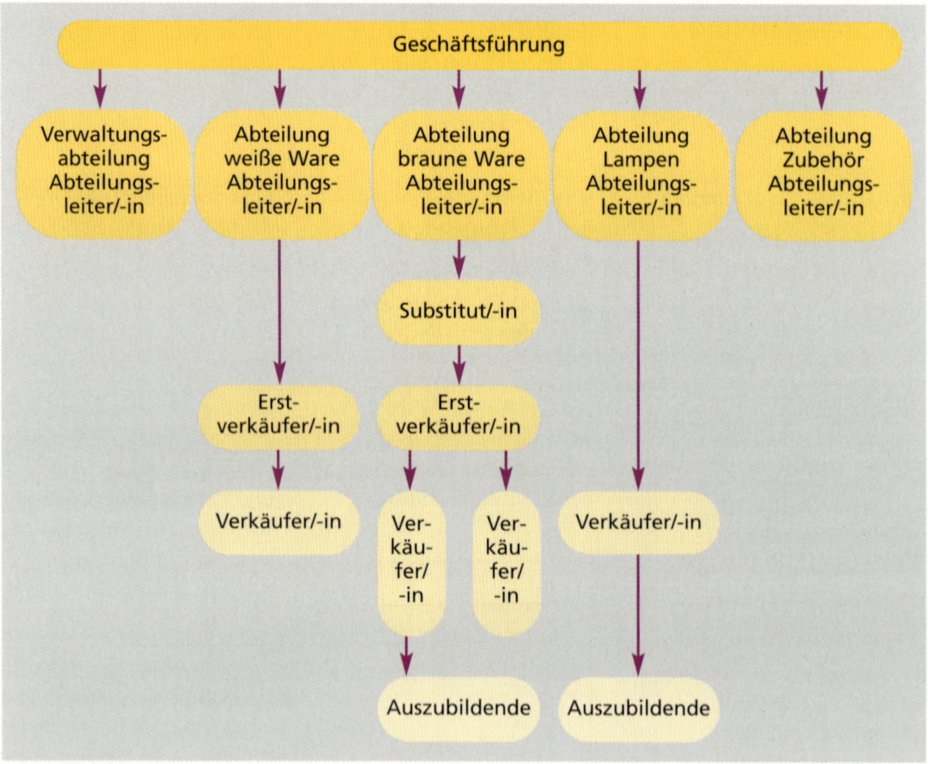

Ablauforganisation

Durch die Ablauforganisation wird der Ablauf einer Arbeit geregelt. Es wird bestimmt, **wie** eine Tätigkeit ausgeführt werden muss.

Beispiele

Wie soll bei Reklamationen verfahren werden?
Wie wird die eingegangene Ware geprüft?
Wie werden verschiedene Waren ausgezeichnet?
Wie wird die Ware bestellt?
Wie soll Ware verpackt werden?
Wie wird eine Zahlung mit Scheck durchgeführt?

Hierzu gibt es **Arbeits- und Verfahrensanweisungen**. Die Mitarbeiter müssen entsprechend eingearbeitet werden und die Möglichkeit haben, nachzufragen oder selbst nachzulesen, wenn sie es wünschen.

Die Ablauforganisation legt auch fest, welche **Arbeitsmittel** bei bestimmten Tätigkeiten eingesetzt werden. Arbeitsmittel sind z. B. Formulare, Preisauszeichnungsgeräte, Scanner (vgl. Seite 350), Waagen, Kassen, Listen, Tabellen usw. Ein Kassierer in einem Supermarkt muss z. B. die ihm zugewiesene Kasse benutzen, eine Warenbestellung muss auf einem besonderen Formular erfolgen, die Preisauszeichnung an der Ware und am Regal muss mit bestimmten Etiketten erfolgen usw. In der Ablauforganisation werden auch die **Kontrollen** der Arbeiten festgelegt. Die betrieblichen Tätigkeiten müssen überwacht werden, damit bei Störungen sofort mit Maßnahmen reagiert werden kann und der **Arbeitsablauf** gesichert wird.

Organisatorischer Aufbau von Einzelhandelsbetrieben

- **Aufbauorganisation**
  - Die Aufbauorganisation regelt die **Gliederung** und die **Zuständigkeiten** für betriebliche **Aufgaben** sowie die **Weisungsbefugnisse**.
  - Eine **Stelle** ist die kleinste organisatorische Einheit, sie entspricht einem Arbeitsplatz. Mehrere Stellen werden zu **Abteilungen** zusammengefasst (**Funktionsprinzip:** Einkauf, Lager, Verkauf, Verwaltung; **Objektprinzip:** Abteilungen für Warengruppen).
  - Die Aufbauorganisation ist in einem **Organisationsplan** und in **Stellenbeschreibungen** festgelegt.
- **Ablauforganisation:**
  - Die Ablauforganisation regelt die **Ausführung** der Arbeiten, den Einsatz von **Arbeitsmitteln** und die **Überwachung** der Arbeiten.
  - Für die Mitarbeiter werden **Arbeitsanweisungen** erstellt.

1. Gliedern Sie die Teilaufgabe „Kassieren" in Einzelaufgaben.
2. Erläutern Sie, warum viele Einzelhandelsbetriebe nach dem Objektprinzip organisiert sind.
3. Stellen Sie dar, welche Folgen für Mitarbeiter, Unternehmen und Kundschaft
   a) Unterorganisation,
   b) Überorganisation haben können.
4. Erstellen Sie eine Arbeitsanweisung zur Bearbeitung einer Kundenreklamation.

4.8 Verkaufs- oder Bedienungsformen des Einzelhandels

Nach der „AuRheiKa Präsentation" an ihrem ehemaligen Gymnasium und den Erfahrungen an der Information ist Sabine froh, wieder in der Sportartikelabteilung zu sein. Als sie in der Pause auf ihre Abteilungsleiterin Elena Gutowski trifft, hat sie gleich einen Verbesserungsvorschlag. *„Warum verkaufen wir eigentlich alles in der Bedienungsform? Das verursacht doch nur hohe Personalkosten, und die Kunden müssen zum Teil lange Wartezeiten in Kauf nehmen. Ich würde die Sportartikel wie viele andere Sortimente auch in Selbstbedienung anbieten"*, schlägt Sabine vor. Frau Gutowski lächelt über ihre neue Auszubildende. *„Gute Idee, so haben wir es von 1990 bis vor zwei Jahren auch gemacht. Und dann haben wir auf Bedienung umgestellt", erwidert Frau Gutowski.*

ARBEITSAUFTRÄGE

- Stellen Sie die Verkaufs- oder Bedienungsformen Ihres Ausbildungsbetriebes in der Klasse vor.
- Erläutern Sie die Gründe, die in Ihrem Ausbildungsbetrieb für die Wahl der jeweiligen Verkaufs- oder Bedienungsform ausschlaggebend waren.
- Machen Sie einen Vorschlag für den Wechsel der Verkaufs- oder Bedienungsform Ihres Ausbildungsbetriebes. Gehen Sie dabei insbesondere auf die Kundenerwartungen und die betrieblichen Konsequenzen ein.

Je nach Warenart, Betriebsform und Kundenwünschen kann der Verkauf über verschiedene **Verkaufs- oder Bedienungsformen** abgewickelt werden. Die Rolle des Verkäufers kann dabei sehr unterschiedlich sein. In einem Extremfall ist er nur Kassierer, im anderen Extrem ist er Problemlöser und Berater seiner Kunden. Folgende grundsätzliche Verkaufs- und Bedienungsformen werden unterschieden:

Selbstbedienung (SB)

Der **Kunde** betritt den Laden, in dem die Waren für ihn frei zugänglich in Regalen, Ständern, Gondeln, Kühltheken usw. präsentiert werden. Er kann die Waren in Ruhe betrachten, vergleichen und auswählen. In einem Einkaufswagen bringt er seine Waren zur Kasse, um dort zu bezahlen. In einigen SB-Läden ist bereits das „Self-Scanning" eingeführt, dort führen die Kunden die gekauften Artikel über eine Datenerfassungsstelle, woraufhin der Kassenbon erstellt wird (vgl. Kassensysteme, vgl. Seite 349). Wenn auch noch der Zahlungsvorgang automatisiert wird (vgl. Electronic Cash, vgl. Seite 342), ist der Kunde vom Betreten des Ladens bis zum Verlassen ohne Kontakt zu Mitarbeitern des Einzelhandels geblieben.

Ein **Verkäufer** hat bei der SB-Form die Aufgabe des Kassierens, der Warenordnung, der Warenauszeichnung, der Verhinderung von Ladendiebstählen und in Ausnahmefällen der Kundenberatung. Die Kunden wissen, dass bei der reinen Selbstbedienung ein Beratungsgespräch mit einem Verkäufer i. d. R. nicht möglich ist.

Beispiel Beim Lebensmitteldiscount Schlegel KG erwartet kein Kunde eine ausführliche Beratung.

Die **Waren** bei der Selbstbedienung sind nicht erklärungsbedürftig. SB-fähige Waren kommen fertig verpackt und abgewogen in den Verkauf. Bestimmte Lebensmittel müssen aus hygienischen Gründen gesondert verpackt sein. Alle Waren müssen für den Kunden bequem erreichbar sein, damit er sich nicht bücken oder recken muss. Sonderangebote (Aktionsware) müssen so platziert werden, dass der Kunde sie nicht übersehen kann.

Bedienung

Die ursprüngliche Verkaufsform ist die der Bedienung des Kunden. Die Verkaufshandlung wird überwiegend durch den **Verkäufer** bestimmt. Er begrüßt den Kunden, fragt nach seinen Wünschen, präsentiert eine Warenauswahl, berät den Kunden und hilft ihm bei seiner Kaufentscheidung. In vielen Fällen verpackt er auch die Ware, kassiert den Kaufpreis und verabschiedet den Kunden. Die Bedienungsform bietet sich besonders bei **beratungsintensiven Waren** an. Hier benötigt der Kunde das Fachwissen des Verkäufers (z. B. Computer, Fotoapparate, Elektrogeräte usw.). Aber auch **besonders hochwertige Ware** erfordert die Bedienung (Schmuck, Pelze, Modellkleider usw.). Aus lebensmittelhygienischen Gründen können einige Waren nur über die Bedienung des Kunden verkauft werden, sie eignen sich nicht für die Selbstbedienung.

Beipiele Frischfleisch vom Stück, unverpackter Kuchen, unverpackter Käse usw.

Vorwahlsystem

Das Vorwahlsystem versucht, die Vorteile der Selbstbedienung und die Vorteile der Bedienung für Kunden und Einzelhandel zu verbinden; man spricht daher auch von **Teilbedienung**. Hier informiert sich der Kunde zunächst selbst über die angebotenen Waren, die ihm frei zugänglich auf Regalen, Tischen und Ständern präsentiert werden. Der Verkäufer beobachtet den Kunden und bietet dem Kunden seine Hilfe an. Nur auf Wunsch des Kunden führt der Verkäufer mit ihm ein Beratungsgespräch.

Verkaufs- oder Bedienungsformen des Einzelhandels

Verkaufs- oder Bedienungsformen

- **Selbstbedienung**
  für problemlose Waren
- **Bedienung**
  - für beratungsintensive Waren
  - für Waren, für die lt. Gesetz Bedienung vorgeschrieben ist, z. B. Waffen, Frischkäse, Wurst- und Fleischwaren, wenn sie individuell zu proportionieren sind
  - bei wertintensiven Waren, z. B. Schmuck
- **Vorwahlsystem**
  verbindet Vorteile von Bedienung und Selbstbedienung

1. Beschreiben Sie Merkmale der Bedienungsformen des Einzelhandels.

2. Stellen Sie fest, welche Mitschüler in Ihrer Klasse in den verschiedenen Verkaufsformen bei ihrem Ausbildungsbetrieb eingesetzt sind. Erarbeiten Sie anschließend in Gruppen die unterschiedlichen Tätigkeiten des Verkaufspersonals in diesen Verkaufsformen.

3. Beschreiben Sie die Anforderungen an die Verkaufsraumgestaltung bei den verschiedenen Verkaufsformen.

5 Die Sicherheit am Arbeitsplatz und den Schutz der Umwelt beachten

5.1 Gesetze und Verordnungen zum Schutz der Auszubildenden und Arbeitnehmer

Sabine Freund ist genervt. Schon zum zweiten Mal hat sie ihr Freund Jan, der bei der Buchhandlung Tauber OHG zum Buchhändler ausgebildet wird, versetzt. *„Stell dir vor, der muss jetzt schon den zweiten Abend in der Woche wegen Inventurarbeiten bis 22:00 Uhr arbeiten"*, erzählt Sabine ihrer Freundin Hera. *„Aber das verstößt doch gegen das Gesetz"*, erwidert Hera. *„Wieso, gibt es ein Gesetz, das es Jungen verbietet, ihre Freundin zu versetzen?"*, fragt Sabine. Hera lacht. *„Nein, nein, aber es gibt Gesetze und Verordnungen zum Schutz der Auszubildenden und Arbeitnehmer!"*

ARBEITSAUFTRÄGE

- Stellen Sie fest, welche Gesetze und Verordnungen es zum Schutz der Auszubildenden und Arbeitnehmer gibt! Stellen Sie Gesetze und wichtige Regeln in Form eines Brain-Maps zusammen.
- Prüfen Sie, ob es ein Gesetz gibt, das es dem 17-jährigen Jan verbietet, bis 22:00 Uhr zu arbeiten.
- Jan ist in der Probezeit. Diskutieren Sie, wie er sich gegenüber seinem Ausbildungsbetrieb verhalten sollte.

Das Jugendarbeitsschutzgesetz (JArbSchG)

Das Jugendarbeitsschutzgesetz soll jugendliche Arbeitnehmer und Auszubildende vor Überforderung im Berufsleben schützen (= **sozialer Arbeitsschutz**). Es enthält neben allgemeinen Vorschriften Regelungen zu den Themen Beschäftigung von Kindern und Jugendlichen, Beschäftigungsverbote und -beschränkungen, Berufsschulbesuch und Prüfungen und Aussagen über die gesundheitliche Betreuung der Auszubildenden.

PRAXISTIPP Das Jugendarbeitsschutzgesetz steht als Download auf der Internetseite www.bundesrecht.juris.de/jarbschg zur Verfügung.

Allgemeine Vorschriften: Das Jugendarbeitsschutzgesetz gilt für die Beschäftigung von Personen, die noch nicht 18 Jahre alt sind. Von 15 bis 18 Jahren ist man Jugendlicher, unter 15 Jahren ist man Kind.

Beschäftigung von Kindern und Jugendlichen

- Die **Beschäftigung von Kindern ist grundsätzlich verboten**. Kinder unter 15 Jahren dürfen nur in einem Ausbildungsverhältnis oder mit leichten Tätigkeiten beschäftigt werden (ab 13 Jahren maximal zwei Stunden täglich oder zehn Stunden wöchentlich).

  Beispiel Sabines Schwester Silke ist 14 Jahre alt. Sie möchte sich ihr Taschengeld selbst verdienen. Deshalb verteilt sie für den Supermarkt an der Ecke jeden Mittwoch Handzettel. Da es sich hierbei um eine leichte Tätigkeit handelt, verstößt dies nicht gegen das JArbSchG.

- Jugendliche dürfen **nicht mehr als acht Stunden täglich** und **nicht mehr als 40 Stunden wöchentlich** beschäftigt werden. Die tägliche Arbeitszeit ist die Zeit vom Beginn bis zum Ende der Beschäftigung ohne Pausen.

  Beispiel Sabine arbeitet von 08:00 bis 12:00 Uhr, von 12:30 Uhr bis 15:00 Uhr und von 15:30 bis 17:00 Uhr. Die Arbeitszeit beträgt acht Stunden.

- Die **Arbeitszeit**, die an einem Werktag **infolge eines gesetzlichen Feiertages ausfällt**, wird auf die wöchentliche Arbeitszeit **angerechnet**.

  Beispiel Der Tag der Deutschen Einheit fällt auf einen Mittwoch. An diesem Tag hätte Sabine acht Stunden arbeiten müssen. Da der Arbeitstag ausfällt, muss sie in der restlichen Woche nur noch ihre regelmäßige Wochenarbeitszeit abzüglich acht Stunden arbeiten (z. B. 40 Std. – 8 Std. = 32 Std.).

- Wenn an einzelnen Werktagen die Arbeitszeit auf weniger als acht Stunden **verkürzt** ist, können Jugendliche an den übrigen Tagen der Woche 8,5 Stunden arbeiten.

  Beispiel Sabine arbeitet an drei Tagen in der Woche 8,5 Stunden, da sie am Freitag bereits um 14:00 Uhr frei hat.

- Jugendlichen müssen **im Voraus feststehende Ruhepausen von mindestens 15 Minuten Dauer** gewährt werden. Die Pausen betragen:
  - bei einer Arbeitszeit von 4,5 bis sechs Stunden 30 Minuten
  - bei einer Arbeitszeit von mehr als sechs Stunden 60 Minuten

- Nach Beendigung der täglichen Arbeitszeit dürfen Jugendliche **nicht vor Ablauf von mindestens zwölf Stunden beschäftigt werden**.

  Beispiel Die 17-jährige Auszubildende Nicole arbeitet am Donnerstag bis 20:00 Uhr. Sie darf am nächsten Tag frühestens um 08:00 Uhr zur Arbeit eingesetzt werden.

- Jugendliche dürfen **nur in der Zeit von 06:00 bis 20:00 Uhr beschäftigt werden.** Von dieser Regelung gibt es jedoch Ausnahmen, so z. B. für Bäckereien und Konditoreien, die Gastronomie und die Landwirtschaft.

- Jugendliche dürfen **nur an fünf Tagen in der Woche beschäftigt werden**. Als Arbeitstage gelten auch die Berufsschultage. Die beiden beschäftigungsfreien Tage (Ruhetage) sollten nach Möglichkeit aufeinanderfolgen.

  Beispiel Sabine hat Montag ihren langen Berufsschultag. Dienstag und Mittwoch arbeitet sie im Betrieb. Donnerstag hat sie wieder Berufsschule und anschließend geht sie in den Betrieb. Soll sie am Samstag im Betrieb eingesetzt werden, muss der Freitag arbeitsfrei bleiben, da sonst gegen das Gebot der Fünf-Tage-Woche verstoßen würde.

- **An Sonntagen (Ganztag) und am 24. und 31. Dezember nach 14:00 Uhr** dürfen Jugendliche **nicht beschäftigt** werden.

- Der **gesetzliche Urlaubsanspruch für Jugendliche** beträgt
  - 30 Werktage, wenn der Jugendliche noch nicht 16 Jahre alt ist,
  - 27 Werktage, wenn der Jugendliche noch nicht 17 Jahre alt ist,
  - 25 Werktage, wenn der Jugendliche noch nicht 18 Jahre alt ist.

  Es gilt jeweils das Alter des Jugendlichen zu Beginn des Kalenderjahres.

  Beispiel Nicole wird am 19. März 18 Jahre alt. Da sie zu Beginn des Kalenderjahres noch nicht 18 Jahre alt ist, hat sie einen Urlaubsanspruch von 25 Werktagen.

- Der **Urlaub** soll den Auszubildenden **während der Berufsschulferien** gewährt werden. Ist dies nicht der Fall, ist für jeden Berufsschultag, an dem die Schule während des Urlaubs besucht wird, ein weiterer Urlaubstag zu gewähren.

  Beispiel Eine Auszubildende möchte eine Woche Urlaub vor der Zwischenprüfung nehmen. Sie besucht in dieser Woche an zwei Tagen die Berufsschule. Diese beiden Tage werden nicht auf den Urlaub angerechnet.

○ Berufsschulbesuch und Prüfungen

§ 9 JArbSchG:

(1) Der Arbeitgeber hat Jugendliche für die Teilnahme am Berufsschulunterricht freizustellen. Er darf Jugendliche nicht beschäftigen
1. vor einem vor 09:00 Uhr beginnenden Unterricht,
2. an einem Berufsschultag mit mehr als fünf Unterrichtsstunden von mindestens je 45 Minuten, einmal in der Woche,
3. in Berufsschulwochen mit einem planmäßigen Blockunterricht von mindestens 25 Stunden an mindestens fünf Tagen; zusätzliche betriebliche Ausbildungsveranstaltungen bis zu zwei Stunden wöchentlich sind zulässig.

(2) Auf die Arbeitszeit werden angerechnet
1. Berufsschultage (nach Abs. 1 Nr. 2) mit acht Stunden,
2. Berufsschulwochen (nach Abs. 1 Nr. 3) mit 40 Stunden,
3. im Übrigen die Unterrichtszeit einschließlich der Pausen.

§

Beispiel Die 17-jährige Auszubildende Erika hat am Montag ihren langen Berufsschultag mit sechs Unterrichtsstunden. Dieser Tag wird mit acht Stunden auf die wöchentliche Arbeitszeit angerechnet. Am Mittwoch dauert der Unterricht von 08:00 bis 09:30 und von 09:50 bis 11:20 Uhr. Dieser Berufsschultag wird mit 3 Stunden und 20 Minuten auf die Arbeitszeit angerechnet.

Der Arbeitgeber hat den Jugendlichen für Prüfungen freizustellen. Dies gilt auch für den Arbeitstag unmittelbar vor der schriftlichen Abschlussprüfung.

Beispiel Die schriftliche Abschlussprüfung beginnt am Montag. Hier entfällt der Freistellungsanspruch, da dem Prüfungstag kein Arbeitstag unmittelbar vorangeht.

○ Beschäftigungsverbote und -beschränkungen

Jugendliche dürfen z. B. nicht beschäftigt werden

- mit Arbeiten, die ihre Leistungsfähigkeit übersteigen,
- mit Arbeiten, bei denen sie sittlichen Gefahren ausgesetzt sind,
- mit Arbeiten, die mit Unfallgefahren verbunden sind und
- mit Arbeiten im Umgang mit Gefahrstoffen.

○ Gesundheitliche Betreuung

Vor Beginn der Ausbildung müssen alle Jugendlichen von einem Arzt untersucht worden sein. Die Untersuchung darf nicht mehr als 14 Monate zurückliegen. Ein Jahr nach Aufnahme der Beschäftigung müssen sich alle Jugendlichen einer ärztlichen Nachuntersuchung unterziehen. Die Untersuchungen sind kostenlos.

● Das Mutterschutzgesetz (MuSchG)

Das **Mutterschutzgesetz** (MuSchG) gilt für alle Frauen, die in einem Arbeitsverhältnis stehen (= **sozialer Arbeitsschutz**). Es findet auch auf Auszubildende Anwendung.

Bei der Gestaltung des Arbeitsplatzes einer werdenden oder stillenden Mutter muss der Arbeitgeber **besondere Sorgfalt** walten lassen. Auch die Regelung des Arbeitsablaufes ist so zu gestalten, wie es im Interesse von Leben und Gesundheit der Arbeitnehmerin erforderlich ist.

Beispiel
- Wird eine Schwangere mit Arbeiten beschäftigt, bei der sie ständig stehen oder gehen muss, muss für sie eine Sitzgelegenheit zum kurzen Ausruhen bereitgestellt werden.
- Wird eine Schwangere mit Arbeiten beschäftigt, bei der sie ständig sitzen muss (z. B. im Sekretariat), ist ihr Gelegenheit zu kurzen Unterbrechungen der Arbeit zu geben.
- Während der Pausen sollte es ihr in einem geeigneten Raum ermöglicht werden, sich auf einer Liege auszuruhen.

Sechs Wochen vor der Entbindung darf eine werdende Mutter nicht beschäftigt werden, es sei denn, dass sie sich ausdrücklich mit einer Beschäftigung einverstanden erklärt. Diese Erklärung kann sie jederzeit widerrufen.

Acht Wochen nach der Entbindung dürfen Frauen nicht beschäftigt werden. Die Frist verlängert sich auf zwölf Wochen bei Früh- oder Mehrlingsgeburten.

Während der Schutzfristen, also sechs Wochen vor und acht Wochen nach der Geburt, erhalten Frauen **Mutterschaftsgeld** von der zuständigen gesetzlichen Krankenkasse. Das Mutterschaftsgeld beträgt maximal 13,00 EUR pro Kalendertag. Die Differenz zwischen diesem Betrag und dem letzten Nettoarbeitsentgelt ist vom Arbeitgeber zu zahlen.

Im Rahmen des Bundeselterngeld- und Elternzeitgesetzes (BEEG) können Mütter und Väter 12 + 2 Monate **Elternzeit** beanspruchen. Für den Zeitraum der Elternzeit wird ein einkommensabhängiges **Elterngeld** gezahlt. Bei Voreinkommen zwischen 1.000,00 EUR und 1.200,00 EUR beträgt das Elterngeld 67 %. Bei Einkommen unter 1.000,00 EUR steigt die Ersatzrate auf bis zu 100 %. Für Nettoeinkommen ab 1.200,00 EUR und mehr sinkt die Ersatzrate auf 65 % und beträgt maximal 1.800,00 EUR. Ein Mindestelterngeld von 300,00 EUR erhalten alle, die nach der Geburt ihr Kind selbst betreuen, also auch Studierende, Hausfrauen und Hausmänner oder Eltern, die vor der Geburt nicht gearbeitet haben.

PRAXISTIPP Weitere Informationen und einen Elterngeldrechner finden Sie unter www.bmfsfj.de

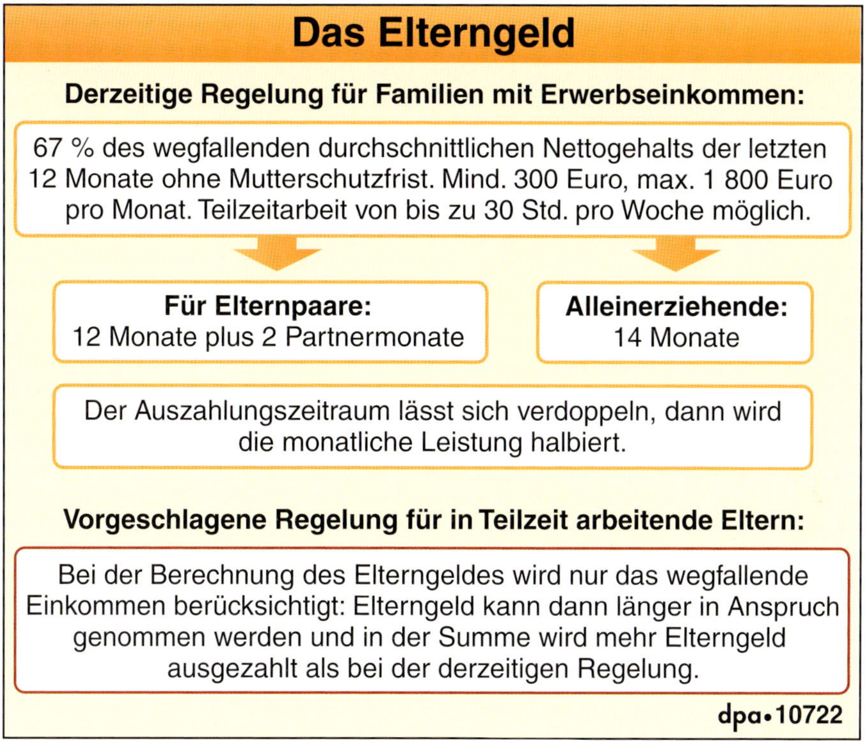

Während der Schwangerschaft, bis vier Monate nach der Entbindung und während der Elternzeit besteht **Kündigungsschutz**.

Arbeitszeitgesetz (ArbZG)

Die Arbeitszeit der Arbeitnehmer ist durch das Arbeitszeitgesetz (ArbZG) geregelt (= **sozialer Arbeitsschutz**). Die regelmäßige werktägige Arbeitszeit darf die Dauer von **acht Stunden täglich** nicht überschreiten. Sie kann nur dann auf bis zu zehn Stunden verlängert werden, wenn innerhalb eines halben Kalenderjahres im Durchschnitt eine werktägliche Arbeitszeit von acht Stunden nicht überschritten wird. Eine ergänzende Regelung zum Gesundheitsschutz bei flexiblen Arbeitszeiten kann zwischen den Tarifparteien oder mit deren Zustimmung zwischen Geschäftsleitung und Betriebsräten vereinbart werden.

Sonn- und Feiertagsarbeit ist dann möglich, wenn ein Betrieb sonst seine internationale Konkurrenzfähigkeit verliert. Sie wird aber nur dann vom Amt für Gewerbeschutz genehmigt, wenn der Betrieb von montags bis samstags bereits rund um die Uhr arbeitet und ausländische Konkurrenten ebenfalls sonntags arbeiten. Jeder Arbeitnehmer muss aber an mindestens 15 Sonntagen arbeitsfrei haben. Auch an Sonn- und Feiertagen darf die maximale tägliche Arbeitszeit zehn Stunden nicht überschreiten.

Die Einhaltung der gesetzlichen Regelungen wird durch die **Ämter für Gewerbeschutz** und die **Berufsgenossenschaft** überwacht. Die Überwachung der Arbeitszeitregelungen gewinnt zunehmend an Bedeutung, da durch flexible Arbeitszeitmodelle (**Gleitzeit, Jahresarbeitszeitkonten, Teilzeit**) die individuelle Arbeitszeit immer schwieriger nachzuvollziehen ist.

Bundesurlaubsgesetz (BundUrlG)

Nach dem Bundesurlaubsgesetz (= **sozialer Arbeitsschutz**) hat jeder Arbeitnehmer in jedem Kalenderjahr Anspruch auf einen bezahlten Erholungsurlaub von mindestens **24 Werktagen.** Als Werktage gelten alle Kalendertage, die nicht Sonn- oder Feiertage sind. Der volle Urlaubsanspruch wird erstmalig nach sechsmonatigem Bestehen des Arbeitsverhältnisses erworben.

Gesundheits- und Unfallschutz

Arbeitsschutzmaßnahmen haben die Aufgabe, einen umfassenden Unfall- und Gesundheitsschutz (= **technischer Arbeitsschutz**) zu regeln.

Die wesentliche rechtliche Grundlage für den technischen Arbeitsschutz, also die Vermeidung von Unfällen, ist die **Gewerbeordnung**. Sie legt unter anderem fest, dass der Arbeitgeber die Arbeitsräume, Maschinen und Gerätschaften so einzurichten und zu unterhalten hat, dass die Arbeitnehmer gegen Gefahren für Leben und Gesundheit geschützt sind. Insbesondere für ausreichendes Licht, gute Belüftung und Beseitigung bei der Arbeit entstehender Dünste, Gase und Abfälle hat der Arbeitgeber zu sorgen.

Darüber hinaus sind Sicherheitsmaßnahmen geregelt in der **Arbeitsstättenverordnung** (Ziel: menschengerechte Gestaltung von Arbeitsplätzen), in **Maschinenschutzgesetzen** (Ziel: Vermeidung von Unfällen durch Sicherstellung der einwandfreien Funktionstüchtigkeit technischer Geräte), in der **Gefahrgutverordnung** (Ziel: Sachgerechte Behandlung von Gefahrstoffen), in den **Unfallverhütungsvorschriften der Berufsgenossenschaften**, in der **Verordnung über Sicherheit und Gesundheitsschutz bei der Arbeit an Bildschirmgeräten** und durch das **Arbeitssicherheitsgesetz** (Ziel: Vermeidung von Unfällen und Gesundheitsschäden durch Sicherheitsbeauftragte und Betriebsärzte).

Beispiel Klaus Berger ist bei der Center Warenhaus GmbH Sicherheitsbeauftragter. Er veranstaltet regelmäßig für alle Mitarbeiter Seminare zur Unfallverhütung.

Arbeitsschutzbehörden

Für die Einhaltung aller Schutzvorschriften ist der Arbeitgeber verantwortlich. Neben der Berufsgenossenschaft und dem **TÜV** als außerbetrieblichem Überwachungsorgan überwachen der **Betriebsrat, Betriebsärzte** und **Sicherheitsbeauftragte** als innerbetriebliche Überwachungsorgane durch technische Aufsichtsbeamte die Durchführung der Unfallverhütung. Die **Ämter für Gewerbeschutz** sind staatliche Organe, die die Einhaltung der Arbeitsschutzvorschriften garantieren sollen.

Gesetze und Verordnungen zum Schutz der Auszubildenden und Arbeitnehmer

- **Jugendarbeitsschutzgesetz** (sozialer Arbeitsschutz)
  - Es gilt für alle beschäftigten Personen, die noch nicht 18 Jahre alt sind.
  - Die Beschäftigung von Kindern unter 15 Jahren ist verboten.
  - Die tägliche maximale Arbeitszeit beträgt acht Stunden.
  - Es gilt grundsätzlich die Fünf-Tage-Woche.
  - Der Auszubildende ist für den Besuch der Berufsschule freizustellen.

- **Mutterschutzgesetz** (sozialer Arbeitsschutz)
  - Es gilt für Frauen, die in einem Arbeits- und Ausbildungsverhältnis stehen.
  - Schwangere Frauen sollten sechs Wochen vor und dürfen acht Wochen nach der Entbindung nicht beschäftigt werden.
  - Während der Schutzfristen erhalten Frauen Mutterschaftsgeld.
  - Nach der Geburt wird Müttern oder Vätern unter bestimmten Bedingungen Erziehungsgeld gewährt.
- **Arbeitszeitgesetz** (sozialer Arbeitsschutz)
  - Regelungen zur Dauer und Arbeitszeitgestaltung.
  - Die regelmäßige und werktägliche Arbeitszeit darf acht Stunden nicht überschreiten.
- **Bundesurlaubsgesetz** (sozialer Arbeitsschutz)
  - Regelungen zum Mindesturlaub.
- **Gesundheits- und Unfallschutz** (technischer Arbeitsschutz)
  - Gewerbeordnungen und Vorschriften der Berufsgenossenschaften regeln den Gesundheits- und Unfallschutz im Unternehmen.
  - Arbeitgeber sind verpflichtet, Arbeitsräume und Maschinen so einzurichten, dass für Arbeitnehmer möglichst keine Gefährdung für Leben und Gesundheit besteht.
- **Arbeitsschutzbehörden** sind die Berufsgenossenschaft, der TÜV und die Ämter für Gewerbeschutz (= außerbetriebliche Überwachungsorgane), innerbetriebliche Überwachungsorgane sind der Sicherungsbeauftragte, der Betriebsarzt und der Betriebsrat.

1. Die 17-jährige Daniela Straub ist seit einer Woche als Auszubildende in einem Drogeriefachmarkt des Einkaufszentrums Rheinpark beschäftigt. Als erste selbstständige Aufgabe soll sie ihren Wocheneinsatzplan erstellen. Helfen Sie Daniela bei der Lösung dieser Aufgabe. Berücksichtigen Sie dabei folgende Bedingungen:

a) Die Öffnungszeiten des Drogeriefachmarkts sind werktags von 08:00 bis 12:00 Uhr und 13:00 bis 20:00 Uhr.

b) Daniela hat am Dienstag von 08:00 bis 14:00 Uhr und am Donnerstag von 08:00 bis 12:30 Uhr Berufsschule.

c) Am Montag soll Daniela acht Stunden im Drogeriefachmarkt sein.

d) Die tarifvertragliche Arbeitszeit ist zu berücksichtigen. Erfragen Sie die für Sie geltende tarifvertragliche Wochenarbeitszeit in der Personalabteilung oder bei Ihrem Jugendvertreter oder Betriebsrat.

e) Berücksichtigen Sie die Regelungen des Jugendarbeitsschutzgesetzes zur täglichen und wöchentlichen Arbeitszeit, zur Festlegung der Pausen und zum Berufsschulbesuch.

2. Stellen Sie fest, in welchem der folgenden Fälle gegen das JArbSchG verstoßen wurde. Beschaffen Sie sich das JArbSchG (www.bundesrecht.juris.de/jarbschg) und begründen Sie Ihre Entscheidung mithilfe des entsprechenden Paragrafen.

a) Die 16-jährige Auszubildende Caroline ist im Mars Elektrofachmarkt e. K. als Auszubildende zur Kauffrau im Einzelhandel beschäftigt. Lt. Wocheneinsatzplan des Abteilungsleiters muss sie am Samstag arbeiten.

b) Der Wocheneinsatzplan sieht vor, dass Caroline an drei Tagen jeweils neun Stunden im Betrieb ist.

c) Am langen Berufsschultag hat Caroline sieben Stunden à 45 Minuten Unterricht. Der Abteilungsleiter setzt sie am gleichen Tag für weitere drei Stunden im Betrieb ein.

d) Am kurzen Berufsschultag beginnt der Unterricht um 09:00 Uhr. Der Abteilungsleiter will Caroline in der Zeit von 07:30 bis 08.30 Uhr im Betrieb einsetzen.
e) Caroline hat ihre Ausbildung am 1. Juli begonnen. Die Personalabteilung teilt ihr mit, dass ihr für das laufende Jahr ein Urlaubsanspruch von 14 Tagen zustehe.
f) Im Rahmen der Inventur hat Caroline bis 20:00 Uhr gearbeitet. Ihre Ausbilderin geht davon aus, dass sie am nächsten Tag um 07:30 Uhr zur Arbeit erscheint.
g) Um sich einen Urlaub in der Dominikanischen Republik leisten zu können, will Caroline am Samstag und Sonntag in einem Café arbeiten.

3. Beschaffen Sie sich das MuSchG (www.bundesrecht.juris.de/muschg) und beurteilen Sie die folgenden Fälle:
a) Die Verkäuferin Monika soll am 1. März entbinden. Wegen dringender Inventurarbeiten bittet ihre Chefin sie, am 1. Februar im Betrieb auszuhelfen. Monika ist einverstanden.
b) Pünktlich am 1. März bekommt Monika eine Tochter. Am 15. April ruft ihre Chefin sie an und bittet sie, in der nächsten Woche im Betrieb auszuhelfen. Monika ist einverstanden.
c) Eine Mitarbeiterin im sechsten Schwangerschaftsmonat soll täglich fünf Stunden – statt wie bisher acht Stunden – als Verkäuferin in der Cafeteria an der Essensausgabe eingesetzt werden.
d) Eine Fahrerin des Werksbusses wird auch im zweiten Schwangerschaftsmonat im Fahrdienst beschäftigt.
e) Eine Mitarbeiterin der Warenannahme ist im sechsten Schwangerschaftsmonat. Sie muss regelmäßig Pakete mit einem Gewicht von 12 kg vom Packtisch in einen Container laden.
f) Eine Mitarbeiterin in der Warenauszeichnung will trotz ihrer Schwangerschaft nicht auf Akkordarbeit verzichten, da sie auf das Geld angewiesen ist.

4. Teilen Sie die Klasse in zwei Gruppen, die Prüfer und die Prüflinge. Die Gruppe der Prüfer legt Kriterien für eine Prüfung zum Thema „Arbeitsschutzgesetze" fest und formuliert Fragen. Die Prüflinge bereiten sich vor. Führen Sie die Prüfung durch und bewerten Sie Ihre Mitschüler anhand der formulierten Kriterien.

5.2 Gesetze und Verordnungen zum Schutz der Umwelt

In der Mittagspause sitzen Sabine Freund und Hanne Bauer, die Abteilungsleiterin Einkauf der Center Warenhaus GmbH, beim Cappuccino zusammen. *„Unvorstellbar, welche Berge von Verpackungsmüll sich jeden Tag bei uns anhäufen, aus ökologischen Gesichtspunkten ist das doch eine Katastrophe"*, stellt Sabine fest. *„Da hast Du natürlich recht"*, entgegnet Hanne Bauer, *„aber wir müssen natürlich den Aspekt der Ökologie gegen die Erfordernisse der Versandverpackungen abwägen." „Ich würde bei der Auswahl der Lieferanten ökologische Gesichtspunkte in den Vordergrund stellen"*, stellt Sabine entschieden fest. *„Der Wechsel von der Durchlauf- zur Kreislaufstrategie hat auch im Einzelhandel längst begonnen, aber wir müssen natürlich auch den Wettbewerb und die Kosten berücksichtigen"*, erwidert Hanne Bauer.

ARBEITSAUFTRÄGE

- Stellen Sie fest, was sich hinter den Begriffen der Durchlauf- und Kreislaufstrategie verbirgt.
- Stellen Sie anhand von Beispielen dar, welche Maßnahmen zum Schutz der Umwelt in Ihrem Ausbildungsbetrieb Berücksichtigung finden.

Unsere Umwelt wird durch Luftverschmutzung, Bodenverseuchung, Wasserverunreinigung und Lärm belastet.

Die **Luftverschmutzung** erfolgt im Wesentlichen durch folgende Stoffe:

- **Kohlendioxid**, das bei der Verbrennung fossiler Stoffe (Kohle, Öl) entsteht und zum sogenannten **Treibhauseffekt** führt,
- **Kohlenmonoxid**, das bei der unvollständigen Verbrennung in Motoren und Feuerungsanlagen entsteht,
- **Stickstoffoxide**, die bei der Verbrennung in Kraftwerken, Flugzeugturbinen und Automotoren entstehen und zum sogenannten **sauren Regen** führen,
- **Schwefeldioxid**, das bei der Verbrennung von Braunkohle entsteht.

Die **Bodenverseuchung** hängt eng mit der Luftverschmutzung zusammen, da die in die Luft abgegebenen Schadstoffe mit dem Regen wieder zur Erde zurückkehren. Darüber hinaus wird der Boden auch unmittelbar durch Überdüngung und Pestizide belastet.

Die **Wasserverunreinigung** erfolgt durch die Einleitung von Abwässern in die Gewässer, die übermäßige Düngung mit Gülle oder Kunstdünger und den sauren Regen.

Die **Lärmbelästigung** ist Folge der Technisierung und der hohen Bevölkerungsdichte in Europa.

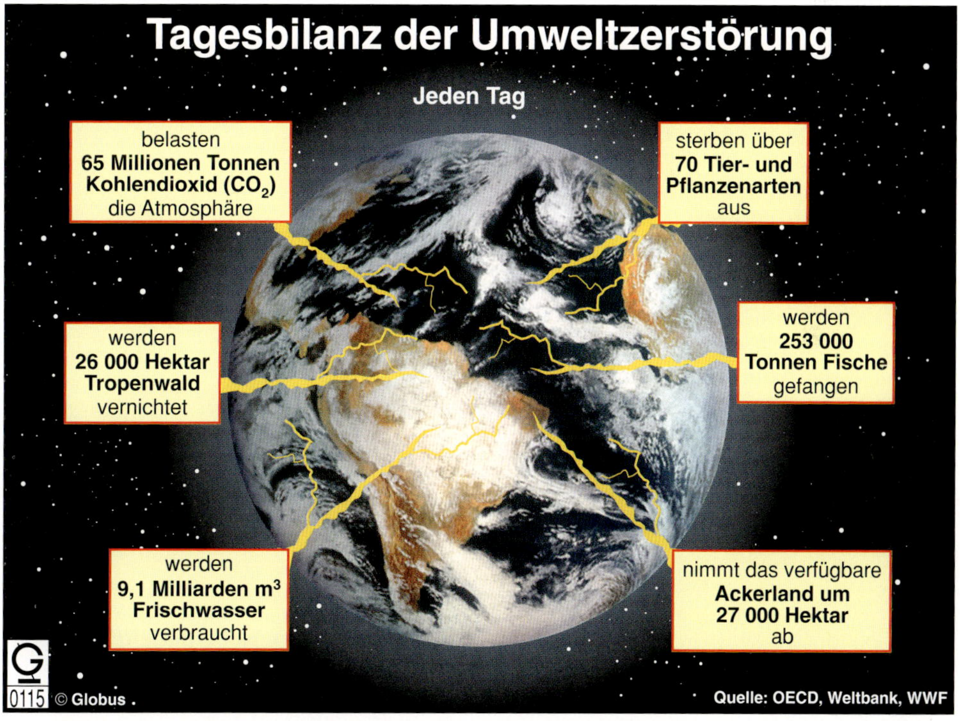

Auch der Einzelhandel hat durch die Weitergabe des Verpackungsmülls und die Beschaffung von Waren durch Lkws Anteil an der Verschmutzung der Umwelt.

In den letzten Jahren ist jedoch das Thema **Ökologie** immer mehr in den Vordergrund getreten. Kunden fragen verstärkt Artikel aus ökologischem Anbau bzw. ökologischer Herstellung nach und auch die umweltfreundliche Beschaffung der Artikel wird problematisiert. Aufseiten der Betriebe findet ein Wechsel von der **Durchlaufstrategie** zur **Kreislaufstrategie** statt.

Durchlaufstrategie

Die traditionelle Beschaffungspolitik eines Unternehmens betrachtete Beschaffungsobjekte ausschließlich als Input für den Produktionsprozess. Dabei wurde nicht daran gedacht, welche **ökologischen Folgen** die Beschaffung eines Gutes haben kann. Bei der Auswahl von Roh-, Hilfs- und Betriebsstoffen und der Entscheidung für Lieferer wurden allein produktionstechnische und wirtschaftliche Aspekte zugrunde gelegt. Die Auswahl von Betriebsmitteln und von Lieferanten berücksichtigte selten die **Umweltverträglichkeit** der Güter, ihrer Verpackung und ihrer Transportwege.

Beispiele

- Vor 20 Jahren bestellte die Center Warenhaus GmbH Waren ohne zu berücksichtigen, wie die Verpackungen zu entsorgen waren. Styropor und Kunststoff-Folien wurden mit den anderen Abfällen durch die städtische Müllabfuhr auf der Mülldeponie entsorgt. Dort lagern diese z. T. nicht abbaufähigen Materialien noch heute und belasten durch austretende Gifte das Grundwasser und den Boden.
- Die Anlieferung der Artikel erfolgt meist mit Lkw. Quer durch Deutschland fahren die Lkw der Lieferer, belasten die Luft durch Abgase und tragen zum Waldsterben bei. Ferner verbrauchen sie große Mengen an Treibstoff. Umweltverträgliche Anlieferungen, z. B. durch Bahntransport, sind auch bei der Center Warenhaus GmbH erst seit Kurzem ein wichtiges Auswahlkriterium für Lieferer.

Diese „**Durchlaufstrategie**“ ist unter ökologischen Maßstäben nicht vertretbar.

> Reiche EU-Bürger machen wesentlich mehr Müll als die mit weniger Wohlstand gesegneten. Das zeigt die Abfallstatistik des Statistikamts der Europäischen Union (Eurostat). 513 Kilogramm Müll produzierte im Durchschnitt jeder EU-Bürger im Jahr 2009. Die Dänen liegen mit einem jährlichen Abfallaufkommen von 833 Kilogramm je Einwohner an der Spitze der Müllstatistik. In Deutschland hinterließ jeder Bürger durchschnittlich 587 Kilogramm Müll. Die östlichen Mitgliedstaaten liegen in ihrer Müllproduktion deutlich unter dem EU-Durchschnitt, wobei Polen und Tschechen mit je 316 Kilogramm je Kopf am wenigsten Abfall erzeugen. Dass die Verbraucher durch ein verändertes Verhalten erhebliche Mengen Müll vermeiden könnten, zeigt unter anderem eine britische Studie, nach der etwa ein Viertel der gekauften Lebensmittel in den Mülltonnen landet.
> *(Quelle: picture-alliance/dpa-infografik, Begleittext zu Grafik 4161, 31.03.2011)*

Unternehmen können durch gezielte Maßnahmen im Beschaffungsmarketing dazu beitragen, dass das Aufkommen von Müll reduziert und unvermeidbarer Müll entweder verwertet oder umweltverträglich entsorgt wird.

Kreislaufstrategie

Bereits bei der Beschaffung von Gütern muss über deren **ökologische Bedeutung** nachgedacht werden. Statt einer „Durchlaufstrategie“ wird eine „Kreislaufstrategie“ verfolgt.

Das **Kreislaufwirtschaftsgesetz** (KreislWG) legt hierzu Rahmenbedingungen und Ziele für einen Übergang von der Abfall- bzw. Durchlaufwirtschaft zu einer Kreislaufwirtschaft fest. Kern des Gesetzes sind verursachergerechte Pflichten zur Vermeidung, Verwertung und Beseitigung von Abfällen (§§5, 11 KreislWG). Die Wirtschaft soll lernen, künftig „vom Abfall her zu denken“. Dies bedeutet, dass Produkte nach ihrem Gebrauch

- **wiederverwendbar** sind,

- nach einer Aufbereitung einem weiteren Produktionsprozess zugeführt werden können (**Recycling** vgl. S. 480) oder
- zur Energieerzeugung verwendbar sind (**thermische Verwertung**).

Dadurch entsteht ein **Kreislauf der Stoffe** und ein sparsamer Verbrauch von Ressourcen.

Folgende Maßnahmen zum Schutz der Umwelt werden ergriffen:

- Erlass von Gesetzen, Verordnungen und technischen Vorschriften,

  Beispiel Abfallbeseitigungsgesetz, Verpackungsverordnung (vgl. Seite 480), Bundes-Immissionsschutzgesetz, Kreislaufwirtschaftsgesetz, Gefahrstoff-Verordnung

- Verbot bestimmter Produkte oder Produktionsverfahren,

  Beispiel Regelungen zur Reduzierung des FCKW-Ausstoßes

- Erlass von Auflagen,

  Beispiel Die Stadt Köln erhebt ein Zwangspfand für Einweggeschirr bei öffentlichen Veranstaltungen

- wirtschaftliche Belastung oder Entlastung in Form von Steuern oder Subventionen.

  Beispiel Einführung einer Ökosteuer, Dosenpfand

Die Einhaltung der Maßnahmen zum Schutz der Umwelt wird von folgenden Institutionen überwacht:

- **Umweltbundesamt**
  wacht über die Einhaltung nationaler, europäischer und internationaler Vorschriften zum Umweltschutz wie z. B. das Bundes-Immissionsschutzgesetz, die Richtlinien der EU über die Beurteilung und die Kontrolle der Luftqualität oder das Helsinki-Protokoll zur Schwefelemission.
- **staatliche Ämter für Gewerbeschutz**
  sind auch zuständig für den Gesundheitsschutz am Arbeitsplatz, wie z. B. die Untersuchung und Beurteilung von Lärmarbeitsplätzen.
- **Gesundheitsämter**
  beschäftigen sich mit dem umweltbezogenen Umweltschutz und der Umweltmedizin.
- **Umwelt- und Verbraucherschutzämter**
  stellen z. B. den Sachkundenachweis nach der Hackfleischverordnung aus, wachen über die Einhaltung der Baumschutzsatzung oder genehmigen den Bau oder Umbau eines Lebensmittelbetriebes.

PRAXISTIPP unter www.stadt-koeln.de können Sie den Bürgerservice aufrufen. Hier sind unter der Rubrik *Umwelt* alle Rechtsverordnungen ausführlich erläutert.

Gesetze und Verordnungen zum Schutz der Umwelt

- Die **natürliche Umwelt** wird durch Luftverschmutzung, Bodenverseuchung, Wasserverunreinigung und Lärm belastet. Gesetze und Verordnungen zum Schutz der Umwelt sind z. B.:
  - Abfallbeseitigungsgesetz
  - Verpackungsverordnung
  - Bundes-Immissionsschutzgesetz
  - Kreislaufwirtschaftsgesetz

- Institutionen zum **Schutz der Umwelt sind**
  - Umweltbundesamt
  - Ämter für Gewerbeschutz
  - Gesundheitsämter
  - Umwelt- und Verbraucherschutzämter

1. Sehen Sie sich das Sortiment Ihres Ausbildungsbetriebes unter dem Gesichtspunkt der Ökologie an. Erläutern Sie, wo man Ihrer Meinung nach Artikel im Sinne der Kreislaufstrategie austauschen könnte.

2. Stellen Sie den Einkauf Ihres Ausbildungsbetriebes unter dem Gesichtspunkt der Ökologie dar. Erläutern Sie, wo man Ihrer Meinung nach Beschaffungswege unter ökologischen Gesichtspunkten verändern könnte.

3. Unter www.gruener.punkt.de finden Sie Informationen über Artikel, die mit dem Grünen Punkt gekennzeichnet sind. Informieren Sie sich über das Konzept und stellen Sie es in der Klasse vor.

6 Mitbestimmungs- und arbeitsrechtliche Regelungen reflektieren

6.1 Mitwirkung und Mitbestimmung

Sabine Freund ist sauer! Erst hat der Wecker nicht geklingelt und dann ist ihr auch noch die Bahn weggefahren. Und jetzt macht Herr Lehnert so einen Aufstand, nur wegen der halben Stunde Verspätung. *„Das gibt eine Eintragung in die Personalakte"*, sagt Herr Lehnert, *„und wenn das nicht das erste Mal ist, riskieren Sie Ihre Lehrstelle!"* Als sie in der Mittagspause mit ihrer Freundin Kerstin Dahm darüber spricht, beruhigt diese sie. *„Bei einer Abmahnung passiert Dir gar nichts"*, sagt Kerstin, *„das ist doch deine erste, oder?"* Sabine ist ratlos. *„Was weiß ich, was Herr Lehnert alles in meine Personalakte geschrieben hat." „Dann sieh doch nach"*, erwidert Kerstin. *„Kann man denn so einfach Einblick in seine Personalakte nehmen?"*, fragt Sabine.

ARBEITSAUFTRÄGE

- Erarbeiten Sie in der Gruppe, welche Mitwirkungs- und Mitbestimmungsrechte der einzelne Arbeitnehmer hat. Achten Sie bei der Gruppenarbeit auf die Methoden für die Gruppenarbeit (vgl. Seite 58 ff.).
- Stellen Sie fest, ob Sabine Einsicht in ihre Personalakte nehmen kann.

Die Mitwirkungs- und Mitbestimmungsrechte des einzelnen Arbeitnehmers und des Betriebsrates sind im **Betriebsverfassungsgesetz** (BetrVerfG) geregelt.

In den §§ 81 bis 86 BetrVerfG sind die Rechte des Arbeitnehmers auf Unterrichtung, Anhörung, Erörterung und Beschwerde festgelegt. Sie gelten jedoch nur in den Angelegenheiten, die den einzelnen Arbeitnehmer und seinen Arbeitsplatz unmittelbar betreffen. Der Arbeitgeber hat den Arbeitnehmer über dessen **Aufgaben und Verantwortlichkeiten** sowie über die **Art der Tätigkeit** und die **Einordnung in den Arbeitsablauf** des Betriebes zu unterrichten (§ 81 BetrVerfG).

Beispiel Jeder neu eingestellte Arbeitnehmer der Center Warenhaus GmbH erhält das Organigramm und eine ausführliche Stellenbeschreibung.

Bei Einstellung oder Versetzung ist der Arbeitnehmer über die **Unfall- und Gesundheitsgefahren** des Arbeitsplatzes und über die Unfallverhütungsvorschriften zu belehren (§ 81 BetrVerfG).

Beispiel Jeder neu eingestellte Arbeitnehmer der Center Warenhaus GmbH führt vor Aufnahme seiner Tätigkeit ein ausführliches Gespräch mit dem Umweltbeauftragten, Herrn Hohn, und dem Sicherheitsbeauftragten, Herrn Berger.

In betrieblichen Angelegenheiten, die seine Person und seinen Arbeitsplatz betreffen, hat der Arbeitnehmer das Recht, sich **an seinen Vorgesetzten zu wenden und von diesem angehört zu werden**. Er ist berechtigt, Vorschläge zur Gestaltung seines Arbeitsplatzes und des Betriebsablaufs zu machen (§ 82 BetrVerfG).

Beispiel Das Recht des Arbeitnehmers, in Angelegenheiten seines Arbeitsplatzes oder des Betriebsablaufs initiativ zu werden, wird von der Geschäftsleitung der Center Warenhaus GmbH durch Maßnahmen im Rahmen des betrieblichen Vorschlagswesens gefördert. Danach werden Mitarbeiter am Erfolg ihrer Vorschläge finanziell beteiligt.

§ 83 Abs. 1 BetrVerfG:
Der Arbeitnehmer hat das Recht, in die über ihn geführte Personalakte Einsicht zu nehmen. Er kann hierzu ein Mitglied des Betriebsrates hinzuziehen. Das Mitglied des Betriebsrates hat über den Inhalt der Personalakte Stillschweigen zu bewahren, soweit es vom Arbeitnehmer im Einzelfall nicht von dieser Verpflichtung entbunden wird.

Inhalt der Personalakte sind neben dem Arbeitsvertrag alle den Arbeitnehmer betreffenden Unterlagen.

Jeder Arbeitnehmer hat das Recht, sich **bei seinem Vorgesetzten zu beschweren**. Ihm dürfen aus der Beschwerde keine Nachteile entstehen.

Betriebsrat

§ 1 BetrVerfG:
In Betrieben mit in der Regel mindestens fünf ständigen wahlberechtigten Arbeitnehmern, von denen drei wählbar sind, werden Betriebsräte gewählt.

Wahlberechtigt sind alle Arbeitnehmer, die das 18. Lebensjahr vollendet haben.

Wählbar sind alle Wahlberechtigten, die mindestens sechs Monate dem Betrieb angehören.

Die **Zahl** der Betriebsratsmitglieder ist im Betriebsverfassungsgesetz geregelt. Die Sitzungen des Betriebsrates finden während der Arbeitszeit statt.

Auch die **Zusammensetzung** des Betriebsrates regelt das Gesetz. So **müssen** gewerbliche Mitarbeiter und Angestellte entsprechend ihrem zahlenmäßigen Verhältnis im Betrieb im Betriebsrat vertreten sein. Männer und Frauen **sollen** entsprechend ihrem zahlenmäßigen Verhältnis vertreten sein.

Beispiel In einem Warenhaus mit 80 % weiblichen Beschäftigten sollte auch der Betriebsrat zu 80 % aus Frauen bestehen.

Die **Amtszeit** des Betriebsrates beträgt vier Jahre. Die regelmäßigen **Betriebsratswahlen** finden in der Zeit vom 1. März bis 31. Mai statt. Acht Wochen vor Ablauf seiner Amtszeit bestellt der Betriebsrat einen Wahlvorstand, der die Wahlen vorbereitet und durchführt. Der Betriebsrat wird in geheimer und unmittelbarer Wahl gewählt. Die Betriebsratsmitglieder wählen aus ihren Reihen einen **Vorsitzenden.** Sie sind für die Wahrnehmung ihrer Aufgaben von ihrer beruflichen Tätigkeit freizustellen.

Der Betriebsrat hat folgende **allgemeine Aufgaben**:

- Interessenvertretung der Arbeitnehmer im Betrieb,
- Überwachung der Einhaltung von Gesetzen (z. B. Kündigungsschutzgesetz), Verordnungen (z. B. Gewerbeordnung), Unfallverhütungsvorschriften und Tarifverträgen,
- besondere Förderung von Jugendlichen, älteren und ausländischen Arbeitnehmern und sonstiger besonders schutzbedürftiger Personen.

Darüber hinaus hat der Betriebsrat konkrete **Mitwirkungs- und Mitbestimmungsrechte.**

Mitwirkung: Mitwirkung bedeutet, dass der Betriebsrat **informiert** und **angehört** werden muss. Die Rechtsgültigkeit einer Entscheidung hängt hier nicht von der Zustimmung, wohl aber von der vorherigen Unterrichtung des Betriebsrates ab. Das Mitwirkungsrecht des Betriebsrates erstreckt sich u. a. auf folgende Themen:

- alle betrieblichen Angelegenheiten, die die Arbeitnehmer betreffen,
- geplante Betriebsänderungen, z. B. die Einschränkung oder Stilllegung von Betrieben,
- Personalplanung.

Mitbestimmung: Mitbestimmung bedeutet, dass betriebliche Maßnahmen erst nach Zustimmung des Betriebsrates wirksam werden. Der Betriebsrat hat v. a. in folgenden Angelegenheiten mitzubestimmen:

- Fragen der betrieblichen Ordnung,
- Beginn und Ende der täglichen Arbeitszeit,
- Regelung von Mehrarbeit (Überstunden),
- § **§ 87 Abs. 1 Nr. 6 BetrVerfG:**
  Einführung und Anwendung von technischen Einrichtungen, die dazu bestimmt sind, das Verhalten oder die Leistung der Arbeitnehmer zu überwachen.
- personelle Einzelmaßnahmen wie Einstellungen, Ein- oder Umgruppierungen und Versetzungen.

Der Betriebsrat ist vor jeder **Kündigung** zu hören. Der Arbeitgeber muss ihm die Gründe für die Kündigung mitteilen. Wird er vor einer Kündigung nicht gehört, ist diese unwirksam.

Die wichtigsten Tarifverträge sind der **Manteltarifvertrag** und der **Vergütungstarifvertrag**. Darüber hinaus gibt es noch Tarifverträge über die Höhe vermögenswirksamer Leistungen, Vorruhestands-Tarifverträge, Tarifverträge über Sonderzahlungen (z. B. Weihnachtsgeld) usw.

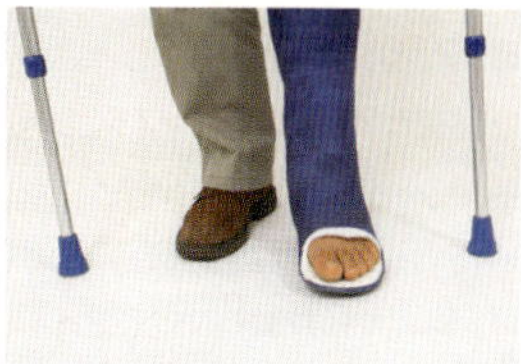

Beispiel **Tarifvertrag über Entgeltfortzahlung im Krankheitsfall**

Die Beschäftigten des Einzelhandels im Land Nordrhein-Westfalen haben in Fällen unverschuldeter, mit Arbeitsunfähigkeit verbundener Krankheit Anspruch auf Entgeltfortzahlung für die Zeit der Arbeitsunfähigkeit bis zur Dauer von sechs Wochen, nicht jedoch über die Beendigung des Arbeitsverhältnisses hinaus.

Manteltarifvertrag: Der Manteltarifvertrag regelt die grundsätzlichen Arbeitsbedingungen. Er wird meist für mehrere Jahre abgeschlossen. Im Manteltarifvertrag sind z. B. folgende Regelungen enthalten:

- Bezahlte Freistellung von der Arbeit
- Mehrarbeit
- Urlaub
- Arbeitszeit
- Arbeits- und Schutzbekleidung
- Auszubildende

Vergütungstarifvertrag: Der Vergütungstarifvertrag besteht aus dem Gehaltstarifvertrag für die kaufmännischen Angestellten, dem Lohntarifvertrag für die gewerblichen Arbeitnehmer und dem Tarifvertrag über die Ausbildungsvergütung. Die Arbeitnehmer werden zunächst entsprechend ihrer tatsächlich verrichteten Tätigkeit in **Lohn- und Gehaltsgruppen** eingeteilt, denen dann die entsprechenden **Tarifgehälter** zugeordnet werden. Lohn- und Gehaltstarifverträge werden meist für ein Jahr abgeschlossen. Führen Tarifverhandlungen zu keinem Ergebnis, kommt es zum Arbeitskampf (vgl. Seite 132).

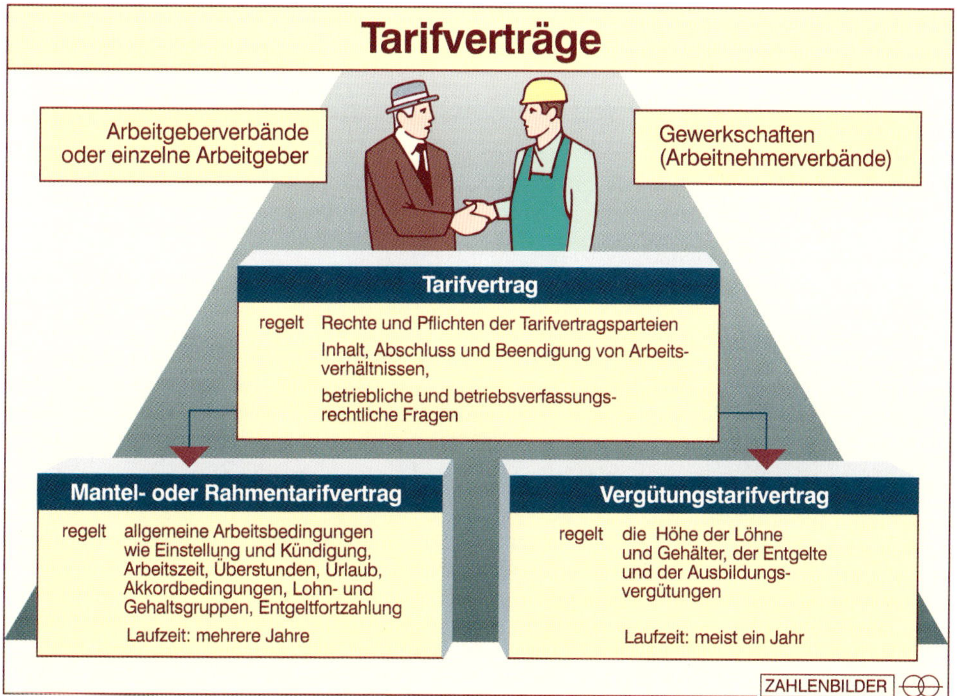

240 021

Der Ablauf von **Tarifverhandlungen** könnte unter Einbeziehung von Arbeitskampfmaßnahmen folgendermaßen aussehen:

- Fristgerechte **Kündigung** des Tarifvertrages zum angegebenen Termin.
- Eröffnung der **Tarifverhandlungen**, die Gewerkschaften stellen ihre Forderungen, die Arbeitgeberverbände unterbreiten ihr Angebot.
- Kommt man zu keinem Kompromiss, kann jede Seite das **Scheitern** der Verhandlungen erklären.
- Sind Tarifverhandlungen gescheitert, kommt es zum **Schlichtungsverfahren**. Die tarifliche Schlichtungsstelle besteht aus der gleichen Zahl von Arbeitgeber- und Gewerkschaftsvertretern und einem unparteiischen Vorsitzenden, die nach einem Einigungsvorschlag suchen.
- Kommt es zu keiner Einigung, ist die Schlichtung **gescheitert**. Die Friedenspflicht ist erloschen und der Arbeitskampf kann beginnen.
- Zunächst stellt die Gewerkschaft durch eine **Urabstimmung** fest, ob ihre Mitglieder zum Streik bereit sind.
- Stimmen 75 % der Mitglieder für einen **Streik**, kann die Gewerkschaft den Streik für den Tarifbezirk ausrufen. Bei einem Streik legen die organisierten Arbeitnehmer für einen befristeten Zeitraum die Arbeit nieder. Ob Auszubildende an Streiks teilnehmen dürfen, ist umstritten. Nach Auffassung des Bundesarbeitsgerichts darf die Gewerkschaft Auszubildende nur dann zu kurzen, befristeten Warnstreiks aufrufen, wenn über die Ausbildungsvergütung verhandelt wird.
- Als Reaktion auf den Streik können die Arbeitgeber die **Aussperrung** aller Arbeitnehmer durchführen, d. h., sie verweigern ihnen die Möglichkeit zu arbeiten.
- Für die Dauer von Streik und Aussperrung **ruhen die Arbeitsverträge**. Die Arbeitgeber zahlen demnach auch keine Gehälter. Gewerkschaftsmitglieder erhalten von ihrer Gewerkschaft eine Streikunterstützung. Arbeitnehmer der unmittelbar betroffenen Betriebe haben weder Anspruch auf Arbeitslosengeld noch auf Kurzarbeitergeld.

- Die Umsatzeinbußen bei den Unternehmen, die Zahlung von Streikunterstützung durch die Gewerkschaften und der Verdienstausfall bei den Arbeitnehmern führen dazu, dass die Tarifvertragsparteien in **neuen Tarifverhandlungen** nach einem Kompromiss suchen.
- Kommt es zu einer Einigung, müssen dem Ergebnis in einer **Urabstimmung** mindestens 25 % der organisierten Arbeitnehmer zustimmen.
- Ist dies der Fall, kommt es zum **Abschluss eines neuen Tarifvertrages** und die Arbeit wird wieder aufgenommen.

Tarifverhandlungen werden meist für einzelne Länder oder Bezirke durchgeführt. Oft wird der erste Abschluss (**Pilotabschluss**) danach für die anderen Bezirke übernommen.

Die Betriebsvereinbarung

Betriebsvereinbarungen werden zwischen **Betriebsrat** und **Arbeitgeber** eines bestimmten Betriebes geschlossen. Sie müssen schriftlich niedergelegt werden und sind an geeigneter Stelle im Betrieb auszulegen.

Betriebsvereinbarungen dürfen den Bestimmungen des Tarifvertrages nicht widersprechen, sondern sollen diesen an die besonderen Belange des Betriebes anpassen.
Darüber hinaus können in Betriebsvereinbarungen z. B. folgende Regelungen getroffen werden:

- die Planung von Sozialeinrichtungen, z. B. Kantinen, Betriebskindergärten,
- Pausenregelungen,
- Regelungen über das Verhalten der Arbeitnehmer im Betrieb, wie z. B. Rauchverbot,
- die Betriebsordnung.

Beispiel In einer Betriebsvereinbarung zwischen Betriebsrat und Geschäftsleitung der Center Warenhaus GmbH wird festgelegt, dass für Auszubildende 6 Monate vor Abschluss der Ausbildung die Frage der Übernahme geklärt wird.

Tarifvertrag und Betriebsvereinbarung

- Der **Tarifvertrag**
  - Der Tarifvertrag legt Lohn- und Arbeitsnormen für die Tarifvertragsparteien kollektiv, d. h. gemeinschaftlich **(kollektiv)**, fest.
  - **Tarifvertragsparteien** sind Arbeitgeber/Arbeitgeberverbände und Gewerkschaften.
  - Alle Mitglieder der Tarifvertragsparteien sind an den Tarifvertrag gebunden. Sie müssen ihn erfüllen (**Erfüllungspflicht**) und dürfen während der Laufzeit keine Kampfmaßnahmen ergreifen (**Friedenspflicht**).
  - Tarifverträge können für **allgemeinverbindlich** erklärt werden. Sie gelten dann für alle betroffenen Arbeitnehmer.
  - Der **Manteltarifvertrag** regelt allgemeine Arbeitsbedingungen (Arbeitszeit, Urlaub usw.).
  - Der **Vergütungstarifvertrag** regelt die Lohn-/Gehaltshöhe in den Lohn-/Gehaltsgruppen.
- Die **Betriebsvereinbarung**: Betriebsvereinbarungen werden zwischen **Betriebsrat** und **Arbeitgeber** eines Betriebes geschlossen. Sie dürfen den Bestimmungen des Tarifvertrages nicht widersprechen.

1. Schildern Sie den Ablauf von Tarifverhandlungen
a) als friedliche Tarifverhandlungen,
b) als Tarifverhandlungen unter Einbeziehung von Arbeitskampfmaßnahmen.
Schreiben Sie dazu jeden Schritt auf eine Karte und präsentieren Sie das Ergebnis an einer Pinnwand.
Geben Sie den Vortragenden ein Feedback.

2. Formulieren Sie eine „Betriebsvereinbarung" für Ihre Klasse. Sie sollte die Schul- und Hausordnung an die besonderen Belange Ihrer Klasse anpassen.

3. Die Jugendvertreterin (vgl. Seite 18) der Center Warenhaus GmbH hat durchgesetzt, dass die Auszubildenden das Berichtsheft während der Arbeitszeit führen dürfen. Machen Sie einen Formulierungsvorschlag für eine Betriebsvereinbarung.

4. Zwischen dem Betriebsrat und der Geschäftsleitung der Center Warenhaus GmbH ist die folgende Betriebsvereinbarung abgeschlossen worden:

§

Betriebsvereinbarung über die betriebliche Arbeitszeitregelung

Zwischen Geschäftsleitung und Betriebsrat der Center Warenhaus GmbH Köln wird entsprechend § 87 Abs. 1 Nr. 2 BetrVerfG und den geltenden Tarifverträgen folgende Vereinbarung über die Arbeitszeit getroffen:

1. Die regelmäßige wöchentliche Arbeitszeit beträgt ausschließlich Pausen für sämtliche vollbeschäftigten Tarifmitarbeiter und Auszubildenden 37 Stunden in der Woche. Die tägliche Arbeitszeit kann im folgenden Zeitraum festgelegt werden:

1.1 Angestellte
montags – samstags 08:00 – 20:00 Uhr
Pausen 2 × 30 Min. nach Absprache

1.2 Auszubildende
siehe 1.1
Die Pausen lt. JArbSchG sind zu berücksichtigen.

Von der Betriebsleitung angeordnete Arbeitszeit außerhalb dieses Zeitraumes ist als Mehrarbeit zu entgelten. Wird die regelmäßige tägliche Arbeitszeit an einzelnen Werktagen verkürzt oder verlängert, so kann diese Arbeitszeit in einem Zeitraum von drei Wochen ausgeglichen werden.

Diese Betriebsvereinbarung verliert mit Inkrafttreten einer neuen Vereinbarung ihre Gültigkeit.

Der Betriebsrat	Die Geschäftsleitung
gez. Pade (Vorsitzender)	gez. Becker
gez. Kowski (Stellvertreterin)	gez. Sommer

Diskutieren Sie die Vor- und Nachteile, die mit der Festlegung der täglichen Arbeitszeit auf einen Zeitraum von zwölf Stunden verbunden sind.

5. Die Gewerkschaften argumentieren: „Aussperrung ist ein Akt unternehmerischer Willkür. Arbeitgeber haben in Lohnverhandlungen schon von vornherein eine stärkere Machtstellung, weil sie über die Produktionsmittel verfügen. Das Recht zum Streik schafft erst das Gleichgewicht."
Die Arbeitgeber argumentieren: „Streik ohne Aussperrung zerstört das Kräftegleichgewicht und schafft ein Übergewicht der Gewerkschaften."
Diskutieren Sie die unterschiedlichen Argumente und fertigen Sie ein Protokoll der Diskussion an.

6. Erläutern Sie Tarifautonomie, Sozialpartner, Urabstimmung und Pilotabschluss.

7. Führen Sie in der Klasse ein Rollenspiel zum Thema „Arbeitskampf" durch. Orientieren Sie sich dabei an den Ausführungen zum Rollenspiel auf Seite 76 ff.

Ausgangssituation:
- Der Gehaltstarifvertrag für den Einzelhandel ist gekündigt. Die Gewerkschaft ver.di fordert eine lineare Erhöhung der Gehälter von 3 % und eine Einmalzahlung von 250,00 EUR. Als Begründung werden die hohen Gewinne im Einzelhandel und die immer höher werdenden Steuer- und Abgabenbelastungen der Mitarbeiter angeführt.
- Der Arbeitgeberverband klagt über die zurückgehenden Umsätze und die steigenden Lohnnebenkosten. Bei einem Abschluss in der geforderten Größenordnung würden Entlassungen und Geschäftsschließungen die Folge sein.

a) Bilden Sie in der Klasse drei Gruppen, die Vertreter der Gewerkschaft, die Vertreter des Arbeitgeberverbandes und die Beobachter.
b) Jede Gruppe fertigt zunächst Rollenkarten für ihre Rollenspieler an. Die Gruppe der Beobachter einigt sich auf einen Beobachtungsbogen (vgl. Seite 78).

Rollenkarte ver.di

Rollenkarte Arbeitgeber

c) Die Gruppe „Gewerkschaft" und „Arbeitgeber" wählt jeweils drei Rollenspieler aus ihrer Mitte.
d) Führen Sie das Rollenspiel durch. Das Rollenspiel sollte ca. 10 Minuten dauern und möglichst auf Video aufgezeichnet werden. Hinweise zum Einsatz der Kamera finden Sie auf Seite 80.
e) Werten Sie das Rollenspiel aus und beachten Sie dabei die Feedback-Regeln (vgl. Seite 55 f.). Der für die Center Warenhaus GmbH gültige Tarifvertrag ist fristgerecht gekündigt worden. Erläutern Sie die Schritte eines Arbeitskampfes im Falle der Nichteinigung der Tarifvertragsparteien.

8. Der für die Center Warenhaus GmbH gültige Tarifvertrag ist fristgerecht gekündigt worden. Erläutern Sie die Schritte eines Arbeitskampfes im Falle der Nichteinigung der Tarifvertragsparteien.

7 Die Notwendigkeit der sozialen Sicherung und privaten Vorsorge kennenlernen

7.1 Individualversicherungen und Vermögensbildung

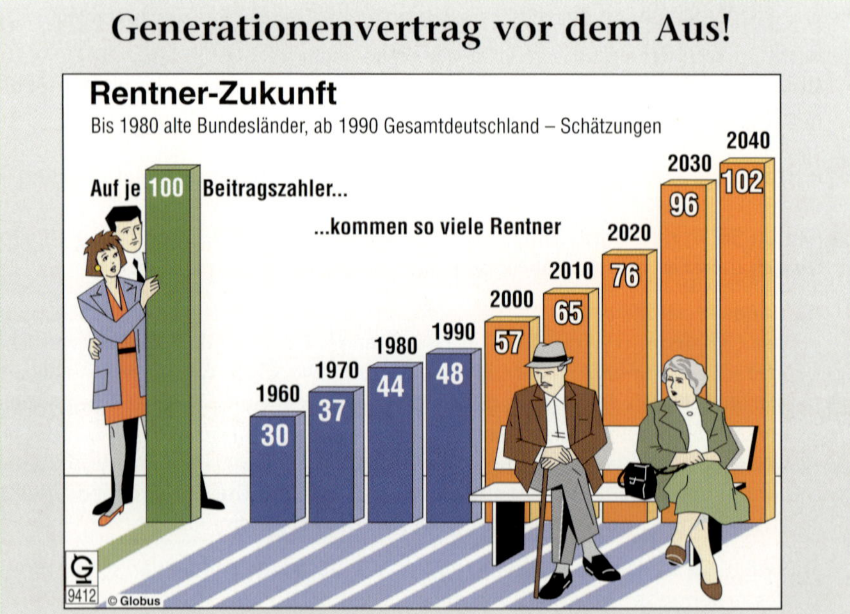

Unter diesem Titel findet Sabine Freund eine Abbildung, die sie nachdenklich betrachtet. Kam im Jahr 2000 auf jeden Beitragszahler ein halber Rentner, muss im Jahr 2040 jeder Arbeitnehmer einen Rentner finanzieren. *„Das heißt ja, dass ich im Jahr 2040 mein Gehalt mit einem Rentner teilen muss!"*, sagt Sabine empört zu Frau Ahlemann. *„Das stimmt, deshalb rate ich dir, die gesetzliche Rentenversicherung durch eine private Zusatzversicherung zu ergänzen"*, erwidert diese.

ARBEITSAUFTRÄGE

- Erläutern Sie die Titelzeile der Tageszeitung anhand der Abbildung „Rentner-Zukunft".
- Stellen Sie fest, welche der nachfolgenden Versicherungen für Sabine Freund sinnvoll sein könnten.

Personenversicherungen

Für jeden Arbeitnehmer gibt es Unsicherheiten, wie die Frage der Sicherheit des Arbeitsplatzes, der Absicherung im Alter oder der Gesundheit. Wer nicht sozialversicherungspflichtig ist (vgl. Seite 141 ff.) oder wem der Schutz der Sozialversicherung nicht ausreicht, hat die Möglichkeit, sich gegen die Folgen von Krankheit, Unfall, Arbeitsunfähigkeit, Alter und Tod privat zu versichern.

Private Krankenversicherung: Bei Vertragsabschluss ist i. d. R. eine ärztliche Untersuchung erforderlich. Die Leistungen sind denen der gesetzlichen Krankenversicherung ähnlich, jedoch zumeist umfangreicher (vgl. Seite 142).

Zusatzversicherungen decken ein Krankenhaustagegeld oder Ersatz höherer Kosten bei ambulanter und stationärer Behandlung, z. B. bei Unterbringung in Einbettzimmern, ab.

Private Unfallversicherung: Die gesetzliche Unfallversicherung (Berufsgenossenschaft) tritt nur bei Unfällen am Arbeitsplatz, Wegeunfällen und Berufskrankheiten ein. Der Schutz einer privaten Unfallversicherung umfasst hingegen alle Unfälle des täglichen Lebens, deckt also das Berufs- und das Freizeitrisiko ab. Mögliche Leistungen sind:

- Todesfallentschädigung,
- Invaliditätsentschädigung,
- Zusatzkosten bei Heilbehandlung, soweit sie nicht von der Krankenkasse abgedeckt sind,
- Krankenhaustagegeld.

Lebensversicherung: Die Lebensversicherung ist eine wichtige Versicherung des Arbeitnehmers, da sie seine Familie gegen den Tod des Ernährers versichert oder ihm selbst bei Eintritt des Versicherungsfalls durch Auszahlung der Versicherungssumme oder Zahlung einer Rente Sicherheit gewährt.

Private Rentenversicherung: Im sogenannten **„Generationenvertrag“** ist festgelegt, dass die Renten der Rentner durch die Beiträge der arbeitenden Bevölkerung aufgebracht werden. Da immer weniger Beitragszahler immer mehr Rentner finanzieren müssen, ist der Generationenvertrag in Gefahr.

Vor dem Hintergrund der demografischen Entwicklung wird es immer wichtiger, die gesetzliche Rente durch private Zusatzversicherungen zu ergänzen. Unter bestimmten Bedingungen werden diese privaten Zusatzversicherungen staatlich gefördert. Die so erworbene Zusatzrente wird nach dem Arbeitsminister, in dessen Amtszeit diese Förderung eingeführt wurde, auch **„Riester-Rente“** genannt.

In der gesetzlichen Rentenversicherung wird das sogenannte **Umlagesystem** angewandt, d. h. die Renten der jeweiligen Rentnergeneration werden auf die Beiträge der jeweiligen Arbeitnehmer „umgelegt“. Anders bei der privaten Rentenversicherung. Hier werden die Beiträge angespart und es wird ein **Kapitalstock** aufgebaut, aus dem wie bei einer Kapital- oder Lebensversicherung im Rentenfall die jeweilige Rente ausgezahlt wird.

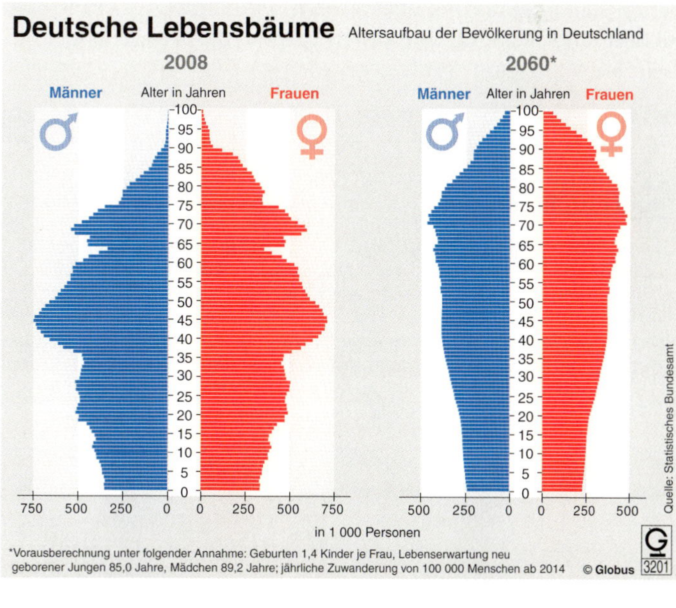

Der Staat unterstützt Arbeitnehmer, die eine private Rentenversicherung abschließen. So können alle Ausgaben für die private Zusatzversicherung als Sonderausgaben von der Steuer abgesetzt werden. Da die Beiträge steuerlich begünstigt wurden, muss die spätere Rente jedoch versteuert werden.

Die „Riester-Rente“ wird in der Praxis in Form von **Altersvorsorgeversicherungen**, **Banksparplänen** und **Aktienfondssparplänen** angeboten.

Auch der Betrieb kann für seine Arbeitnehmer Versicherungen im Rahmen der „Riester-Rente“ abschließen. Dies ist z. B. in Form von **Direktversicherungen** möglich, bei denen der Betrieb Lebensversicherungen für seine Mitarbeiter abschließt und die Prämien übernimmt, oder in Form von **Pensionskassen**, bei denen der Betrieb die Beiträge für seine Mitarbeiter in eine Altersvorsorgeversicherung einzahlt.

● Sachversicherungen

Sachversicherungen decken Schäden, die der Versicherungsnehmer durch Verlust oder Beschädigung einer Sache infolge von Feuer, Wasser, Einbruch o. Ä. erleiden kann.

Feuerversicherung: Sie deckt Schäden, die durch Brand, Blitzschlag oder Explosion verursacht werden. Auch die unmittelbaren Folgeschäden wie Rettungskosten, Schäden durch Löschen, Rauch, Ruß usw. sind abgedeckt. Ein Versengen, bei dem keine Flamme sichtbar wird, ist kein Brand und fällt **nicht** unter den Schutz der Feuerversicherung.

Leitungswasserversicherung: Sie deckt Schäden, die „durch den bestimmungswidrigen Austritt von Leitungswasser" verursacht werden.

Beispiel Durch einen Rohrbruch wird die Wohnung von Frau Ahlemann unter Wasser gesetzt.

Schäden, die durch Regen-, Grund- oder Hochwasser verursacht sind, fallen **nicht** unter den Schutz der Leitungswasserversicherung.

Einbruchdiebstahlversicherung: Sie deckt Schäden, die durch Einbruchdiebstahl verursacht werden. Ein Einbruch liegt vor, wenn ein Dieb in ein Gebäude gewaltsam einbricht, es mit falschen Schlüsseln öffnet oder sich einschließen lässt. **Nicht** versichert sind Schäden, die durch Angestellte während der Arbeitszeit verursacht werden.

Bei allen genannten Versicherungen **muss die Versicherungssumme dem Versicherungswert entsprechen.** Ist die Versicherungssumme kleiner als der Versicherungswert, liegt eine **Unterversicherung** vor und Schäden werden nur anteilig ersetzt. Im Fall einer **Überversicherung** wird nur der tatsächliche Schaden ersetzt.

Beispiel Die Werl Textilkaufhaus KG versichert ihr Warenlager im Rahmen einer Einbruchdiebstahlversicherung. Der Wert des Lagers beträgt 100.000,00 EUR, die Versicherungssumme 50.000,00 EUR. Eines Nachts wird bei Werl eingebrochen und es werden Waren im Wert von 20.000,00 EUR entwendet. Frau Werl ruft ihren Versicherungsvertreter an und dieser macht ihr zu ihrer Überraschung folgende Rechnung auf: Da die Versicherungssumme nur 50 % des Versicherungswertes ausmacht, ist die Werl Textilkaufhaus KG zu 50 % unterversichert und bekommt Schäden bis zu dieser Höhe auch nur zu 50 % vergütet. Die Versicherung zahlt im vorliegenden Fall demnach 50 % des Schadens, d. h. 10.000,00 EUR.

● Vermögensversicherungen

Die Vermögensversicherung deckt Schäden, die der private Versicherungsnehmer durch Schadenersatzforderungen Dritter an seinem Vermögen erleiden kann.

Haftpflichtversicherung: Die Haftpflichtversicherung deckt alle Schadenersatzansprüche ab, die gegen den Versicherungsnehmer geltend gemacht werden.

Beispiel Sabine Freund stößt bei einem Einkaufsbummel in einem Fachgeschäft eine wertvolle Vase um. Sabine ist schadenersatzpflichtig. Den entstandenen Schaden übernimmt ihre Haftpflichtversicherung.

Vermögensbildung

Für **vermögenswirksame Leistungen** erhalten Arbeitnehmer nach dem 5. Vermögensbildungsgesetz eine Sparzulage.

Vermögenswirksame Leistungen: Vermögenswirksame Leistungen werden häufig im Rahmen einzelvertraglicher, tariflicher oder betrieblicher Vereinbarungen **zusätzlich zum Arbeitsentgelt** gewährt. In diesem Falle sind sie zusätzlich zum Gehalt **steuer-** und **sozialversicherungspflichtig**. Soweit dies nicht der Fall ist, kann jeder Arbeitnehmer bei seinem Arbeitgeber beantragen, dass Teile seines Arbeitslohnes einbehalten und vermögenswirksam angelegt werden.

Aus folgender Übersicht gehen die wichtigsten Anlageformen hervor:

Vermögensbeteiligungen	– **Wertpapiersparvertrag** (Aktien, Anteilscheine) oder **Sparvertrag über andere Vermögensbeteiligungen** (GmbH-Anteil, stille Beteiligung) **mit einem Kreditinstitut**
Anlagen nach dem Wohnungsbau-Prämiengesetz	– **Bausparverträge** mit einer Bausparkasse – **Verträge über** den **Erwerb von Anteilen** an einer Baugenossenschaft
Anlagen zum Wohnungsbau	– **Erwerb eines Grundstücks** – **Erwerb, Bau, Ausbau und Erweiterung** von **Wohngebäuden und Eigentumswohnungen**

Der Arbeitgeber hat die Sparbeiträge vom Nettogehalt einzubehalten und entweder an die entsprechenden Institute (Kreditinstitut, Bausparkasse, Versicherungs- oder Beteiligungsunternehmen) zugunsten der berechtigten Arbeitnehmer oder bei Anlagen zum Bau, Erwerb, Ausbau und zur Erweiterung von Wohngebäuden oder Eigentumswohnungen direkt an den Arbeitnehmer zu leisten, der dann den Nachweis über die vorgeschriebene Verwendung (schriftliche Bestätigung seines Gläubigers) erbringen muss.

Sparzulage: Für vermögenswirksame Leistungen zahlt der Staat eine Sparzulage, wenn das zu versteuernde Einkommen 17.900,00 EUR (bzw. 35.800,00 EUR bei Zusammenveranlagung von Ehegatten) nicht übersteigt.

Sie beträgt

- 18 % von höchstens 400,00 EUR für Beteiligungen am Produktivkapital,
- 9 % von höchstens 470,00 EUR für Anlagen nach dem Wohnungsbau-Prämiengesetz und für Anlagen zum Bau, Erwerb, Ausbau und zur Erweiterung von Wohngebäuden oder Eigentumswohnungen.

Individualversicherungen und Vermögensbildung

Individualversicherungen

Personenversicherungen
- Private Krankenversicherung
- Lebensversicherung
- Private Unfallversicherung
- Private Rentenversicherung („Riester-Rente")

Sachversicherungen
- Feuerversicherung
- Leitungswasserversicherung
- Einbruchdiebstahlversicherung

Vermögensversicherungen
- Haftpflichtversicherung

Vermögensbildung
- Vermögenswirksame Leistungen
- Sparzulage

1. Stellen Sie fest, welcher der unten stehenden Sachverhalte durch welche Versicherungsart abgesichert werden kann:

1. Sachversicherung
2. Personenversicherung
3. Vermögensversicherung
4. keine dieser Versicherungsarten

a) Leitungswasserschaden infolge eines Rohrbruchs
b) Wasserschaden infolge eines Hochwassers
c) Gegen den Einzelhändler geltend gemachter Personenschaden infolge eines Unfalls im Geschäft
d) Ladendiebstahl durch eigene Angestellte während der Arbeitszeit

2. Stellen Sie fest, welche der unten stehenden Versicherungen

1. Sachversicherungen,
2. Vermögensversicherungen sind.

a) Rechtsschutzversicherung
b) Haftpflichtversicherung
c) Einbruchdiebstahlversicherung
d) Feuerversicherung

3. Prüfen Sie in den nachfolgenden Fällen, durch welche Versicherung Versicherungsschutz bestehen könnte:

a) Ein Kunde lässt sich in einem Warenhaus einschließen. Er bricht eine Vitrine auf, entwendet einen Computer und entwischt durch einen Notausgang.
b) Die Kölner Altstadt wird im Frühjahr durch ein Rhein-Hochwasser überflutet. Im Lager eines Kaufmanns entsteht ein Wasserschaden in Höhe von 150.000,00 EUR.
c) Geschäftsführer Stein bricht sich bei einem Squash-Turnier ein Bein.
d) Ein Kunde stürzt im Eingang des Verkaufsraums der Center Warenhaus GmbH über die Fußmatte und verletzt sich.
e) Der Auszubildende Fritz stößt einen Kistenstapel um, dadurch wird eine Scheibe zertrümmert.

4. Erläutern Sie das Umlage- und Kapitalstocksystem im Zusammenhang mit der Rentenversicherung.

7.2 Übersicht über die Zweige der Sozialversicherung

„Wenn die Beiträge zur Sozialversicherung weiter so steigen“, sagt Herr Becker zu Frau Sommer, *„wird der Wirtschaftsstandort Deutschland ernsthaft gefährdet.“* *„Wie hoch ist eigentlich der Beitrag zur Sozialversicherung“*, fragt Sabine Freund, die das Gespräch der Geschäftsführer mitgehört hat, ihre Ausbilderin, Frau Meys. *„Die Sozialversicherung als eigenständige Versicherung gibt es nicht“*, erwidert Frau Meys, *„sie ist ein Sammelbegriff für fünf eigenständige Versicherungen, die Arbeitnehmer gegen das Risiko der finanziellen Unsicherheit im Alter, Arbeitslosigkeit, Krankheit, Unfall am Arbeitsplatz und Pflegebedürftigkeit versichern. Und die Höhe der Beiträge können Sie selbst ermitteln.“*

ARBEITSAUFTRÄGE

- Verschaffen Sie sich einen Überblick über die Zweige der Sozialversicherung.
- Ermitteln Sie die Höhe der Beiträge und stellen Sie diese den Leistungen gegenüber.
- Erläutern Sie die Aussage von Herrn Becker, der einen Zusammenhang zwischen der Höhe der Beiträge zur Sozialversicherung und der Attraktivität des „Wirtschaftsstandort Deutschland“ herstellt.

Rentenversicherung

Aufgabe	– Zahlung von Renten im Alter – Erhalt, Verbesserung und Wiederherstellung der Erwerbsfähigkeit – Zahlung von Renten für Hinterbliebene
Träger	– Deutsche Rentenversicherung
Versicherungspflichtig	– alle gegen Entgelt beschäftigten Arbeiter, Angestellte, Auszubildenden – Wehr- und Ersatzdienstleistende – Selbstständige auf Antrag
Leistungen	– Altersruhegeld ab Vollendung des 65. Lebensjahres – Zwischen 2012 und 2029 steigt das gesetzliche Renteneintrittsalter schrittweise von 65 auf 67 Jahre – Flexibles Altersruhegeld ab 63 Jahren – vorzeitiges Altersruhegeld ab 60 Jahren für Frauen und Arbeitslose, die die Wartezeit von 15 Jahren erfüllt haben und innerhalb der letzten 10 Jahre vor Rentenbeginn mindestens 8 Jahre Pflichtbeiträge gezahlt haben. – Erwerbsminderungsrente – Maßnahmen der Rehabilitation
Beitrag	– 19,6 % (2012) – Arbeitgeber und Arbeitnehmer zahlen je die Hälfte
Beitragsbemessungsgrenze[1]	– 5.600,00 EUR, neue Bundesländer 4.800,00 EUR monatlich (2012)

[1] *Bis zu dieser Höhe wird das Einkommen zur Bemessung des Beitrages herangezogen.*

Krankenversicherung

Aufgabe	– Übernahme von Risiken, die aufgrund von Krankheiten entstehen
Träger	– AOK, Ersatzkassen, Betriebs- und Innungskassen
Versicherungspflichtig	– Arbeiter und Angestellte, wenn ihr regelmäßiges Arbeitsentgelt die Jahresarbeitsentgeltgrenze nicht übersteigt (2012: 50.850,00 EUR) – Auszubildende, Studenten, Arbeitslose, wenn sie Leistungen von der Bundesagentur für Arbeit beziehen, Rentner, Wehr- und Ersatzdienstleistende
Leistungen	– Vorsorgeuntersuchungen – ärztliche und zahnärztliche Beratung, Untersuchung und Behandlung – verordnungsfähige Arznei- und Verbandmittel – Heil- und Hilfsmittel – Krankenhausbehandlung – Krankengeld ab der 7. Krankenwoche
Beitrag	– ist einheitlich auf 15,5 % (2012) festgelegt – AG 7,3 %, AN 8,2 % inkl. 0,9 % Sonderbeitrag (2012) für Zahnersatz und Krankengeld – Krankenkassen können vom AN einen Zusatzbeitrag von max. 2 % des sozialversicherungspflichtigen Haushaltseinkommens erheben, oder Überschüsse zurückzahlen, Sozialausgleich für Geringverdiener – Arbeitnehmer müssen eine Praxisgebühr für den Arztbesuch je Quartal entrichten
Beitragsbemessungsgrenze[1,2]	– 3.825,00 EUR monatlich (2012)

Arbeitslosenversicherung

Aufgabe	– Arbeitsvermittlung – Hilfe bei Arbeitslosigkeit
Träger	– Bundesagentur für Arbeit, Nürnberg
Versicherungspflichtig	– alle gegen Entgelt beschäftigte Arbeitnehmer, Auszubildende, Wehr- und Ersatzdienstleistende
Leistungen	– Förderung der beruflichen Bildung durch Ausbildung, Fortbildung, Umschulung – Förderung der Arbeitsaufnahme – berufliche Rehabilitation – Kurzarbeitergeld – Arbeitslosengeld (67 % des Nettoverdienstes [mit Kind]) – Arbeitslosengeld II (Abhängig von den Regelsätzen der Sozialhilfe) – Berufsberatung und Arbeitsvermittlung
Beitrag	– 3,0 % (2012) – Arbeitgeber und Arbeitnehmer zahlen je die Hälfte
Beitragsbemessungsgrenze[1]	– 5.600,00 EUR, neue Bundesländer 4.800,00 EUR monatlich (2012)

[1] *Bis zu dieser Höhe wird das Einkommen zur Bemessung des Beitrages herangezogen.*
[2] *Arbeitnehmer, deren Einkommen die Beitragsbemessungsgrenze überschreitet, können sich privat versichern.*

Pflegeversicherung

Aufgabe	– soziale Absicherung des Risikos der Pflegebedürftigkeit
Träger	– Soziale Pflegeversicherung
Versicherungspflichtig	– alle pflichtversicherten und freiwillig versicherten Mitglieder der gesetzlichen Krankenkassen – privat Versicherte müssen eine private Pflegeversicherung abschließen
Leistungen	– nach Pflegestufen gestaffelt: häusliche und stationäre Pflege, Pflegegeld, Sachleistungen
Beitrag	– 1,95 % – Arbeitgeber und Arbeitnehmer zahlen je die Hälfte Ausnahme: Kinderlose zahlen ab dem 23. Lebensjahr bis zum 64. Lebensjahr einen um 0,25 % höheren Beitrag.
Beitragsbemessungsgrenze[1]	– 3.825,00 EUR monatlich (2012)

Unfallversicherung

Aufgabe	– Übernahme von Risiken, die aufgrund von
	  – Arbeitsunfällen
	  – Wegeunfällen
	  – Berufskrankheiten entstehen
	– Sicherstellung der Ersten Hilfe
	– Erlass und Überwachung von Unfallverhütungsvorschriften

Träger	– Berufsgenossenschaften
Versicherungspflichtig	– alle Beschäftigten
Leistungen	– Heilbehandlung nach einem Unfall – Maßnahmen der Rehabilitation – Übergangsgeld während der Rehabilitation – Verletztenrente und Hinterbliebenenrente
Beitrag	– Beitragshöhe ist abhängig von der Gefahrenklasse – Arbeitgeber zahlt allein

Die Zweige der Sozialversicherung

Die Sozialversicherungsbeiträge zur Renten-, Pflege- und Arbeitslosenversicherung werden je zur Hälfte von Arbeitgeber und Arbeitnehmer getragen. Bei der Krankenversicherung zahlen Arbeitnehmer 8,2 % inkl. einem Sonderbeitrag für Zahnersatz und Krankengeld, Arbeitgeber 7,3 %, bei der Pflegeversicherung zahlen Kinderlose zwischen dem 23. und 64. Lebensjahr einen Sonderbeitrag. Die Beiträge zur Unfallversicherung trägt der Arbeitgeber allein.

[1] *Bis zu dieser Höhe wird das Einkommen zur Bemessung des Beitrages herangezogen.*

9. Die 17-jährige Auszubildende Sonja Biet kündigt ohne Wissen der Eltern den Ausbildungsvertrag. Der Ausbildende will die Kündigung nicht annehmen, da sie nur die Unterschrift der Auszubildenden enthält. Erläutern Sie, ob die Kündigung rechtskräftig ist.

10. Grete Graumann ist Sachbearbeiterin bei der Bürotec GmbH. Frau Graumann ist politisch sehr engagiert und möchte einen Betriebsrat gründen.

a) Stellen Sie fest, unter welchen Voraussetzungen die Wahl eines Betriebsrates möglich ist.
b) Stellen Sie den Ablauf des Wahlverfahrens für ein Unternehmen mit 180 ständigen wahlberechtigten Arbeitnehmern in Form eines Ablaufdiagramms dar.
c) Schon im Vorfeld der Wahl kommt es zu Spannungen zwischen Frau Graumann und der Geschäftsleitung, die von ihrem Vorhaben Kenntnis erhalten hat. Stellen Sie in einer Liste Argumente gegenüber, die aus Sicht der Geschäftsleitung und der Arbeitnehmer für und gegen die Einrichtung eines Betriebsrates sprechen.
d) Stellen Sie mithilfe des BetrVerfG fest, welchen besonderen Kündigungsschutz Betriebsratsmitglieder genießen und ab wann der Kündigungsschutz eintritt.

Arbeitnehmer und Geschäftsleitung der Bürotec GmbH einigen sich und die Wahl zum Betriebsrat wird durchgeführt.

11. Beantworten Sie mithilfe des BetrVerfG folgende Fragen:

a) Der Betrieb hat 180 wahlberechtigte Arbeitnehmer, von denen 60 Männer sind.
   1. Geben Sie an, aus wie vielen Personen der Betriebsrat besteht.
   2. Wie sollte er zusammengesetzt sein?
   3. Frau Graumann wird von ihrer besten Freundin als Kandidatin für den Betriebsrat vorgeschlagen. Überprüfen Sie, ob Frau Graumann damit als Kandidatin aufgestellt ist.
b) Frau Graumann wird als Betriebsrätin gewählt. Als erste Amtshandlung nimmt sie an einer Besprechung der Geschäftsleitung teil, in der über eine Veränderung der Lage der Arbeitszeiten beraten wird. Die Geschäftsleitung will den Arbeitsbeginn morgens von 07:30 Uhr auf 08:00 Uhr verschieben. Frau Graumann ist dagegen. Überprüfen Sie, ob sie die Entscheidung verhindern kann.
c) Im Betrieb sind 25 Jugendliche und Auszubildende beschäftigt. Sie wollen eine JAV wählen. Erläutern Sie die Voraussetzungen und Rechte einer JAV.

12. Einzelhändler Mahlmann (Lebensmittel) sagt zu seinem Freund Einzelhändler Paulsen (Büroartikel): „Da ich Lebensmittel verkaufe, ist meine volkswirtschaftliche Funktion die Versorgung der Bevölkerung, das kannst Du von Dir nicht behaupten!" Nehmen Sie kritisch Stellung zu der Aussage von Herrn Mahlmann.

13. Ein großes Warenhaus macht im Fernsehen in Werbespots darauf aufmerksam, dass Kunden jetzt auch Waren über „Teleshopping" kaufen können.

a) Erläutern Sie, was man unter „Tele- und Homeshopping" versteht.
b) Beurteilen Sie die Möglichkeiten des „Tele- und Homeshoppings" für Einzelhändler und Kunden.

14. Ein Großhändler für Textilien plant, ein Einzelhandelsgeschäft zu gründen. Es soll hochwertige Garderobe für Damen in einer Boutique mit exklusiver Ausstattung angeboten werden. Welche Überlegungen für die Standortwahl sind anzustellen?

15. Fritz Kirschbaum ist Auszubildender im zweiten Jahr. Sein Abteilungsleiter bittet ihn, Herrn Schwarztrauber (Auszubildender im 1. Jahr) kurz anzuleiten, wie eine Artikel-

bestandsliste zu lesen ist. Am Wochenende steht Fritz in der Diskothek und prahlt: „Ich bin jetzt leitender Mitarbeiter in unserem Betrieb, denn ich leite Personal an!"
Erläutern Sie, worin der Irrtum bei Fritz besteht.

16. Der Geschäftsführer eines Warenhauses sagt: „In unserem Hause ändert sich das Sortiment fast monatlich."
a) Nennen Sie Ursachen und Gründe, weshalb das Sortiment eines Einzelhändlers sich verändern kann.
b) Ein Artikel wird ab sofort nicht mehr nachbestellt, ändert sich dadurch das Sortiment?

Gebundene Aufgaben zur Prüfungsvorbereitung

1. Wer schließt bei den Minderjährigen den Berufsausbildungsvertrag ab?
1. Auszubildender und seine gesetzlichen Vertreter
2. Ausbildender und Auszubildender und dessen gesetzliche Vertreter
3. IHK, Ausbilder und Erziehungsberechtigte
4. IHK, Auszubildender und gesetzlicher Vertreter
5. Ausbilder und Auszubildender und dessen gesetzliche Vertreter

2. Stellen Sie fest, welche der folgenden Aussagen zum Jugendarbeitsschutz richtig sind.
1. Das Mindestalter für die Zulassung zur Arbeit beträgt 14 Jahre.
2. Jugendliche dürfen nur in der Zeit von 06:00 bis 19:00 Uhr beschäftigt werden; Ausnahmen gelten lediglich für Bäckereien und Konditoreien.
3. Für alle Jugendlichen gilt die Fünf-Tage-Woche.
4. An Berufsschultagen und schulischen Veranstaltungen sind die Jugendlichen vom Arbeitgeber von der Arbeit freizustellen.
5. Für Jugendliche ab 17 Jahren ist Mehrarbeit gegen Entgelt immer erlaubt.

3. Welche Pflichten hat der Ausbildende mit Abschluss eines Ausbildungsvertrages übernommen?
1. Gehorsamspflicht
2. Schweigepflicht
3. Lernpflicht
4. Fürsorgepflicht
5. Zeugnispflicht

4. Ordnen Sie die Begriffe
1. Die Ausbildungsordnung
2. Das Ausbildungsberufsbild
3. Der Ausbildungsrahmenplan
4. Der Berufsausbildungsvertrag
5. Der betriebliche Ausbildungsplan

den nachfolgenden Aussagen richtig zu:

a) … enthält u. a. die Bezeichnung des Ausbildungsberufes, die Ausbildungsdauer, eine Anleitung zur sachlichen und zeitlichen Gliederung der Fertigkeiten und Kenntnisse und die Prüfungsanforderungen.
b) … muss u. a. folgende Angaben enthalten: Art, sachliche und zeitliche Gliederung sowie Ziel der Berufsausbildung, insbesondere die Berufstätigkeit, für die ausgebildet werden soll, Beginn und Dauer der Berufsausbildung, Dauer der regelmäßigen täglichen Ausbildungszeit und Dauer der Probezeit.
c) … enthält die Fertigkeiten und Kenntnisse, die Gegenstand der Berufsausbildung sind.
d) … ist eine Erläuterung zum Ausbildungsberufsbild.
e) … muss für jeden Auszubildenden in sachlicher und zeitlicher Gliederung erstellt und ihm ausgehändigt werden.

5. Kennzeichnen Sie unten stehende Aussagen mit einer

1. wenn sie im Jugendarbeitsschutzgesetz
2. wenn sie im Berufsbildungsgesetz geregelt sind.

a) Zu den Pflichten des Ausbildenden gehören u. a. die Aushändigung der Ausbildungsordnung, die Bereitstellung der Ausbildungsmittel und die Anmeldung zur Zwischen- und Abschlussprüfung.
b) Nach der Probezeit kann das Ausbildungsverhältnis vom Auszubildenden mit einer Kündigungsfrist von vier Wochen beendet werden, wenn er die Berufsausbildung aufgeben will.
c) Jugendliche dürfen grundsätzlich nur in der Zeit von 06:00 Uhr bis 20:00 Uhr beschäftigt werden.
d) Der Ausbildende hat dem Auszubildenden eine angemessene Vergütung zu zahlen.

6. Peter Meier ist Auszubildender im Einzelhandel. Sein Ausbildungsvertrag endet zum 31. Juli. Nach der am 5. Juni bestandenen Prüfung arbeitet Peter Meier ohne besondere Absprache im Ausbildungsbetrieb drei Wochen als Verkäufer weiter. Am 26. Juni teilt ihm sein Arbeitgeber mit, dass er mit sofortiger Wirkung entlassen werde. Ist die Kündigung wirksam?

1. Ja, denn der Ausbildungsvertrag endet mit dem Bestehen der Prüfung.
2. Ja, denn es wurde kein Arbeitsvertrag abgeschlossen, sodass jederzeit eine Kündigung möglich ist.
3. Nein, denn der Arbeitgeber verstößt damit gegen die gesetzlichen Kündigungsvorschriften.
4. Nein, denn die Kündigung ist gemäß der gesetzlichen Kündigungsbestimmungen erst zum 31. August möglich.

7. Ab wann steht dem Auszubildenden, der die Abschlussprüfung bestanden hat, gesetzlich Gehalt zu?

1. Nach Unterschrift des Arbeitsvertrages durch Arbeitgeber und Arbeitnehmer
2. Nach Beendigung der vertraglich vereinbarten Ausbildungszeit
3. Nach Ablauf des Monats, in dem die Prüfung vor der Kammer bestanden wurde
4. Mit dem Tag der bestandenen Abschlussprüfung
5. Erst einen Monat nach der bestandenen Prüfung

8. Welche tägliche Arbeitszeit darf lt. Jugendarbeitsschutzgesetz bei Jugendlichen nicht überschritten werden?

a) 9,5 Stunden b) 9 Stunden c) 8,5 Stunden d) 8 Stunden e) 7,5 Stunden

9. Welche Angaben über die Probezeit und die Ausbildungszeit werden im Ausbildungsvertrag festgelegt?

1. Höchstens sechs Monate Probezeit, Dauer der täglichen Arbeitszeit
2. Höchstens sechs Monate Probezeit, Dauer der wöchentlichen Arbeitszeit
3. Höchstens vier Monate Probezeit, Dauer der regelmäßigen täglichen Ausbildungszeit
4. Höchstens vier Monate Probezeit, Dauer der monatlichen Ausbildungszeit
5. Höchstens vier Monate Probezeit, Höhe der Leistungsvergütung, Dauer der monatlichen Ausbildungszeit

10. Welche der nachfolgenden Vereinbarungen in einem Berufsausbildungsvertrag ist nichtig (unwirksam)?

1. Der Auszubildende verpflichtet sich nach Abschluss der Ausbildungszeit, nicht bei der Konkurrenz zu arbeiten.
2. Der Auszubildende verpflichtet sich, Werkzeuge und Maschinen pfleglich zu behandeln.

3. Der Ausbildende überlässt die Ausbildung einer anderen Person, die persönlich und fachlich dazu geeignet ist.
4. Die Vertragspartner vereinbaren eine Probezeit von sechs Wochen.
5. Der Ausbildende will drei Monate vor der Abschlussprüfung mit dem Auszubildenden einen Arbeitsvertrag von drei Jahren abschließen.

11. Welche der unten stehenden Aussagen über den Berufsausbildungsvertrag ist zutreffend? Der Berufsausbildungsvertrag ...

1. wird zwischen dem Ausbildenden, der zuständigen Industrie- und Handelskammer, dem Auszubildenden und, wenn dieser minderjährig ist, dem gesetzlichen Vertreter abgeschlossen.
2. muss spätestens während der ersten drei Monate nach Beginn der Ausbildung schriftlich niedergelegt werden.
3. wird bei der zuständigen Industrie- und Handelskammer in das Verzeichnis der Berufsausbildungsverhältnisse eingetragen.
4. kann von den Vertragspartnern auch nach der Probezeit unter Einhaltung einer vierwöchigen Kündigungsfrist ohne Angabe von Gründen gekündigt werden.
5. wird zwischen dem Ausbilder und dem Ausbildungsbetrieb abgeschlossen.

12. Welche der nachfolgenden Aussagen trifft auf das Tarifvertragsrecht zu?

1. Wenn der Bundesminister für Arbeit und Sozialordnung einen Tarifvertrag für allgemeinverbindlich erklärt, gilt er auch für nicht organisierte Arbeitgeber und Arbeitnehmer.
2. Streiks sind auch während der Laufzeit eines Tarifvertrages möglich.
3. Der Manteltarifvertrag regelt die Lohnhöhe in den Lohngruppen.

13. In welchen der folgenden Gesetze sind die unten stehenden Vorschriften enthalten?

1. Schwerbehindertengesetz
2. Jugendarbeitsschutzgesetz
3. Mutterschutzgesetz
4. Kündigungsschutzgesetz
5. Arbeitszeitgesetz
6. Betriebsverfassungsgesetz

a) Die ordentliche Kündigung einer schwangeren Frau ist unzulässig.
b) Jugendliche dürfen im Durchschnitt nicht mehr als 40 Stunden wöchentlich beschäftigt werden.
c) Arbeitnehmern müssen bei einer Arbeitszeit von mehr als sechs Stunden eine oder mehrere Ruhepausen von insgesamt mindestens 30 Minuten Dauer gewährt werden.
d) Jugendliche dürfen nur in der Zeit von 06:00 bis 20:00 Uhr beschäftigt werden.
e) Die Kündigung eines Mitglieds einer Jugend- und Auszubildendenvertretung ist unzulässig.

14. Welche der nachfolgenden Aussagen trifft auf den Betriebsrat zu?

1. In Betrieben mit mindestens zwanzig ständigen wahlberechtigten Mitarbeitern werden Betriebsräte gewählt.
2. Wahlberechtigt sind alle Arbeitnehmer, die das 18. Lebensjahr vollendet haben.
3. Die Amtszeit des Betriebsrates beträgt drei Jahre.
4. Wird der Betriebsrat vor einer Kündigung nicht gehört, ist diese unwirksam.
5. Betriebsratsmitglieder sind während der Amtszeit und ein Jahr danach unkündbar.

15. Stellen Sie fest, ob die unten stehenden Aussagen auf

1. keine der genannten Betriebsformen
2. den ambulanten Handel
3. den Versandhandel
4. das Gemischtwarengeschäft
5. das Kaufhaus
6. das Fachgeschäft
7. den Supermarkt

zutreffen.

a) Ein Großbetrieb führt ein schmales und tiefes Sortiment.

b) Der Käufer kann ohne Risiko Waren zu Hause auswählen. Er hat ein Umtausch- und Rückgaberecht.
c) Für diese Betriebsform ist ein sehr breites und sehr flaches Sortiment typisch.
d) Es werden hier problemlose Waren des täglichen Bedarfs zu Preisen angeboten, die häufig unter den empfohlenen bzw. üblichen Preisen liegen.
e) Die Zielgruppe ist der tägliche Passantenstrom, dem Produkte auf belebten Straßen angeboten werden.
f) In dieser Betriebsform wird zum überwiegenden Teil Selbstbedienung durchgeführt.

16. Stellen Sie fest, welche der folgenden Erläuterungen auf das Gemischtwarengeschäft zutrifft. Das Gemischtwarengeschäft ...

1. hat seinen Standort vorwiegend im ländlichen Bereich oder in Wohnsiedlungen; das breite und flache Sortiment bietet vielerlei Waren des täglichen Bedarfs.
2. führt nur wenige Artikel einer Warenart und kann hier eine besonders reichhaltige Auswahl auch für den individuellen Bedarf bieten.
3. führt ein Sortiment, das sich auf gängige Konsumgüter beschränkt, die preiswert direkt aus Kisten und Kartons verkauft werden.
4. vereinigt unter einem Dach selbstständige Einzelhandelsbetriebe verschiedener Art und Größe.
5. Das Gemischtwarengeschäft ist das gleiche wie ein Diskountgeschäft.

17. Ergänzen Sie die unten stehenden Satzteile durch richtige Zuordnung folgender Begriffe:
a) Textil-, Lebensmittel-, Spielwaren-, Sportartikelfachhandel sind ...
b) Vollbedienung, Vorwahl und Selbstbedienung sind ...
c) Gemischtwarengeschäft, Discounter, Spezialgeschäft, Kaufhaus und Warenhaus sind ..
d) Sortimentsbildung, Lagerhaltung, Warenverteilung, Veredlung, Kundenberatung, Markterschließung sind ...

1. Funktionen des Einzelhandels
2. Verkaufsformen des Einzelhandels
3. Betriebsformen des Einzelhandels
4. Branchen des Einzelhandels

18. Ordnen Sie die folgenden Betriebsformen den unten stehenden Aussagen zu:

1. Gemischtwarengeschäft
2. Spezialgeschäft
3. Fachgeschäft
4. Kaufhaus
5. Warenhaus
6. Einkaufszentrum
7. Verbrauchermarkt
8. Kiosk
9. Discounter

a) ... ist ein extrem kleiner Laden und bietet an verkehrsreichen Standorten schnell verkaufbare Ware an.
b) ... führt nur wenige Artikel einer Warengruppe und kann eine besonders reichhaltige Auswahl bieten.
c) ... ist ein Geschäft ohne aufwendige Ladenausstattung, ohne Bedienung und Kundendienst.
d) ... führt ein Sortiment, das sich auf gängige Konsumgüter beschränkt, die direkt aus Kartons oder Kisten verkauft werden.
e) ... vereinigt unter einem Dach selbstständige Einzelhändler verschiedener Art und Größe.
f) ... hat seinen Standort vorwiegend in der Nähe von Wohnsiedlungen oder ländlichen Gegenden, das Sortiment ist breit und flach, die Verkaufsfläche gering.

19. Welche Verhaltensweise ist **nicht** typisch für eine Teamarbeit?

1. Sie hören gut zu.
2. Sie sind bereit, sich mit anderen auseinanderzusetzen.
3. Sie sind bereit, Verantwortung für andere zu übernehmen.
4. Sie fällen ohne Rücksprache Entscheidungen.
5. Sie sind bereit, Kompromisse einzugehen, damit es zu einer Entscheidung kommt.

LERNFELD 2

Verkaufsgespräche kundenorientiert führen

1 Erfolgreich kommunizieren im Verkaufsgespräch

1.1 Grundlagen der Kommunikation im Verkaufsgespräch

Sabine Freund erlebt einen sehr stressigen Tag in der Sportabteilung. Weil sich zwei Kollegen krank gemeldet haben, muss sie alleine in der Bademodenabteilung arbeiten. Während sie damit beschäftigt ist, neue Ware einzusortieren, bemerkt sie nicht, dass sich eine junge Frau seit einigen Minuten bei den Badeanzügen aufhält. Mehrfach blickt die Kundin auf der Suche nach einer Verkäuferin umher.

Kundin: (In Richtung Sabine schauend mit verärgertem Gesichtsausdruck) *„Bedient mich hier denn keiner?“*

Sabine: (Wendet sich der Kundin zu und antwortet in gereiztem Ton) *„Einen Moment bitte! Mehr als arbeiten kann ich auch nicht!“* (Dreht sich wieder um und sortiert weiter die Ware ein)

ARBEITSAUFTRÄGE

- Unterscheiden Sie sprachliche und körpersprachliche Mitteilungen in der dargestellten Verkaufssituation.
- Ermitteln Sie die Absicht, die hinter der Fragestellung der Kundin steht.
- Erläutern Sie Sabines gereizte Reaktion auf die Frage der Kundin.
- Sammeln Sie Ursachen für „falsches“ Empfangen von Nachrichten und daraus resultierende Kommunikationsstörungen.

Kommunikation im Verkaufsgespräch umfasst das Austauschen von Informationen zwischen Verkäufer und Kunde mit dem **Ziel der Verständigung**. Kommunikation läuft auf zwei Ebenen ab: **Verbal**, indem man miteinander spricht, sowie **nonverbal** durch körpersprachliche Signale. Freundlichkeit wird z. B. durch ein Lächeln signalisiert. Auch wer sich zurückzieht und nicht angesprochen werden möchte, vermittelt eine Botschaft, nämlich „Ich möchte in Ruhe gelassen werden.“ Man sendet immer beabsichtigte oder unbeabsichtigte Signale. Das, was wir aussprechen, macht nur einen Bruchteil der Gesamtinformation aus.

„Man kann nicht nicht kommunizieren!“ Paul Watzlawick

Für den Erfolg eines Gespräches spielt die **soziale Beziehung**, ausgedrückt z. B. durch Nähe oder Distanz, Zuneigung oder Ablehnung zwischen den Gesprächspartnern die wichtigste Rolle. Sie sollten als Verkäufer ein Verhalten entwickeln, welches eine Beziehung schafft, die auf Vertrauen, Zuverlässigkeit, Freundlichkeit und Einfühlungsvermögen aufbaut. Um ein solches Verhalten zu erlernen, müssen Sie über kommunikative Grundkenntnisse verfügen.

Das Sender-Empfänger-Modell

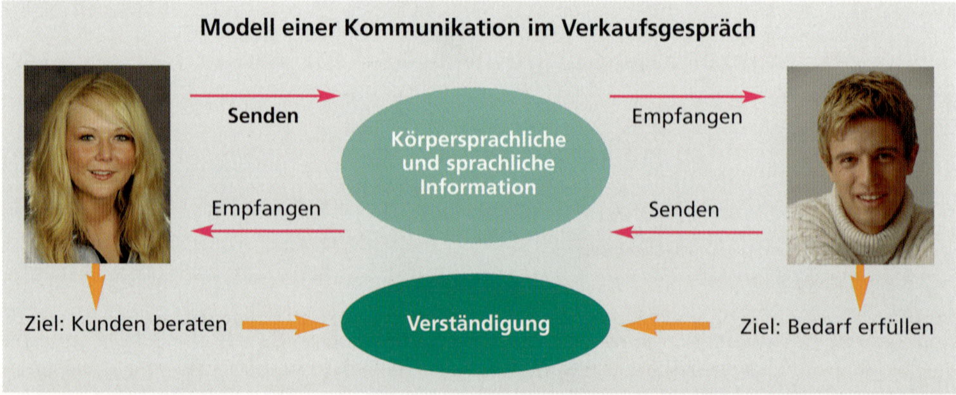

Jede Kommunikation (vgl. Seite 267) und somit auch jedes Verkaufsgespräch besteht aus dem **Senden** und **Empfangen** von Informationen. Der Kunde und Sie können beide Rollen einnehmen. Dabei kommt es zu Aktionen und zu Reaktionen. Ziel ist es, eine **Verständigung** im Verkaufsgespräch zu erlangen.

Ursachen von **Verständigungsproblemen** können durch die Nutzung unterschiedlicher Sprachebenen (Fachsprache, Umgangssprache, Dialekt usw.), durch andere Faktoren, wie undeutliches Sprechen, zu leises Sprechen, Unkonzentriertheit, und durch Einflüsse von außen verursacht werden.

Beispiele für Probleme in der Verständigung: Verkäufer und/oder Kunde ...
- ... hören sich gegenseitig nicht richtig zu,
- ... führen ein gereiztes Gespräch,
- ... verstehen einander nicht und fragen nicht nach,
- ... haben unterschiedliche Absichten,
- ... zeigen kein Interesse,
- ... haben schlechte Laune,
- ... werden durch eine laute Umgebung gestört.

Die vier Seiten einer Nachricht[1]

Beim Senden und Empfangen von Informationen zwischen Kunde und Verkäufer werden durch Gesten, Tonfall, Gesichtsausdruck und Stimmlage neben den **Sachinhalten** weitere Botschaften übermittelt. Diese gehen über den eigentlichen Sachinhalt hinaus. In jeder Mitteilung stecken noch drei gleichwertige weitere Botschaften: die Aussage zur **Selbstoffenbarung**, der **Appell** etwas zu tun oder zu denken und die Aussage zur **Beziehung** zwischen Sender und Empfänger. Das bedeutet für Sie, dass Ihr im Verkaufsgespräch eingesetztes Fachwissen nur $^1/_4$ dessen ausmacht, was übermittelt wird.

[1] Vgl. Schulz von Thun, Friedemann, Miteinander reden, Band 1, Reinbek bei Hamburg, 1997, S. 25 ff.

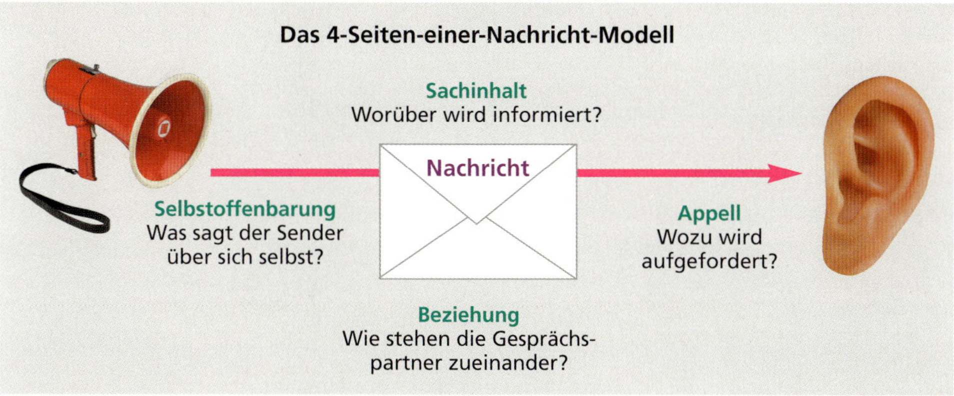

Beispiel

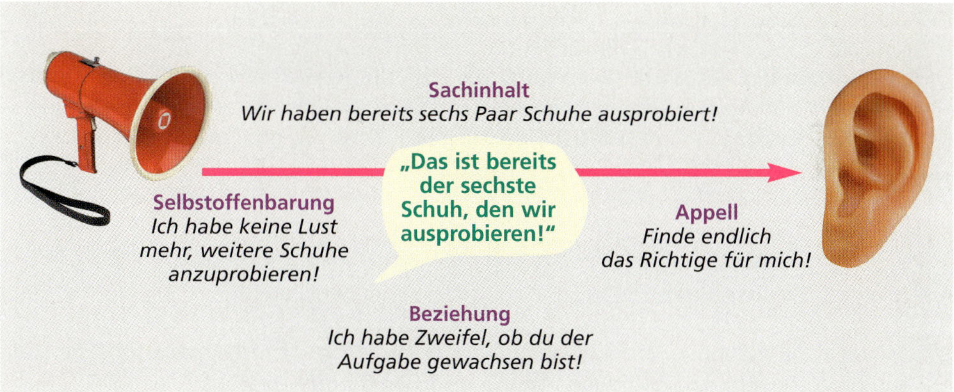

Das Beispiel macht deutlich, dass die gesendete Botschaft nicht allein die formulierte sein muss. Insbesondere mit der **Stimme** und durch **körpersprachliche Signale** betont der Kunde oft eine andere Seite als den Sachinhalt.

PRAXISTIPP Für Sie ist es wichtig, mit „allen vier Ohren“ zu hören, weil z. B. Erwartungen, Missfallen oder Ängste des Kunden oft nicht als Sachinhalt mitgeteilt werden.

Genauso wie Sie die vier Seiten einer Nachricht vom Kunden empfangen, so hört der Kunde Ihre Mitteilungen mit „vier Ohren“. Darum sollten Sie ihre Informationen klar formulieren und entsprechend körpersprachlich unterstützen (vgl. Seite 159 ff.), damit es zu keiner falschen Deutung auf der Kundenseite kommt.

Grundlagen der Kommunikation im Verkaufsgespräch

- Kommunikation im Verkaufsgespräch umfasst das **Austauschen von Informationen** in Form von **sprachlichen** (verbalen) und **körpersprachlichen** (nonverbalen) Signalen.
- Man kommuniziert immer, denn alles was man tut, beinhaltet eine **Botschaft**. Das Ausgesprochene bildet nur einen Teil der Gesamtinformation.

- Ziel der Kommunikation ist die **Verständigung** zwischen den Gesprächspartnern.
- **Verständigungsprobleme** zwischen Kunde und Verkäufer können durch unterschiedliche Sprachebenen, mangelhaftes Sprechverhalten und äußere Einflussfaktoren entstehen.
- Jede vom Kunden und vom Verkäufer gesendete und empfangene Botschaft enthält neben dem Sachinhalt drei weitere Botschaften.

4-Seiten-einer-Nachricht-Modell

Sachinhalt	Beziehung	Selbstoffenbarung	Appell
Worüber wird informiert?	Wie stehen die Gesprächspartner zueinander?	Was sagt der Sender über sich selbst?	Wozu wird aufgefordert?

- Der Verkäufer muss die Botschaft, die der Kunde mitteilt, **mit allen „vier Ohren“** hören, um richtig zu reagieren. Genauso muss er seine Mitteilungen klar senden, damit der Kunde die gewünschte „Seite“ der Nachricht empfängt.

1. Erläutern Sie die Aussage „Man kann nicht nicht kommunizieren!“.

2. Sammeln Sie aus Ihrem Verkaufsalltag (oder Ihrem Privatleben) Beispiele für Kommunikationsstörungen und beschreiben Sie die Ursachen für die Störungen.

Beispiele für Kommunikationsstörungen	Mögliche Ursache der Störung

3. Erklären Sie das Sender-Empfänger-Modell am Beispiel einer Kommunikation im Verkaufsgespräch. Nennen Sie zwei Beispiele aus Ihrem Verkaufsalltag.

4. Begründen Sie, warum es für Verkäufer wichtig ist, mit „allen 4 Ohren zu hören“.

5. Die Kundin Frau Schulz hält sich seit einigen Minuten vor der Präsentationswand für Mobiltelefone auf und fragt laut in Richtung der Verkäuferin Sabine „Sind das alle Modelle?“.

Untersuchen Sie die Aussage auf Grundlage des „4-Seiten-einer-Nachricht-Modells“ in Partnerarbeit.

a) Beschreiben Sie, welche Botschaften Frau Schulz dem Verkäufer mitteilt, wenn sie …
b) Beschreiben Sie, welche Botschaften die Verkäuferin Sabine hört, wenn sie …

1. den Sachinhalt,
2. die Selbstoffenbarung,
3. den Appell,
4. die Beziehung besonders betont.

1.2 Gestaltung einer positiven Beziehungsebene

Eine ältere Kundin betritt die Sportabteilung der Center Warenhaus GmbH auf der Suche nach einem bestimmten Retro-Basketballschuh von Adodis für ihren Enkel. Zielstrebig steuert sie die Verkäuferin an. Sabine Freund spricht gerade mit einem Kollegen, sodass es noch ein paar Sätze dauert, bis sie sich der Kundin zuwendet.

Sabine: (Zum Kollegen gewendet) *„Hast du schon die neuen Shirts gesehen, die heute Morgen gekommen sind?“*

Kollege: *„Oh ja, die muss ich noch auszeichnen und ich soll noch alle bis heute Abend in die Regale geräumt haben!“*

Sabine: *„Na, da hast du noch einiges zu tun. Ich darf heute glücklicherweise den ganzen Tag hier an der Kasse stehen bleiben und viel ist echt nicht los, wie du siehst.“*

Kollege: *„Du hast es gut, ich geh dann mal und fang mit meiner Arbeit an.“*

Sabine: (Ironisch) *„Viel Spaß, bis später.“* (Lacht noch weiter, während sie sich – kaugummikauend – der wartenden Kundin zuwendet) *„Guten Tag, kann ich helfen?“* (Dabei schaut sie auf ihren Arbeitsplatz und räumt ein paar Stifte und Zettel zusammen)

Kundin: *„Ich suche einen bestimmten Sportschuh der Marke Adodis.“*

Sabine: (Schaut auf, lächelt ironisch, überrascht) *„Welchen Schuh hätten Sie denn gern?“*

Kundin: *„Der steht hier auf dem Zettel“* (Zeigt Sabine das Geschriebene)

Sabine: *„Wenn Sie hier an den Trainingsanzügen vorbeigehen, bei den Fitnessgeräten links herum finden Sie die Schuhe im Regal bei den Retro-Schuhen.“* (Guckt abwechselnd auf die Kundin und ihren Arbeitsplatz)

Kundin: (Schaut sich etwas unsicher um) *„Ja danke, auf Wiedersehen.“*

Sabine: (Schon einer neuen Arbeit zugewendet) *„Bitte, bitte kein Problem, dafür sind wir ja da.“*

ARBEITSAUFTRÄGE

- Beschreiben Sie, wie die Kundin sich in diesem Gespräch fühlen könnte.
- Erläutern Sie, wie sich Sabine fühlt und was sie über die Kundin denken wird.
- Untersuchen Sie die Aussagen Sabines auf der Inhaltsebene und auf der Beziehungsebene. Stellen Sie Merkmale für die Beziehungsebene heraus.
- Machen Sie Verbesserungsvorschläge für Sabines Verhalten. Schreiben Sie dazu die Regieanweisungen in den Klammern um.

Der Inhalts- und Beziehungsaspekt

Wenn Sie ein Gespräch mit einem Kunden führen, verfolgen Sie damit ein bestimmtes Ziel. Sie fragen, erklären und überzeugen, um letztendlich einen Artikel zu verkaufen, der dem Bedarf des Kunden entspricht. Die sprachlichen Mitteilungen liegen auf der sogenannten **Inhaltsebene**. Beispiele dazu sind:

- Sie erfragen den Bedarf des Kunden.

  Beispiel *„Zu welchem Anlass möchten Sie ...?"*

- Sie erläutern technische Details des Artikels.

  Beispiel *„Das Obermaterial der Wanderschuhe weist Feuchtigkeit ab und ist trotzdem atmungsaktiv!"*

- Sie argumentieren kundenorientiert.

  Beispiel *„Die große Ziffernanzeige der Armbanduhr ermöglicht Ihnen das Ablesen der Uhrzeit auch ohne Brille."*

Jede Mitteilung im Beratungsgespräch beinhaltet jedoch auch einen Hinweis darauf, welche **Beziehung** zwischen Ihnen und dem Kunden besteht. Erkennbar ist dies durch Körperhaltung, Mimik, Gestik, Tonfall, Sprechgeschwindigkeit usw. Dieser Bereich des Verkaufsgespräches wird sehr stark von Gefühlen der Gesprächspartner beeinflusst. Es ist erwiesen, dass der Erfolg eines jeden Gespräches – und damit auch eines jeden Verkaufsgespräches – wesentlich stärker von der Beziehung zwischen den Gesprächspartnern abhängt als vom Inhalt des Gespräches.

Die Beantwortung folgender Fragestellungen gibt Ihnen Hinweise über die Beziehung zum Kunden:

- Argumentieren Sie begeistert oder lustlos?
- Betonen Sie wichtige Aussagen?
- Zeigen Sie eine offene Körperhaltung?
- Respektieren Sie Ihren Gesprächspartner und fühlen Sie sich selbst respektiert?
- Sind Sie freundlich?
- Haben Sie mit dem Kunden häufig Blickkontakt?

PRAXISTIPP Entscheidend ist, **w**ie Sie zu **w**em etwas **s**agen (WWS-Regel)!

Kundenfreundliches Verhalten

Kundenbefragungen zeigen, dass das **zwischenmenschliche Verhalten** des Verkaufspersonals ein wesentlicher **Wettbewerbsfaktor** ist, um sich vom Mitbewerber abzusetzen. Mehr als die Fachkompetenz spielt dieses Verhalten eine entscheidende Rolle, damit der Kunde sich ernst genommen und wohlfühlt. Auch auf Ihr Wohlbefinden hat das positive **Verhalten** Einfluss, denn Verhalten erzeugt gleichartiges **Gegenverhalten**. Das bedeutet, sind Sie freundlich zum Kunden, so ist er in der Regel auch freundlich zu

Ihnen. Schlüsselbegriffe für die Gestaltung einer solchen positiven Beziehung zum Kunden sind:

Freundlichkeit wird oft als einfach und selbstverständlich angesehen. Betrachtet man die Realität, vermissen Kunden oftmals insbesondere diese Eigenschaft. Freundlichkeit empfindet der Kunde bereits, wenn er von Ihnen so angenommen wird, wie er ist und mögen seine Wünsche noch so ausgefallen sein. Freundliche Verkäufer werden vom Kunden mit folgenden Adjektiven beschrieben: hilfsbereit, sympathisch, verständnisvoll, nett, liebenswürdig. Eine besonders positive Wirkung wird in diesem Zusammenhang dem „echten" Lächeln des Verkäufers zugeschrieben. Dieses einfache körpersprachliche Signal hat großen Einfluss auf eine freundliche Gesprächsatmosphäre.

Höflichkeit bezeichnet die Umgangsform mit dem Kunden. Umfragen zeigen, dass gute Manieren bei Kunden aller Altersstufen sehr gefragt sind und unmittelbare Auswirkung auf einen angestrebten Verkaufsabschluss haben. Dadurch wird diese Eigenschaft zu einem wichtigen Qualifikationsmerkmal für Sie als Verkäufer. Höflichkeit umfasst ein breites Feld von trainierbarem Verkäuferverhalten.

PRAXISTIPP

Begrüßen und verabschieden Sie den Kunden, wenn möglich mit Namen,
lassen Sie den Kunden ausreden,
vermeiden Sie Aufdringlichkeit,
seien Sie geduldig,
geben Sie dem Kunden Ihre volle Aufmerksamkeit,
zeigen Sie Respekt vor jedem Kunden und verhalten Sie sich nicht „kumpelhaft",
seien Sie vorsichtig bei persönlichen Fragen, der Kunde könnte sie als indiskret empfinden,
vermeiden Sie es, während des Gespräches zu essen oder zu trinken.

„Höflichkeit ist Klugheit! Demzufolge ist Unhöflichkeit Dummheit!" Arthur Schopenhauer

Ehrlichkeit ist die Grundlage für eine faire und vertrauensvolle Kunde-Verkäufer-Beziehung. Vermeiden Sie den Eindruck eines profillosen Verkäufers, der dem Kunden auch zustimmt, wenn dieser behauptet, die Erde sei eine Scheibe. Der Kunde erwartet, dass ein Verkäufer als Problemlöser handelt, der ehrlich seine Meinung vorbringt, auch wenn diese der Kundenmeinung nicht entspricht. Die Lösung des Kundenproblems und nicht der Kaufabschluss sollte für Sie im Vordergrund stehen. Nur durch ein Verhalten, das diesem Grundsatz folgt, schaffen Sie eine Vertrauensbasis zum Kunden.

Beispiel In der Sportabteilung führt Sabine mit der Stammkundin Frau Thomsen ein Verkaufsgespräch zu Inlinern. Frau Thomsen möchte im kommenden Urlaub diesen Sport erlernen.

Frau Thomsen: „In einer Fachzeitschrift habe ich für den Racer von Soloman eine tolle Werbung gesehen. Der Schuh sieht toll aus und rollt von ganz alleine. Das ist wohl genau das Richtige für mich."

Sabine: „Sie haben Recht. Schick ist er und auch wirklich schnell, sozusagen ein Rennmodell. Daher ist er auch für einen Anfänger noch eine Überforderung. Hier habe ich ein flottes und sehr bequemes Einsteigermodell von Rocko, das Ihnen den Anfang sehr erleichtern wird. Probieren Sie ihn doch mal …"

Identifikation ist ein weiterer Schlüsselbegriff, der entscheidende Auswirkungen auf die Entwicklung einer positiven Beziehung zum Kunden hat. Denn Sie wirken nur dann überzeugend, wenn Sie sich mit Ihrem Beruf, dem Unternehmen und der Ware identifizieren.

> *„In dir muss brennen, was du in anderen entzünden willst!"* Bischof Augustinus

Nur auf diesem Weg können Sie kompetent und überzeugend die Rolle des Problemlösers für den Kunden einnehmen und ihn von Ihren Artikeln begeistern.

Beispiel Ein Verkaufsgespräch an der Käsetheke: „Ich bin überzeugt davon, dass dieser Parmesan für Ihre Pasta ideal ist und seine würzige Note bei Ihren Gästen hervorragend ankommen wird!"

Gestaltung einer positiven Beziehungsebene

- Jedes Beratungsgespräch hat eine **Inhalts-** und eine **Beziehungsebene**, wobei die Beziehungsebene die deutlich wichtigere ist.
- Der Verlauf und der Erfolg eines Verkaufsgespräches werden nicht nur vom Inhalt, sondern im Wesentlichen von der Beziehung – den **Gefühlen** – beeinflusst.
- Eine gestörte Beziehung zwischen Kunde und Verkäufer führt selten zum Verkaufsabschluss. Darum sollte der Verkäufer seine vielfältigen Möglichkeiten nutzen, um eine **verkaufsfördernde Atmosphäre** zu schaffen.
- **Schlüsseleigenschaften** für positives Verkäuferverhalten sind **Freundlichkeit, Höflichkeit, Ehrlichkeit** und **Identifikation.**
- Zwischenmenschliches Verhalten wird vom Kunden „gespiegelt", d. h. **Freundlichkeit** des Verkäufers **bewirkt** (meistens) **freundliches Kundenverhalten.**

1. Unterscheiden Sie die Inhalts- und die Beziehungsebene im Verkaufsgespräch.

2. Frau Mars, Geschäftsführerin des Mars Elektrofachmarktes e. K. beginnt das betriebsinterne Verkaufstraining für die Auszubildenden mit der Äußerung: „Wer kein freundliches Gesicht hat, der sollte kein Geschäft eröffnen!" Diskutieren Sie dieses Sprichwort in Ihrer Lerngruppe unter dem Aspekt des verschärften Wettbewerbs im Einzelhandel.

3. Bearbeiten Sie folgende Leitfrage: „Was kann ich/können wir tun, damit Kunden im persönlichen Kontakt mit dem Verkäufer Freundlichkeit und Höflichkeit erleben?"

Sammeln Sie in Ihrer Gruppe Gedanken und Ideen unter Nutzung folgender Hilfsfragen:
a) Was ist an unserem Verkäuferverhalten bereits gut und sollte unbedingt erhalten bleiben?
b) Was ist noch nicht gut und sollte verändert werden?
c) Was können wir tun, damit die guten Dinge erhalten werden und die weniger guten verbessert werden (alle Ideen sind hier erwünscht, auch die „verrückten")?

Halten Sie Ihre Ergebnisse groß und deutlich auf einer Wandzeitung fest.

4. Erläutern Sie die Bedeutung der Identifikation
a) mit der Verkaufstätigkeit,
b) mit dem Sortiment Ihres Betriebes.

5. Rollenspiel: Die Auszubildende Sabine Freund führt in der Abteilung für Damen-Sportfashion ein Verkaufsgespräch mit einer älteren Dame. Diese hat Interesse an einem eng geschnittenen Kleid der modischen Marke ‚Northsea' und hat es gerade anprobiert.

Sabine Freund denkt sich, dass zum einen das Kleid für die etwas mollige Dame viel zu eng geschnitten ist und zum anderen die Farben nicht zu der Kundin passen.
Die **Kundin** ist von dem Kleid begeistert und möchte es kaufen. Sie würde vor der endgültigen Kaufentscheidung gerne das Urteil der Verkäuferin hören.

Führen Sie die Verkaufssituation mit der Problemstellung „Ehrlichkeit oder Kaufabschluss" in einem Rollenspiel weiter. Erarbeiten Sie dazu das weitere Verhalten der Verkäuferin und die Reaktion der Kundin in Kleingruppen. Jeweils zwei Gruppenmitglieder stellen dann die entwickelte Lösung der Klasse vor.

1.3 Körpersprache: Ohne Worte etwas sagen!

ARBEITSAUFTRÄGE

- Beschreiben Sie Mehmets Körpersprache anhand von Gesichtsausdruck, Arm- und Körperhaltung detailliert.
- Erläutern Sie die Wirkung der körpersprachlichen Signale auf den Kunden.
- Sammeln Sie in Partnerarbeit Merkmale für eine positive Körpersprache von Verkäufern.

Was Sie im Verkaufsgespräch mit Worten sagen, ist wichtig. Genauso bedeutend sind die Mitteilungen, die durch **Mimik**, **Gestik** und **Körperhaltung** ausgedrückt werden. Oft sendet der Körper stumme Signale aus, die Stimmungslagen verraten oder die den Persönlichkeitstyp (z. B. den schüchternen Kunden) erkennen lassen. Für Sie ist es wichtig, bestimmte körpersprachliche Signale beim Kunden zu erkennen und entsprechend zu reagieren. Eine offene Körperhaltung zeigt beispielsweise Interesse am Gesprächspartner, während ein abschätzender Blick oder hochgezogene Augenbrauen als Ablehnung gedeutet werden können. Ferner ist es für Sie von Vorteil, sich der **Wirkung** der **eigenen Körpersprache** bewusst zu sein.

> *„Der Körper ist der Handschuh der Seele, seine Sprache das Wort des Herzens, jede innere Bewegung drückt sich durch unseren Körper aus!"* Sammy Molcho

Bewusste und unbewusste Körpersignale

Körpersprachliche **Signale** werden vielfach **bewusst** ausgesandt. Der erhobene **Finger** als Signal, etwas sagen zu wollen, das **Kopfnicken** als Bestätigung oder das Heben der **Schultern** als Zeichen der Ratlosigkeit. Beim bewussten Einsatz der Körpersignale erhofft der Sender, ein gewünschtes Verhalten beim Empfänger zu erzielen.

Dagegen werden andere **Signale** in der Regel **unbewusst** und spontan gesendet. Das heißt, man reagiert auf Mitteilungen, ohne dass nach außen gezeigte Empfindungen vom Verstand gesteuert werden. Das **Kratzen** am **Kopf** als Zeichen der Unentschlossenheit oder das **Lächeln** als Ausdruck von Sympathie sind typische Beispiele für spontane körpersprachliche Reaktionen. Darum ist der Ausspruch „Lügen fällt dem Körper schwer" für Sie eine wichtige Erkenntnis. Es werden wirkliche **Empfindungen** gezeigt, die sogar eventuell den gesprochenen Mitteilungen des Kunden widersprechen können. Für Ihr Verhalten als Verkäufer spielen diese spontanen Signale eine entscheidende Rolle.

„Lesen" der Körpersprache

Das richtige „Lesen" im Sinne von Beobachten und Deuten der Körpersprache bringt Ihnen große Vorteile. Nur beurteilen Sie **niemals einzelne körpersprachliche Signale**, diese können mehrdeutig sein. Beispielsweise können verschränkte Arme Ablehnung, aber auch Nachdenklichkeit oder Frieren bedeuten. Betrachten Sie die Körpersignale immer in der **Gesamtheit** von **Mimik**, **Gestik** und **Körperhaltung**. Um sich vor Fehldeutungen zu schützen, brauchen Sie eine gute Beobachtungsgabe und viel Erfahrung.

PRAXISTIPP „Lesen" Sie körpersprachliche Mitteilungen, um:

Persönlichkeitsmerkmale des Kunden wie Selbstsicherheit und Einstellungen zu erfahren und sich darauf einzustellen,

die Stimmung des Gesprächspartners aufzunehmen und Ihr Verhalten anzupassen,

Interesse, Desinteresse oder Ablehnung beim Kunden zu erkennen und angemessen zu reagieren.

Die Körpersprache im Verkauf

Es ist wichtig für den Verkäufer, die **eigene Körpersprache positiv einzusetzen** und sie regelmäßig selbst zu überprüfen. Nutzen Sie die Möglichkeiten der Körpersignale, die bedeutender sind als Worte. Die besten **Verkaufsargumente** können durch **Körpersprache zunichte** gemacht werden.

PRAXISTIPP

Achten Sie darauf, dass Ihre sprachlichen und körpersprachlichen Signale übereinstimmen. Nur so sind Sie glaubwürdig und können überzeugen.

Prüfen Sie Ihre innere Haltung. Schlechte Stimmung, Arroganz oder Überheblichkeit lassen sich körpersprachlich kaum verbergen.

Halten Sie insbesondere in den ersten Sekunden Blickkontakt und zeigen Sie ein freundliches und offenes Lächeln. Es zeigt: „Sie sind willkommen."

Verschränken Sie nicht die Arme vor dem Körper. Es wird unbewusst eine „Mauer" aufgebaut, die signalisiert „Lass mich in Ruhe."

Schauen Sie dem Kunden ins Gesicht, wenn Sie argumentieren. Ein gesenkter Blick in dieser Verkaufsphase gibt dem Kunden das Gefühl, dass Sie lügen oder unsicher sind.

Beachten Sie die Nabel-Nase-Regel, d. h. der Körper sollte in die gleiche Richtung wie die Nase zeigen. So zeigt man dem Kunden Interesse und Zuwendung.

Stehen Sie entspannt! Menschen neigen dazu, die Körpersprache des Gesprächspartners unbewusst zu spiegeln. Das heißt, je entspannter Sie sind, desto entspannter ist Ihr Kunde.

„Ein Lächeln ist der kürzeste Weg zwischen zwei Menschen"

Die richtige Distanz zum Kunden

„Ich will Ihnen nicht zu nahe treten" als umgangssprachliche Redewendung steht für ein ungeschriebenes Gesetz beim Abstandhalten im Verkaufsgespräch. Kunden haben Raumbedürfnisse, die man entsprechend der jeweiligen Beziehung der Gesprächspartner zueinander in drei Zonen einteilt:

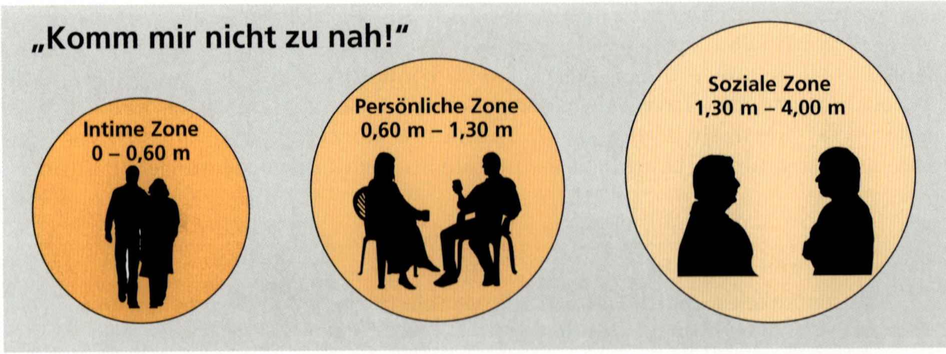

Die intime Zone beginnt beim Hautkontakt und reicht bis zu einer Entfernung von 0,60 m. Dieser Bereich umfasst beispielsweise eine Umarmung zwischen engen **Freunden**. Sie stellt für Sie einen Tabubereich dar, den Sie im hohen Maße respektieren sollten.

Die persönliche Zone reicht von 0,60 m bis zu 1,30 m. In diesen Bereich sollten Sie erst dann eintreten, wenn es Ihnen gelungen ist, einen **guten Kontakt** zum Kunden aufzubauen.

Zu Beginn des Verkaufsgespräches sollte allerdings **die soziale Zone**, die von 1,30 m bis 4,00 m reicht, gewahrt werden. Das Eintreten in die persönliche Zone kann dann nach **Sympathiesignalen** erfolgen.

PRAXISTIPP In Situationen, die für Sie ein Eintreten in die **Intimzone** erforderlich machen, wie z. B. das Binden einer Krawatte, sollten Sie den Kunden vorher um seine **Erlaubnis** bitten. „Darf ich Ihnen helfen, die Krawatte zu binden?" So schließen Sie eine Verletzung seines Schutzraumes aus.

Bei der Einteilung von Distanzzonen sollten **kulturelle Unterschiede** unbedingt berücksichtigt werden. Menschen aus Nordeuropa, Nordamerika und Asien beanspruchen einen weiteren persönlichen Schutzraum als Südeuropäer oder Personen aus dem mittleren Osten.

Körpersprache: Ohne Worte etwas sagen!

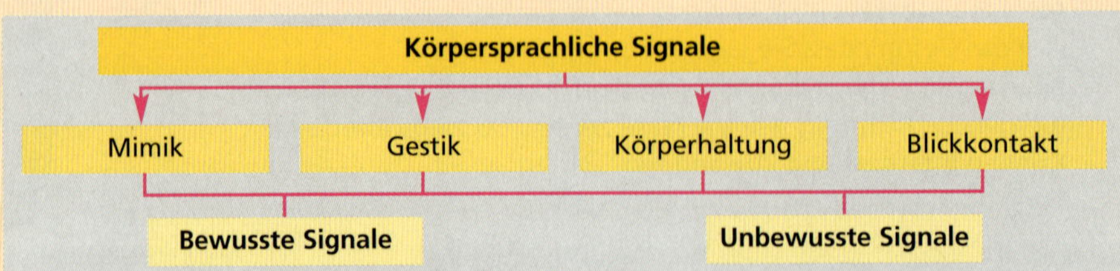

Spontane Körpersignale zeigen „unverhüllt" die Empfindungen des Kunden!

- Richtiges **Lesen** der **Körpersprache** ist die Grundlage für ein kundenorientiertes Verkaufsgespräch.
- Betrachten Sie körpersprachliche Mitteilungen immer nur in ihrer **Gesamtheit**, um sich vor Fehldeutungen zu schützen.
- Zur Gestaltung der **Beziehungsebene** setzt der Verkäufer seine eigene Körpersprache positiv ein.
- **Distanzzonen** kennzeichnen das **Raumbedürfnis** des Kunden. Es wird unterschieden zwischen: **Intimer** Zone (0–0,60 m), **Persönlicher** Zone (0,60 m–1,30 m) und **Sozialer** Zone (1,30 m–4,00 m).

1. Erläutern Sie die vier Bereiche körpersprachlicher Signale und nennen Sie jeweils ein Beispiel.

2. Erklären Sie den Ausspruch „Der Körper lügt nicht" mit Bezug auf das Verhalten des Verkäufers im Verkaufsgespräch.

3. Nachstehend werden Situationen im Verkauf hinsichtlich ihrer körpersprachlichen Mitteilungen kurz beschrieben. Sie beobachten diese Signale am Kunden während eines Verkaufsgespräches. Deuten Sie die Körpersprache und nennen Sie Ihre möglichen Reaktionen:
- Der Kunde betrachtet Sie von oben nach unten.
- Bei der Begrüßung schaut der Kunde weg. Es besteht kein Augenkontakt.
- Bei der Warenvorlage ist der Körper des Kunden abgewandt. Er schaut sich im Raum um.
- Während des Verkaufsgespräches macht der Kunde ein freundliches Gesicht und lächelt.
- Der Kunde betritt den Verkaufsraum leicht gebückt und mit nach vorn fallenden Schultern.
- Die Augen des Kunden sind weit geöffnet und die Augenbrauen sichtbar hochgezogen.

4. Rollenspiel zur körpersprachlichen Kommunikation:

Die sprachlose Geschichte aus dem Verkaufsalltag.
- Arbeiten Sie zu dritt zusammen. Ihre Aufgabe ist es, mit drei Hauptsätzen auf einer Karteikarte einen Ausschnitt aus einem Verkaufsgespräch in Form einer kleinen Geschichte zu notieren (z. B.: Ich stehe im Laden; es herrscht Hochbetrieb; ich bin sehr gestresst).
- In der Klasse wird ein Stuhlhalbkreis mit Bühne aufgebaut.
- Nacheinander werden die Gruppen auf die Bühne gebeten und die Geschichtenkarten einem Spielleiter übergeben! Ein Akteur je Gruppe hat nun die Aufgabe, die kleine Geschichte pantomimisch[1] darzustellen. Dafür hat er maximal eine Minute Zeit.
- Beobachten Sie aufmerksam die Pantomime der anderen Gruppen. Notieren Sie wiederum mit drei Sätzen, was nach Ihrer Meinung dargestellt wird.
- Während des Spiels soll nicht gesprochen werden.

[1] *Eine pantomimische Darstellung ist eine Art Theaterdarstellung, bei der die Handlung ausschließlich über Gesten, Bewegungen und Gebärden ausgedrückt wird.*

1.4 Sprachverhalten – Verständigungsprobleme vermeiden

Kerstin Dahm will sich für ihre Ausbildung und zum Chatten im Internet einen Computer kaufen. Ihr Mitschüler Mehmet erzählt ihr von einem sehr guten PC-Angebot in seinem Elektrofachmarkt. Am nächsten Tag berichtet Kerstin in der Schule von ihrem Einkaufserlebnis.

Mehmet: *„Na, hast du den PC?"*

Kerstin: *„Von wegen! Warum warst du nicht da? Ich bin da an einen Verkäufer geraten – der hat so viel und so schnell geredet, und dieses Fachgelaber – kein Wort habe ich verstanden. Ich hab' doch keinen Plan von Computern. Da bin ich so schnell wie möglich weg."*

ARBEITSAUFTRÄGE

- Erläutern Sie, welche Auswirkungen Wortwahl und Sprachverhalten für den Erfolg des Verkaufsgespräches haben.
- Machen Sie Verbesserungsvorschläge, wie der Verkäufer mit Kerstin hätte umgehen sollen.

Als Verkäufer senden Sie Ihre sachlichen Informationen mithilfe „gesprochener Worte" (verbal) aus. Leider kommt es wegen mangelhafter Sprechtechnik, falschem Verhalten und unklugen Formulierungen häufig zu Problemen beim Empfangen der Informationen. Dieses falsche Gesprächsverhalten beeinträchtigt die Gesprächsatmosphäre zwischen dem Kunden und dem Verkäufer.

● Richtige Sprechtechnik – Damit der Kunde uns versteht!

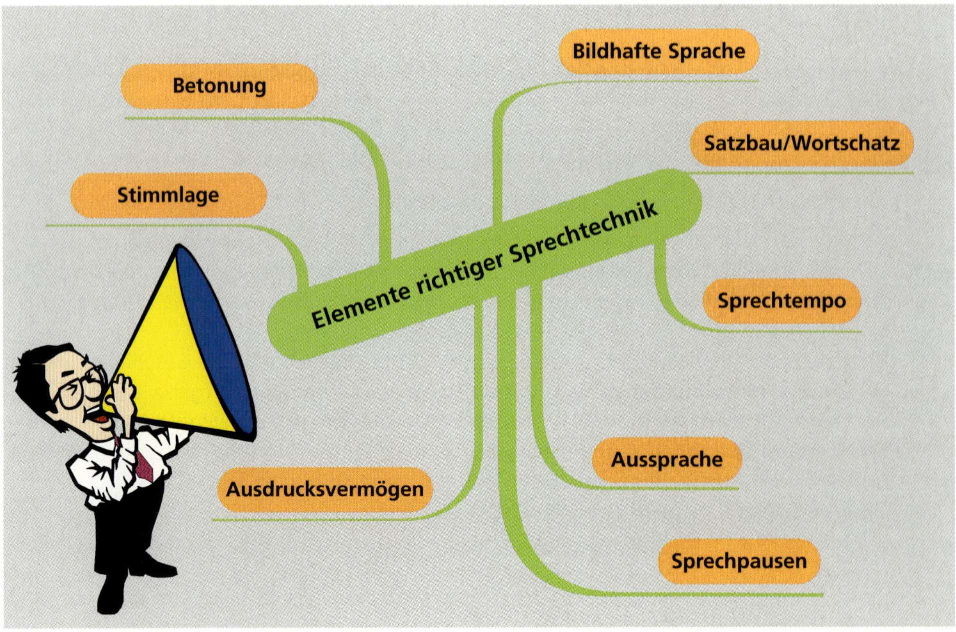

Das richtige Sprechen umfasst Ausdrücke und Formulierungen, die dem Kunden das Verständnis von Inhalten erleichtern. Beim kundenorientierten Einsatz von **Sprechtechnik** im Verkaufsgespräch muss eine Vielzahl von Faktoren berücksichtigt werden. Alle diese Punkte haben gleichermaßen großen Einfluss auf die erfolgreiche Übertragung von Informationen an den Kunden. Wird nur ein Element fehlerhaft ausgeführt, so kann es zu einer **Störung** in der **Verkaufskommunikation** kommen.

Beispiele für **Problemquellen** beim Sprechen sind:

- Verkäufer Uwe nuschelt immer beim Sprechen, weil er seinen Mund nicht richtig öffnet.
- Kundenberater Ingo redet immer sehr schnell und legt keine Sprechpausen ein.
- Die Verkaufsgespräche vom Auszubildenden Volker kann man auch in großer Entfernung sehr gut mithören, weil er sehr laut mit seinen Kunden spricht.
- Die Filialleiterin Ida „erschlägt" ihre Kunden im Beratungsgespräch gerne mit Fachbegriffen, um diese zu beeindrucken.
- Sportartikelverkäufer Georg spricht immer sehr eintönig und langsam, wenn er gegen Ende des Arbeitstages erschöpft ist.
- Die studentische Aushilfskraft Helge nimmt es mit der Auswahl seiner Wörter im Gespräch mit älterer Kundschaft nicht so genau: „Voll krasses Abendkleid, Frau Meyer, eh!"

Kundenorientierte Sprechtechnik des Verkäufers

Elemente	Technik	Wirkung
Betonen	Betonen Sie wichtige Aussagen bzw. Argumente!	– Erhöhung der Aufmerksamkeit beim Zuhörer. – Wirkt Monotonie entgegen.
Sprechtempo	Sprechen Sie nicht zu schnell! Geben Sie dem Zuhörer Zeit, Ihnen zu folgen!	– Schnelles Reden wirkt nervös und hektisch. – Zu langsames Reden klingt ermüdend.
Aussprache	Sprechen Sie die Laute eines Wortes deutlich aus! Vermeiden Sie dabei das zu dichte Zusammenpressen der Lippen!	– Das Zuhören wird erleichtert. – Deutliches Sprechen macht sympathisch.
Ausdrucksvermögen	Vermeiden Sie eine Überforderung durch zu viele Fachbegriffe und formulieren Sie abwechslungsreich!	– Der Inhalt wird verständlich. – Es entsteht keine Langeweile.
Sprechpausen	Machen Sie nach wichtigen Aussagen kurze Pausen!	– Sie und der Kunde haben Zeit zum Nachdenken. – Die Aufmerksamkeit wird erhöht.
Stimmlage	Sprechen Sie nicht zu tief, aber auch nicht zu hoch!	– Zu tiefe Stimmen wirken im Verkaufsgespräch antriebslos und schlecht gelaunt. – Eine zu hohe Stimmlage wirkt aufdringlich.
Bildhafte Sprache	Nutzen Sie die Erkenntnis, dass die meisten Menschen dazu neigen, in Bildern zu denken!	– Die Vermittlung von Inhalten fällt leichter, wenn man sich in die Sprachwelt des Kunden hineinversetzt.
Satzbau und Wortschatz	Bilden Sie kurze und grammatikalisch richtige Sätze! Verwenden Sie keine Umgangssprache!	– Der Zuhörer kann besser folgen. – Sie wirken kompetent und können überzeugen.

PRAXISTIPP Jede Verkaufssituation ist einzigartig, darum müssen Sie sich jeweils neu auf den betreffenden Kunden einstellen. Wenn möglich, passen Sie sich mit Ihrem Sprachverhalten dem Kunden an.

Beachten Sie weitere wichtige Punkte:

- Berücksichtigen Sie in jedem Verkaufsgespräch die Fachkenntnisse des Kunden.
- Stellen Sie sich auf regionale Sprachdialekte ein (z. B. Plattdeutsch).
- Reagieren Sie angemessen auf Stimmungslagen und Erwartungen des Kunden.
- Nutzen Sie eine kundenorientierte Sprache wie z. B. den **Sie-Stil** und **Vorteilsformulierungen** (vgl. Seite 220).

PRAXISTIPP Denken Sie daran: In der Verkaufskommunikation soll es zu einem Austausch von Informationen kommen. Wichtig ist nicht, dass der Verkäufer viel spricht, sondern dass er vom Kunden viele Informationen bekommt.

Fragetechnik

Der zielgerichtete und richtige Einsatz von Fragetechniken nimmt in allen Phasen des Verkaufsgespräches einen hohen Stellenwert ein. Die richtigen Fragen zum richtigen Zeitpunkt zu stellen ist eine Kunst, die erlernt werden muss. In jedem Gespräch können Sie durch Fragen die Richtung und den Verlauf steuern.

PRAXISTIPP Wer fragt – der führt – der gewinnt. Nutzen Sie die richtigen Fragen zum richtigen Zeitpunkt.

Fragen im Verkaufsgespräch

Offene Fragen

Fragen, die in ganzen Sätzen beantwortet werden müssen, bieten viele Antwortmöglichkeiten.

Beispiele „Wozu möchten Sie ... tragen?" „Wie oft nutzen Sie ...?" „Für welchen Zweck/Anlass brauchen Sie ...?" „Welchen Schuh sind Sie bisher gelaufen?"

Grundrüstzeug, um die Wünsche des Kunden zu erfahren, also bei der **Bedarfsermittlung**.

Geschlossene Fragen / Alternativfragen

Fragen, die nur wenige, kurze Antworten ermöglichen; oft nur „ja" oder „nein".

Beispiele „Möchten Sie ... oder ...?" „Gefällt Ihnen ...?" „Brauchen Sie noch ...?" „Haben Sie bereits Erfahrung mit ...?"

Die Fragen eignen sich, um mit dem Kunden gemeinsam zu klären, ob man sich auf dem richtigen Weg befindet, oder um das Verkaufsgespräch zu einem **Abschluss** zu bringen.

Taktische Fragen

Rhetorische Fragen

Fragen, die man selbst beantwortet.

Beispiele „Warum, so werden Sie sich fragen, kostet ... mehr als ...? Nun, ... bietet den Vorteil, dass ...!"

Stilistisches Mittel, um zusätzliches Interesse zu schaffen oder **Einwände vorwegzunehmen**.

Suggestivfragen

Fragen, deren Antwort eigentlich schon klar ist.

Beispiele „Sie wollen doch sicher, dass ...?" „Sie möchten doch wohl nicht ...?" „Sie stimmen mir sicher zu, wenn ich ...?"

Ziel dieser Fragen ist die gezielte Beeinflussung des Kunden: vorsichtig gebrauchen; Einsatz: **Kaufabschluss.**

Killerfragen

Fragen, die das Verkaufsgespräch unnötig einschränken, stören oder gar beenden.

Beispiele „Welche Farbe ...?" „Welche Marke ...?" „Welche Preislage ..."?

Diese Fragen sind im Verkaufsgespräch zu vermeiden!

Gesprächsblocker

Es gibt eine Vielzahl von Verhaltensweisen und Formulierungen, die dazu führen, dass ein Verkaufsgespräch schon in der Anfangsphase blockiert oder ganz „abgewürgt" wird.

Belehrungen

Beispiele „So dürfen Sie den Rotwein aber auch nicht lagern!" „Jeder gute Heimwerker weiß doch, dass dieses Laminat nichts taugt – Sie hätten sofort zu uns kommen sollen!"

Belehrungen stellen den Kunden als **unwissend** dar und rufen Trotzreaktionen hervor. **Beraten Sie, belehren Sie nicht!**

Langstrecken-Redner

Beispiel „Diese funktionelle Wanderjacke kann ich nur empfehlen. Sie verfügt über eine Vielzahl von Funktionen, die den Mehrpreis gegenüber dem Alternativmodell rechtfertigen. Das Außenmaterial verfügt über eine hochwertige Membrane, die das Eindringen von Wasser absolut verhindert und trotzdem einen Luftaustausch zulässt. Diese hohe Funktionalität ist auch bei der Passform ersichtlich ...."

Der Kunde möchte seinen Bedarf mitteilen und entsprechende Verkaufsargumente hören. Das „Erschlagen mit Worten" dient nur der Selbstdarstellung des Verkäufers und geht nicht auf die Kundenbedürfnisse ein.

Kundenwünsche als schwierig einstufen

Beispiele „Ihre Vorstellungen sind kaum erfüllbar!" „Dazu einen passenden CD-Wechsler zu finden, wird schwierig!" „In dieser Schuhgröße haben wir lediglich noch sehr teure Modelle!"

Mit den Begriffen wie **„schwierig"** oder **„schwer machbar" dämpfen** Sie die **Kundenerwartungen** und nehmen dem Kunden die Hoffnung, einen geeigneten Artikel zu finden. Sie sollten dem Kunden das Gefühl geben, dass Sie bemüht und motiviert sind, den Kundenwunsch zu erfüllen. So wirken Sie kompetent und eröffnen sich die Möglichkeit, ggf. Alternativvorschläge zum Wunsch des Kunden machen zu können.

○ Den Kunden bloßstellen

Beispiele „So wie Sie den Fahrradhelm aufsetzen ist das total falsch, das ist keine Mütze!" „Da haben Sie sich aber dummes Zeug erzählen lassen, dieser Inline-Skater ist für Sie als Anfänger unsinnig!" „Das ist doch allgemein bekannt, dass man Pecorino nicht zum Überbacken nutzen kann!"

Entspricht das Kundenverhalten nicht den Verkäufervorstellungen, z. B. in der fachgerechten Behandlung einer Ware, dann dürfen Sie den Kunden auf keinen Fall bloßstellen. Der Kunde kommt sich sonst **minderwertig** vor. Auch wenn der Kunde sich in dem jeweiligen Fachbereich nicht auskennt, mag er es nicht, wenn man ihm dieses Unwissen so „unter die Nase reibt".

○ Drängeln bzw. Überreden

Beispiele „Wenn Sie das Notebook jetzt nicht kaufen, dann wird es schwierig, denn es ist bestimmt bald ausverkauft!" „Ich an Ihrer Stelle hätte mich schon längst für die Bohrmaschine entschieden!" „Entscheiden Sie sich bitte, der nächste Kunde wartet schon!"

Die **Kaufentscheidung** sollte immer der **Kunde** treffen. Der **Verkäufer** ist lediglich der **Wegbereiter** für die Kaufentscheidung. Sie schaden dem Kunden, wenn Sie drängeln, ihn in die Enge treiben oder zu überreden versuchen. Zielsetzung muss es sein, Kaufwünsche im Sinne des Kunden zu erfüllen. Nur so kann der Kunde langfristig an das Geschäft gebunden werden. „Hochdruckverkauf" bewirkt das Gegenteil!

○ Killerphrasen

Beispiele „Davon verstehen Sie nichts!" „Tja, da haben wir nur dieses Modell ...!" „So etwas wollen Sie mir als Fachmann erzählen?"

Killerphrasen verhindern den für ein positives Verkaufsgespräch notwendigen Austausch von Informationen. Diese Art von Mitteilungen wirkt **aggressiv** und negativ herausfordernd. Die Kunden haben keine Lust, mit derartigen Phrasen „bombardiert" zu werden und ziehen ihre Konsequenzen, indem sie das Geschäft wechseln.

● Gesprächsförderer

Sie haben verschiedene Verhaltensmöglichkeiten, um das Gespräch mit dem Kunden positiv zu unterstützen. Dabei setzen Sie Fertigkeiten ein, die Ihr Interesse am Kunden signalisieren. So ist der Kunde bereit, Ihnen Informationen zu geben.

○ Aktives Zuhören

„Wenn das Hören gut ist, dann ist das Reden auch gut!"
Lorenz Oken, Naturphilosoph

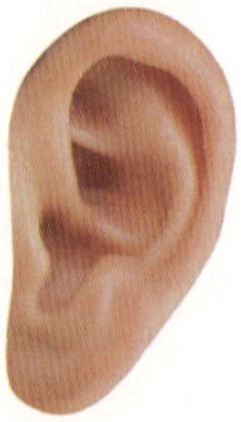

Ein guter Verkäufer ist der, der gut zuhört. Leider wird diese kommunikative Fähigkeit oft unterbewertet. Um zu dem Kunden eine **positive Beziehung** aufbauen zu können, sollten Sie ihm durch „Aktives Zuhören" signalisieren, dass Sie sich ehrlich für ihn interessieren und ihn verstehen wollen. **Merkmale** für das „Aktive Zuhören" sind:

- den anderen ausreden lassen
- Schweigen (passives Zuhören)
- durch Zuhörsignale wie zustimmendes Nicken, Äußerungen wie „Aha“, „Ja“, „Natürlich“ zeigen, dass Sie „ganz Ohr“ sind
- wichtige Aussagen des Kunden mit eigenen Worten zusammenfassen, um das Verständnis zu überprüfen
- Gefühle des Gesprächspartners aufnehmen und wiedergeben

Das „Aktive Zuhören“ bewirkt, dass der Kunde Ihnen seine Wünsche, Vorstellungen, Einwände und Gefühle mitteilt. Diese Informationen bilden ein sicheres Fundament für eine kundenorientierte Verkaufsberatung.

○ (Nach-)Fragen

Beispiele „Was genau meinen Sie ...?“ „Können Sie mir bitte erläutern, zu welchem Anlass Sie das Kleid tragen möchten?“ „Welche Anforderungen stellen Sie an einen Rasenmäher?“ „Wozu nutzen Sie den Computer?“

Durch gezieltes Fragen zeigen Sie Interesse an den Bedürfnissen des Kunden und helfen ihm, darüber zu berichten. Mit dem richtigen Einsatz von Fragen schaffen Sie eine wichtige Grundlage für die weiteren Phasen des Verkaufsgesprächs (vgl. Seite 191 ff.).

○ Körperliche Aufmerksamkeit

Beispiel Die Verkäuferin zeigt durch ihre körpersprachlichen Signale, dass sie Interesse am Kunden hat. Dies zeigt der Blickkontakt, die offene Haltung und die geöffneten Arme. Weiterhin steht sie dem Kunden zugewandt.

Durch körperliche Aufmerksamkeit wird dem Kunden Interesse an seinen Mitteilungen signalisiert. Zum einen fällt es Ihnen dadurch leichter, sich auf den Sprecher zu konzentrieren, zum anderen motivieren Sie den Gesprächspartner durch Ihr Verhalten, weitere Informationen zu geben. Wichtig sind für den Verkäufer folgende Punkte zur **aufmerksamen Körperhaltung** (vgl. Seite 159 ff.):

- Stellen Sie Blickkontakt her.
- Wenden Sie sich mit dem gesamten Körper dem Gesprächspartner zu.
- Überkreuzen Sie nicht Ihre Arme oder Beine.
- Neigen Sie Ihren Oberkörper dem Gegenüber zu.

Sprachverhalten – Verständigungsprobleme vermeiden

- **Sachinformationen** werden mithilfe gesprochener Worte übermittelt.
- Eine mangelhafte **Sprechtechnik** des Verkäufers kann zu Störungen in der Verkaufskommunikation führen.
- Die **Fragetechnik** ist das zentrale Steuerungselement im Verkaufsgespräch.
- **Verlauf eines Verkaufsgesprächs**

wird unterstützt durch	wird gestört durch
Gesprächsförderer	**Gesprächsblocker**
Verhaltensweisen und Aussagen, die dem Kunden zu verstehen geben: „Ich bin interessiert an deinen Wünschen bzw. Interessen und bin ganz für dich da!"	Falsches Gesprächsverhalten bzw. Formulierungen, die den weiteren Gesprächsverlauf bremsen oder verhindern.

- **Aktives Zuhören** ist das Kernelement des gesprächsfördernden Verkäuferverhaltens.

Aktives Zuhören

Ich höre Ihnen zu!	Ich will Sie verstehen/Ich verstehe Sie!
– Schweigen (passives Zuhören) – Zuhörsignale wie Nicken – Ausreden lassen	– Fragen – Zusammenfassen wichtiger Kundenaussagen – Kundengefühle aufnehmen und wiedergeben

1. Im Verkaufsgespräch kommt es aufgrund mangelhafter Sprechtechnik des Verkäufers oft zu Verständigungsproblemen. Formulieren Sie zu folgenden Elementen der Sprechtechnik jeweils ein Negativ- und ein Positivbeispiel.

a) Aussprache

b) Ausdrucksvermögen

c) Betonung

d) Bildhafte Sprache

2. Beschreiben Sie anhand von Beispielen die Begriffe Gesprächsförderer und Gesprächsblocker.

Gesprächsförderer	Gesprächsblocker

3. Ordnen Sie die folgenden Aussagen der jeweiligen Art des Gesprächsblockers oder des Gesprächsförderers zu.

a) Greifen Sie lieber zu, sonst ist der Lachs bald ausverkauft!

b) Habe ich richtig verstanden, dass Sie den Tennisschuh nur in der Halle nutzen wollen?

c) Diesen speziellen Rioja-Wein zu bestellen wird schwer!

d) Diese Uhr beim Schwimmen zu tragen war natürlich dumm!

4. Beschreiben Sie eine wahrscheinliche Kundenreaktion, wenn Sie ...

a) den Kunden mit Worten „einwickeln",

b) körperliche Aufmerksamkeit zeigen,

c) den Kunden ständig belehren.

5. „Die Neuheit"

Fertigen Sie eine Skizze auf einem DIN-A4-Blatt mit einem von Ihnen erfundenen Artikel an. Je verrückter der Artikel ist, desto besser.

Ein Schüler setzt sich nun jeweils mit dem Rücken zur Klasse und erklärt nur mit Worten seinen von ihm entworfenen Artikel. Die Mitschüler versuchen anhand der sprachlichen Erklärung den Artikel zu zeichnen. Vergleichen Sie dann das Original mit den Ergebnissen.

6. a) Erstellen Sie mithilfe des Mind-Maps (vgl. Seite 188) ein Kurzreferat (vgl. Seite 189) zum Thema: „Unter freundlichem Verkäuferverhalten verstehe ich ..."

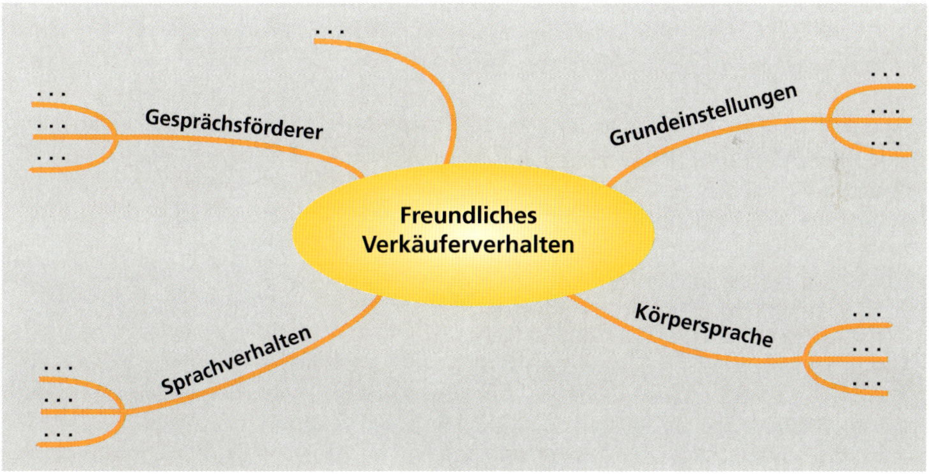

b) Präsentieren Sie Ihr Kurzreferat vor der Klasse.

c) Bitten Sie anschließend die Zuhörer um ein konstruktives Feedback (vgl. Seite 55) zu folgenden Beobachtungsmerkmalen:
- Wurden Sprechpausen eingesetzt?
- Wurde ein angemessenes Sprechtempo gewählt?
- Nutzte der Vortragende zu viele Fachbegriffe?
- Wurden wichtige Aussagen betont?

Sie können die zu beobachtenden Merkmale natürlich individuell erweitern oder austauschen.

2 Sich aktiv Warenwissen aneignen

2.1 Bedeutung des Warenwissens

Abendessen bei der Familie Aydin. Fati, der ältere Bruder von Mehmet, berichtet von seinem letzten Einkaufserlebnis im Einkaufszentrum Rheinpark in Köln: *„Da war ich neulich in diesem Laden für Autobedarf und wollte mir ein neues Autoradio mit allem Drum und Dran kaufen. Ich hatte auch direkt einen total netten und freundlichen Verkäufer bei mir, von dem ich mich gerne beraten lassen wollte. Nur leider stellte sich heraus, dass der wirklich keinen blassen Schimmer von den Radios hatte. Bei fast jeder Nachfrage kam nur heiße Luft und ein ratloses Schulterzucken. Und so was nennt sich dann Fachgeschäft. Da kann ich doch direkt die Sachen billiger im Internet kaufen." „Wenn alle so denken wie du, bin ich bald arbeitslos"*, entgegnet Mehmet verärgert. Gleichzeitig fragt er sich: *„Sind meine Kenntnisse der Ware eigentlich aus Sicht der Kunden ausreichend?"*

ARBEITSAUFTRÄGE

- Beschreiben Sie, wie die Mitarbeiter in Ihrem Ausbildungsbetrieb ihr Warenwissen auf aktuellem Stand halten.
- Erklären Sie, warum das Warenwissen oft als „zweites Standbein" eines erfolgreichen Verkäufers beschrieben wird.

Warenwissen im Verkaufsgespräch

Ihre Fähigkeit, eine **positive Beziehung** im Gespräch mit dem Kunden aufzubauen, ist sicherlich die wichtigste Grundlage für ein erfolgreiches Verkaufsgespräch (vgl. Seite 191 ff.). Kunden erwarten jedoch neben einer freundlichen und zuvorkommenden Behandlung auch eine **fachkompetente Beratung**. Dies gilt insbesondere bei beratungsintensiven und erklärungsbedürftigen Artikeln, vor allem, wenn diese hochwertig und daher auch hochpreisig sind. Sie müssen in der Lage sein, die besonderen **Eigenschaften** der Ware in eine **kundengerechte Sprache** zu „übersetzen", und dem Kunden den **Nutzen** der einzelnen Eigenschaften zu verdeutlichen (vgl. Seite 216 ff.). Nur so wird es Ihnen zum Beispiel gelingen, die Angemessenheit eines hohen Preises zu erläutern.

Beispiel Nach einer ausführlichen Beratung entschließt sich eine Kundin statt eines No-Name-Players ein Markengerät zu kaufen, das mehr als doppelt so teuer ist. Mehmet Aydin konnte der Kundin zuvor erklären, welche zahlreichen Vorteile das Markengerät aufweist. Die höhere Verarbeitungsqualität, die Zuverlässigkeit, die Bedienfreundlichkeit und nicht zuletzt die erweiterten Service- und Garantieleistungen waren für die Kundin wichtige Eigenschaften, sodass sie sehr zufrieden mit der Beratung und ihrer Kaufentscheidung den Fachmarkt verlässt.

Es wäre jedoch falsch anzunehmen, Warenwissen hätte nur … Artikeln einen Nutz… beid… kann… kom… bear… **Kun…** stärk… **frie…**

Beis… V… f… K… c… s… c…

Für … e und in Zukunft, dass Kunden Wa… **del, E-Commerce, Tele-Shoppin…** en. Die Fähigkeit, Warenwissen im … lbarem Warenkontakt einzusetzen … **bewerbes** „überlebenswichtig". Der … en.

P… h mit dem Kunden.

● W… gen

Fast … **aufmännischem Sachverstand** und … **edürfnissen** auch **Warenwissen** vora… m Warenbestand gebunden. Bereits … ler sein Warenwissen einsetzen, um … derheiten der Ware hinsichtlich **Lag…** baren Grundwissen eines Einzelhänd… sse und … gsvolle… **ng (vgl.** … **1).**

LF 6

LF 6

Beisp… bst un… für Ob… ßer Be… siche… mit dem Kunden … hen Obst gehören z. B. Ananas, Bananen, Paprika und Tomaten, während z. B. Äpfel, Birnen, Kiwis, Spinat und Spargel durchaus in den Kühlschrank dürfen." „Na", denkt Kerstin, „da muss ich doch nachher gleich mal unseren Kühlschrank überprüfen."

Mayersche Buchhandlung KG
Löhrstraße 28/30
56068 Koblenz
Telefon: 0261 1349023-0
www.mayersche.de

Vielen Dank für Ihren Einkauf!

QUITTUNG

21.09.12/0128 14:59 Kasse: 02 EUR

Artikel Mg.	Preis	MwSt.	Summe
Duden. Basiswissen Schule. Politik und W WGR 1004 978-3-411-04703-1			
1	24,95	7,00%	24,95
Blank/Betriebswirtschaftslehre WGR 1004 978-3-441-31058-7			
1	31,45	7,00%	31,45
Ausbildung im Einzelhandel Band 1. Lehr- WGR 1004 978-3-427-31020-4			
1	29,95	7,00%	29,95
TOTAL		5,65	86,35
Nettoentgelt: EUR 80,70			
GEGEBEN Bar			100,00
RÜCKGELD			13,65

USt-Id-Nr: DE811126776

Es bediente Sie: Frau Selzer
Umtausch nur mit Kassenbon

(M) KultKarte,
die Kundenkarte der Mayerschen:
Viele Rabatte und tolle Vorteile!
Jetzt informieren unter mayersche.de

Warenwissen ist demnach für den Verkauf und für viele weitere betriebliche Entscheidungen von großer Bedeutung. Die besondere **Herausforderung** besteht für Sie darin, sich Warenwissen nicht nur einmalig anzueignen. Wichtig ist, dass Sie stets auf **aktuellem Stand** bleiben, da beinahe täglich **neue Artikel** auf den Markt kommen. Hieraus ergibt sich eine Notwendigkeit zum **lebenslangen Lernen**, das durch die Geschäftsleitung unterstützt werden sollte.

Bedeutung des Warenwissens

- Das **Warenwissen** des Verkaufspersonals ist eine notwendige Voraussetzung, um **Beratungsgespräche** mit dem Kunden zu führen und um **Fragen** der Kunden sicher und richtig beantworten zu können.
- Für einen Großteil der **betrieblichen Entscheidungen** (Warenbeschaffung, Lagerung und Pflege der Ware, Warenpräsentation sowie Werbung und Verkaufsförderung) benötigen der Einzelhändler und sein Personal genaue Kenntnisse über die Waren.
- Das Verkaufspersonal muss wegen der laufenden **Veränderungen** in den Sortimenten sein Warenwissen stets auffrischen und auf aktuellem Stand halten.

1. Beurteilen Sie die folgende Aussage: „Warenwissen braucht man nur im Fachgeschäft – Personal in Selbstbedienungsgeschäften braucht sich damit nicht zu belasten."

2. Erläutern Sie anhand von zwei Beispielen, warum Warenwissen für viele betriebliche Entscheidungen von Bedeutung ist.

3. Erklären Sie die Notwendigkeit von „lebenslangem Lernen" im Einzelhandel.

2.2 Bereiche des Warenwissens

Sabine, Kerstin und Mehmet unterhalten sich auf dem Pausenhof ihrer Schule:

Sabine: *„Mensch, ich find's echt cool, dass wir drei in einer Klasse gelandet sind."*

Mehmet: *„Ich auch! Und der Rest der Klasse ist ja auch echt o.k."*

Kerstin: *„Ich frage mich nur, wie das jetzt im Unterricht beim Thema Verkaufsgespräch gehen soll, wo wir doch alle aus verschiedenen Branchen kommen – ich weiß zum Beispiel nichts über deinen Technikkram."*

Mehmet: *„Ja, das wird witzig – wollte doch schon immer mal von Sabine was über die neusten Bademoden erfahren ..."*

ARBEITSAUFTRAG

- Diskutieren Sie in Kleingruppen die Vor- und Nachteile von branchengemischten Klassen. Gehen Sie dabei auch darauf ein, was Sie voneinander lernen können. Halten Sie Ihre Ergebnisse schriftlich fest.

Sortimentskenntnisse

Als Sortimentskenntnisse (vgl. Seite 97) bezeichnet man das Wissen darüber, welche **Waren** und **Dienstleistungen** in einem Einzelhandelsgeschäft angeboten werden. Diese Kenntnisse gehören zwar nicht zum Warenwissen im eigentlichen Sinne, dennoch zeichnen sie aus Sicht des Kunden einen guten Verkäufer aus. In Zeiten, in denen im Einzelhandel zunehmend eine **Verlagerung** von der Verkaufsform **Bedienung** zur **Vorwahl** und **Selbstbedienung** stattfindet, muss sich der Kunde oftmals selbst in großen Sortimenten, z. B. in Verbrauchermärkten und Warenhäusern, zurechtfinden. Dabei ist er auf eine **Orientierung** gebende **Verkaufsraumgestaltung** (vgl. Seite 399 ff.) und auch auf Sie als Verkäufer angewiesen. Sie sollten sicher darüber Auskunft geben können, ob das Geschäft einen bestimmten Artikel führt, bzw. zumindest den Weg zu der entsprechenden Warengruppe/Abteilung zeigen können.

Beispiel: Sabine kennt in ihrer Abteilung des Warenhauses annähernd alle Artikel. Sie kann sehr schnell feststellen, ob der vom Kunden gewünschte (oder ein ähnlicher) Artikel vorhanden ist, und den Kunden dort beraten. In den anderen Abteilungen des Warenhauses kennt sie sich nicht so gut aus. Sie weiß aber, ob bestimmte Warengruppen geführt werden (z. B. Fisch in der Lebensmittelabteilung) und wie der Kunde den Weg dorthin findet. Auf dem Weg in die Textilabteilung wird sie von einer Kundin nach der Lebensmittelabteilung gefragt.

Im Idealfall **begleiten** Sie den Kunden **zu der Warengruppe** und zeigen ihm den Artikel. Sollte der Kunde dann **Beratung** wünschen, führen Sie diese durch oder geben das Gespräch an einen **kompetenten Kollegen** weiter.

Schließlich sollten Sie über die Dienstleistungen bzw. die **Serviceleistungen** für den Kunden informiert sein, da auch diese zum Sortiment gehören und einen vom Kunden **geschätzten Wert** des Unternehmens darstellen (vgl. Seite 214/323).

Kundin: „Sagen Sie, wissen Sie zufällig, ob es hier auch Fisch gibt?" Sabine (lacht freundlich): „Hier direkt nicht. Aber unten im Basement, in der Lebensmittelabteilung, finden Sie hinten links sogar Frischfisch."

PRAXISTIPP „Was bietet unser Geschäft dem Kunden?" ist eine Frage, die Sie sicher beantworten können sollten. Fertigen Sie sich einen Sortimentswegweiser an!

Branchenübergreifende Warenmerkmale

Es ist heute unwahrscheinlich, dass ein Mensch sein ganzes Berufsleben im gleichen Unternehmen verbringt. Oft werden völlig neue Berufe ergriffen und im Einzelhandel ist es durchaus normal, dass man bei einem **Stellenwechsel** auch die **Branche** und damit das Sortiment wechselt. Umso wichtiger ist es, dass Sie **allgemeine Merkmale** beherrschen, mit denen Sie jeden Artikel beschreiben können. Mit diesen Merkmalen sind bestimmte **Fragen** verknüpft, deren Antworten Sie kennen sollten.

Merkmale: Artikel im Sortiment ...	Fragen (Auswahl)
... bestehen aus Rohstoffen,	– Welche Rohstoffe wurden verwendet? – Woher (Land/Region) stammen die Rohstoffe? – Wie erfolgte die Gewinnung der Rohstoffe?
... wurden hergestellt und transportiert,	– Wer stellte her? – In welchem Land/welcher Region wurde hergestellt? – Wie erfolgte der Transport? – Wann wurde hergestellt? – Wie ist das Herstellungsverfahren?
... sind verpackt,	– Welche Art von Verpackung wird genutzt? – Welche Funktionen hat die Verpackung? – Wie kann sie entsorgt/recycelt werden?
... haben „objektive" Eigenschaften bzw. Qualitäten,	– Wie kann der Artikel klassifiziert werden und welchen Standards genügt er (Sorte, Typ, Handelsklassen, DIN-Norm usw.)? – Welche Gütezeichen, Schutz- und Prüfzeichen, Umweltzeichen, usw. weist der Artikel auf und was bedeuten sie?
... haben einen Gebrauchswert (Nutzwert, Grundnutzen),	– Wozu nutzt der Kunde den Artikel? – Welchen Einsatzbereich hat der Artikel? – Welche Funktionen erfüllt der Artikel?
... haben zusätzliche Werte (Geltungswert, Gesundheitswert, Sicherheit, Bequemlichkeit etc.),	– Welche über die reine Nützlichkeit hinausgehenden Kundenansprüche kann der Artikel noch befriedigen? – Wo liegen seine Besonderheiten? – Welche Emotionen und Wünsche werden angesprochen?
... brauchen sachgemäßen Umgang und Pflege,	– Was ist beim Wareneingang und der Lagerung des Artikels zu beachten? – Welche Gefahren bedrohen den Artikel? – Welche Gefahr geht von ihm aus? – Wie kann man seine „Lebensdauer" (z. B. Haltbarkeit) erhöhen?
... haben einen Preis,	– Wie ist der Artikel kalkuliert? – Wie attraktiv ist der Preis für den Einzelhandel bzw. für den Kunden? – Welchen Preis verlangt die Konkurrenz? – Welche Rabatte können dem Kunden gewährt werden?
... können mit anderen Artikeln verglichen werden (vgl. Seite 237 ff.),	– Gibt es Alternativen zu dem Artikel und wenn ja, welche? – Wie sind die Leistungen des Alternativartikels im Vergleich zu beurteilen?
... können durch andere Artikel ergänzt werden (vgl. Seite 242 ff.).	– Welche Artikel stehen in einem Verwendungszusammenhang? – Welche Zusatzartikel sind für den Gebrauch notwendig? – Welche Ergänzungsartikel erhöhen den Kundennutzen?

Zunehmend wichtig sind **ethische Fragen**[1], die mit der Herstellung, dem Transport, dem Ge- oder Verbrauch eines Artikels und dessen Entsorgung in Verbindung stehen. Diese Fragen werden bei der **Kaufentscheidung** der Kunden immer bedeutsamer und gehören daher zum unverzichtbaren Warenwissen.

Beispiele

Auswirkungen auf	Problemfelder (Auswahl)	Positives Beispiel	Negatives Beispiel
Mensch 	Körperliche Gesundheit	Gemüse aus biologischem Anbau	Lebensmittel mit gesundheitsgefährdenden Zusatzstoffen
	Psychische Gesundheit	Pädagogisch wertvolle Spiele	Gewaltverherrlichende Computerspiele
	Menschenrechte/ Menschenwürde	„Fair" gehandelter Kaffee	Teppiche, die mit Kinderarbeit hergestellt wurden
Tier 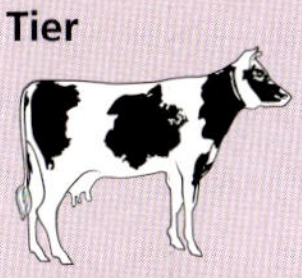 (hat oft auch Auswirkung auf den Mensch)	Haltung	Eier aus Freilandhaltung	Eier aus Legehennenbatterien
	Transport	Fleisch aus heimischen Zuchtbetrieben	Lange Tiertransporte, um Kostenvorteile bei der Schlachtung und Weiterverarbeitung auszunutzen
Umwelt  (hat indirekt auch stets Auswirkung auf Mensch und Tier)	Abbau von Rohstoffen	Motoren, die mit Rapsöl laufen	Möbel aus Tropenholz
	Belastung von Luft, Wasser, Boden	Textilien aus ökologischen und oft auch synthetisch hergestellten Fasern	Textilien aus Baumwolle, die unter Einsatz schädlicher Pestizide gewonnen wurde

Branchenbezogene Warenmerkmale

Aufbauend auf den oben genannten Merkmalen sollte das Warenwissen je nach Branche vertieft werden. So sind bei technischen Artikeln andere Merkmale von besonderer Bedeutung als bei Textilien oder Lebensmitteln.

Es versteht sich von selbst, dass das Verkaufspersonal in diesen Branchen hinsichtlich der **typischen Merkmale** über besonders **umfassendes Wissen** verfügen muss.

Welche Merkmale in einem **Verkaufsgespräch** mit dem Kunden **wichtig** und welche völlig **unbedeutend** sind, ist bei jedem Kunden neu zu ermitteln. Denn der Kunde interessiert sich nur für die Eigenschaften der Ware, von denen er sich einen **persönlichen**

---

[1] *Ethik: Regeln der Lebensführung, die sich aus der Verantwortung gegenüber anderen ergeben. Im Zusammenhang mit der Ware wird auch von der **„Warenökologie"** gesprochen.*

Nutzen verspricht. Diese Eigenschaften machen dann die **subjektive Qualität** eines Artikels aus und diese Qualität ist ausschlaggebend für die **Kaufentscheidung**. Den Kunden mit für ihn **unwichtigem Fachwissen** zu überhäufen, führt **zu unnötig langen** und oft auch **erfolglosen Verkaufsgesprächen** (vgl. Seite 216 ff.).

Bereiche des Warenwissens

- Um den Kunden kompetent Auskunft über die Waren und Dienstleistungen Ihres Geschäftes geben zu können, sind **Sortimentskenntnisse** von grundlegender Bedeutung.
- **Branchenübergreifende Warenmerkmale** können zur Beschreibung aller Artikel genutzt werden. Die Kenntnis dieser Merkmale kann einen Wechsel in eine andere Branche erheblich erleichtern.
- Jede Branche hat ihre Besonderheiten. Für ein Verkaufsgespräch sollten Sie die besonderen, **branchenbezogenen Merkmale** Ihrer Ware kennen.

1. Erstellen Sie eine Übersicht über das Sortiment Ihres Ausbildungsbetriebes. Überprüfen Sie die Genauigkeit Ihres Arbeitsergebnisses im Geschäft.

2. Beschreiben Sie mit fünf branchenübergreifenden Warenmerkmalen einen Artikel Ihrer Wahl.

3. Sammeln Sie die für Ihre Ware typischen Merkmale und bringen Sie diese in eine Reihenfolge: Das für die meisten Kunden wichtigste Merkmal erhält Rangplatz eins usw. Vergleichen Sie Ihre Liste mit der eines Mitschülers, der in der gleichen Branche arbeitet.

2.3 Informationsquellen für Warenwissen

Kerstin ist sauer und beschwert sich bei Mehmet: *„Sabine und du, ihr dürft alle drei Monate zu einem netten Seminar, bei dem euch das Warenwissen vermittelt wird. Bei mir im Betrieb gibt's gar keine Seminare. Wie soll ich denn da mit der Ware fit werden?"* *„Na, komm"*, entgegnet Mehmet, *„die Seminare sind zwar ganz o. k., aber man kann sich ja auch selbst ganz gut Informationen über die Waren aneignen!"*

ARBEITSAUFTRÄGE

- Beschreiben Sie Kosten und Nutzen für Einzelhandelsbetriebe, wenn sie ihre Mitarbeiter regelmäßig an warenkundlichen Seminaren teilnehmen lassen.
- Sammeln Sie zumindest vier Quellen, anhand derer Sie sich selbstständig Warenkenntnisse aneignen können.

Die Ware als Hauptinformationsquelle

Warenerprobung

Viele Verkäufer **empfehlen** dem Kunden einen Artikel, weil sie **selbst gute Erfahrungen** damit gemacht haben. Als **Verkaufsargument** ist das **nicht unproblematisch**, da die **Kundenansprüche** an die Ware nicht immer mit denen des Verkäufers übereinstimmen (vgl. Seite 199 f.). Vielfach werden aber solche Erfahrungsberichte des Verkäufers (als Fachmann) von den Kunden erfragt. Daher ist die eigene **Prüfung** und **Erprobung** bzw. das **Probieren** der Ware die ergiebigste Quelle, um sich Warenkenntnisse anzueignen.

Beispiel Mehmet darf einen neuen DVD-Player mit ins Wochenende nehmen, ihn testen und einen Erfahrungsbericht erstellen.

Wissen, das Sie mit eigenen **Erfahrungen** verknüpfen, ist für Sie sehr viel **leichter** und **länger** zu behalten als „angelesenes" Wissen.

PRAXISTIPP Nutzen Sie jede Gelegenheit, die Ware zu probieren, zu testen usw.

○ Warenkennzeichnung

Waren bzw. deren **Verpackungen** werden mit zahlreichen **Angaben** und **Zeichen** versehen, die teilweise rechtlich vorgeschrieben sind. Alle Zeichen haben eine **Bedeutung**, die der Verkäufer kennen sollte und die im **Verkaufsgespräch** sehr **nützlich** sein können.

Zeichen	Bedeutung	mögliches Kaufargument
Zahlenangaben 230 V ~	● Zahlenangaben haben ganz unterschiedliche Bedeutungen. Sie weisen auf Rohstoffe, Inhaltsstoffe und deren Anteile, technische Eigenschaften und vieles mehr hin. ● Zahlenangaben „sprechen nicht für sich". Hier ist es besonders wichtig, den Kunden aufzuklären.	„Dieser Saunaofen hat einen einfachen 230 Volt-Anschluss. Sie können ihn an einer normalen Steckdose anschließen und sparen sich den Elektroinstallateur."
Marken/ Warenzeichen Persil	● Marken sind geschützte Zeichen, die einem bestimmten Hersteller (Herstellermarken) oder großen Handelsunternehmen (Handelsmarken) zugeordnet werden können. ● Die Hersteller und Handelsunternehmen wollen, dass die Kunden mit der Marke eine gleichbleibend hohe Qualität oder attraktive Merkmale, wie Preiswürdigkeit in Verbindung bringen. Die Kunden sollen der Marke verbunden bleiben (Markentreue). ● Marken haben häufig einen hohen Geltungswert.	„Sicher, jedermann kennt die Werbeversprechen von Persil. Und gemessen an den hervorragenden Testergebnissen und Auszeichnungen ist das Image dieser Marke auch gerechtfertigt."
Gütezeichen RAL GÜTEZEICHEN KERZEN	● Gütezeichen sind Gemeinschaftszeichen von verschiedenen Herstellern, die ähnliche Artikel produzieren und sich in einer Gütegemeinschaft zusammenschließen. ● Gütezeichen werden von unabhängigen Institutionen (z. B. RAL[1]) geprüft. ● Sie garantieren dem Verbraucher eine Mindestqualität bei ausgewählten Merkmalen.	„Das RAL-Gütezeichen sichert bestes Abbrandverhalten der Kerzen, zum Beispiel durch gütegesicherte Rohstoffe. So haben Sie auch bei Ihrem Weihnachtsbaum ein sicheres Gefühl."

[1] *RAL ist der Ausschuss für Lieferbedingungen und Gütesicherung beim Deutschen Normenausschuss.*

Zeichen	Bedeutung	mögliches Kaufargument
Testzeichen	• Die **Stiftung Warentest** prüft Waren und Dienstleistungen. Sie ist die bekannteste Testorganisation, wurde von der Bundesregierung gegründet, ist unabhängig und dient der Verbraucherinformation. • Daneben gibt es insbesondere Fachzeitschriften, die Tests durchführen. • Oftmals werden nur Gesamturteile abgebildet. Wesentlicher kann aber die Bewertung in einzelnen Prüfkategorien sein.	„Sie haben Recht. Im Gesamturteil landet diese Digitalkamera auf Platz zwei. Hinsichtlich der Bedienung liegt sie jedoch unangefochten an der Spitze und das war Ihnen ja besonders wichtig."
Umweltzeichen	• Der Einzelhandel kann durch das Angebot und die Förderung umweltfreundlicher Artikel einen wichtigen Beitrag zum Umweltschutz leisten. • Umweltzeichen erhalten Artikel, die eine der folgenden Eigenschaften aufweisen: – hergestellt aus schadstoffarmen Materialien, – hergestellt mit energie- und rohstoffarmen Verfahren, – im Gebrauch lärmarm, – im Gebrauch wird die Umwelt (Luft, Wasser, Boden) wenig belastet.	„Dieser Rasenmäher ist lärmarm konstruiert. So sichern Sie sich Ihnen und Ihren Nachbarn einen entspannten Samstag-Nachmittag."
Öko-Kennzeichnungen z. B. für Bio-Lebensmittel das staatliche deutsche Bio-Siegel	• Öko-Kennzeichnungen werden in der Regel für Lebensmittel und Textilien vergeben. • Sie stehen z. B. für umweltfreundliche Produktion, artgerechte Tierhaltung (bei Lebensmitteln) und sollen eine Gesundheitsverträglichkeit für den Verbraucher belegen. • Die Aussagekraft der Zeichen hängt stark von den Prüfkriterien und der Unabhängigkeit der Organisation ab, die das Zeichen vergibt.	„Diese Bio-Eier stammen von Hühnern in Freilandhaltung, die ein ganz natürliches Futter bekommen haben. Sie können sie also guten Gewissens Ihren Kindern geben."
andere warenökologische Zeichen	• Das TransFair-Siegel wird von einem unabhängigen und international tätigen Verein vergeben. Dieses Siegel erhalten Artikel, bei denen den Urerzeugern (zumeist Bauern in Entwicklungsländern) ein erträglicher Preis garantiert wird, und zwar unabhängig vom jeweils gültigen Marktpreis für die Rohstoffe. • Daneben gibt es weitere Zeichen, die z. B. eine Produktion ohne Kinderarbeit garantieren sollen.	„Ja, der TransFair-Kaffee ist in der Tat höher im Preis. Dafür leisten Sie einen Beitrag, damit die Existenz der Kaffeebauern gesichert ist."

LF 10

Zeichen	Bedeutung	mögliches Kaufargument
Garantiezeichen 	• Viele Hersteller werben mit Garantien, die über die zweijährige Sachmängelhaftungsfrist hinausgehen, und kennzeichnen die Ware entsprechend.	„Der Hersteller dieser Waschmaschine bietet Ihnen eine 5-jährige Garantie."
Schutz- und Prüfzeichen	• Schutz- und Prüfzeichen zeigen, dass festgelegte Sicherheitsstandards durch den Artikel erfüllt werden. • Die Standards werden z. B. durch einen Technischen Überwachungsverein (TÜV) oder den Verband der Elektrotechniker (VDE) festgelegt. • Oft müssen diese Zeichen vorhanden sein, damit ein Artikel verkauft werden darf (z. B. CE für den Verkauf innerhalb Europas).	„Ich verstehe Ihre Sorge. Das TÜV-Zeichen garantiert Ihnen aber, dass trotz des anfallenden Kondenswassers der Trockner durch eine wirksame Isolierung gesichert ist."
Warnzeichen 	• Warnzeichen machen auf Gefahren bei der Lagerung und im Gebrauch von Artikeln aufmerksam. • Der Verkäufer sollte schon aus Fürsorge den Kunden auf die Bedeutung dieser Zeichen hinweisen.	„Bitte beachten Sie, dass dieser hochwirksame Reiniger auch giftige Stoffe enthält. Halten Sie sich daher bitte streng an die Gebrauchsanweisung und machen Sie ihn für Kinder unzugänglich."
Transport- und Lagerzeichen 	• Diese Zeichen beinhalten wichtige Informationen für den innerbetrieblichen Warenverkehr, die Lagerung und den Transport von Waren zum Kunden. • Wenn der Transport eines Artikels und unter Umständen eine Zwischenlagerung durch den Kunden erfolgen, sollten die Zeichen erklärt werden.	„An diesem Zeichen können Sie sehen, wo oben und unten ist, damit Sie alles unbeschädigt aus dem Karton bekommen."
Bedienungs- und Pflegezeichen 	• Durch Bedienungszeichen wird der Gebrauch eines Artikels erklärt, erleichtert oder sicherer gemacht; Pflegezeichen dienen der Erhaltung des Artikels. • Die Erläuterung dieser Zeichen kann späteren (unberechtigten) Reklamationen vorbeugen.	„Bitte beachten Sie die Waschanleitung; so werden Sie an Ihrem schönen Pullover lange Freude haben."

PRAXISTIPP Qualitätszeichen können im Internet z. B. unter www.verbraucherzentrale-nrw.de abgerufen werden.

Weitere Informationsquellen im Betrieb

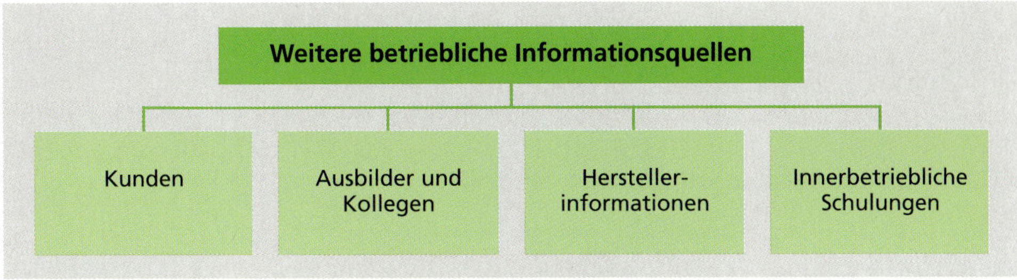

Kunden

Im Gespräch mit Kunden erhalten Sie zahlreiche Rückmeldungen über die Ware. Das **Problem** und gleichzeitig die **Stärke** dieser Informationen ist ihre ausgeprägte **Subjektivität**. Die Meinungen der Kunden können sehr unterschiedlich sein, weil sie **verschiedene Ansprüche** an die Ware haben. Oft gehen auch einfach die **Geschmäcker** auseinander, über die sich bekanntlich nicht streiten lässt. Sie erhalten durch die Gespräche aber in jedem Fall viele **Einschätzungen** und **Bewertungen**, die Sie in späteren Verkaufsgesprächen nutzen können. Vorsichtig sollten Sie allerdings mit dem Kaufargument „Der Artikel wird gerne/viel gekauft!" umgehen, denn dieses Argument kann für bestimmte Kunden abschreckend wirken.

Ausbilder und Kollegen

Ein **Lehrgespräch** mit dem Ausbilder oder auch ein **Fachgespräch** mit Kollegen ist eine ergiebige Quelle für Ihr Warenwissen. Die Kollegen verfügen über fundierte **Kenntnisse** und **Erfahrungen** aus eigenem Gebrauch oder durch Gespräche mit Kunden. Dieses Wissen sollten Sie nutzen.

PRAXISTIPP Fragen Sie Ihre Ausbilder und Kollegen, die sich über Ihr Interesse freuen werden.

Herstellerinformationen

Selbstverständlich sind Hersteller am fachkompetenten Verkauf ihrer Produkte interessiert. Durch **Außendienstmitarbeiter**, **Prospekte**, **Kataloge**, **Muster**, **Betriebsanleitungen** und **Gebrauchsanweisungen** informieren sie daher das Verkaufspersonal und den Kunden.

Beispiel Mehmet ist froh, dass er gleich nach der Anlieferung eine neue Digitalkamera mithilfe der Gebrauchsanweisung erprobt und die Herstellerinformation gelesen hat. So kann er bereits im ersten Verkaufsgespräch die Kamera sicher vorführen und die Argumentation fällt ihm leicht.

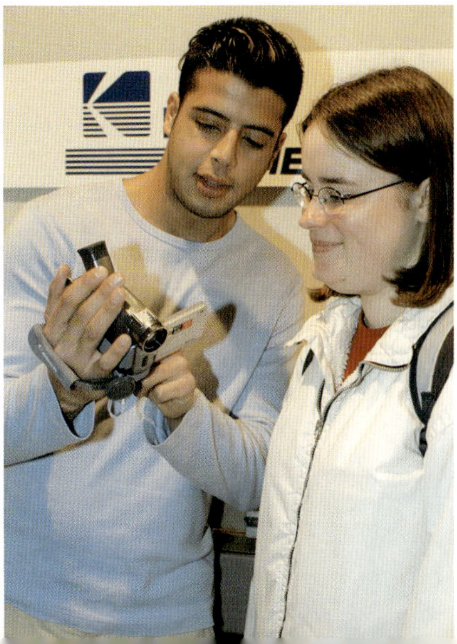

○ Innerbetriebliche Schulungen

Betriebsinterne Schulungen und Seminare finden in der Regel nur in größeren Einzelhandelsunternehmen statt. Sie werden von Herstellern, Ausbildern oder Abteilungsleitern durchgeführt. Hier geht es neben der Vermittlung von Warenwissen häufig um Themen wie „Kundenfreundlichkeit“ und „Verkaufsgespräche“.

● Außerbetriebliche Informationsquellen

Außerbetriebliche Informationsquellen

- Fachliteratur und Warentests
- Messen und Ausstellungen
- Seminare und Schulen
- Mitbewerber
- Internet

○ Fachliteratur und Warentests

Außer den Herstellerinformationen, die sich naturgemäß auf einzelne Artikel beziehen, bieten Ihnen Fachzeitschriften und -bücher **vertiefende Informationen**. Hier finden sich z. B. vergleichende **Beschreibungen** und **Bewertungen** von Artikeln eines Warenbereiches, häufig verbunden mit Testberichten. Derartige Berichte sind eine sehr ergiebige Quelle für Verkaufsgespräche. Dies gilt umso mehr, als dass viele Verbraucher selbst über Testergebnisse informiert sind. Welche Fachliteratur für Sie interessant ist, erfahren Sie von Kollegen, im Internet, bei Ihrer zuständigen Industrie- und Handelskammer etc.

○ Messen und Ausstellungen

Messen und Ausstellungen dienen den Herstellern dazu, dem Handel und oft auch den Verbrauchern ihre **Neuheiten** vorzustellen. Die aufwendig gestalteten Messestände bieten Ihnen die Möglichkeit, direkt **Kontakt** mit den Artikeln aufzunehmen, Ideen für deren **Präsentation** zu erhalten und sich vom **fachkundigen Personal** informieren zu lassen.

○ Seminare und Schulen

Fachverbände, Hersteller und größere Handelsorganisationen bieten auch kleineren Einzelhandelsunternehmen die Möglichkeit, an **überbetrieblichen Seminaren** teilzunehmen. Dort können Sie Ihr warenkundliches und verkaufstechnisches Wissen auffrischen und Kontakt mit Verkäufern aus anderen Betrieben aufnehmen. Für umfangreichere Weiterbildungen bieten **Fachschulen** des Handels und Fachverbände Maßnahmen an, deren Kosten oftmals durch den Arbeitgeber (mit-)finanziert werden. Aber auch allgemeine Bildungsträger, wie z. B. die Volkshochschulen, bieten zahlreiche Schulungen an, die auch im Beruf verwertbar sind.

Beispiel Kerstin Dahm nimmt in der Volkshochschule an einem Fremdsprachenkurs „Englisch“ teil, da sie die Fachoberschulreife anstrebt. Außerdem besucht sie den Kurs „Gesund kochen“, in dem sie zahlreiche Informationen über eine gesunde Ernährung und die richtige Zubereitung von Gemüse erhält. Dieses Wissen kann sie privat und beruflich nutzen.

○ Mitbewerber

LF 12

Die **Konkurrenzbeobachtung** gehört zu den grundlegenden und „lebenswichtigen" Aktivitäten eines Einzelhändlers. Dies gilt vor allem im Bereich des **Sortiments**. Um die Abwanderung von Kunden zur Konkurrenz zu vermeiden, sollten Sie unter anderem über deren Sortiment und die Preise der Artikel informiert sein. Hierzu dienen die **Beobachtung** der **Angebote** der Konkurrenz, die bei Werbemaßnahmen (Handzettel, Zeitungsbeilagen und -anzeigen, Rundfunk- und TV-Werbung usw.) für Sie leicht zugänglich sind, sowie eine **zielgerichtete Analyse** der gewonnenen Daten.

Beispiel Die Verkaufsleiterin Toyah Quirl erteilt Mehmet den Auftrag, das Sortiment in der Abteilung „Neue Medien" bei der Konkurrenz wie jeden Monat zu untersuchen. Er soll einen **„Konkurrenzgang"** zum stärksten Mitbewerber unternehmen und anschließend eine Übersicht erstellen, welche Neuerungen aufgenommen wurden, welches Zusatzsortiment angeboten wird und welche Preise die Konkurrenz nimmt. Hiervon verspricht sich Frau Quirl eine Hilfe für eigene Entscheidungen.

○ Internet

Das Internet ist eine unerschöpfliche **Informationsquelle** (vgl. Seite 67 f.), die Sie jederzeit nutzen können. Die Hersteller der Artikel, Fachverbände und -zeitschriften, Handelsunternehmen und viele andere mehr bieten auf ihren Internetseiten auch warenkundliche Informationen für Fachleute und den Verbraucher an. Die **Informationsfülle**, die Ihnen dort begegnet, ist kaum zu bewältigen, sodass Sie **Methoden** nutzen sollten, die Ihnen die **Auswahl** und die **Verarbeitung** der für Sie wesentlichen Informationen erleichtern.

Informationsquellen für Warenwissen

- Der **aktive Umgang** mit der Ware und die Kenntnis der **Warenkennzeichnungen** sind wichtige Informationsquellen für Warenwissen und werden Ihnen im Verkaufsgespräch nutzen.
- Die **Kunden**, Ihre **Ausbilder** und **Kollegen**, **Herstellerinformationen** (z. B. Gebrauchsanweisungen) und **innerbetriebliche Schulungen** können Ihnen im Betrieb weiterhelfen, sich Warenkenntnisse anzueignen.
- Außerhalb des Betriebes gibt es zahlreiche **Fachliteratur**, **Tests**, **Messen**, **Seminare** und das **Internet**, wo Sie warenkundliche Informationen erhalten. Auch die **Konkurrenzbeobachtung** kann hilfreich sein.

1. Beschreiben Sie drei typische Warenkennzeichnungen zu einem Artikel Ihres Ausbildungsbetriebes. Formulieren Sie daraus jeweils ein Kaufargument.

2. Ermitteln Sie mithilfe einer Suchmaschine Internet-Adressen, die warenkundliche Informationen zu Ihrer Ware liefern.

3. Sammeln Sie mindestens drei Fragen zu einem Artikel Ihrer Wahl, die Sie sich von Ihrem Ausbilder oder Kollegen beantworten lassen wollen.

4. a) Entwickeln Sie ein übersichtliches Schaubild zu den Informationsquellen für Warenwissen.
b) Stellen Sie die Informationsquellen, die Ihnen am leichtesten zugänglich sind, in Ihrem Schaubild heraus.

2.4 Methoden zur aktiven Aneignung und Weitergabe von Warenwissen

Kerstin Dahm hat sich in der Berufsschule freiwillig für ein warenkundliches Referat über „Exoten“ gemeldet. Nach einer Woche klagt Kerstin bei ihrer Ausbilderin Angela Bergmeier: *„Jetzt habe ich im Internet kiloweise Material gesammelt und weiß gar nicht, welche Infos ich für das Referat auswählen soll – schließlich soll es höchstens 15 Minuten dauern.“ „Hm, der Geschmack ist doch ganz sicher sehr wichtig“*, meint Frau Bergmeier. *„Mango, Papaya, Kiwi, Avocado, Ananas, Litschi und Shoran haben wir ja im Sortiment. Nimm dir die ins Wochenende mit und teste sie in Ruhe zu Hause. Fertige eine Übersicht zu deinem Test an. Diese Übersicht ist für dein Referat nützlich und du kannst sie auch ins Berichtsheft übernehmen. Wähle dann noch einige wenige Merkmale aus, die für den Kunden interessant sind. Du solltest auch nur höchstens drei Exoten beschreiben.“* Kerstin ist dankbar für den Tipp und freut sich schon auf ihre private Verkostung, zu der sie noch eine Freundin einladen möchte.

ARBEITSAUFTRAG

- Beschreiben Sie, wie Sie sich Warenwissen aneignen und tauschen Sie Ihre Ergebnisse mit Ihren Mitschülern aus.

Dokumentierter Warentest

Der **direkte Kontakt** zur Ware und die **eigenen Erfahrungen** mit einzelnen Artikeln im typischen Verwendungsbereich sind die wichtigste Quelle für Ihr Warenwissen. Damit diese Erfahrungen nicht verloren gehen, sollten Sie diese dokumentieren.

Beispiel Kerstin testet die Exoten und notiert sich jeweils Aussehen, Geschmack und die Art des Verzehrs:

Aussehen	Bild	Geschmack	Verzehr
Die Schale ist braun und pelzig. Außen hat sie grünes Fruchtfleisch, weiter innen kleine schwarze Samen, die rund um den hellen Mittelpunkt liegen.	 Kiwi	Am besten schmeckt das grüne Fruchtfleisch: süß, saftig und eine Mischung von Erdbeer-, Melonen-, und Stachelbeergeschmack. Unreife Kiwis sind fest und sauer. Samen stören nicht. Das Weiße ist etwas fester als das Fruchtfleisch.	Ganz einfach: In der Mitte durchschneiden und mit Teelöffel auslöffeln. Man kann sie aber auch schälen. Außer der Schale ist alles essbar.
In Form und Größe ähnlich einer Pflaume. Raue, schuppige, rot-braune und harte Schale. Fruchtfleisch hat Farbe einer Perle. Innen ziemlich dicker Kern.	 Litschi	Das Fruchtfleisch schmeckt ganz toll: Süßsauer, wie eine Mischung aus Weinbeeren und Sauerkirschen und auch würzig. Allerdings fühlt sich das saftige Fleisch auch etwas glitschig im Mund an.	Man muss die raue Schale abschälen, wie bei einem Ei. Das Fruchtfleisch kann man vom ungenießbaren Kern abknabbern oder abschneiden. Für das bisschen Fleisch etwas lästig.

Aussehen	Bild	Geschmack	Verzehr
Form ist ähnlich wie die einer Birne. Rote, grüne, und gelbe Farbschattierungen der Schale. Fruchtfleisch ist goldgelb. Innen platter, harter Kern.	 *Mango*	*Das Fruchtfleisch schmeckt süßlich nach Pfirsich und ein bisschen nach Ananas. Superlecker mit Sahne und Pudding. Meine Mutter isst sie immer zu Käse und Schinken.*	*Schale und Kern können nicht gegessen werden. Am besten entlang des Kerns durchschneiden, Schale abtrennen und dann in Würfel schneiden.*

Warensteckbrief

In einem Warensteckbrief werden die **Warenmerkmale** beschrieben, die für den **Verkauf**, die **Lagerung** und **Pflege** eines Artikels von Bedeutung sind. Je nach Artikel müssen Sie also ganz unterschiedliche Merkmale in den Steckbrief aufnehmen. Jeder Steckbrief enthält aber selbstverständlich die **Bezeichnung** der Ware und nach Möglichkeit ein **Bild**.

PRAXISTIPP Zeigen Sie Warensteckbriefe Ihrem Ausbilder und holen Sie sich eine Rückmeldung, ob Sie alles Wesentliche erfasst haben.

Beispiel

Mehmed erstellt mit dem PC einen Warensteckbrief zu einem Toaster. Er konzentriert sich dabei auf den Kundennutzen.

Warensteckbrief			erstellt von:	Mehmet Aydin
Hersteller:	**Rotert**	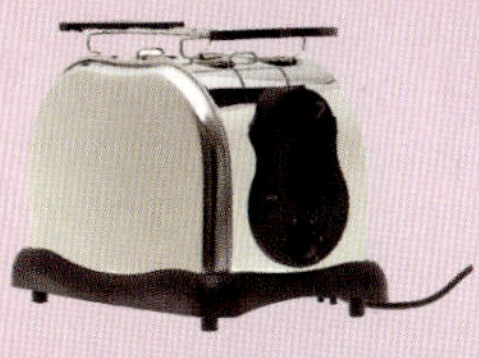	Ausbilder/in: Nicole Orth	*N. Orth*
Artikel:	**Toaster Electronic TTZ**		vorgelegt am: 15.10.20...	Unterschrift Ausbilder/in

Merkmale	Kundennutzen
Ganzmetall	Exklusives, edles Design; Schmuckstück in der Küche, Langlebigkeit
Elektronische Sensorkontrolle	Gewünschtes Röstergebnis wird sicher erzielt
„Rapid Toast" – Funktion mit bis zu 30 % schnellerem Toasten	Zeit wird gespart, mehr Toasts können in der gleichen Zeit geröstet werden
Brötchenaufsatz aus Edelstahl	Flexibler Einsatz; Edelstahl ist exklusiv und langlebig
Lift für kleines Brot	Auch kleinere Brote, z. B. für Kinder, sind sicher und leicht zu entnehmen

Merkmale	Kundennutzen
Krümelschublade	Sorgt für Sauberkeit und Hygiene im Toaster und in der Küche
Variable Brotstärken, extragroße Brotkammer	Unterschiedlich dick geschnittene Scheiben können getoastet werden
Touch control, beleuchtet: Unterbrechung / Auftauen / Erneutes Toasten	Vielfältige übersichtliche Funktionen in exklusiver Optik
Thermogehäuse	Schützt vor Verbrennungen und spart Energie
Sicherheitsabschaltung bei blockiertem Brot	Schutz beim Entfernen von eingeklemmtem Brot
900 Watt	Hohe Leistung für schnelles und gutes Toasten (siehe oben)

● Mind-Map

Als Alternative zum Warensteckbrief können Sie die wesentlichen Merkmale eines Artikels auch in einem Mind-Map festhalten. Mind-Maps sind sehr übersichtlich und können durch Bilder, Symbole und die Darstellung von Zusammenhängen angereichert werden. Sie eignen sich daher auch ideal zur Vorbereitung und Durchführung von Vorträgen, z. B. bei Referaten.

Beispiel Kerstin hat sich entschlossen, ihr Referat auf die Kiwi zu konzentrieren. Zur Unterstützung ihres Vortrages hat sie ein Mind-Map erstellt, das anschließend auch an alle Mitschüler verteilt wird:

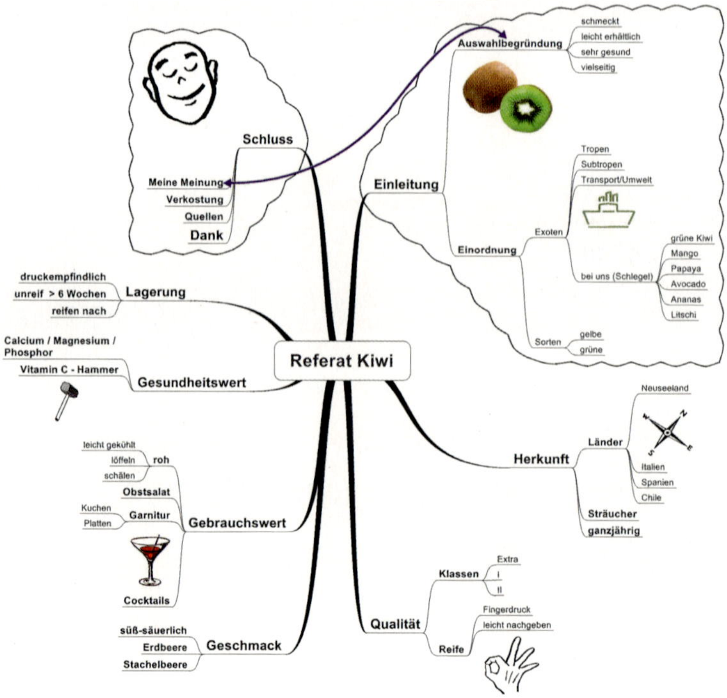

Referat

Die Vorbereitung, Durchführung und Auswertung von Referaten zu einem Artikel bedingt eine **aktive Auseinandersetzung** mit dessen Merkmalen. Dies führt dazu, dass Sie Informationen, die Sie zu dem Artikel sammeln und für die Zuhörer Ihres Referates auswählen und aufbereiten, besonders **intensiv lernen**. Zudem profitieren natürlich Ihre **Zuhörer** von Ihrem Referat, sofern es professionell vorbereitet und durchgeführt wird.

Beispiel Frau Schlüter, die Klassenlehrerin von Kerstin, Mehmet und Sabine, zeigt der Klasse ein Strukturbild zur Vorbereitung und Durchführung von warenkundlichen Referaten, das sie auch für ihre Bewertung nutzen will.

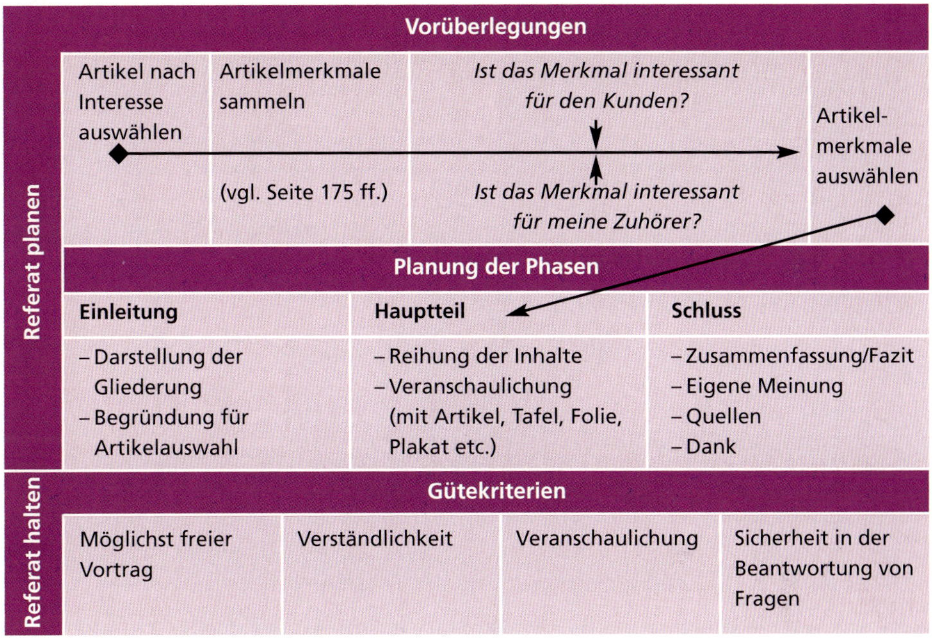

Für die Zuhörer sollten Sie zu Ihrem Referat eine **Kurzdarstellung** (z. B. einen Warensteckbrief oder ein Mind-Map) oder ein **Plakat** anfertigen, in dem die wichtigsten oder besonders interessante Inhalte Ihres Referates dargestellt werden.

Warenkunde-Ordner

Alle warenkundlichen Informationen, die Sie selbst gesammelt und aufbereitet haben oder die Sie von anderen bekommen haben, sollten Sie in einem Ordner sammeln. Teilen Sie diesen z. B. nach Waren- oder Artikelgruppen ein. So entsteht während Ihrer Ausbildungszeit Ihr persönliches **Nachschlagewerk**, das Sie z. B. für Ihre **Abschlussprüfung** nutzen können. Ein solcher Ordner kann natürlich auch auf dem PC angelegt werden.

PRAXISTIPP Sammeln Sie Ihre warenkundlichen Arbeiten sowie die Ihrer Mitschüler.

Lernkartei

Zur vertiefenden **Wiederholung** von Warenwissen, z. B. zur Vorbereitung auf die **Abschlussprüfung**, eignet sich die Lernkartei (vgl. Seite 69) in besonderem Maße. Im Laufe Ihrer Ausbildung können Sie immer wieder Karten erstellen und sammeln, sodass Sie nicht die ganze Arbeit am Schluss Ihrer Ausbildung machen müssen.

Beispiel Sabine Freund erstellt nach einem Seminar zu „Stoffen" einen Stapel Lernkartei-Karten:

Methoden zur aktiven Aneignung und Weitergabe von Warenwissen

- Mit einem dokumentierten **Warentest**, einem **Warensteckbrief** oder auch einem **Mind-Map** können Sie Ihr Warenwissen strukturiert festhalten und sich leichter merken.
- Von einem **Referat** profitieren nicht nur Ihre Zuhörer, sondern auch Sie selbst. Die Referatsinhalte bleiben nachhaltig in Ihrem Gedächtnis gespeichert.
- Sämtliche Ergebnisse Ihrer warenkundlichen Arbeit sollten Sie in einem **Warenkunde-Ordner** sammeln.
- Zur vertiefenden Wiederholung Ihres Warenwissens eignet sich die **Lernkartei** besonders gut.

1. Erstellen Sie einen Warensteckbrief oder ein Mind-Map zu einem Artikel Ihrer Wahl.

2. Planen und halten Sie ein Referat. Nutzen Sie dazu Ihr Arbeitsergebnis aus Aufgabe eins.

3. Erstellen Sie zehn Lernkarteikarten zu mehreren Artikeln Ihres Sortiments.

3 Eine Verkaufsberatung erfolgreich durchführen

3.1 Kontaktphase

Sabine ist zurzeit in der Sportschuhabteilung eingesetzt. Sie räumt gerade eine Lieferung Fußballschuhe ein, als ein Kunde die Abteilung betritt.

Sabine: *„Guten Morgen! Kann ich Ihnen helfen?"*
Kunde: *„Danke, mir ist heute nicht zu helfen, ich will mich nur mal umschauen!"*

Sabine ist verdutzt. Soll er doch, denkt sie sich und räumt weiter die Fußballschuhe ein. Der Kunde geht zu den Laufschuhen, nimmt einige Modelle in die Hand und verlässt nach einigen Minuten die Abteilung und das Geschäft.

ARBEITSAUFTRÄGE

- Sammeln Sie Gründe für das beschriebene Kundenverhalten.
- Machen Sie Vorschläge, wie Sabine mit dem Kunden ins Gespräch kommen könnte.

Bedeutung des ersten Kontaktes

Wenn ein Kunde ein Geschäft betritt, bedeutet dies: Er hat sich zunächst einmal für dieses Geschäft entschieden. Das ist eine **große Chance**! Je **individueller und persönlicher** sich der Kunde in der Folge vom Verkaufspersonal angesprochen fühlt, desto größer sind die Chancen, auf Basis **einer positiven Beziehung**, ein **erfolgreiches Verkaufsgespräch** zu führen.

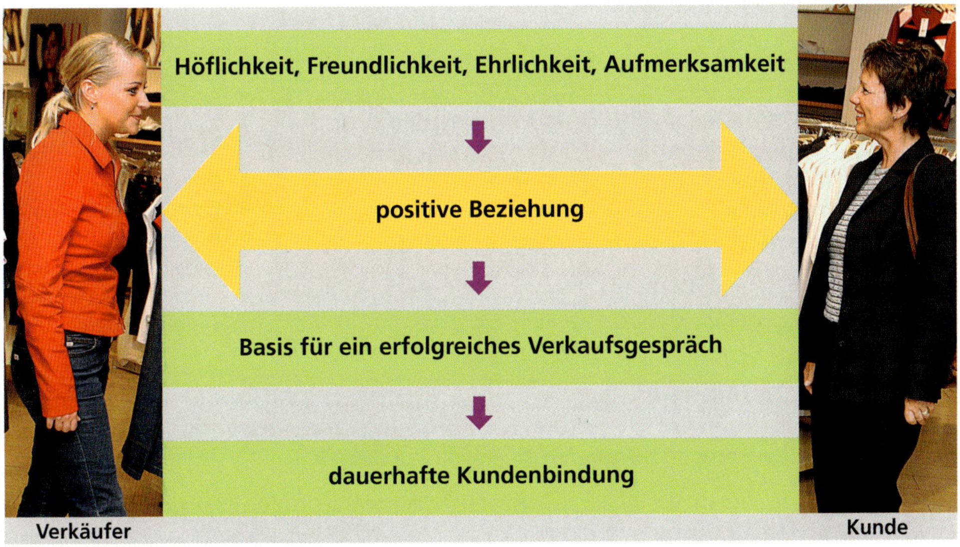

Die **ersten Sekunden** des **Kontaktes** zwischen Verkäufer und Kunde sind **entscheidend**. Dann nimmt der Kunde wichtige Informationen über seine Sinne wahr:

- den Gesichtsausdruck,
- die Körperhaltung,
- die Kleidung,
- sowie das gesamte Erscheinungsbild des Verkäufers.

Durch diese Wahrnehmungen ergeben sich beim Kunden Eindrücke.

Der Verkäufer

- ist freundlich und gepflegt,
- hat Interesse an einem Verkaufsgespräch,
- wirkt ehrlich und aufrichtig.

Ein Kunde betritt das Geschäft

Viele Kunden haben es mehr als einmal erlebt, dass sich ihnen beim Betreten eines Geschäftes kein einziger Verkäufer zuwandte, weiter Ware eingeräumt oder sogar Privatgespräche unter Verkäufern fortgesetzt wurden. Sie hatten eher das Gefühl zu stören, als willkommen zu sein. Die emotionale Reaktion darauf ist häufig zunächst **Enttäuschung** und mit zunehmender Dauer **Unmut** und **Ärger**.

PRAXISTIPP Kunden, die ein Geschäft mit Bedienung betreten, wollen wahrgenommen werden!

Haben Sie ständig den Eingangsbereich des Geschäftes oder Ihrer Abteilung im Blick!

Jeder Kunde hat es verdient, begrüßt zu werden – und zwar unverzüglich!

Aufräumarbeiten und Warenpflege sind für Sie nachrangig, wenn Kunden eintreten!

Falls Sie gerade ein Verkaufsgespräch führen, kann eine Kollegin oder ein Kollege gerufen werden!

Ist im Augenblick niemand für den Kunden verfügbar, so können Sie ihm mit einem Lächeln sowie einem Nicken signalisieren, dass Sie ihn wahrgenommen haben.

Kunden haben **Verständnis** dafür, wenn sie **warten** müssen, **nicht** aber, wenn sie **ignoriert** werden! Kunden, die sich nicht wahrgenommen fühlen, verlassen meistens das Geschäft nach wenigen Minuten, ohne etwas zu kaufen.

Darum sollten Sie in dieser Phase **Gesprächsbereitschaft signalisieren** (Gebesi), um einen Zugang zum Kunden zu finden.

Wahren Sie eine **angemessene Distanz** als Zeichen des Anstandes, aber auch um Ihre Kunden nicht zu bedrängen (vgl. Seite 162).

Lassen Sie Ihrem Kunden zunächst ein wenig Zeit, wenn er das Geschäft oder Ihre Abteilung betritt. Die braucht er, um sich zu orientieren.

Begegnen Sie jedem Kunden gleichermaßen offen! Man sieht keinem an, ob er etwas kaufen möchte oder wie viel Geld er hat.

Gehen Sie auf Ihren Kunden zu! Eine aufrechte Haltung und ein dem Kunden zugewandter Oberkörper strahlen dabei Selbstvertrauen aus.

Gebesi
(**Ge**sprächs**be**reitschaft **si**gnalisieren)

Signalisieren Sie dem Kunden, dass Sie ihn **bemerkt** haben und gleich bedienen werden.

Verstecken Sie sich nicht hinter einer Auslage und **verschränken Sie nicht Ihre Arme!** Das wirkt, als wollte man dem Kunden sagen: „Stör mich nicht!"

Blickkontakt, ein **kurzes Nicken** und **Lächeln** signalisieren dem Kunden
- Freundlichkeit,
- Kommunikationsbereitschaft und
- Sympathie.

Kundenansprache von Stammkunden

Jeder Kunde hört gern seinen Namen. Dies schafft eine persönliche Atmosphäre. Deshalb sollten Sie insbesondere die Stammkunden mit ihrem **Namen anreden**. Knüpfen Sie bei einem Stammkunden außerdem an den **letzten Kontakt** an und zeigen Sie ihm so, dass Sie sich an ihn erinnern. Fragen Sie bei der Begrüßung nicht: *„Wie geht's ...?"*, sondern setzen Sie gleich eine gezielte Frage ein.

Beispiel: „Guten Tag, Herr Hahn, wie sind Sie mit den Schuhen zurechtgekommen?"

Kundenansprache bei Bedienung

„Kann ich Ihnen weiterhelfen?" So oder ähnlich lautet die Standardfrage vieler Verkäufer. Die Standardantwort der Kunden kommt meist postwendend. *„**Nein** danke, ich möchte mich nur etwas umschauen."* Auf diesem Wege werden täglich viele Verkaufsgespräche beendet, bevor sie überhaupt begonnen haben. In der Folge ist es zwar noch möglich, mit dem Kunden in Kontakt zu treten, aber es ist nun wesentlich schwieriger. Denn wer möchte schon riskieren, sich innerhalb kürzester Zeit ein weiteres **„Nein"** vom Kunden einzuhandeln, nachdem dieser ihn ja bereits einmal abgewiesen hat?

PRAXISTIPP Vermeiden Sie bei der Kontaktaufnahme Fragen, auf die der Kunde mit einem „NEIN" antworten kann!

Äußern Kunden, dass sie sich nur mal umschauen wollen, so tun sie dies oft aus **Unsicherheit**. Häufig verbirgt sich hinter dieser Floskel ein Interesse an einer bestimmten Artikelgruppe oder sogar ein Kaufwunsch.

Um in der Phase der Kundenbegrüßung kein „Nein" als Antwort vom Kunden zu erhalten, ist es sinnvoll, das Gespräch mit einer **direkten Kundenansprache** zu beginnen.

Dazu stellen Sie **Blickkontakt** mit dem Kunden her, **lächeln** ihn an und versuchen es mit einem einfachen, aber freundlichen:

... und warten dann auf die Antwort des Kunden.

PRAXISTIPP Zählen Sie im Kopf bis drei und schweigen Sie so lange! Nahezu alle Kunden grüßen daraufhin zünachst zurück.

① **Manche Kunden** äußern dann ganz konkret:

„Ich suche ... (z. B. eine Tasche)."

② **Andere** sind hingegen zurückhaltend und unsicher und antworten zunächst:

„Ich möchte mich nur mal umsehen!"

Weil viele Kunden, insbesondere Laufkundschaft, in dieser Phase ein Bedürfnis der Orientierung haben, kann durchaus die Frage

„Nach etwas Bestimmten?"

hinterher geschoben werden, ohne dass sich die Kunden bedrängt fühlen.

In vielen Fällen lautet die Antwort dann:

„Ich suche ... (z. B. eine Tasche)."

Der Kundenkontakt ist hergestellt und es kann in die Bedarfsermittlung übergegangen werden!

Bleibt der Kunde bei seiner Aussage, dass er sich nur mal umschauen möchte, so sollten Sie ihm die Zeit dazu geben, ihn aber **weiter beobachten**. In vielen Fällen bleibt er dann an einer Ware stehen, betrachtet diese oder nimmt sie sogar in die Hand.

Kontaktaufnahme bei Vorwahl

Durch eine offene Warendarbietung setzen mittlerweile auch viele Fachgeschäfte auf **Vorauswahl**. Diese ermöglicht den Kunden einen freien Zugang zur Ware und den einfachen Kontakt mit ihr.

Bei einem Vorwahlsystem sind es die Kunden gewöhnt, sich zunächst selbstständig und ungestört umzusehen. Dennoch gibt es auch hier zahlreiche Situationen, in denen der Kunde die Hilfe des Verkaufspersonals wünscht.

Durch ihr Verhalten signalisieren die meisten Kunden in solchen Situationen, dass sie Hilfe benötigen, sie

- blicken suchend umher,
- probieren die Ware aus,
- machen ein ratloses Gesicht,
- schauen sich suchend nach einem Verkäufer um oder gehen zielgerichtet auf diesen zu.

In solchen Situationen sollten Sie die Chance nutzen, mit dem Kunden **über die Ware ins Gespräch** zu kommen.

Beispiel Im Mars Elektrofachmarkt steht eine Kundin vor dem Regal mit den Handys. Sie nimmt prüfend ein Gerät in die Hand und drückt verschiedene Tasten. Mehmet, der diese Szene beobachtet hat, tritt an die Kundin heran mit den Worten:
„Guten Tag, ich sehe, Sie prüfen die Bedienfreundlichkeit der Tastatur. Darf ich Ihnen die Funktionen dieses Handys näher erläutern?"

Konkrete, warenbezogene Aussagen sind angemessener als Fragen wie *„Was kann ich für Sie tun?"* oder *„Bitte schön?"* und ermöglichen einen ungezwungenen Kontakt zum Kunden.

PRAXISTIPP Ermutigen Sie Ihre Kunden bei der Ansprache über die Ware, diese auszuprobieren!

„Schießen Sie ruhig mal ein Foto mit dem Handy, dann sind Sie von der Bedienungsfreundlichkeit schnell überzeugt."

„Probieren Sie diesen Schuh einmal an, dann werden Sie sehen, wie gut er sitzt."

Steht ein Kunde bereits vor der Ware, können Verkäufer in ein Gespräch einsteigen, indem sie

dem Kunden **spiegeln,** was sie wahrnehmen.

oder

mit dem Kunden **über die Ware** ins Gespräch kommen.

Beispiele
- „Hallo, ich sehe Sie suchen ...!"
- „Guten Tag, wie ich sehe, haben Sie die Schuhe schon mal anprobiert ..."

Beispiele
- „Suchen Sie das passende Pflegemittel für diese Jacke?"
- „Nehmen Sie den Pullover ruhig mal aus dem Regal und probieren Sie ihn an!"

Kontaktaufnahme bei Selbstbedienung

In Geschäften mit Selbstbedienung erwarten die Kunden keine Kontaktaufnahme durch das Verkaufspersonal. Dennoch **freuen** sich die **Kunden** auch hier, wenn sie **wahrgenommen** und **begrüßt** werden. Dies gilt insbesondere für Stammkunden. **Blickkontakt**, ein **Lächeln** und ein kurzes Nicken sind kleine Gesten, die nicht viel Mühe kosten und jedem Kunden Wertschätzung signalisieren. Falls Kunden aber Ihre **Hilfe** benötigen, sich **suchend umschauen** oder auf Sie zugehen, so sollten Sie selbstverständlich zur Stelle sein und dem Kunden helfen.

Kontaktaufnahme beim Aushändigungskauf

Beim Aushändigungskauf erfüllt der Verkäufer oft einen genauen Kundenwunsch. Aushändigungskäufe gibt es im Lebensmittelbereich aus hygienischen Gründen (z. B. Käsetheke) oder auch in Bereichen, wo die Ware besonders wertvoll und diebstahlgefährdet ist (z. B. Druckerpatronen).

Beispiel Kerstin Dahm arbeitet zurzeit an der Käsetheke. Es ist Samstagvormittag, mehrere Kundinnen warten und wollen bedient werden:

Kerstin weiß, wer die nächste Kundin ist.	Kerstin weiß nicht, welche Kundin an der Reihe ist.	Kerstin kommt als neue Verkäuferin hinzu.
Sie stellt Blickkontakt her und lächelt: *„Bitte schön"* oder *„Welchen Wunsch haben Sie?"*	*„Wer ist nun an der Reihe"* oder *„Wen darf ich jetzt bedienen?"*	*„Guten Tag, ich bediene jetzt mit, wem kann ich weiterhelfen?"*

Kontaktphase

- In den **ersten Sekunden** entscheiden die Kunden darüber, ob ihnen der Verkäufer sympathisch ist.
- Eine **positive Beziehung** zum Kunden ist **Grundvoraussetzung** für ein erfolgreiches Verkaufsgespräch.
- Kunden, die ein Fachgeschäft betreten, wollen **wahrgenommen** und **begrüßt** werden. **Blickkontakt** und **Lächeln** signalisieren dem Kunden, dass er **willkommen** ist.
- Bei der Kontaktaufnahme sind **Fragen** zu **vermeiden**, auf die der Kunde mit **Nein** antworten kann.
- Kunden werden mit einem freundlichem **„Guten Tag"** oder **„Hallo"** begrüßt; anschließend sollten Sie warten, bis der Kunde antwortet.
- Beschäftigt sich der Kunde bereits mit der Ware, so ist er **über die Ware** anzusprechen.
- Wenn **Stammkunden** begrüßt werden, sollten Sie an den **letzten Kontakt** anknüpfen und sie mit ihrem **Namen** ansprechen.
- Signalisieren Kunden beim **Vorwahlsystem** oder bei der **Selbstbedienung**, dass sie Hilfe wünschen, so sollten Sie die Kunden **über die Ware** ansprechen.

1. Erläutern Sie die Bedeutung der Kundenbegrüßung für das Verkaufsgespräch.

2. Formulieren Sie fünf Merksätze, die eine erfolgreiche Kundenbegrüßung ausmachen.

3. Ein Kunde steht vor einem Regal mit Bohrmaschinen, nimmt einige prüfend in die Hand und schaut sich suchend um.
a) Formulieren Sie in wörtlicher Rede ein Beispiel, wie Sie diesen Kunden ansprechen.
b) Beschreiben Sie, welche Reaktion des Kunden Sie für wahrscheinlich halten.

4. Sie begrüßen einen Kunden. Dieser grüßt zurück und äußert, dass er sich nur einmal im Geschäft umsehen möchte. Beschreiben Sie Ihr Verhalten in dieser Situation.

5. Führen Sie einen „Begrüßungslauf" durch und zeichnen Sie diesen, wenn möglich, mit einer Digitalkamera auf. Geben Sie sich in der Gruppe anschließend ein Feedback. Spielregeln Begrüßungslauf: Benötigt werden sechs bis zehn Spieler. Ein Spieler beginnt in der Rolle des Verkäufers, die anderen stellen sich in einer Reihe auf und nehmen die Kundenrolle ein. Nun kommt der erste Mitspieler als Kunde auf den Verkäufer zu, woraufhin dieser ihn begrüßt. Bevor es in die Bedarfsermittlung geht, wird die Szene unterbrochen und der Mitspieler, welcher Kunde war, geht in die Verkäuferrolle und begrüßt den nächsten Mitspieler usw., bis alle Mitspieler an der Reihe waren.

6. Rollenspiel

a) Planen Sie ein Rollenspiel zur Kontaktaufnahme mithilfe der Rollenkarten.
b) Erstellen Sie einen Beobachtungsbogen für das Rollenspiel.
c) Führen Sie das Rollenspiel durch und werten Sie es aus.

Ein Kunde beschäftigt sich seit Längerem mit einem Artikel aus Ihrem Sortiment. Sie beobachten dies und sprechen den Kunden an.

Kunde	Verkäufer
Sie wollen sich heute nur informieren, benötigen aber Informationen zu der ausgestellten Ware.	Sie wollen Ihren Kunden helfen, aber nicht aufdringlich wirken.

3.2 Bedarfsermittlung

In der Inliner-Ecke der Sportabteilung hört Sabine, bevor sie in die Kaffeepause geht, den Beginn des nachfolgenden Verkaufsgespräches:

Verkäufer:	*„Guten Tag."*
Kunde:	*„Guten Tag. Ich möchte mich sportlich betätigen und suche dafür ein Paar vernünftige Inlineskates."*
Verkäufer:	*„Wie viel wollen Sie denn anlegen?"*
Kunde:	(Kunde wirkt ratlos) *„Das weiß ich noch nicht so genau, aber nicht mehr als nötig."*
Verkäufer:	*„Das ist kein Problem! Wir haben auch in den unteren Preislagen ein gutes Angebot. Wollen Sie denn Schalenschuhe oder Soft-Boots?"*
Kunde:	*„Das weiß ich nicht. Worin besteht denn der Unterschied?"* (Kunde wirkt ratlos)
Verkäufer:	*„Das ist ganz einfach; ich zeige Ihnen das mal an diesen beiden Modellen."* (Nimmt zwei Inlineskates aus dem Regal und beginnt diese zu erklären)

Als Sabine 20 Minuten später aus der Kaffeepause zurückkommt, liegen viele Inlineskates im Verkaufsraum. Sie bekommt gerade noch das Ende des Verkaufsgespräches mit:

Kunde:	*„Vielen Dank für die umfangreichen Informationen. Die muss ich jetzt erst mal verarbeiten. Auf Wiedersehen!"*

ARBEITSAUFTRÄGE

- Bewerten Sie die Fragen des Verkäufers bei der Bedarfsermittlung.
- Sammeln Sie in Partnerarbeit Fragen zur Bedarfsermittlung, die Sie dem Kunden im vorliegenden Fall stellen könnten.
- Verbessern und ergänzen Sie anschließend in Vierergruppen Ihre Ergebnisse. Erstellen Sie dann ein Plakat, mit allen Fragen, die Sie für sinnvoll halten.

Kaufmotive und Kundenansprüche

Unter einem Kaufmotiv wird der Beweggrund verstanden, warum Kunden eine Ware kaufen möchten. Häufig haben Kunden mehrere Kaufmotive. Z. B. Sabines alte Jeans passt nicht mehr, deshalb möchte sie sich eine neue kaufen. Diese neue Jeans soll zur aktuellen Sommermode passen.

In vielen Fällen geben die Käufer nicht gerne zu, dass sie aus einem Geltungsbedürfnis oder Nachahmungstrieb (emotionale Kaufmotive) eine Ware kaufen. Meistens **geben sie rationale Kaufmotive vor**, um die für sie wichtigeren Kaufmotive nicht nennen zu müssen. Dies ist eine Herausforderung für jeden Verkäufer, da die emotionalen Kaufmotive bestenfalls durch Nebenbemerkungen oder körpersprachlich angedeutet werden.

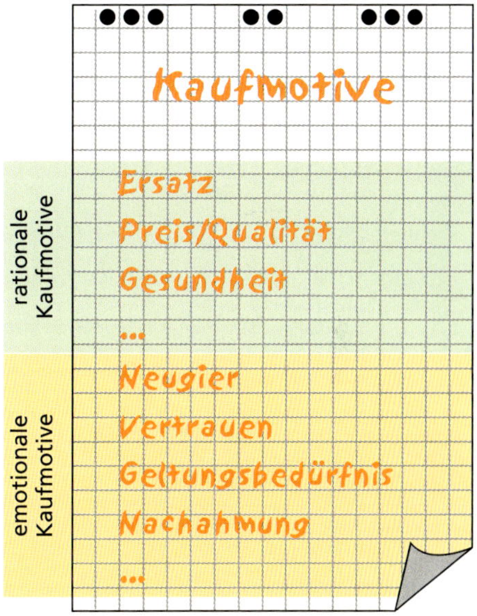

PRAXISTIPP Denken Sie daran, dass **Kunden** auch **von emotionalen Motiven** geleitet werden.

Beispiel Sabine Freund bedient in der Sportabteilung einen Kunden, der folgende Äußerung macht: *„Ich will mich nach dem Winter wieder etwas mehr **bewegen** und mich deshalb informieren, was es für **aktuelle Inlineskates** von **K3** gibt!"*

Inline-Skates	**bewegen**	**aktuelle Marken-Inlineskates**
↓	↓	↓
Bedarf	**genanntes, rationales Motiv** Begründung: z. B. Bewegungsdrang, Gesundheit	eventuell **emotionale Kaufmotive** wie z. B. Neugier oder Geltungsdrang Der Kunde interessiert sich für aktuelle Modelle einer Marke und ist bereit, dafür mehr Geld auszugeben.

Aus **den rationalen und emotionalen** Kaufmotiven entstehen **Kundenansprüche**, die Ihnen von den Kunden in vielen Fällen mitgeteilt werden. So ergibt sich aus dem Bedarf nach Inlineskates und dem Kundenmotiv *bewegen* der **Anspruch** auf einen gut passenden Schuh. Dieser sollte so gebaut sein, dass er der Gesundheitserhaltung und der Lauffreude des Kunden zuträglich ist. Aus dem **emotionalen Kaufmotiv**, dem Geltungsdrang, entsteht nun der **Anspruch**, dass es ein neuer/aktueller Inlineskate einer bekannten Marke sein soll.

Die folgenden typischen **Kundenansprüche** können unterschieden werden:

Kundenanspruch	Erläuterung: Kunden suchen einen Artikel, der ...
Gebrauchswert	... sehr nützlich ist im typischen Verwendungszusammenhang.
Geltungswert	... Aufmerksamkeit, Ansehen (Image) und Geltung bewirkt.
Bequemlichkeit	... Wohlbefinden und mühelose Abwicklung einer Tätigkeit ermöglicht.
Sicherheit	... vor Risiken und Verlusten schützt sowie Sicherheit und Zuverlässigkeit gewährt.
Gesundheitswert	... die Gesundheit und das Wohlbefinden erhält oder steigert.
Umweltverträglichkeit	... die Natur/Umwelt wenig oder gar nicht belastet.
Preiswürdigkeit	... ein günstiges/angemessenes Preis-Leistungsverhältnis hat.

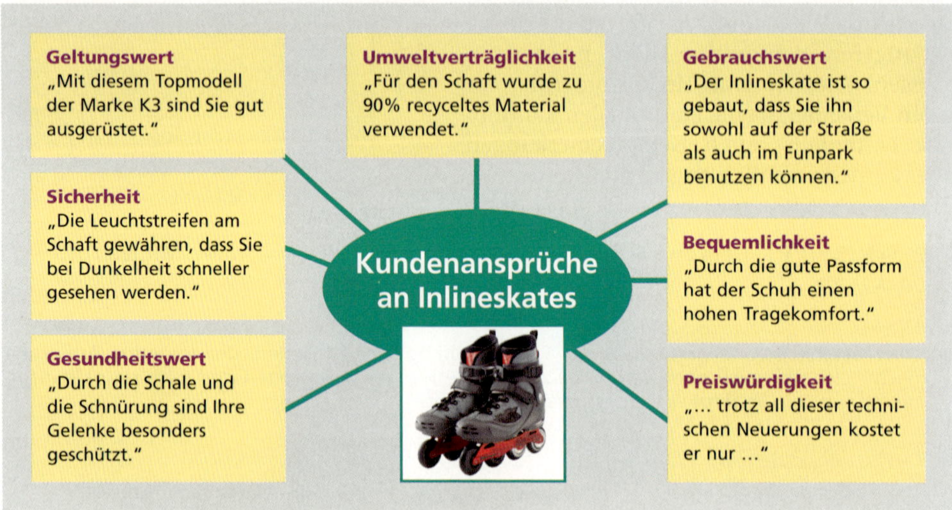

Der Kundenbedarf als Fundament des Verkaufsgesprächs

Ziel der Bedarfsermittlung ist es, den Kunden mit seinen **Wünschen**, **Motiven** und **Ansprüchen** kennenzulernen und die **Beziehungsebene** zu stärken. Die Bedarfsermittlung ist das **Fundament** für ein Verkaufsgespräch. Nur wenn Sie in dieser Gesprächsphase gründlich arbeiten und sich die nötige Zeit nehmen, wird die Basis für ein gelungenes Verkaufsgespräch geschaffen.

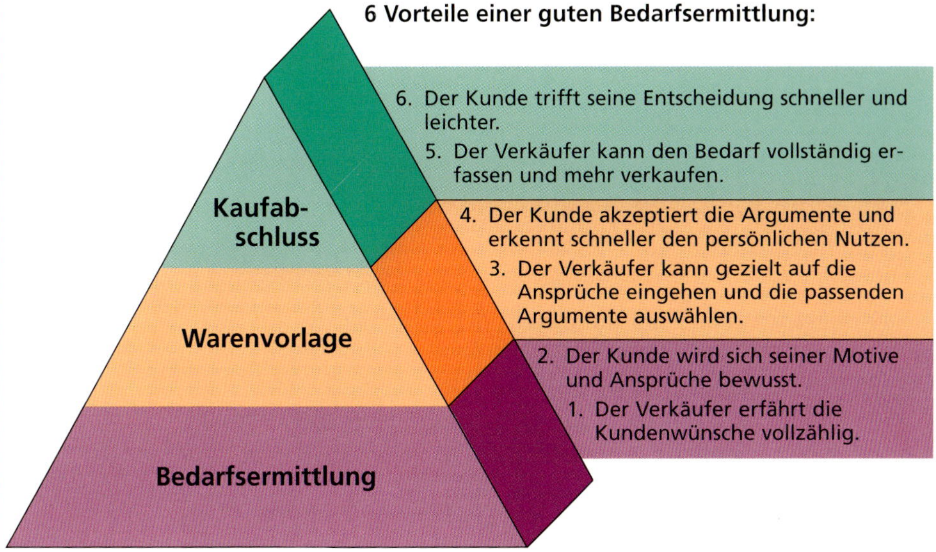

Wird die **Bedarfsermittlung** nur **oberflächlich** durchgeführt oder **unterbleibt** sie gar ganz, dann haben Verkäuferinnen und Verkäufer **wenige Möglichkeiten**, die Kunden **individuell** zu beraten. Vielmehr laufen sie Gefahr, sich in allgemeinen Aussagen zur Ware zu verlieren. Solche Verkaufsgespräche dauern dann meist **sehr lange** und wirken **wenig strukturiert**. Dies hat zur Folge, dass die Kunden in vielen Fällen nicht erfolgreich beraten werden können.

PRAXISTIPP Nehmen Sie sich Zeit für die Bedarfsermittlung! Gehen Sie immer erst dann in die Warenvorlage über, wenn Sie genug Informationen vom Kunden haben und die Bedarfsermittlung abgeschlossen ist!

Vertrauensauslöser

Im Anschluss an die Begrüßung und nachdem die Kunden ihre Wünsche genannt haben, sollten ihnen durch **Vertrauensauslöser** Sicherheit signalisiert werden. So wird eine angenehme und verkaufsfördernde Gesprächsatmosphäre geschaffen und die Beziehung zum Kunden gefestigt. Erst im Anschluss daran wird in die eigentliche Bedarfsermittlung übergegangen.

Beispiele

Kunde: „Nach meiner Knieverletzung suche ich ein Paar Laufschuhe, weil ich langsam mit dem Laufen beginnen möchte."
Verkäufer: „Wir haben uns auf diese Probleme eingestellt und werden bestimmt etwas Passendes für Sie finden!"

Kunde: „Ich suche eine Wanderjacke für meine Größe."
Verkäufer: „Da sind Sie bei uns richtig. In Ihrer Größe haben wir eine große Auswahl."

Den Bedarf der Kunden ermitteln

Der Bedarf der Kunden kann je nach Ware auf unterschiedliche Art und Weise ermittelt werden. Als mögliche Wege bieten sich an:

Direkte Bedarfsermittlung	Erlebnisorientierte Bedarfsermittlung	Indirekte Bedarfsermittlung

Die direkte Bedarfsermittlung

Bei der direkten Bedarfsermittlung stellt der Verkäufer direkte Fragen. **Offene Fragen** sind dabei gut geeignet, um vom Kunden konkrete Informationen zu erhalten. Häufig werden offene Fragen mit sogenannten **W-Worten** eingeleitet:

Wann? **W**omit? **W**ohin? **W**ie? **W**odurch? **W**er? **W**o? **W**orauf? **W**elche? **W**ie viel? **W**eshalb? **W**ie oft? **W**ieso? **W**oher? **W**en? **W**ozu?

Beispiele

„**Wo** genau möchten Sie mit diesen Schuhen wandern?"
„**Wie** oft fotografieren Sie ...?"
„**Wer** benutzt diese Kamera?"

In den meisten Fällen ist der **Bedarf** des Kunden, „z. B. Wanderschuhe" noch **unbestimmt**. Es fehlen konkrete Angaben, wie Material, gewünschte Eigenschaften, Qualität usw. Insbesondere beim Kauf beratungsintensiver Artikel wissen die meisten Kunden selber nicht genau, wie der gewünschte Artikel beschaffen sein soll.

Offene Fragen sollen die Kunden dazu veranlassen, über ihre Bedürfnisse und Motive nachzudenken und sich darüber zu äußern. **Je mehr** Sie die Kunden zum **Reden** animieren, **desto besser** werden Sie informiert. Sie erhalten Hinweise über die gewünschten Wareneigenschaften. Diese Informationen ermöglichen es Ihnen, Rückschlüsse auf die Artikel Ihres Sortimentes zu ziehen und dem Kunden solche Waren vorzulegen, die seinen Wünschen am nächsten kommen.

PRAXISTIPP Um zu überprüfen, ob Sie genug über Ihre Kunden wissen, stellen Sie sich zum Ende der Bedarfsermittlung die Frage: **„Was weiß ich von meinem Kunden?"**. Dieses Vorgehen wird Sie gegebenenfalls dazu veranlassen, noch mal genauer nachzufragen!

Aus Ihren Fragen soll sich aber **keineswegs** ein **Verhör** ergeben. Vielmehr sollen sie als eine Basis für ein zielgerichtetes und angenehmes Gespräch dienen.

PRAXISTIPP Je nach Kunde und Verkaufssituation macht es Sinn, dem Kunden Ihr **Handeln** zu **erklären**.
„Damit wir bei unserer großen Auswahl den für Sie richtigen Artikel finden, würde ich gern wissen ..."
Die Kunden erkennen so ganz schnell den persönlichen Nutzen der Bedarfsermittlung für sich und lassen sich in der Regel dann auf eine intensive Bedarfsermittlung ein, in der sie bereitwillig und ohne Vorbehalte Auskunft geben.

Ein weitverbreiteter Fehler besteht darin, dem Kunden in der Bedarfsermittlung geschlossene Fragen in Form von **Alternativ- oder Killerfragen** zu stellen. **Dies sollte vermieden werden!**

Alternativfragen	Killerfragen: nach dem Preis	Killerfragen: nach der Farbe und nach der Marke
Vermeide: *„Möchten Sie eine Gore-Tex- oder eine Mikrofaser-Jacke?"* Diese Fragen **überfordern viele Kunden**, weil sie sich aufgefordert fühlen, sich frühzeitig zwischen Alternativen zu entscheiden. Häufig kennen sie aber bestenfalls oberflächlich die Unterschiede zwischen den Alternativen.	**Vermeide:** *„Wie viel möchten Sie denn für Ihren Drucker ausgeben?"* Die Frage nach der Preislage **lenkt von den eigentlichen Bedürfnissen** der Kunden ab und stärkt in vielen Fällen das Misstrauen gegenüber Verkäufern.	**Vermeide:** *„Welche Marke oder Farbe haben Sie sich denn vorgestellt?"* Die Frage **schränkt** die Warenvorlage unnötig **ein** oder führt gar zum **Abbruch des Gespräches**, wenn der Kunde eine Marke oder Farben nennt, die das betreffende Geschäft nicht führt.
Lösung: Eine Bedarfsermittlung muss vielmehr durch **offene Fragen so vollständig erfolgen**, dass Sie sich ein genaues Bild über die Bedürfnisse des Kunden verschaffen und ihm begründet eine Gore-Tex- **oder** Mikrofaser-Jacke vorlegen können. Beispiel: *„Wo, in welchen Regionen der Alpen wandern Sie überwiegend?"*	**Lösung:** Durch offene Fragen in der Bedarfsermittlung muss der Verkäufer so viel vom Kunden erfahren, dass er ihm einen Artikel anbieten kann, der seine Ansprüche erfüllt. Beispiel: *„Wie viel drucken Sie etwa am Tag?"*	**Lösung:** In nahezu allen Fällen suchen Kunden Produkte, die ihnen ihre Bedürfnisse und Wünsche erfüllen: Marke und Farben sind dabei oft nachrangig, sodass sie nicht erfragt werden müssen. Hat ein Kunde hingegen einen konkreten Wunsch bezüglich einer Marke oder einer Farbe, so äußert er dies fast immer von sich aus zum Beginn der Bedarfsermittlung, ohne dass er danach vom Verkäufer gefragt werden muss!

○ Die erlebnisbezogene Bedarfsermittlung

Die erlebnisbezogene Bedarfsermittlung ist eine **Variante der direkten Bedarfsermittlung**. Als Verkäufer versuchen Sie hier mit dem Kunden über dessen **Erlebnisse und Erfahrungen** ins Gespräch zu kommen, die für ihn durch den Umgang mit dem gewünschten Artikel entstehen.

Dabei machen Sie sich die These zunutze, dass jeder **gerne über das spricht**, was er selber **bevorzugt macht** oder was ihn gerade besonders **beschäftigt**. Kann der Kunde sich mitteilen und trifft er dabei auf einen interessierten und aufmerksamen Zuhörer, so fühlt der Kunde sich wohl und akzeptiert. Dies stärkt die Beziehung Kunde–Verkäufer.

PRAXISTIPP Suchen Sie bei der Auswahl Ihrer bedarfsermittelnden Fragen deshalb nach Ansatzpunkten, die den Kunden persönlich und emotional so beschäftigen, dass er seine Bedürfnisse, Kaufmotive und Ansprüche preisgibt und dabei regelrecht ins „Sprudeln" gerät!

Gewünschter Artikel	Mögliche Frage (Beispiele)	Mögliche Informationen
Bohrmaschine	*„... und wie kommen Sie mit Ihrem Umbau voran?"*	Der Kunde berichtet so über seine nächsten Vorhaben, Erfahrungen und Probleme, die ihn zum Kauf bewegen.
Tennisschläger	*„Wie lief Ihr letztes Tennismatch?"*	Der Kunde wird Ihnen ein Bild über seine spielerischen Stärken, die Schwächen und Spielgewohnheiten mitteilen.
Wein	*„Was soll denn gefeiert werden?"*	Sie werden so erfahren, was gefeiert wird, wie viele Personen kommen und was es zum Essen gibt.

PRAXISTIPP Besonders bei Kunden, die von sich aus **redselig und mitteilungsbedürftig** sind, ist diese Variante der Bedarfsermittlung **geeignet**, um mit nur wenigen Fragen ein umfassendes Bild zu erhalten. Bei etwas zurückhaltenderen Kunden ist es notwendig, die eine oder andere Frage mehr zu stellen, bis diese Kunden „aufgetaut" sind.

○ Die indirekte Bedarfsermittlung

Artikel, bei denen emotionale Kaufmotive und der persönliche **Geschmack** der Kunden darüber entscheiden, ob ihnen dieser zusagt, sind für eine **direkte Bedarfsermittlung ungeeignet**.

Beispiele
- Artikel aus dem Mode- oder Fashionbereich
- Parfümerie
- Einrichtungs- und Dekorationsgegenstände

→ **Hier sind Aussehen und persönliches Gefallen kaufentscheidend!**

Statt den Kunden Fragen zu stellen, sollten Sie ihnen ein „**Testangebot**" vorlegen und ihre **Reaktion** genau **beobachten**. Nicht immer äußern Kunden dann direkt, ob ihnen der Artikel zusagt oder nicht. Oftmals signalisieren nur kleine **nonverbale Zeichen** Zustimmung oder Abneigung zum vorgelegten Artikel.

Kundenreaktion:	– greift nach dem Artikel – leichtes Nicken	– abschweifender, suchender Blick – Schritt nach hinten
Deutung:	↓ **Zustimmung** ↓	↓ **Abneigung** ↓
Weiteres Vorgehen des Verkäufers:	Bewegen Sie den Kunden so schnell wie möglich, sich mit der Waren auseinanderzusetzen. Lassen Sie ihn ein Kleidungsstück anprobieren, ein Parfum riechen oder eine Vase in die Hand nehmen.	Klären Sie für sich und für den Kunden, was nicht gefallen hat. Grenzen Sie die Alternativen ein und verschaffen Sie sich so ein zunehmend kompletteres Bild über die Bedürfnisse Ihres Kunden.

Die Fähigkeit zuzuhören

Die Fähigkeit, dem Kunden geeignete Fragen zu stellen, ist eine wichtige Voraussetzung, um die benötigten Informationen zu erhalten. Dies kann letztendlich jedoch nur dann erfolgreich sein, wenn Sie die dargebotenen Informationen Ihrer Kunden auch aufnehmen und ein **guter Zuhörer** sind!

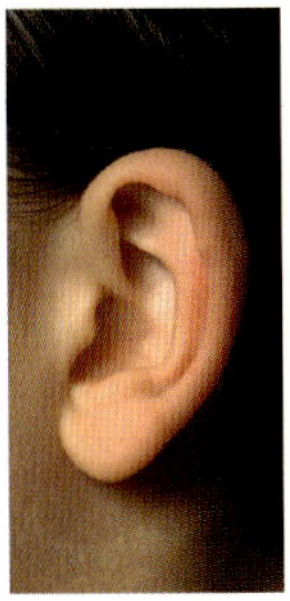

- Lassen Sie Ihre Kunden aussprechen und **unterbrechen Sie** sie **nicht**, wenn sie sich Ihnen mitteilen.
- Senden Sie dem Kunden **Aufmerksamkeitsreaktionen** (Blickkontakt, Nicken, „Ich verstehe", „Oh", „Mm-hmm", „Wirklich?").
- **Hinterfragen** Sie, wenn Sie etwas nicht verstanden haben oder etwas unklar ist.
- **Merken** Sie sich alle wichtigen Informationen.
- Suchen Sie bereits jetzt nach **Ansatzpunkten** für die anschließende Argumentation während der Warenvorlage (vgl. Seite 216 ff.).

Bedarfsermittlung

- Hinter den **Kundenwünschen** steckt meistens ein ganzes **Motivbündel**, dieses setzt sich aus **rationalen** und **emotionalen** Kaufmotiven zusammen.
- **Kaufmotive** äußern sich in **Kundenansprüchen** an die Ware: Gebrauchswert, Geltungswert, Bequemlichkeit, Sicherheit, Gesundheitswert ...
- **Vertrauensauslöser** signalisieren dem Kunden vor der eigentlichen Bedarfsermittlung **Sicherheit**.

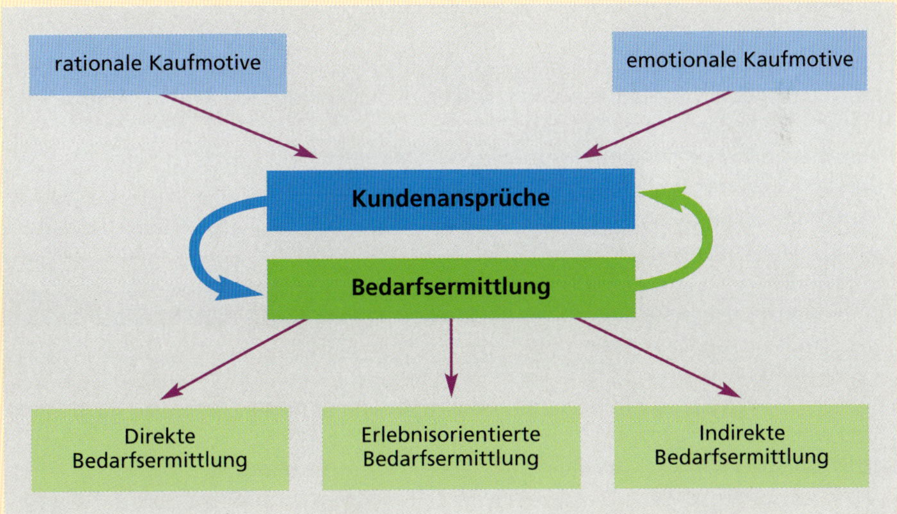

- Bei der **direkten Bedarfsermittlung** sind **die W-Fragen** der Schlüssel zum **Erfolg**. Sie veranlassen den Kunden, über seine Bedürfnisse und Motive nachzudenken und sich dazu zu äußern.
- **Alternativ- und Killerfrage** sind bei der Bedarfsermittlung fehl am Platz.

- Bei der **erlebnisbezogenen Bedarfsermittlung** versuchen Sie den Bedarf über ein Gespräch zu ermitteln, bei dem Sie **Erlebnisse** und **Erfahrungen** des Kunden in den Gesprächsmittelpunkt stellen.
- **Indirekt wird der Bedarf** durch die **sofortige Warenvorlage** ermittelt. An den **Reaktionen** der Kunden wird deutlich, welche Ware geeignet ist, ihre Wünsche zu erfüllen.
- Sie sollten immer erst dann in die **Warenvorlage** übergehen, wenn die Bedarfsermittlung **abgeschlossen** ist.

1. Geben Sie zu jedem der aufgeführten Beispiele drei mögliche Kaufmotive an:
a) Ein Hobbyläufer kauft sich das Top-Schuh-Modell von der Marke ASICO zum Preis von 159,00 EUR.
b) Eine Familie kauft einen neuen Flachbildschirmfernseher. Im Angebot kostete dieser 1.550,00 EUR.
c) Sabine kauft sich eine neue Jeans. Diese wird zu einem Sonderpreis angeboten.
d) Mehmet kauft sich für sein Auto endlich die Breitreifen auf Sportfelgen.

2. Erläutern Sie die Vorteile einer vollständigen und sorgfältigen Bedarfsermittlung.

3. Eine ältere Dame betritt ein Schuhfachgeschäft. Sie möchte ein Paar schwarze Schuhe kaufen. Eine Verkäuferin reagiert mit der folgenden Aussage auf diesen Kaufwunsch: „Bei unserer großen Auswahl finden wir bestimmt geeignete Schuhe für Sie."
a) Beurteilen Sie die Wirkung dieser Aussage.
b) Formulieren Sie in wörtlicher Rede zwei Fragen, um den Bedarf genauer zu ermitteln!
c) Begründen Sie, warum die Verkäuferin sich für die direkte Bedarfsermittlung entschieden hat.
d) Beschreiben Sie Situationen, in denen die indirekte Bedarfsermittlung angebracht ist.

4. Ein Herr mittleren Alters beschäftigt sich bei einem Herrenausstatter seit einiger Zeit mit Krawatten. Als ein Verkäufer auf ihn zugeht, entwickelt sich folgender Dialog:
Kunde: „Ich suche eine Krawatte."
Verkäufer: „Soll sie denn aus Synthetik oder Seide sein?"
Kunde: (Kunde wirkt ratlos) „Das ist mir eigentlich egal."
Verkäufer: „An welches Muster haben Sie denn gedacht?"
a) Beurteilen Sie die Bedarfsermittlung.
b) Formulieren Sie drei Fragen, die Sie dem Kunden stellen würden.
c) Erläutern Sie, wie Sie durch die indirekte Bedarfsermittlung etwas über die Kundenbedürfnisse erfahren können.

5. Erstellen Sie für die nachfolgenden Produkte so viele sinnvolle Fragen zur Bedarfsermittlung wie Ihnen einfallen.
a) Bohrmaschine b) Kaffeemaschine c) Handy

6. Rollenspiel
a) Planen Sie Rollenspiele, in denen mit der direkten Bedarfsermittlung die Kundenwünsche für die Produkte aus Aufgabe 5 ermittelt werden.
b) Erstellen Sie einen Beobachtungsbogen für Rollenspiele zur Bedarfsermittlung (fünf Kriterien).
c) Führen Sie die Rollenspiele durch und werten Sie diese aus.

3.3 Angebotsphase

3.3.1 Grundsätze der Warenvorlage

Mehmet hat in den ersten Wochen seiner Ausbildung schon einiges zum Thema „Verkaufen" gelernt. Er weiß, wie er einen Kunden begrüßt und auch an seiner Fragetechnik, die er auch bei der Bedarfsermittlung einsetzen kann, hat er erfolgreich gearbeitet. Jetzt fühlt er sich fit für ein „Verkaufsgespräch".
Die Kundin, die er gerade berät, sucht eine einfach zu bedienende Digitalkamera für Urlaubsbilder – so viel hat er bei der Bedarfsermittlung erfahren.

Mehmet: *„Ja, da haben wir eine große Auswahl ..."* („Oh nein, ausgerechnet" schießt es ihm durch den Kopf), „mindestens 10 verschiedene Modelle. Wie viele zeige ich ihr denn, soll ich mit der teuren für 1.500,00 EUR anfangen, oder besser doch eine andere? Sie sieht ja aus, als hätte sie Geld ...")

Zu Mehmets großer Erleichterung erscheint in diesem Moment sein Ausbilder, Nico Bonnet, um ihn im weiteren Verlauf des Verkaufsgesprächs zu unterstützen.

ARBEITSAUFTRÄGE

- Sammeln Sie Möglichkeiten, wie die Warenvorlage in der dargestellten Situation durchgeführt werden sollte.
- Prüfen und ergänzen Sie Ihre Ergebnisse mithilfe der „Grundsätze zur Warenvorlage".

Die Angebotsphase bildet das **Zentrum** des **Verkaufsgespräches**.

In den vorangegangenen Kapiteln haben Sie gelernt, ...

... wie wichtig Ihr **kommunikatives Verhalten** für ein Verkaufsgespräch ist.

... sich mit **Ihrer Ware vertraut** zu **machen,** damit Sie Ihre Kunden immer fachlich kompetent beraten können.

... die **Kunden** richtig zu **begrüßen,** einen gelungenen Einstieg zu finden und eine **gute Beziehung** zum Kunden aufzubauen.

... die Wünsche, Motive und Ansprüche, d. h. den **Bedarf** Ihrer Kunden zu ermitteln.

Grundlagen für die zentrale Phase des Verkaufsgesprächs:

die Angebotsphase

Bausteine der Angebotsphase

Die Warenvorlage
- Den richtigen Zeitpunkt wählen
- Die richtigen Artikel vorlegen
- Dem Kunden eine angemessene Auswahl anbieten
- Sachgemäß mit der Ware umgehen
- Nicht nur mittlere Preislagen vorlegen
- Alle Sinne des Kunden ansprechen
- Perspektiven für weitere Verkäufe eröffnen
- Serviceleistungen einbeziehen

Die Argumentation
- Passende Argumente auswählen
- Argumentation in drei Schritten vollziehen
- Erlebnisbezogen argumentieren
- Vorteilsformulierungen anwenden

Besonders bei **beratungsintensiven Produkten** suchen die Kunden häufig die **Hilfe des Verkaufspersonals**. Sie wünschen sich, dass ein Verkäufer mit ihnen gemeinsam die für sie passenden Artikel aus dem Sortiment heraussucht. Sie möchten, dass die Eigenschaften und Besonderheiten erklärt und gegebenenfalls vorgeführt werden. So verschiedenartig all diese Verkaufsgespräche sind, die Sie dabei führen, so lassen sich dennoch bestimmte Grundsätze für die Angebotsphase ableiten, die Ihnen Hilfe und Orientierung zugleich sein können.

Grundsatz 1 – Der richtige Zeitpunkt

Im Falle einer **indirekten Bedarfsermittlung** versteht es sich von selbst, dass Sie mit dem Kunden gemeinsam an einer Ware den Bedarf klären. Deshalb legen Sie die Ware bereits zu einem frühen Zeitpunkt vor und beziehen diese in das Verkaufsgespräch mit ein.

Bei der **direkten** und der **erlebnisbezogenen Bedarfsermittlung** hingegen müssen Sie sich zunächst mithilfe geeigneter Fragen ein klares Bild über die Motive und Ansprüche der Kunden verschaffen. Dazu benötigen Sie in der Regel etwas Zeit (vgl. Seite 202 ff.). Ein vorschnelles Vorlegen der Ware würde hier dazu führen, dass Sie in der Folge häufig zwischen den Gesprächsphasen der Bedarfsermittlung und der Warenvorlage hin- und herspringen müssten. Solche Gespräche wirken dann häufig unstrukturiert und zerfahren.

PRAXISTIPP Achten Sie darauf, dass Sie die Phase der **Bedarfsermittlung abschließen, bevor Sie zur Warenvorlage** übergehen.

Grundsatz 2 – Die richtigen Artikel

Ausgehend von den Ansprüchen des Kunden ist es nun Ihre Aufgabe, aus der Vielzahl der in Frage kommenden **Artikel** Ihres Sortimentes diejenigen **auszufiltern**, die mit den **Ansprüchen** des **Kunden übereinstimmen**. Dazu müssen Sie die Kundenansprüche mit den Wareneigenschaften abgleichen. Das kann bereits während der Bedarfsermittlung geschehen. Dies setzt voraus, dass Sie sowohl die **Ansprüche** Ihrer Kunden als auch Ihr **Sortiment** und die jeweiligen **Eigenschaften Ihrer Ware** kennen.

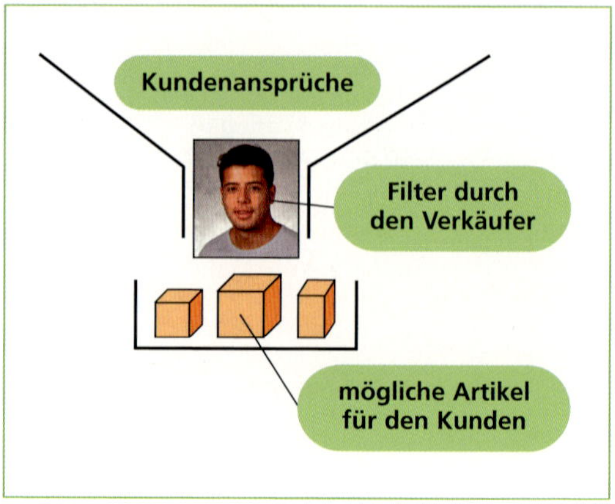

Beispiel Mehmets Ausbilder, Nico Bonnet, führt ein Verkaufsgespräch mit einem Kunden, der einen Drucker für seinen Computer sucht. Mithilfe der Bedarfsermittlung hat er erfahren, dass der Kunde für seine Arbeit eine hohe Seitenanzahl an Texten ausdruckt, keinen Wert auf Farben, aber auf ein sauberes Druckbild und eine sparsame Lösung bezüglich des Farb-/Tonerverbrauchs legt.
Diese Informationen filtert Nico Bonnet nun durch seine Sortiments- und Warenkenntnisse; übrig bleiben Laserdrucker, die er dem Kunden in der Folge näher erläutert. Alle übrigen Farb- und Tintenstrahldrucker im Sortiment braucht er nicht mehr zu berücksichtigen.

PRAXISTIPP Eine **gelungene Warenvorlage** kann nur dann erfolgen, wenn ihr **eine intensive Bedarfsermittlung vorausgegangen** ist. Die in die Bedarfsermittlung investierte Zeit wird durch die gezielte Warenvorlage mehr als wettgemacht.

Grundsatz 3 – Eine angemessene Auswahl

Kunden erwarten eine gewisse Auswahl

Sie bieten **zu wenige Artikel** an:
Es fehlen Vergleichsmöglichkeiten und es entsteht der Eindruck, Ihr Geschäft hätte nicht genügend Auswahl oder Sie als Verkäufer hätten kein Interesse am Kunden und am Verkauf.

Sie bieten **zu viele Artikel** an:
Sie laufen Gefahr, Ihre Kunden zu überfordern. Die Kunden verlieren die Übersicht und können sich schwerer entscheiden.

Bieten Sie dem Kunden etwa **drei Artikel** zur Auswahl an.

Grundsatz 4 – Sachgemäßer Umgang mit der Ware

Legen Sie nur einwandfreie und saubere Ware vor und gehen Sie sorgfältig und sachgerecht mit der Ware um, die Sie dem Kunden vorlegen. Dies ist **aus verschiedenen Gründen** wichtig:

- Sorgfältiger, sachgerechter und schonender Umgang mit der vorgelegten Ware macht diese in den Augen der Kunden wertvoller. Ein nachlässiger und achtloser Umgang mit der Ware wertet diese ab.
- Die Ware ist für den Kunden vor allem im Fachgeschäft nicht immer zugänglich (z. B. Schmuck in Vitrinen). Hier besteht Ihre Aufgabe darin, die Ware mit der gebotenen Vorsicht für den Kunden gut sichtbar und erreichbar darzubieten.
- Sie räumen Artikel direkt zur Seite, die der Kunde im Laufe des Gespräches ablehnt. Dies dient einem besseren Überblick und spart lästiges Aufräumen nach dem Verkaufsgespräch. Außerdem wird verhindert, dass sich die Kunden im weiteren Verlauf des Gespräches wieder auf Artikel beziehen, die schon längst aus der näheren Auswahl ausgeschieden sind.

Grundsatz 5 – Die richtige Preislage

Mit welcher Preislage sie bei der Warenvorlage beginnen wollen, ist insbesondere für viele junge Verkäufer eine schwierige Entscheidung. Ob ein Kunde preiswerte oder Artikel zu einem höheren Preis kauft, lässt sich nicht anhand seiner äußeren Erscheinung abschätzen. Die Kunden vergleichen **ihren persönlichen Artikelnutzen** mit dem Preis, und dieser Vergleich fällt bei fast jedem Menschen anders aus.
Das Empfinden über die Preiswürdigkeit eines Artikels ist höchst individuell und wird durch eine Menge von Einflüssen bestimmt (rationale und emotionale Kaufmotive, Hobbys, Vorlieben, Einkommen usw.).

PRAXISTIPP Übertragen Sie niemals Ihre Einschätzung über die Preiswürdigkeit eines Artikels auf den Kunden!

Mit welcher Preislage sollten Sie bei der Warenvorlage beginnen?

Möglichkeit 1

Sie wählen die **mittlere Preislage** der infrage kommenden Produkte

Begründung:

Sie eröffnen sich die Chance, aufgrund sprachlicher oder körpersprachlicher Signale auf untere oder obere Preislagen auszuweichen.

Problem:

Es ist wesentlich leichter, „die Leiter runterzufallen", das heißt, sich von einer mittleren Preislage in eine niedrigere Preislage zu begeben, als umgekehrt.

Möglichkeit 2

Sie wählen die **höhere Preislage** der infrage kommenden Produkte

Begründung:

1 Durch die Bedarfsermittlung und die daraus folgende gezielte Artikelauswahl haben Sie bereits eine kundengerechte Artikelvorauswahl getroffen, bei der oft gar keine extremen Preislagenunterschiede vertreten sind.

2 Viele Kaufmotive liegen auf der **emotionalen Ebene**. Daraus ergeben sich häufig Kundenansprüche nach einem Geltungswert, nach Sicherheit oder Vertrauen. Diese Kundenmotive sollten Sie genauso ernst nehmen wie die rationalen Kundenmotive. Für die Befriedigung dieser emotionalen Motive sind die Kunden auch häufig bereit, mehr Geld auszugeben.

3 Insbesondere Fachabteilungen und Fachgeschäfte sind aufgrund ihrer Sortimentsstruktur dazu gezwungen, dem Kunden eine Auswahl an Marken und Neuheiten anzubieten. Es ist daher für den Einzelhandel wichtig, auch die Alternativen auf höherem Preisniveau zu verkaufen, welche oftmals emotionale Kaufmotive bedienen.

Beispiel Mehmets Ausbilder hat sich entschieden, einem Kunden drei Laser-Drucker aus dem Sortiment vorzustellen. Da diese für den Heimbedarf bestimmt sind, sind teure Profidrucker gar nicht in der Auswahl enthalten. Dennoch ist auch hier eine Preisspanne von 199,00 EUR bis 399,00 EUR gegeben. Herr Bonnet beginnt die Warenvorlage mit dem Drucker für 399,00 EUR. Der Kunde kennt den Markennamen und verbindet mit ihm ein positives Image. Das Gehäuse macht auf ihn einen hochwertigen Eindruck, das Druckbild des Probeausdrucks findet ebenfalls seine Zustimmung und der sehr komfortable Papiereinzug begeistert den Kunden. Die beiden anderen, preiswerteren Geräte finden weniger Zuspruch, vor allem weil sie im Vergleich mit den besonderen Vorzügen des teureren Gerätes nicht so gut abschneiden. Einmal von den Vorzügen des Druckers überzeugt, leuchtet dem Kunden auch der höhere Preis ein.

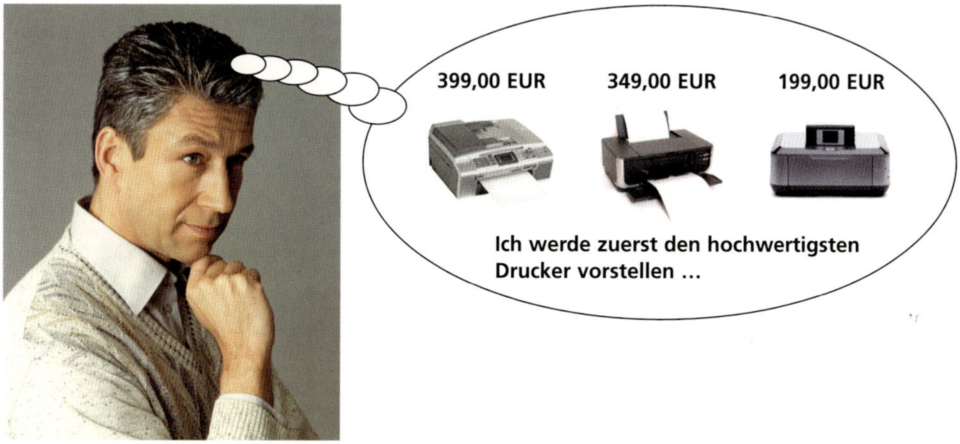

PRAXISTIPP Seien Sie mutig und legen Sie mit Selbstvertrauen auch einmal Artikel auf höherem Preisniveau vor, nachdem Sie auf Basis der Bedarfsermittlung eine Artikelvorauswahl für Ihre Kunden getroffen haben.

Grundsatz 6 – Sinnesbezogene Warenvorlage

Um den **Besitzwunsch** der Kunden **zu verstärken**, ist es wichtig, dass die Kunden während der Warenvorlage die Möglichkeit haben, die vorgelegten Artikel mit möglichst **vielen Sinnen** zu **erfassen** und **auszuprobieren**.

PRAXISTIPP Probiert ein Kunde in der Textilbranche ein Kleidungsstück an, so ist ein wichtiger Schritt in Richtung Kaufabschluss getan.

Zudem sammeln die Kunden während der Warenvorlage Informationen über die vorgelegte Ware, indem sie **sehen, hören, berühren, riechen und schmecken**.

Für Kunden, deren **Sehsinn (visuelle Reize)** besonders stark ausgeprägt ist, spielen alle Dinge, die sie mit den Augen erfassen, eine große Rolle.

Diese Kunden möchten möglichst die Ware und deren Produkteigenschaften sehen und vorgeführt bekommen!

Für Kunden, deren **Hörsinn (auditive Reize)** besonders ausgeprägt ist, spielen alle Dinge, die sie **hören**, eine große Rolle.

Diese Kunden nehmen das gesprochene Wort sehr gut wahr und reagieren sensibel auf Funktionsgeräusche der vorgelegten Artikel.

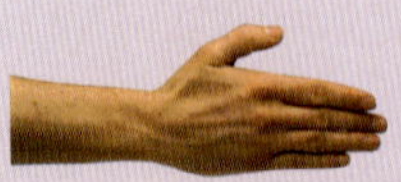

Für Kunden, deren **Tastsinn (kienästhetische/taktile Reize)** stark ausgeprägt ist, sind **Gefühle, Emotionen** und **Eindrücke** besonders wichtig.

Diese Kunden schätzen eine freundliche und gefühlsbetonte Verkaufsatmosphäre und möchten die vorgelegten Produkte auf alle Fälle selber in die Hand nehmen, fühlen oder ertasten.

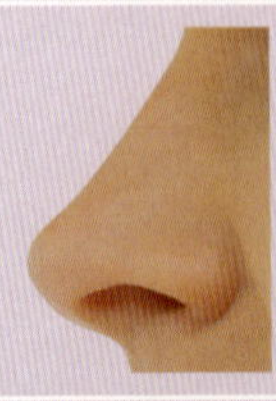

Für Kunden, deren **Geruchssinn (olfaktorische Reize)** besonders ausgeprägt ist, spielen alle Dinge, die sie **riechen**, eine große Rolle.

Diese Kunden reagieren sehr feinfühlig auf Gerüche. Als angenehm empfundene Gerüche in einem Geschäft oder an einer Ware animieren sie zum Kauf.

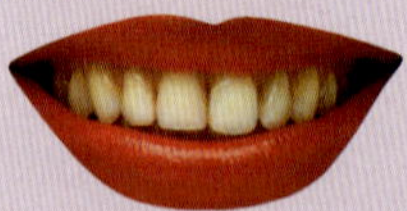

Für Kunden, deren **Geschmackssinn (gustatorische Reize)** besonders ausgeprägt ist, spielen alle Dinge, die sie schmecken, eine wichtige Rolle.

Solche Kunden beurteilen Dinge nach dem Geschmack in ihrem Mund. Über eine Verkostung können Kunden am besten erfahren, wie gut frisches Brot, Käse oder ein Wein schmeckt.

Die dargestellten Sinne sind bei jedem Menschen in **Mischformen** vorhanden und unterschiedlich ausgeprägt. Ähnlich wie bei einem Fingerabdruck hat **jeder Mensch sein eigenes Profil**. So kann es sein, dass ein Mensch seine Umwelt bevorzugt über Fühlen und Sehen wahrnimmt und ein anderer über Sehen und Riechen usw.

In der Kürze eines Verkaufsgespräches ist es zumeist unmöglich, den bevorzugten Wahrnehmungskanal der Kunden zu erkennen. Daher achten Sie bei der Warenvorlage darauf, **möglichst viele Sinne Ihrer Kunden anzusprechen**. So sichern Sie das intensive Erleben für den Kunden und erhöhen die Wahrscheinlichkeit, dass Sie den bevorzugten Wahrnehmungskanal einbeziehen.

Beispiele

- Sabine Freund findet bei Textilien das Aussehen am wichtigsten. Während eines Verkaufsgespräches merkt sie, dass die Kundin alle zur Auswahl stehenden Pullover anfasst und sich oft an die Wange hält. Außerdem scheint die Kundin an Sabines Argumenten zu Schnitt und Modefarben gar nicht interessiert zu sein. Sabine hat nicht bemerkt, dass der Kundin die Bequemlichkeit und der Tragekomfort viel wichtiger sind. Sie hätte daher eher etwas zu den verwendeten Materialien sagen und der Kundin eine Anprobe vorschlagen müssen.
- Mehmet hat es sich angewöhnt, Kunden, die einen Elektrorasierer kaufen möchten, das Gerät einschalten zu lassen. Er hat schon häufig festgestellt, dass die unterschiedlichen Betriebsgeräusche des Rasierers entscheidend sein können für Kauf oder Ablehnung der Ware.
- An der Käsetheke entscheiden Kunden oft nicht nur nach Geschmack, sondern auch nach Geruch, welchen Käse sie kaufen.
- Staubsauger müssen eine bestimmte Lautstärke haben, da manche Kunden bei sehr leisen Geräten darauf schließen könnten, dass die Saugleistung nicht ausreicht.

Beispiele für das Ansprechen unterschiedlicher Wahrnehmungskanäle:

Waren / Wahrnehmungskanal					
sehen	Aussehen des Druckers	Aussehen der Inlineskater	Design des Kaffeevollautomaten	Gestaltung und Aussehen der Flaschenform	Aussehen des Pullovers
hören	Geräusch beim Drucken und Bedienen der Funktionstasten	Abrollgeräusch der Rollen, Geräusch beim Öffnen des Klettverschlusses	Funktionsgeräusch beim Mahlen der Kaffeebohnen und Filtern des Kaffees	Geräusch beim Öffnen der Flaschen	
fühlen	Gefühl beim Bedienen der Funktionstasten	Gefühl, wenn der Inlineskate in die Hand genommen, anprobiert oder gefahren wird	Gefühl beim Ausprobieren der Bedienungselemente	Gefühl, wie die Flasche in der Hand liegt	Gefühl, wenn der Pullover in die Hand genommen oder auf der Haut getragen wird
riechen	Funktionsgeruch bei Betrieb des Gerätes	Eigengeruch des Inlineskates durch verwendete Materialien	Gerüche, die beim Mahlen oder Filtern des Kaffees entstehen	Geruch des Weines	Eigengeruch des Pullovers
schmecken			Geschmacksprobe des frisch hergestellten Kaffees	Probieren des angebotenen Weines	

● Grundsatz 7 – Perspektiven für weitere Verkäufe

Denken Sie bereits in dieser Phase des Gespräches daran, weitere Artikel mit in die Warenvorlage einzubeziehen, die den Kauf des Kunden sinnvoll ergänzen. Viele Kunden erwarten von einem guten Verkäufer eine Warenvorlage, die es Ihnen ermöglicht, den erworbenen Artikel auch sofort nutzen zu können (MP3-Player – Batterien) oder Ihnen z. B. in der Modebranche neue Impulse und Anregungen gibt (vgl. Seite 242 ff.).

Beispiel Nico Bonnet bietet dem Kunden, nachdem er sich zum Kauf eines Laserdruckers entschlossen hat, das passende Druckerpapier an. Außerdem weist er darauf hin, dass auch der Toner für diesen Drucker selbstverständlich immer vorrätig ist.

Grundsatz 8 – Serviceleistungen

Je nach Branche und Betriebsform werden im Einzelhandel die unterschiedlichsten Serviceleistungen angeboten. So verschieden diese auch im Einzelnen sind, eines gilt für alle gleichermaßen: Mit Serviceleistungen muss **aktiv geworben** werden. Nur so können Sie einen Beitrag zur Kundenbindung und zur Profilierung gegenüber den Mitbewerbern leisten.

Serviceleistungen sind ...

... auf die Ware bezogen

Beispiele
- Ein Lebensmittelgeschäft bietet einen Partyservice an.
- Ein Sportgeschäft bietet einen Service zur Skipflege an.
- Die Radio- und Fernsehabteilung eines Fachmarktes bietet einen mobilen Reparatur- und Störungsservice an.

... auf Informationen bezogen

Beispiele
- Ein Computerfachgeschäft bietet Informationen zu Netzwerksystemen, Internetanschluss und Telefonanlagen an.
- Ein Supermarkt nimmt telefonische Warenbestellungen an.
- Ein Herrenausstatter bietet Informationen zu seinem Sortiment im Internet an.

... auf die Zahlung bezogen

Beispiele
- Ein Warenhaus bietet seinen Kunden eine Kundenkarte an.
- Eine Boutique bietet Umtausch mit Geld-zurück-Garantie an.
- Ein Fachmarkt bietet Ratenzahlung z. B. bei TV- und Hifi-Geräten an.

Während der Angebotsphase können Serviceleistungen verkaufswirksam eingesetzt werden. Der Hinweis auf eine Serviceleistung, die mit der Ware im Zusammenhang steht, kann ein zusätzliches Verkaufsargument sein.

Beispiel Während der Warenvorlage hat Mehmets Ausbilder, Herr Bonnet, den Kunden auf das umfangreiche Serviceangebot des Mars Elektrofachmarktes hingewiesen. So wird im Reklamationsfall das defekte Gerät sofort gegen ein neues ausgetauscht. Alle Fragen im Zusammenhang mit dem Computer, dem Internetanschluss oder der Telefonanlage des Kunden werden, auch vor Ort, kostenlos geklärt.

PRAXISTIPP **Tue Gutes und rede darüber!** Serviceangebote müssen in das Verkaufsgespräch eingebunden werden!

Grundsätze der Warenvorlage

- Im Falle einer direkten oder erlebnisbezogenen Bedarfsermittlung ist erst dann in die **Warenvorlage** überzugehen, wenn die Phase der **Bedarfsermittlung** abgeschlossen ist.
- Das Verkaufspersonal hat bei der Warenvorlage eine **Vorauswahl** für die Kunden zu treffen. Zentraler **Anhaltspunkt** für diese Vorauswahl sind die ermittelten **Kundenbedürfnisse**.

- Legen Sie Ihren Kunden etwa **drei Artikel** zur Auswahl vor.
- **Sorgfältiger** und **sachgerechter Umgang** mit der Ware signalisiert dem Kunden eine hohe **Wertigkeit** der Ware.
- Wenn Sie für Ihre Kunden eine Artikelvorauswahl getroffen haben, dann können Sie auch mit der **höheren Preislage** der infrage kommenden Artikel beginnen. Ansonsten beginnen Sie mit der **mittleren Preislage**.
- Achten Sie darauf, dass Ihre Kunden während der Warenvorlage die Ware mit möglichst **vielen Sinnen** wahrnehmen können.
- Zeigen Sie schon während der Warenvorlage Perspektiven für **Ergänzungsverkäufe** auf.
- Binden Sie die **Serviceleistungen** Ihres Ausbildungsbetriebes mit in die Warenvorlage ein.

1. Erläutern Sie den Zusammenhang zwischen der direkten Bedarfsermittlung und der Warenvorlage.

2. Erläutern Sie, wie es sich auswirkt, wenn dem Kunden zu viele Artikel zur Auswahl vorgelegt werden.

3. Nennen Sie drei Grundsätze für den Umgang mit der Ware bei der Vorlage. Beziehen Sie sich dabei auf einen Artikel Ihrer Wahl.

4. Suchen Sie sich fünf Artikel aus Ihrem Ausbildungssortiment und notieren Sie, auf welche Weise Sie während der Warenvorlage möglichst viele Sinne ansprechen können.

5. Begründen Sie den folgenden Grundsatz der Warenvorlage: „In vielen Fällen macht es Sinn, dem Kunden zuerst einen Artikel der höheren Preislage vorzulegen."

6. Die Center Warenhaus GmbH möchte die Attraktivität ihres Hauses erhöhen und hat sich das Ziel gesetzt, den Kunden verstärkt Einkaufserlebnisse zu bieten. Im Rahmen einer Aktionswoche sollen möglichst vielseitig die Sinne der Kunden angesprochen werden. Erarbeiten Sie in der Kleingruppe eine Ideensammlung für diese Aktionswoche. Beziehen Sie sich dabei auf bestimmte Sortimentsbereiche der Center Warenhaus GmbH. Präsentieren Sie Ihre Ergebnisse auf einem Plakat.

7. Erstellen Sie ein Mind-Map zu den Grundsätzen der Warenvorlage.

8. Rollenspiel
Üben Sie in Rollenspielen eine kundengerechte Warenvorlage. Nehmen Sie dazu beliebige Waren aus Ihrem Warenverkaufskundefachraum. Unterscheiden Sie dabei die verschiedenen Wahrnehmungstypen. Üben Sie dabei die Warenvorlage für
a) einen visuell orientierten Kunden,
b) für einen kienästhetisch orientierten Kunden.
Geben Sie sich nach jedem Rollenspiel ein Feedback.

3.3.2 Argumentation

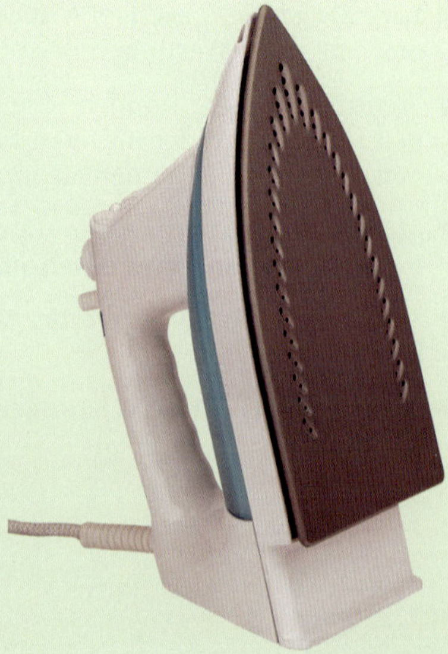

Mehmet bedient eine Kundin, die ein neues Bügeleisen sucht.

Kundin: *„Wissen Sie, meine Freundin hat so einen modernen Dampfbügelautomaten. So ein Gerät würde mich auch interessieren."*

Mehmet: *„Da kann ich Ihnen ein ganz neues Modell empfehlen: Sie können damit unter Dampf sowohl senkrecht als auch waagerecht, oder ohne die Dampffunktion auch trocken bügeln."*

Kundin: *„Hm, ist es denn auch leicht zu bedienen?"*

Mehmet: *„Aber ja, sehen Sie hier, das Gerät verfügt über einen Ein-/Ausschalter mit Kontrollleuchte für das Bügeleisen sowie für den Heizkessel und einen Temperaturregler nebst Temperatur-Kontrollleuchte."*

Kundin: *„So viele Schalter und Kontrolllampen – Wo kommt denn das Wasser in das Bügeleisen?"*

Mehmet: *„Hier"*, (Zeigt auf einen Verschluss am Heizkessel) *„den Sicherheitsverschluss abschrauben, Wasser mit einem Härtegrad von 2dH einfüllen, maximal 0,9 Liter, wieder verschließen und in Betrieb nehmen."*

Kundin: *„Aha, aber ich glaube, das ist doch alles etwas kompliziert für mich. Besser, ich überlege mir das mit dem Bügelautomaten noch mal."*

Mehmet: *„Wenn Sie meinen."*

Kundin: (Erleichtert) *„Ja, bestimmt. Auf Wiedersehen!"*

Mehmet: *„Auf Wiedersehen; einen schönen Tag noch."*

Mehmet schaut der Kundin nachdenklich hinterher: *„Da habe ich doch kürzlich gelernt, dass gute Warenkenntnisse das A und O im Verkaufsgespräch sind ... ."*

ARBEITSAUFTRÄGE

- Analysieren Sie, aus welchen Gründen das dargestellte Verkaufsgespräch scheitert.
- Lösen Sie die folgenden Aufgaben in Partnerarbeit:
  - Stellen Sie geeignete Fragen zur Bedarfsermittlung.
  - Sammeln Sie Vorschläge, wie die Warenvorlage verkaufswirksamer gestaltet werden könnte.
  - Formulieren Sie Verkaufsargumente, die für die Kundin geeignet sein könnten.
- Erproben Sie Ihre Verbesserungsvorschläge in Rollenspielen.

Ein **Argument** wird als Begründung/Bekräftigung einer Aussage vorgebracht. Argumentation im Verkaufsgespräch bedeutet, dass Sie dem Kunden gegenüber **begründen** können, warum ein bestimmter Artikel für ihn infrage kommt und er sich dafür entscheiden soll. Zu einer **überzeugenden Angebotsphase** gehört somit neben einer **wirkungsvollen Warenvorlage** auch immer eine **kundenbezogene Argumentation**.

Auswahl der passenden Verkaufsargumente

Für jeden Artikel lassen sich **zahlreiche** mögliche **Verkaufsargumente** ableiten. Würden Sie diese alle aufgreifen, müssten Sie viele Wareneigenschaften erläutern, die für die betreffenden Kunden nicht oder nur wenig interessant sind.
Dies führt dann zu langen **Monologen**, die Ihre Kunden langweilen und überfordern. Eine große Anzahl der von Ihnen vorgebrachten Informationen würde in solchen Fällen von Ihren Kunden gar nicht aufgenommen.

PRAXISTIPP Sie wählen aus der Vielzahl der möglichen Verkaufsargumente nur diejenigen aus, die für Ihren Kunden von besonderem Interesse sind.

Gleichen Sie die Ansprüche Ihrer Kunden, die Sie im Rahmen der Bedarfsermittlung kennengelernt haben, mit den Eigenschaften der Ware ab, die Sie den Kunden vorlegen möchten.

In die Verkaufsargumentation bringen Sie im Wesentlichen nur die **Eigenschaften der Ware** ein, die sich mit den **Ansprüchen** Ihrer Kunden **überschneiden**.

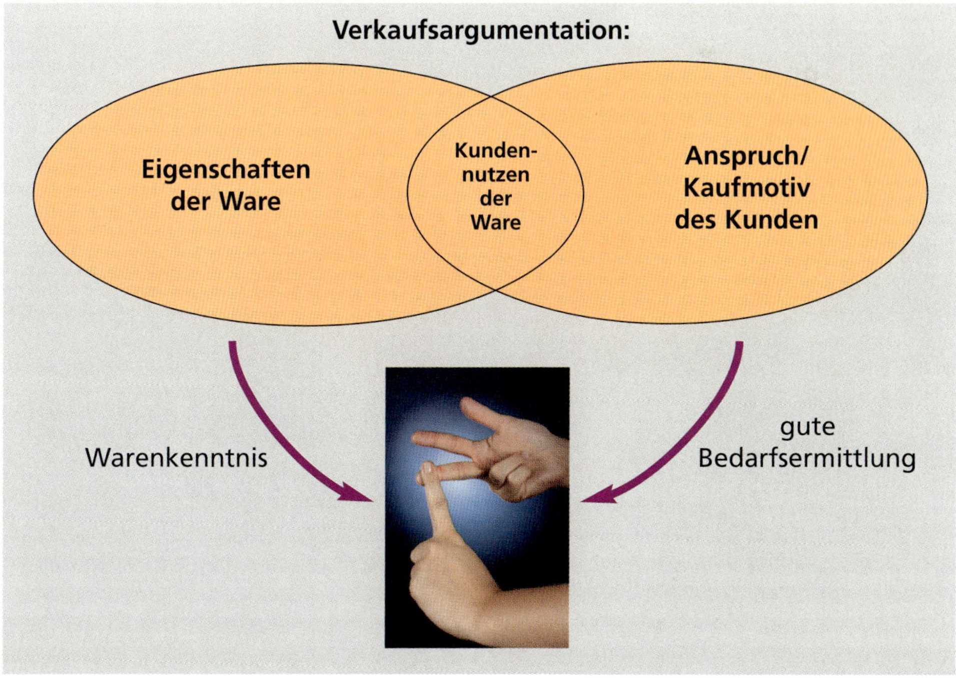

Die Kunden lernen so die für sie **wichtigsten Eigenschaften** des vorgelegten Artikels kennen. Alle anderen, die keine Bedeutung für den jeweiligen Kunden haben, können unerwähnt bleiben.

Beispiel Sabine berät eine Kundin, die eine bequeme, pflegeleichte Hose zum Joggen sucht. Aus diesem Kundenanspruch leitet Sabine die Strategie ab, vor allem mit den Materialien sowie den Wasch- und Pflegeanleitungen der vorgelegten Jogginghosen zu argumentieren.

Die Vorteile dieser Vorgehensweise:

- Weil Kunden die Argumente auf ihre Bedürfnisse und Ansprüche beziehen, empfinden sie dies als eine überzeugende, persönliche und auch umfassende Form der Beratung.
- Das Gespräch bleibt eher dialogisch.
- Die Kunden können die Menge der ihnen angebotenen Informationen verarbeiten.
- Ein solches Verkaufsgespräch ist weniger zeitintensiv. Besonders bei knapper personeller Besetzung können Sie Ihre Kunden dennoch auf einem hohen Niveau beraten.

Die drei Schritte der Verkaufsargumentation

Die Kunden kaufen eine Ware wegen des persönlichen **Nutzens**, den sie aus ihr ziehen. Ein Ziel muss es deshalb sein, diesen Nutzen für die Kunden im Rahmen der Verkaufsargumentation deutlich zu machen. Für diese Form der Verkaufsargumentation hat sich ein Vorgehen in drei Schritten bewährt:

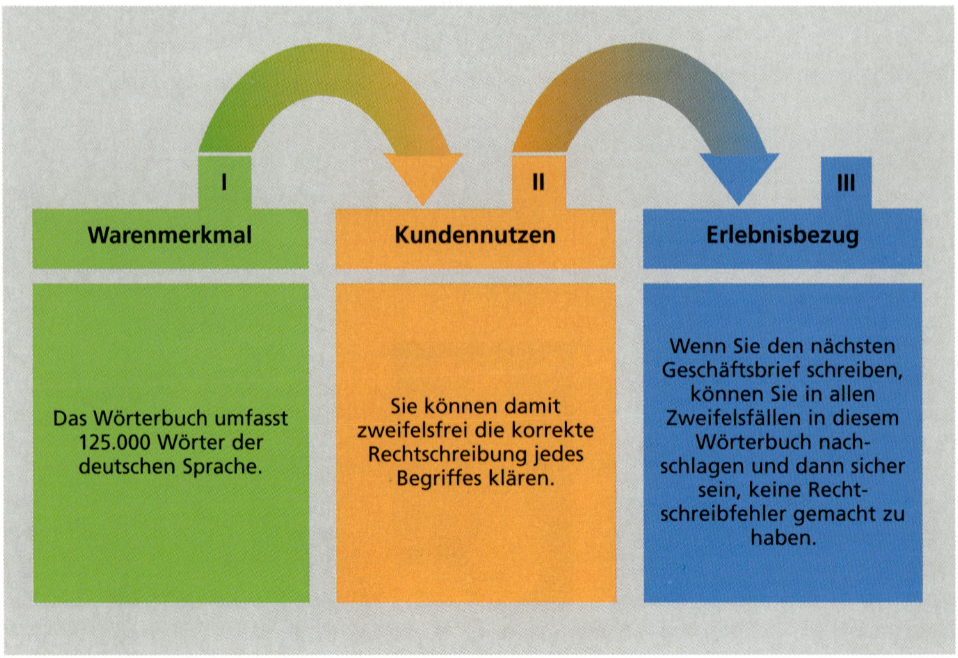

1. Schritt: Warenmerkmal
Nennen Sie als Erstes das betreffende Warenmerkmal, das Sie Ihrem Kunden in der Folge näher vorstellen möchten.

Beispiel „Diese Wanderjacke ist mit Gore-Tex ausgestattet."

⇓

2. Schritt: Kundennutzen
Erläutern Sie dann zunächst den allgemeinen Kundennutzen dieses Warenmerkmals.

Beispiel „Das verwendete Material macht diese Jacke winddicht, wasserdicht und atmungsaktiv."

⇓

3. Schritt: Erlebnisbezug
Damit der Kunde Ihre Argumentation auf seinen persönlichen Nutzen beziehen kann, stellen Sie nun das kommende Erlebnis bzw. den zukünftigen Gebrauch/Umgang mit dem angebotenen Artikel *(z. B. das Wandern mit der neuen Jacke)* in den Vordergrund. Erleichtert wird dies durch eine erlebnisbezogene Bedarfsermittlung (vgl. Seite 203). Sie verkaufen Ihren Kunden somit Erlebnisse und keine Fakten.

Beispiel „Bei **Ihrer** nächsten **Wanderung** werden **Sie** sich in dieser Jacke sowohl bei Regen als auch bei Sonnenschein **rundum wohlfühlen**."

Das Ergebnis einer solchen Argumentation ist ein deutlicher Bezug auf die Kundenansprüche. Hier werden im Kopf des Kunden bereits Bilder erzeugt, die ihn in ein zukünftiges Erleben mit dem angebotenen Artikel versetzen.

Das stärkt beim Kunden die Vorfreude auf die mögliche Nutzung des angebotenen Artikels und erleichtert einen folgenden Kaufabschluss.

Beispiele

Artikel	1. Schritt Warenmerkmal	2. Schritt Kundennutzen	3. Schritt Erlebnisbezug
Kaffeemaschine 	Timerfunktion	Die Kaffeemaschine lässt sich im Voraus programmieren.	„Sie werden in Zukunft morgens vom Duft Ihres frisch gebrühten Kaffees geweckt."
Inlineskates 	Stützmanschette im Gelenkbereich	Die Stützmanschette sorgt beim Inlineskaten für seitliche Stabilität und Verwindungssteifigkeit.	„Beim Skaten gibt Ihnen dies einen sicheren Halt im Schuh und schützt Sie insbesondere bei plötzlichen Unebenheiten auf der Straße."
Kindershirt 	Spezielle Mikrofaser als Obermaterial	Diese Mikrofaser ist robust und nimmt wenig Schmutz an.	„Ihr Kind kann damit auf dem Spielplatz durchaus auch mal richtig rumtoben. Der Stoff erleichtert Ihnen die Pflege und ist sehr robust."
Rote Paprika 	Hoher Gehalt an Vitamin C	Der Verzehr von roten Paprikaschoten bietet Schutz vor Erkältungskrankheiten.	„Mit einem Paprika-Salat leisten Sie einen wichtigen Beitrag zur Gesundheit Ihrer Familie während der kalten Wintermonate."

○ Vorteilsformulierungen und Sie-Stil

Durch die Argumentation mit dem Kundennutzen bzw. Erlebnisbezug erläutern Sie dem Kunden, warum gerade der vorgelegte Artikel der richtige ist und welche **Vorteile** ihm dieser Artikel bringt. Wenn Sie darüber hinaus Ihre Verkaufsargumente im **Sie-Stil** formulieren, also den Kunden mit der Ware in Verbindung bringen, werden Sie ihn noch leichter überzeugen können.

Beispiele

Der Bezug zum Kunden wird hergestellt:	Der Vorteil für den Kunden wird formuliert:
● Mit dieser Heckenschere wird **Ihnen** das Schneiden **Ihrer** Buchsbäume ...	... **leichtfallen**, weil sie ein sehr geringes Gewicht hat.
● **Sie** werden feststellen, dass **Sie** dieses Telefon ...	... **ganz einfach bedienen** können, da die Tasten eine komfortable Größe haben.
● Diese mit Teflon beschichtete Pfanne ermöglicht **Ihnen** ...	... **fettfreies** und damit **kalorienbewusstes** Braten ohne Geschmacksverlust.

○ Verständliche Formulierungen

Im Verkauf haben Sie die Aufgabe, die ausgewählten Verkaufsargumente so vorzubringen, dass der persönliche Nutzen für den Kunden deutlich wird. Dazu müssen Sie zweifelsohne über das nötige **Fachwissen** verfügen. Nun müssen Sie aber Ihren Kunden nicht beweisen, dass Sie als Experte mit Fachwissen und **Fachbegriffen umgehen können**, sondern vielmehr bringen Sie dem Kunden Ihr Wissen näher, sodass dieser als **„Nichtfachmann“ versteht**, was Sie ihm erklären möchten.

PRAXISTIPP Nur Fachchinesen verstehen Fachchinesisch. Erläutern Sie den Sachverhalt für den normalen Kunden in einer angemessenen Alltagssprache!

○ Einsatz von Kontrollfragen

Kontrollfragen geben Ihnen während der Angebotsphase **Sicherheit**, ob Sie mit der vorgelegten Ware auf dem richtigen Weg sind.
Zudem geben Ihnen diese Fragen die Gelegenheit, in einer Gesprächsphase, in der Sie als Verkäufer einen höheren Redeanteil haben, wieder den Dialog zum Kunden aufzunehmen und somit ein Verkaufs**gespräch** anstelle eines Monologes zu führen.

Beispiele:
„Gefällt Ihnen das Design dieses Kaffeeautomaten?“
„Haben Sie in der Jacke genügend Bewegungsfreiheit?“

Äußert der Kunde Bedenken oder Einwände, so sollten Sie darauf angemessen reagieren und zu einem geeigneten Zeitpunkt im Verkaufsgespräch diese Bedenken oder Einwände aufgreifen und gegebenenfalls entkräften (vgl. Seite 230 ff.).

Bedingungen für eine erfolgreiche Verkaufsargumentation

① Sachinformationen

unbefriedigend

① Sachinformationen
\+
② Erläutern des allgemeinen Kundennutzens

befriedigend

① Sachinformationen
\+
② Erläutern des allgemeinen Kundennutzens
\+
③ erlebnisbezogene Vorteilsformulierungen und Einsatz von Kontrollfragen

sehr gut und erfolgreich

Die Preisargumentation

Während der Angebotsphase findet die Warenvorlage in Verbindung mit der Verkaufsargumentation statt. Dabei agiert nicht nur der Verkäufer, sondern auch die Kunden bringen sich aktiv in das Gespräch ein. Sie äußern Zustimmung oder Ablehnung und sie hinterfragen, wenn ihnen etwas unklar ist oder wenn sie noch ein Anliegen mit ins Verkaufsgespräch einbringen.
Viele solcher Anliegen beziehen sich auf den zu bezahlenden Preis. Die knapper werdenden finanziellen Mittel vieler Privathaushalte, verursacht durch Arbeitslosigkeit und den Umbau unseres Sozialsystems, lassen die Kunden sparsamer werden.

Auf der einen Seite stehen die Kunden, die berechtigterweise einen möglichst niedrigen Preis für die angebotene Waren bezahlen oder ein möglichst optimales Preis-Leistungsverhältnis für sich erzielen möchten. Auf der anderen Seite stehen Sie als Verkaufspersonal, welches die betrieblichen Interessen vertritt. Jeder angebotene Artikel muss seinen Beitrag zum Umsatz und Ertrag des Unternehmens erzielen, woraus sich ergibt, dass den Wünschen der Kunden nach möglichst geringen Preisen enge Grenzen gesetzt sind.

Jede Ware hat ihren Preis. Ob dieser Preis von den Kunden akzeptiert wird oder nicht, hängt von mehreren Faktoren ab:

PRAXISTIPP Völlig unbedeutend ist Ihre persönliche Einstellung zu den Preisen Ihrer Artikel. Gleichgültig, ob Sie selbst die Ware als günstig oder hochwertig empfinden, als Verkäufer sollten Sie **immer** zu Ihrer Ware stehen.

Preisnennung im Beratungsgespräch

Die Kunden verbinden mit dem Kauf einer Ware immer einen persönlichen Nutzen. Insbesondere bei beratungsintensiven Artikeln sind in einem überzeugenden Preisgespräch alle Möglichkeiten einzusetzen, die Ihnen aus der Warenvorlage und Verkaufsargumentation bekannt sind. Fragen die Kunden in einem Gespräch nach dem Preis, dann hilft es, wenn Sie die folgende **Grundregel** beachten:

- **Nennen Sie nie den „nackten" Preis.**
- **Sprechen Sie immer in ganzen Sätzen.** Sie signalisieren damit Ihren Kunden eher Interesse am Verkauf und vermeiden Preisschocks.
- **Verbinden** Sie den Preis immer mit einem **Kundennutzen/Erlebnisbezug**. Dabei ist es nachrangig, ob dies vor oder nach der Preisnennung geschieht.

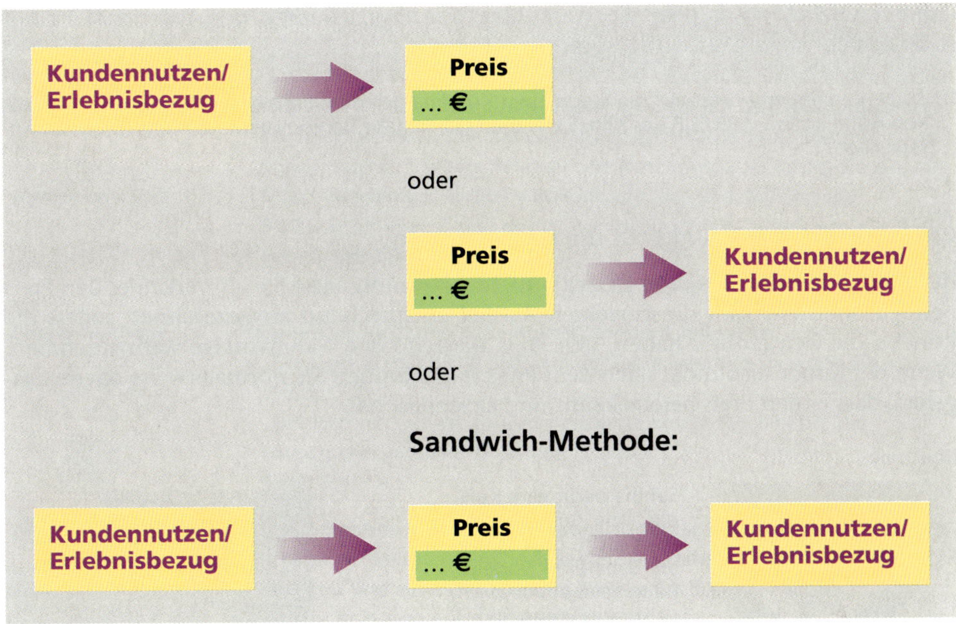

PRAXISTIPP Vermeiden Sie es in jedem Fall, die Ware als **„billig"** oder **„teuer"** zu bezeichnen.

„Billig“ wird häufig mit schlechter Qualität in Verbindung gebracht und „teuer“ verstehen viele Kunden so, dass die vorgelegte Ware nicht ihr Geld wert ist. Wählen Sie deshalb Umschreibungen wie **„preiswert“**, **„günstig“** oder **„hochwertig“** und **„gehobene Preislage“**.

Beispiele

- „Diese Spülmaschine hat eine hervorragende Spülqualität, kostet nur 749,00 EUR, ist sehr sparsam in den Betriebskosten und arbeitet nahezu geräuschlos im Hintergrund."
- „Diese Wanderjacke kostet 299,00 EUR und bietet ihnen neben einer hohen Strapazierfähigkeit auch einen optimalen Wetterschutz, wenn Sie am kommenden Wochenende wandern wollen."
- „Diese Bohrmaschine in Profiqualität mit einstellbarer Steuerungselektronik ermöglicht Ihnen ein kraftsparendes Bohren in Betondecken und kostet 199,00 EUR."
- „Dieser Parmesan ist neun Monate gereift, eignet sich aufgrund seines kräftigen Geschmacks hervorragend für alle Pasta-Gerichte und kostet Sie pro 100 g nur 2,49 EUR."

○ Preisnennung im SB-Handel

Insbesondere in Betrieben mit den Bedienungsformen **Selbstbedienung** und **Vorwahl** kommt es im Verkaufsalltag immer wieder vor, dass Kunden sich für einen Artikel interessieren und nicht sofort den dazu gehörigen Preis finden. Die Kunden fragen in solchen Situationen dann direkt nach dem Preis eines bestimmten Artikels. Die Phase der **Kontaktaufnahme** ist hier dann **gleichzeitig** das **Preisgespräch**. Ungeschickt ist es dann, lediglich den Preis als knappe Antwort zu nennen. Die Kunden könnten dies als eine unpersönliche Antwort empfinden, die wenig Interesse am Verkauf ausdrückt, oder sie könnten gar abgeschreckt sein, weil ihnen der Preis zu hoch erscheint. Sagen Sie

Argumentation

- Nutzen Sie Ihre **Warenkenntnisse** und eine **gelungene Bedarfsermittlung**, um die für den jeweiligen Kunden passenden Verkaufsargumente herauszufiltern.
- Vermeiden Sie „Fachchinesisch“.
- Nutzen Sie den Dreischritt der Verkaufsargumentation:

  Warenmerkmal → Kundennutzen → Erlebnisbezug
- Nutzen Sie **Vorteilsformulierungen** in Verbindung mit dem **„Sie-Stil“**.
- Setzen Sie **Kontrollfragen** ein.
- Nennen Sie den **Preis** eines Artikels nie **„nackt“**. Binden Sie einen Kundennutzen oder Erlebnisbezug mit ein.
- Meiden Sie die Begriffe **„billig“** oder **„teuer“**.
  Nutzen Sie besser Formulierungen wie **„preiswert“** oder **„hochwertig“**.
- Verhindern Sie Preisschocks durch die Anwendung der **Divisions-**, **Puzzle-** oder **Preisstufenmethode**.

1. Erläutern Sie, wie Sie aus einer Vielzahl von Warenmerkmalen die passenden Verkaufsargumente für den jeweiligen Kunden auswählen können.

2. Stellen Sie die drei Schritte/Stufen dar, aus denen eine gute Verkaufsargumentation bestehen sollte.

3. Formulieren Sie zu den nachfolgenden Artikeln jeweils einen Erlebnisbezug. Berücksichtigen Sie dabei den Sie-Stil sowie die Vorteilsformulierung (Adjektiv + Verb).

a) Spargel
b) Heckenschere
c) Hose
d) elektrischer Rasierer
e) Handy
f) Schlafcouch

4. Wählen Sie aus Ihrem Ausbildungssortiment acht Artikel aus, die Sie besonders häufig verkaufen. Formulieren Sie in tabellarischer Form für jeden Artikel ein Warenmerkmal, den abgeleiteten allgemeinen Kundennutzen sowie einen möglichen Erlebnisbezug.

Artikel	1. Schritt **Warenmerkmal**	2. Schritt **Kundennutzen**	3. Schritt **Erlebnisbezug**

5. Wählen Sie aus Ihrem Ausbildungssortiment einen Artikel aus.

a) Notieren Sie die Argumente, die Sie bei diesem Artikel im Verkaufsgespräch einsetzen würden.

b) Finden Sie weitere Argumente anhand der nachfolgenden Liste:

- Preiswürdigkeit
- Qualität
- Gesundheit
- Sicherheit
- Prestigegewinn
- Bequemlichkeit
- Umweltverträglichkeit
- Kosteneinsparung
- Zeitersparnis
- Eignung als Geschenk
- Luxus
- Unterhaltung
- Mode
- Schönheit/Ästhetik
- Originalität
- Leichte Handhabung
- Schmackhaftigkeit
- Weiterbildung

6. Erläutern Sie, warum es nicht sinnvoll ist, den Preis einer Ware „nackt" zu nennen.

7. Ein Kunde fragt direkt zu Beginn eines Verkaufsgesprächs nach dem Preis der Ware. Beschreiben Sie Ihre Reaktion.

8. Erläutern Sie die drei Methoden zur Verhinderung eines „Preisschocks".

9. Wählen Sie vier Artikel aus Ihrem Ausbildungssortiment aus. „Verpacken" Sie den Preis dieser Waren, indem Sie ihn mit einem Kundennutzen/Erlebnisbezug verbinden.

10. Rollenspiel

a) Erstellen Sie mit Ihrem Tischnachbarn einen Beobachtungsbogen für die Rollenspiele. Berücksichtigen Sie dabei die folgenden Aspekte:
- Ermittelt der Verkäufer die Kundenbedürfnisse?
- Werden die für den Kunden wichtigen Verkaufsargumente genannt?
- Vermeidet der Verkäufer Fachchinesisch?
- Werden die drei Schritte der Verkaufsargumentation in der Warenvorlage berücksichtigt?
- Wie wird mit Fragen nach dem Preis umgegangen?

b) Benutzen Sie die vorgegebenen Rollenkarten:

Rolle 1: Sie sind ein Kunde, der sich für ein neues Handy interessiert. Ihnen ist die Fotofunktion besonders wichtig, weil Sie Ihr Handy auch für spontane Fotoaufnahmen nutzen wollen.

Rolle 2: Sie sind ein Kunde, der sich für ein neues Handy interessiert. Ihr letztes Handy ist defekt, nachdem es in die Hände Ihres kleinen Neffen geraten ist, der damit spielte.

Rolle 3: Sie interessieren sich für einen neuen Staubsauger. Da Sie einen Hund haben und Ihre Wohnung mit Teppichboden ausgelegt ist, ist es für Sie sehr wichtig, dass die Hundehaare aus dem Teppich aufgesaugt werden.

Rolle 4: Sie möchten mit dem Rad zur Arbeit fahren und suchen eine Jacke, die Sie auch vor einem unerwarteten Regenschauer schützt.

Rolle 5: Sie haben Gäste eingeladen und kochen ein Wildgericht. Sie wenden sich an einen Verkäufer, weil Sie sich bei der Auswahl des Weines unsicher sind.

Rolle 6: Sie suchen ein neues Autoradio. Ihnen ist ein guter Sound besonders wichtig. Sie spielen vorwiegend MP3-Dateien.

c) Führen Sie die Rollenspiele in der Klasse vor.

d) Werten Sie die Rollenspiele mithilfe Ihres Beobachtungsbogens aus.

3.4 Kundeneinwände als Chancen im Beratungsgespräch nutzen

Im Mars Elektrofachmarkt kommt Mehmet gerade aus einer Kaffeepause in die Fotoabteilung zurück. Ein Kunde blickt suchend um sich, schaut demonstrativ auf seine Uhr und spricht ihn gereizt an.

Kunde: (Wedelt mit den Händen) *„Das ist ja sehr schön, dass hier jemand zuständig ist!"*

Mehmet: (Holt tief Luft) *„Man wird ja wohl noch mal einen Kaffee trinken dürfen ..."*

Kunde: *„Dann sorgen Sie wenigstens dafür, dass einer hier bleibt, um die Kunden zu bedienen. Oder sind Sie etwa gar nicht zuständig?"*

Mehmet: (Beißt die Zähne zusammen) *„Doch, bin ich!"*

Kunde: *„Na, ja, ich meine ja nur, Sie sehen noch so jung aus. Sie sind doch sicher nur Praktikant, oder?"*

Mehmet: (Zählt innerlich bis 3, lächelt) *„Nein, ich bin kein Praktikant, ich bin in der Ausbildung, was kann ich für Sie tun?"*

Kunde: *„Ich wollte mir mal eine Digitalkamera anschauen, aber ich weiß nicht* (zuckt die Schultern), *die sehen doch alle gleich aus."*

Mehmet: *„Darf ich Sie fragen, für welchen Einsatzbereich Sie die Kamera benutzen wollen?"*

(Einige Zeit später im Verkaufsgespräch ...)

Kunde: (Kneift die Augen zusammen) *„... also mir ist der Bildschirm dieser Digitalkamera irgendwie zu dunkel."*

Mehmet: *„Ja, das stimmt* (Macht eine kleine Pause), *aber der Sucher bietet Ihnen dafür eine exzellente Abbildung und der Stromverbrauch ist durch die geringere Leuchtstärke niedriger, sodass Sie längere Akkulaufzeiten haben."*

(Mehmet beobachtet ihn aufmerksam, Kunde nickt)

Mehmet: *„Übrigens ..., das Objektiv dieses Modells ist mehrfach vergütet und ..."*

(Noch später ...)

Kunde: (Runzelt die Stirn) *„Ich weiß nicht, ... 279,00 EUR sind eine Menge Geld ..."*

Mehmet: (Nickt zustimmend) *„Sicherlich haben Sie da Recht.* (Wartet einen Moment, bevor er fortfährt) *Sie wollen ja hauptsächlich Schnappschüsse von Ihren Enkelkindern machen. Dafür muss eine Kamera sehr zügig auslösen und abspeichern können. Verglichen mit den anderen Modellen dieser Preisklasse ist dieses Gerät fast doppelt so schnell, also genau richtig für Ihren Zweck."* (Mehmet schaut den Kunden an, der Kunde nickt langsam)

Mehmet: *„Ach, was ich Ihnen noch zeigen wollte ..., wenn Ihnen die Speicherkapazität dieser Kamera nicht ausreicht, kann ich Ihnen einen größeren Chip anbieten, den wir zurzeit besonders günstig im Angebot haben ..."*

ARBEITSAUFTRÄGE

- Unterscheiden Sie die verschiedenen Arten von Einwänden in dem Verkaufsgespräch.
- Listen Sie die nonverbalen Elemente der Beratung auf und erläutern Sie ihre jeweilige Bedeutung für den weiteren Gesprächsverlauf.
- Informieren Sie sich über die verschiedenen Methoden der Einwandbehandlung und erklären Sie, welche Mehmet eingesetzt hat.
- Zeigen Sie auf, an welchen Stellen Mehmet gut reagiert hat und wo Sie Verbesserungsvorschläge haben. Begründen Sie Ihre Meinung.

Arten von Einwänden

Verkaufsgespräche führen nicht immer auf direktem Weg zu einem Kaufabschluss. Es kommt häufig vor, dass **Kunden nicht zufrieden sind**, weil sie ihre Wünsche und Bedürfnisse noch nicht erfüllt sehen. In vielen Fällen ist eine **fehlerhafte Bedarfsermittlung** die Ursache (vgl. Seite 198 ff.). Als Folge davon fühlt sich der **Kunde** manchmal **unsicher** und macht entsprechende Bemerkungen. Zudem sind die Kunden häufig gut über die Ware informiert und hinterfragen Verkäuferaussagen **selbstbewusst** und **kritisch**.

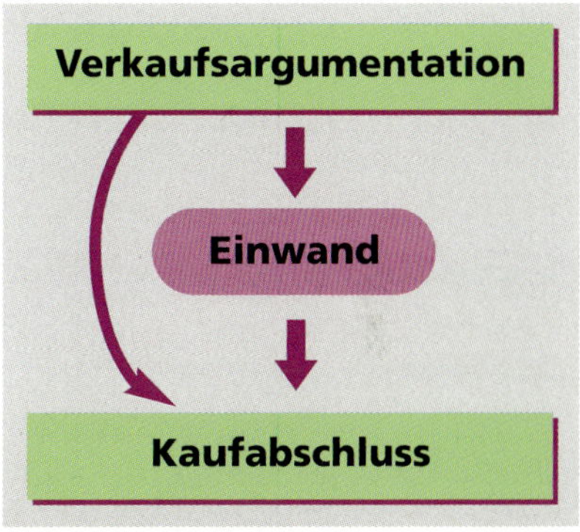

Beispiele

„Das Gehäuse ist aber nicht sehr stabil."
„Ich finde, diese Farbe steht mir nicht."
„Darüber muss ich noch mit meiner Frau sprechen."

Diese Äußerungen werden als **Einwände** bezeichnet, die in **jeder Phase** des **Verkaufsgesprächs** auftreten können. Es handelt sich hierbei um **Bedenken und Widerstände** des Kunden, die sich gegen einen Kauf richten.

Bei dem in den oben aufgeführten Beispielen zuletzt geäußerten Kundeneinwand kann es sich um einen sogenannten **unechten** Einwand handeln. Dieser dient dem Kunden nur als Vorwand, das Verkaufsgespräch zu beenden. Es kann jedoch auch ein **echter** Einwand sein, wenn der Kunde z. B. wegen eines hohen Preises oder der Farbe einer Ware die Kaufentscheidung nicht allein treffen möchte.

Das heißt jedoch nicht unbedingt, dass der Kunde die Ware nicht kaufen will. Seine Einwände zeigen vielmehr ein **Interesse** an dem Kaufgegenstand. Er übermittelt Ihnen zudem ein **Signal**, dass es noch **offene Fragen** gibt, und möchte von Ihnen eine **Lösung** für sein **Problem**.

Beispiele

„Gibt es denn keinen Fön, der noch etwas kleiner ist?"
„Die Jacke gefällt mir gut, aber ist sie auch wirklich wasserabweisend?"
„Ich glaube nicht, dass dies das neueste Modell von der Messe ist."

Einwand = Chance für Verkäufer

Sie müssen Einwände unterscheiden, um **angemessen reagieren** zu können. Einwände werden von Kunden nicht nur durch Worte **(verbal)**, sondern auch durch **körpersprachliche Signale (nonverbal)** deutlich gemacht (vgl. Seite 159 ff.). Da Einwände sich gegen völlig unterschiedliche Elemente des Verkaufsgesprächs richten können, ist es hilfreich, sie in folgende **Gruppen** einzuteilen:

Der Einwand richtet sich gegen ...	Beispiele (verbal)
das **Unternehmen**	– Bei diesem Licht kann ich die Farbe kaum erkennen. – Ihr Haus ist ja bekannt dafür, dass wenig Personal da ist.
die **Verkaufssituation** bzw. das **Verkaufspersonal**	– Haben Sie denn als Auszubildender überhaupt schon genügend Erfahrung, um das zu beurteilen? – Ich warte lieber, bis Frau Schulze frei ist. – Können Sie mir das nicht einfacher erklären?
die **Ware** **a) allgemeine Einwände**	– Das geht bei uns zu Hause nicht. – Ich glaube, das ist doch nicht das Richtige für mich. – Ich weiß nicht so recht ...
b) spezielle Einwände	– Der Bildschirm ist mir zu klein. – Das Futter der Winterjacke ist aber doch sehr dünn. – Die Boxen hören sich blechern an.
Körpersprachliche Einwände	**Beispiele (nonverbal)**
begleiten und verstärken häufig die verbalen Einwände	Ein Kunde – runzelt die Stirn, – schüttelt den Kopf, – vergrößert den Abstand zu Ware oder Verkäufer, – erhebt abwehrend die Hände.

Grundsätzliche Verhaltensweisen bei Kundeneinwänden

PRAXISTIPP Sehen Sie die Einwände, die Ihnen im täglichen Verkaufsgespräch begegnen, **niemals negativ!** Sie sind eine **Gelegenheit,** die **Bedenken** des Kunden zu erfassen und zu **überwinden.**

Einwände werden nicht immer freundlich und ruhig vorgebracht. Häufig handeln Kunden sehr **emotional**. Sie sind unsicher und manchmal verärgert. Dann fällt es auch erfahrenen Verkäufern schwer, richtig und sachorientiert zu reagieren, um wieder eine **positive Gesprächsatmosphäre** herzustellen. Dazu ist es wichtig, den Kunden mit seinem Einwand ernst zu nehmen.

Grundsätzlich lässt sich die Einwandbehandlung in folgende Schritte zerlegen:

Einwand

↓

Verständnis signalisieren und äußern

↓

Einwand entkräften

Wenn Kunden durch Einwände den Kauf erschweren, dann sollten Sie bestimmte **Strategien** (Verhaltensweisen) **der Einwandbehandlung** im Verkaufsgespräch einsetzen, die sich bewährt haben.

○ Ruhe und Gelassenheit

Lassen Sie den Kunden ausreden, versetzen Sie sich in seine Lage und zeigen Sie Ihre Aufmerksamkeit auch durch eine entsprechende **Körpersprache**, wie z. B. freundlicher Gesichtsausdruck, Blickkontakt, Oberkörper vorbeugen und dem Kunden zuwenden (vgl. Seite 159 ff.).

○ Verständnis und Pause

Beispiel „Ich verstehe Ihren Standpunkt sehr gut." ... (Pause)

Diese Äußerung, gefolgt von einer kleinen Pause, schwächt eventuell vorhandenen Ärger ab und lässt das Gespräch ruhiger werden. Der Einwand steht im Raum, bekommt Gewicht und stärkt die Rolle des Kunden im Verkaufsgespräch. Sie zeigen dem Kunden, dass Sie ihn ernst nehmen und über seinen Einwand nachdenken müssen. Für Sie ist die Pause eine Hilfe, den Einwand sorgfältig zu analysieren und eine geeignete Antwort zu finden:

- Weshalb hatte der Kunde diesen Einwand?
- Habe ich sein wahres **Kaufmotiv** nicht erkannt?

- Fehlen ihm noch **Informationen**?
- Ist der Einwand nur ein **Vorwand**, und er meint etwas ganz anderes?

PRAXISTIPP Zeigen Sie Verständnis für den Kundeneinwand und machen Sie eine angemessene Pause!

○ Analyse und Entkräftung

Hat der Kunde mit seinem Einwand **Recht**, so geben Sie dies offen zu. Nicht zutreffende Einwände versuchen Sie durch weitergehende Informationen zu entkräften. **Vermeiden** Sie dabei **Rechtfertigungen** und **Behauptungen**.

Beispiele „Das habe ich Ihnen doch schon erklärt.", „Das stimmt doch nicht." oder „Das sehe ich aber anders."

Solche Redewendungen führen sehr schnell dazu, dass ein Verkaufsgespräch zu einem Streitgespräch wird. Ganz wichtig ist hier aber nicht nur, **was** Sie sagen, sondern auch **wie** Sie es sagen.

PRAXISTIPP Nachdem Sie den Einwand analysiert haben, antworten Sie ruhig und überzeugend!

○ Erfolgskontrolle

Vergewissern Sie sich, ob Sie den Einwand entkräftet haben. Achten Sie hier besonders auf die **Körpersprache des Kunden**. Oft lässt sich an den **nonverbalen Reaktionen (z. B. nicken, lächeln)** erkennen, ob Sie erfolgreich waren. Negative Signale sind **Stirnrunzeln** oder **verschränkte Arme**, die darauf hinweisen, dass Ihre Argumente und Informationen nicht akzeptiert wurden (vgl. Seite 159 ff.).

Sie können zusätzlich eine **offene Frage** stellen, die den Kunden zu einer ausführlichen Antwort motiviert.

Beispiel „Welche weiteren Bedenken haben Sie noch?"

Ihr Ziel ist es, alle eventuellen Zweifel auszuräumen. Wenn Sie dies erreicht haben, kehren Sie zu Ihrer Verkaufsargumentation zurück und streben den **Abschluss** an. Nutzen Sie **Überleitungen** wie *„Übrigens, worauf ich Sie noch aufmerksam machen wollte ..."* oder *„Ach, ich muss Ihnen noch etwas zeigen ...!"*

Spezielle Methoden der Einwandbehandlung

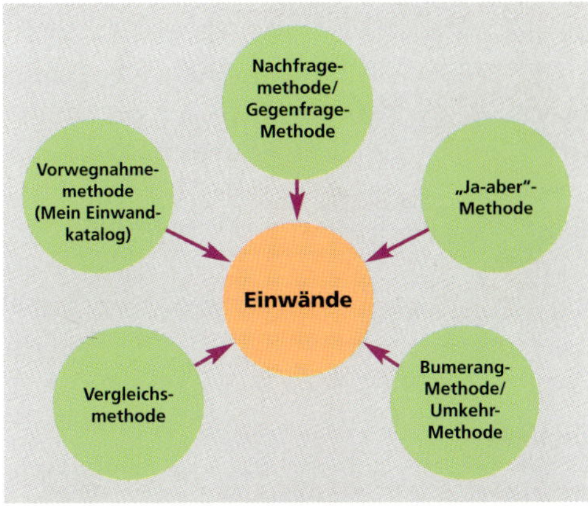

Sie können Einwände nur dann **kundengerecht** ausräumen, wenn Sie auf den Kunden eingehen, die jeweilige Art des Einwandes erkennen und **situationsbezogen** reagieren. Dazu gibt es **spezielle Methoden**, wie Sie Kundeneinwänden professionell begegnen:

Die Vorwegnahmemethode/ „Mein persönlicher Einwandkatalog"

Sie müssen die richtige Antwort auf einen Kundeneinwand zügig anbieten, denn Ihnen bleibt nicht viel Zeit, zu reagieren. Daher gehört die **Einwandbehandlung** zu den **Werkzeugen** eines Verkaufsberaters, deren Einsatz einer **umfassenden Vorbereitung** bedarf. Sie müssen sich darüber im Klaren sein, welche Einwände Kunden an Sie herantragen können. Dazu ist es hilfreich, sich einerseits bereits im **Vorfeld** mögliche Einwände – und natürlich die geeigneten Antworten darauf – aufzuschreiben, andererseits sollten Sie sich die Zeit nehmen, diese auch **nach einem Verkaufsgespräch** schriftlich festzuhalten. Wenn Sie das regelmäßig tun, bauen Sie sich in kurzer Zeit einen **Erfahrungsschatz** (**„Mein persönlicher Einwandkatalog"**) auf, der Sie zunehmend sicher und routiniert in der Einwandbehandlung werden lässt.

Dies versetzt Sie in die Lage, mögliche Einwände von Kunden vorauszuahnen. Damit haben Sie die Chance, die **Gesprächsführung** in der Hand zu behalten, den erwarteten Einwand des Kunden **vorwegzunehmen** und mithilfe einer **Vorteilsformulierung** (vgl. Seite 220) aus dem Weg zu räumen.

Beispiel

Artikel	Möglicher Kundeneinwand	Verkäuferreaktion
Gore-tex-Jacke	Pflege	„Viele Kunden fragen sich natürlich, ob dieses neue, atmungsaktive Material auch pflegeleicht ist. Da kann ich Sie beruhigen, es ist maschinenwaschbar und zusätzlich durch das Herstellungsverfahren besonders schmutzabweisend ausgestattet, sodass Sie die Jacke nur in großen Abständen reinigen müssen."

○ Die Nachfragemethode/Gegenfrage-Methode

Bei **allgemeinen Einwänden** ist es für Sie sehr schwierig, den Einwand zu entkräften, da der Kunde keinerlei Informationen liefert, die Sie aufgreifen können. Hier ist es **zwingend** notwendig, den Kunden zu einer Äußerung zu bewegen, die einen Ansatzpunkt für eine **kundenorientierte** Einwandbehandlung bietet. Durch ein **„Nachfassen"**, eine **offene Frage**, haben Sie die Gelegenheit, **konkrete** Hinweise auf den **Kern** des Kundeneinwandes zu erhalten. Sie zeigen dem Kunden damit Interesse und ermöglichen ihm, seine wahren **Erwartungen** an die Ware zu äußern:

Beispiel

Kunde: „Ich glaube, ich überlege mir die Sache noch einmal."
„Ich sehe, Sie haben noch Bedenken. Welche Informationen fehlen Ihnen noch?"

Auch **körpersprachlich** können Kunden Einwände deutlich machen, die Sie **unbedingt hinterfragen** müssen. Beobachten Sie Kunden im Hinblick auf ihre **nonverbalen Signale** sehr genau, um auch unausgesprochene Einwände wahrzunehmen, offenzulegen und dann zu entkräften.

Beispiel

Verkäufer: „Diese Waschmaschine vereinigt von den Funktionen alle Möglichkeiten, die heute realisierbar sind."
Kunde: Zieht die Augenbrauen hoch, atmet tief ein und wendet sich den übrigen Maschinen zu.
Verkäufer: „Sie haben offensichtlich noch Zweifel. Würden Sie mir bitte die Gründe dafür nennen?"

○ Die „Ja-aber"-Methode

Sie zeigen Verständnis oder Zustimmung für den Kundeneinwand. Dann räumen Sie ihn aus, indem Sie dem Kunden bestimmte, **wichtige Vorteile** aufzeigen, die er bisher noch nicht bedacht hat.

Diese Vorgehensweise heißt **„Ja-aber"-Methode**, wobei Sie diese Worte nicht unbedingt verwenden müssen. Sie stehen lediglich für **Verständnis/Zustimmung** und **Vorteil**. Es ist sogar empfehlenswert, das Wort „aber" nur sehr vorsichtig einzusetzen, da sich der Kunde eventuell ins Unrecht gesetzt sieht und empfindlich reagieren kann.

Beispiele

Kunde: „Diese Jacke ist aber sehr dünn."
Sabine: „Gewiss, ich stimme Ihnen völlig zu (macht eine Pause), dafür hat sie jedoch eine Wind-Stop-Membrane, die absolut windundurchlässig ist."

Kunde: „Sie sind ja nur Auszubildender, haben Sie überhaupt Ahnung?"
Verkäufer: „Ich verstehe Ihre Zweifel. Ich kann Sie jedoch beruhigen – ich bin hier Fachmann."

Die **Pause** zwischen der **Zustimmung** zum Kundeneinwand und der Formulierung des **Vorteils** ist **wichtig**, da sie die Aufmerksamkeit des Kunden erhöht und seine Position im Verkaufsgespräch stärkt.

Beispiele

Verständnis/Zustimmung „Ja“	Pause	Vorteil „aber“
Ich kann Sie sehr gut verstehen,		es hat sich jedoch mittlerweile herausgestellt, ...
An Ihrer Stelle würde ich das genauso sehen,		die Frage ist nur, ...
Sie sprechen da völlig zu Recht einen wichtigen Punkt an,		deshalb sollten wir nochmals klären, ob/inwieweit ...
Ich teile/verstehe Ihren Standpunkt,		Sie sollten sich lediglich darüber im Klaren sein, ...

○ Die Bumerang-Methode/Umkehr-Methode

Der Einwand kann manchmal in Form eines **Arguments** umgekehrt und wie ein **Bumerang** wieder an den Kunden zurückgegeben werden. Sie akzeptieren den Einwand und wandeln ihn umgehend in einen **Kundennutzen** um.

Beispiel

Kunde: „Ich lese gerade auf dem Etikett, dass dieser Pullover ja gar nicht aus reiner Wolle ist!?“
Verkäufer: „Da haben Sie Recht. Es ist eine Mischung aus Wolle und Polyamid. Gerade deshalb können Sie diesen Pullover auch bequem bei 40° in die Maschine stecken und müssen ihn nicht teuer reinigen lassen.“

○ Die Vergleichsmethode

Einwände lassen sich oft auch dadurch entkräften, dass Sie dem Kunden Gelegenheit geben, verschiedene Artikel miteinander zu **vergleichen**. Dies ist sehr wirksam, weil er feststellen kann, ob die vorgelegte Ware am ehesten seiner **Problemlösung** entspricht oder doch auf **Alternativen** ausgewichen werden sollte. Ihre Argumentation wird dadurch anschaulicher.

Beispiel

Kunde: „Diese Digitalkamera ist aber sehr klein und leicht. Da verwackelt man doch alle Aufnahmen, besonders, wenn man den Zoom benutzt.“
Mehmet: „Verglichen mit dem anderen Modell liegt dieser Eindruck nah. Diese Kamera ist mit einem völlig neuentwickelten Chip gegen Verwacklungen ausgestattet, den kein anderes Modell vorweisen kann.“

PRAXISTIPP Vergleichen Sie gemeinsam mit dem Kunden!

● Einwände, die nicht entkräftet werden

Kunden haben bestimmte **Vorstellungen** im Hinblick auf **Farben**, **Geschmack**, **Design** und **Materialien**, sodass sie oft **emotional** beeinflusste Einwände vorbringen. Diese können Sie auf rationale Art nicht entkräften. Deshalb bieten Sie dem Kunden **Alternativen** an, die seinen Vorstellungen eher entsprechen.

Beispiele

„Diese Farbe gefällt mir nicht!"
„Igitt, ich ziehe doch keinen Plastikpullover an!"
„Der Saft ist mir zu süß!"

Kundeneinwände als Chancen im Beratungsgespräch nutzen

- Einwände sind ein Signal für **offene Fragen** und **Informationsbedarf** und werden **verbal** sowie **nonverbal** geäußert.
- Sie können sich gegen das **Unternehmen**, die **Verkaufssituation**, das **Verkaufspersonal** oder die **Ware** richten. Man unterscheidet **allgemeine** und **spezielle** Einwände gegen die Ware.
- Einwände sind eine **Chance**, Bedenken des Kunden zu überwinden. Als grundsätzliche **Strategie** bietet sich für den Verkäufer an: **Ruhig** und gelassen bleiben, **Verständnis signalisieren**, den Einwand **entkräften** und **überprüfen**, ob der Kunde die Argumentation akzeptiert.
- Die **Methoden** der **Einwandbehandlung**:
  - **„Die Vorwegnahmemethode"** oder **„Mein persönlicher Einwandkatalog"** ermöglicht Ihnen, sich in den Kunden hineinzuversetzen und Einwände vorwegzunehmen.
  - **„Die Nachfragemethode/Gegenfrage-Methode"** dient Ihnen zur Informationsbeschaffung bei unklaren oder allgemeinen Einwänden.
  - **„Die Ja-aber-Methode"** gibt Nachteile zu, hebt aber gleichzeitig entscheidende Vorteile hervor.
  - **„Die Bumerang-Methode/Umkehr-Methode"** zeigt dem Kunden, dass sein Einwand eigentlich ein positiver Aspekt ist.
  - **„Die Vergleichsmethode"** lässt den Kunden die Ware mit anderen Artikeln vergleichen und Vorteile erkennen.
- Einwände, die auf **Emotionen** beruhen und Einwände gegen das **Wohlbefinden** entkräften Sie nicht. Sie bieten **Alternativen** an.

1. Nennen Sie drei Gründe, warum Kunden Einwände vorbringen können.

2. Beschreiben Sie vier körpersprachliche Signale von Kunden, die einen Einwand begleiten können.

3. Beschreiben Sie grundlegende Verhaltensweisen/Strategien eines Verkäufers, wenn im Verkaufsgespräch Einwände gemacht werden.

4. a) Nennen Sie fünf Kundeneinwände, die in Ihrer Verkaufspraxis typisch sind bzw. häufig vorkommen.
b) Formulieren Sie in wörtlicher Rede, wie Sie auf den jeweiligen Einwand reagieren werden.
c) Nennen Sie die eingesetzte Methode.

a) Einwand	b) Verkäuferaussage	c) Methode

5. Erstellen Sie einen Beobachtungsbogen für die Einwandbehandlung, der Ihnen hilft, die Einwandbehandlung im Verkaufsgespräch zu analysieren und in der Praxis schnell auf Einwände zu reagieren.

6. Reagieren Sie auf die folgenden Einwände, indem Sie unterschiedliche Methoden der Einwandbehandlung in wörtlicher Rede einsetzen. Erläutern Sie anschließend die jeweilige Methode.

a) Dieser Mantel hat aber einen Fleck am Ärmel.
b) Dieses TV-Gerät hat einen sehr unangenehmen Pfeifton im Standby-Betrieb.
c) Dieser Wanderschuh scheint mir aber nicht sehr strapazierfähig zu sein.

7. Rollenspiel

a) Entwerfen Sie ein Verkaufsgespräch, in dem der Kunde mindestens einen Einwand vorbringt, auf den der Verkäufer angemessen reagiert.
b) Führen Sie das Verkaufsgespräch durch.
c) Analysieren Sie die Einwandbehandlung des Verkäufers anhand des Beobachtungsbogens.
d) Geben Sie den Rollenspielern ein Feedback.
e) Führen Sie das Rollenspiel (a-d) mit vertauschten Rollen durch.

3.5 Alternativangebote

Kerstin räumt gerade eine neue Lieferung der Body-Lotion „Olivia“ ins Regal, als sie von einer Kundin angesprochen wird.

Kundin: *„Guten Tag, entschuldigen Sie, wo haben Sie die Bevea-Feuchtigkeitsmilch?“*

Kerstin: (Ohne aufzublicken) *„Bevea ist im Moment ausverkauft!“*

Kundin: *„Ach so, ja danke. Wiedersehen.“*

ARBEITSAUFTRÄGE

- Beurteilen Sie Kerstins Verhalten.
- Erläutern Sie, welche Folgen ein solches Verhalten für das Einzelhandelsunternehmen haben kann.
- Entwerfen Sie einen Gesprächsverlauf, der die Chance auf den Verkauf eines Alternativartikels eröffnet.

Die Bedeutung von Alternativangeboten für Unternehmen und Kunden

Es kommt regelmäßig vor, dass Kundenwünsche nicht erfüllt werden können, weil z. B. die Ware gerade nicht vorrätig ist oder der Artikel überhaupt nicht im Sortiment geführt wird. Der erste Fall wird als **Fehlverkauf**, der zweite als **Nichtverkauf** bezeichnet. Auch emotional beeinflusste Einwände gegen die Ware (z. B. Farbe, Material, Größe, Hersteller/Marke) können einen Kaufabschluss verhindern. Gelingt es Ihnen nicht, den Kunden in diesen Fällen zum Kauf von **Alternativangeboten** zu bewegen, erzielt Ihr Unternehmen einen geringeren **Umsatz** und damit Ertrag, sodass weniger Geld für den Einkauf neuer Ware und Investitionen zur Verfügung steht.

Ein Kunde, dessen **Kaufwunsch** nicht erfüllt wird, kann aus mehreren Gründen **enttäuscht** reagieren. Er überlegt vielleicht, warum ausgerechnet dieser Artikel nicht geführt wird, ob dieses Geschäft zu wenig Auswahl bietet und ob es sich überhaupt lohnt, noch einmal wiederzukommen.

Wenn Kunden dauerhaft einen negativen Eindruck von einem Geschäft erhalten, dann werden sie dies auch im Freundes- und Bekanntenkreis erzählen. Das führt zu einem schleichenden **Imageverlust** für das Unternehmen, der langfristig nur schwer zu verkraften ist. Natürlich wird es Ihnen nicht immer gelingen, Kunden von alternativer Ware zu überzeugen. Wichtig ist es, dem Kunden das Gefühl zu geben, dass Sie sich bemühen, eine bedarfsgerechte Lösung zu finden. Sollte ein Kunde nicht zum Kauf eines Alternativartikels bereit sein, können Sie natürlich anbieten, die gewünschte Ware zu bestellen oder aus einer anderen Filiale zu besorgen.

PRAXISTIPP Bieten Sie Alternativen an! Jeder nicht bediente Kaufwunsch bedeutet realisierten Umsatz- und Imageverlust!

Kundenansprüche als Grundlage erfolgreicher Alternativangebote

„Sie verkaufen keine Artikel, sondern Problemlösungen!“ An diesen Satz sollten Sie sich erinnern, wenn Sie den Wunsch eines Kunden nach einem bestimmten Artikel nicht erfüllen können. Oft wissen Kunden nicht, dass es Alternativen für den geäußerten Kundenanspruch gibt.

Selbstverständlich schlagen Sie einem Kunden nicht irgendeine Ware als Alternativangebot vor, sondern orientieren sich an seinen **Ansprüchen**. Sie müssen deshalb wissen, worauf es ihm wirklich ankommt, um einen gleich- oder höherwertigen Artikel anzubieten. Der Kunde darf nicht den Eindruck gewinnen, dass Sie ihm minderwertige Ware oder einen Ladenhüter verkaufen wollen.

Beispiel

Kunde: „Ich suche einen neuen Discman von Sany. Der ist jetzt getestet worden."

Mehmet: (weiß, dass die neue Ware noch nicht eingetroffen ist) „Bitte kommen Sie mit. (Auf dem Weg zum Regal) Wofür wollen Sie das Gerät benutzen?"

Kunde: „Ich muss abnehmen und wollte mit dem Laufen anfangen. Damit mir das nicht so langweilig wird, möchte ich gerne Musik dabei hören."

Mehmet: „Ja, Laufen ist Klasse! Und Musik macht es Ihnen wirklich noch viel angenehmer. Hören Sie auch MP3?"

Kunde: „Klar, ich hab schon einen großen Teil meiner CDs auf dem Computer."

Mehmet: „Dann schauen Sie sich mal den „Allround X" der Firma „Flips" an. Er hat eine hervorragende Antischockwirkung, ist also für Läufer ideal, und einen ausgezeichneten Laser, der nicht nur selbst gebrannte CDs problemlos liest, sondern auch MP3, was der Sany-Discman nicht kann. Das ist gerade für Ihren Zweck sehr gut geeignet, wenn Sie später längere Strecken laufen, da Sie ja erheblich mehr Musik auf eine CD bekommen."

Mehmet hat dem Kunden aufgrund seiner erfolgreichen **Bedarfsermittlung** eine **„Problemlösung"** angeboten. Außerdem hat er durch ein zusätzliches Verkaufsargument (MP3) eine gute Gelegenheit geschaffen, den Kunden zum Kauf seines Alternativangebots zu bewegen. Dieser **zusätzliche Kundennutzen** ist der Grund dafür, dass ein Alternativangebot häufig sogar die bessere Wahl darstellen kann als der ursprünglich gewünschte Artikel.

Wenn Sie ein überzeugendes, zusätzliches Verkaufsargument finden, lässt sich auch durchaus ein höherer Preis rechtfertigen.

Manche Kunden sind auf **Marken** fixiert, sodass es sehr schwer ist, sie von anderen Artikeln zu überzeugen. Sie kennen die Kunden, die nur „Tchibo" trinken, ausschließlich „Nike-Sportschuhe" tragen oder nur eine Jeans anziehen, wenn sie von „Levi's" ist. Viele andere benutzen den Namen von Markenartikeln oder Sammelbegriffen wie z. B. „Champagner" jedoch häufig nur, um Ihnen mitzuteilen, welche Art von Ware sie kaufen möchten. Wenn Sie den Anspruch des Kunden kennen, sind Sie auch in der Lage, entsprechende Alternativangebote zu machen. In vielen Fällen sind Kunden dankbar für die angebotene Alternative, weil ihnen das Fachwissen und die Warenübersicht fehlen, um eine optimale Kaufentscheidung für ihr Einkaufsproblem zu treffen.

Kundenwunsch Der Kunde fragt nach ...	Mögliche Alternativangebote Also sucht der Kunde nach ...
– Coke	– Cola
– Tempo	– Papiertaschentüchern
– Birkenstock	– Sandalen
– Chablis	– hochwertigem trockenen Weißwein
– Steiff-Tier	– Stofftier
– Gore-tex-Jacke	– wasser- und winddichter Bekleidung
– Rollerblades	– Inlineskates

Um gute Alternativangebote unterbreiten zu können, benötigen Sie also gründliche **Warenkenntnisse**, einen **umfassenden Sortimentsüberblick** und ein **grundlegendes Interesse**, mithilfe des richtig erkannten **Kaufmotivs** das Einkaufsproblem des Kunden zu lösen.

Alternativangebote richtig formulieren

Vermeiden Sie jede Äußerung, die das Wort „**Ersatz**" beinhaltet, da Kunden hier sofort überzeugt sind, dass die angebotene **Alternative** im **Vergleich** zum **Kaufwunsch** minderwertig ist. Sie müssen es auch nicht bedauern, wenn Sie den gewünschten Artikel nicht verkaufen können. Zeigen Sie dem Kunden, welche Problemlösung Ihr Sortiment für ihn bereithält und sprechen Sie nicht über Artikel, die Sie nicht führen. Berücksichtigen Sie auch **nonverbale** Gesichtspunkte, indem Sie eine positive Haltung zeigen.

PRAXISTIPP Vermeiden Sie hilfloses Schulterzucken, Stirnrunzeln und/oder einen ratlosen Gesichtsausdruck!

In der folgenden Tabelle sind die **negativen Formulierungen** unterstrichen, die einem Kunden das Gefühl geben können, dass der angebotene Alternativartikel im Hinblick auf Qualität und/oder Verwendungszweck nicht der gewünschten Ware entspricht.

Beispiele

Nicht so ...	sondern so ...
– Leider kann ich Ihnen nur diesen Rohmilchkäse anbieten.	– Probieren Sie einmal diesen Rohmilchkäse, der ebenfalls sehr kräftig im Geschmack ist.
– Das hier ist auch ein ganz guter Staubsauger, allerdings von der Firma Cleansoft.	– Ich zeige Ihnen einmal ein Modell von Cleansoft, das von der Saugleistung her absolut überzeugend ist.
– Bedauerlicherweise haben wir diesen Artikel aus dem Sortiment genommen, aber als Ersatz kann ich Ihnen ...	– Wir haben uns bei diesem Artikel für die Firma XY entschieden, weil ...
– Nein, haben wir nicht mehr. 15-Kilo-Säcke Hundefutter sind ausverkauft.	– Die Großpackungen werden am Freitag wieder geliefert, warum nehmen Sie bis dahin nicht einen 5-Kilo-Sack mit?

Natürlich gibt es Situationen, in denen der Kauf eines alternativen Artikels für den Kunden nicht infrage kommt. Sie sollten dies **respektieren**. Üben Sie auf keinen Fall Druck auf den Kunden aus, um ihn von Ihrem Angebot zu überzeugen.

PRAXISTIPP Streichen Sie „Haben wir nicht!", „Leider nicht vorrätig!", „Nur", „Ersatzweise" und ähnliche Formulierungen aus Ihrem Wortschatz!

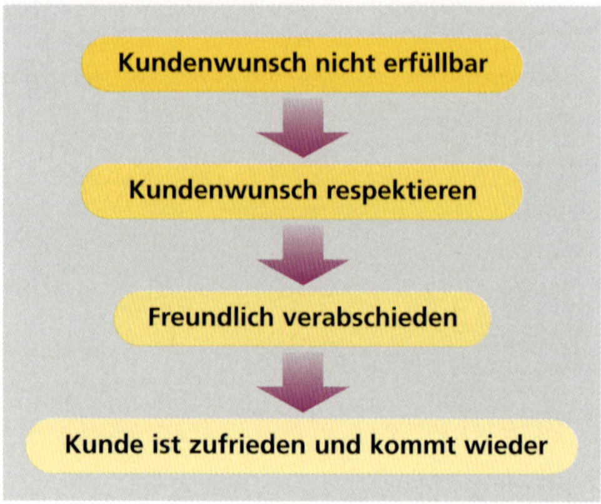

Alternativangebote

- Als **Fehlverkauf** bezeichnet man die Situation, wenn eine vom Kunden gewünschte Ware im Moment nicht vorrätig ist. **Nichtverkauf** heißt, der Artikel wird im Sortiment nicht geführt.
- Beide Situationen führen zu **Umsatzeinbußen** und langfristig zu einem **Imageverlust** des Unternehmens.
- Gute Alternativangebote erfordern **Warenkenntnis**, **Sortimentsüberblick** und **persönliches Interesse**, das Einkaufsproblem des Kunden zu lösen.
- **Alternativangebote** orientieren sich immer am **Kaufmotiv** des Kunden, sind qualitativ **gleich- oder höherwertig** als der ursprüngliche Wunsch und bieten dem Kunden eine **Problemlösung**.
- Der **Zusatznutzen** eines **Alternativartikels** erhöht die Chance eines Kaufs.
- Vermeiden Sie negative **nonverbale** Reaktionen. Der Kunde soll positiv gestimmt werden.
- Ausdrücke des **Bedauerns**, der **Entschuldigung** und der Gebrauch von Formulierungen, die den **Wert des Alternativangebots herabsetzen**, sollten Sie unterlassen.
- Auch wenn kein Kauf zustande kommt, **verabschieden** Sie den **Kunden freundlich**.

1. Begründen Sie, warum Alternativangebote notwendig sind.

2. Beurteilen Sie, ob die folgenden Formulierungen positiv oder negativ zu sehen sind. Verbessern Sie die schlechten Beispiele.
a) Für Ihren Zweck eignet sich ebenfalls sehr gut das Modell ...
b) Darf ich Ihnen ersatzweise einen deutschen Sekt anbieten?
c) Tut mir leid, aber diese Marke führen wir nicht.
d) Dieser DVD-Rekorder ist ebenso gut wie der Sonic, eventuell sogar noch besser ...
e) Dieser Tennisschläger hat gegenüber dem von Ihnen gewünschten Artikel den Vorteil, dass ...
f) Calvados haben wir nicht. Möchten Sie vielleicht etwas anderes?

3. Listen Sie zehn Artikel Ihrer Branche auf und finden Sie aus Ihrem Sortiment passende Alternativen, die Sie Kunden anbieten können.

4. a) Erläutern Sie die Bedeutung des Zusatznutzens bei Alternativangeboten.
b) Entwerfen Sie in Partnerarbeit ein Verkaufsgespräch in wörtlicher Rede mit einem Artikel Ihrer Wahl, in dem der Verkäufer ein Alternativangebot mit Zusatznutzen unterbreitet.

5. Rollenspiel:
a) Entscheiden Sie sich in Ihrer Gruppe für fünf Artikel aus den Listen von Aufgabe 3. Bereiten Sie zu jedem Artikel ein Rollenspiel (Kundenwunsch/Bedarfsermittlung/Alternativangebot) vor.
b) Führen Sie die Rollenspiele durch.
c) Werten Sie die Rollenspiele aus.

3.6 Verkäufe neben dem Hauptkauf

In der Sportabteilung des Center Warenhauses liegen die Quartals-Verkäuferauswertungen vor. Der Abteilungsleiterin, Frau Gutowski, sind bei der Auswertung dieser Zahlen erhebliche Unterschiede zwischen den einzelnen Verkäufern aufgefallen. So haben die folgenden Verkäuferinnen bei gleicher Arbeitszeit im Bereich der Sportmode die folgenden Umsätze erzielt:

Name	verkaufte Stückzahl	Anzahl der Verkäufe	Umsatz/ Verkäufer	erzielte Spanne
Anna Lena Müller	715	564	43.632,00 EUR	51,12 %
Christiane Weber	1.169	573	47.568,00 EUR	53,95 %
Sabine Freund	934	602	45.162,00 EUR	52,12 % ...

Frau Gutowski setzt sich zur Besprechung der Zahlen mit dem Substitut Oliver Lehnert zusammen. Gemeinsam analysieren und besprechen sie die vorliegende Auswertung.

ARBEITSAUFTRÄGE

- Erläutern Sie, wodurch sich Ihrer Meinung nach die erheblichen Unterschiede bei den verkauften Stückzahlen erklären lassen.
- Beschreiben Sie die betriebswirtschaftlichen Konsequenzen für das Unternehmen.
- Erläutern Sie zwei Maßnahmen, mit denen Frau Gutowski versuchen könnte, die verkauften Stückzahlen pro Verkäufer/in zu erhöhen.

Ergänzungsangebote und Zusatzverkäufe

Ergänzungsangebote sind Artikel, welche die **Nutzung** des Hauptartikels überhaupt **erst ermöglichen**. Das heißt, sie sind **notwendig**.

Zusatzverkäufe sind Artikel, die den Hauptkauf **sinnvoll bereichern**. Sie stehen in einem direkten **Verwendungszusammenhang** mit dem Hauptkauf. Zusatzverkäufe erhalten oder steigern den Kundennutzen.

Beispiele

Ergänzungsangebote ...

sind **notwendig**

- MP3-Player – Batterien
- DVD-Recorder – DVD
- Bohrmaschine – Bohrer
- Staubsauger – Staubsaugerbeutel

Zusatzartikel sind **sinnvoll**, denn sie ...

erhalten den Gebrauchswert

- Sportschuhe – Pflegemittel
- Laptop – Transporttasche
- Tiefkühlkost – Kühltüte
- Ski – Skisack

steigern Kundennutzen

- Fernseher – Sound-System
- Grillfleisch – Saucen
- Skianzug – Mütze, Schal
- Bohrmaschine – Polierteller

In der Regel sind **Ergänzungs- und Zusatzartikel** deutlich **preiswerter** als der **Hauptartikel**. So kosten DVDs wesentlich weniger als der Recorder und die Schuhpflege nur einen Bruchteil der neuen Sportschuhe.

Häufig lassen sich zu einem Hauptartikel **mehrere sinnvolle** Angebote machen. So passen zum Rotwein Salzgebäck oder geröstete Mandeln ebenso wie eine große Auswahl unterschiedlichster Käsesorten. Wie viele Artikel man dem Kunden vorlegt bzw. vorschlägt, hängt vom Verlauf des Verkaufsgesprächs ab. Grundsätzlich gilt jedoch, dass er sich nicht bedrängt oder überfordert fühlen darf.

Vorteile durch Ergänzungs- und Zusatzartikel

- **für den Kunden**
  - Sie ersparen ihm Ärger und zusätzliche Wege, weil der Verkäufer ihm hilft, notwendige Ergänzungsartikel nicht zu vergessen. Er kann so den gekauften Artikel **sofort nutzen.**
  - Sie zeigen ihm, wie er den Hauptkauf **vielseitiger oder länger nutzen** kann.
  - Sie sorgen dafür, dass der Kunde **mehr Freude** am Hauptkauf hat.
  - Sie signalisieren ihm, dass sich der Verkäufer für seine **Wünsche** und **Bedürfnisse interessiert.**

- **für Sie als Verkäufer**
  - Sie bringen Ihnen **Anerkennung**, denn nur ein aufmerksamer und vor allem fachkundiger Verkäufer kann einsichtige Ergänzungs- und Zusatzartikel unterbreiten.
  - Sie steigern den **Verkaufserfolg** und stärken so Ihre **Zufriedenheit** und Ihr **Selbstbewusstsein.**

- **für das Unternehmen**
  - Sie **steigern den Umsatz** und dies nicht nur, weil jetzt mehrere anstelle eines Artikels verkauft wurden. Zudem sind Ergänzungs- und Zusatzartikel häufig besser kalkuliert als der Hauptkauf.
  - Sie sorgen für **zufriedene Kunden**, die an das Geschäft gebunden werden können.
  - Sie wirken als **„kostenlose" Werbung**, da die zufriedenen Kunden ihre Einkaufserfahrungen weitergeben.
  - Auf Märkten mit einem zunehmenden Konkurrenzdruck ist es wesentlich leichter, **mehrere Artikel an einen Kunden** zu verkaufen, als neue Kunden zu gewinnen.

Der richtige Zeitpunkt für Ergänzungsangebote und Zusatzverkäufe

Der richtige Zeitpunkt für die Vorlage eines Ergänzungs- oder Zusatzartikels lässt sich nicht pauschal festlegen. Er ergibt sich aus der Verkaufssituation und erfordert **Fingerspitzengefühl** aufseiten des Verkäufers, denn

- ein **verfrühtes Angebot schreckt** den Kunden **ab** – er fühlt sich bedrängt und entschließt sich möglicherweise gar nicht zu einem Kauf,
- ein **verspätetes Angebot**, z. B. nach dem Kassieren, wird **nicht mehr wahrgenommen.**

Grundsätzlich können Ergänzungsangebote und Zusatzverkäufe in zwei Phasen des Verkaufsgespräches sinnvoll eingebunden werden.

○ Angebote während des Hauptkaufs

Während des Hauptkaufs macht es oftmals Sinn, Zusatzartikel anzubieten, die den Hauptartikel in seiner Wirkung unterstützen oder den Gebrauchswert erhöhen. Sie wirken dann als gutes Verkaufsargument. Ergänzungsartikel werden häufig benötigt, damit der Gebrauch des Hauptartikels in der Warenvorlage demonstriert werden kann.

Beispiele

- Sabine Freund bedient einen Kunden, der eine regendichte Jacke für die Sommermonate erwerben möchte. Sie weist während des Verkaufsgesprächs darauf hin, dass diese Jacke in Kombination mit der dazu passenden, einknöpfbaren Fleecejacke auch hervorragend für den Wintersport geeignet ist. Gerade diese zusätzliche Nutzungsmöglichkeit überzeugt den Kunden, und er entscheidet sich für die Kombination beider Jacken.
- Mehmet Aydin demonstriert die Bild- und Tonqualität eines DVD-Players mit einem technisch aufwendig hergestellten Sciencefiction-Film. Der Kunde ist von der dargestellten Szene so begeistert, dass er den Film gleich mit kauft.

○ Angebote im Anschluss an den Hauptkauf

Wenn Ergänzungsartikel notwendig sind, damit der Hauptartikel in Gebrauch genommen werden kann, oder wenn Zusatzartikel zur Pflege des Hauptartikels dienen, werden sie erst erwähnt, nachdem sich der Kunde zum Kauf entschlossen hat.

Beispiel Im Elektrofachmarkt entschließt sich eine Kundin zum Kauf eines Staubsaugers. Daraufhin bietet Mehmet ihr die passenden Staubsaugerbeutel sowie einen zusätzlichen Staubfilter an. Diese Artikel wird sie sicher in einigen Monaten brauchen und froh sein, sie im Bedarfsfall sofort zur Hand zu haben.

In vielen **SB-Geschäften** werden dem Kunden Ergänzungs- und Zusatzartikel durch **Verbundplatzierung** (vgl. Seite 425) angeboten, d.h., zusammengerhörige und sich ergänzende Artikel werden als Verbund gemeinsam präsentiert. Dadurch wird der Kunde zum Kauf angeregt.

Beispiel Der Discounter, in dem Kerstin Dahm arbeitet, bietet Salzgebäck und Partyzubehör in der Getränkeabteilung neben den alkoholischen Getränken an.

Wirkungsvolles Anbieten von Ergänzungs- und Zusatzartikeln

Die **richtige Fragestellung** ist an dieser Stelle von entscheidender Bedeutung. Es kommt nicht nur darauf an, **was** dem Kunden angeboten wird, sondern auch **wie** das Angebot formuliert ist.

Sie vermeiden **inhaltslose Floskeln** und **negative Suggestivfragen**.

Beispiele
- „Haben Sie sonst noch einen Wunsch?"
- „Schwarze Schuhcreme haben Sie ja sicher noch?"

Sie formulieren Ergänzungsangebote als **konkrete Vorschläge**, die sich auf die Ware und ihre Verwendungsmöglichkeiten oder auf den Kunden beziehen.

Beispiele
- „Wenn Sie die Outdoor-Jacke mit diesem speziell entwickelten Waschmittel behandeln, wird sie auch nach dem Waschen wasserabweisend bleiben."
- „Darf ich Ihnen zu den Inlinern diese Knie- und Ellenbogenschützer anbieten? Damit bleiben Sie bei einem Sturz unversehrt."

Es gibt viele Artikel, bei denen nicht nur **ein** weiteres Angebot Sinn macht, sondern eine ganze Reihe von Angeboten möglich ist.

Beispiele
- Notebook → Tasche, Ersatzakku, Anschlusskabel, Maus, Software ...
- Winterjacke → Pflegemittel, Handschuhe, Mütze, Schal ...

In solchen Fällen hat es sich bewährt, zunächst die Ergänzungen anzubieten, die für die **direkte Nutzung besonders notwendig** sind.

Beispiel Beim Notebook könnte dies die benötigte Software sein, sofern diese nicht bereits vorinstalliert ist.

Bieten Sie in solchen Fällen **eine Ergänzung nach der anderen** an. Beobachten Sie Ihre Kunden in solchen Situationen genau und gehen Sie mit **„Fingerspitzengefühl"** vor, um auf der einen Seite die notwendigen Ergänzungen anzubieten und zu verkaufen, und um auf der anderen Seite nicht den Eindruck entstehen zu lassen, Sie wollten dem Kunden etwas aufdrängen.

Wenn es trotzdem mal nicht klappt, und der Kunde Ihr Ergänzungs- oder Zusatzangebot ablehnt,

- dürfen Sie **niemals verstimmt oder verärgert** reagieren;
- sollten Sie **Timing und Fragetechnik optimieren**, indem Sie vor allem die missglückten Ergänzungsangebote und Zusatzverkäufe **kritisch reflektieren;**
- wissen Sie nie, ob der Kunde die Ware nicht doch noch zu einem **späteren Zeitpunkt** kauft, nachdem er von Ihnen erfahren hat, was seinen bereits erworbenen Artikel noch sinnvoll bereichern kann.

Cross-Selling

Das Cross-Selling kann als eine besondere Form des **Zusatzverkaufes** bezeichnet werden. Dem Cross-Selling liegt die folgende Erkenntnis zugrunde: Es ist sehr viel einfacher, einem Kunden, der sich bereits im Geschäft befindet (bzw. Stammkunden), mehrere verschiedene Artikel aus dem Sortiment zu verkaufen als einen neuen Kunden (z. B. durch Werbung) zu gewinnen. Beim Cross-Selling versuchen Sie, Artikel und Leistungen zu verkaufen, die nur **indirekt** mit dem ursprünglichen Artikel in **Verbindung** stehen.

Beispiel In der Sportabteilung der Center Warenhaus GmbH bedient Sabines Kollegin, Christiane Weber, eine Kundin, die ein neues Paar Ski für den bevorstehenden Winterurlaub erwerben möchte. Nachdem sich die Kundin für ein Modell entschieden hat, fragt Frau Weber nach dem Skischuh der Kundin, damit die Skibindung gleich richtig eingestellt werden kann (eine Serviceleistung des Unternehmens). Daraufhin erklärt die Kundin, ihr Skischuh sei schon recht alt und sie wisse noch gar nicht, ob sie ihn weiter tragen werde. So kann ihr Frau Weber gleich einige Modelle zur Anprobe anbieten. In einem Schuh fühlt sich die Kundin so wohl – vor allem im Vergleich zu dem alten Paar –, dass sie sich spontan zum Kauf entschließt. Um das Bild abzurunden, das sie nun auf der Piste abgeben wird, holt Frau Weber eine Skimütze aus der Textilabteilung, die die Kundin auch bereitwillig anprobiert. Da sie nach eigenem Bekunden schon seit Jahren nach einer gesucht hat, ist auch diese Kaufentscheidung schnell gefallen. Zudem schließt sie eine Skidiebstahlversicherung ab und bucht direkt in der Abteilung eine Skireise.

Auf dem Weg zur Kasse plaudern die beiden Damen über die ewig mangelnde Fitness, die beim Wintersport jedes Jahr aufs Neue ärgert. Hier kann Frau Weber nun auf das große Angebot an Sport- und Fitnessgeräten hinweisen. Die Kundin lässt sich auch vor dem Verlassen der Sportabteilung noch ein Laufband vorführen ...

Vielleicht kommt sie in einigen Wochen wieder, um es zu erwerben.

Cross-Selling erhöht die **Zufriedenheit** Ihrer Kunden und damit die **Kundenbindung**. Es ist vor allem ein geeignetes Mittel zur Stabilisierung bzw. Steigerung des Umsatzes: Ein **Stammkunde**, der bereits mehrere unterschiedliche Artikel aus Ihrem Sortiment erworben hat und mit der Ware sowie dem Service zufrieden ist, lässt sich nicht so leicht durch niedrigere Preise von einem Konkurrenten abwerben.

Verkäufe neben dem Hauptkauf

- **Notwendige Ergänzungsangebote** und **sinnvolle Zusatzverkäufe** bringen für den Kunden, den Verkäufer und das **Unternehmen Vorteile**.
- Ergänzungs- und Zusatzartikel können entweder mit dem Hauptartikel **gemeinsam** vorgelegt werden **oder nach der Kaufentscheidung** des Kunden für den Hauptartikel.
- Der Erfolg eines Ergänzungsangebotes oder eines Zusatzverkaufes hängt entscheidend von der richtigen **Formulierung** ab. Es gilt, konkrete, waren- oder kundenbezogene Vorschläge zu machen.
- Beim **Cross-Selling** werden Waren angeboten, die in keinem unmittelbaren Zusammenhang mit dem erworbenen Artikel stehen.

1. Entwickeln Sie ein Mind-Map, in dessen Mitte Sie einen Hauptartikel setzen. Auf die Hauptzweige schreiben Sie dann die Ergänzungs- und Zusatzartikel. Auf den weiteren Verzweigungen der Hauptäste ergänzen Sie zusätzliche Artikel, sodass Artikelketten entstehen.

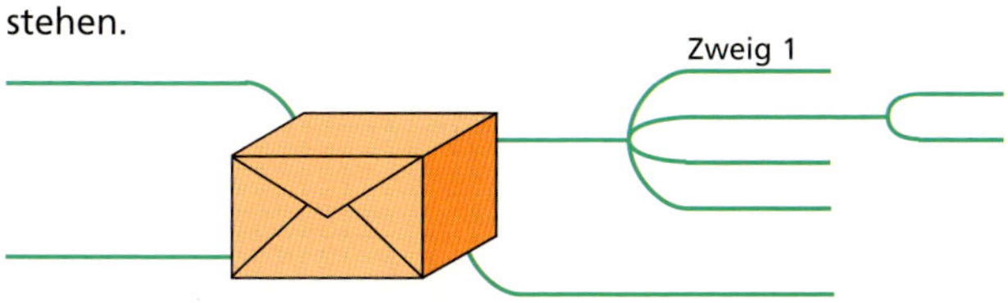

2. Formulieren Sie die Verkäuferaussagen, um die folgenden Ergänzungs- und Zusatzartikel kundenorientiert anzubieten.

a) Schal, Mütze, Handschuhe zum Mantel
b) Holz- und Betonbohraufsätze zur Bohrmaschine
c) Pflegemittel zu den Schuhen
d) Filme, Tasche, Objektive zur Kamera

3. Beurteilen Sie folgende Aussage eines Verkäufers: „Ich mache grundsätzlich keine Ergänzungsangebote. Ich finde das aufdringlich, und die Kunden ärgern sich nur darüber."

4. Im Rahmen einer Mitarbeiterschulung werden Sie auf die Bedeutung von Zusatzverkäufen aufmerksam gemacht.

a) Beschreiben Sie an einem selbst gewählten Beispiel mit wörtlicher Rede, wie Sie ein Zusatzangebot unterbreiten.
b) Begründen Sie, warum zu frühes oder auch zu spätes Unterbreiten eines Zusatzangebotes problematisch ist.
c) Beschreiben Sie zwei Vorteile von Zusatzangeboten für den Kunden.
d) Beschreiben Sie zwei Vorteile von Zusatzangeboten für das Unternehmen.

5. Erkundungsauftrag

Finden Sie in Ihrem Ausbildungsbetrieb und/oder Einzelhandelsgeschäften der näheren Umgebung Beispiele für Verbundplatzierung. Legen Sie dafür eine Liste nach dem folgenden Muster an:

Einzelhandelsgeschäft	Hauptartikel	Ergänzungsartikel	Zusatzartikel

6. Rollenspiel

Entwickeln Sie Verkaufsgespräche, in denen Sie Ergänzungs- und Zusatzartikel anbieten (Artikel nach eigener Wahl).

Stellen Sie die folgenden Rollen in zwei verschiedenen Rollenspielen dar und zeichnen Sie diese mit der Kamera auf.

Rolle Verkäufer Der Verkäufer möchte gerne Ergänzungen verkaufen, aber den Kunden auch nicht bedrängen.	**Rolle Kunde 1** Der Käufer steht dem Angebot aufgeschlossen gegenüber.
	Rolle Kunde 2 Der Käufer lehnt das Angebot ab.

3.7 Abschlussphase

Mehmet arbeitet bereits seit einigen Monaten im Mars Elektrofachmarkt. In dieser Zeit hat er seine Verkaufsfähigkeiten bereits bei „kleineren" Produkten erfolgreich einsetzen können. Am heutigen Arbeitstag betritt gegen 18:00 Uhr eine Kundin die Abteilung mit dem Anliegen, einen DVD-Recorder zum Abspielen und Aufnehmen von Filmen zu kaufen. Durch eine gelungene Bedarfsermittlung erfährt Mehmet, dass die Kundin den Wunsch nach einem technisch hochwertigen DVD-Recorder hat, der zudem über ein modernes Design verfügt. Mehmet legt der Kundin ein Spitzengerät von Sany vor. Das Gerät gehört mit 895,00 EUR zu den teuersten DVD-Recordern, die der Fachmarkt führt. Mehmet argumentiert überzeugend und macht deutlich, dass dieses Gerät den Wünschen der Kundin entspricht. Als er einige technische Möglichkeiten des Gerätes demonstriert, lächelt die Kundin zufrieden. Mit Begeisterung bedient sie selbst einige Einstellungen des DVD-Recorders.

Kundin: (Schaut den DVD-Recorder bewundernd an) *„Ich hätte nicht gedacht, wie einfach so ein technisch anspruchsvolles Gerät zu bedienen ist. Und dann dieses tolle Design. Das Gerät wird ideal in mein Wohnzimmer passen!"*

Mehmet: (Wird nervös, weil ihm plötzlich bewusst wird, dass er noch nie einen so teuren Artikel verkauft hat) *„Weiterhin bietet das Gerät vielfältige Möglichkeiten zum Abspielen von Musik u. a. auch in MP-3 und im WAVE-Format. Sie werden zu Hause viel Spaß beim Musikhören haben. Sie können bis zu 150 Titel auf eine CD brennen, die Sie am Stück abspielen können. Wir haben schon eine große Menge dieses Typs verkauft. Ich würde mich an Ihrer Stelle schnell entschließen, wenn er Ihnen gut gefällt."*

Kundin: (Schaut etwas verärgert und macht einen Schritt vom DVD-Recorder weg) *„Vielen Dank für die ausführliche Beratung, ich muss mir den Kauf aber noch mal überlegen!"*

Mehmet ist total frustriert! Die Kundin war doch begeistert vom Artikel und jetzt geht sie, ohne etwas zu kaufen.

ARBEITSAUFTRÄGE

- Erläutern Sie, warum die Kundin sich nicht für den Kauf des DVD-Recorders entschieden hat.
- Stellen Sie Verhaltensmerkmale fest, die eine Kaufbereitschaft der Kundin zeigen.
- Machen Sie Vorschläge, mit welchem alternativen Verhalten Mehmet das Verkaufsgespräch zum Kaufabschluss führen könnte.

Die **Abschlussphase** kann als **Zielgerade** im Verkaufsgespräch bezeichnet werden. Wenn auf der Wegstrecke zum Kaufabschluss die aufeinander aufbauenden Phasen des Verkaufsgespräches erfolgreich absolviert wurden, ist es nun die Aufgabe des Verkäufers, das Gespräch zum krönenden Ende zu bringen. In dieser Phase wird deutlich, ob die Kundenwünsche richtig ermittelt und eine nutzenorientierte Argumentation erfolgreich eingesetzt wurden. Der Kunde kennt nun Vor- und Nachteile der Ware. Jetzt ist es Aufgabe des Verkäufers, den **Kaufabschluss** mit **zielgerichtetem Handeln einzuleiten**. Als **Ausgangspunkt** für das Verkäuferhandeln in dieser Phase sind folgende Situationen typisch:

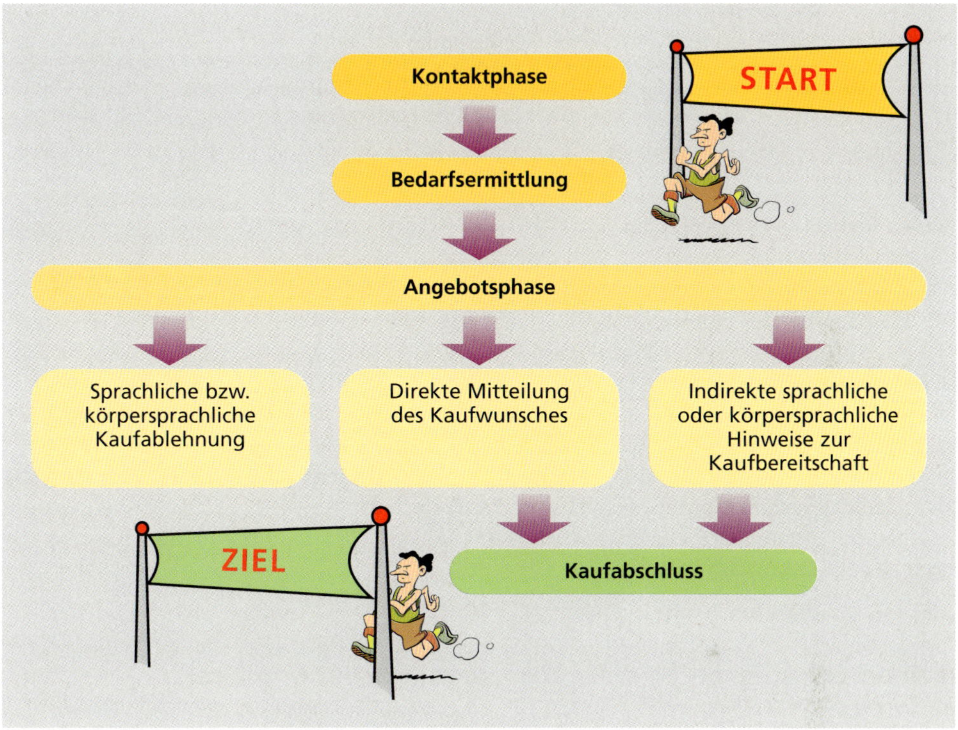

● Sprachliche bzw. körpersprachliche Kaufablehnung

Der Kunde äußert eindeutig **sprachlich** bzw. **körpersprachlich** seine Entscheidung, den Artikel nicht kaufen zu wollen. Zu diesem Zeitpunkt ist es wichtig, dass Sie dem Kunden einen **„ehrlichen" Rückzug** aus dem Verkaufsgespräch ermöglichen. Vermeiden Sie es, den Kunden in eine Situation zu bringen, in der er den Kauf mit einem Schuldgefühl ablehnt und Sie trotz guter Beratung in Zukunft nicht mehr aufsuchen möchte. Geben Sie dem Kunden das Gefühl, dass Sie **trotz der Kaufablehnung gerne** Zeit investiert haben, um ihn zu **beraten.** Versuchen Sie auf **keinen Fall**, den Kunden **zum Kauf zu drängen.** Sonst schaffen Sie die Grundlage für Umtausch und Reklamationen und verlieren den Kunden im schlimmsten Fall langfristig.
Sehen Sie den Nichtkauf eines Kunden nicht als persönliche Niederlage an. Es ist jedoch wichtig, festzustellen, was aus Ihrer Sicht gut im Verkaufsgespräch gelaufen ist und was nicht. Sehen Sie die positiven Aspekte als Hinweis auf Ihre Stärken, die Sie auch zukünftig nutzen können. Bei negativen Aspekten fragen Sie sich, welche Alternativen in ähnlichen Verkaufsgesprächen für die Zukunft besser geeignet sind.

PRAXISTIPP Verstehen Sie die Kaufablehnung nicht als Niederlage für den Verkäufer. Sichern Sie mit einer freundlichen Verabschiedung, dass der Kunde Ihr Geschäft wieder aufsucht! Durch die Mitgabe eines Prospektes oder einer Visitenkarte können Sie die Erinnerung des Kunden an das Geschäft zusätzlich stärken.

Beispiel In der Computerabteilung führt Mehmet ein ausführliches Beratungsgespräch mit einem Kunden, der für seine berufliche Tätigkeit ein neues Laptop benötigt.

Kunde: „Vielen Dank für Ihre ausgezeichnete Beratung. Ich möchte mich heute aber noch nicht entscheiden und mich noch woanders umsehen!"

Mehmet: „Ich freue mich, dass Sie mit der Beratung zufrieden sind, und kann gut verstehen, dass Sie sich erst einmal weiter informieren möchten. Eine solche Anschaffung muss man gut überlegen. Wir haben genügend Geräte auf Lager, sodass ein späterer Kauf gar kein Problem sein wird. Ich gebe Ihnen einen Prospekt mit."

• Direkte Mitteilung des Kaufwunsches

Der Kunde hat den Artikel gefunden, der seinen Wünschen entspricht und ihm den erwarteten Nutzen verschafft. Er teilt seine **Kaufabsicht sprachlich eindeutig** mit.

Beispiele

„Wann können Sie die Ware liefern?"
„Sehr schön, diesen Wein nehme ich!"

Jetzt gilt es für Sie, nicht weiter zu argumentieren, sondern den **Kaufentschluss** sofort **zielgerichtet aufzunehmen**. Gezielte Verkäuferäußerungen wie *„Zahlen Sie bar oder mit Kreditkarte?"* oder *„Darf ich die Laufschuhe für Sie an die Kasse bringen?"* signalisieren das Ende des Verkaufsgespräches.

• Indirekte sprachliche oder körpersprachliche Hinweise zur Kaufbereitschaft

Nicht immer ist der Kunde so entschlussfreudig, indem er Ihnen deutlich sagt: *„Sehr gut, diesen Artikel hätte ich gerne!"* Vielfach haben Kunden zwar bereits **innerlich einen Entschluss** gefasst, sie zögern aber noch bzw. haben Bedenken. Hier ist es für Sie entscheidend, im richtigen Moment die **unbewussten Kaufsignale** des Kunden zu erkennen. Ihr weiteres Vorgehen im Gesprächsverlauf muss darauf abgestimmt werden, dem Kunden noch den **letzten Anstoß** zu geben, den er braucht, um die Ware zu erwerben. Mit einer hohen **verkäuferischen Sensibilität** für **Kaufsignale** können Sie es erreichen, den **richtigen Moment** zu treffen, um das Verkaufsgespräch zum Abschluss zu bringen. Sie riskieren dann nicht, dass der Kunde seine im Unterbewusstsein bereits gefällte Entscheidung wieder rückgängig macht. Typische Kundenaussagen wie: *„Ich möchte es mir noch mal überlegen."* oder *„Ich komme morgen bestimmt noch mal vorbei."* usw. sind Beleg für Unsicherheiten oder einen Rückzug des Kunden aus dem Verkaufsgespräch.

PRAXISTIPP Ist ein Kaufsignal eindeutig festgestellt, dann beenden Sie Ihre Argumentation und ergreifen die Initiative, das Verkaufsgespräch abzuschließen!

Durch folgende Signale teilen Kunden ihre Kaufbereitschaft mit:

Kaufsignale

sprachlich

der Kunde ...
- wiederholt wichtige Kaufargumente.
- fragt nach Details wie Zubehör, Extras, Service, Lieferzeit.
- verhält sich, als hätte er den Artikel bereits („... da wird meine Frau aber staunen ...").
- fragt nach positiven Erfahrungen und Testberichten.
- äußert Zustimmung.

körpersprachlich

der Kunde ...
- nickt mehrfach zustimmend.
- beschäftigt sich nochmals anerkennend mit dem Artikel und lächelt dabei zufrieden.
- fasst sich instinktiv an die Geldbörse.
- hält einen Artikel in der Hand, während er sich andere ansieht.

PRAXISTIPP Kaufsignale können von Ihnen nur als Kaufbereitschaft des Kunden gewertet werden, wenn Sie an der richtigen Stelle des Verkaufsgesprächs – sprich in der Abschlussphase – erfolgen.

Entscheidungshilfen für den Kaufabschluss

Angst vor **Fehlkäufen** oder auch typbedingte **Probleme** in der **Entscheidungsfindung** führen dazu, dass manche Kunden sich schwer zur Kaufentscheidung durchringen können. Daher ist es manchmal notwendig, dem Kunden die **richtigen Entscheidungshilfen** zu geben. Achten Sie darauf, dass der Kunde **nicht zum Kauf gedrängt** wird. Entscheidungshilfen können in unterschiedlicher Art und Weise gegeben werden.

Entscheidungshilfen

- Fassen Sie die wichtigsten Verkaufsargumente zusammen.

  Beispiel *„Sie betonten, dass Sie möglichst wenig Gepäck mit auf die Trekkingtour nehmen wollen. Da ist die ultraleichte und trotzdem wetterfeste Regenjacke optimal; sie hat hervorragende Trageeigenschaften. Des Weiteren ist die Jacke – wie Sie es wünschen – in einem neutralen Farbton gehalten!"*

- Sortieren Sie Waren, die den Kunden nicht ansprechen, konsequent aus. **Konzentrieren** Sie sich ausschließlich **auf die engere Artikelauswahl**, um den Kunden in der Entscheidungsfindung nicht zu überfordern (vgl. Seite 208 ff.).

- Beziehen Sie die **Sinne** des Kunden (vgl. Seite 211 ff.) verstärkt mit ein, indem Sie ihn auffordern, die **Ware** zu **berühren** bzw. **in die Hand zu nehmen**.

  Beispiel *„Legen Sie die Sportuhr doch einmal an und Sie werden merken, wie leicht sie am Handgelenk zu tragen und zu bedienen ist!"*

- Geben Sie dem Kunden eine **klare Empfehlung**. Allerdings erwartet der Kunde, dass er bei der Empfehlung mit seinem individuell zu lösenden Kaufproblem und seinen Wünschen im Mittelpunkt steht. Persönliche Vorlieben des Verkäufers sollten keine Rolle spielen.

  Beispiel
  Kunde: „Was soll ich denn jetzt nehmen?"
  Verkäufer: „Ich denke, dass dieser Rasierapparat für Sie genau das Richtige ist, weil ...!"

- Bearbeiten Sie **allgemeine Einwände** (vgl. Seite 228 ff.) **bzw. Unsicherheiten** aktiv.
  Kunde: *„Hm, ich muss es mir noch überlegen."*
  Verkäufer: *„Natürlich will eine solche Entscheidung gut überlegt sein. Wo genau liegen denn Ihre Bedenken?"*

- Heben Sie die **Möglichkeit** zum **Warenumtausch** als besondere Serviceleistung hervor, z. B.: *„Falls Sie zu Hause feststellen, dass sich Ihr Mann in der Jacke doch nicht wohlfühlt, nehmen wir sie in den nächsten 14 Tagen selbstverständlich wieder zurück."*

LF 10 Insbesondere die letztgenannte Entscheidungshilfe **„Warenumtausch aus Kulanz"** ist eine wichtige kundenorientierte und verkaufsfördernde Serviceleistung vieler Unternehmen. Diese Möglichkeit erleichtert vielen Kunden die Kaufentscheidung. Die Einzelhändler bieten die Möglichkeit, Ware, die z. B. nicht passt oder die nicht gefällt, zurückzugeben, ohne dass eine rechtliche Verpflichtung dazu besteht. Allerdings werden von vielen Händlern bestimmte Waren vom Umtausch ausgeschlossen, es sei denn, sie sind noch original verpackt oder versiegelt. Zu diesen Waren zählen u. a. Lebensmittel, Hygieneartikel wie Unterwäsche, Zahnbürsten usw. und Sonderangebote. Wie weit die Umtauschbereitschaft geht, ist sehr unterschiedlich und abhängig von der **„Verkaufsphilosophie"** der Unternehmensleitung.

PRAXISTIPP Behalten Sie Ihr Ziel – den Kaufabschluss – im Auge. Helfen Sie dem Kunden bei seiner Entscheidung, ohne ihn zu „überfahren"!

Erfolgreicher Kaufabschluss mit gezielten Fragetechniken

Zeigt der Kunde deutliche **Kaufsignale**, dann muss es Ihre Zielsetzung sein, den **Kaufabschluss herbeizuführen**. Gezielte Fragen in der Abschlussphase sind ein sinnvoller **Verkäuferimpuls**, der zur Entscheidung führen soll. Mittels drei verschiedener **Frageformen** (vgl. Seite 166 f.) kann das Verkaufsgespräch gezielt beendet werden.

Geschlossene Frage	Suggestivfrage	Alternativfrage
Mit der geschlossenen Frage führen Sie die Entscheidung direkt herbei, indem Sie die Auswahl einschränken.	Ziel dieser Frageform, die sparsam eingesetzt werden sollte, ist es, dem Kunden eine bestimmte Antwort nahezulegen. Dadurch wird der Kunde zu einer Entscheidung „geleitet".	Sie bieten dem Kunden die Auswahl zwischen zwei Artikeln an, die er bereits in die engere Wahl gezogen hat. Beziehen Sie in Ihre Überlegungen ein, dass Kunden oftmals den letztgenannten Artikel auswählen.
Beispiele *„Sie wollen also lieber die weißen Socken?"* *„Dieser Aerobicanzug gefällt Ihnen nicht so sehr?"*	**Beispiele** *„Der rote Trainingsanzug gefällt Ihnen doch besser, oder?"* *„Sie wollen doch lieber einen leichten Rotwein, nicht wahr?"*	**Beispiele** *„Möchten Sie lieber den roten oder den gelben Handball?"* *„Was passt besser zu Ihrer Feier, die Oldie- oder die Hip-Hop-CD?"*

Verhalten nach der Kaufentscheidung

Das Ziel des Verkaufsgespräches ist erreicht. Der Kunde hat sich zum Kauf entschlossen. Jetzt ist es für Sie als Verkäufer wichtig, die **Entscheidung zu bestärken**. Damit es nicht zu einer Kaufreue beim Kunden kommt, räumen Sie Zweifel aus. Sie geben ihm die **Bestätigung** für seine **Entscheidung**, sodass er sie auch in seinem **persönlichen Umfeld** rechtfertigen kann. Machen Sie dem Kunden deutlich, dass er eine gut überlegte und vernünftige Entscheidung getroffen hat. Sie sollten die Kaufentscheidung bestätigen, indem Sie ...

- das **wesentliche Verkaufsargument** noch einmal verstärken,

  Beispiel „Sie wollten doch vor allem eine atmungsaktive, regendichte Jacke haben. Wenn Sie bei der nächsten Radtour in einen Regenschauer geraten, werden Sie sich über Ihre Wahl freuen."

- auf die vielfältigen **Verwendungsmöglichkeiten** hinweisen,

  Beispiel „Die Jacke ist so modisch geschnitten, dass Sie sie nicht nur zum Sport, sondern auch zu vielen anderen Gelegenheiten tragen können."

- die besondere **Haltbarkeit** der Ware herausstellen,

  Beispiel „Das Material ist von so hoher Qualität, dass Sie viele Jahre Freude an dieser Jacke haben werden."

- **Ergänzungs- und Zusatzartikel** anbieten (vgl. Seite 242 f.),

  Beispiel „Das Waschmittel, mit dem Sie die Imprägnierung der Jacke optimal erhalten können, haben wir immer vorrätig."

- **zusätzliche Garantieleistungen nennen,**

  Beispiel „Der Hersteller gibt Ihnen vier Jahre Garantie auf das Material dieser Jacke."

- auf **Kundendienst und Service** verweisen.

  Beispiel „Falls Sie die Jacke nicht selber waschen möchten, bieten wir Ihnen als Serviceleistung die Reinigung der Jacke durch unser Geschäft an."

PRAXISTIPP Räumen Sie Zweifel aus und bestätigen Sie die Wahl des Kunden!

Der Weg zur Kasse

Viele Verkäufer glauben, ihre Arbeit sei getan, sobald sich ein Kunde zum Kauf eines Artikels entschlossen hat. Ob der Kunde jedoch mit einem guten Gefühl das Geschäft verlässt, ist zu diesem Zeitpunkt noch nicht entschieden.

Während es in **Selbstbedienungsgeschäften** und bei **Vorwahl** üblich ist, dass der Kunde alleine zur Kasse geht, bedeutet die Begleitung des Kunden in **Bedienungsgeschäften** eine zusätzliche Gesprächschance.

PRAXISTIPP Artikel, die klein, aber wertvoll sind (z. B. MP3-Player oder digitale Kameras), sind besonders diebstahlgefährdet. Diese Artikel sollten Sie in jedem Falle selber zur Kasse bringen.

Wenn es die Kundenfrequenz ermöglicht, sollten Sie Ihren Kunden bis zur Kasse begleiten. Auf Ihre Frage, *„Darf ich Sie zur Kasse begleiten?"*, reagiert der Kunde entweder mit einer Verneinung, z. B. weil er sich noch in anderen Abteilungen des Geschäftes umsehen möchte, oder mit Zustimmung.

Weisen Sie ihm dann zunächst mit einer **Geste** und einem freundlichen **Lächeln** die Richtung, in die Sie sich gemeinsam bewegen werden.

Der vor Ihnen liegende, **gemeinsame Weg** kann nun eine für Kunde und Verkäufer gleichermaßen erfreuliche Fortsetzung des Verkaufsgesprächs werden. Beachten Sie dabei die folgenden **Grundregeln**, wobei es nicht darum geht, sie alle gleichzeitig anzuwenden – dafür reicht die Zeit auch gar nicht aus –, sondern je nach Situation richtig reagieren zu können.

Gehen Sie den Weg zur Kasse wenn möglich **nebeneinander.** Halten Sie dabei jedoch die Distanzzonen ein (vgl. Seite 162).

Führen Sie ein **Gespräch** mit dem Kunden und sammeln Sie persönliche Informationen, die für zukünftige Gespräche nützlich sein können.

Überlassen Sie es dem Kunden, den ausgewählten **Artikel** zur Kasse zu tragen, wenn er dies wünscht. So kann er sich besser mit ihm „anfreunden".

Versorgen Sie Ihren Kunden wohldosiert mit **Tipps und Anregungen** z. B. zur Pflege/Behandlung seiner Neuerwerbung.

Nutzen Sie den Weg zur Kasse für **Ergänzungs- und Zusatzangebote** (vgl. Seite 242 f.). Konzentrieren Sie sich dabei auf einen Artikel, damit der Kunde Ihnen folgen kann.

Verabschieden des Kunden

Das Ende des Verkaufsgesprächs bietet noch einmal die Chance, einen zufriedenen **Stammkunden** zu gewinnen bzw. zu behalten. Der **letzte Eindruck**, den der Kunde aus dem **Geschäft** mitnimmt, bleibt in seinem Gedächtnis haften, und deshalb sollten Sie auch in diesen wenigen Augenblicken noch einmal Ihre ganze Aufmerksamkeit für den Kunden aufbringen.

PRAXISTIPP Beherzigen Sie die Regel: **„Nach dem Kauf ist vor dem Kauf!"**

Der eigentlichen **Verabschiedung** liegen allgemeinverbindliche **Höflichkeitsregeln** zugrunde, die Ihnen geläufig sind. Dennoch werden sie oft genug nicht umgesetzt, z. B. weil der nächste Kunde schon auf Bedienung wartet. Wichtig ist in diesem Zusammenhang auch, dass **alle Kunden**, egal, ob sie etwas gekauft haben oder nicht, mit einem **positiven Empfinden** das Geschäft verlassen. Nur wenn Sie einem Kunden ermöglichen, ohne ein Gefühl der Peinlichkeit auch nach einem längeren, erfolglosen Verkaufsgespräch das Geschäft zu verlassen, wird er wiederkommen.

Die Verabschiedung

Der Kunde hat gekauft

Stärken Sie beim Kunden die Vorfreude auf die Nutzung des neu erstandenen Artikels.
„An dieser Kamera werden Sie viel Freude haben."

Der Kunde hat nicht gekauft

Geben Sie dem Kunden das Gefühl, dass Sie ihn trotz des Nichtkaufes gerne bedient haben.

Halten Sie **Blickkontakt** zum Kunden, zeigen Sie ein **freundliches Lächeln** und nennen Sie den Kunden beim Namen, falls Ihnen dieser bekannt ist.

Sagen Sie nicht nur *„Auf Wiedersehen"*, sondern bereichern Sie diese Abschiedsworte durch eine **situative Ergänzung:** *„Ich wünsche Ihnen einen schönen Abend."*
„... ein schönes Wochenende."
„... einen erholsamen Urlaub."
„... schöne Feiertage."

Abschlussphase

- Die Kaufbereitschaft teilt der Kunde **direkt** mit oder drückt sie **indirekt** durch **sprachliche** bzw. **körpersprachliche Kaufsignale** aus.
- Zögert der Kunde mit der Kaufentscheidung, ist es wichtig, ihm die richtigen **Entscheidungshilfen** zu geben.

  Geeignete Entscheidungshilfen sind:
  - Zusammenfassung der wichtigsten Verkaufsargumente
  - Konzentration auf wenige Artikel
  - Einbeziehung der Sinne des Kunden
  - begründete Empfehlung
  - Klärung von Unsicherheiten
  - Umtauschmöglichkeit anbieten
- Bei Kaufsignalen des Kunden wird mit gezielter **Fragetechnik** – der **geschlossenen**, der **suggestiven** oder der **alternativen** Frage – der Abschluss herbeigeführt.
- **Bestätigen** Sie die **Kaufentscheidung** des Kunden, damit er diese vor sich selbst und seinem Umfeld leichter rechtfertigen kann.
- Sie erzielen zur Verstärkung der **Kundenbindung** eine positive Nachwirkung, indem Sie ...
  - auf dem **Weg zur Kasse** vorhandene Möglichkeiten **nutzen**,
  - den Kunden **freundlich verabschieden**, egal ob er etwas gekauft hat oder nicht.

1. Nennen Sie drei Situationen, die für die Endphase des Verkaufsgespräches typisch sind.

2. Erläutern Sie, wie Kunden Kaufbereitschaft signalisieren. Nutzen Sie hierzu beispielhaft Situationen aus Ihrem Verkaufsalltag.

3. Ordnen Sie die Verkäuferaussagen der jeweiligen Art und Weise der Entscheidungshilfe zu:

a) „Sie sagten doch, Sie wollten einen MP3-Player, der beim Joggen tragbar, leicht zu bedienen und wasserdicht sein soll. Weiterhin möchten Sie unkompliziert Musiktitel laden, um dann wie gewünscht mit motivierender Musik Sport treiben zu können!"

b) „Ziehen Sie die Jacke doch noch einmal an und Sie werden merken, wie angenehm Sie zu tragen ist!"

c) „Ich empfehle Ihnen einen Bordeauxwein. Dieser Rotwein ist ..."

4. Erklären Sie, warum es wichtig ist, dass der Kunde nicht zum Kauf gedrängt wird.

5. Erläutern Sie die Frageformen, mit denen Sie bei deutlichen Kaufsignalen des Kunden das Verkaufsgespräch beenden. Formulieren Sie jeweils ein Beispiel entsprechend Ihres Ausbildungssortiments.

6. Formulieren Sie Sätze zu einem beliebigen Artikel aus dem Sortiment Ihres Ausbildungsbetriebes, mit denen Sie die Kaufentscheidung eines Kunden verstärken können:

Nutzen Sie
a) das wesentliche Verkaufsargument,
b) die Möglichkeit zum Umtausch,
c) die Verwendungsmöglichkeiten,
d) die Haltbarkeit,
e) Ergänzungsangebote,
f) Garantieleistungen,
g) Kundendienst und Service.

7. Beschreiben Sie, welche Möglichkeiten Sie haben, den Weg zur Kasse mit dem Kunden positiv zu gestalten.

8. Entwickeln Sie eine Negativliste für den Weg zur Kasse „Was kann ich auf dem Weg zur Kasse alles falsch machen?".
a) Sammeln Sie alle Fehler, die Ihnen auf diesem Weg nicht unterlaufen sollten.
b) Schildern Sie, wie das jeweilige Fehlverhalten auf den Kunden wirken könnte.
c) Beschreiben Sie die Folgen, die sich für die Beziehung Verkäufer – Kunde bzw. das Geschäft ergeben könnten.

a) Fehler auf dem Weg zur Kasse	b) Wirkung auf den Kunden	c) Folgen ...

9. Rollenspiel
Die Kundin Frau Eggers kommt in die Käseabteilung des Lebensmitteldiscounters und möchte sich für ein Geschäftsessen eine Käseplatte zusammenstellen lassen. Die Kundin legt Wert auf exklusive Käsesorten und erwartet von Kerstin Dahm eine ausführliche Beratung.

Kundin	Kerstin Dahm
Nach einer ausführlichen Beratung sind Sie entschlossen, sich von der Fachverkäuferin eine exklusive Käseplatte zusammenstellen zu lassen. Sie zeigen Ihre Kaufbereitschaft durch körpersprachliche Signale und durch Fragen nach dem Lieferservice etc.	Sie beraten die Kundin sehr ausführlich. Das Beratungsgespräch läuft sehr gut und Sie erkennen deutliche Kaufsignale der Kundin.

Entwickeln Sie ein Rollenspiel, in dem Sie die dargestellte Verkaufssituation durch zielgerichtetes Verkäuferhandeln zum Kaufabschluss führen. Führen Sie das Rollenspiel durch und werten Sie es aus.

Beobachtungsmerkmale
1. Waren deutliche Kaufsignale der Kundin zu erkennen?
2. Wurde eine Fragetechnik zum Herbeiführen des Kaufabschlusses eingesetzt?
3. Wie hat der Verkäufer die Kaufentscheidung bestätigt?

10. Rollenspiel
Verabschieden Sie einen Kunden:
a) Ein Stammkunde, dem Sie nach einer zügigen Beratung eine elektrische Heckenschere verkauft haben.
b) Eine Kundin, die sich nach einer 20-minütigen Verkaufsberatung nicht für ein Paar Laufschuhe entscheiden konnte.

Übungsaufgaben

1. Partnerarbeit: In der Sportabteilung des Center Warenhauses spricht ein Kunde Sabine an, die gerade aus dem Lagerbereich kommt:
Kunde: „Schön, dass hier endlich mal jemand auftaucht, der mir helfen kann!"
Sabine reagiert daraufhin so: „Ich muss ja wenigstens noch die neue Ware verkaufsfertig machen können. Sonst finden Sie hier bald nichts mehr in den Regalen. Und wenn der Chef nicht mehr Personal einstellt, ist das nicht meine Schuld, oder? Worum geht's?"
a) Zeigen Sie die Beziehungs- und Inhaltsebene der Kundenaussage auf.
b) Beschreiben Sie, mit welchen nonverbalen Signalen und welcher Stimme/Betonung der Kunde seine Nachricht wohl begleitet.
c) Erklären Sie, wogegen sich der Einwand des Kunden richtet.
d) Auf welchem ‚Ohr' hört Sabine die Nachricht des Kunden? Erläutern Sie die Inhalts- und Beziehungsebene von Sabines Nachricht an den Kunden.
e) Begründen Sie, ob Sabine die „Schlüsseleigenschaften" eines Verkäufers bei der Gestaltung einer positiven Beziehung zum Kunden in dieser Gesprächssituation umsetzen konnte.
f) Beschreiben Sie, wie Sabines Antwort auf den Kunden wirken wird.
g) Führen Sie das oben begonnene Verkaufsgespräch so fort, dass es zu einem erfolgreichen Kaufabschluss führen kann. Gehen Sie bis zur Warenvorlage mit einem Artikel Ihrer Wahl. Beginnen Sie mit Sabines Antwort auf die Kundenäußerung. Berücksichtigen Sie dabei sowohl auf Kundenseite als auch aufseiten des Verkäufers die körpersprachlichen Aspekte und führen Sie das Rollenspiel mit Ihrem Partner durch (danach Rollentausch).

2. Unterscheiden Sie die Begriffe „Mimik", „Gestik", „Körperhaltung" anhand je eines Beispiels.

3. Das Sprechverhalten des Verkäufers ist eine wesentliche Voraussetzung für erfolgreiches Verkaufen.
a) Unterscheiden Sie die Begriffe „Gesprächsförderer" und „Gesprächsblocker".
b) Erstellen Sie je ein Mind-Map, in dem Sie die verschiedenen Arten und jeweils zwei Beispiele anführen.

4. Mehmet beobachtet einen jungen Mann, der schon seit Längerem vor der Glasvitrine mit den digitalen Kameras steht und die Ware betrachtet. Mehmet geht zu dem Kunden.
Mehmet: „Hallo, Sie schauen sich gerade unsere neuesten Kameras von der CEBIT an. Topware! Für welches Modell interessieren Sie sich?"
Kunde: „Ach, ich suche bloß eine Kamera; aber ob es so etwas Kompliziertes sein muss, weiß ich nicht."
Mehmet: „Haben Sie denn an etwas Bestimmtes gedacht?"
Kunde: „Nein, ich fahre bald mit meiner Freundin in Urlaub und wollte nur ein paar Bilder machen."
Mehmet: „Was für eine Kamera haben Sie denn bis jetzt benutzt?"
Kunde: „Och, ich hatte immer die Spiegelreflex von meinem alten Herrn, aber damit bin ich gar nicht klar gekommen. Hab immer alles falsch eingestellt und die Bilder waren entweder zu hell, zu dunkel oder unscharf."
Mehmet: (schließt die Vitrine auf) „Na, dann zeig' ich Ihnen doch mal die Canio Fun XXL, die hat einen 8-fach Superzoom, selbstverständlich abschaltbaren Mehrfeld-Autofocus, ein Dutzend Motivprogramme und Dioptrienausgleich, um nur einige Features zu erwähnen."
a) Zerlegen Sie das Verkaufsgespräch in seine einzelnen Phasen.

b) Beurteilen Sie das Vorgehen von Mehmet in jeder Phase.
c) Beschreiben Sie fünf Möglichkeiten, wie Mehmet sein umfassendes Warenwissen erworben hat.
d) Im weiteren Verlauf des Gesprächs nimmt Mehmet verbale und nonverbale Abschlusssignale des Kunden wahr. Beschreiben Sie je zwei dieser möglichen Signale.
e) Formulieren Sie in wörtlicher Rede (Branche/Beispiel nach Wahl) zwei Möglichkeiten, wie Sie Kunden in der Abschlussphase durch eine Alternativ- und durch eine Suggestivfrage die Kaufentscheidung erleichtern können.

5. Erläutern Sie den Begriff „Gebesi". Beschreiben Sie dabei sieben positive Verhaltensweisen eines Verkäufers.

6. In der Sportabteilung. Eine junge Frau, Anfang 20, beschäftigt sich seit einiger Zeit mit den Skihandschuhen. Sabine nähert sich der Kundin:
Sabine: „Kann ich Ihnen helfen?"
Kunde: „Ich suche ein Paar Skihandschuhe."
Sabine: „Sollen die aus Leder oder aus diesen neuen High-Tech-Materialien sein?"
Kunde: (schaut ratlos) „Ich weiß nicht genau, ich fahre das erste Mal zum Skilaufen."
Sabine: „Welche Farbe haben Sie sich denn vorgestellt?"
a) Beurteilen Sie die Kontaktaufnahme von Sabine und machen Sie einen Vorschlag in wörtlicher Rede, wie Sie die Kundin angesprochen hätten.
b) Beurteilen Sie die Bedarfsermittlung.
c) Welche Art von Fragen empfehlen Sie Sabine bei der Bedarfsermittlung? Bilden Sie zwei Beispiele und führen Sie in wörtlicher Rede Ihre eigene Bedarfsermittlung zu dem o. a. Verkaufsgespräch durch.
d) Beschreiben Sie Möglichkeiten einer „erlebnisorientierten Bedarfsermittlung" in Sabines Verkaufsgespräch.
e) Schildern Sie eine Möglichkeit, wie Sabine durch indirekte Bedarfsermittlung etwas über die Kundenansprüche erfahren könnte.

7. Gruppenarbeit: In Mehmets Filiale wird wegen Personalmangels ein Kollege aus einem anderen Markt vorübergehend eingesetzt, der diesen Wechsel gegen seinen Willen vornehmen musste. Dieser Verkäufer stützt sich auf die Theke und schaut auffällig zu einem Kunden, der an einem Regal steht. Der Kunde geht zu ihm, der Verkäufer starrt ihn weiterhin an, auf den Tresen gestützt, und sagt auch nichts, als der Kunde vor ihm steht.
Kunde: „Guten Tag, ich suche einen W-Lan-Router."
Verkäufer: (ohne die Haltung zu verändern und lässig aufgestützt): „Was wollen Sie denn ausgeben?"
Kunde: (verunsichert) „So etwa bis 150,00 EUR."
Verkäufer: (richtet sich ohne Kommentar auf, verschwindet zwischen den Regalen und stellt nach kurzer Zeit eine Verpackung auf den Tresen) „Den kann ich Ihnen empfehlen, außerdem ist er im Angebot und kostet nur 119,90 EUR statt 149,90 EUR."
a) Entscheiden und begründen Sie, ob sich der Verkäufer kundengerecht verhalten hat im Hinblick auf:
   aa) Kontaktaufnahme,
   ab) Bedarfsermittlung,
   ac) Warenvorlage,
   ad) Preisnennung!
b) Entwickeln Sie ein Rollenspiel mit Artikeln Ihrer Wahl, in dem Sie die Punkte aa – ad kundenorientiert durchspielen (wechselnde Rollenspieler). Werten Sie das Rollenspiel mithilfe eines Beobachtungsbogen aus und geben Sie den Mitspielern Feedback.

8. Im Vorwahlsystem bestehen verschiedene Möglichkeiten der Kontaktaufnahme.
a) Zeigen Sie an einem selbst gewählten Artikelbeispiel, wie Sie mit einer Kundin, die sich mit der Ware beschäftigt, Kontakt aufnehmen. Formulieren Sie in wörtlicher Rede.
b) Reagieren Sie in wörtlicher Rede auf einen Kunden, der sagt, er wolle sich nur einmal umschauen.

9. Ein Kunde steht in der Fußballabteilung im Sportfachmarkt und sagt: „Ich suche ein Geburtstagsgeschenk für mein Patenkind. Es kann schon was Besonderes sein."
a) Erläutern Sie zwei mögliche Kaufmotive des Kunden.
b) Begründen Sie, warum es für einen Verkäufer wichtig ist, die Kaufmotive der Kunden zu erkennen.
c) Formulieren Sie eine kundenorientierte Antwort in wörtlicher Rede. Berücksichtigen Sie dabei ein Kaufmotiv aus a)!

10. Mehmet und Sabine streiten sich. „Es ist völlig o. k., den Kunden zuerst die Artikel mit den höchsten Preisen anzubieten", knurrt Mehmet. „Das ist Quatsch! Du musst erst immer Artikel aus dem mittleren Bereich nehmen!", faucht Sabine zurück.
Sammeln Sie mindestens zwei Argumente für jede Meinung.

11. Sabine hat eine Kundin schon längere Zeit beraten, die sich jedoch nicht zwischen zwei Laufshirts entscheiden kann.
Kundin: „Also dieses orangene hier gefällt mir gut, aber auch das gelbe Shirt ist toll."
Sabine: „Ja, Sie haben Recht, beide sind sehr schön."
Kundin: „Ach, die gefallen mir beide, ich weiß nicht, welches ich nehmen soll."
Sabine: „Da kann ich Ihnen auch nicht weiterhelfen, das müssen Sie schon selber wissen."
a) Beurteilen Sie Sabines Verhalten.
b) Beschreiben Sie zwei Methoden der Abschlusstechnik, die Sabine einsetzen könnte.
c) Formulieren Sie eine verkaufsaktive Antwort zum Kaufabschluss in wörtlicher Rede.

12. In Kerstins Discounter ist die wöchentliche Aktionsware eingetroffen. Es handelt sich um elektrische Heckenscheren. Eine Kundin wendet sich an Kerstin:
Kundin: „Was kostet die denn?"
Kerstin: „Nur 69,00 EUR."
a) Beurteilen Sie die Preisnennung durch Kerstin und formulieren Sie eine verkaufsaktive Antwort in wörtlicher Rede.
b) Bei teuren Artikeln kann ein Kunde durch die Höhe des Preises geschockt werden. Erläutern Sie zwei Methoden, um Preisschocks zu verhindern und bilden Sie je ein Beispiel in wörtlicher Rede.

13. Entscheiden Sie sich für fünf Artikel aus unterschiedlichen Warenbereichen Ihres Sortiments. Formulieren Sie jeweils in wörtlicher Rede eine kundenorientierte Preisnennung (Vorteilsformulierung, Sie-Stil, Kundennutzen/Erlebnisbezug). Verwenden Sie bei einem Beispiel die Sandwich-Methode.

14. Sabine bedient eine Kundin, die schon mehrere Skianzüge anprobiert hat.
Kundin: (dreht sich vor dem Spiegel) „Dieser Anzug fällt in 40 aber doch sehr groß aus."
Sabine: „Ja, das stimmt. Der Schnitt ist bewusst so gestaltet, dass Sie genügend Bewegungsfreiheit bei allen Aktivitäten haben."
Kundin: „Sagen Sie, der weiße Anzug verschmutzt doch sicher sehr schnell?"
Sabine: „Fühlen Sie einmal das Obermaterial Ihres Anzuges und dann fassen Sie einmal

diesen Anzug an. Ihr Skianzug ist besonders beschichtet, das hilft stark gegen Verschmutzungen und erleichtert die Reinigung, wenn sich doch einmal etwas festsetzt."
Kundin: „Mhmm, in Weiß habe ich aber schon so viele Sachen."
Sabine: „Welche weiteren Farben bevorzugen Sie denn noch?"

a) Erklären Sie, mit welchen Methoden Sabine die Kundeneinwände beantwortet.
b) Am Ende kommt für die Kundin entweder der weiße oder ein goldfarbener Skianzug infrage. Beschreiben Sie Möglichkeiten, wie Sabine die Kaufentscheidung herbeiführen kann und machen Sie einen Vorschlag in wörtlicher Rede.
c) Die Kundin hat sich entschieden. Machen Sie zwei Vorschläge, welche Zusatzartikel Sabine anbieten sollte.
d) Erläutern Sie den Begriff „Cross-Selling".
e) Schildern Sie je zwei Vorteile von Zusatzartikeln für
   - den Kunden,
   - den Verkäufer,
   - das Geschäft.
f) Beschreiben Sie, wie Sabine die Kundin zur Kasse begleiten sollte.

Ungebundene Aufgaben zur Prüfungsvorbereitung

1. Warenkenntnisse sind die notwendige Voraussetzung für eine erfolgreiche Kundenberatung. Beschreiben Sie sechs Informationsmöglichkeiten zur Erweiterung und Vertiefung von Warenkenntnissen.

2. Viele Artikel unterliegen einer besonderen Kennzeichnung. Erklären Sie die Begriffe
a) Marken (Warenzeichen)
b) Gütezeichen
und erläutern Sie die Verwendung dieser Zeichen. Nennen Sie je zwei Beispiele.

3. Als Verkäufer müssen Sie die Ansprüche/Erwartungen des Kunden erkennen und diese bei Ihrer Argumentation berücksichtigen.
1. Nennen Sie zu den folgenden Kundenansprüchen je ein Signal/einen Hinweis des Kunden, an dem Sie den jeweiligen Anspruch erkennen können.
   Kundenansprüche:
   a) Bequemlichkeit
   b) Geltungsbedürfnis
   c) Preis
   d) Umweltverträglichkeit
2. Formulieren Sie in wörtlicher Rede zu diesen Kundenansprüchen je ein Verkaufsargument und beziehen Sie sich dabei auf Waren und Branche Ihrer Wahl.

4. Situation: Ein Kunde steht in Ihrer Abteilung, hält einen Artikel in der Hand und sucht offensichtlich einen Verkäufer. Bearbeiten Sie folgende Aufgaben mit Beispielen aus Ihrem Ausbildungsbetrieb.
1. Sprechen Sie den Kunden verkaufsfördernd an (Artikel nach Wahl).
2. Formulieren Sie in wörtlicher Rede zwei Fragen zur genaueren Bedarfsermittlung.
3. Nach der Bedarfsermittlung wollen Sie ihm die passende Ware vorlegen. Sie haben davon unterschiedliche Ausführungen. Mit welcher Preislage beginnen Sie die Warenvorlage? Begründen Sie Ihr Vorgehen.

4. Sie haben dem Kunden mittlerweile drei vergleichbare Artikel gezeigt und erläutert. Der Kunde zögert und ist unentschlossen. Wie können Sie ihm die Entscheidung erleichtern?
5. Der Kunde zeigt jetzt stärkeres Interesse für einen der Artikel. Formulieren Sie ein personenbezogenes Verkaufsargument in wörtlicher Rede, um den Kunden endgültig von diesem Artikel zu überzeugen.
6. Daraufhin fragt der Kunde nach dem Preis. Formulieren Sie eine verkaufsaktive Antwort in wörtlicher Rede.
7. Aufgrund Ihrer geschickten Gesprächsführung hat sich der Kunde nun entschlossen, den Artikel zu kaufen. Bevor Sie den Kunden verabschieden, wollen Sie Zusatz-/Ergänzungsartikel anbieten. Führen Sie hierzu 2 Beispiele an.
8. Der Erfolg eines Verkaufsgesprächs ist nicht nur von der Ware und der Sprache des Verkäufers abhängig. Auch die anderen Bedingungen müssen stimmen. Zeigen Sie vier Möglichkeiten auf, wie Sie während des ganzen Gespräches eine positive Verkaufsatmosphäre gestalten können.

5. Situation: Sie befinden sich in Ihrer Abteilung und sind zur Beratung von Kunden eingesetzt.

1. Beurteilen Sie die beiden folgenden Verkaufsargumente bezüglich ihrer Verkaufswirksamkeit:
   a) „Diese Membrane ist water-repellent und aufgrund ihrer klimaaktiven Konstruktion einfach super."
   b) „Dieses TV-Gerät verfügt über die Pixel-Superplus-Technik. Diese ermöglicht eine größere Auflösung bei der Darstellung und Sie haben ein sehr scharfes Bild, sodass Sie Sendungen einfach entspannter genießen können."
2. Im Verlauf einer Beratung sagt ein Kunde zu Ihnen: „Ich halte es für besser, dies erst noch mit meiner Partnerin zu besprechen."
   a) Erklären Sie, ob es sich dabei um einen echten oder einen unechten Einwand handelt.
   b) Nennen Sie vier Gründe, die einen Kunden zu einem Einwand veranlassen können.
3. Im Laufe eines Verkaufsgesprächs sagt ein Kunde: „Das ist aber sehr teuer." Formulieren Sie in wörtlicher Rede eine verkaufsaktive Antwort nach der Ja-aber-Methode (Artikel nach Ihrer Wahl).

6. Sie sollen mit der Umweltfreundlichkeit eines Artikels im Verkaufsgespräch argumentieren.

1. Beschreiben Sie drei Punkte, die umweltbewussten Kunden wichtig sein können.
2. Formulieren Sie zu den von Ihnen gewählten Punkten jeweils ein Verkaufsargument für ein Produkt, das umweltbewusste Kunden überzeugen kann.
3. Unter welcher Voraussetzung wird der „Umweltengel" für Produkte verliehen?
4. Welche Zusatzangabe befindet sich auf dem Umweltzeichen?

7. Durch bestimmte Verhaltensweisen zeigen Kunden, dass sie Ihre Hilfe benötigen. Nennen Sie fünf Signale, die zeigen, dass der Kunde Beratung benötigt.

8. Situation: In der Vorweihnachtszeit sind Sie in der Kundenberatung eingesetzt. Sie bemerken eine Kundin, die sich an einem Regal mit einem Artikel beschäftigt.

1. Sprechen Sie die Kundin in wörtlicher Rede artikelbezogen an.
2. Die Kundin antwortet: „Ich suche ein Weihnachtsgeschenk." Formulieren Sie zwei offene und zwei geschlossenen Fragen zur Bedarfsermittlung (Artikel nach Wahl).
3. Sie haben die Bedarfsermittlung beendet und den Kaufwunsch ermittelt, sodass Sie nun passende Artikel vorlegen können.

a) Begründen Sie Ihre Entscheidung für eine bestimmte Preislage.
b) Nennen Sie die fünf Sinne des Menschen.
c) Erläutern Sie anhand je eines Beispiels nach Ihrer Wahl, wie Sie bei der Warenvorlage drei verschiedene Sinne der Kundin ansprechen können.

9. 1. Beschreiben Sie jeweils einen Fehler in den nachstehenden Verkaufsgesprächen.
2. Machen Sie für eine der Verkäuferaussagen Ihrer Wahl einen Verbesserungsvorschlag in wörtlicher Rede.
   a) Verkaufsgespräch: „Dieser neu auf den Markt gekommene Lambda-Tower mit Septiprozessor, eingebautem RWA-Laufwerk, modularer Extenso-Festplatte, mit multifunktionaler Bluefunktastatur ..."
   b) Verkaufsgespräch: „Nehmen Sie doch diesen Artikel hier, der ist ohnehin viel besser, dieser Artikel wird viel mehr verlangt ..."
   c) Verkaufsgespräch: „Diese Jacke trägt man doch heute so, ich trage sie übrigens selbst auch, sie macht auch Sie schlanker ..."

10. Ein Einzelhändler bietet Ergänzungsartikel/Zusatzartikel an, um seinen Umsatz zu steigern.
1. Erläutern Sie anhand von je zwei Beispielen die Begriffe
   a) notwendige Ergänzungs-/Zusatzartikel,
   b) Wert steigernde/Wert erhaltende Ergänzungs-/Zusatzartikel.
2. Begründen Sie, in welcher Phase des Verkaufsgesprächs Ergänzungs-/Zusatzartikel angeboten werden.
3. Empfehlen Sie in wörtlicher Rede einen Ergänzungs-/Zusatzartikel (Artikel/Branche nach eigener Wahl).
4. Beschreiben Sie, wie die Platzierung von Ergänzungs-/Zusatzartikeln deren Verkauf fördert.

11. Eine Kundin fragt Sie in Ihrem Ausbildungsbetrieb nach einem Artikel des Herstellers Blinko, den Sie jedoch nicht führen. Formulieren Sie am Beispiel eines Artikels Ihrer Wahl eine verkaufsaktive Antwort in wörtlicher Rede an die Kundin.

12. In Vorwahl- und Selbstbedienungsgeschäften hat das Verkaufspersonal oft den einzigen Kontakt mit dem Kunden erst an der Kasse. Beschreiben Sie in ganzen Sätzen fünf wichtige Verhaltensregeln des Verkäufers im Kassenbereich, damit der Kunde zufrieden das Geschäft verlässt.

13. Situation: Sie befinden sich in Ihrer Abteilung der Center-Warenhaus GmbH. Sie bemerken einen Kunden, der sich suchend umschaut. Bevor Sie auf ihn zugehen können, tritt bereits eine Kollegin zu dem Kunden und Sie hören folgende Auszüge aus dem Verkaufsgespräch (Artikel nach Ihrer Wahl).
Kunde: „Haben Sie ...?"
Verkäuferin: „Diesen Artikel haben wir im Moment nicht vorrätig. Ich kann Ihnen höchstens ... zeigen."
Kunde: „Nein, vielen Dank, ich hätte doch lieber ..."
Verkäuferin: „Na gut, das muss ich dann eben für Sie bestellen."
1. Beurteilen Sie die Wirkung der beiden Aussagen Ihrer Kollegin auf den Kunden.
2. Formulieren Sie in wörtlicher Rede eine Antwort auf die Frage des Kunden in dieser Situation.
3. Der Kunde bittet im Verlauf des weiteren Verkaufsgesprächs die Kollegin doch, ihm einen anderen Artikel zu zeigen. Erklären Sie die Vorteile von Alternativangeboten mit je zwei Beispielen aus der Sicht des Center-Warenhauses und aus der Sicht des Kunden.

4. Ihre Kollegin legt dem Kunden den verlangten Artikel vor. Er betrachtet die Ware interessiert und äußert dann: „Aber dieser Artikel hier ist doch erheblich teurer." Ihre Kollegin antwortet mit der Ja-aber-Methode. Formulieren Sie eine entsprechende Verkäuferäußerung nach dieser Methode in wörtlicher Rede.
5. Der angebotene Artikel ist mit dem abgebildeten Zeichen versehen. Erläutern Sie, warum diese Kennzeichnung die Kaufentscheidung des Kunden positiv beeinflussen kann.

Gebundene Aufgaben zur Prüfungsvorbereitung

Situation zu den Aufgaben 1 bis 4: Sie sind in der Sport-Abteilung der Center-Warenhaus GmbH beschäftigt. Frau Büxe kommt zu Ihnen in die Abteilung, um sich für einen Skiurlaub auszustatten. Sie erwartet eine fachkundige Beratung.

1. Frau Büxe verschafft sich zunächst einen Überblick über die angebotenen Artikel und bleibt dann vor dem Sortimentsbereich der Skihosen stehen. Sie betrachtet interessiert eine hochwertige Hose. Wie sprechen Sie Frau Büxe warenbezogen an?

1. „Darf ich Ihnen diese hochwertige Hose zeigen?"
2. „Kann ich Ihnen bei der Auswahl einer Hose behilflich sein?"
3. „Diese Hose wird gewöhnlich nur von gut trainierten Bergsteigern für das Hochgebirge gekauft."
4. „Diese Hose hat eine leichte Fütterung, Sie dürfen sie gerne einmal anziehen."
5. „Von dieser Hose haben wir nur noch ein Exemplar im Geschäft."

2. Frau Büxe lässt sich von Ihnen zwei Hosen in unterschiedlichen Preislagen zeigen (siehe Abbildungen). Mit welchem Argument begründen Sie den höheren Preis im Zusammenhang mit einem höheren Gebrauchsnutzen?

1. Mit den Preisschwankungen im Sommer und Winter
2. Mit der auffälligen Farbe
3. Mit der Garantiezeit
4. Mit der geringeren Kundennachfrage
5. Mit dem geringeren Gewicht

Hose 1	Hose 2
Preis: 245,00 EUR Garantie: 3 Jahre Gewicht: 900 Gramm Material: ETERNAL-TEX ® (Microfaser) Im Hochgebirge und Labor getestet 	Preis: 129,00 EUR Garantie: 3 Jahre Gewicht 1700 Gramm Material: Baumwolle/Polyester Traditionell zuverlässig 

3. Frau Büxe wünscht nähere Auskunft über das Material von Hose 1. Was bedeutet der Zusatz ® hinter der Bezeichnung ETERNAL-TEX?

1. Eingetragenes Warenzeichen

2. Recyclingfähiges Material
3. Gütezeichen
4. Gebrauchsmuster
5. Frei von Chemikalien

4. Sie führen mit Frau Büxe weiterhin das Verkaufsgespräch über Hosen. Sie verhält sich unschlüssig bei der Entscheidung. In welchem Fall unterbreiten Sie Frau Büxe ein Alternativangebot?

1. Sie führen Frau Büxe vor, dass beide Hosen sowohl mit Hosenträgern als auch ohne Hosenträger getragen werden können.
2. Sie bieten Frau Büxe an, statt einer Skihose eine Trekkinghose mit einer speziellen Kunstfaserüberhose zu kombinieren.
3. Sie empfehlen Frau Büxe zusätzlich zu einer Hose eine Dose Imprägnierspray, um das Material dauerhaft vor Wasser zu schützen.
4. Sie bieten Frau Büxe zu einer Hose den passenden Anorak im gleichen Design und gleichen Material an.
5. Sie weisen Frau Büxe darauf hin, dass die hochwertige Hose ein herausnehmbares Innenfutter hat.

5. Die Center-Warenhaus GmbH will die Kunden im Eingangsbereich durch die abgebildeten Symbole über Serviceleistungen informieren. Welche Erklärung zu den Abbildungen ist richtig?

Unsere Serviceleistungen					
Electronic Cash	Finanzkauf	Garantie	Lieferservice	Reparaturservice	Umtauschservice

1. Das Symbol Lieferservice bedeutet, dass jede gekaufte Ware kostenlos zugestellt wird.
2. Das Symbol „Umtauschservice“ weist darauf hin, dass Ihre Kunden alle mangelfreien Waren gegen andere Artikel umtauschen können.
3. Sie gewähren auf alle Waren eine lebenslange Garantie, da im Garantiesymbol keine zeitliche Begrenzung angegeben ist.
4. Zur Vermeidung von Kassendifferenzen akzeptieren Sie in Ihrem Warenhaus nur electronic cash.
5. Das Symbol „Reparaturservice“ besagt, dass die Kunden alle in Ihrem Warenhaus gekauften Artikel nur bei Ihnen reparieren lassen dürfen.

6. Beim Verkaufsgespräch benutzen Sie die sogenannte „Sandwich-Methode“. Welche Argumentation entspricht dieser Methode?

1. „Diese hochwertigen Gläser zum Preis von je 25,00 EUR wurden von einem bekannten Glaskünstler hergestellt.“
2. „Ein Glas kostet 25,00 EUR, 6 Stück erhalten Sie zum Preis von nur 130,00 EUR.“
3. „Dieses von einem Künstler hergestellte Glas kostet 25,00 EUR.“
4. „Solch außergewöhnliche Gläser haben natürlich ihren Preis, 6 Gläser kosten 150,00 EUR.“
5. „Diese Gläser sind teurer als normale Gläser.“

7. Sie arbeiten in der Sportabteilung der Center-Warenhaus GmbH, Bereich Fitnessgeräte. Ein Kunde zeigt Interesse an den Geräten. Bringen Sie die folgenden Schritte des Beratungsvorgangs in die richtige Reihenfolge, indem Sie die Ziffern 1 bis 6 vergeben.

1. Sie fragen den Kunden nach seinen Ansprüchen an das Fitnessgerät.
2. Sie bestätigen die Kaufentscheidung des Kunden und verabschieden sich.
3. Sie begrüßen den Kunden freundlich.
4. Sie wählen zusammen mit dem Kunden ein auf seinen Bedarf optimal abgestimmtes Gerät aus.
5. Sie erläutern dem Kunden die technischen Eigenschaften der Geräte, die Sie ihm gezeigt haben.
6. Sie zeigen dem Kunden verschiedene Fitnessgeräte.

8. In einer Verkaufsschulung lernen Sie, dass Sie stets die Möglichkeiten des eigenen Sortiments ausschöpfen sollten. In welchen Fällen bieten Sie Ergänzungsartikel an?

1. Sie zeigen dem Kunden ausschließlich Bekleidungsstücke, die aus High-Tech-Materialien hergestellt sind.
2. Ein Kunde kauft ein Herrenhemd und eine Krawatte. Sie bieten ihm zusätzlich eine passende Krawattennadel an.
3. Ein Kunde erzählt Ihnen, dass er demnächst auf die Jubiläumsfeier eines Schützenvereins eingeladen ist, auf der eine Tracht zwingend vorgeschrieben ist. Sie zeigen ihm unterschiedliche Trachtenhosen, -hemden und dazu passende Strümpfe.
4. Eine Kundin verlangt nach einem dunkelblauen Kostüm in einer bestimmten Größe. In dieser Größe haben Sie jedoch nur ein schwarzes Kostüm, das Sie der Kundin anbieten.
5. Eine Kundin kauft eine schwarze Lederjacke. Sie bieten ihr dazu passende Lederschuhe an.

9. Sie bedienen einen Kunden in Ihrer Abteilung. Der Kunde möchte eine Glasvase, die ganz außergewöhnlich sein soll. Wie argumentieren Sie, um dem Geltungsbedürfnis des Kunden gerecht zu werden?

1. „Das ist eine besonders exklusive, mundgeblasene Ausführung."
2. „Dies ist eine sehr gute Qualität, die von vielen unserer Kunden gekauft wird."
3. „Diese Glasvase ist spülmaschinenfest."
4. „Auf die Spülmaschinenfestigkeit geben wir Ihnen drei Jahre Garantie."
5. „Bei dieser Glasvase gibt der Hersteller eine 5-jährige Neuliefergarantie."

10. Sie bedienen eine Kundin, die sich aufgrund einer Prospektwerbung für eine Küchenmaschine interessiert. Es handelt sich um ein Sonderangebot. Wie verhalten Sie sich situationsgerecht?

1. Sie führen das Beratungsgespräch mit der Absicht, auch einen Zusatzverkauf durchzusetzen.
2. Während des Beratungsgesprächs erläutern Sie die Vorzüge der Küchenmaschine aus der Werbung und begründen den reduzierten Angebotspreis durch eine aktuelle Werbemaßnahme Ihres Unternehmens.
3. Zu Beginn des Verkaufsgespräches informieren Sie die Kundin darüber, welche Werbemaßnahmen zurzeit außerdem noch in Ihrer Abteilung durchgeführt werden.
4. Sie führen der Kundin alle Küchenmaschinen der Abteilung vor und weisen sie darauf hin, dass Ihr Unternehmen die größte Auswahl am Platz hat.
5. Sie ermitteln das Kaufmotiv der Kundin und versuchen, sie durch Argumentation zum Kauf der Ware zum regulären Preis zu bewegen.

Kunden im Servicebereich Kasse betreuen

1 Tätigkeiten im Kassenbereich durchführen

Im zweiten Monat ihrer Ausbildung sollen Sabine Freund und die anderen Auszubildenden aus dem ersten Ausbildungsjahr an der Kasse eingesetzt werden. Hierzu findet vorab ein zweitägiges Seminar im Schulungsraum der Center Warenhaus GmbH statt. Der Abteilungsleiter Verkauf Oliver Lehnert führt diese Schulung durch. Herr Lehnert beginnt die Schulung mit den Worten: *„Sie werden jetzt am Point of Sale unseres Unternehmens eingesetzt. An der Kasse sind jeden Morgen einige Vorbereitungen zu treffen, damit der Kassiervorgang reibungslos funktioniert. Ferner müssen Sie einige Kassierregeln beachten. Zudem ist es besonders wichtig, sowohl Kunden freundlich zu begrüßen als auch zu verabschieden. Sie werden auch einige Vorsichtsmaßnahmen kennenlernen, damit Sie Falschgeld erkennen."*

ARBEITSAUFTRÄGE

- Erläutern Sie, warum eine freundliche Begrüßung und Verabschiedung von Kunden für das Einzelhandelsgeschäft von Vorteil sind.
- Stellen Sie Ihren Mitschülern die wesentlichen Kassierregeln vor, indem Sie hierzu ein Lernplakat erstellen.

Kommunikation (vgl. Seite 151 ff.) an der Kasse

Nach einem erfolgreichen **Verkaufsgespräch** sollte der Verkäufer in einem Bedienungs- oder Vorwahlgeschäft den Kunden zur Kasse begleiten, wenn der Kassiervorgang von einem anderen Mitarbeiter durchgeführt wird. Mit dem Kassiervorgang ist nicht nur der technisch korrekte Vorgang des Registrierens und Zahlens verbunden, sondern auch immer der **zwischenmenschliche Kontakt** zwischen dem Mitarbeiter des Einzelhandelsunternehmen und dem Kunden. Der Mitarbeiter sollte dem Kunden zeigen, dass er willkommen ist. Ein Kunde, der bezahlen möchte, ist entweder kompetent und freundlich beraten worden oder er hat die Waren alleine ausgesucht. Erst an der Kasse hat er dann den ersten Kontakt mit einem Mitarbeiter des Einzelhandelsunternehmens. Wenn sich eine Warteschlange vor der Kasse gebildet hat, ist es nicht möglich, jeden Kunden freundlich zu begrüßen und ein paar nette Worte für ihn zu finden. Ein **freundlicher Blick in die Augen** und ein **„Guten Tag"** sollten aber immer möglich sein. Dies signalisiert dem Kunden, dass es nicht nur um die Bezahlung geht. Nach der Abwicklung der Zahlung ist ein freundliches **„Dankeschön"** und **„Auf Wiedersehen"** selbstverständlich.

LF 10 Insbesondere in Grenzstädten und in Touristenzentren kann es erforderlich sein, **ausländische Kunden**, die nicht der deutschen Sprache mächtig sind, zu bedienen. Hier sollte vermieden werden, Ausländer in „gebrochenem Deutsch" oder in einer „Kindersprache" anzusprechen. Es ist in diesen Fällen hilfreich, wenn der Mitarbeiter selbst eine oder mehrere **Fremdsprachen** beherrscht, um den ausländischen Kunden bedienen zu können. Zudem können andere Mitarbeiter, die sich mit dem ausländischen Kunden verständigen können, zu Hilfe geholt werden.

Eine Kassierkraft muss eine Reihe von **Anforderungen** erfüllen. Sie muss konzentriert, merkfähig, ehrlich, zuverlässig, vertrauenswürdig, freundlich, aufmerksam, belastbar, selbstständig sein und technisches Verständnis und gute Umgangsformen aufweisen.

● Verkaufsbereitschaft der Kasse

Die Kasse muss schon vor dem Geschäftsbeginn verkaufsbereit sein, damit der Kassiervorgang beim ersten Kunden ordnungsgemäß und problemlos verläuft. Zur **Verkaufsbereitschaft an der Kasse** zählen folgende Gesichtspunkte:

- **Ordnung im Kassenbereich**, d. h. Vordrucke, Schreibgeräte oder Tragetaschen müssen an ihrem Platz sein, das Datumsdruckwerk an der Kasse muss geprüft und, falls erforderlich, eingestellt werden.
- **Vordrucke** (Kaufbelege, Quittungen, Personalkaufbelege, Gutscheine usw.) müssen in ausreichender Menge vorhanden sein, ebenso sollten Stempel und Stempelkissen bereitliegen.
- **Ersatzkassenrollen** sollten an der Kasse bereitliegen.
- **Packmaterial** und **Verkaufstragetaschen** müssen in den erforderlichen Größen und Mengen vorhanden sein.

● Kassierregeln

Folgende Regeln sind an der Kasse von einem Mitarbeiter zu beachten, damit ein Verdacht auf unkorrektes Verhalten erst gar nicht entstehen kann:

- An der Kasse sollte niemals eigenes oder fremdes Geld aufbewahrt werden.
- Bei Verwandten oder guten Bekannten sollte nicht selbst kassiert werden.

LF 10 Um nicht von **unehrlichen Kunden durch Tricks** überlistet zu werden, sollten folgende Regeln beachtet werden:

- Alle zu registrierenden Artikel müssen auf den Kassentisch gelegt werden. Führen Sie eine **Sichtkontrolle** der Artikel und des Einkaufswagens durch.
- Es ist darauf zu achten, dass Kunden oder deren Begleitpersonen **keine Artikel** in der **Hand** halten.
- Ist an der Ware **kein Preis**, tippen Sie den Preis nicht nach den Angaben der Kunden ein. Fragen Sie einen zuständigen Mitarbeiter nach dem Preis oder schauen Sie in aktuellen **Preislisten**, die an der Kasse ausliegen, nach.
- Erscheint der **Preis** an einer Ware zu **niedrig**, fragen Sie bei einem Mitarbeiter nach, ob der Preis stimmt.
- **Verschließen** Sie die Kasse **zugriffssicher** bei jedem Verlassen des Arbeitsplatzes.

Bei **Kassen mit Beleg- oder Rechnungsdrucker** wird der Preis eines jeden Artikels eingetippt. Bei **Scannerkassen** (vgl. Seite 349) wird das EAN-Etikett jedes Artikels über das Sichtfenster gezogen oder der Preis mit der Lesepistole (vgl. Seite 350) abgelesen. Die Kasse speichert den eingegebenen Betrag, druckt den registrierten Betrag auf den Kontrollstreifen, addiert die Beträge und druckt den Beleg. Dieser kann ein einfacher **Kassenbon**, eine **Rechnung** oder ein **„sprechender Kassenbon"** (vgl. Seite 351) sein.

In einigen Abteilungen werden für den Kunden z. B. für sperrige Waren Vordrucke mit Angabe der Abteilungsnummer, Verkäufernummer, Anzahl der Artikel, Artikelbezeichnung, Einzelpreis und Gesamtpreis aller Artikel ausgestellt, damit der Kunde zuerst die Waren an der Kasse zahlt und anschließend diese an einer Warenausgabe abholen kann.

Beispiel In der Abels Bau- und Hobbymarkt GmbH werden bei Holzpaneelen in der Holzabteilung Vordrucke über die gewünschten Waren erstellt. Der Kunde zahlt den Rechnungsbetrag an der Kasse und holt die Waren anschließend an der Laderampe ab.

Überprüfen von Geldscheinen auf Echtheit

Durch verbesserte Druck- und Kopiertechniken gelangt zunehmend mehr **Falschgeld** in Umlauf. Folglich muss der Mitarbeiter an der Kasse auf die Echtheit der Geldscheine achten. Folgende **Merkmale** können bei Euro-Scheinen u. a. herangezogen werden:

- **Fluoreszenz:** Hält man die Banknote unter UV-Licht, fluoreszieren die Sterne auf der Vorderseite am stärksten. Die Rückseite der Banknote fluoresziert stärker.

- **Wasserzeichen:** Das helle Feld auf der linken Vorderseite zeigt bei Durchsicht ein Wasserzeichen vom Gebäude und eines von der Wertangabe.

- **Sicherheitsfaden:** Der Sicherheitsfaden in der Mitte der Banknote ist durchgängig eingebettet. Er ist nur sichtbar, wenn man den Geldschein gegen das Licht hält.

- **Kinegramm:** Jeder Euroschein enthält ein Kinegramm. Die 5-, 10- und 20-Euronote besitzen je ein Streifenkinegramm (Wert des Geldscheins und Eurozeichen). Dieses wird sichtbar, wenn man den Schein kippt. Bei der 50-, 100-, 200- und 500-Euronote ist am Rand der Note ein viereckiges Kinegramm eingebaut, welches je nach Blickwinkel das jeweilige Architekturmotiv oder den Wert zeigt.

- **Stichtiefdruck:** Am oberen Rand auf der Banknotenvorderseite ist die Buchstabenreihe BCE ECB EZB EKT EKP als Stichtiefdruck aufgedruckt. Wenn man mit dem Finger darüber streicht, fühlt man die Erhebung bzw. Vertiefung.

PRAXISTIPP Überprüfen Sie jeden großen Geldschein auf seine Echtheit.

Tätigkeiten im Kassenbereich durchführen

- Eine **freundliche Begrüßung und Verabschiedung eines Kunden** sollte selbstverständlich sein.
- Vor Öffnung des Einzelhandelsgeschäftes muss die **Verkaufsbereitschaft der Kasse** durch geeignete Maßnahmen gesichert sein.
- **Kassieren** ist eine besonders **verantwortungsvolle Tätigkeit** und zugleich ein Vertrauensbeweis der Unternehmensleitung. Im Umgang mit Geld sind größte Aufmerksamkeit und die Einhaltung der **Kassierregeln** erforderlich.
- **Geldscheine** sind auf **Echtheit** zu überprüfen.

1. Informieren Sie sich in Ihrem Ausbildungsbetrieb über die üblichen Kassierregeln, um Falschgeld zu erkennen, und stellen Sie diese Ihren Mitschülern in einer geeigneten Weise vor.

2. Erläutern Sie, welche Maßnahmen zur Vorbereitung der Verkaufsbereitschaft der Kasse getroffen werden müssen.

3. Ein Kunde erscheint mit einem hochwertigen Elektrogerät an der Kasse. An der Ware befindet sich ein Preisetikett mit einem Preis von 49,00 EUR. Ihnen erscheint dieser Preis zu niedrig. Beschreiben Sie, wie Sie sich in dieser Situation verhalten sollten. Erstellen Sie hierzu ein Rollenspiel.

4. Ein Kunde will einen Artikel im Wert von 2,99 EUR mit einem 500-Euro-Schein bezahlen. Sie sind unsicher, ob der Geldschein echt ist. Beschreiben Sie einige Merkmale, mit denen Sie die Echtheit des Scheins überprüfen können.

5. An der Kasse taucht ein naher Verwandter von Ihnen mit einem hochwertigen Artikel auf. Erläutern und begründen Sie, wie Sie sich in dieser Situation verhalten sollten.

6. Beim Kassieren erhalten Sie vom Kunden einen falschen 100-Euro-Schein. Wie verhalten Sie sich in dieser Situation richtig?

1. Sie geben dem Kunden den falschen Geldschein zurück und fordern ihn auf, mit einem echten 100-Euro-Schein zu bezahlen.
2. Sie unterstellen dem Kunden, dass dieser mit Falschgeld handelt.
3. Sie bitten den Kunden, den Schein bei der nächsten Bank einzulösen.
4. Sie vernichten den falschen Geldschein und bitten den Kunden, mit einem echten 100-Euro-Schein zu bezahlen.
5. Sie verständigen umgehend die Geschäftsleitung.

2 Grundsätzliche Formen des kaufmännischen Rechnens bei der Kassenabrechnung beherrschen

2.1 Anwendung der Dreisatzrechnung im Rahmen der Kassenabrechnung

Sabine Freund wird seit einer Woche in der Verwaltung im Rechnungswesen eingesetzt. Hier wird sie u. a. mit der Auswertung der Kassenberichte betraut. Sabine hat folgenden Verkäuferbericht aus der Textil-/Sportabteilung vorliegen:

Verkäuferbericht 12.03.–17.03.		Art des Berichts
44 Elena Gutowski		Kundenberater(in) Nr., Name
Gesamtbetrag brutto	4.284,00	Bruttoumsatz Kundenberater(in)
Gesamtbetrag netto	3.600,00	Nettoumsatz Kundenberater(in)
Anzahl Artikel	90	verkaufte Artikel

In der letzten Woche hatte Elena Gutowski bei einem Umsatz von 3.480,00 EUR (brutto) eine Verkaufsprovision von 69,60 EUR erhalten. Aufgrund einer Werbeaktion in der Textil-/Sportabteilung wird mit einer Absatzsteigerung der verkauften Artikel gerechnet. Die Zahl der erwarteten verkauften Artikel von Elena Gutowski wird auf 120 Artikel geschätzt. Der Abteilungsleiter Rechnungswesen, Herr Schmick, bittet Sabine darum, die Lagerbestände der einzelnen Artikel zu überprüfen. So befinden sich vom Artikel Trainingsanzug „Sprinter" 40 Stück auf Lager. Normalerweise werden 5 Trainingsanzüge am Tag verkauft, nach der Werbeaktion wird mit einem Absatz von 8 Stück pro Tag gerechnet.

ARBEITSAUFTRÄGE

- Ermitteln Sie den zu erwartenden Umsatz (brutto), den die Verkäuferin Gutowski wahrscheinlich erzielen wird.
- Ermitteln Sie die zu erwartende Provision der Verkäuferin Gutowski.
- Ermitteln Sie, wie viele Tage der Lagerbestand beim Trainingsanzug „Sprinter" voraussichtlich reichen wird.

Bei der Dreisatzrechnung wird aus mindestens drei bekannten Größen durch logisches Schließen die zu suchende vierte Größe ermittelt. Kenntnisse der Dreisatzrechnung sind die Voraussetzung u. a. für die Berechnung handelsüblicher Mengen-, Kosten-, und Preisberechnungen in Einkauf, Lager und Verkauf und bei der Inventur, für Berechnungen im Rahmen der Kassenabrechnung, für das Verteilungsrechnen, das Durchschnittsrechnen und das Prozentrechnen.

Der Dreisatz besteht aus drei Teilen:

1. Bedingungssatz (Angabesatz) = Was ist gegeben?
2. Fragesatz = Was ist gefragt?
3. Bruchsatz = Wie lautet die Lösung?

Einfacher Dreisatz mit geradem (direktem) Verhältnis

Beim einfachen Dreisatz wird aus drei Angaben ein vierter unbekannter Zahlenwert errechnet. Vom einfachen Dreisatz mit geradem Verhältnis wird dann gesprochen, wenn sich die Werteverhältnisse gerade zueinander verhalten, d. h., wenn sich **bei Änderung einer Größe die andere im gleichen Verhältnis** oder **proportional** ändert.

Beispiel Ein Verkäufer erzielte einen Monatsumsatz von 31.200,00 EUR. Er erhält dafür 624,00 EUR Prämie zusätzlich zu seinem Gehalt.

Wie viel EUR Prämie erhält er einen Monat später, wenn er seinen Umsatz um 5.000,00 EUR gesteigert hat?

Lösung

Was ist gegeben?	31.200,00 EUR sind 624,00 EUR Prämie	① Bedingungssatz
Was ist gefragt?	36.200,00 EUR sind x EUR Prämie	② Fragesatz

Die Lösung wird in drei Schritten durch logisches Schließen vollzogen:

① Wenn 31.200,00 EUR Umsatz = 624,00 EUR Prämie

② dann sind 1,00 EUR Umsatz = $\frac{624}{31.200}$ EUR Prämie

③ und 36.200,00 EUR Umsatz = $\frac{624 \cdot 36.200}{31.200}$ EUR

Der letzte Satz, der die Lösung enthält, wird als **Bruchsatz** bezeichnet.

③ Bruchsatz: $x = \frac{624 \cdot 36.200}{31.200}$ $x = \underline{\underline{724{,}00\text{ EUR}}}$

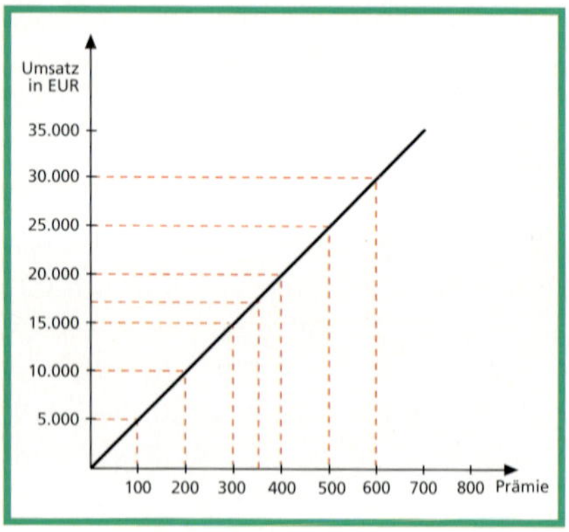

Die Höhe der Prämie ist abhängig vom Umsatz (gerades oder direktes Verhältnis).

- **Je höher** der erzielte Umsatz ist, **desto höher** ist die Prämie des Verkäufers.
- **Je niedriger** der erzielte Umsatz ist, **desto niedriger** ist die Prämie des Verkäufers.

Lösungsweg

Gleiche Bezeichnungen im Bedingungs- und Fragesatz stehen untereinander (Umsatz, Prämie). Die gesuchte Größe Prämie steht immer rechts.

Die Lösung wird in **drei Schritten** vollzogen (Dreisatz):

① Wiederholung der Bedingung 31.200 EUR Umsatz sind 624,00 EUR Prämie.

② Von der **gegebenen Vielheit** wird auf **eine Einheit** geschlossen. (31.200 EUR) (1 EUR) ein EUR Umsatz sind $\frac{624}{31.200}$ EUR Prämie

③ Von der **Einheit** wird auf die **gesuchte Vielheit** geschlossen. 36.200 EUR Umsatz sind $\frac{624 \cdot 36.200}{31.200}$ EUR Prämie

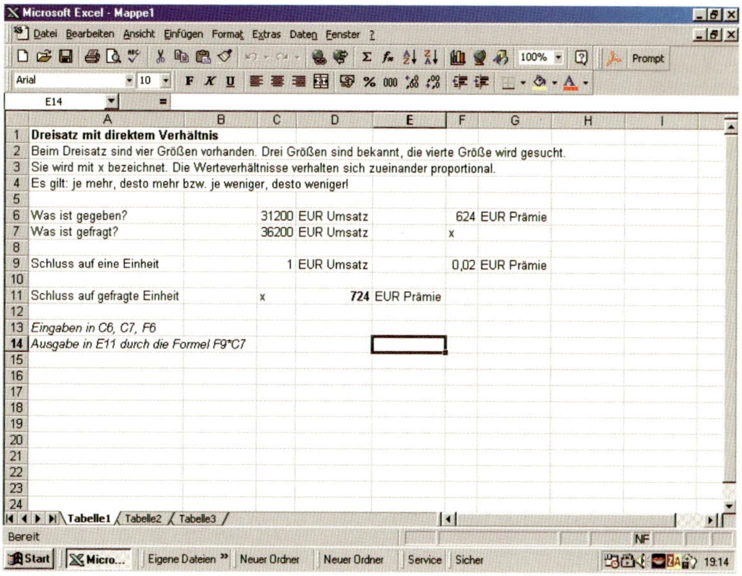

	A	B	C	D	E	F	G
1	**Dreisatz mit direktem Verhältnis**						
2	Beim Dreisatz sind vier Größen vorhanden. Drei Größen sind bekannt, die vierte Größe wird gesucht.						
3	Sie wird mit x bezeichnet. Die Werteverhältnisse verhalten sich zueinander proportional.						
4	Es gilt: je mehr, desto mehr bzw. je weniger, desto weniger!						
5							
6	Was ist gegeben?		31200	EUR Umsatz		624	EUR Prämie
7	Was ist gefragt?		36200	EUR Umsatz		x	
8							
9	Schluss auf eine Einheit		1	EUR Umsatz		0,02	EUR Prämie
10							
11	Schluss auf gefragte Einheit		x	**724**	EUR Prämie		
12							
13	*Eingaben in C6, C7, F6*						
14	*Ausgabe in E11 durch die Formel F9*C7*						

Einfacher Dreisatz mit ungeradem (indirektem) Verhältnis

Ungerade (indirekte) Dreisatzverhältnisse liegen vor, wenn die Wertveränderungen der jeweiligen Größen sich im entgegengesetzten Sinne vollziehen, d. h., die Vergrößerung des einen Wertes führt zu einem Sinken des anderen Wertes oder umgekehrt.

Beispiel Die Inventurarbeiten in einem Lagerraum der Center Warenhaus GmbH werden von vier Mitarbeitern in 7,5 Stunden erledigt. Wie lange würden die Inventurarbeiten dauern, wenn noch zwei weitere Mitarbeiter für diese Arbeiten eingesetzt werden?

Lösung

Was ist gegeben?	vier Mitarbeiter brauchen	7,5 Stunden	① Bedingungssatz
Was ist gefragt?	sechs Mitarbeiter brauchen	x Stunden	② Fragesatz

Die Lösung wird in drei Schritten vollzogen:

① Wenn vier Mitarbeiter brauchen, $= 7{,}5$ Stunden

② dann braucht ein Mitarbeiter $= 7{,}5 \cdot 4$ Stunden

③ und sechs Mitarbeiter brauchen $= \frac{7{,}5 \cdot 4}{6}$ Stunden

③ Bruchsatz: $x = \frac{7{,}5 \cdot 4}{6} = \underline{\underline{5 \text{ Stunden}}}$

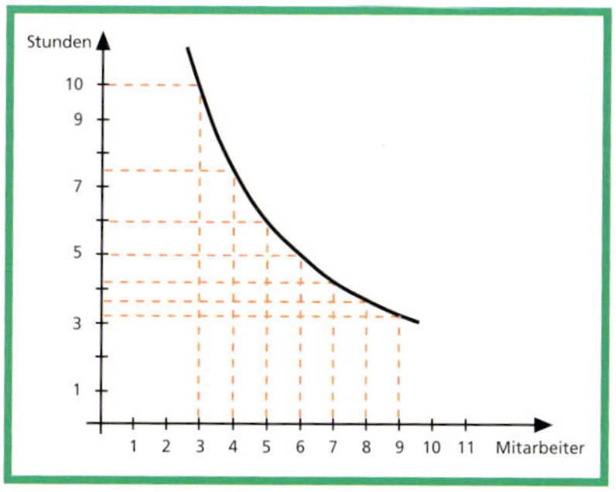

Die Gesamtarbeitszeit ist abhängig von der Zahl der Mitarbeiter. Sie verhält sich umgekehrt proportional (ungerades oder indirektes Verhältnis).

- **Je mehr** Mitarbeiter, **desto kürzer** ist die Gesamtarbeitszeit.
- **Je weniger** Mitarbeiter, **desto länger** ist die Gesamtarbeitszeit.

Lösungsweg

Gleiche Bezeichnungen im Bedingungs- und Fragesatz stehen untereinander (Mitarbeiter, Stunden). Die gesuchte Größe (Stunden) steht immer rechts.

Die Lösung wird in **drei Schritten** vollzogen (Dreisatz):

① Wiederholung der Bedingung	vier Mitarbeiter brauchen 7,5 Stunden
② Von der **gegebenen Vielheit** (vier Mitarbeiter) wird auf **eine Einheit** geschlossen.	ein Mitarbeiter braucht $4 \cdot 7{,}5$ Stunden
③ Von der **Einheit** wird auf die **gesuchte Vielheit** geschlossen.	sechs Mitarbeiter brauchen $\frac{4 \cdot 7{,}5}{6}$ Stunden

Anwendung der Dreisatzrechnung im Rahmen der Kassenabrechnung

- Aus mindestens drei bekannten Größen wird durch logisches Schließen die zu suchende Größe ermittelt:
  - von der gegebenen Vielheit wird auf eine Einheit geschlossen
  - von einer Einheit wird auf die gesuchte Vielheit geschlossen

mit geradem (direktem) Verhältnis	mit ungeradem (indirektem) Verhältnis
Je mehr, desto mehr **Je weniger, desto weniger**	**Je mehr, desto weniger** **Je weniger, desto mehr**

1. In einem Einzelhandelsunternehmen wurden 44.000 l Heizöl zu einem Einkaufspreis von 12.760,00 EUR eingekauft. Am 31. Dezember befinden sich noch 14.600 l in den Öltanks. Ermitteln Sie den Wert des restlichen Heizöls zum 31. Dezember.

2. In 18 Tagen verkauft ein Einzelhandelsgeschäft 198 Paar Strümpfe.
Wie viel Paare wird es in 6 Wochen verkaufen, wenn der gleiche Durchschnittsabsatz zu erwarten ist?

3. Für 13 m eines Gardinenstoffes wird eine Rechnung über 714,00 EUR ausgestellt. Ermitteln Sie den Rechnungspreis für
a) 2,25 m, b) 4,75 m, c) 6,15 m, d) 7 1/5 m, e) 8 3/4 m, f) 15 m.

4. Ein Textilgeschäft für Herrenbekleidung lässt bei einer Schneiderei aus Baumwollstoff von 38,40 m Länge Herrenhemden anfertigen. Es erhält daraus 16 Hemden.
Wie viele Hemden hätte es aus Stoff folgender Längen und gleicher Breite erhalten:
a) 45,6 m, b) 55,2 m, c) 93,6 m, d) 122,4 m?

5. Von einer Sendung Fernsehgeräte, die in 55 gleich schweren Kartons im Gesamtgewicht von 6.820 kg verpackt sind, werden 36 Kartons auf den Hauptwagen eines Lastzuges geladen. Der Rest kommt auf den Anhänger. Wie viel kg Last entfällt auf den Hauptwagen und den Anhänger?

6. Ein Verkäufer erhält für den Verkauf von 160 Stück eines Artikels eine Provision von 120,00 EUR. Wie hoch wäre seine Provision bei einem Verkauf von 300 Stück des Artikels?

7. 120 kg Rohkaffee ergeben 112,5 kg Röstkaffee. Wie viel kg Röstkaffee lassen sich aus 700 kg Rohkaffee herstellen?

8. Ein Lebensmitteleinzelhändler verkauft je Verkaufswoche, also in 6 Tagen, im Durchschnitt 140 Kästen Mineralwasser „Aqua". Wie lange würde ein Vorrat von 490 Kästen reichen?

9. Ein Schuheinzelhandelsgeschäft hat für eine Sendung Straßen- und Sportschuhe im Gesamtgewicht von 2.860 kg insgesamt 128,70 EUR für Fracht bezahlt. Welcher Frachtanteil entfällt auf die Sportschuhe mit einem Gewicht von 720 kg?

10. Eine Verkäuferin erhält bei einem Monatsumsatz von 9.360,00 EUR zu ihrem Gehalt eine Prämie von 70,20 EUR. Wie hoch wird die Prämie im März bei einem Warenumsatz von 11.120,00 EUR sein?

11. Ein Büroraum in einem Einzelhandelsgeschäft mit 65,6 m^2 zu tapezierender Wandfläche erfordert zur Instandsetzung 32 Rollen Tapete. Wie viele Rollen müssen für das Nachbarzimmer bei einer Tapezierfläche von 28,7 m^2 bestellt werden?

12. Anlässlich eines Geschäftsjubiläums erhielten 8 Mitarbeiter für eine Betriebszugehörigkeit von zusammen 60 Jahren insgesamt 1.800,00 EUR Prämie, die nach Dienstjahren aufgeteilt wurde. Wie viel EUR erhielt ein Mitarbeiter, der dem Unternehmen 15 Jahre angehörte?

13. Ein Spediteur befördert 80 Kisten zu je 40 kg. Die Kisten sind mit 6.400,00 EUR versichert. Durch einen Verkehrsunfall werden 50 Kisten völlig zerstört. Ermitteln Sie den Ersatzanspruch gegenüber dem Versicherer.

14. Ein Supermarkt richtet einen Sonderverkaufsstand für Waschpulver ein. Der Bestand beträgt 2.800 Pakete. Nach 4 Stunden sind bereits 1.600 Pakete verkauft worden. Wie viele Stunden reicht der Vorrat noch bei gleichbleibender Nachfrage?

15. Eine Kundin kauft drei Stoffreste: 7 1/4 m, 4 1/2 m, 2,25 m. Ein Meter kostet 15,00 EUR.
a) Wie viel Meter Stoff kauft die Kundin insgesamt?
b) Wie viel EUR kosten diese Stoffreste insgesamt?

16. 200 kg Honig kosten 1.620,00 EUR. Wie viel EUR kosten 400 g Honig?

17. In einem Einzelhandelsgeschäft werden in 30 Verkaufstagen 1.500 Stück einer Ware verkauft.
a) In wie viel Verkaufstagen werden bei gleichbleibendem Tagesabsatz 2.700 Stück dieses Artikels verkauft?
b) Wie viel Stück werden bei gleichbleibendem Tagesabsatz in 22 Verkaufstagen verkauft?

18. In einem Einzelhandelsgeschäft reicht der Vorrat einer Ware noch 36 Tage bei einem Tagesabsatz von 350 Stück. Für wie viele Tage reicht der gleiche Vorrat bei einem Tagesbedarf von 280 Stück?

19. Die Ausgaben für eine Gemeinschaftswerbung, an der sich 16 Lebensmitteleinzelhandelsgeschäfte beteiligen, betragen 211.120,00 EUR. Um wie viel EUR senken sich die anteiligen Kosten je Unternehmen, wenn sich 4 weitere Einzelhandelsgeschäfte anschließen?

20. Zum Auffüllen der Ladenregale benötigen 4 Angestellte 3 Stunden. In welcher Zeit könnten a) 6 Angestellte, b) 5 Angestellte, c) 3 Angestellte die gleichen Arbeiten erledigen?

21. Ein Warenvorrat von 4.752 Stück reicht für 176 Tage. Für wie viele Tage reicht der Vorrat, wenn der Tagesabsatz um 9 Stück steigen würde?

22. Ein Kunde tauscht Gläser um. Er hat 12 Stück zu je 0,75 EUR gekauft. Dafür nimmt er solche zu je 0,45 EUR. Wie viele Gläser erhält er dafür?

23. Das Abladen eines Lkw dauert bei Einsatz von 3 Mitarbeitern 8 Stunden. In welcher Zeit ist der Lkw abgeladen, wenn 6 Mitarbeiter eingesetzt werden?

24. Wenn 20 Näherinnen täglich 8 Stunden an einem Auftrag arbeiten, wird dieser in 12 1/2 Tagen fertig. Wie viele Näherinnen müssen zusätzlich eingestellt werden, wenn die Arbeit bei gleicher täglicher Arbeitszeit in 10 Tagen fertig sein soll?

25. 6 Verkäuferinnen erledigen die Inventurarbeiten eines Textilgeschäftes in 12 Tagen. Wie viele Tage würde man brauchen, wenn 2 weitere Verkäuferinnen eingesetzt würden?

26. Das Auffüllen des Verkaufslagers in einem Verbrauchermarkt wird normalerweise von 6 Mitarbeitern in 6 Stunden durchgeführt. Wie viele Mitarbeiter müssen zusätzlich eingesetzt werden, wenn die Arbeit innerhalb von 3 Stunden auszuführen ist?

27. In einem Supermarkt werden Kostproben einer neuen Biersorte angeboten. Der Biervorrat reicht für 6 Verkaufstage, wenn durchschnittlich 315 Gläser Bier an einem Tag ausgegeben werden. Wie viele Tage würde der Vorrat reichen, wenn durchschnittlich 189 Gläser Bier an einem Tag ausgegeben werden?

28. In einem Einzelhandelsgeschäft reicht der Vorrat einer Ware 60 Tage, wenn täglich im Durchschnitt 40 Stück verkauft werden. Wie viele Tage reicht dieser Bestand, wenn täglich im Durchschnitt
a) 50 Stück, b) 20 Stück verkauft werden?

29. Für die Erledigung eines Auftrages benötigen 6 Mitarbeiter 18 Arbeitsstunden. Wie viele Mitarbeiter müssen zusätzlich eingesetzt werden, wenn der Auftrag in 12 Stunden ausgeführt werden soll?

30. 18 Einzelhändler betreiben eine Gemeinschaftswerbung, an der sich jeder Einzelhändler mit 340,00 EUR beteiligen muss. Wie viel EUR entfallen auf jeden Einzelhändler, wenn bei gleichbleibenden Gesamtkosten sich noch weitere 2 Einzelhändler an der Aktion beteiligen?

31. 8 Mitarbeiter führen die Bestandsaufnahme eines Warenlagers in 6 Stunden durch. In welcher Zeit ist die Bestandsaufnahme fertig, wenn noch 2 Mitarbeiter zusätzlich eingesetzt werden?

32. Eine Kundin kauft in einem Fachgeschäft für Glas- und Porzellanwaren 20 Tassen zum Preis von je 7,20 EUR. Wie viele Tassen würde sie beim Umtausch aller Tassen gegen Tassen zum Preis von je 6,00 EUR erhalten?

2.2 Anwendung der Durchschnittsrechnung im Rahmen der Kassenabrechnung

Sabine wertet in der Abteilung Rechnungswesen weitere Verkäuferberichte aus. Sie hat den bereits bekannten Auszug aus einem Kassenbericht vorliegen, in dem zusätzlich die Anzahl der Kunden angegeben ist:

Verkäuferbericht 12.03.–17.03.		Art des Berichts
44 Elena Gutowski		Kundenberater(in) Nr., Name
Gesamtbetrag brutto	4.284,00	Bruttoumsatz Kundenberater(in)
Gesamtbetrag netto	3.600,00	Nettoumsatz Kundenberater
Anzahl Artikel	90	verkaufte Artikel
Anzahl Kunden	45	

Der Gruppenleiter Werner Schmick bittet jeweils zu ermitteln, wie viel EUR jeder Kunde im Durchschnitt bei einem Kauf ausgegeben hat. Bei der weiteren Durchsicht der Verkäuferberichte liegen folgende Übersichten vor:

Verkäuferbericht		Art des Berichts
45 Schmitz, Karin		Kundenberater(in) Nr., Name
Gesamtbetrag brutto	3.570,00	Bruttoumsatz Kundenberater(in)
Gesamtbetrag netto	3.000,00	Nettoumsatz Kundenberater
Anzahl Artikel	60	verkaufte Artikel
Verkäuferbericht		**Art des Berichts**
46 Peters, Patrik		Kundenberater(in) Nr., Name
Gesamtbetrag brutto	2.380,00	Bruttoumsatz Kundenberater(in)
Gesamtbetrag netto	2.000,00	Nettoumsatz Kundenberater
Anzahl Artikel	40	verkaufte Artikel
Verkäuferbericht		**Art des Berichts**
47 Totti, Giovanni		Kundenberater(in) Nr., Name
Gesamtbetrag brutto	1.785,00	Bruttoumsatz Kundenberater(in)
Gesamtbetrag netto	1.500,00	Nettoumsatz Kundenberater
Anzahl Artikel	30	verkaufte Artikel

Herr Schmick bittet Sabine Freund weiterhin, zu ermitteln, wie viel EUR ein Artikel im Durchschnitt unter Berücksichtigung der vier Mitarbeiter der Abteilung Textil/Sport gekostet hat.

ARBEITSAUFTRÄGE

- Ermitteln Sie, wie viel EUR jeder Kunde bei der Mitarbeiterin Elena Gutowski im Durchschnitt ausgegeben hat.
- Ermitteln Sie, wie viel EUR jeder Kunde bei allen Mitarbeitern im Durchschnitt je Artikel ausgegeben hat.
- Erläutern Sie die unterschiedliche Berechnung beim einfachen und gewogenen Durchschnitt.

Das Durchschnittsrechnen wird angewendet, wenn aus mehreren Werten ein Mittelwert, der Durchschnittswert, errechnet werden soll. Der Durchschnittswert spielt im Unternehmen eine große Rolle, wenn z. B. durchschnittliche Umsätze je Verkäufer, Kunde, Abteilung, Monat, **durchschnittliche Lagerbestände**, Ein- und Verkaufspreise, Kundenzahl je Mitarbeiter ermittelt werden sollen.

LF 7

Einfacher Durchschnitt

Bei der einfachen Durchschnittsrechnung ist der Mittelwert aus **gleichwertigen Einheiten** zu berechnen. Man erhält den einfachen Durchschnitt, indem man den Gesamtwert der einzelnen Posten durch deren Anzahl teilt.

Beispiel Frau Gutowski, die Substitutin Verkauf der Abteilung Textil/Sport der Center Warenhaus GmbH, möchte am 31. Dezember den durchschnittlichen Umsatz für die Abteilung Textil/Sport für das zweite Halbjahr ermitteln. Folgende Werte liegen für die einzelnen Monate vor:

31.07.	63.000,00 EUR	31.10.	54.000,00 EUR
31.08.	72.000,00 EUR	30.11.	51.000,00 EUR
30.09.	59.000,00 EUR	31.12.	49.000,00 EUR

Ermitteln Sie den durchschnittlichen Umsatz je Monat.

Lösung

	Monat	Umsatz in EUR		Monat	Umsatz in EUR
1	Juli	63.000,00	4	Oktober	54.000,00
2	August	72.000,00	5	November	51.000,00
3	September	59.000,00	6	Dezember	49.000,00
				Insgesamt ②	348.000,00 ①

③ 348.000,00 : 6 = <u>58.000,00 EUR</u>

Der durchschnittliche Umsatz beträgt 58.000,00 EUR.

Lösungsweg

① Ermitteln Sie die Summe der einzelnen Werte.

② Ermitteln Sie die Anzahl der Posten.

③ Ermitteln Sie den einfachen Durchschnitt, indem Sie den Gesamtwert der Posten durch die Anzahl der Posten dividieren.

$$\text{\textbf{Einfacher Durchschnitt} (Einfaches arithmetisches Mittel)} = \frac{\text{Summe der einzelnen Werte}}{\text{Anzahl der Posten}}$$

Gewogener Durchschnitt

Bei der gewogenen Durchschnittsrechnung ist der Mittelwert aus **wertmäßig** unterschiedlichen Größen zu berechnen. Man erhält den gewogenen Durchschnitt, indem man den gewichteten Gesamtwert der einzelnen Posten durch deren Gesamtmenge dividiert. Der Durchschnitt ist gewogen, weil die Menge mit den Preisen multipliziert wird.

Beispiel In der Center Warenhaus GmbH wurden anhand der Kundenkarten die Jahresumsätze von Stammkunden untersucht. Folgende Daten wurden festgestellt: 30 Kunden (Kundengruppe I) tätigten einen Umsatz von je 1.480,00 EUR, 20 Kunden (Kundengruppe II) einen Umsatz von je 1.560,00 EUR und 70 Kunden (Kundengruppe III) einen Umsatz von je 2.580,00 EUR.

Ermitteln Sie den durchschnittlichen Umsatz eines Stammkunden.

Lösung

Die Kunden sind mit unterschiedlichen Umsätzen am Gesamtumsatz beteiligt. Je höher der Umsatz eines Kunden ist, desto stärker beeinflusst dieser Kunde den durchschnittlichen Umsatz je Kunde. Darum müssen zur Berechnung des durchschnittlichen Umsatzes sowohl die Kundenanzahl als auch die Umsätze je Kunde berücksichtigt werden.

①

Kundengruppe	Anzahl der Kunden (Gesamtmenge)	Umsatz je Kunde in EUR	Gesamtumsatz in EUR (Gesamtwert) ②
I	30	1.480,00	44.400,00
II	20	1.560,00	31.200,00
III	70	2.580,00	180.600,00
	④ 120	=	256.200,00 ③
	1	=	x
		x = 256.200 : 120	x = 2.135,00 EUR ⑤

Lösungsweg

① Stellen Sie die Tabelle auf und tragen Sie die Kundengruppen mit der Anzahl der Kunden und den Umsätzen je Kunde ein.
② Ermitteln Sie den Gesamtumsatz je Kundengruppe, indem Sie die Kundenzahl mit dem Umsatz je Kunde multiplizieren.
③ Addieren Sie den Gesamtumsatz aller Kundengruppen.
④ Ermitteln Sie die gesamte Anzahl aller Kunden.
⑤ Dividieren Sie den Gesamtumsatz durch die Anzahl aller Kunden und Sie erhalten den Durchschnittsumsatz je Kunde.

Mit einem Tabellenkalkulationsprogramm, z. B. Excel, lässt sich der Rechenvorgang erheblich vereinfachen.

Gewogener Durchschnitt (Gewichtetes arithmetisches Mittel) $= \frac{\text{Gesamtwert (Summe der Gesamtwerte)}}{\text{Gesamtmenge}}$

Anwendung der Durchschnittsrechnung im Rahmen der Kassenabrechnung ②

Aus mehreren Werten wird ein Mittelwert = Durchschnittswert ermittelt.

Einfacher Durchschnitt	Gewogener Durchschnitt
Der Mittelwert ist aus gleichwertigen Einheiten zu berechnen. **Durchschnitt =** $\frac{\text{Summe der einzelnen Werte}}{\text{Anzahl der Posten}}$	Der Mittelwert ist aus wertmäßig unterschiedlichen Größen zu berechnen, wenn die Größen (Einzelwerte) in unterschiedlichen Anteilen (Menge, Gewicht) an einer Gesamtgröße (Gesamtmenge, Gesamtgewicht) beteiligt sind. **Durchschnitt =** $\frac{\text{Gesamtwert (Summe der Gesamtwerte)}}{\text{Gesamtmenge}}$

1. Ein Textilgeschäft hatte nach der Neueröffnung nachfolgenden Absatz:

Artikel	Montag	Dienstag	Mittwoch	Donnerstag	Freitag	Samstag
Herrenhosen	16	18	10	21	24	25
Herrenanzüge	12	17	9	19	22	17
Hemden	34	51	30	59	61	65

Wie hoch war der Durchschnittsabsatz bei den einzelnen Artikeln?

2. Die Kundenzahlen eines Einzelhandelsgeschäftes an den einzelnen Verkaufstagen betrugen: Montag 285, Dienstag 195, Mittwoch 215, Donnerstag 275, Freitag 290 und Samstag 300. Berechnen Sie den Durchschnitt je Verkaufstag.

3. Ein Einzelhändler eines Lebensmittelgeschäftes hatte folgende Tageslosungen:

Montag	10.600,00 EUR	Donnerstag	10.150,00 EUR
Dienstag	11.450,00 EUR	Freitag	11.200,00 EUR
Mittwoch	8.100,00 EUR	Samstag	9.100,00 EUR

Berechnen Sei den durchschnittlichen Tagesumsatz.

4. Ein Lebensmittelgeschäft beschäftigt 3 Verkäuferinnen. Verkäuferin A erhält 640,00 EUR monatlich, B 1.200,00 EUR und C 1.640,00 EUR. Wie hoch ist das durchschnittliche Monatsgehalt?

5. Der Lagerbestand einer Ware beträgt in den ersten sechs Monaten dieses Jahres:

	Januar	Februar	März	April	Mai	Juni
Gewicht in kg	54	46	62,5	34	73,5	48
Wert in EUR	2.556,00	1.848,00	2.864,00	1.456,00	3.072,00	1.920,00

Errechnen Sie a) die Durchschnittsmenge und b) den Durchschnittswert des Lagerbestandes für das Halbjahr.

6. Die Statistik einer Einzelhandelsunternehmung weist für die Betriebskosten folgende Werte aus:

1. Quartal	20.880,00 EUR
2. Quartal	18.292,00 EUR
3. Quartal	12.684,00 EUR
4. Quartal	19.880,00 EUR

a) Wie viel EUR betrugen die Kosten je Monat im Jahresdurchschnitt?

b) Wie viel EUR betrugen die Kosten durchschnittlich je Monat im 3. Quartal?

7. Ein Textilgeschäft bezog im ersten Halbjahr eine Ware zu folgenden Einkaufspreisen:

	Januar	Februar	März	April	Mai	Juni
Menge	17	25	30	15	9	4
Preis je Einheit in EUR	12,50	13,20	13,95	13,55	12,10	11,95

Errechnen Sie den durchschnittlichen Bezugs-/Einstandspreis dieser Ware im 1. Halbjahr für 1 Stück.

8. Ein Einzelhandelsgeschäft mischt zwei Kaffeesorten. Wie teuer ist 1/2 kg dieser Mischung?

	Menge in kg		Preis in EUR für 1 kg	
	Sorte I	Sorte II	Sorte I	Sorte II
a)	48	55	6,80	8,70
b)	75	45	8,60	9,20
c)	108	76	7,60	9,00

9. In einer Woche hatte ein Einzelhändler folgende Umsätze:

Montag	27.028,00 EUR	Donnerstag	36.040,00 EUR
Dienstag	40.542,00 EUR	Freitag	37.480,00 EUR
Mittwoch	34.710,00 EUR	Samstag	.... EUR

Der durchschnittliche Tagesumsatz betrug in dieser Woche (6 Verkaufstage) 33.900,00 EUR.

a) Welchen Gesamtumsatz in EUR erzielte der Einzelhändler in dieser Woche?
b) Wie viel EUR betrug der Umsatz am Samstag?
c) Um wie viel Prozent lag der Dienstagsumsatz über dem Montagsumsatz?

10. Der durchschnittliche Tagesumsatz einer Unternehmung betrug in der vergangenen Woche 22.220,00 EUR. Im Einzelnen wurden umgesetzt:

Montag	23.150,00 EUR	Donnerstag	16.800,00 EUR
Dienstag	19.720,00 EUR	Freitag	27.400,00 EUR
Mittwoch	25.200,00 EUR	Samstag	.... EUR

Wie viel EUR betrug der Umsatz am Samstag?

11. Der Verbrauchermarkt Klein mit 1.200 m^2 Verkaufsfläche ermittelte folgende Zahlen:

30. Woche	Umsatz in EUR	Kundenzahl
Montag	20.600,00	333
Dienstag	22.860,00	558
Mittwoch	28.060,00	372
Donnerstag	38.000,00	637
Freitag	50.960,00	720
Samstag	19.520,00	380
insgesamt	180.000,00	3.000

Ermitteln Sie
a) den durchschnittlichen Tagesumsatz,
b) die durchschnittliche Kundenzahl je Wochentag,
c) den durchschnittlichen Einkaufsbetrag je Kunde in der 30. Woche,
d) den durchschnittlichen Umsatz je m^2 Verkaufsfläche in der 30. Woche.

12. Die Statistik eines Einzelhandelsunternehmens weist für Werbung folgende Kosten aus: Im I. Quartal 7.800,00 EUR, im II. 8.000,00 EUR, im III. 7.000,00 EUR und im IV. 13.200,00 EUR.
a) Wie viel EUR betrugen die Kosten im Durchschnitt je Monat?
b) Welcher monatliche Kostendurchschnitt wurde zum Ende des I. Quartals ermittelt?

13. In einer Einzelhandelsunternehmung betrug der Durchschnittsumsatz je Verkäuferin im Monat Juli 19.155,00 EUR. Im Einzelnen erzielten Verkäuferin A 16.875,00 EUR Umsatz, Verkäuferin B 21.405,00 EUR und Verkäuferin C 18.015,00 EUR. Wie viel EUR hatte Verkäuferin D umgesetzt?

14. Für ein Geschenk will ein Kunde 150,00 EUR ausgeben. Er kauft dafür 3 Frottiertücher zu 12,00 EUR je Stück und 6 Gästetücher zu 8,50 EUR je Stück. Zusätzlich möchte er noch 3 Duschtücher kaufen. Wie viel EUR darf ein Duschtuch höchstens kosten?

2.3 Anwendung der Prozentrechnung im Rahmen der Kassenabrechnung

Sabine Freund hat im Rahmen ihrer Arbeit im Rechnungswesen folgenden Auszug aus dem Kassenbericht vorliegen:

Finanzbericht 12. + 13. Kalenderwoche	
Gesamtbetrag brutto	...
Gesamtbetrag netto	68.000,00
Gesamtbetrag Umsatzsteuer 19 %	...
Anzahl Artikel	1.720
Anzahl Kunden	860
Artikelzahl pro Kunde	2
Nettoumsatz pro Kunde	79,07
Barumsatz	48.552,00
Kundenzahl Barumsatz	540
Elektronisches Lastschriftverfahren	23.120,00
Kundenzahl Elektronisches Lastschriftverfahren	200
Geldkarte	4.000,00
Kundenzahl Geldkarte	80
Kreditkarte	4.400,00
Kundenzahl Kreditkarte	40

Für einen Betriebsvergleich mit einer anderen Filiale der Center Warenhaus GmbH möchte Herr Schmick einige Zahlen ermittelt haben. Zu diesem Zweck beauftragt er Sabine damit, folgende Berechnungen vorzunehmen.

ARBEITSAUFTRÄGE

Ermitteln Sie

- den prozentualen Anteil der Zahlung mit Geldkarten an allen Zahlungen,
- den Gesamtbetrag der Umsatzsteuer in EUR,
- den Gesamtbetrag brutto in EUR, wenn der Barumsatz mit einem Anteil von 60 % an allen Zahlungen 48.552,00 EUR entspricht.

Das **Prozentrechnen** ist eine Hundertrechnung, d. h., man nimmt bei ihr die Zahl 100 als Vergleichs- oder Bezugsgröße, z. B. 3 % = Drei von Hundert (lateinisch pro centum) oder 3/100. Es ist üblich, für Prozent abgekürzt v. H. „von Hundert“, meistens jedoch % zu schreiben.

Bei der **Promillerechnung** ist die Vergleichszahl 1.000 (v. T. = von Tausend – lateinisch pro mille – oder ‰).

Die Regeln der Prozentrechnung sind auf die Promillerechnung zu übertragen, so sind z. B. 3 ‰ = Drei von Tausend oder 3/1000.

In Unternehmen des Handwerks, des Handels und der Industrie verwendet man die Prozentrechnung u. a. zur Berechnung von **Rabatten, Skonti**, **Abschreibungen**, **Gewinnanteilen**, **Verkaufspreisen** oder **Vergleichszahlen in der Statistik**, z. B. Kosten- oder Umsatzanteilen.

LF 6
LF 8

● Größen der Prozentrechnung

Mithilfe der Prozentrechnung werden gegebene absolute Zahlen vergleichbar gemacht. Bei der Prozentrechnung wird mit drei Größen gerechnet: Prozentsatz, Grundwert und Prozentwert.

Beispiel In 2 bundesweit tätigen Einzelhandelsbetrieben werden Einzelhandelskaufleute ausgebildet. Im Betrieb A haben von 200 Auszubildenden 160 die Prüfung der Industrie- und Handelskammer bestanden, während im Betrieb B von 160 Auszubildenden 120 die Prüfung bestanden haben.

Welche Ausbildungsgruppe hat besser abgeschnitten?

Die Quoten der Prüflinge in beiden Gruppen, die die Prüfungen bestanden haben, ist nicht vergleichbar, weil sie sich auf unterschiedliche Bezugsgrößen beziehen. Durch den Bezug auf die gemeinsame Bezugsgröße 100 werden sie vergleichbar gemacht.

Lösung mit Dreisatz

	Betrieb A	**Betrieb B**
① Bedingungssatz:	Von 200 Auszubildenden bestanden 160	Von 160 Auszubildenden bestanden 120
② Fragesatz:	Von 100 Auszubildenden bestanden x	Von 100 Auszubildenden bestanden x
③ Bruchsatz:	$x = \frac{160 \cdot 100}{200}$	$x = \frac{120 \cdot 100}{160}$
	$x = \underline{\underline{80\ \%}}$	$x = \underline{\underline{75\ \%}}$

Betrieb A: Von 200 Auszubildenden haben 160 = 80 % die Prüfung bestanden
Betrieb B: Von 160 Auszubildenden haben 120 = 75 % die Prüfung bestanden

↑ Grundwert ↑ Prozentwert ↑ Prozentsatz

- Unter Prozentrechnung versteht man eine Vergleichsrechnung, bei der die Zahl 100 als Bezugsgröße auftritt.
- Wenn die Zahl 1.000 als Bezugsgröße genommen wird, spricht man von Promillerechnung.
- In der Prozentrechnung (bzw. Promillerechnung) wird mit drei Größen gerechnet:

Grundwert	Prozentwert (bzw. Promillewert)	Prozentsatz (bzw. Promillesatz)
der Wert, der mit der Vergleichszahl 100 (bzw. 1.000) verglichen wird. Er entspricht immer 100 % (bzw. 1.000 ‰).	Bruchteil vom Grundwert, er ergibt sich durch Bezug des Prozentsatzes (Promillesatzes) auf den Grundwert.	gibt die Anzahl der Anteile von 100 (bzw. 1.000) an.

- Zwei Größen müssen immer gegeben sein, um die dritte Größe mithilfe des Dreisatzes berechnen zu können.

Berechnen des Prozentsatzes

Der Prozentsatz gibt an, wie viel Teile auf Hundert entfallen. Um den Prozentsatz berechnen zu können, müssen der Grundwert und der Prozentwert gegeben sein.

Beispiel Im Mars Elektrofachmarkt e. K. wird der Verkaufspreis eines Kühlschrankes von 725,00 EUR auf 580,00 EUR herabgesetzt.

Wie viel Prozent beträgt die Preissenkung?

Lösung

① Bedingungssatz: 725,00 EUR (Grundwert) = 100 %
② Fragesatz: 145,00 EUR (Prozentwert) = x %

③ Bruchsatz: $x = \frac{100 \cdot 145}{725}$ $x = \underline{\underline{20\ \%}}$

Hieraus lässt sich folgende Formel für die Berechnung des Prozentsatzes ableiten:

$$\textbf{Prozentsatz} = \frac{100 \cdot \text{Prozentwert}}{\text{Grundwert}} \text{ oder } \frac{\text{Prozentwert}}{1\ \%\ \text{des Grundwertes}}$$

In der Promillerechnung lautet die Formel:

$$\textbf{Promillesatz} = \frac{1.000 \cdot \text{Promillewert}}{\text{Grundwert}} \text{ oder } \frac{\text{Promillewert}}{1\ ‰\ \text{des Grundwertes}}$$

Rechenweg

① Stellen Sie den Bedingungssatz auf, wobei der Grundwert in Prozent (= 100 %) bzw. in Promille (1.000 ‰) immer rechts steht.

② Bilden Sie den Fragesatz, wobei der Prozentsatz (bzw. Promillesatz) als gesuchte Größe x rechts steht.

③ Stellen Sie den Bruchsatz auf, wobei Sie die oben stehenden Formeln zur Berechnung des Prozent- bzw. Promillesatzes anwenden können.

Berechnen des Prozentwertes

Um den Prozentwert berechnen zu können, müssen der Grundwert und der Prozentsatz gegeben sein. Der Grundwert ist mit 100 % anzusetzen.

Beispiel Ein Kunde kann von einem Rechnungsbetrag über 900,00 EUR 3 % Skonto abziehen. Wie viel EUR beträgt der Skonto?

Lösung

① Bedingungssatz: 100 % = 900,00 EUR
② Fragesatz: 3 % = x

③ Bruchsatz: $x = \frac{900 \cdot 3}{100}$ $x = \underline{\underline{27{,}00\ \text{EUR}}}$

Hieraus lässt sich folgende Formel für die Berechnung des Prozentwertes ableiten:

$$\textbf{Prozentwert} = \frac{\text{Grundwert} \cdot \text{Prozentsatz}}{100} \text{ oder } 1\ \%\ \text{des Grundwertes} \cdot \text{Prozentsatz}$$

In der Promillerechnung lautet die Formel:

$$\textbf{Promillewert} = \frac{\text{Grundwert} \cdot \text{Promillesatz}}{1.000} \text{ oder } 1\ ‰\ \text{des Grundwertes} \cdot \text{Promillesatz}$$

Rechenweg

① Stellen Sie den Bedingungssatz auf, wobei der Grundwert (EUR, m, kg usw.) immer rechts steht.
② Bilden Sie den Fragesatz, wobei der Prozentwert (bzw. Promillewert) = x rechts steht.
③ Stellen Sie den Bruchsatz auf, wobei Sie die oben stehenden Formeln zur Berechnung des Prozent- bzw. Promillewertes anwenden können.

Ausnutzen von Rechenvorteilen mithilfe von bequemen Prozentsätzen: Manche Prozentsätze erlauben es, dass mit bequemen Teilen gerechnet werden kann. Ist der Prozentsatz ein bequemer Teiler von 100, so ist er auch der gleiche bequeme Teiler des Grundwertes.

Beispiel Ein Artikel, der bisher zu 30,00 EUR verkauft wurde, soll um 20 % herabgesetzt werden. Um wie viel EUR senkt sich der Preis für diesen Artikel?

Lösung mit der Formel des Prozentwertes

$$\text{Prozentwert} = \frac{\text{Grundwert} \cdot \text{Prozentsatz}}{100}$$

$$x = \frac{30 \cdot 20}{100}$$

$$x = \underline{\underline{6{,}00 \text{ EUR}}}$$

Lösung mit dem bequemen Teiler

20 % sind $\frac{20}{100} = \frac{1}{5}$

Damit ergibt sich, dass 20 % fünfmal in Hundert enthalten sind. Folglich kann man auch rechnen:

$30 : 5 = \underline{\underline{6{,}00 \text{ EUR}}}$

Hieraus kann man auch die Formel ableiten:

Prozentwert = Grundwert : bequemer Teiler

PRAXISTIPP Die bequemen Prozentsätze führen zu einer Vereinfachung der Rechnung, indem Sie den Grundwert durch den bequemen Teiler dividieren.

Folgende Prozentsätze ergeben u. a. bequeme Teiler:

Prozentsatz	bequemer Teiler	Prozentsatz	bequemer Teiler
1 %	100	6 1/4 %	16
1 1/4 %	80	6 2/3 %	15
1 1/3 %	75	8 1/3 %	12
1 2/3 %	60	10 %	10
2 %	50	12 1/2 %	8
2 1/2 %	40	16 2/3 %	6
3 1/3 %	30	20 %	5
4 %	25	25 %	4
4 1/6 %	24	33 1/3 %	3
5 %	20	50 %	2

Berechnen des Grundwertes

Der Grundwert entspricht immer 100 %. Er ist der Wert, auf den man sich beim Prozentrechnen bezieht. Um den Grundwert berechnen zu können, müssen der Prozentsatz und der Prozentwert bekannt sein.

Beispiel Die Ladenmiete eines Einzelhandelsbetriebes wird um 15 %, das sind 420,00 EUR, erhöht. Wie hoch war die Miete vor der Mieterhöhung?

Lösung

① Bedingungssatz: 15 % = 420,00 EUR

② Fragesatz: 100 % = x

③ Bruchsatz: $x = \frac{420 \cdot 100}{15}$ x = 2.800,00 EUR

Hieraus lässt sich folgende Formel für die Berechnung des Grundwertes ableiten:

$$\textbf{Grundwert} = \frac{\text{Prozentwert} \cdot 100}{\text{Prozentsatz}}$$

In der Promillerechnung lautet die Formel:

$$\textbf{Grundwert} = \frac{\text{Promillewert} \cdot 1.000}{\text{Promillesatz}}$$

Lösungsweg

① Stellen Sie den Bedingungssatz auf, wobei der Prozentwert (bzw. Promillewert) rechts steht.

② Bilden Sie den Fragesatz, wobei der gesuchte Grundwert (x) rechts steht.

③ Stellen Sie den Bruchsatz auf, wobei Sie die oben stehenden Formeln zur Berechnung des Grundwertes anwenden können.

Anwendung der Prozentrechnung im Rahmen der Kassenabrechnung

- Beim Prozentrechnen werden absolute Zahlen durch Bezug auf 100 vergleichbar gemacht.
- Nimmt man als Vergleichszahl 1.000, spricht man von Promillerechnung.

Größen der Prozentrechnung

Prozentsatz	Prozentwert	Grundwert
Gibt die Anzahl der Anteile von 100 an.	Ergibt sich durch den Bezug des Prozentsatzes auf den Grundwert.	Ist immer 100 %
Prozentsatz = $\frac{100 \cdot \text{Prozentwert}}{\text{Grundwert}}$	**Prozentwert =** $\frac{\text{Grundwert} \cdot \text{Prozentsatz}}{100}$	**Grundwert =** $\frac{\text{Prozentwert} \cdot 100}{\text{Prozentsatz}}$

- Zwei dieser Größen müssen immer gegeben sein, um die dritte Größe mithilfe des Dreisatzes berechnen zu können.

Prozentsatz

1. In einem Warenhaus werden bei einer Sonderaktion die Preise für Textilien herabgesetzt. Um wie viel Prozent wurden die Preise herabgesetzt?

Artikel	Alter Preis in EUR	Neuer Preis in EUR
Pullover	82,00	59,00
Herrenanzüge	368,00	198,00
Sweatshirts	29,00	17,00
Schlafanzüge	58,80	37,90
Herrenhemden	49,00	29,00

2. Wie viel Prozent beträgt der Preisnachlass, den ein Einzelhandelsgeschäft von einem Großhändler gewährt bekommt?

Artikel	Listenpreis in EUR	Preisnachlass in EUR
Damenhalbschuh	69,00	19,00
Sandalette	58,00	15,00
Herrenlackschuh	84,00	24,00
Kinderschuh	49,00	8,50

3. Der Rechnungspreis eines Artikels in einem Einzelhandelsgeschäft beträgt 3.500,00 EUR, der Barzahlungspreis nach Abzug von Skonto 3.395,00 EUR. Wie viel Prozent Skonto sind abgezogen worden?

4. Ein Verkäufer erhält bei einem Monatsumsatz von 15.200,00 EUR eine Provision von 456,00 EUR. Wie viel Prozent Provision erhält er?

5. Ein Textileinzelhandelsgeschäft zahlt für folgende Versicherungen nachfolgende Prämien:

	Versicherungssumme	Jahresprämie
a) Glasversicherung	10.000,00 EUR	180,00 EUR
b) Hausratversicherung	80.000,00 EUR	112,00 EUR
c) Feuerversicherung	197.000,00 EUR	137,90 EUR

Wie hoch sind die Prämiensätze in Promille?

6. Bei einer Verkaufsaktion wurde ein Artikel für 7,60 EUR verkauft. Sein ursprünglicher Preis betrug 12,00 EUR. Um wie viel Prozent wurde der Preis herabgesetzt (zwei Stellen nach dem Komma genau)?

7. Bei einer Werbeaktion wird der Preis eines Artikels von 4,20 EUR auf 3,15 EUR herabgesetzt. Wie viel Prozent betrug die Ermäßigung?

8. Bei der Vorbereitung einer Verkaufsaktion werden die Preise bestimmter Waren herabgesetzt, z. B. ein Artikel von 42,40 EUR auf 31,80 EUR. Wie viel Prozent beträgt die Preisermäßigung?

9. Stellen Sie aufgrund der folgenden Kosten- und Umsatzübersicht fest, welche der drei Filialen am kostengünstigsten im Verhältnis zum Umsatz arbeitet:

Filiale	Umsatz in EUR	Personalkosten in EUR	Sonstige Kosten in EUR
1	200.000,00	38.800,00	15.900,00
2	160.000,00	39.200,00	15.600,00
3	120.000,00	29.000,00	12.000,00

10. Bei einer Sonderaktion wird der Preis eines Artikels von 19,80 EUR auf 13,20 EUR reduziert.
Mit welchem der folgenden Bruchsätze ist der Prozentsatz der Ermäßigung zu ermitteln?

a) $\frac{100 \cdot 19{,}80}{6{,}60}$, b) $\frac{13{,}20 \cdot 6{,}60}{19{,}80}$, c) $\frac{100 \cdot 6{,}60}{19{,}80}$, d) $\frac{100 \cdot 13{,}20}{6{,}60}$, e) $\frac{100 \cdot 6{,}60}{13{,}20}$

11. Im Verbrauchermarkt Klein wird eine 3er-Packung Zahnpasta für 5,07 EUR verkauft. Im Supermarkt Brause zahlt man für eine 10er-Packung der gleichen Sorte 15,90 EUR. Man erhält noch 3 % Barzahlungsnachlass.
a) Berechnen Sie den Preisunterschied je Tube Zahnpasta.
b) Um wie viel Prozent ist eine Tube Zahnpasta im Supermarkt Brause billiger als im Verbrauchermarkt Klein (auf eine Stelle nach dem Komma runden)?

Prozentwert

12. Ein Einzelhändler gewährt einem Kunden für fehlerhafte Ware einen Nachlass über 15 %. Der Rechnungsbetrag betrug 690,00 EUR. Wie viel EUR beträgt der Überweisungsbetrag?

13. Berechnen Sie den Prozentwert:
a) 3 % von 6.145,20 EUR
b) 8 % von 8.448,00 EUR
c) 17 % von 16.983,00 EUR
d) 25 % von 10.750,00 EUR
e) 6 2/3 % von 3.150,00 EUR
f) 8 1/3 % von 4.152,00 EUR

14. Berechnen Sie den Promillewert:
a) 3 ‰ von 750,00 EUR
b) 5 ‰ von 2.950,00 EUR
c) 8 ‰ von 968,00 EUR

15. Die Zahlungsbedingungen auf einer Rechnung über 2.664,00 EUR lauten: „Zahlbar innerhalb 14 Tagen mit 3 % Skonto oder in 30 Tagen netto Kasse." Wie viel EUR Skonto dürfen in Abzug gebracht werden?

16. Die Jahresmiete eines Textileinzelhandelsgeschäftes beträgt 48.000,00 EUR. Für das neue Geschäftsjahr erhöht der Vermieter die Miete um 7,5 %.
a) Wie viel EUR beträgt die neue Jahresmiete?
b) Wie viel EUR sind im neuen Jahr pro Monat zu zahlen?

17. Ein Kunde kauft Artikel A zu 12,90 EUR + 7 % Umsatzsteuer
Artikel B zu 235,00 EUR + 19 % Umsatzsteuer
Wie viel EUR Umsatzsteuer hat er zu zahlen?

18. Das Geschäftshaus eines Einzelhändlers ist mit 500.000,00 EUR gegen Feuer versichert. Wie viel EUR sind jährlich zu zahlen, wenn die Versicherungsprämie für ein Jahr 2,5 ‰ beträgt?

19. Wie viel Mal sind die nachfolgend aufgeführten Prozentsätze in Hundert enthalten?

a) $6\,^2/_3$ %, b) $16\,^2/_3$ %, c) $12\,^1/_2$ %, d) $8\,^1/_3$ %, e) $6\,^1/_4$ %,
f) 5 %, g) 4 %, h) 50 %, i) 20 %, j) 10 %

20. Von 100.000,00 EUR Gesamtkosten für Werbung entfallen zunächst auf die Abteilung A 12.800,00 EUR für eine Plakataktion und auf die Abteilung B 26.000,00 EUR für zwei Modenschauen. Die verbleibenden Kosten werden entsprechend dem Umsatz aufgeteilt. Vom Gesamtumsatz entfielen auf die Abteilung A 25 %, B 15 %, C 35 % und D 25 %.

a) Ermitteln Sie die auf die vier Abteilungen insgesamt entfallenden Kosten.

b) Wie viel Prozent der Gesamtkosten für die Werbung entfallen auf die Abteilung B (auf zwei Stellen nach dem Komma runden)?

21. Eine Werbegemeinschaft verteilt 42.000,00 EUR Kosten für eine gemeinsame Werbeaktion wie folgt: 50 % nach dem Umsatz, 50 % nach der Straßenfrontlänge der einzelnen Einzelhandelsgeschäfte.

Geschäft	Umsatz in TEUR	Straßenfrontlänge in m
A	12.000	30
B	8.000	15
C	24.000	21
D	100.000	84

Ermitteln Sie die anteiligen Kosten der einzelnen Geschäfte.

Grundwert

22. Die Preissteigerung eines Artikels beträgt 3,00 EUR oder 5 %. Wie teuer wurde der Artikel vor der Preissteigerung verkauft?

23. Wie hoch ist die Versicherungssumme, wenn nachstehende Prämien gezahlt werden:

Prämie in EUR	Prämiensatz
a) 91,10	0,4 ‰
b) 145,50	1,5 ‰
c) 54,20	0,8 ‰
d) 291,50	2,65 ‰

24. Einem Elektrofachgeschäft wird beim Bezug von 10 Fernsehgeräten ein Rabatt von 12 % = 840,00 EUR eingeräumt. Wie hoch war der Angebotspreis insgesamt und je Stück?

25. Ein Textileinzelhändler zahlt als Umsatzprämie an seine vier Verkäuferinnen:

Monat	Prämiensatz in %	Prämie in EUR
Juli	4	931,20
August	4	792,80
September	5	1.277,00
Oktober	5	1.424,40

Wie hoch war der Umsatz in den einzelnen Monaten?

26. Wie hoch ist der Rechnungsbetrag, wenn der Skonto

a) 1,5 %	= 49,00 EUR	d) 2 %	= 31,96 EUR
b) 2 ¼ %	= 22,23 EUR	e) 2,5 %	= 176,63 EUR
c) 3 %	= 124,68 EUR	f) ¾ %	= 6,00 EUR

betrug?

27. Nach Beendigung einer Werbeaktion erhöht sich der Umsatz eines Kaufhauses um 36.425,40 EUR oder 33 % gegenüber dem Vormonat Oktober. Wie hoch war der Umsatz im Oktober und im November?

28. Eine Verkäuferin erhält bei 10 % Personalrabatt einen Preisnachlass von 45,00 EUR. Wie hoch ist der Ladenpreis dieser Ware?

29. Die Provision für die Vermittlung einer Lebensversicherung beträgt 60,00 EUR. Das sind 1,2 ‰ von der Vertragssumme. Über wie viel EUR wurde die Lebensversicherung abgeschlossen?

30. Beim Kauf eines Fernsehgerätes aus der Vorjahresproduktion erhält ein Kunde 25 % Nachlass; das sind 400,00 EUR. Außerdem wird ein Warengutschein über 150,00 EUR verrechnet. Wie viel EUR hat der Kunde noch zu zahlen?

31. Bei der Kontrolle einer Warensendung fehlen 2 Kartons. Um eine Schadenersatzmeldung an den Transportversicherer zu erstellen, wird das Warengewicht der verlorengegangenen Ware benötigt. Der Lieferer hatte 10 Kartons mit einem Bruttogewicht von insgesamt 150 kg versandt. Das Bruttogewicht der 8 angekommenen Kartons betrug insgesamt 110 kg. Die Kartons haben ein Eigengewicht von je 400 g.

a) Wie viel kg Ware enthielten die zwei verlorengegangenen Kartons?
b) Wie viel Prozent der versandten Ware ging verloren (auf zwei Stellen nach dem Komma runden)?

32. Auf eine Rechnung von 12.600,00 EUR wird ein Einführungsrabatt von 12 % gewährt. Wie viel EUR beträgt der Rabatt?

33. Ein Kunde begleicht eine Rechnung innerhalb von 10 Tagen. Er zieht 2 % Skonto, und zwar 6,40 EUR ab. Wie viel EUR betrug der Rechnungsbetrag?

34. Das Geschäftshaus eines Einzelhändlers ist mit 900.000,00 EUR gegen Feuer versichert. Wie viel EUR sind jährlich an die Versicherung zu zahlen, wenn die Versicherungsprämie 2,5 ‰ beträgt?

3 Voraussetzungen für das Zustandekommen von Kaufverträgen berücksichtigen

3.1 Rechts- und Geschäftsfähigkeit

Nach dem zweitägigen Einführungsseminar zur Arbeit an der Kasse beim Mars Elektrofachmarkt e. K. hat der Auszubildende Mehmet Aydin folgendes Erlebnis an der Kasse: Bei Mehmet hat ein 16-jähriger Schüler einen MP3-Player für 149,00 EUR gekauft. Nach zwei Tagen erscheint der Vater des Jungen und verlangt die Herausgabe des Kaufpreises und die Rücknahme des bereits genutzten MP3-Players mit der Begründung, sein Sohn habe nicht seine Zustimmung zu diesem Kauf.

ARBEITSAUFTRÄGE

- Überprüfen Sie, ob der Vater des Schülers die Herausgabe des Kaufpreises verlangen kann.
- Stellen Sie fest, welche Stufen der Geschäftsfähigkeit unterschieden werden und stellen Sie diese in einer Übersicht dar.
- Sammeln Sie Vorschläge, wie Mehmet derartige Situationen in Zukunft vermeiden kann.
- Erläutern Sie die Begriffe natürliche und juristische Person.

Im Rahmen der Arbeiten an der Kasse muss ein Verkäufer darauf achten, ob ein Kunde (= **Rechtssubjekt**) zum Kauf der Ware berechtigt ist. Rechtssubjekte im rechtlichen Sinne sind Personen. Das Recht unterscheidet natürliche und juristische Personen.

● Natürliche Personen

Alle Menschen sind natürliche Personen im Sinne des § 1 BGB. Sie sind rechtsfähig und – abgesehen von Ausnahmen – mit dem Erreichen bestimmter Altersstufen beschränkt oder unbeschränkt geschäftsfähig.

○ Rechtsfähigkeit

Rechtsfähigkeit ist die **Fähigkeit von Personen, Träger von Rechten und Pflichten zu sein**.

Beispiele Recht, ein Vermögen zu erben; Pflicht, Steuern zu zahlen

Alle **natürlichen Personen** sind mit Vollendung der Geburt bis zum Tod (§ 1 BGB) rechtsfähig. Tiere sind keine Personen und können dadurch auch nicht Träger von Rechten und Pflichten sein.

Beispiel Die oft erzählte Geschichte, dass ein Millionär sein Vermögen seiner Katze vererbt, ist im deutschen Rechtssystem nicht möglich.[1]

○ Geschäftsfähigkeit

Geschäftsfähigkeit ist die **Fähigkeit von Personen, Rechtsgeschäfte wirksam abschließen** zu können, somit Rechte zu erwerben und Pflichten einzugehen.

[1] *Tiere sind durch Art. 20a GG (Umweltschutz) und durch das Tierschutzgesetz geschützt.*

Der Gesetzgeber hat wegen der unterschiedlichen Einsichtsfähigkeit in die Rechtsfolgen von Willenserklärungen drei Stufen der Geschäftsfähigkeit festgelegt.

Stufen der Geschäftsfähigkeit

- **Geschäftsunfähigkeit**
- **beschränkte Geschäftsfähigkeit**
- **unbeschränkte Geschäftsfähigkeit**

Geschäftsunfähig (§ 104 BGB) sind:

- alle natürlichen Personen unter sieben Jahren
- Personen mit andauernder krankhafter Störung der Geistestätigkeit

LF 10 Die Willenserklärungen geschäftsunfähiger Personen sind unwirksam (nichtig, vgl. Seite 301), folglich kann ein Geschäftsunfähiger auch keine rechtswirksamen Verpflichtungen eingehen. Für die Geschäftsunfähigen handelt ein gesetzlicher Vertreter (bei Kindern unter sieben Jahren meistens die Eltern, für alle anderen ein Vormund oder ein Betreuer; vgl. Seite 293 f.).

Beispiele
- Ein fünfjähriges Mädchen „kauft" eine Tüte Bonbons.
- Der 20-jährige Edmund, der geistig behindert ist, „kauft" eine CD.

In beiden Fällen ist kein Vertrag zustande gekommen.

Geschäftsunfähige können im Auftrag des gesetzlichen Vertreters für diesen Willenserklärungen überbringen; der **Bote** ist in diesem Fall Erfüllungsgehilfe des Auftraggebers.

Beispiel Der sechsjährige Klaus wird von seiner Mutter zum Bäcker geschickt, um 20 Brötchen zu kaufen. Die Mutter gibt Klaus abgezähltes Geld und einen Zettel mit. Da Klaus im Auftrag der Mutter als Bote handelt, kommt zwischen der Mutter und dem Bäcker ein Kaufvertrag über 20 Brötchen zustande.

Beschränkt geschäftsfähig (§ 106 BGB) sind alle Personen **vom vollendeten 7. bis zum vollendeten 18. Lebensjahr.**

LF 10 Beschränkt Geschäftsfähige können Rechtsgeschäfte mit **Einwilligung des gesetzlichen Vertreters** abschließen. Ihre Rechtsgeschäfte sind bis zur Zustimmung des gesetzlichen Vertreters **schwebend unwirksam**, d. h., ein von einem beschränkt Geschäftsfähigen abgeschlossener Vertrag wird erst durch die nachträgliche Genehmigung des gesetzlichen Vertreters, die auch stillschweigend erfolgen kann, rechtskräftig. Wenn der gesetzliche Vertreter die ausdrückliche Zustimmung verweigert, ist der Vertrag nichtig (§ 108 BGB).

Beispiel Die 16-jährige Angelika kauft einen DVD-Player, ohne dass sie ihre Eltern um Erlaubnis gefragt hat. Als die Eltern vom Kauf des DVD-Players erfahren, erheben sie keine Einwände. Somit ist der Kaufvertrag durch die stillschweigende Billigung der Eltern zustande gekommen.

Die **Zustimmung des gesetzlichen Vertreters ist in folgenden Fällen nicht erforderlich:** Der beschränkt Geschäftsfähige

- **bestreitet den Kauf mit Mitteln**, die ihm zu diesem Zweck oder zur freien Verfügung vom gesetzlichen Vertreter überlassen worden sind, wobei man von einem normalerweise üblichen, dem Alter entsprechenden Betrag auszugehen hat (**Bewirkung der Leistung mit eigenen Mitteln,** § 110 BGB, nicht gedeckt durch § 110 BGB sind Raten- und Kreditgeschäfte Minderjähriger);

  Beispiele
  - Die 15-jährige Julia kauft von ihrem Taschengeld die neue CD einer Hardrockgruppe. Die Eltern sind von diesem Kauf nicht begeistert. Der Kaufvertrag ist zustande gekommen, auch wenn die Eltern nicht einverstanden sind.

- Der 17-jährige Peter kauft von seiner Ausbildungsvergütung ein gebrauchtes Mofa. Da sich aus dem Kauf des Mofas für Peter eine Reihe von Verpflichtungen ergeben (Versicherung, Kraftstoff usw.), ist hier die Zustimmung der Eltern für das Zustandekommen des Kaufvertrages erforderlich.

PRAXISTIPP Einen Richtwert für die übliche Höhe von Geldbeträgen für Jugendliche erfahren Sie bei den Jugendämtern.

- erlangt durch das Rechtsgeschäft nur **einen rechtlichen Vorteil** (§ 107 BGB);

  Beispiel Der 13-jährige Frank erhält von seiner Tante ein Geldgeschenk über 1.500,00 EUR. Die Eltern von Frank lehnen dieses Geschenk der Tante ab, weil sie seit Jahren mit der Tante zerstritten sind. Frank kann das Geld auch gegen den Willen der Eltern annehmen.

- schließt **Geschäfte im Rahmen eines Arbeits- oder Dienstverhältnisses** ab, das der gesetzliche Vertreter genehmigt hat (§ 113 BGB);

  Beispiel Die 17-jährige Diana Schmitz ist noch Schülerin und schließt mit Einwilligung der Eltern für die Sommerferien einen Arbeitsvertrag über vier Wochen mit der Center Warenhaus GmbH ab. Diana darf jetzt ohne Zustimmung der gesetzlichen Vertreter Arbeitskleidung kaufen oder ein Gehaltskonto bei einem Geldinstitut eröffnen, da sie zur Erfüllung aller sich aus dem Arbeitsverhältnis ergebenden Verpflichtungen ermächtigt worden ist. Nach dem Gesetz gilt diese Regelung nicht für Ausbildungsverhältnisse.

- **betreibt selbstständig ein Erwerbsgeschäft (§ 112 BGB):** Ermächtigt der gesetzliche Vertreter mit Genehmigung des Familiengerichts einen Minderjährigen zum selbstständigen Betrieb eines Erwerbsgeschäfts, so ist der Minderjährige für solche Rechtsgeschäfte unbeschränkt geschäftsfähig, die der Geschäftsbetrieb mit sich bringt. Ausgenommen sind solche Rechtsgeschäfte, zu denen der Vertreter der Genehmigung des Familiengerichts bedarf.

  Beispiel Ein 17-Jähriger betreibt nach Ermächtigung durch seinen gesetzlichen Vertreter ein Computereinzelhandelsgeschäft und kann so z. B. den Einkauf für das Geschäft tätigen.

Unbeschränkt geschäftsfähig sind **alle natürlichen Personen ab 18 Jahren**, sofern sie nicht zum Personenkreis der Geschäftsunfähigen gehören.

Für volljährige Personen kann vom Familiengericht ein sogenannter **Betreuer** bestellt werden (§ 1896 BGB). **Voraussetzungen** für die Bestellung des Betreuers sind

- Vorliegen einer psychischen Krankheit oder einer körperlichen, geistigen oder seelischen Behinderung **und**
- Unfähigkeit zur Besorgung eigener Angelegenheiten **und**
- Notwendigkeit einer Betreuung.

Der Betreuer ist gesetzlicher Vertreter des Betreuten.

- Der Betreute ist im Regelfall voll geschäftsfähig, d. h., er ist **ohne Einwilligungsvorbehalt** des Betreuers zur Abgabe rechtswirksamer Willenserklärungen berechtigt.

  Beispiel Der 54-jährige Michael Lenz hat einen Schlaganfall erlitten, wodurch er halbseitig gelähmt und dauernd bettlägrig ist. Hieraus ergibt sich die Notwendigkeit der Betreuung. Das Familiengericht bestellt einen Betreuer, der für Herrn Lenz rechtswirksam Willenserklärungen abgeben kann.

- Wenn es für die Abwendung einer erheblichen Gefahr für die Person oder das Vermögen des Betreuten erforderlich ist, kann das Familiengericht anordnen, dass die Willenserklärungen des Betreuten der Einwilligung des Betreuers bedürfen **(Einwilligungsvorbehalt)**. In diesem Fall hat der Betreute den **Status eines beschränkt Geschäftsfähigen**.

Beispiel Der 35-jährige Dieter ist aufgrund jahrelangen übermäßigen Alkoholkonsums und der sich daraus ergebenden Verwirrtheit nicht mehr in der Lage, mit dem ihm zur Verfügung stehenden Geld umzugehen. Sobald er Bargeld in Händen hält, verschenkt er dieses an zufällig vorbeigehende Passanten. Er erhält vom Familiengericht einen Betreuer und darf Rechtsgeschäfte nur noch mit Einwilligung des Betreuers abschließen.

Juristische Personen

Juristische Personen (§ 21 ff. BGB) werden vom Gesetz wie natürliche Personen behandelt. Sie haben volle Handlungsfreiheit, d. h., sie sind rechts- und unbeschränkt geschäftsfähig. Zu den juristischen Personen zählen die juristischen Personen des öffentlichen Rechts und des Privatrechts.

Juristische Personen

des Privatrechts	des öffentlichen Rechts
Beispiele – Gesellschaft mit beschränkter Haftung (GmbH) – Aktiengesellschaft (AG) – eingetragene Genossenschaften (eG) – eingetragene Vereine (e. V.)	**Beispiele** – Gemeinden – Kreise – Länder – Bundesrepublik Deutschland – Industrie- und Handelskammer – Krankenkassen – Stiftungen

Bei juristischen Personen beginnt die Rechtsfähigkeit mit der **Eintragung in das jeweilige Register** (z. B.: Handels-, Vereinsregister) und endet mit der Löschung in diesem Register.

Juristische Personen sind immer über ihre **Organe** (z. B. bei der AG durch den Vorstand, bei der GmbH durch Geschäftsführer, vgl. Seite 23) geschäftsfähig. Sie handeln durch die Organe, die in der Satzung oder in der jeweiligen Rechtsvorschrift festgelegt sind.

Beispiel Bei der Center Warenhaus GmbH handeln die Geschäftsführer, Frau Sommer und Herr Becker, für die GmbH.

Rechts- und Geschäftsfähigkeit

- **Rechtssubjekte** sind natürliche und juristische Personen.
- **Rechtsfähigkeit ist die Fähigkeit von Personen, Träger von Rechten und Pflichten zu sein.** Sie beginnt bei natürlichen Personen mit der Geburt und endet mit dem Tod. Bei juristischen Personen beginnt sie mit der Eintragung in ein öffentliches Register und endet mit der Löschung in diesem Register.

Geschäftsfähigkeit
(= Fähigkeit, Rechtsgeschäfte wirksam abzuschließen)

Geschäftsunfähigkeit	Beschränkte Geschäftsfähigkeit	Volle Geschäftsfähigkeit
unter 7 Jahren außerdem • Personen mit andauernder krankhafter Störung der Geistestätigkeit	**7 bis 18 Jahre** außerdem • Betreute mit Einwilligungsvorbehalt	**ab 18 Jahre**
Eigene Willenserklärungen **sind nichtig.**	Eigene Willenserklärungen **sind schwebend unwirksam,** bis der gesetzliche Vertreter zustimmt. Bei Ablehnung durch den gesetzlichen Vertreter ist das Rechtsgeschäft nichtig (= ungültig).	Eigene Willenserklärungen **sind rechtsverbindlich.**
Ausnahme: • Auftreten als Bote des gesetzlichen Vertreters, da Botengänge keine eigenen Willenserklärungen darstellen.	**Ausnahmen:** • Beschränkt Geschäftsfähiger hat rechtlichen Vorteil durch das Rechtsgeschäft (z. B. Schenkung) • Kauf einer Leistung mit eigenen Mitteln • Abschluss von Rechtsgeschäften im Rahmen des Arbeits- oder Dienstverhältnisses • Beschränkt Geschäftsfähiger betreibt selbstständig ein Erwerbsgeschäft	**Ausnahme:** • Personen mit andauernder krankhafter Störung der Geistestätigkeit

1. Die 15-jährige Tina bekommt von ihrem Onkel einen CD-Player geschenkt. Ihre Eltern verbieten ihr die Annahme des Gerätes, da sie seit Jahren mit dem Onkel zerstritten sind. Begründen Sie, ob Tinas Eltern ihrer Tochter die Annahme des Geschenkes verweigern können.

2. Erläutern Sie, warum unter Umständen auch Erwachsene beschränkt geschäftsfähig oder geschäftsunfähig sein können.

3. Erklären Sie Rechtsfähigkeit.

4. Der 6-jährige Karl kauft ohne Wissen der Eltern im benachbarten Schreibwarengeschäft von seinem Taschengeld ein Malbuch und benutzt dieses. Die Eltern sind mit dem Kauf des Malbuches nicht einverstanden und verlangen vom Einzelhändler die Herausgabe des Kaufpreises.

Muss der Einzelhändler unter Beachtung der gesetzlichen Bestimmungen das Buch zurücknehmen und den Kaufpreis erstatten? Nehmen Sie zu den folgenden Aussagen Stellung.

a) Nein, denn das Buch ist bereits bemalt worden und daher nicht mehr verkäuflich.
b) Nein, mit sechs Jahren ist der Junge beschränkt geschäftsfähig. Er kann im Rahmen des Taschengeldes ohne Einwilligung der Erziehungsberechtigten rechtswirksam Rechtsgeschäfte abschließen.
c) Nein, denn die Eltern hätten im Rahmen ihrer Sorgfaltspflicht verhindern müssen, dass das Kind alleine das Schreibwarengeschäft aufsucht.
d) Ja, denn es ist kein Kaufvertrag abgeschlossen worden.
e) Ja, denn erst ab sieben Jahren ist Karl geschäftsfähig.
f) Ja, denn Kinder unter sieben Jahren sind noch nicht rechtsfähig.

5. Die 75-jährige Hermine Bauer hat in ihrem Testament als Alleinerben ihren zehnjährigen Pudel eingesetzt. Begründen Sie, ob man Tieren nach deutschem Recht etwas vererben kann.

6. Erläutern Sie, welche Rechtssubjekte unterschieden werden.

7. Ein 14-jähriger Junge kauft sich von seinem Taschengeld in einer Tierhandlung einen Hamster. Begründen Sie, ob ein Kaufvertrag zustande gekommen ist.

8. Ordnen Sie die folgenden Aussagen zur Geschäftsfähigkeit den unten stehenden Rechtsgeschäften zu.

1. Trotz beschränkter Geschäftsfähigkeit eines Vertragspartners wirksam.
2. Wegen beschränkter Geschäftsfähigkeit eines Vertragspartners schwebend unwirksam.
3. Trotz der Geschäftsunfähigkeit eines Kindes wirksam.
4. Wegen Geschäftsunfähigkeit eines Vertragspartners unwirksam.

a) Der 16-jährige Stefan kauft ohne Wissen seiner Eltern von seinen Ersparnissen ein Mofa für 350,00 EUR.
b) Der Großvater schenkt seinem zwölfjährigen Enkel ohne Einwilligung der Eltern einen CD-Player.
c) Die sechsjährige Julia kauft ein Spielzeugauto. Sie zahlt mit dem Geld, das ihr ihre Eltern als Taschengeld überlassen haben.
d) Der sechsjährige Robert kauft am Kiosk mit abgezähltem Geld eine Zeitschrift. Der Verkäufer weiß, dass Robert im Auftrag des Vaters handelt.

9. Ein 17-jähriger Auszubildender kauft ohne Wissen seiner Erziehungsberechtigten von seinen Ersparnissen einen neuen Computer zu 1.390,00 EUR in einem Fachgeschäft. Nach der Lieferung teilen die Erziehungsberechtigten dem Fachhändler mit, dass sie mit dem Kauf nicht einverstanden sind.
Welche der unten stehenden Aussagen über die Gültigkeit des Kaufvertrags trifft zu?
Der Kaufvertrag ist ...

1. ... gültig, weil der 17-Jährige ihn mit seinen eigenen Ersparnissen erfüllt.
2. ... gültig, weil der Auszubildende eine regelmäßige monatliche Ausbildungsvergütung erhält.
3. ... nichtig, weil der Auszubildende minderjährig ist.
4. ... unwirksam, weil die Erziehungsberechtigten nachträglich ihre Genehmigung verweigert haben.
5. ... nichtig, weil der Auszubildende den Kaufvertrag nicht im Beisein seiner Erziehungsberechtigten abgeschlossen hat.

3.2 Rechtsgeschäfte, Willenserklärungen und Verträge

Die Kundin Gisela Klein will in der Center Warenhaus GmbH einen Skianzug im Wert von 680,00 EUR bei Sabine Freund kaufen. Da Frau Klein nicht genügend Bargeld dabei hat, zahlt sie 100,00 EUR an und verspricht, am nächsten Tag die restlichen 580,00 EUR zu bringen. Der Skianzug bleibt so lange in der Textil-/Sportabteilung des Warenhauses. Am nächsten Tag erscheint Frau Klein im Warenhaus und verlangt ihr Geld zurück, da sie den gleichen Skianzug in einem anderen Geschäft für 590,00 EUR gesehen hat. Zudem habe sie sich nur mündlich zum Kauf verpflichtet, dieses sei ohne rechtliche Bedeutung. Sabine Freund ist unsicher, wie sie sich verhalten soll.

ARBEITSAUFTRÄGE

- Beurteilen Sie, ob ein Vertrag zwischen der Kundin und der Center Warenhaus GmbH zustande gekommen ist.
- Listen Sie auf, welche Verträge Sie bisher in Ihrem Leben abgeschlossen haben.

Rechtsgeschäfte und Willenserklärungen

Rechtsgeschäfte kommen durch Willenserklärungen einer oder mehrerer Personen zustande. Unter einer **Willenserklärung** versteht man die rechtlich wirksame Äußerung einer geschäftsfähigen Person, durch welche bewusst eine Rechtsfolge, z. B. ein Kaufvertrag, herbeigeführt werden soll.

Beispiel Ein Kunde sagt zu einem Verkäufer: „Ich möchte diesen DVD-Player kaufen" (Willenserklärung). Der Verkäufer antwortet: „Ich kann Ihnen diesen DVD-Player für 650,00 EUR verkaufen" (Willenserklärung).

Willenserklärungen können abgegeben werden:
- schriftlich,
- mündlich oder
- durch bloßes schlüssiges Handeln, z. B. Kauf einer Zeitung am Kiosk, ohne dass Käufer und Verkäufer miteinander reden, oder durch Automatenkauf.

Arten von Rechtsgeschäften

Man unterscheidet **einseitige und zweiseitige Rechtsgeschäfte**. Bei den einseitigen Rechtsgeschäften ist nur die Willenserklärung einer Person erforderlich, z. B. bei der Kündigung eines Arbeitsvertrages.

Beispiel Ein Verkäufer teilt seinem Arbeitgeber, der Center Warenhaus GmbH, termingerecht schriftlich mit, dass er das Arbeitsverhältnis zum Monatsende beenden wolle. Die Kündigung ist wirksam.

Einseitige Rechtsgeschäfte können empfangsbedürftig oder nicht empfangsbedürftig sein.
Zu den **nicht empfangsbedürftigen** Rechtsgeschäften zählen die Aufgabe eines Eigentumsanspruchs und das Testament, d. h., die Willenserklärung einer Person ist gültig, ohne dass sie einer anderen Person zugehen muss.

Beispiel Werner Peters stellt in der Getränkeabteilung der Center Warenhaus GmbH vier leere Pfandflaschen ab, da er keinen Wert auf die Erstattung des Flaschenpfandes legt.

Zu den **empfangsbedürftigen Rechtsgeschäften** zählen die Kündigung eines Arbeitsvertrages und die Mahnung, d. h., die Willenserklärung wird erst dann wirksam, wenn sie einer anderen Person zugeht.

Beispiel Die Auszubildende Nicole möchte innerhalb der Probezeit ihren Ausbildungsvertrag kündigen. Sie muss dafür Sorge tragen, dass ihrem Arbeitgeber die Kündigung tatsächlich zugeht. Es empfiehlt sich, die Kündigung per Einschreiben zu versenden.

Zwei- oder mehrseitige Rechtsgeschäfte (= Verträge), d. h., die Willenserklärungen zweier oder mehrerer Personen sind erforderlich. Rechtsgeschäfte werden nur durch **übereinstimmende Willenserklärungen** aller Personen rechtswirksam.

Alle Verträge haben gemeinsam, dass sie durch **Antrag und Annahme** zustande kommen. Die zuerst abgegebene Willenserklärung heißt Antrag, wobei sie von jedem Partner ausgehen kann. Die zustimmende Willenserklärung nennt man Annahme. Im Vertragsrecht gilt der **Grundsatz**: Verträge müssen eingehalten werden.

Beispiel Die Kundin Gisela Klein hat durch ihre Aussage, dass sie den Skianzug kaufen wolle, einen Antrag an die Center Warenhaus GmbH gerichtet. Dieser Antrag wurde durch den Verkäufer angenommen (zustimmende Willenserklärung = Annahme). Somit ist ein Vertrag, in diesem Fall ein Kaufvertrag, zustande gekommen.

Zu den wichtigsten **Vertragsarten** im Einzelhandel gehören u. a.:

Vertragsart	Vertragsinhalt	Beispiele aus der Praxis	Gesetzliche Regelung §§
LF 6 **Kaufvertrag**	Entgeltliche Veräußerung von Sachen oder Rechten	Die Center Warenhaus GmbH verkauft einem Kunden ein Porzellanservice.	BGB 433–507
Werkvertrag	Herstellung eines Werkes gegen Vergütung, zu dem der Besteller das Material liefert	Das Textilgeschäft „men-shop" stellt einen Maßanzug her, zu dem der Käufer den Anzugstoff liefert.	BGB 631–650
Werklieferungsvertrag[1]	Herstellung eines Werkes gegen Vergütung, zu dem der Hersteller das Material liefert	Das Möbelgeschäft „Exklusives Wohnen" erstellt einen Einbauschrank aus den von ihm besorgten Materialien und baut diesen beim Besteller ein.	BGB 433 ff., 651
Mietvertrag	Entgeltliche Überlassung von Sachen zum Gebrauch	Vermietung eines DVD-Players und von DVDs.	BGB 535–580
Leihvertrag	Unentgeltliche Überlassung von beweglichen Sachen oder Grundstücken zum Gebrauch; Rückgabe derselben Sachen	Ein Großhändler überlässt für zwei Wochen der Center Warenhaus GmbH einen Verpackungsbehälter.	BGB 598–605
Pachtvertrag	Entgeltliche Überlassung von Sachen zum Gebrauch und Fruchtgenuss	Ein Einzelhändler pachtet ein Grundstück für die Abstellung des betriebseigenen Fuhrparks. Die auf dem Grundstück befindlichen Obstbäume dürfen vom Einzelhändler abgeerntet werden.	BGB 581–597
LF 14 **Darlehensvertrag**	Entgeltliche oder unentgeltliche Überlassung von (vertretbaren) Sachen zum Verbrauch, Rückgabe gleichartiger Sachen	– Die Center Warenhaus GmbH nimmt gegen Zahlung von 9 % Zinsen ein Darlehen für ein Jahr bei der Bank auf. – Frau Müller „leiht" sich bei ihrer Nachbarin vier Eier. Am nächsten Tag bringt sie vier andere Eier zurück.	BGB 607–610

[1] *Der Begriff „Werklieferungsvertrag" wird im § 651 BGB nicht mehr genannt, wird aber hier weiter verwendet, da sich inhaltlich nichts geändert hat.*

Rechtsgeschäfte, Willenserklärungen und Verträge

- **Rechtsgeschäfte** kommen durch Willenserklärungen zustande.
- **Willenserklärungen** können schriftlich, mündlich und stillschweigend abgegeben werden.

Rechtsgeschäfte

einseitige (Willenserklärung einer Person)

- Kündigung
- Mahnung
- Anfechtung

→ empfangsbedürftig

- Aufgabe eines Eigentumsanspruchs
- Testament

→ nicht empfangsbedürftig

zweiseitige (Übereinstimmende Willenserklärung von zwei oder mehr Personen)

alle Verträge
- Kaufvertrag
- Werkvertrag
- Werklieferungsvertrag
- Mietvertrag
- Leihvertrag
- Pachtvertrag
- Darlehensvertrag usw.

- **Zweiseitige Rechtsgeschäfte** (= **Verträge**) kommen durch übereinstimmende Willenserklärungen von zwei oder mehr Personen zustande (**Antrag und Annahme**).

1. Beschreiben Sie am Beispiel eines Kaufs einer CD, wie ein Vertrag zustande kommt.

2. Beurteilen Sie folgende Fälle danach, um welche Vertragsarten es sich handelt:
a) Karin Weber „leiht" sich für eine Woche gegen Zahlung von 1,50 EUR im „DVD-Shop 2000" eine DVD.
b) Ein Küchenmöbelstudio verarbeitet beim Einbau einer Küche Eichenbalken, die der Kunde gestellt hat.
c) Ein Schneider stellt für eine Kundin ein Hochzeitskleid her und stellt den dazugehörigen Stoff zur Verfügung.
d) Die Auszubildende Sabine Freund erwirbt am Kiosk die neueste Ausgabe der Zeitschrift „Mädchen".

3. Auf welche Art können Willenserklärungen abgegeben werden? Geben Sie jeweils ein Beispiel an.

4. Nennen Sie Beispiele für einseitige Rechtsgeschäfte.

5. Als beim Tennisschläger von Bodo Stamm mehrere Saiten reißen, wirft er den Schläger in einen Mülleimer auf dem Tennisplatz. Marc Cremer, der dies sieht, nimmt den Tennisschläger an sich und lässt ihn neu bespannen. Später sieht Bodo den reparierten Schläger und wirft Marc vor, er habe sich sein Eigentum angeeignet. Er verlangt den Schläger zurück. Überprüfen Sie, ob Marc den Tennisschläger herausgeben muss.

3.3 Vertragsfreiheit, Form, Nichtigkeit und Anfechtbarkeit von Rechtsgeschäften

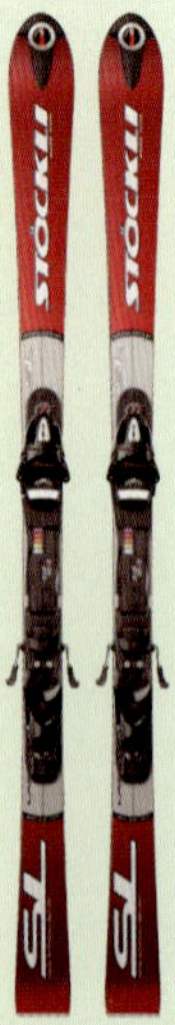

Sabine Freunds ehemaliger Mitschüler Marco kommt in die Abteilung und möchte ein Paar Skier im Werte von 600,00 EUR auf Raten kaufen. Sie vereinbart mit ihm, ohne dieses schriftlich festzuhalten, dass Marco sechs Monate lang jeden Monat 100,00 EUR zahlen soll. Als Elena Gutowski dieses an der Kasse bemerkt, erklärt sie Sabine, dass dies nicht möglich ist. In einem weiteren Verkaufsgespräch an diesem Tag bietet Sabine einem anderen Kunden irrtümlich eine Skijacke für 298,00 EUR an, obwohl an der Jacke ein Preisschild mit 398,00 EUR hängt. An der Kasse verlangt der Kunde, dass ihm die Skijacke für 298,00 EUR verkauft wird.

ARBEITSAUFTRÄGE

- Erläutern Sie, warum Frau Gutowski die Vorgehensweise von Sabine beim Ratenkauf nicht akzeptiert.
- Klären Sie die Rechtslage, ob die Center Warenhaus GmbH dem Kunden die Skijacke für 298,00 EUR verkaufen muss.
- Stellen Sie fest, welche Formvorschriften es in Deutschland für Verträge gibt.
- Erstellen Sie zu den Inhalten dieses Kapitels ein Lernplakat.

Vertragsfreiheit

In der Bundesrepublik Deutschland gilt der Grundsatz der **Vertragsfreiheit**, d. h., es kann niemand zum Abschluss eines Vertrages gezwungen werden (**Abschlussfreiheit**). Jeder kann seinen Vertragspartner selbst aussuchen. Ein Einzelhändler kann jederzeit den Kaufantrag eines Kunden oder das Angebot eines Lieferers ablehnen. Außerdem kann der Inhalt der Verträge frei bestimmt werden (**Inhalts- oder Gestaltungsfreiheit**), solange dieser nicht gegen bestehende Gesetze verstößt (vgl. Seite 302). In einigen Fällen muss ein Unternehmer kraft Gesetzes einen Vertrag schließen, sobald eine Person einen Antrag an dieses Unternehmen stellt (**Kontrahierungszwang**). Dieser **Abschlusszwang** gilt gesetzlich u. a. für Beförderungsunternehmen, Gas- und Elektrizitätswerke.

Form der Rechtsgeschäfte

Die meisten Rechtsgeschäfte können formlos abgeschlossen werden (**Formfreiheit**).

Beispiel Ein Kaufvertrag über Waren auf einem Bierdeckel ist rechtlich verbindlich.

Bei einigen Rechtsgeschäften besteht der Gesetzgeber auf der Einhaltung bestehender Formvorschriften (**Formzwang**). Bei Nichtbeachtung dieser Formvorschriften ist das Rechtsgeschäft nichtig (§ 125 BGB), d. h., der Vertrag ist von Anfang an nicht zustande
LF 10 gekommen. Im Einzelhandel trifft dies insbesondere auf **Ratenkaufverträge** (vgl. Seite 318) zu, die immer schriftlich abgeschlossen werden müssen.

Der Gesetzgeber verfolgt mit dem **Formzwang** bei bestimmten Rechtsgeschäften das Ziel, die Vertragspartner vor **leichtfertigem** und **übereiltem Handeln** zu bewahren und erhöhte Sicherheit und leichte Beweisbarkeit zu gewährleisten.

Formvorschriften

Schriftform

§ 126 BGB
Bestätigung des Vertrages durch eigenhändige Unterschrift

Beispiele
- Mietverträge über eine längere Dauer als ein Jahr
- Bürgschaften unter Privatpersonen
- Ratenkäufe
- Ausbildungsverträge
- handschriftliche Testamente
- Arbeitsverträge
- Kündigung eines Arbeits- und Ausbildungsvertrages

öffentliche Beglaubigung

§ 129 BGB
Niederschrift der Willenserklärung und notarielle oder behördliche Beglaubigung der Unterschrift (Beglaubigung bestätigt nur die Echtheit der Unterschrift)

Beispiele
- Anträge auf Eintragung ins
  - Grundbuch
  - Handelsregister
  - Vereinsregister
  - Güterrechtsregister
- maschinenschriftliche Testamente

notarielle Beurkundung

§ 128 BGB
Niederschrift und Beurkundung der Echtheit des Vertragsinhalts und der Unterschrift durch einen Notar (Beglaubigung bestätigt Inhalt der Willenserklärung und Echtheit der Unterschrift)

Beispiele
- Haus- und Grundstückskäufe und -verkäufe
- Eintragungen von Grundschulden, Hypotheken ins Grundbuch
- Eheverträge

Viele Verträge werden heutzutage über das Internet abgeschlossen. Hierbei kann die schriftliche Form durch die **elektronische Form** ersetzt werden, solange sich aus dem Gesetz nicht etwas anderes ergibt. Hierfür sind folgende **Voraussetzungen** zu berücksichtigen:

- **Die Vertragsparteien müssen diese Form ausdrücklich vereinbaren.**
- **Es ist ein entsprechendes Dokument zu erstellen, das beim Adressaten auf einem geeigneten Speichermedium (z. B. Festplatte) gespeichert werden kann.**
- **Der Aussteller muss seinen Namen mittels einer qualifizierten Signatur hinzufügen, damit er eindeutig identifiziert werden kann (§ 2 Nr. 3 SigG).**

Nichtigkeit von Verträgen

Rechtsgeschäfte können von Anfang an nichtig (= ungültig) sein, d. h., das Rechtsgeschäft hat keine Rechtsfolgen ausgelöst. Folgende Gründe können zur Nichtigkeit von Rechtsgeschäften führen:

- **Geschäfte mit geschäftsunfähigen Personen (§ 105 BGB)**

  Beispiel Der 5-jährige Otto kauft sich für 3,00 EUR Süßigkeiten bei der Lebensmitteldiscount Schlegel KG.

- **Geschäfte mit beschränkt geschäftsfähigen Personen ohne Zustimmung der Erziehungsberechtigten oder des Betreuers (§ 108 BGB)**

  Beispiel Die 14-jährige Karen kauft sich von ihrem gesparten Taschengeld in der Center Warenhaus GmbH einen Discman für 60,00 EUR. Wenn der gesetzliche Vertreter diesem Kauf nicht zustimmt, ist der Vertrag nichtig.

- **Geschäfte, die gegen die guten Sitten verstoßen (§ 138 BGB)**

  Beispiel Ein Einzelhändler verlangt von einer Kundin bei einem Ratenvertrag einen Zinssatz von 38 %. In diesem Fall liegt ein Wucherzins vor, wodurch der Vertrag nichtig wird. (Ein Wucherzins liegt vor, wenn der dreifache Marktzins überschritten wird.)

- **Geschäfte, die gegen ein gesetzliches Verbot verstoßen (§ 134 BGB)**

  Beispiel Ein Kaufmann schließt mit einer Diebesbande einen Vertrag über gestohlene Waren ab.

- **Geschäfte, die gegen gesetzliche Formvorschriften verstoßen (§ 125 BGB)**

  Beispiel Die Einzelhandelskauffrau Karla Möltgen schließt mit ihrer Bekannten Marianne Fust in einem Restaurant einen Kaufvertrag über ein neben dem Geschäftshaus liegendes Grundstück ab. Grundstückskäufe und -verkäufe müssen aber notariell beurkundet werden. Somit ist das Rechtsgeschäft nichtig.

- **Scherzgeschäfte**

  Beispiel Jemand verspricht in einem Lokal, demjenigen sein Auto zu schenken, der ihm am schnellsten ein Getränk bringt.

  Ausnahme: Bei einem Scherzgeschäft muss für jedermann erkennbar sein, dass es sich um einen Scherz handelt.

- **Scheingeschäfte (§ 117 BGB)**

  Beispiel Der Einzelhändler Peter Schneller lässt im notariellen Kaufvertrag über ein Grundstück, das er erwerben möchte, einen geringeren Kaufpreis mit Einwilligung des Verkäufers eintragen, um einen Teil der Grunderwerbsteuer zu sparen. Der Kaufvertrag ist nichtig.

Anfechtbarkeit von Verträgen

Rechtsgeschäfte können durch besondere Erklärungen gegenüber den Vertragspartnern nachträglich ungültig werden. Man nennt diese Erklärung Anfechtung. **Rechtsgeschäfte sind bis zur Anfechtung gültig**. Folgende Gründe können zur Anfechtung von Rechtsgeschäften führen:

- **Anfechtung wegen Irrtum in der Erklärung (§ 119 BGB)**

  Beispiel Die Auszubildende Sabine Freund bietet im Verkaufsgespräch einem Kunden irrtümlich einen Abfahrtski für 395,00 EUR statt zum tatsächlichen Preis von 595,00 EUR an.

- **Anfechtung wegen Irrtum in der Übermittlung (§ 120 BGB)**

  Beispiel Der Inhaber eines Radio- und Fernsehgeschäftes bietet einer Kundin telefonisch eine Hi-Fi-Anlage für 999,00 EUR an. Durch die schlechte Telefonleitung versteht die Kundin aber 699,00 EUR.

  Ausnahme: Bei einem **Motivirrtum (Irrtum im Beweggrund)** liegt kein Grund zur Anfechtung vor.

  Beispiel Eine Kundin hat in Anbetracht ihrer bevorstehenden Hochzeit bei der Center Warenhaus GmbH einen Kaufvertrag über ein teures Porzellanservice unterschrieben. Zwei Tage später erscheint die Kundin und erklärt, ihr Verlobter hätte die Verlobung gelöst und sie wolle das Porzellanservice nicht mehr kaufen. Der Kaufvertrag bleibt aber bestehen, da ein Irrtum im Motiv rechtlich unerheblich ist, d. h., für die Verbindlichkeit des Kaufvertrages ist es ohne Bedeutung, aus welchem Grund (= Motiv „Hochzeit") die Kundin das Service bestellt hat. Gleichwohl könnte sich das Warenhaus kulant zeigen und den Kaufvertrag lösen.

- **Anfechtung wegen arglistiger Täuschung (§ 123 BGB)**

  Beispiel Der Autohändler Franz Foltz bietet einem Kunden einen angeblich unfallfreien Gebrauchtwagen für 6.000,00 EUR an. Der Käufer erwirbt den Wagen, stellt aber nach zwei Monaten fest, dass der Wagen einen Unfall gehabt haben muss. Der Käufer kann den Kaufvertrag anfechten und sein Geld zurückverlangen.

- **Anfechtung wegen widerrechtlicher Drohung (§ 123 BGB)**

  Beispiel Die Verkäuferin eines Einrichtungsgeschäftes zwingt einen Kunden zum Vertragsabschluss über eine Wohnzimmergarnitur im Werte von 5.000,00 EUR, da sie von dem Kunden weiß, dass dieser im betrunkenen Zustand einen Unfall mit Fahrerflucht verursacht hat.

Vertragsfreiheit, Form, Nichtigkeit und Anfechtbarkeit von Rechtsgeschäften

- Bei der **Gestaltung** gegenseitiger **Vereinbarungen** sind die Vertragspartner **frei**.
- Niemand kann zum Abschluss eines Vertrages gezwungen werden.
- Jeder kann seinen Vertragspartner selbst aussuchen.
- **Die meisten Rechtsgeschäfte** des täglichen Lebens können **formlos** abgeschlossen werden.

Formvorschriften

Schriftlich mit eigenhändiger Unterschrift

- Mietverträge
- Ausbildungsverträge
- Arbeitsverträge
- Kündigungen
- Ratenkäufe

Öffentlich beglaubigt durch notarielle oder behördliche Beglaubigung der Unterschrift

Anträge auf Eintragungen in öffentliche Register:

- Handelsregister
- Vereinsregister
- Güterrechtsregister
- Grundbuch

Notariell beurkundet (Vertragsinhalt und Unterschrift)

- Grundstückskäufe/-verkäufe
- Hypotheken
- Eheverträge

Rechtsgeschäfte

Nichtigkeit

- Vertrag mit Geschäftsunfähigen
- Vertrag mit beschränkt Geschäftsfähigen ohne Zustimmung der Erziehungsberechtigten oder des Betreuers
- Verstoß gegen die guten Sitten
- Verstoß gegen gesetzliches Verbot
- Verstoß gegen Formvorschriften
- Scherzgeschäfte
- Scheingeschäfte

↓ **Rechtsgeschäfte sind von Anfang an ungültig**

Anfechtbarkeit

- wegen Irrtum in der Erklärung
- wegen Irrtum in der Übermittlung
- wegen arglistiger Täuschung
- wegen widerrechtlicher Drohung

↓ **Bis zur Anfechtung sind die Verträge gültig**

1. Erläutern Sie den Begriff der Vertragsfreiheit.

2. Die Auszubildende Petra Lauer besucht an einem Mittwochabend gegen 20:00 Uhr ein Restaurant, um den Arbeitstag mit einem schönen Essen abzuschließen. Der Restaurantinhaber erklärt ihr aber, er wolle nach Hause gehen, um im Fernsehen das Endspiel in der Championsleague zu sehen. Auf einem Schild im Schaufenster steht aber, dass die Küche bis 23:00 Uhr geöffnet sei. Muss das Restaurant Petra Lauer noch eine Mahlzeit zubereiten?

3. In einem Textilfachgeschäft erscheint ein ungepflegter Kunde. Der Einzelhändler erklärt dem Kunden, dass er nicht bereit sei, ihm etwas zu verkaufen. Begründen Sie, ob der Kunde einen rechtlichen Anspruch darauf hat, dass ihm der Einzelhändler etwas verkauft.

4. Welche Formvorschriften sind in den folgenden Fällen vorgeschrieben?
1. Kauf eines gebrauchten Pkw.
2. Aufstellung eines handgeschriebenen Testaments.
3. Eine Gruppe von 20 Freizeitjoggern beschließt, einen Sportverein zu gründen.
4. Ein Kunde kauft eine Wohnzimmereinrichtung in einem Möbelhaus mit der Vereinbarung einer Ratenzahlung.
5. Die 18-jährige Andrea schließt einen Ausbildungsvertrag mit einem Einzelhandelsbetrieb ab.
6. Hans Huber schließt mit Theodor Körner einen dreijährigen Mietvertrag für eine Appartmentwohnung ab.

5. Erläutern Sie die wesentlichen Unterschiede zwischen Nichtigkeit und Anfechtbarkeit von Verträgen.

6. Welches Rechtsgeschäft ist **nichtig**?
1. Die 16-jährige Nadja kauft eine CD für 18,00 EUR von ihrer Ausbildungsvergütung.
2. Der 10-jährige Peter kauft von seinem 6-jährigen Freund ein Spielzeugauto. Den Kaufpreis von 3,00 EUR entrichtet er von seinem Taschengeld.
3. Der 18-jährige Ingo kündigt seinen Berufsausbildungsvertrag schriftlich.
4. Die 10-jährige Kim bekommt von ihrer Tante 200,00 EUR zum Geburtstag geschenkt.
5. Die 19-jährige Andrea kauft sich ohne Einwilligung der Eltern ein sehr teures Kleid in zwei Monatsraten.

7. Welche der unten stehenden Rechtsgeschäfte sind
1. nichtig, 2. schwebend unwirksam, 3. gültig, 4. anfechtbar?
a) Eine 15-jährige Schülerin kauft einen DVD-Player.
b) Bei der Aufnahme eines Kredits wurden 4 % Zinsen je Monat vereinbart.
c) Beim Kauf eines Gebrauchtwagens wird ein Unfallschaden am Fahrzeug verschwiegen.
d) Ein 17-jähriger Auszubildender stimmt ohne Zustimmung der Eltern der Verlängerung seines Ausbildungsverhältnisses zu.
e) Ein 6-Jähriger kauft im Auftrag seiner Mutter mit abgezähltem Geld Brötchen.

8. Der Einzelhändler Stefer trifft sich mit dem Grundstückseigentümer Müller zu einem Arbeitsessen in einem italienischen Lokal. Im Laufe des Abends vereinbaren beide, dass ein Nachbargrundstück des Einzelhändlers Stefer, das Stefer für die Erweiterung seiner Geschäftsräume benötigt, zu einem Verkaufspreis von 100.000,00 EUR an Stefer verkauft werden soll. Diese Vereinbarung unterschreiben beide auf einem DIN-A4-Blatt. Nach einer Woche weigert sich der Verkäufer Müller, das Grundstück zum vereinbarten Verkaufspreis an Stefer zu verkaufen. Überprüfen Sie, ob der Einzelhändler Stefer einen Anspruch darauf hat, dass Müller ihm das Grundstück zu dem vereinbarten Preis verkaufen muss.

9. Sabine will ihr Auto verkaufen. Zu diesem Zweck schreibt sie auf einen Bierdeckel die Vertragsbedingungen inklusive den Verkaufspreis. Sie unterschreibt den Bierdeckel ebenso wie der Käufer. Geben Sie an, ob dieser Vertrag den Formvorschriften entspricht.

4 Kaufvertrag mit dem Kunden abschließen

4.1 Abschluss des Kaufvertrages mit einem Kunden

Ein Kunde betritt die Textilabteilung der Center Warenhaus GmbH. Er erkundigt sich bei der Auszubildenden Sabine Freund nach einem Seidenhausanzug. Sabine zeigt dem Kunden eine Vielzahl von Modellen. Nach ca. 20 Minuten meint der Kunde: *„Oh ja, dieser ist wirklich sehr schön. Eigentlich wollte ich mich aber nur erkundigen, kaufen möchte ich noch nicht."*

Verärgert denkt Sabine, die sich am Vortag heftig mit ihrem Freund gestritten hatte, *„So geht das aber nicht. Ich mache mir die ganze Arbeit, und dann kauft der nichts. Wer fragt, muss auch kaufen."* Sie sagt dem Kunden: *„Es wäre schön, wenn Sie etwas kaufen würden, sonst habe ich die ganze Beratung umsonst gemacht."*
Der Kunde antwortet: *„Warum soll ich denn etwas kaufen, fragen kostet doch nichts, oder?"*

ARBEITSAUFTRÄGE

- Nehmen Sie Stellung zum Verhalten von Sabine.
- Nehmen Sie zu der Problematik Stellung, dass Kunden sich in Fachgeschäften beraten lassen, dann aber nichts kaufen.
- Sammeln Sie Beispiele, wie im obigen Fall ein Kaufvertrag zustande kommen kann.
- Erläutern Sie, welche Rechte und Pflichten ein Käufer beim Kaufvertrag übernimmt.

Die Anfrage des Kunden

Der Verkaufsvorgang im Einzelhandel wird oft durch eine Anfrage eines Kunden eingeleitet. Die **Anfrage** wird vom Kunden an den Einzelhändler gerichtet und **dient der Informationsermittlung über Preis, Qualität, Mengeneinheiten usw.** eines oder mehrerer Artikel. Sie ist **unverbindlich**, d. h. ohne rechtliche Wirkung. LF 6

Beispiel Lässt ein Kunde sich in einem Verkaufsgespräch verschiedene Waren vorlegen, so ist er nicht verpflichtet, etwas zu kaufen.

Das Angebot an den Kunden

Ein **Angebot** ist eine **an eine bestimmte Person gerichtete verbindliche Willenserklärung**, mit der der Anbietende zu erkennen gibt, bestimmte Waren zu bestimmten Bedingungen zu liefern. Das Angebot unterliegt ebenso wie die Anfrage **keinen Formvorschriften**. LF 6

Es kann

- mündlich,
- schriftlich,
- telefonisch oder
- fernschriftlich (Internet, Telefax, E-Mail)

abgegeben werden. Bei wertmäßig großen Angeboten sollte zur Vermeidung von Irrtümern immer die Schriftform gewählt werden.
Das **Ausstellen von Waren in Schaufenstern**, ebenso das **Anpreisen von Waren** in Prospekten und Katalogen, Postwurfsendungen, Anzeigen in Zeitungen stellen im rechtlichen Sinne **kein Angebot** dar. Dieses beinhaltet lediglich die **Aufforderung an den Kunden**, selbst einen Antrag an den Einzelhändler zu richten. Das Gleiche gilt für Automatenangebote und für sämtliche Waren, die in Einzelhandelsgeschäften im Verkaufs-

raum ausgestellt worden sind. Verkaufsgespräche, in denen der Verkäufer die Ware nicht ausdrücklich anbietet, sind unverbindlich.

Beispiel Sabine zeigt einem Kunden verschiedene Jeanshosen. Im Verkaufsgespräch sagt Sabine: „Ich biete Ihnen diese Jeans zu einem Vorzugspreis von 69,00 EUR an." Es liegt ein verbindliches Angebot der Verkäuferin vor.

Zustandekommen des Kaufvertrages (§ 433 ff. BGB)

Der Kaufvertrag des Einzelhändlers mit dem Kunden kommt durch **zwei inhaltlich übereinstimmende Willenserklärungen** zustande. Dabei kann die Initiative zum Abschluss des Kaufvertrages sowohl vom Verkäufer als auch vom Käufer ausgehen (**Antrag**). Die Zustimmung zum Kaufvertrag erfolgt durch die **Annahme** des Käufers bzw. des Verkäufers. Folgende Möglichkeiten des Zustandekommens eines Kaufvertrages sind denkbar:

Der Verkäufer macht den Antrag

Der Kaufvertrag kommt zustande, wenn die **Bestellung (Annahme) des Käufers** inhaltlich mit dem **Angebot (Antrag) des Verkäufers** übereinstimmt.

Beispiel Eine Kundin kommt in die Textilabteilung und möchte über Skianzüge beraten werden. Im Verlaufe dieses Verkaufsgespräches bietet die Verkäuferin der Kundin den Artikel zu einem Sonderpreis von 298,00 EUR an (**Antrag**). Die Kundin entscheidet sich für den Artikel (**Annahme**).

Der Käufer macht den Antrag

Der Kaufvertrag kommt zustande, wenn der Verkäufer (**Annahme**) die Bestellung des Käufers (**Antrag**) annimmt.
Es gibt **keine gesetzliche Vorschrift** über die vertraglichen Inhalte eines Kaufvertrages. Der vertragliche Inhalt von Kaufverträgen kann zwischen dem Einzelhändler und seinen Kunden **frei gestaltet** werden (vgl. Seite 300). Beim Kauf von Waren des täglichen Bedarfs werden Vertragsinhalte mündlich oder stillschweigend, beim Kauf von hochwertigen Gebrauchsgütern aus Sicherheitsgründen meistens schriftlich vereinbart.

Das Verpflichtungs- und Erfüllungsgeschäft

Beim Kaufvertrag muss man zwischen Abschluss des Kaufvertrages (**Verpflichtungsgeschäft**) und Erfüllung des Kaufvertrages (**Erfüllungsgeschäft**) unterscheiden. Durch den Vertragsabschluss gehen beide Vertragspartner rechtliche Verpflichtungen ein, wobei die Pflichten des Verkäufers den Rechten des Käufers entsprechen und umgekehrt (§ 433 ff. BGB).

Pflichten des Verkäufers = Rechte des Käufers	Pflichten des Käufers = Rechte des Verkäufers
– Übergabe und Übereignung der mangelfreien Ware zur rechten Zeit und am rechten Ort – Annahme des Kaufpreises	– Annahme der ordnungsgemäß gelieferten Ware – rechtzeitige Zahlung des vereinbarten Kaufpreises

Die Vertragspartner können den Kaufvertrag erfüllen, indem sie ihren jeweiligen Verpflichtungen nachkommen. Zeitlich können zwischen dem Abschluss (Verpflichtungsgeschäft) und der Erfüllung (Erfüllungsgeschäft) des Kaufvertrages oft mehrere Wochen oder Monate liegen.

Beispiel Ein Kunde kauft im Mars Elektrofachmarkt e. K. einen Farbfernseher, der nicht vorrätig ist und erst in vier Wochen geliefert werden kann. Nach vier Wochen liefert der Fachmarkt dem Kunden das Gerät, der Käufer zahlt bei Lieferung bar. Die Verpflichtung beider Vertragspartner entstand beim Abschluss des Kaufvertrages, der Vertrag wurde vom Verkäufer durch die rechtzeitige und mangelfreie Lieferung und die Annahme des Kaufpreises und vom Käufer durch die Annahme des Gerätes und rechtzeitige Bezahlung erfüllt.

Verpflichtungs- und Erfüllungsgeschäft fallen bei den sogenannten Handkäufen des täglichen Lebens (**Handkauf**: Die Warenübergabe findet im Geschäft des Einzelhändlers statt) zeitlich zusammen, d. h., der Verkäufer übergibt dem Kunden sofort bei Vertragsabschluss die Ware und der Käufer bezahlt sofort.

Abschluss des Kaufvertrages mit einem Kunden

- Durch eine **Anfrage** kann sich ein Käufer Informationsmaterial von bestimmten Waren besorgen. Jede **Anfrage** ist **formfrei und rechtlich unverbindlich**.
- Ein **Angebot** ist eine Willenserklärung, Waren zu den angegebenen Bedingungen zu verkaufen.
- Angebote, die an die Allgemeinheit gerichtet sind, sind unverbindlich (**Anpreisungen**), z. B. Prospekte, Kataloge, Schaufensterauslagen, Waren im Verkaufsraum.
- Angebote sind nur dann **verbindlich**, wenn sie **an eine genau bestimmte Person** oder **Personengruppe** gerichtet sind.
- Der **Antrag zum Abschluss eines Kaufvertrages** kann sowohl vom Verkäufer als auch vom Käufer ausgehen.

- **Verpflichtungs- und Erfüllungsgeschäft**
  - **Der Kaufvertrag** besteht aus dem **Verpflichtungs- und Erfüllungsgeschäft.**

Verkäufer verpflichtet sich	Käufer verpflichtet sich
- rechtzeitig und mangelfrei zu liefern - dem Käufer das Eigentum an der Ware zu verschaffen	- die ordnungsgemäß gelieferte Ware anzunehmen - den Kaufpreis rechtzeitig zu zahlen

  - Beide Vertragspartner müssen ihre **Pflichten erfüllen.**

1. Erläutern Sie, wodurch sich Verpflichtungs- und Erfüllungsgeschäft unterscheiden.

2. Erklären Sie anhand von drei Beispielen, wie Verpflichtungs- und Erfüllungsgeschäft zeitlich auseinanderfallen können.

3. In der Center Warenhaus GmbH ist das Schaufenster unter dem Motto „Alles für den Winterurlaub" dekoriert worden. Ein Kunde möchte unbedingt die in der Dekoration verwendeten Abfahrtsskier zu 398,00 EUR kaufen. Leider sind diese Skier nicht noch einmal vorrätig.

a) Begründen Sie, ob die Center Warenhaus GmbH die Schaufensterdekoration ändern muss, um ihrem Kunden die Skier verkaufen zu können.

b) Erläutern Sie, wie Sie sich als Verkäufer verhalten würden, um den Kunden trotzdem zufriedenzustellen.

4. Welche der nachfolgenden Maßnahmen

a) führen zum Abschluss des Kaufvertrages,

b) gehören zur Erfüllung des Kaufvertrages?

1. fristgemäße Bezahlung
2. Bestellung
3. Auftragsbestätigung
4. Eigentumsübertragung
5. fristgemäße Annahme der Ware
6. ordnungsgemäße Lieferung

5. Beschreiben Sie, wie ein Kaufvertrag zwischen einem Verkäufer und einem Käufer zustande kommt.

6. Beim Kaufvertrag wird zwischen Verpflichtungsgeschäft und Erfüllungsgeschäft unterschieden. Welche der unten stehenden Handlungen gehört zum Verpflichtungsgeschäft?

1. Ein Kunde bestellt, der Einzelhändler schickt eine Auftragsbestätigung.
2. Ein Einzelhändler liefert bestellte Ware.
3. Ein Kunde bezahlt eine Rechnung über 4.000,00 EUR.
4. Ein Einzelhändler nimmt eine Anzahlung auf den Kaufpreis an.
5. Ein Kunde nimmt die bestellte Ware an.

7. Sabine Freund hat beim Versandhaus Hammer am 20. Juni eine Jeans bestellt. Nach 8 Tagen wird die Jeans per Paketpost bei Sabine angeliefert. Der Postzusteller lässt sich den Empfang des Paketes bestätigen und übergibt Sabine das Paket mit der beiliegenden Rechnung. Sabine überweist den Kaufpreis in Höhe von 59,00 EUR fristgerecht am 3. Juli durch Überweisung an das Versandhaus. Erläutern Sie anhand des vorliegenden Falles den Unterschied zwischen dem Verpflichtungs- und Erfüllungsgeschäft.

4.2 Rechtsobjekte und Eigentumsübertragung

Die Auszubildende Sabine Freund verleiht ihr Lehrbuch „Ausbildung im Einzelhandel Band 1“ an ihren Klassenkameraden Roland Weiß. Nach einer Woche verlangt Sabine das Buch zurück, da sie es selbst zur Vorbereitung auf eine Klassenarbeit benötigt. Roland lehnt die Herausgabe mit der Begründung ab, er sei noch nicht fertig mit den Aufgaben, die er machen wollte, und außerdem habe Sabine bei der Übergabe des Buches keinen Termin für die Rückgabe genannt.

ARBEITSAUFTRÄGE

- Stellen Sie fest, ob Sabine die sofortige Herausgabe des Buches verlangen kann.
- Erläutern Sie anhand von Beispielen die verschiedenen Arten von Rechtsobjekten.
- Überprüfen Sie, worin der Unterschied zwischen Besitz und Eigentum besteht.

Sachen und Rechte

Als **Rechtsobjekte** bezeichnet man die Gegenstände des Rechtsverkehrs. Hierbei unterscheidet man **körperliche Rechtsobjekte (Sachen)** und **nichtkörperliche Rechtsobjekte (Rechte)**. **Sachen** werden in unbewegliche (Immobilien) und bewegliche (vertretbare und nicht vertretbare Sachen) unterschieden. **Vertretbare Sachen** sind untereinander austauschbar, **nicht vertretbare Sachen** können nicht durch andere ersetzt werden (z. B. ein Originalbild von Picasso). Im Vertragsleben spielt diese Unterscheidung eine große Rolle, weil in Fällen der Unmöglichkeit der Leistung die vertretbare Sache durch eine artgleiche ausgetauscht werden kann. Tiere sind keine Sachen, sie werden durch besondere Gesetze geschützt, z. B. Tierschutzgesetz.

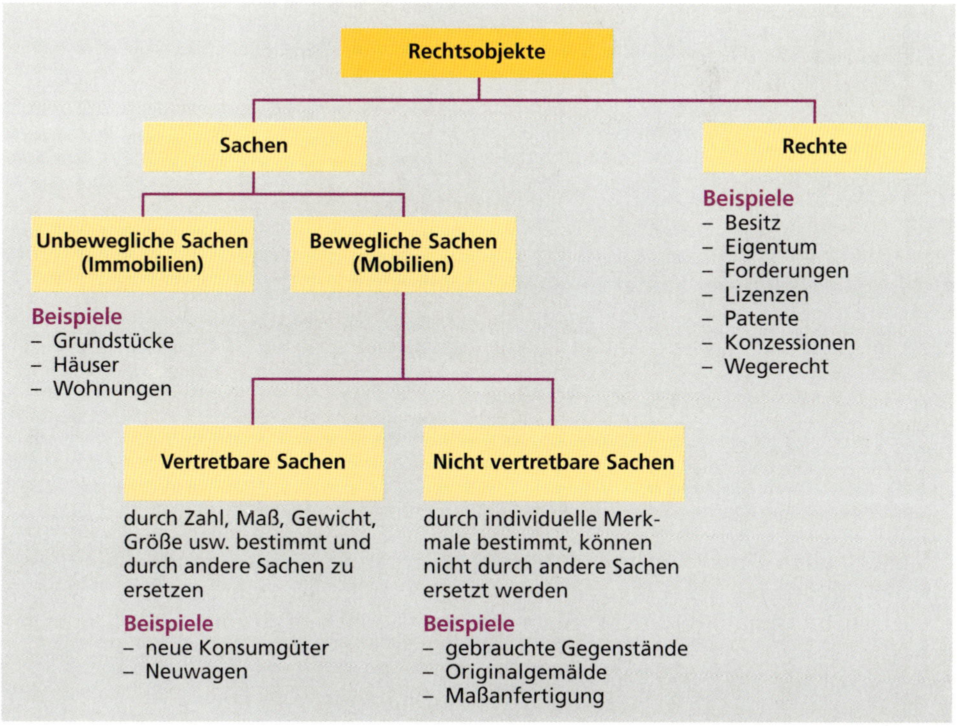

Besitz und Eigentum als Rechte

Zu den nichtkörperlichen Rechten zählen Besitz und Eigentum. **Besitz ist die tatsächliche Herrschaft über eine Sache (§ 854 BGB).** Jemand benutzt eine Sache, die ihm nicht gehören muss. **Eigentum ist die rechtliche Herrschaft über eine Sache.** Dem Eigentümer gehört die Sache, er kann damit nach Belieben verfahren (§ 903 BGB).

Beispiele	Besitzer ist der	Eigentümer ist der
– Miete eines Autos	Mieter	Vermieter
– Leihe eines Buches	Leiher	Verleiher
– Pacht eines Grundstückes	Pächter	Verpächter
– Kauf einer CD	Käufer	Käufer

Die **Eigentumsübertragung** ist bei beweglichen und unbeweglichen Sachen unterschiedlich geregelt.

Eigentumsübertragung

bei beweglichen Sachen
z. B. beim Kauf eines Buches
(§ 929 BGB)
– durch **Einigung und Übergabe**

bei unbeweglichen Sachen
z. B. Kauf eines Grundstücks
(§ 873 BGB)
– durch **Auflassung** (= Einigung und notarielle Beurkundung des Grundstückskaufvertrages) **und Eintragung ins Grundbuch**

Beispiel für Eigentumsübertragung bei beweglichen Sachen: In der Lebensmitteldiscount Schlegel KG stellt eine Kundin zwei Pakete Mehl in ihren Einkaufswagen. An der Kasse stellt sie die zwei Pakete auf das Transportband, die Verkäuferin gibt den Verkaufspreis der Ware in ihre Kasse ein und legt der Kundin den Kassenbon über 1,48 EUR hin. Die Kundin bezahlt den Kaufbetrag. In diesem Moment ist das Eigentum am Mehl an die Kundin übergegangen.

Im **Ausnahmefall** kann man auch Eigentümer einer Sache werden, die dem Verkäufer nicht gehört, **wenn der Käufer in gutem Glauben gehandelt hat (§ 932 BGB).** Unter gutgläubig ist zu verstehen, dass man den Verkäufer den Umständen nach für den Eigentümer halten darf, da der ursprüngliche Eigentümer z. B. den Besitz an der Ware freiwillig abgegeben hat.

Beispiel Der Auszubildende Clemens hat seit einem halben Jahr ein Surfbrett von einem Bekannten geliehen. Clemens bietet dieses Surfbrett seinem Freund Marc zum Kauf an. Zum Beweis, dass er Eigentümer ist, legt er eine gut gefälschte Kaufquittung vor. Marc, der nicht wusste, dass das Surfbrett nicht Eigentum von Clemens ist, zahlt den gewünschten Kaufpreis und wird Eigentümer des Surfbrettes, da er in gutem Glauben gehandelt hat.

Ein Dieb kann niemals Eigentümer eines Gegenstandes werden, sondern nur dessen Besitzer. An gestohlenen Gegenständen kann grundsätzlich kein Eigentum erworben werden, selbst wenn der Käufer den gestohlenen Gegenstand in gutem Glauben erworben hat.

Rechtsobjekte und Eigentumsübertragung

- Zu den Rechtsobjekten zählen **Sachen** (Immobilien und Mobilien) und **Rechte**.

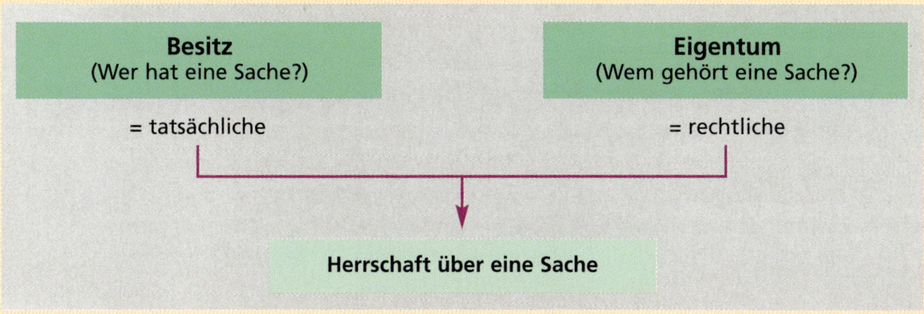

- Die **Eigentumsübertragung** erfolgt **bei beweglichen Sachen** durch **Einigung und Übergabe, bei unbeweglichen Sachen durch Auflassung und Eintragung ins Grundbuch**.
- An gestohlenen Sachen kann man kein Eigentum erwerben.

1. Erläutern Sie den wesentlichen Unterschied zwischen Besitz und Eigentum.

2. Peter kauft von einem guten Bekannten ein gebrauchtes Fahrrad. Nach zwei Wochen wird Peter bei einer Polizeikontrolle darauf aufmerksam gemacht, dass das Fahrrad vor zwei Monaten gestohlen wurde. Peter argumentiert, dass er das Fahrrad in gutem Glauben von seinem Bekannten gekauft habe, er sei damit rechtmäßiger Eigentümer des Fahrrades. Begründen Sie, ob Peter Recht hat.

3. Erläutern Sie die Eigentumsübertragung bei unbeweglichen Sachen.

4. Stellen Sie in den unten genannten Fällen fest, welche Person
a) nur Eigentümer ist,
b) nur Besitzer ist,
c) Eigentümer und Besitzer ist,
d) weder Eigentümer noch Besitzer ist.

1. Ein Kfz-Händler verkauft im Kundenauftrag einen Pkw an Wilhelm Straub.
2. Die Hans Krämer OHG mietet für ein Jahr von einem Büromaschinenhersteller vier Fotokopierer.
3. Eine Kundin kauft in einem Textilfachgeschäft ein Halstuch. Auf dem Nachhauseweg verliert sie das Halstuch, ein Spaziergänger findet es.
4. Ein Kunde kauft in einem Radio- und Fernsehgeschäft einen DVD-Player, den der Hersteller dem Einzelhändler zu Vorführzwecken leihweise überlassen hatte.
5. Eine Einzelhandelskauffrau schließt mit ihrem Nachbarn einen nicht notariell beurkundeten Kaufvertrag über ein Grundstück ab.

5. Erläutern Sie, welche Rechtsobjekte sich unterscheiden lassen, und nennen Sie jeweils drei Beispiele.

6. Welcher rechtliche Tatbestand trifft auf Eigentum und Besitz zu?
1. Eigentum und Besitz können nur in einer Hand sein.
2. Eigentum ist die tatsächliche Verfügungsgewalt über Sachen und Rechte, Besitz ist die rechtliche Herrschaft.
3. Eigentum und Besitz über Sachen werden nur durch Eintragung in das Grundbuch auf andere übertragen.
4. Eigentum und Besitz müssen immer schriftlich übertragen werden.
5. Eigentum ist die rechtliche Herrschaft über Sachen und Rechte, Besitz die tatsächliche Herrschaft.

4.3 Allgemeine Geschäftsbedingungen

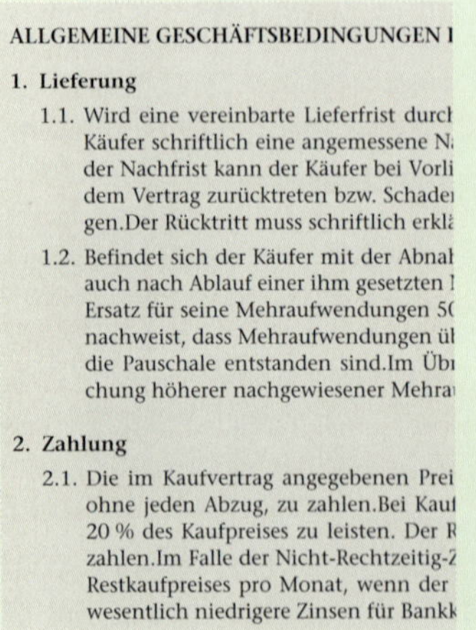
ALLGEMEINE GESCHÄFTSBEDINGUNGEN I

1. Lieferung

1.1. Wird eine vereinbarte Lieferfrist durcl
Käufer schriftlich eine angemessene N
der Nachfrist kann der Käufer bei Vorli
dem Vertrag zurücktreten bzw. Schade
gen.Der Rücktritt muss schriftlich erkl

1.2. Befindet sich der Käufer mit der Abnal
auch nach Ablauf einer ihm gesetzten
Ersatz für seine Mehraufwendungen 5
nachweist, dass Mehraufwendungen ü
die Pauschale entstanden sind.Im Üb
chung höherer nachgewiesener Mehra

2. Zahlung

2.1. Die im Kaufvertrag angegebenen Prei
ohne jeden Abzug, zu zahlen.Bei Kau
20 % des Kaufpreises zu leisten. Der
zahlen.Im Falle der Nicht-Rechtzeitig-
Restkaufpreises pro Monat, wenn der
wesentlich niedrigere Zinsen für Bank

Sabine Freund soll für fünf Tage in der Elektroabteilung der Center Warenhaus GmbH aushelfen, da dort einige Mitarbeiter erkrankt sind. Dort erlebt sie, dass der Kunde Udo Dose schriftlich mit der Center Warenhaus GmbH einen Kaufvertrag über ein Fernsehgerät abschließt. Es wird im Vertrag vereinbart, dass das Fernsehgerät in drei Tagen geliefert wird. Nach vier Tagen ist das Fernsehgerät noch nicht an den Kunden ausgeliefert worden. Der Kunde erscheint daraufhin im Geschäft und erklärt, dass er das Gerät nicht mehr haben wolle. Der Substitut Winkler weist den Kunden auf die Allgemeinen Geschäftsbedingungen hin, die von ihm bei Abschluss des Vertrages gesondert unterschrieben worden sind. In den AGB heißt es: „1.1 Wird eine vereinbarte Lieferfrist durch den Verkäufer nicht eingehalten, hat der Käufer schriftlich eine angemessene Nachfrist zu gewähren. Erst nach Ablauf der Nachfrist kann der Käufer von dem Vertrag zurücktreten ..."

ARBEITSAUFTRÄGE

- Überprüfen Sie, ob der Kunde Udo Dose vom Vertrag zurücktreten kann. Benutzen Sie hierzu die AGB der Center Warenhaus GmbH auf Seite 314.
- Diskutieren Sie, wie sich die Center Warenhaus GmbH in diesem Fall verhalten sollte.
- Geben Sie Gründe an, warum die meisten Unternehmen Allgemeine Geschäftsbedingungen verwenden.
- Erläutern Sie die wesentlichen Bestimmungen der AGB, die nur bei einseitigen Handelsgeschäften gelten.

In Betrieben werden täglich eine Vielzahl von Verträgen abgeschlossen. Da es sehr zeitaufwendig wäre, mit jedem Kunden gesonderte vertragliche Bedingungen zu vereinbaren, bedient man sich **vorgedruckter Vertragsformulare**. Die in diesen vorgedruckten Verträgen aufgeführten Bedingungen, das **sogenannte „Kleingedruckte"**, bezeichnet man als **Allgemeine Geschäftsbedingungen (AGB)**.

Die Bestimmungen der AGB können zum Teil vom BGB (= Bürgerliches Gesetzbuch) abweichen. Hieraus ergibt sich ein **Interessenkonflikt** zwischen den **Interessen des Verkäufers** (Zeit-, Kostenersparnis und Besserstellung, als es das BGB vorsieht) und den **Interessen des Käufers** (Besserstellung als im BGB, Schutz vor Benachteiligungen).

Der Gesetzgeber hat in den § 305 ff. im BGB (Gestaltung rechtsgeschäftlicher Schuldverhältnisse durch AGB) den Grundsatz aufgestellt: **„Der Verbraucher darf nicht unangemessen benachteiligt werden."** **(Verbraucherschutz).**

Die **Paragrafen im BGB zum Inhalt der Allgemeinen Geschäftsbedingungen** verbieten dem Verkäufer besonders kundenunfreundliche Bedingungen. Im Wesentlichen enthält das **BGB** folgende Regelungen:

Wirksamkeit von Klauseln bei einseitigen Handelsgeschäften (Verträge zwischen Kaufleuten und Privatleuten)

- **Einbeziehung in den Vertrag (§ 305 BGB)**: Die AGB werden nur dann Bestandteil des Vertrages, wenn der Käufer
  - vor Vertragsabschluss **ausdrücklich** auf die AGB hingewiesen wird, dieses kann durch einen deutlich sichtbaren **Aushang** am Orte des Vertragsabschlusses (Geschäftsräume des Unternehmens) oder durch einen **persönlichen Hinweis** des Verkäufers geschehen,
  - vom Inhalt der AGB **Kenntnis** nehmen kann,
  - sein **Einverständnis** zu den AGB gegeben hat.

Beispiel Die Center Warenhaus GmbH hatte den Kunden Udo Dose auf die AGB hingewiesen, nach denen bei einer Lieferverzögerung der Kunde eine angemessene Nachfrist setzen muss. Diese Nachfristsetzung ist bisher noch nicht erfolgt. Folglich kann Udo Dose erst nach Ablauf dieser angemessenen Nachfrist vom Vertrag zurücktreten.

- **Verbotene und damit unwirksame Klauseln in Kaufverträgen mit Privatkunden:**
  - **nachträgliche kurzfristige Preiserhöhung** (binnen vier Monaten nach Vertragsabschluss)
  - Verkürzung der gesetzlichen **Sachmängelhaftungsfristen** (der Kunde hat laut Gesetz das Recht, Ware innerhalb von zwei Jahren zu reklamieren) LF 10
  - **Rücktrittsvorbehalte** des Verkäufers (der Verkäufer behält sich vor, die versprochene Leistung zu ändern oder von ihr abzuweichen)
  - **Ausschluss der Haftung** des Verkäufers bei grobem Verschulden
  - unangemessen **lange Lieferfristen**
  - **Ausschluss von Reklamationsrechten** (der Lieferer darf die gesetzliche Sachmängelhaftungsrechte des Käufers nicht ausschließen; der Käufer hat immer ein Recht auf Nachbesserung oder Ersatzlieferung)
  - Beschneidung von Kundenrechten bei **verspäteter Lieferung**

Diese Klauseln finden **keine Anwendung bei zweiseitigen Handelskäufen**, da Kaufleute die Probleme und Nachteile, die in diesen AGB des Vertragspartners stecken, erkennen und sich entsprechend wehren können.

Trifft ein Verbraucher im Geschäftsverkehr auf fragwürdige Allgemeine Geschäftsbedingungen, so sollte er diese den **Verbraucherberatungsstellen und -zentralen** mitteilen. Erst die konsequente Verfolgung unzulässiger AGB-Bestimmungen verhilft nämlich den Bestimmungen im BGB zu ihrer Durchsetzung in der Alltagspraxis und damit den Verbrauchern zu größerem Schutz vor den Tücken des „Kleingedruckten".

Darüber hinaus sollte ein Verbraucher sämtliche Möglichkeiten in Anspruch nehmen, AGB-Bestimmungen aus Verträgen zu verdrängen und an ihre Stelle die üblichen Bestimmungen des BGB treten zu lassen.

ALLGEMEINE GESCHÄFTSBEDINGUNGEN DER CENTER WARENHAUS GMBH, KÖLN

1. Lieferung

1.1 Wird eine vereinbarte Lieferfrist durch den Verkäufer nicht eingehalten, hat der Käufer schriftlich eine angemessene Nachlieferfrist zu gewähren. Erst nach Ablauf der Nachfrist kann der Käufer bei Vorliegen der gesetzlichen Voraussetzungen von dem Vertrag zurücktreten bzw. Schadensersatzansprüche statt der Leistung verlangen. Der Rücktritt muss schriftlich erklärt werden.

1.2 Befindet sich der Käufer mit der Abnahme der Ware im Verzuge und nimmt er sie auch nach Ablauf einer ihm gesetzten Nachfrist nicht ab, so kann der Verkäufer als Ersatz für seine Mehraufwendungen 50,00 EUR verlangen, sofern der Käufer nicht nachweist, dass Mehraufwendungen überhaupt nicht oder wesentlich niedriger als die Pauschale entstanden sind. Im Übrigen bleibt dem Verkäufer die Geltendmachung höherer nachgewiesener Mehraufwendungen vorbehalten.

2. Zahlung

2.1 Die im Kaufvertrag angegebenen Preise verstehen sich rein netto und sind bar, ohne jeden Abzug, zu zahlen. Bei Kaufabschluss ist eine Anzahlung in Höhe von 20 % des Kaufpreises zu leisten. Der Restkaufpreis ist spätestens bei Lieferung zu zahlen. Im Falle der Nicht-Rechtzeitig-Zahlung betragen die Verzugszinsen 1 % des Restkaufpreises pro Monat, wenn der Käufer nicht nachweist, dass der Verkäufer wesentlich niedrigere Zinsen für Bankkredite zahlt.

2.2 Der Käufer ist zur Aufrechnung gegenüber fälligen Zahlungsansprüchen dem Verkäufer nur mit unbestrittenen oder rechtskräftig festgestellten Forderungen berechtigt.

3. Eigentumsvorbehalt

3.1 Die Ware bleibt bis zur vollständigen Bezahlung Eigentum des Verkäufers.

3.2 Der Käufer hat die unter Eigentumsvorbehalt stehenden Waren pfleglich zu behandeln und jeden Standortwechsel sowie Eingriffe Dritter, insbesondere Pfändungen, dem Verkäufer unverzüglich schriftlich mitzuteilen.

4. Sachmängelhaftung

4.1 Als Sachmängelhaftungsanspruch kann der Käufer zunächst nur Nacherfüllung verlangen.

4.2 Der Verkäufer kann statt nachzubessern auch eine Ersatzsache liefern.

4.3 Wenn der Verkäufer die Nachbesserung oder Nachlieferung verweigert oder binnen eines Monats nach Zugang der Mängelrüge nicht erfolgreich ausführt, kann der Käufer Rückgängigmachung des Vertrages oder Herabsetzung des Preises (Minderung) verlangen.

4.4 Sachmängelhaftungsansprüche verjähren nach zwei Jahren ab Übergabe der Ware.

5. Datenschutz

5.1 Die den Käufer betreffenden Daten werden innerhalb der Zulässigkeitsvorschriften des Bundesdatenschutzgesetzes verarbeitet.

6. Sonstiges

6.1 Mehrere Käufer haften als Gesamtschuldner.

6.2 Erfüllungsort für alle gegenseitigen Ansprüche ist der Sitz des Verkäufers.

Wirksamkeit von Klauseln bei ein- und zweiseitigen Handelsgeschäften

- **Überraschende Klauseln (§ 305c BGB):** Enthalten die AGB überraschende Klauseln, mit denen der Käufer nicht zu rechnen braucht, sind diese unwirksam.

  Beispiel In den AGB eines Fotohändlers ist eine Klausel enthalten, die besagt, dass der Käufer einer Digitalkamera in den ersten zwei Jahren verpflichtet ist, halbjährlich die Digitalkamera bei dem Fotohändler überholen zu lassen. Diese Klausel ist so unüblich, dass sie nicht Bestandteil des Vertrages wird.

- **Vorrang von persönlichen Absprachen (§ 305b BGB):** Persönliche Absprachen zwischen dem Verkäufer und dem Käufer haben Vorrang vor den AGB. Der Kunde muss jedoch mündliche Absprachen beweisen können, z. B. durch Zeugen.

  Beispiel Als Liefertermin für eine Polstermöbelgarnitur wurde zwischen dem Verkäufer und dem Käufer schriftlich der 1. Oktober vereinbart. In den AGB steht jedoch, dass Liefertermine grundsätzlich unverbindlich sind. Als Lieferung gilt aber auf jeden Fall der 1. Oktober, da persönliche Absprachen vorrangig sind.

- **Rechtsfolgen bei Unwirksamkeit der AGB (§ 306 BGB):** Sind einzelne Teile der AGB unwirksam, so bleibt der Vertrag bestehen. Der Inhalt des Vertrages richtet sich dann nach den gesetzlichen Vorschriften. Diese sind meistens die Bestimmungen des BGB.

  Beispiel Ein Radio- und Fernseheinzelhandelsgeschäft hat in seinen AGB stehen, dass die Kunden eine Sachmängelhaftungsfrist von zwei Monaten haben. Diese Klausel ist unwirksam, da die Kunden nach dem BGB eine Sachmängelhaftungsfrist von zwei Jahren haben und diese Sachmängelhaftungsfrist nicht ausgeschlossen werden kann. Die Verkürzung der gesetzlichen Sachmängelhaftungsfrist ist nicht möglich, es gilt das BGB (§ 477).

- **Generalklausel und Klauselverbote (§ 308 f. BGB):** Bestimmungen in den AGB sind unwirksam, wenn sie den Vertragspartner entgegen dem Gebot von Treu und Glauben unangemessen benachteiligen.

  Beispiel Ein Möbeleinzelhändler liefert eine Ledergarnitur nicht wie vereinbart in schwarz, sondern in braun. In den AGB steht: Modelländerungen vorbehalten. Der Kunde muss aber nur Änderungen hinnehmen, die technisch unvermeidbar oder völlig belanglos sind, so können z. B. Lederbezüge nicht immer im völlig gleichen Farbton hergestellt werden.

Allgemeine Geschäftsbedingungen

- In den AGB legt ein Kaufmann die **grundsätzliche Ausgestaltung der Verträge** für seine Lieferungen fest.
- Durch die **§ 305 ff. im BGB zur Gestaltung Allgemeiner Geschäftsbedingungen** wird ein Käufer vor unseriösen AGB geschützt.
- AGB werden nur dann Bestandteil des Vertrages, wenn der Käufer auf die AGB hingewiesen wurde und sein Einverständnis zu den AGB gegeben hat.
- Grundsätzlich **haben persönliche Absprachen Vorrang** vor den AGB.
- Klauseln, die den Käufer entgegen dem **Grundsatz von Treu und Glauben** unangemessen benachteiligen, sind unwirksam.
- Wenn die AGB unwirksam werden, richtet sich der Inhalt des Vertrages nach den **gesetzlichen Vorschriften des BGB**.

1. Begründen Sie, warum Unternehmen ihre Geschäftsbedingungen bereits vorformuliert haben.
2. Erläutern Sie, unter welchen Voraussetzungen bei einseitigen Handelsgeschäften die Allgemeinen Geschäftsbedingungen Bestandteil des Vertrages werden.

3. Erklären Sie, warum persönliche Absprachen Vorrang vor den Allgemeinen Geschäftsbedingungen haben.

4. Entscheiden und begründen Sie in den folgenden Fällen, ob die Paragrafen im BGB zu den AGB verletzt wurden.

a) Beim Kauf einer Hi-Fi-Anlage verkürzt der Verkäufer in den AGB die Sachmängelhaftungsfrist auf einen Monat.

b) Zwei Wochen nach Vertragsabschluss teilt der Verkäufer dem Kunden mit, dass die bestellte Ware sich aufgrund einer Preiserhöhung um 20 % verteuert.

c) In den AGB steht: „Die Lieferfrist beträgt mindestens sechs Wochen." Der Verkäufer hat dem Kunden schriftlich zugesichert: Lieferung in drei Wochen. Welche Lieferfrist ist für den Verkäufer verbindlich?

d) In den AGB steht: „Die gelieferten Waren bleiben bis zur vollständigen Bezahlung des Kaufpreises Eigentum des Verkäufers."

e) Im Kaufvertrag über eine Gartenmöbelgarnitur behält sich der Verkäufer vor, dass er statt der bestellten Buchenholzgarnitur Kunststoffmöbel liefern kann.

5. Der Kunde Arnold Heister hat mit dem Möbelfachgeschäft Schranz & Co. KG am 1. Juni einen Kaufvertrag über die Lieferung eines Schlafzimmerschrankes abgeschlossen.

a) Die Lieferung sollte in sechs Wochen erfolgen. Geliefert wird aber erst am 15. Oktober. Aus dem Rechnungsbeleg geht hervor, dass der Preis inzwischen um 10 % gestiegen ist. Erläutern Sie, ob der Verkäufer einen um 10 % höheren Preis verlangen kann.

b) Nachdem der Schlafzimmerschrank aufgestellt worden ist, stellt Arnold Heister fest, dass der Farbton geringfügig heller als beim Ausstellungsstück ist. Überprüfen Sie, ob Arnold Heister die geringfügige Farbabweichung akzeptieren muss.

6. Bringen Sie die AGB aus Ihren Betrieben mit und stellen Sie eine Materialsammlung mit den AGB von diesen Unternehmen zusammen. Vergleichen Sie diese AGB mit denen des Mars Elektrofachmarktes e. K.

7. Welche der folgenden Aussagen zu den unten stehenden Allgemeinen Geschäftsbedingungen ist zutreffend?

a) Die Klausel Nr. 1 ist unwirksam, denn nach BGB ist für die Nachfristsetzung eine Zeit von 14 Tagen vorgesehen.

b) Die Klausel Nr. 2 ist unwirksam, denn laut BGB handelt es sich um eine überraschende Klausel.

c) Die Klausel Nr. 3 ist unwirksam, denn die Preise müssen für Endverbraucher netto ausgewiesen werden.

d) Die Klausel Nr. 4 ist unwirksam, da durch sie die Sachmängelhaftungsrechte des Kunden eingeschränkt werden.

Allgemeine Geschäftsbedingungen der LATEX GmbH, Frankfurt

1. Der Verkäufer verpflichtet sich, den vereinbarten Liefertermin einzuhalten. Wird der vereinbarte Liefertermin überschritten, hat der Käufer das Recht, schriftlich eine Nachfrist zu setzen.
2. Die Lieferung erfolgt grundsätzlich auf Kosten und Gefahr des Käufers.
3. Alle Preise sind Bruttopreise. Die Rechnungserstellung erfolgt in EUR. Das Zahlungsziel beträgt 14 Tage. Wird bei Lieferung gezahlt, können 3 Prozent Skonto abgezogen werden.
4. Festgestellte Mängel müssen sofort gerügt werden. Der Verkäufer verpflichtet sich, die berechtigten Mängel nachzubessern. Darüber hinausgehende Forderungen können nicht gestellt werden, auch dann nicht, wenn die Nachbesserung erfolglos bleibt.

4.4 Besondere Arten des Kaufvertrages

Die Auszubildende Sabine Freund arbeitet den ersten Tag in der Rechnungswesenabteilung der Center Warenhaus GmbH. In einer Rechnung über 200 Tennisschläger der Sportex GmbH & Co. KG liest sie: *„Der Lieferer behält sich das Eigentum an dem Liefergegenstand bis zum Eingang aller Zahlungen aus dem Kaufvertrag vor. Es wird ein verlängerter Eigentumsvorbehalt vereinbart."* Sabine erinnert sich genau daran, dass sie in der Mittagspause die Tennisschläger bereits im Verkaufsraum der Sportabteilung gesehen hat. Erstaunt fragt sie die ihr am Schreibtisch gegenübersitzende Angestellte Vera Klein: *„Wie können wir denn Ware verkaufen, die uns noch gar nicht gehört? Ich dachte, man könnte nur dann Waren verkaufen, wenn man Eigentümer dieser Waren ist."*

ARBEITSAUFTRÄGE

- Überprüfen Sie, ob ein Unternehmen unter Eigentumsvorbehalt gelieferte Waren weiterverkaufen darf, und geben Sie Gründe an, warum Lieferer Waren unter Eigentumsvorbehalt verkaufen.
- Erstellen Sie eine Übersicht zu den verschiedenen Arten der Kaufverträge, unterschieden nach dem Zeitpunkt der Zahlung.

Unterscheidung nach der rechtlichen Stellung der Vertragspartner

Der Einzelhändler kann Kaufverträge mit **Kaufleuten** und **Privatpersonen** (Nichtkaufleute) abschließen, ebenso können Privatpersonen untereinander Kaufverträge abschließen. LF 14

Bürgerlicher Kauf: Wenn **zwei Privatleute** einen Kaufvertrag abschließen, spricht man von einem bürgerlichen Kauf. Für beide Vertragspartner ist das Geschäft kein Handelsgeschäft. Es gilt das BGB.

Beispiele
- Die Auszubildende Gaby Dohm verkauft ihrer Freundin Nadine einen gebrauchten DVD-Player.
- Der Einzelhändler Günter Wilms kauft von seinem Kegelbruder ein gebrauchtes Fahrrad.

Handelskauf: Wenn ein **Vertragspartner** als **Kaufmann** handelt, liegt ein **einseitiger Handelskauf** vor. Es gelten das HGB (Handelsgesetzbuch) für den Kaufmann und das BGB für den Privatmann. Unter einem **Verbrauchsgüterkauf** versteht man einen Kaufvertrag über den Kauf einer beweglichen Sache zwischen einem Unternehmer und einem Verbraucher. Für den Verbrauchsgüterkauf gelten grundsätzlich die Vorschriften des allgemeinen Kaufrechts im BGB (§ 433 ff. BGB). Um den Verbraucher zusätzlich zu schützen, wurden für den Verbrauchsgüterkauf einige **Spezialvorschriften** erlassen (§ 474 ff. BGB).

Beispiele
- Die Auszubildende Beate Klar kauft im Mars Elektrofachmarkt e. K. einen neuen CD-Player (Verbrauchsgüterkauf).
- Ein Antiquitätenhändler kauft von einen Privatmann einen alten Schrank (einseitiger Handelskauf).

Wenn **beide Vertragspartner Kaufleute** sind und im Rahmen ihres Handelsgewerbes Kaufverträge abschließen, liegt ein **zweiseitiger Handelskauf** vor. Es gelten die Bestimmungen des HGB.

Beispiel Die Center Warenhaus GmbH bestellt für ihre Sportfachabteilung bei der Sportex GmbH & Co. KG zehn Surfbretter.

Unterscheidung nach dem Zeitpunkt der Zahlung

Kauf gegen Anzahlung: Vor der Warenlieferung muss der Käufer eine Anzahlung leisten. Der Einzelhändler verlangt insbesondere dann eine Anzahlung, wenn

- er für einen Kunden Sonderanfertigungen herstellen muss (Maßanzug),
- der Kunde eine größere Bestellung tätigt (Möbelbranche),
- der Kunde sich Waren zurücklegen lässt.

Barkauf: Der Käufer muss die Ware sofort bei der Übergabe der Ware bezahlen (**Zug-um-Zug-Geschäft**).

Zielkauf (Kreditkauf): Der Einzelhändler räumt seinen Kunden ein Zahlungsziel, z. B. acht Tage, ein. Dieses ist im Baustoff- und Möbelhandel üblich.

Beispiel Kunden der Abels Bau- und Hobbymarkt GmbH können Rechnungen über 500,00 EUR innerhalb von 8 Tagen bezahlen.

LF 10 **Abzahlungskauf** (**Ratenkauf**, vgl. Seite 300): Durch den Ratenkauf ermöglicht der Einzelhändler seinen Kunden, ihren Zahlungsverpflichtungen in Teilbeträgen (Raten) nachzukommen, z. B. „Zahlung in sechs Monatsraten zu je 250,00 EUR". Der Käufer wird i. d. R. erst dann Eigentümer der Ware, wenn er sie vollständig bezahlt hat. Die §§ 355, 491 ff. BGB beinhalten einige wichtige Regelungen, die ein Einzelhändler beachten muss:

- **Teilzahlungsgeschäfte** müssen **schriftlich** abgeschlossen werden.
- Der Kunde kann **innerhalb von zwei Wochen** nach Vertragsabschluss den Kaufvertrag **schriftlich widerrufen**.
- Der **Kunde muss** auf dieses **Widerspruchsrecht** im Kaufvertrag **hingewiesen werden** und den Hinweis getrennt vom Kaufvertrag unterschreiben.
- Teilzahlungsgeschäfte müssen lt. § 492 BGB folgende Angaben enthalten:
  - **Barzahlungs- und Teilzahlungspreis** (einschließlich Zinsaufschlag und Bearbeitungsentgelt),
  - **Abzahlungsplan** (Ratenbetrag, Anzahl und Fälligkeit der Raten),
  - **effektiver Jahreszins** (als Zinssatz),
  - die **Kosten einer Versicherung**, die im Zusammenhang mit dem Kreditvertrag abgeschlossen wird,
  - Hinweis auf gesetzliches **Widerrufsrecht**,
  - **Zeitraum des Widerrufs (innerhalb von zwei Wochen)**,
  - Folgen des Widerrufs, d. h. Kaufvertrag wird nichtig.

Da der Teilzahlungskredit (Abzahlungs- oder Ratengeschäft) im Einzelhandel sehr stark zugenommen hat, beteiligen viele Einzelhandelsgeschäfte **Kreditinstitute**, die die Finanzierung abwickeln und das Risiko tragen. Hierfür zahlt der Kunde zusätzlich ein **Bearbeitungsentgelt**, das in den Effektivzinssatz einzurechnen ist.

Beim Ratenkauf wird meistens zusätzlich vereinbart, dass die **Weiterveräußerung** der Ware nicht gestattet ist, solange der Käufer noch nicht Eigentümer geworden ist. Verkauft der Käufer die Ware trotzdem weiter, bevor er sie vollständig bezahlt hat, macht er sich der Unterschlagung (§ 246 StGB) schuldig.

Beispiel Die Center Warenhaus GmbH bietet ein Farbfernsehgerät zu folgenden Bedingungen an: Preis 1.600,00 EUR, Anzahlung 25 %, Rest in vier gleichen Monatsraten, 1 % Zins pro Monat auf den Anfangskredit, Bearbeitungsentgelt 8,00 EUR.

Ermitteln Sie den effektiven Zinssatz.

Lösung:

	Barverkaufspreis	1.600,00 EUR
–	Anzahlung	400,00 EUR
	Kreditbetrag (Anfangskredit)	1.200,00 EUR
–	1. Rate	300,00 EUR
	Restschuld	900,00 EUR
–	2. Rate	300,00 EUR
	Restschuld	600,00 EUR
–	3. Rate	300,00 EUR
	Restschuld	300,00 EUR
–	4. Rate	300,00 EUR
		0,00 EUR

❷ Zinsberechnung: 1 % pro Monat = 12 % pro Jahr. Die Zinsen werden vom Anfangskredit berechnet und betragen:

$$Z = \frac{1.200 \cdot 4 \cdot 12}{100 \cdot 12}$$

$$Z = \underline{\underline{48{,}00 \text{ EUR}}}$$

	Zinsen für vier Monate	48,00 EUR
+	Bearbeitungsentgelt	8,00 EUR
	Gesamtkosten des Kredits	56,00 EUR

❸ Da mit jeder Ratenzahlung der Kreditbetrag abnimmt, wird bei der Ermittlung des effektiven Zinssatzes von einem durchschnittlichen Kapital ausgegangen.

Das durchschnittliche Kapital wird folgendermaßen ermittelt:

$$\text{Durchschnittliches Kapital} = \frac{\text{Anfangskredit + letzte Rate}}{2}$$

Beispiel

$$\frac{1.200 + 300}{2} = \frac{1.500}{2} = \underline{\underline{750{,}00 \text{ EUR}}}$$

❹ Der effektive Zinssatz kann mithilfe der Zinssatzformel ermittelt werden.

$$p = \frac{Z \cdot 100 \cdot 12}{ØK \cdot \text{Monate}}$$

$$\text{Effektiver Zinssatz} = \frac{56 \cdot 100 \cdot 12}{750 \cdot 4} = \underline{\underline{22{,}4\ \%}}$$

Kauf unter Eigentumsvorbehalt

In der kaufmännischen Praxis **sichert der Lieferant** einer Ware, der seinen Abnehmern ein Zahlungsziel und somit einen Kredit gewährt, **seine Forderung durch einen Eigentumsvorbehalt ab.** LF 14

Einfacher Eigentumsvorbehalt: Durch die Vereinbarung des Eigentumsvorbehalts im Kaufvertrag **bleibt der Verkäufer bis zur vollständigen Bezahlung** des Kaufpreises **Eigentümer** der Ware. Der **Käufer** wird zunächst **nur Besitzer**. Der Verkäufer schreibt in den Kaufvertrag folgende Klausel, um den Eigentumsvorbehalt zu vereinbaren: „**Die Ware bleibt bis zur vollständigen Bezahlung mein/unser Eigentum**." Man spricht in diesem Fall vom **einfachen Eigentumsvorbehalt**. Der Eigentumsvorbehalt muss ausdrücklich im Kaufvertrag vereinbart werden, es genügt nicht, dass er bei der Lieferung auf dem Lieferschein vermerkt wird.

Der Eigentumsvorbehalt kann sowohl beim einseitigen als auch beim zweiseitigen Handelskauf (vgl. Seite 317) vereinbart werden.

Ist Eigentumsvorbehalt vereinbart worden, hat der Verkäufer das **Recht**, bei nicht rechtzeitiger Bezahlung oder bei Nichtbezahlung **vom Kaufvertrag zurückzutreten und die Herausgabe der Ware zu verlangen**.

Der **Eigentumsvorbehalt erlischt** in dem Moment, in dem der Käufer den Kaufpreis vollständig bezahlt hat.

Der einfache Eigentumsvorbehalt hat für den Verkäufer **folgende Vorteile**:

- **Herausgabe der Ware**, falls der Käufer seinen Zahlungsverpflichtungen nicht nachkommt.
- LF 14 Sollte der Käufer ein **Insolvenzverfahren** anmelden, kann der Verkäufer die Ware aus der Insolvenzmasse aussondern lassen, d. h. die Waren werden dem Verkäufer als Eigentümer zurückgegeben.
- LF 14 Sollte die Ware beim Käufer durch einen Vollstreckungsbeamten gepfändet werden, kann der Verkäufer die Freigabe der Ware verlangen (Drittwiderspruchsklage gegen den pfändenden Gläubiger).

Verlängerter Eigentumsvorbehalt: Beim einfachen Eigentumsvorbehalt ergeben sich Probleme, wenn die Ware

- **an einen gutgläubigen Dritten weiterverkauft wird**,

  Beispiel Die Center Warenhaus GmbH verkauft unter Eigentumsvorbehalt gelieferte Ware an ihre Kunden weiter. Der Kunde wird Eigentümer der Ware, da er die Waren gutgläubig erworben hat.

- **verarbeitet, verbraucht, vernichtet oder mit einer unbeweglichen Sache fest verbunden wird.**

  Beispiele
  - Eine Kfz-Werkstatt baut an den Pkw eines Kunden den vom Hersteller unter Eigentumsvorbehalt gelieferten Kotflügel ein. Der Kunde wird Eigentümer des Kotflügels (Verarbeitung).
  - Die Kaufland eG beliefert die Kantine eines Betriebes mit Gemüse und Kartoffeln unter Eigentumsvorbehalt. Nach einer Woche ist die gesamte Lieferung verbraucht (Verbrauch).
  - Ein Einzelhändler hat von einem Kfz-Händler einen Pkw unter Eigentumsvorbehalt gekauft. Nach vier Tagen wird der Pkw durch Verschulden des Einzelhändlers bei einem Unfall zerstört (Vernichtung). Um sich vor diesem Fall zu schützen, verlangen die Verkäufer vom Käufer den Abschluss einer Vollkaskoversicherung. Im Schadensfall erhält der Verkäufer Ersatz von der Versicherung.
  - Die Abels Bau- und Hobbymarkt GmbH liefert einem Privatmann, der ein Haus baut, Steine. Diese werden in den Außenwänden des Rohbaus eingemauert (Verbindung mit einer unbeweglichen Sache).

In diesen Fällen erlischt der einfache Eigentumsvorbehalt. Um sich vor Erlöschen des Eigentumsvorbehalts zu schützen, vereinbart der Lieferer mit seinen Kunden den **verlängerten Eigentumsvorbehalt**, d. h., die beim Weiterverkauf entstehenden Forderungen werden an den Lieferer abgetreten oder der Lieferer erwirbt bei Verarbeitung Miteigentum an der hergestellten Sache.

Beispiel Die Center Warenhaus GmbH darf die unter verlängertem Eigentumsvorbehalt gelieferten Tennisschläger bereits verkaufen, auch wenn sie noch nicht beim Lieferer bezahlt sind, da die Center Warenhaus GmbH ihre Kaufpreisforderung gegen den Kunden im Voraus an die Sportex GmbH & Co. KG abgetreten hat.

Haustürgeschäfte

An der Haustüre, am Arbeitsplatz, bei Freizeitveranstaltungen oder in öffentlich zugänglichen Verkehrswegen (Fußgängerzone usw.) werden z. B. von Zeitschriften-, Staubsauger-, Buchverkäufern viele Kaufverträge abgeschlossen, wobei manche Kunden nachträglich mit diesen Verträgen unzufrieden sind. Um unerfahrene Käufer vor unseriösen Gewerbetreibenden zu schützen, die Waren oder Dienstleistungen an den genannten Stellen anbieten, hat der Gesetzgeber im **§ 312 BGB Bestimmungen über den Widerruf von Haustürgeschäften und ähnlichen Geschäften** erlassen. In den genannten Fällen sind die Verträge erst wirksam, wenn der Käufer diese **nicht binnen zwei Wochen schriftlich widerruft**. Der Verkäufer muss dem Käufer diese Belehrung schriftlich aushändigen. Ausgenommen von diesem Paragraf sind Bagatellgeschäfte bis 40,00 EUR und Geschäfte des privaten Geschäftsverkehrs, z. B. Verkauf gebrauchter Kraftfahrzeuge unter Privatleuten.

Besondere Arten des Kaufvertrages

- Unterscheidung nach der **rechtlichen Stellung der Vertragspartner**:
  - **bürgerlicher Kauf**: beide Vertragspartner sind Privatleute
  - **Handelskauf**
    - **einseitiger**: ein Vertragspartner ist Kaufmann, einer Privatmann
      Sonderform: **Verbrauchsgüterkauf** Verkäufer ist Kaufmann, Käufer ist Verbraucher
    - **zweiseitiger**: beide Vertragspartner sind Kaufleute

- Unterscheidung nach dem **Zeitpunkt der Zahlung**:
  - **Kauf gegen Anzahlung**
  - **Barkauf**
  - **Zielkauf**
  - **Abzahlungskauf (Ratenkauf)**

- Beim Abzahlungskauf (Ratenkauf) muss **der Kunde schriftlich darüber informiert werden**, dass er ohne Angabe von Gründen innerhalb von zwei Wochen nach Abschluss von dem Teilzahlungsvertrag zurücktreten kann, diese Belehrung muss er zusätzlich unterschreiben. Der Kaufvertrag muss den Barzahlungspreis, den Teilzahlungspreis einschließlich aller Nebenkosten, den Betrag und die Zahl der Teilzahlungen, die Fälligkeit der Zahlungen und den effektiven Jahreszins enthalten.
- Beim **Kauf unter Eigentumsvorbehalt** bleibt der Verkäufer bis zur vollständigen Bezahlung durch den Käufer Eigentümer der Ware.
- Da der **einfache Eigentumsvorbehalt** in einigen Fällen erlischt, vereinbaren Lieferer mit ihren Kunden einen **verlängerten Eigentumsvorbehalt**.
- **Haustürgeschäfte** sind nur rechtswirksam, wenn der Käufer nicht innerhalb von zwei Wochen schriftlich widerruft.

1. Erläutern Sie die Merkmale der nachstehenden Kaufvertragsarten anhand je eines Beispiels:
a) bürgerlicher Kauf b) einseitiger Handelskauf c) zweiseitiger Handelskauf

2. Begründen Sie, warum die Lieferer bei einem Zielverkauf meistens einen Kauf unter Eigentumsvorbehalt vereinbaren.

3. Geben Sie Beispiele für die Fälle an, in denen der einfache Eigentumsvorbehalt erlischt. Beschreiben Sie, auf welche Art sich ein Verkäufer davor sichert, dass der einfache Eigentumsvorbehalt erlischt.

4. Erläutern Sie die Besonderheiten des Abzahlungskaufs (Ratenkauf).

5. Welche der folgenden Aussagen zum Eigentumsvorbehalt sind richtig?
1. Der Eigentumsvorbehalt ist eine Vereinbarung zwischen Käufer und Verkäufer, nach der der Verkäufer bis zur vollständigen Bezahlung Eigentümer der Ware bleibt.
2. Solange der Eigentumsvorbehalt besteht, darf der Käufer die unter Eigentumsvorbehalt gelieferte Ware nicht verarbeiten.
3. Der Eigentumsvorbehalt erlischt, wenn die Ware von einem gutgläubigen Dritten erworben wird.
4. Der Käufer darf die unter Eigentumsvorbehalt gelieferte Ware frühestens nach einer Teilzahlung verarbeiten.
5. Wird eine Sache unter Eigentumsvorbehalt geliefert, so genügt es, wenn dieses auf dem Lieferschein vermerkt wird.

6. In welchem Fall handelt es sich um einen zweiseitigen Handelskauf?
1. Ein Auszubildender kauft in einem Fachgeschäft einen Anzug.
2. Ein Fabrikant kauft für den privaten Weinkeller bei einem Winzer 500 Flaschen Wein.
3. Ein Angestellter verkauft einem Kollegen einen gebrauchten Fotoapparat.
4. Ein Lebensmittelfilialunternehmen kauft bei einer Winzergenossenschaft Wein.
5. Die Stadtverwaltung beschafft für die Berufsschule einen DVD-Player.

7. Ein volljähriger Auszubildender schließt in einem Elektrofachmarkt einen Ratenkauf über 900,00 EUR für eine Hi-Fi-Anlage ab. 5 Tage später sieht er die gleiche Anlage in einem anderen Fachgeschäft für 800,00 EUR. Welches Gesetz gibt ihm das Recht, diesen Kaufvertrag rückgängig zu machen?
1. Das Gesetz gegen den unlauteren Wettbewerb
2. Das Handelsgesetzbuch (HGB)
3. Das Bürgerliche Gesetzbuch (BGB)
4. Das Grundgesetz
5. Das Jugendarbeitsschutzgesetz

8. Ein Elektrofachmarkt verkauft einen Farbfernseher für 700,00 EUR. Der Kunde kann den Betrag nicht sofort in voller Höhe bezahlen und möchte den Kaufpreis in 7 gleich bleibenden Teilbeträgen bezahlen. Um welchen Kaufvertrag handelt es sich in diesem Fall?
1. Um einen Kauf gegen Anzahlung
2. Um einen bürgerlichen Kauf
3. Um einen Zielkauf
4. Um einen Barkauf
5. Um einen Ratenkauf

9. Der Verkauf des Fernsehers erfolgt unter Eigentumsvorbehalt. Welche rechtliche Bedeutung hat dies?
1. Der Käufer wird erst Besitzer des Fernsehers, wenn er die letzte Rate bezahlt hat.
2. Der Käufer wird durch Bezahlung der ersten Rate Eigentümer des Fernsehers.
3. Der Käufer kann den Fernseher jederzeit an den Elektrofachmarkt zurückgeben.
4. Der Elektrofachmarkt bleibt Eigentümer des Fernsehers bis zur Bezahlung der letzten Rate.
5. Der Elektrofachmarkt bleibt Besitzer des Fernsehers bis zur Bezahlung der letzten Rate.

5 Serviceleistungen und Zusatzangebote an der Kasse unterbreiten

Sabine Freund wird jetzt regelmäßig an der Kasse in der Center Warenhaus GmbH eingesetzt. Bei dieser Tätigkeit fallen ihr einige Abläufe auf, die man verbessern könnte.

Sie macht ihrem Abteilungsleiter, Herrn Lehnert, deshalb einen Vorschlag: *„In der Nähe unseres Einkaufszentrums befindet sich doch das Seniorenheim. Viele ältere Leute von dort sind unsere Kunden. Ich habe beobachtet, dass viele von ihnen Probleme haben, ihre gekauften Waren nach Hause zu transportieren, weil sie so schwer sind. Ebenfalls habe ich gestern einen Kunden gesehen, der ein schweres Fitnessgerät in der Sportabteilung gekauft hatte und dieses mühsam zu seinem Auto schleppte. Sollten wir nicht einen Zustellservice einrichten, so wie wir ihn bei Fernsehern und anderen Großgeräten haben? Dadurch könnten wir Stammkunden binden und gleichzeitig etwas Gutes tun.“*

Herr Lehnert antwortet: *„Wir müssen Umsatz machen und auf unsere Kosten achten, wir können doch nicht unsere Waren kostenlos zu den Kunden nach Hause liefern, wir sind doch kein Versandhaus.“*

Sabine erwidert: *„Aber wir könnten uns doch diesen Zustellservice ebenso bezahlen lassen wie andere Zusatzleistungen, die wir unseren Kunden gegen Entgelt schon anbieten.“*

ARBEITSAUFTRÄGE

- Prüfen Sie, welche Möglichkeiten bestehen, den Vorschlag von Sabine umzusetzen, und welche Konsequenzen sich daraus für die Center Warenhaus GmbH ergeben.
- Stellen Sie in einem Brainstorming eine Liste von Servicemaßnahmen zusammen, die die Center Warenhaus GmbH ihren Kunden an der Kasse anbieten könnte.
- Überlegen Sie, welche weiteren Zusatzangebote einem Kunden an der Kasse angeboten werden können.

Serviceleistungen an der Kasse

Ziel des Verkaufsgesprächs ist der erfolgreiche Kaufabschluss. In der **Abschlussphase des Verkaufsgesprächs** (vgl. Seite 248 f.) sollte der Verkäufer einige Gesichtspunkte beachten:

PRAXISTIPP

Erleichtern Sie die Kaufentscheidung des Kunden durch Einengung der Auswahl.
Führen Sie durch Kontrollfragen den Kaufentschluss des Kunden herbei.

Hat der Kunde sich zum Kauf entschlossen, sollte der Verkäufer den Kunden zur Kasse begleiten. Der Verkäufer sollte den Kunden jetzt in seinem **Kaufentschluss bestärken** (vgl. Seite 253 ff.).

Das Sortiment eines Einzelhandelsunternehmens umfasst alle angebotenen **Waren und Dienstleistungen**. Zu den Dienstleistungen des Einzelhandels gehören der **Kundenservice oder Kundendienst** (vgl. Seite 473). Diese freiwilligen Zusatzleistungen sollen den Warenverkauf fördern. Kundenservice bietet dem Einzelhändler die Möglichkeit, sich im Wettbewerb von der Konkurrenz abzuheben, neue Kundengruppen zu gewinnen und bereits vorhandene Kunden an das Geschäft zu binden. Somit tragen die Servicemaßnahmen zur **Sicherung des Unternehmenserfolges** bei. Im Rahmen des Verkaufsgesprächs können diese Serviceleistungen dem Kunden auch an der Kasse unterbreitet werden. Hierbei können folgende **Serviceleistungen** unterschieden werden:

- **fachgerechte Verpackung der Waren**

  Beispiele Durch Verpackung wird der Transport der Waren erleichtert; Geschenke können mit Geschenkpapier verpackt werden.

- **Warenzustellung von schwerer und sperriger Ware**
- **Aufstellen, Anschließen, Einstellen gekaufter Produkte**

  Beispiele Fernsehgeräte müssen angeschlossen und eingestellt werden; Möbel müssen zusammengebaut und aufgestellt werden.

- **Sonderbestellungen von nicht vorrätiger Ware**
- **Auswahlsendung** (vgl. Seite 360) und **Reservierungen**
- LF 10 **Garantie** (vgl. Seite 325)
- **Wartungs- und Reparaturdienst**

- LF 6 **Kauf auf Probe:** Der Kunde hat ein Rückgaberecht bei Nichtgefallen der Waren innerhalb einer vereinbarten Frist. Überschreitet der Kunde diese Frist, ist ein Kaufvertrag zwischen dem Verkäufer und dem Käufer zustande gekommen.

  Beispiele Teppiche, Auswahlsendung an Kleidern

- LF 10 **Raten- oder Teilzahlungskauf** (vgl. Seite 318)
- **Zahlung mit Kredit-, Kunden- oder Girocard** (vgl. Seite 340 f.)

- **Mietkauf**: Ein Kunde kann Gegenstände für einen längeren Zeitraum mieten. Er zahlt eine monatliche Miete, die, falls er sich nach Ablauf der Mietzeit zum Kauf entschließt, auf den Kaufpreis angerechnet wird.

  Beispiele Musikinstrumente, Bürogeräte, Gartengeräte

PRAXISTIPP

Fassen Sie die Produktvorteile zusammen und greifen Sie dabei den Kundenanspruch auf.

Geben Sie weitere Tipps und Anregungen für die Verwendung, für die Wartung und Pflege der Ware.

Bieten Sie Serviceleistungen und Zusatzartikel an.

Einige **Serviceleistungen sind warenabhängig**, d. h., ohne diese Leistungen ist meist ein Verkauf der Waren nicht möglich.

Technische Serviceleistungen: Technische Serviceleistungen werden häufig als **Kundendienst** bezeichnet.

Beispiel Auszug aus der Aufstellung über technische Serviceleistungen der Center Warenhaus GmbH im EKZ Rheinpark:

- **Zustellservice**: Wir liefern Ihnen sperrige Waren (Möbel, Elektrogeräte usw.) direkt nach Hause.
- **Installationsservice**: Elektrogeräte (Waschmaschinen, Herde, Antennenanlagen usw.) werden bei Ihnen zu Hause von unserem fachkundigen Personal aufgebaut und installiert.

- **Reparaturservice**: Waren, die Sie beim Center Warenhaus erworben haben, können im betriebseigenen Reparaturdienst gewartet werden, dies gilt insbesondere für Uhren und Schmuck, Elektrogeräte und Sportartikel.
- **Ersatzteilservice**: Für unsere Waren garantieren wir Ihnen, dass wir schnellstens Ersatzteile beschaffen. Für die meisten Verschleißteile unterhalten wir ein reichhaltiges Vorratslager.

Kaufmännische Serviceleistungen: Hierzu gehören alle Dienstleistungen des Einzelhändlers, die mit der Kaufvorbereitung und -durchführung in Zusammenhang stehen.

Beispiel Auszug aus der Aufstellung über kaufmännische Serviceleistungen der Center Warenhaus GmbH im EKZ Rheinpark:

- **Auftragsannahme**: Wir unterhalten einen telefonischen Auftragsdienst rund um die Uhr (Telefon: 0221 417118/19, Fax: 0221 417120). Sie können telefonisch, per E-Mail oder per Fax Waren bestellen bzw. reservieren lassen. Wenn Sie zu uns kommen, stehen die Waren bereits abholbereit für Sie zur Verfügung. Natürlich können Sie auch weiterhin schriftlich, z. B. per Postkarte oder E-Mail bestellen.

- **Informationsservice**: Wir informieren Sie ständig über unser Sortiment und unsere Sonderaktionen. Sehen Sie in den Tageszeitungen nach, wöchentlich erscheint dort unsere „Center-Warenhaus-Beilage“. In unseren Verkaufsräumen haben wir für Sie das Info-Center eingerichtet. Dort finden Sie Fachzeitschriften und Testberichte über zahlreiche Artikel unseres Hauses. Neu ist unsere „INFO-Datenbank“, an einem PC können Sie selbst Testberichte über unsere Artikel abrufen. Ein Mitarbeiter hilft Ihnen gerne dabei. Für nur 2,50 EUR erhalten Sie unsere Center-Warenhaus-CD-ROM mit den wichtigsten Inhalten unserer INFO-Datenbank. Hiermit können Sie zu Hause in Ruhe stöbern und über unseren Auftragsservice direkt bestellen.

- **Auswahlsendungen**: Wenn Sie bei uns Stammkunde sind, erhalten Sie auf Wunsch unverbindlich Waren, die Sie bei Ihnen zu Hause beurteilen können. Dieses Angebot bezieht sich insbesondere auf Teppiche und Bekleidung. LF 10

- **Verpackungen**: Falls Sie etwas verschenken möchten, können Sie bei uns gekaufte Ware gerne an der Kasse oder in unserer Geschenkabteilung entsprechend verpacken lassen. Übrigens: Auch bei Geschenkverpackungen verwenden wir ausschließlich Material aus wiederaufbereiteten Rohstoffen. Für alle übrigen Verpackungen, die Sie nicht mit nach Hause nehmen möchten, gilt bei uns der Grundsatz: Der Kunde packt aus und wir entsorgen!
- **Garantie**: Für alle bei uns erworbenen Artikel aus den Abteilungen Elektro und Hausrat gewähren wir Ihnen abweichend von der gesetzlich vorgeschriebenen zweijährigen Sachmängelhaftungsfrist mindestens drei Jahre! LF 10
- **Zahlungsbedingungen**: Sie können bei uns zwischen verschiedenen Zahlungsarten wählen. Wir akzeptieren Schecks, Girocards und Kreditkarten. Nutzen Sie auch unsere Kundenkarte! Am Jahresende gewähren wir allen Kundenkartenbesitzern einen Bonus von 1 % des Jahreseinkaufsbetrages. Selbstverständlich steht Ihnen unser Kreditbüro zur Verfügung, wenn Sie Ratenzahlungen wünschen. LF 6

Zusatzangebote an der Kasse

Besondere Bedeutung kommt in der täglichen Verkaufspraxis den Zusatzangeboten (vgl. Seite 245) zu, wobei dem Kunden zusätzlich zur **gewünschten Ware (Hauptkauf)** noch **andere Waren (Zusatzkauf)** verkauft werden sollen. Das Ziel des Zusatzangebotes sollte sein, dem Kunden einen echten Dienst zu erweisen. Dies ist besonders wichtig, weil beim Zusatzkauf stets die Kundenzufriedenheit und damit die Erhaltung des Kunden vor der Umsatzsteigerung stehen muss. Die Zusatzangebote sollten **nicht zu früh** gemacht werden, damit der Kunde nicht vom Kauf des Hauptartikels abgelenkt wird. Sie sollten aber auch **nicht zu spät** gemacht werden, da der Kunde mit seinen Gedanken bereits woanders sein könnte und eventuell nur noch mit „halbem Ohr" zuhört. Als besonders wirkungsvoll hat es sich erwiesen, den Kunden vor oder bei Aushändigung des Kassenzettels freundlich und unaufdringlich darauf hinzuweisen, dass die Verwendungsmöglichkeiten eines Produktes durch das Zusatzangebot deutlich verbessert werden.

Beispiele Ohrenschützer zur Bohrmaschine, passende Gläser zu einem Tafelservice, Lampe zu einem Schreibtisch, Skihandschuhe zu Skiern, Schlafsackunterlage zum Schlafsack

Durch Zusatzangebote können **versteckte Kundenwünsche** geweckt werden. Ohne die Anregung des Verkäufers hätte der Kunde den Einkauf möglicherweise vergessen. Von dem gewünschen Artikel können auch größere Mengen angeboten werden, insbesondere wenn der Preis je Artikel für den Kunden dadurch günstiger wird.

Beispiel 1 Paar Strümpfe kosten 4,90 EUR, drei Paar kosten 12,90 EUR.

Zusatzangebote sollten preislich niedriger als der Hauptkauf sein. Beim Angebot des Zusatzkaufes sollte immer der Zusatznutzen für den Kunden erkennbar sein.

Beispiel „Wenn Sie diese drei Paar Strümpe kaufen, sparen Sie 2,80 EUR und Sie können sich mehr Zeit beim Waschen der Strümpfe lassen, da Sie einen größeren Vorrat haben."

PRAXISTIPP Folgende **Gesichtspunkte** sind bei einem Zusatzangebot zu beachten:

Vermeiden Sie jede Aufdringlichkeit.

Der Zusatzartikel sollte in der Regel preiswerter und kleiner als der Hauptartikel sein.

Empfehlen Sie dem Kunden nur solche Zusatzartikel, die ihm auch tatsächlich Vorteile bringen.

Unterstützen Sie Ihre Empfehlung nach Möglichkeit durch Vorlage des Zusatzartikels.

Wählen Sie für das Zusatzangebot den richtigen Zeitpunkt.

Seien Sie nicht verärgert, wenn der Kunde das Zusatzangebot ablehnt.

Neben dem zusätzlichen Verkauf verwandter Waren kann auch an der Kasse der Verkauf nicht verwandter Waren versucht werden, d. h., der Zusatzartikel steht in **keinem Zusammenhang** mit dem Hauptartikel. Hierbei kann es sich um Gelegenheitskäufe, Neuheiten oder um solche Artikel handeln, die der Kunde ohnehin laufend benötigt.

Beispiele
- Sonderangebote, d. h. Artikel, die eigens zu diesem Zweck deutlich im Preis herabgesetzt wurden.
- Ware, die möglichst schnell verkauft werden muss, wie verderbliche Ware, Saisonware, modische Ware.
- Neuheiten, da viele Kunden nicht die Zeit und die Gelegenheit haben, sich über alle Neuerungen zu informieren.
- Ware, die der Kunde wahrscheinlich zu bestimmten Anlässen braucht, wie Geschenkpapier zu Festtagen, Sonnenöl vor dem Urlaub.

Serviceleistungen und Zusatzangebote an der Kasse unterbreiten

- **Serviceleistungen** wirken vertrauensbildend und verkaufsfördernd und werden dem Kunden unentgeltlich oder gegen Entgelt angeboten.
- Im Verkaufsgespräch und an der Kasse können folgende **Serviceleistungen** angeboten werden:

Serviceleistungen

technische Serviceleistungen

- Installationsservice
- Reparaturservice
- Ersatzteilservice
- Änderungsservice
- Zustellservice

kaufmännische Serviceleistungen

- Auswahlsendung, Reservierung
- Garantie
- Raten- und Teilzahlungskauf
- Zahlung mit Karte
- Sonderbestellungen
- Mietkauf
- Verpackung der Waren
- Kauf auf Probe
- Informationsservice
- Auftragsannahme per Telefon, Fax oder E-Mail

- Wohlüberlegte und richtig unterbreitete **Zusatzangebote an der Kasse** sind sinnvoll, helfen dem Kunden weiter und steigern den Umsatz.

1. Ermitteln Sie, welche Serviceleistungen in Ihrem Ausbildungsbetrieb angeboten werden könnten.

2. Erläutern Sie, wie Sie Kunden auf Ihre Serviceleistungen aufmerksam machen können.

3. Daniela Mars, die Geschäftsführerin des Mars Elektrofachmarktes, beauftragt die Auszubildenden, alle möglichen Dienstleistungen, die in dem Elektrofachmarkt angeboten werden könnten, in einer Übersicht werbewirksam darzustellen. Diese Übersicht soll anschließend an den Kassen ausgestellt werden. Erstellen Sie eine solche Übersicht.

4. Stellen Sie die Vorteile von Serviceleistungen für den Kunden und für das Geschäft gegenüber.

5. Beschreiben Sie die Vorteile, die wohlüberlegte und richtig unterbreitete Zusatzangebote dem Kunden, dem Geschäft und dem Verkäufer bringen.

6. Beurteilen Sie folgende Aussage eines Verkäufers in einem Fachgeschäft: „Ich mache grundsätzlich keine Zusatzverkäufe an der Kasse, da ich damit nur die Kunden verärgere. Ich finde Zusatzangebote aufdringlich."

7. Nennen Sie Artikel und entsprechende Zusatzartikel, die Ihr Ausbildungsbetrieb führt. Formulieren Sie zu jedem Zusatzartikel eine kundenbezogene Aussage in wörtlicher Rede.

6 Kunden über Zahlungsarten informieren

6.1 Bar(geld)zahlung und halbbare Zahlung

Der Kunde Wolf Brieger bestellt bei der Center Warenhaus GmbH ein nicht vorrätiges Snowboard im Werte von 400,00 EUR. Zur Sicherheit lässt sich Sabine Freund eine Anzahlung über 100,00 EUR vom Kunden geben. Nachdem das bestellte Snowboard eingetroffen ist, wird der Kunde Brieger davon schriftlich in Kenntnis gesetzt. Einen Tag später erscheint der Kunde und holt das Snowboard in der Abteilung ab.
An der Kasse verlangt die Verkäuferin 400,00 EUR von Herrn Brieger: *„Wieso denn 400,00 EUR, ich habe doch bereits 100,00 EUR angezahlt."* Daraufhin fragt die Kassiererin: *„Haben Sie darüber denn einen Beleg?"* – *„Nein"*, antwortet Herr Brieger, *„aber Frau Freund ist doch von der Anzahlung informiert."*
Nach Rückfrage der Kassiererin beim zuständigen Abteilungsleiter stellt sich heraus, dass sich in der Abteilung keine Unterlagen über eine Anzahlung befinden und Sabine Freund für drei Wochen in Urlaub gefahren ist.

ARBEITSAUFTRÄGE

- Überprüfen Sie, welche Fehler sowohl Sabine als auch der Kunde gemacht haben.
- Erstellen Sie eine Checkliste für die korrekte Abwicklung von Anzahlungen an der Kasse.
- Erläutern Sie die unterschiedlichen Formen der Bargeldzahlung und der halbbaren Zahlung und stellen Sie diese in einer Übersicht dar.

Zahlungen werden entweder mit **Bargeld** (Banknoten, Münzen), **Buch- oder Giralgeld** (= alle Guthaben oder Kredite bei Geldinstituten, über die jederzeit frei verfügt werden kann) oder **Geldersatzmitteln** (Scheck, Kreditkarte) vorgenommen.

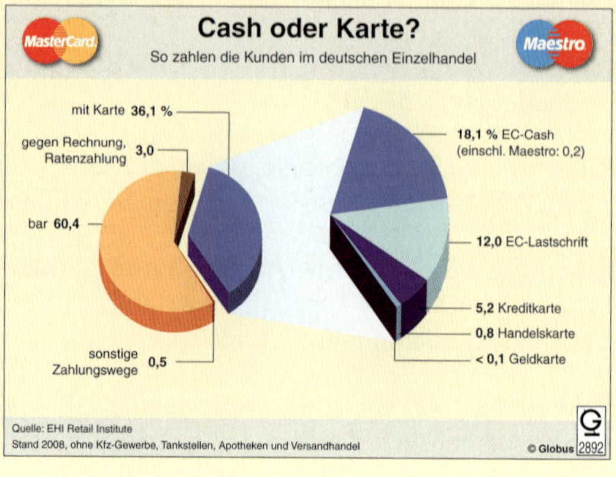

Nach dem Beschluss der EU-Regierungen im „Maastricht-Vertrag" wurde am 1. Januar 2002 der **Euro** als europäische Währung in Belgien, Deutschland, Finnland, Frankreich, Griechenland, Irland, Italien, Luxemburg, Niederlande, Österreich, Portugal und Spanien eingeführt. Estland, Slowakei, Slowenien, Malta und Zypern haben inzwischen auch den Euro eingeführt.

Bar(geld)zahlung

Kennzeichen der Bar(geld)zahlung ist, dass **sowohl der Schuldner als auch der Gläubiger Bargeld in die Hand bekommen.**

Persönliche sofortige Zahlung und Zahlung durch Boten

In Einzelhandelsgeschäften ist bei Kaufverträgen des täglichen Lebens die Barzahlung üblich. Meistens handelt es sich nur um geringe Geldbeträge, für die es viel zu umständlich und zeitraubend wäre, wenn der Einzelhändler diesen Kunden ein kurzfristiges Zahlungsziel einräumen würde. Folglich erhält der Kunde die Waren nur gegen **sofortige Zahlung (Zug-um-Zug-Geschäft).**

Ist der Zahlungspflichtige nicht in der Lage, einen bestimmten Betrag einem Gläubiger selbst zu übermitteln, kann er dies durch einen **Boten** besorgen lassen. Als Beweis für die Zahlung erhält der Zahler eine **Quittung**. Als Quittung gelten der **Kassenzettel, Kassenbon einer Kasse oder besondere Quittungsvordrucke**. Liegt der Kaufpreis über 150,00 EUR, so ist ein Einzelhändler aus steuerrechtlichen Gründen verpflichtet, die Umsatzsteuer gesondert auszuweisen.

Ein **Quittungsvordruck** sollte **folgende Bestandteile** enthalten:

1. Betrag,
2. Name des Zahlers,
3. Grund der Zahlung,
4. Empfangbestätigung des Zahlungsempfängers,
5. Ort und Tag der Ausstellung,
6. Unterschrift des Zahlungsempfängers.

CENTER Warenhaus GmbH
Aachener Straße 1250
50859 Köln

Quittung

EUR 100,00

Nr. 136

inkl. 19 % MwSt./EUR

EUR in Worten Einhundert — Cent wie oben

von Wolf Brieger

für Anzahlung Snowboard

dankend erhalten.

Ort/Datum 20. Januar .., Köln

Zweckform Quittung

Buchungsvermerke

Stempel/Unterschrift des Empfängers

Center Warenhaus GmbH
i.V. *Sabine Freund*

Mit der Quittung bestätigt der Zahlungsempfänger dem Zahler, dass er den geforderten Betrag erhalten hat. Der Quittungsvermerk kann auch auf einer gesonderten Rechnung angebracht werden.

Beispiel „Betrag dankend erhalten / Mainz, den 16. Mai .. / Unterschrift: ...

Halbbare Zahlung

Träger des Zahlungsverkehrs

Bei der halbbaren Zahlung ist es notwendig, dass entweder der Schuldner oder der Gläubiger ein Girokonto bei einem **Kreditinstitut** (Banken, Sparkassen, Postbank) besitzt. Diese **Geldinstitute** sind die **Träger des Zahlungsverkehrs**. Die Deutsche Postbank AG wickelt den Zahlungsverkehr der Postbank-Niederlassungen ab. Sie unterhält bundesweit in 10 Städten Postbank-Niederlassungen.

In Deutschland haben sich die Geldinstitute zu fünf **Gironetzen** zusammengeschlossen:

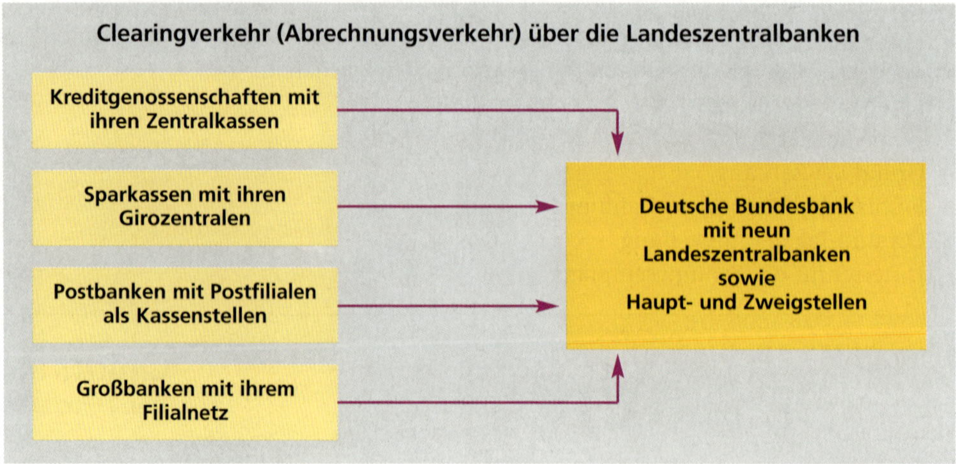

Für den Teilnehmer am Zahlungsverkehr ist es gleichgültig, bei welchen Geldinstituten Schuldner und Gläubiger ihre Konten unterhalten. Zur internen Verrechnung untereinander unterhalten die Geldinstitute Konten bei den Landeszentralbanken (**Clearing- oder Abrechnungsverkehr**). Die Abwicklung dieser internen Verrechnung erfolgt durch **Datenfernübertragung** bargeldlos. Für diese Datenfernübertragung stellt eine Providerfirma ihre Onlinedienste zur Verfügung.

Beispiel Die Überweisungen der Sparkasse KölnBonn an die Deutsche Bank Köln betragen am 16. Februar 2.000.000,00 EUR und umgekehrt 2.300.000,00 EUR. Im Wege der Umbuchung werden tatsächlich nur 300.000,00 EUR an die Sparkasse KölnBonn im Wege des Clearing-Verfahrens überwiesen.

Die Eröffnung eines Kontos

Zur Eröffnung von Girokonten sind bei den Kreditinstituten **vorgedruckte Antragsformulare** erhältlich, die vom Antragsteller ausgefüllt werden müssen.

Für die Kontoeröffnung muss ein Antragsteller das **18. Lebensjahr** vollendet haben und unbeschränkt geschäftsfähig sein. Der Kontoinhaber wird über Zahlungseingänge, Zahlungen und den Kontostand durch einen Kontoauszug unterrichtet, den der Kontoinhaber beim Kreditinstitut mit der Kunden- oder Girocard maschinell erstellen lassen kann.

Gegen ein Entgelt sendet das Kreditinstitut dem Kontoinhaber Kontoauszüge auch per Post zu. Ferner besteht die Möglichkeit der elektronischen Kontoführung durch Nutzung von Onlinediensten („Homebanking“, vgl. Seite 344). Der Kontoinhaber kann über Onlinedienste mithilfe eines PC mit Internetanschluss Kontoinformationen, z. B. Umsätze, Salden, abrufen oder Zahlungsaufträge erteilen (vgl. Seite 337).

Konto	Kontoauszug		Auszug	Blatt
85 313 948	SPARKASSE KÖLNBONN	BLZ 370 501 98	30	1

Buch.-Tag	Wert	PN	Erläuterung/Verwendungszweck	Umsätze
20.03.	20.03.	T3954	BARUMSATZ	12 782,30 H
20.03.	21.03.	T0119	SCHECKEINZUG	613,55 H
20.03.	20.03.	2735	BARMENIA UNFALLVERSICHERUNG JULI-JUNI.., VERSICH.NR. 234152673	2 045,17 S

KREDITZUSAGE EUR 51 000

IHR AKTUELLER KONTOSTAND UM 16:00 UHR EUR 121 065,23 H

BS	Letzter Auszug	Auszugsdatum	Alter Kontostand	Neuer Kontostand
44	..-03-19	..-03-21	EUR 109 714,55 H	EUR 121 065,23 H

CENTER WARENHAUS GMBH, AACHENER STR. 1250, 50859 KÖLN

Auf dem **Kontoauszug** werden alle Zahlungseingänge auf der Habenseite eingetragen, alle Zahlungsausgänge auf der Sollseite. Zudem sind der alte und der neue Kontostand und der Tag des Auszugsdatums vermerkt. Wenn das Konto ein Guthaben aufweist, dann liegt ein **Habensaldo (H)** vor. Ist das Konto überzogen, liegt ein **Sollsaldo (S)** vor. In der Regel darf ein Kontoinhaber sein Konto bis zu einem bestimmten Betrag überziehen (= **Dispositionskredit bei Privatkunden, bei gewerblichen Kunden Kontokorrentkredit**), wobei die Höhe des Dispositionskredites mit dem Kreditinstitut vereinbart werden muss. Die Kreditinstitute haben sehr unterschiedliche Regelungen bezüglich ihrer Kontoführungsentgelte. LF 14

PRAXISTIPP Prüfen Sie vor der Eröffnung eines Kontos die Kosten der einzelnen Kreditinstitute für ein Konto.

○ Zahlschein

Hat der Gläubiger ein Konto bei einem Kreditinstitut, kann der Schuldner mit einem Zahlschein zahlen. Der **Schuldner zahlt das Geld bar bei einem Kreditinstitut ein**. Zusätzlich entrichtet er ein Entgelt. Dem Gläubiger wird der entsprechende Betrag auf seinem Girokonto gutgeschrieben. Mit Zahlscheinen können Beträge in beliebiger Höhe übertragen werden, wobei die Kosten der Zahlung vom Schuldner zu tragen sind. Häufig werden dem Schuldner vom Gläubiger vorgedruckte Zahlscheine zugesandt, auf denen bereits Name, Kontonummer, Bankleitzahl, Geldinstitut des Gläubigers und Überweisungsbetrag eingetragen wurden.
Der Zahlschein besteht aus **zwei Bestandteilen**:

1. **Gutschrift (Zahlschein)** = Beleg des Geldinstitutes (Original)
2. **Zahlschein – Quittung** = Beleg für Einzahler (Kopie)

Beispiel Sabine Freund zahlt einen ausstehenden Rechnungsbetrag an die Abo-Versandhandels AG bar bei einer Postbank-Niederlassung ein.

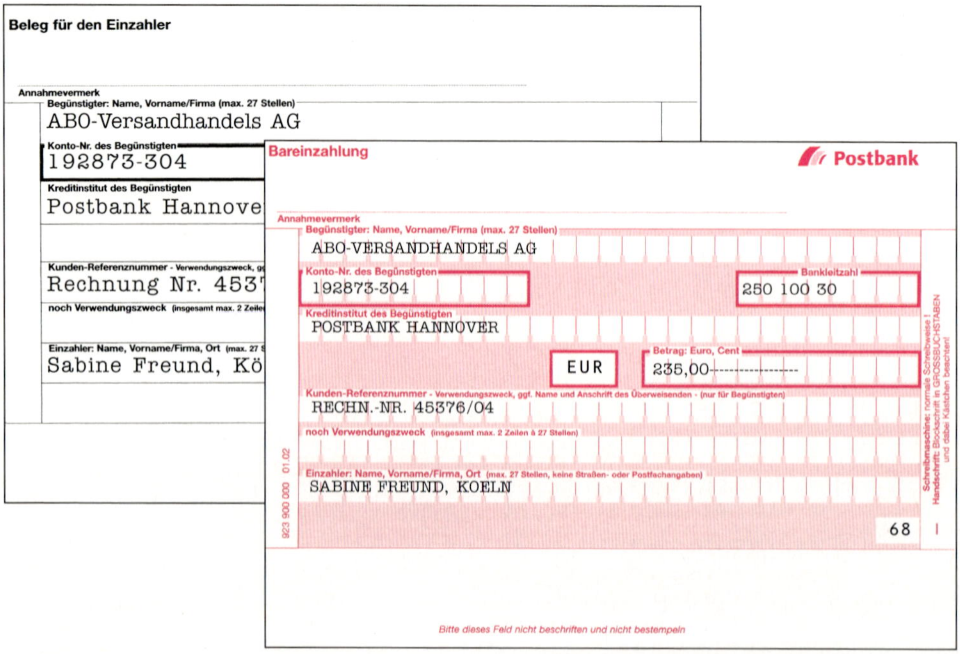
Beleg für den Einzahler
Annahmevermerk
Begünstigter: Name, Vorname/Firma (max. 27 Stellen)
ABO-Versandhandels AG
Konto-Nr. des Begünstigten
192873-304
Kreditinstitut des Begünstigten
Postbank Hannove
Kunden-Referenznummer - Verwendungszweck
Rechnung Nr. 453
noch Verwendungszweck (insgesamt max. 2 Zeilen)
Einzahler: Name, Vorname/Firma, Ort
Sabine Freund, Kö

Bareinzahlung
Postbank
Annahmevermerk
Begünstigter: Name, Vorname/Firma (max. 27 Stellen)
ABO-VERSANDHANDELS AG
Konto-Nr. des Begünstigten
192873-304
Bankleitzahl
250 100 30
Kreditinstitut des Begünstigten
POSTBANK HANNOVER
EUR
Betrag: Euro, Cent
235,00
Kunden-Referenznummer - Verwendungszweck, ggf. Name und Anschrift des Überweisenden - (nur für Begünstigten)
RECHN.-NR. 45376/04
noch Verwendungszweck (insgesamt max. 2 Zeilen à 27 Stellen)
Einzahler: Name, Vorname/Firma, Ort (max. 27 Stellen, keine Straßen- oder Postfachangaben)
SABINE FREUND, KOELN
68
923 900 000 01.02
Schreibmaschine: normale Schreibweise! Handschrift: Blockschrift in GROSSBUCHSTABEN und dabei Kästchen beachten!
Bitte dieses Feld nicht beschriften und nicht bestempeln

○ Postnachnahme

Der Zahlschein kann auch in Verbindung mit einer **Nachnahme** verwendet werden. Der Inhaber eines Postbankkontos kann Briefe, Postkarten, Pakete, Päckchen oder selbst gebuchte Sendungen als Nachnahmesendung verschicken. Der Empfänger erhält die Nachnahmesendung nur gegen Barzahlung. Somit kann der Absender sicher sein, dass er den ausstehenden Rechnungsbetrag auch tatsächlich erhält. Mit dem Zahlschein wird der nachgenommene Betrag nach Abzug des Zahlscheinentgeltes (= der im Zahlschein ausgewiesene Betrag) dem Postbankkonto des Absenders gutgeschrieben. **Postnachnahmen werden bis 1.600,00 EUR** bei Briefen und Postkarten und bis 3.500,00 EUR bei Paketen und Päckchen **ausgeführt**. Jede Nachnahmesendung muss den Vermerk „Nachnahme/Remboursement“, das Nachnahmezeichen und den Nachnahmebetrag tragen.

○ Scheck

Hat ein Schuldner ein Konto bei einem Kreditinstitut, kann er mit einem Barscheck bezahlen. **Der Scheck ist eine Anweisung an ein Geldinstitut, bei Vorlage eines bestimmten Geldbetrags zulasten des Scheckausstellers auszuzahlen**. Bei Ausstellung eines Schecks muss der Schuldner (= Aussteller) einen **Scheckvordruck** seines Geldinstitutes verwenden.

Da der Scheck **kein gesetzliches Zahlungsmittel** ist, kann der Gläubiger die Annahme des Schecks ablehnen und Bargeld verlangen. Zahlt ein Schuldner seine Verbindlichkeit mit einem Scheck, ist die Verbindlichkeit erst beglichen, wenn das bezogene Geldinstitut den Scheck einlöst.

Bestandteile des Schecks: Nur wenn der Scheckvordruck vollständig und richtig ausgefüllt ist, wird er von Geldinstituten eingelöst.

Ein **Scheck ist nur gültig**, wenn er gemäß Scheckgesetz (SchG) **sechs gesetzliche Bestandteile** aufweist (Art. 1 SchG):

Beispiel Die Center Warenhaus GmbH bezahlt bei einem Schreiner für geleistete Arbeiten in der Kantine des Warenhauses eine Rechnung über 235,00 EUR mit einem Barscheck.

Bankleitzahl Ⓐ
370 501 98
①
②
SPARKASSE KÖLNBONN
③
Zahlen Sie gegen diesen Scheck
Zweihundertfünfunddreißig
Betrag in Buchstaben ④
EUR
Betrag: Euro, Cent
DE
Ⓑ
235,00
noch Betrag in Buchstaben
an Simon Schmitz, Schreinermeister oder Überbringer
Ⓒ Ⓓ
⑤
Köln, 16. Oktober ..
Ausstellungsort, Datum
⑥ Werner Schmitz
Unterschrift des Ausstellers
8000028
Ⓖ
Verwendungszweck
(Mitteilung für den Zahlungsempfänger)
Der vorgedruckte Schecktext darf nicht geändert oder gestrichen werden. Die Angabe einer Zahlungsfrist auf dem Scheck gilt als nicht geschrieben.
Scheck-Nr. X Konto-Nr. X Betrag X Bankleitzahl X Text
Ⓔ Ⓕ
0000000371135 0085313948 37050198 01
Ⓐ
Bitte dieses Feld nicht beschriften und nicht bestempeln

① Name des Geldinstitutes, das zahlen soll (= Bezogener)
② Zahlungsort (= Geschäftssitz des Geldinstitutes)
③ Scheckklausel (Bezeichnung Scheck im Text der Urkunde)
④ Unbedingte Anweisung, eine bestimmte Geldsumme zu zahlen (Betrag in Buchstaben)
⑤ Ort und Tag der Ausstellung
⑥ Unterschrift des Ausstellers (= Kontoinhaber)

Beispiel Die Center Warenhaus GmbH hat von einem gewerblichen Kunden einen Scheck über 1.200,00 EUR erhalten. Auf dem Scheckvordruck sind die Angaben Ausstellungsort, -datum, Betrag in Buchstaben nicht ausgefüllt worden. Die bezogene Bank lehnt die Einlösung des Schecks ab.

Fehlt einer dieser Bestandteile, ist der Scheck ungültig. Die Bestandteile ① bis ③ sind bereits auf dem Scheck vorgedruckt, während die Bestandteile ④ bis ⑥ vom Aussteller einzutragen sind. Stimmen im Scheck der in Buchstaben und der in Ziffern angegebene Betrag nicht überein, dann gilt der in Buchstaben geschriebene Betrag, da er gesetzlicher Bestandteil ist.

Neben den vorgeschriebenen gesetzlichen Bestandteilen gibt es **kaufmännische Bestandteile** eines Schecks, die die technische Abwicklung des Scheckverkehrs erleichtern:

Kaufmännische Bestandteile	Bedeutung
Ⓐ Bankleitzahl (= Nummer des Geldinstituts)	Sie sind in Zahlen verschlüsselte Anschriften der Banken (ähnlich den Postleitzahlen).
Ⓑ Betrag in Ziffern (= Zahlen)	Er ermöglicht den Kreditinstituten eine schnellere Bearbeitung der Schecks.
Ⓒ Name des Zahlungsempfängers	Es kann der Aussteller oder eine dritte Person namentlich angegeben werden.
Ⓓ Überbringerklausel	Durch diese kann ein Scheck formlos weitergegeben werden.
Ⓔ Schecknummer	Sie ermöglicht die Identifizierung eines Schecks, z. B. bei Widerruf.
Ⓕ Kontonummer des Ausstellers	Sie soll dem Geldinstitut helfen, schnell und einfach die Ordnungsmäßigkeit des Schecks zu überprüfen.
Ⓖ Verwendungszweck	Hier können Mitteilungen an den Zahlungsempfänger eingetragen werden.

Ein Scheck darf nur ausgestellt werden, wenn der Kontoinhaber auf seinem Konto über ein Guthaben in Höhe des Scheckbetrages oder einen entsprechenden Dispositionskredit verfügen kann. Schecks spielen im Zahlungsverkehr mit Privatkunden keine Rolle mehr.

Scheckarten: Schecks können anhand der folgenden Kriterien unterschieden werden:

- Unterscheidung nach der Weitergabe
  - **Inhaberscheck**: Die meisten von den Geldinstituten ausgegebenen Scheckvordrucke tragen den Zusatz „oder Überbringer", d. h., das **Geldinstitut zahlt an den Inhaber, also jede Person**, die den Scheck vorlegt. Die Streichung dieses Zusatzes ist ohne Bedeutung. Die Geldinstitute lösen den Scheck auch dann ein, wenn die Klausel gestrichen ist.
  - **Namensscheck (= Orderscheck; Orderpapier)**: Es handelt sich um einen **Scheck ohne Überbringerklausel**, d. h., der Scheck enthält den Namen des Scheckempfängers und wird nur an diesen ausgezahlt. Er wird nur in besonderen Fällen (z. B. bei besonders hohen Beträgen) verwendet und kann nur durch einen Übertragungsvermerk (= **Indossament**) auf der Rückseite des Schecks weitergegeben werden.

Beispiel Die Center Warenhaus GmbH erhält von ihrer Feuerversicherung nach einem Brand in einem Lagerraum einen Namensscheck über 25.000,00 EUR per Brief zugesandt. Auch wenn dieser Scheck auf dem Postweg verloren geht, besteht kein Risiko für den Aussteller, da er nur dem im Scheck genannten Empfänger ausgezahlt wird.

- Unterscheidung nach der Art der Einlösung
  - **Barscheck**: Der Scheckbetrag wird dem Überbringer bar an einem Schalter des bezogenen Geldinstituts ausgezahlt. Legt der Überbringer den Barscheck einem anderen Geldinstitut vor (z. B. seiner eigenen Bank), dann wird der Barscheck nicht bar ausgezahlt, sondern dem Konto des Überbringers gutgeschrieben.
  - **Verrechnungsscheck** (er zählt zur bargeldlosen Zahlung, vgl. Seite 338): Enthält ein Scheck den Vermerk „Nur zur Verrechnung", wird der **Scheckbetrag dem**

Konto des Überbringers gutgeschrieben, d. h., er wird **nicht bar an** den **Überbringer** ausgezahlt.

○ Gutschein (vgl. Seite 355)

Mit einem von einem Einzelhandelsgeschäft ausgestellten Gutschein kann ein Kunde einen beliebigen Artikel in diesem Geschäft kaufen.

Bar(geld)zahlung und halbbare Zahlung

- Kennzeichen der Bar(geld)zahlung ist, dass **sowohl der Schuldner als auch der Gläubiger Bargeld in Händen haben**.
- Bei **persönlicher sofortiger Zahlung (Zug-um-Zug-Geschäft)** erhält ein Kunde die Ware nur gegen sofortige Zahlung. Der Kunde (Zahler) erhält über die Zahlung eine **Quittung**.
- Die **halbbare Zahlung ist dadurch gekennzeichnet**, dass entweder der Schuldner oder der Gläubiger ein Girokonto bei einem Kreditinstitut haben muss.
- Mit einem **Zahlschein** kann ein Schuldner, der über kein eigenes Konto verfügt, Geld bar bei einem Kreditinstitut einzahlen. Dem Gläubiger wird der Betrag auf seinem Konto gutgeschrieben.
- **Postnachnahmesendungen** (Briefe, Postkarten bis 1.600,00 EUR, Pakete, Päckchen bis 3.500,00 EUR) werden dem Empfänger nur gegen sofortige Bezahlung des Nachnahmebetrages ausgehändigt. Dem Absender wird der nachgenommene Betrag auf seinem Postbankkonto gutgeschrieben.
- Mit einem Scheck weist ein Kontoinhaber sein Geldinstitut an, bei Vorlage des Schecks den Scheckbetrag zu zahlen.
- **Bankschecks** zählen zur halbbaren Zahlung. Sie haben **folgende**

Bestandteile

gesetzliche (= vorgeschriebene)	kaufmännische (= freiwillige)
• Name des Geldinstitutes	• Bankleitzahl
• Zahlungsort	• Betrag in Ziffern
• Scheckklausel	• Name des Zahlungsempfängers
• Unbedingte Anweisung, einen bestimmten Betrag (in Buchstaben) zu zahlen	• Überbringerklausel
• Ort und Tag der Ausstellung	• Schecknummer
• Unterschrift des Ausstellers	• Kontonummer des Ausstellers
	• Verwendungszweck

- **Inhaberschecks** kann jeder beim bezogenen Geldinstitut einlösen, **Namensschecks** können in der Regel nur vom Scheckempfänger eingelöst werden.
- **Barschecks** werden bar ausgezahlt, **Verrechnungsschecks** (= bargeldlose Zahlung) dem Konto des Überbringers gutgeschrieben.
- Mit einem **Gutschein** kann ein Kunde einen beliebigen Artikel kaufen.

1. Beschreiben Sie, wodurch die Bar(geld)zahlung gekennzeichnet ist.

2. Erläutern Sie, welche Formen der Bar(geld)zahlung unterschieden werden können.

3. Erläutern Sie, welche Daten der Kontoinhaber dem Kontoauszug auf Seite 331 entnehmen kann.

4. Erklären Sie „Dispositions- und Kontokorrentkredit".

5. Melanie Pilz, Steinstr. 6, 46395 Bocholt, hat Waren im Werte von 678,00 EUR bei der Oliver Klein Haushaltswaren KG, auf Ziel gekauft. Sie möchte die fällige Rechnung über 678,00 EUR, Rechnungsnummer 26759/92 vom 14. November 20.., bezahlen. Zahlungsempfänger: Oliver Klein Haushaltswaren KG, Hurther Str. 16, 50969 Köln.
Die KG unterhält Konten bei folgenden Geldinstituten:
Postbank Niederlassung Köln, BLZ 370 100 50, Kontonr. 3 240 66-506
Deutsche Bank AG, Köln, BLZ 370 100 50, Kontonr. 013 600 625
a) Beschreiben Sie, welche Angaben bei einem Zahlschein eingetragen werden müssen.
b) Erläutern Sie die verschiedenen Bestandteile des Zahlscheins.

6. Nennen Sie die gesetzlichen und kaufmännischen Bestandteile eines Schecks.

7. Beschreiben Sie, wodurch sich
a) Inhaber- und Namensscheck, b) Bar- und Verrechnungsscheck unterscheiden.

8. Ein Kunde will in der Textilabteilung der Center Warenhaus GmbH einen Anzug mit einem Scheck über 788,00 EUR bezahlen. Geben Sie an, worauf Sie bei der Entgegennahme des Barschecks achten müssen.

6.2 Bargeldlose Zahlung und Zahlungsvereinfachungen

Sabine Freund wird wieder für eine Woche in der Verwaltung eingesetzt. Bei der Durchsicht eines Kontoauszuges der Center Warenhaus GmbH fällt Sabine eine Abbuchung der Telekom in Höhe von 8.450,00 EUR auf. Beim Vergleich mit der Telefonrechnung stellt sie fest, dass der Rechnungsbetrag über 845,00 EUR lautet. Sofort geht sie zu Frau Lapp, der Finanzbuchhalterin, und teilt dieser ihre Entdeckung mit. *„Das ist überhaupt kein Problem, wir werden gegen diese Kontobelastung sofort Widerspruch einlegen"*, meint Frau Lapp. *„Da Sie gerade hier sind, können Sie die Lohn- und Gehaltsliste für unsere 48 Mitarbeiter mitnehmen und die Überweisungen fertig machen."* Ich kann doch nicht auch noch 48 Überweisungen ausfüllen, denkt Sabine. Als sie dieses dem Auszubildenden Marc Cremer mitteilt, tröstet er sie mit dem Hinweis, dass sie für die Überweisung nur einen Beleg braucht.

ARBEITSAUFTRÄGE

- Überprüfen Sie, welche Konsequenzen die fehlerhafte Abbuchung für die Center Warenhaus GmbH hat.
- Stellen Sie fest, welche Vereinfachung Sabine bei den Überweisungen nutzen kann.
- Erstellen Sie eine Übersicht der Möglichkeiten bargeldloser Zahlung und der Zahlungsvereinfachungen.
- Erläutern Sie die verschiedenen Kartenzahlungssysteme.

Der bargeldlose Zahlungsverkehr setzt voraus, dass Schuldner und Gläubiger über ein Konto bei einem Geldinstitut verfügen. Der Schuldner kann von seinem Konto einen Betrag abbuchen lassen, der dann dem Gläubiger auf seinem Konto gutgeschrieben wird.

Banküberweisung

Mit einer Banküberweisung **kann ein Schuldner von seinem Konto einen Geldbetrag auf ein anderes Konto bei jedem Geldinstitut überweisen lassen**. Der Auftrag wird dem Geldinstitut durch das Ausfüllen und die Abgabe eines Überweisungsvordrucks erteilt. Dies ist ein **zweiteiliger Vordrucksatz**, den jeder Kontoinhaber von seinem Geldinstitut erhält. Der Vordruck wird im **Durchschreibeverfahren** ausgefüllt.

Beispiel Die Center Warenhaus GmbH überweist am 17. Oktober 20.. der Sportex GmbH & Co. KG den ausstehenden Rechnungsbetrag über 34.500,00 EUR, Rechnungsnummer 54213/05. Der Lieferer hat ein Konto bei der Dresdner Bank Hamburg, BLZ 200 800 00, Kto.-Nr. 45 321 675.

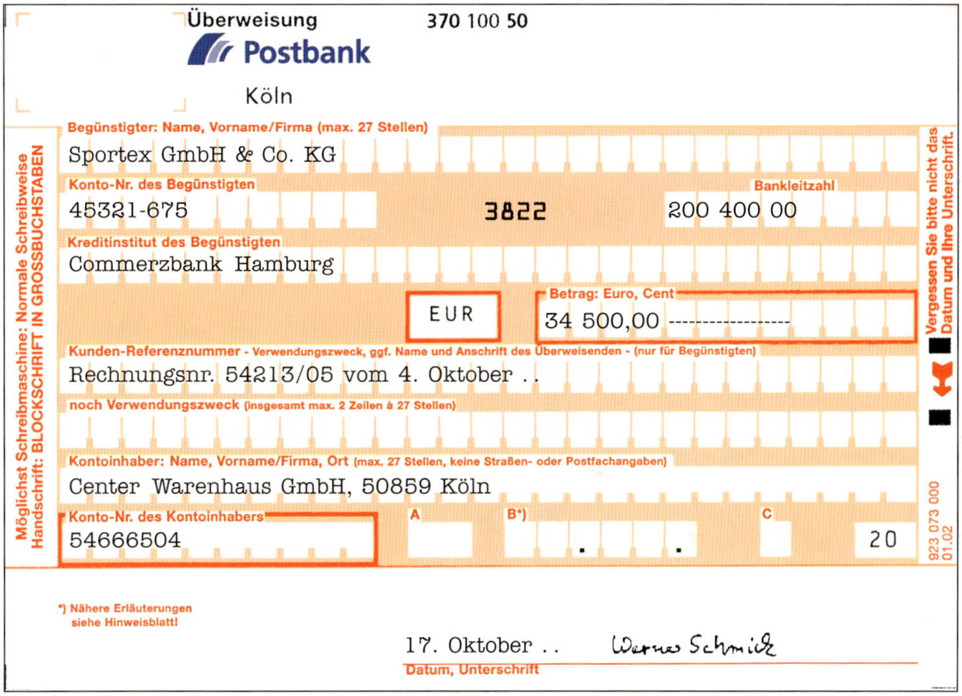

Überweisung 370 100 50
Postbank
Köln

Möglichst Schreibmaschine: Normale Schreibweise
Handschrift: BLOCKSCHRIFT IN GROSSBUCHSTABEN

Begünstigter: Name, Vorname/Firma (max. 27 Stellen)
Sportex GmbH & Co. KG

Konto-Nr. des Begünstigten
45321-675
3822
Bankleitzahl
200 400 00

Kreditinstitut des Begünstigten
Commerzbank Hamburg

EUR
Betrag: Euro, Cent
34 500,00 ----------------

Kunden-Referenznummer - Verwendungszweck, ggf. Name und Anschrift des Überweisenden - (nur für Begünstigten)
Rechnungsnr. 54213/05 vom 4. Oktober ..

noch Verwendungszweck (insgesamt max. 2 Zeilen à 27 Stellen)

Kontoinhaber: Name, Vorname/Firma, Ort (max. 27 Stellen, keine Straßen- oder Postfachangaben)
Center Warenhaus GmbH, 50859 Köln

Konto-Nr. des Kontoinhabers
54666504
A B*) C
20

Vergessen Sie bitte nicht das Datum und Ihre Unterschrift.

923 073 000
01.02

*) Nähere Erläuterungen siehe Hinweisblatt!

17. Oktober .. Werner Schmidt
Datum, Unterschrift

Im **Überweisungsauftrag** muss der Zahler **Folgendes ausfüllen**:
- Name des Empfängers,
- Kontonummer des Empfängers,
- Bankleitzahl und Name des Geldinstituts,
- Überweisungsbetrag in Ziffern,
- seinen Namen und seine Kontonummer,
- Ausstellungsdatum,
- Unterschrift.

Zusätzlich sollte der Zahler noch den Verwendungszweck für die Überweisung angeben.

Beispiel Rechnungsnr. 54213/05 vom 4. Oktober 20..

Ein Schuldner kann eine Überweisung auch mit dem kombinierten Formblatt „**Zahlschein/Überweisung**“ (vgl. Seite 331) tätigen. Diese Vordrucke werden oft zusammen mit Rechnungen versandt, wobei bereits alle Angaben des Gläubigers (Name, Kontonummer, bezogene Bank, Bankleitzahl, Überweisungsbetrag, Verwendungszweck) aufgedruckt sein können. Für den Schuldner ergibt sich dadurch eine **Arbeitserleichterung**.

Durch den **elektronischen Datenaustausch (EDI)** zwischen Kunden, Lieferern, Banken usw. kann der Zahlungsverkehr automatisch zwischen den Beteiligten über Onlinenetze abgewickelt werden (vgl. Seite 344).

Verrechnungsscheck

Verrechnungsschecks tragen den **Vermerk „Nur zur Verrechnung“**. Dieser Vermerk kann nachträglich auf einem Barscheck angebracht werden oder er ist von vornherein aufgedruckt.

Bei Zahlung durch einen Verrechnungsscheck weist ein Kontoinhaber sein Geldinstitut an, die auf dem Scheck angegebene Summe **dem Konto des Empfängers gutzuschreiben**, während das Konto des Scheckausstellers belastet wird. Der Verrechnungsscheck wird nicht an den Empfänger bar ausgezahlt, erst nach Gutschrift auf dem Konto kann der Scheckbetrag vom Kontoinhaber bar abgehoben werden. Verrechnungsschecks sind sicherer als Barschecks, so kann ein Dieb zwar einen gestohlenen Verrechnungsscheck seinem Konto gutschreiben lassen, aber er muss gleichzeitig seinen Namen angeben, wodurch es leicht nachvollziehbar wird, wer den Scheck eingelöst hat. Ein bereits geschriebener oder aufgedruckter Verrechnungsvermerk kann nicht mehr gestrichen werden, ein Verrechnungsscheck kann also nicht mehr in einen Barscheck umgewandelt werden.

Beispiel Die Center Warenhaus GmbH gibt am 10. Januar 20.. dem Schreinermeister Hans Müller einen Verrechnungsscheck über 4.600,00 EUR zum Ausgleich einer Rechnung.

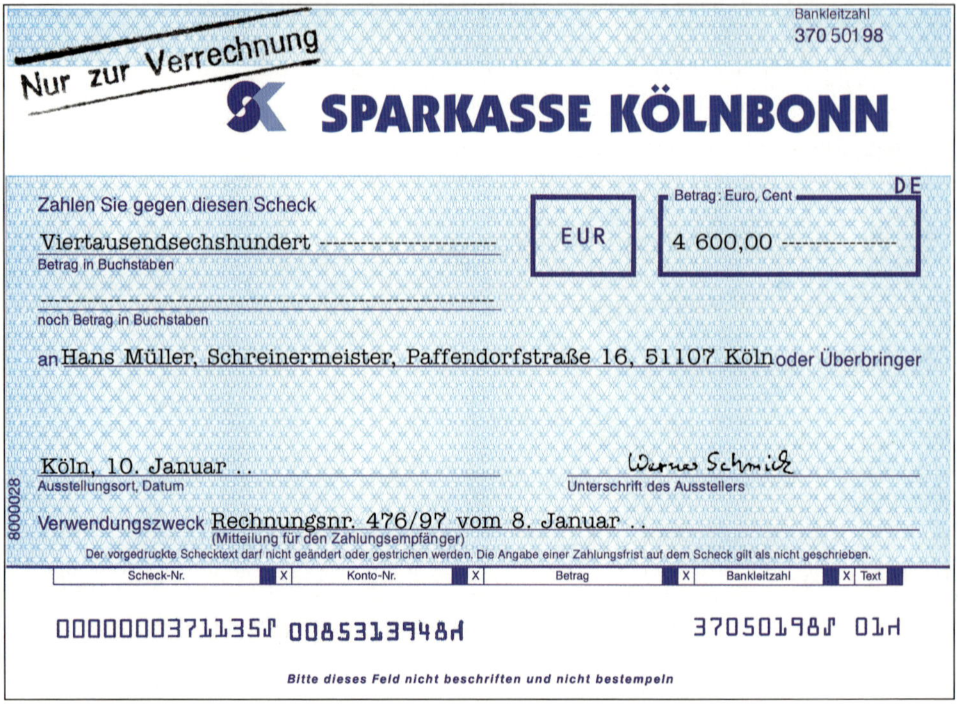
Nur zur Verrechnung

Bankleitzahl
370 501 98

SPARKASSE KÖLNBONN

Zahlen Sie gegen diesen Scheck
Viertausendsechshundert
Betrag in Buchstaben

EUR

Betrag: Euro, Cent
4 600,00

DE

noch Betrag in Buchstaben

an Hans Müller, Schreinermeister, Paffendorfstraße 16, 51107 Köln oder Überbringer

Köln, 10. Januar ..
Ausstellungsort, Datum

Werner Schmidt
Unterschrift des Ausstellers

8000028

Verwendungszweck Rechnungsnr. 476/97 vom 8. Januar ..
(Mitteilung für den Zahlungsempfänger)

Der vorgedruckte Schecktext darf nicht geändert oder gestrichen werden. Die Angabe einer Zahlungsfrist auf dem Scheck gilt als nicht geschrieben.

Scheck-Nr.	X	Konto-Nr.	X	Betrag	X	Bankleitzahl	X	Text

0000000371135⑆ 0085313948⑈ 37050198⑆ 01⑈

Bitte dieses Feld nicht beschriften und nicht bestempeln

Zahlungsvereinfachungen

Im Rahmen der bargeldlosen Zahlung können einige Zahlungsvereinfachungen, die dem Schuldner Arbeitserleichterungen bringen oder die den Überweisungsvorgang beschleunigen, genutzt werden.

Dauerauftrag: Mit einem Dauerauftrag beauftragt ein Kontoinhaber sein Kreditinstitut, **regelmäßig** zu einem **bestimmten Zeitpunkt** einen **gleichbleibenden Betrag** zulasten seines Kontos auf das Konto des Gläubigers zu **überweisen**.

Beispiele Die Center Warenhaus GmbH hat für Miete, Versicherungsbeiträge, Tilgungsraten für Darlehen der Sparkasse KölnBonn einen Dauerauftrag erteilt.

Nach der Auftragserteilung durch den Kontoinhaber stellt das Geldinstitut regelmäßig die Buchungsbelege aus. Ein Dauerauftrag behält seine Gültigkeit bis zum schriftlichen Widerruf durch den Kontoinhaber.

Lastschriftverfahren: Bei regelmäßig wiederkehrenden Zahlungen in gleicher oder unterschiedlicher Höhe kann ein Kontoinhaber den Gläubiger ermächtigen, bis auf Widerruf **zu unterschiedlichen Terminen Beträge von seinem Konto abbuchen zu lassen**.

Beispiele Die Center Warenhaus GmbH lässt die Telefon-, Strom-, Wasserrechnung, Grundsteuer per Lastschriftverfahren einziehen.

Dazu kann der Kontoinhaber dem **Gläubiger** eine **Einzugsermächtigung** (= **Einzugsermächtigungsverfahren**) oder **seinem Geldinstitut** einen **Abbuchungsauftrag** (= **Abbuchungsverfahren**) erteilen.

- **Einzugsermächtigung** (= **Einzugsermächtigungsverfahren**): Bei diesem Verfahren ermächtigt der Kontoinhaber den **Gläubiger**, seine Forderung vom Konto des Kontoinhabers einzuziehen. Sollte der Gläubiger das Konto des Kontoinhabers ungerechtfertigt belasten, kann der Kontoinhaber der Kontobelastung innerhalb von sechs Wochen widersprechen. Der belastete Betrag wird dann wieder gutgeschrieben.

Beispiel Die Center Warenhaus GmbH hat der Stadt Köln eine Einzugsermächtigung für die Grundsteuerabgaben erteilt. Aufgrund eines Fehlers in der Rechnungsabteilung der Stadt Köln wird das Konto der Center Warenhaus GmbH statt mit 245,16 EUR mit 2.451,60 EUR belastet. Die Center Warenhaus GmbH kann bei ihrem Geldinstitut der Lastschrift widersprechen, der Betrag wird ihrem Konto wieder gutgeschrieben.

- **Abbuchungsauftrag** (= **Abbuchungsverfahren**, **Einziehungsauftrag**): Bei diesem Verfahren beauftragt der Kontoinhaber sein **Geldinstitut**, Lastschriften eines bestimmten Gläubigers (z. B. Rechnungen von Lieferern) ohne vorherige Rückfrage abzubuchen. Der Abbuchungsauftrag gilt, bis er widerrufen wird. Der Schuldner kann einer Belastung nicht widersprechen.

Beispiel Der Käseladen Wolfgang Wilke e. K., Köln, beliefert das Restaurant „Zur Mühle", Wesseling, regelmäßig mit Käse. Da das Restaurant mehrfach unregelmäßig gezahlt hat, vereinbart der Einzelhändler mit dem Inhaber des Restaurants, Winfried Schäfer, dass er im Abbuchungsverfahren offene Rechnungsbeträge einziehen kann. Der Inhaber des Restaurants, Winfried Schäfer, hat bei der Raiffeisenbank Wesseling ein Konto. Da bei diesem Verfahren einer Belastung nicht widersprochen werden kann, hat der Einzelhändler Wilke die Sicherheit, dass er sein Geld bekommt.

Sammelüberweisung: Führt ein Unternehmen **an einem Tag an verschiedene Gläubiger mehrere Überweisungen** aus, ist die Sammelüberweisung vorteilhaft. Die einzelnen Überweisungen (sie sind als Endlosvordrucke bei den Geldinstituten erhältlich) werden listenmäßig mit der Nummer des Überweisungsvordrucks und dem Betrag auf einem Sammel-Überweisungsauftrag (zwei Bestandteile: Original für Geldinstitut, Durchschrift für Auftraggeber = Schuldner) festgehalten. Nur dieser Auftrag wird vom Schuldner unterschrieben, somit hat er eine **Arbeitsersparnis**. Zudem werden Buchungskosten gespart. Mit einem einzigen ordnungsgemäß unterschriebenen Sammel-Überweisungsauftrag können beliebig viele Überweisungen zum Entgelt einer einzigen Überweisung durchgeführt werden (= **Kostenersparnis**).

Eilüberweisung: Ist eine **Überweisung** besonders **dringlich**, so kann ein Schuldner sie als Eil- oder sogar Blitzüberweisung (Postbank „Eilauftrag") übermitteln lassen. Hierbei wird der Überweisungsvorgang sofort nach Auftragserteilung telefonisch oder per Telefax ausgeführt. Dafür erheben die Geldinstitute ein besonderes Entgelt.

Beispiel Werner Schmick, Mitarbeiter im Rechnungswesen der Center Warenhaus GmbH, hat vergessen, termingerecht die Zinsen für ein kurzfristiges Darlehen an die Commerzbank zu überweisen. Um mögliche Verzugszinsen möglichst gering zu halten, wird eine Eilüberweisung bei der Sparkasse KölnBonn in Auftrag gegeben.

Kartenzahlungssysteme und Electronic-Banking-Systeme

In den nächsten Jahren wird der Bargeldzahlungsverkehr immer mehr durch Kartenzahlungssysteme (**Plastikgeld**) und den elektronischen Zahlungsverkehr (**Netzgeld**) ergänzt werden. Der Begriff „Plastikgeld" stammt daher, dass der Käufer bei der Bezahlung statt Bargeld eine kleine **Kunststoffkarte** vorlegt, auf der bestimmte Daten eingetragen sind, z. B. Name, Konto-Nummer, Kunden-Nummer usw. Diese Daten können entweder direkt lesbar sein, d. h., sie sind in einer normalen Schrift auf der Karte eingetragen, oder sie sind nur mithilfe bestimmter Lesegeräte zu erkennen. Diese Karten haben entweder auf ihrer Rückseite einen **Magnetstreifen** und/oder einen **Chip**, in dem alle wesentlichen Daten gespeichert sind.

Kreditkarten

Kreditkarten werden von Kreditkartenorganisationen Personen mit einem bestimmten Mindestjahreseinkommen oder Unternehmen gegen Zahlung eines Jahresentgelts angeboten. Sie können in allen Vertragsunternehmen, z. B. Hotels, Restaurants, Reisebüros, Mietwagenunternehmen usw. von den Kunden benutzt werden. Der Kunde ist somit stets zahlungsfähig, ohne ständig Bargeld oder Schecks mit sich führen zu müssen. Kreditkarten gelten meist im Inland und im Ausland. Bei Verlust oder Diebstahl der Kreditkarte ist die herausgebende Organisation sofort zu benachrichtigen, sie sperrt die Karte dann international. Der Inhaber haftet meist nur für einen bestimmten Betrag.

PRAXISTIPP Verlieren Sie bei Kartenverlust keine Zeit und lassen Sie die Karte sperren.

Die **Abwicklung eines Kreditkartengeschäfts** vollzieht sich folgendermaßen:

- Der Kreditkarteninhaber legt dem Vertragsunternehmen seine Kreditkarte vor und unterschreibt einen Leistungsbeleg.
- Das Vertragsunternehmen sendet den unterschriebenen Leistungsbeleg an die Kreditkartenorganisation zur Abrechnung.
- Die Kreditkartenorganisation überweist nach etwa einem Monat dem Vertragsunternehmen aufgrund des Leistungsbeleges einen Betrag, der um die Umsatzprovision (etwa 2 bis 4 %) verringert ist.
- Die Kreditkartenorganisation schickt dem Karteninhaber monatlich eine genaue Sammelrechnung über die fälligen Zahlungen und belastet im Wege des Lastschrifteneinzugsverfahrens das Konto des Kreditkarteninhabers. Der Kunde hat bis zur Abrechnung durch die Kreditkartenorganisation kostenlosen Kredit.

○ Kundenkarten

Sie werden von einigen Einzel-, Großhändlern und Dienstleistungsunternehmen an kreditwürdige Kunden kostenlos ausgegeben. Der Kunde muss hierzu auf einem Antragsformular einige persönliche Angaben machen. Mit der Kundenkarte sollen die Kunden an das Unternehmen gebunden werden. Einige Kundenkarten können beim jeweiligen Unternehmen wie Kreditkarten verwendet werden.

Beispiele Payback-Karte, interRent-Card, Lufthansa-Card, Metrokarte, Edeka-Card

Ablauf eines Einkaufes bei einer Kundenkarte mit Kreditfunktion: Statt Bargeld zur Begleichung seiner Rechnung anzunehmen, erfasst das Verkaufs- oder Kassenpersonal lediglich die Daten der Kundenkarte (entweder handschriftlich oder maschinell). Die Kaufbeträge werden dem Kundenkonto belastet. Der Kundenkartengeber bucht dann in bestimmten Zeitabständen den summierten Betrag vom Girokonto des Kunden ab. Der Kunde hat bis zur Abbuchung einen kostenlosen Kredit. Jeder Kunde hat also bei dem Kundenkartengeber ein eigenes Kundenkonto. Bei den nicht kreditfähigen Kundenkarten erhalten die Kunden Prämien in Höhe der gesammelten umsatzabhängigen Punkte.

○ Electronic-Banking-Systeme

Electronic Cash (Point-of-Sale-Banking): Bei diesem System handelt es sich um eine Form des **Electronic Banking**. Kern dieses Systems ist die Electronic Cash-Karte (**Girocard**, je nach Geldinstitut gibt es unterschiedliche Bezeichnungen, z. B. Bankkarte, Sparkassen-Card). Eine Girocard enthält verschiedene Daten, einige davon sind sichtbar (Vorderseite), z. B. Name des Kunden, Konto- und Karten-Nummer. Andere Daten sind nicht direkt lesbar. Sie sind codiert auf dem Magnetstreifen (Rückseite) gespeichert und können nur von einem Lesegerät erfasst werden.

Damit die Girocard nicht von Unbefugten benutzt werden kann, wird jedem Girocard-Besitzer von seiner Bank eine persönliche Geheimzahl mitgeteilt. Sie gilt als „**p**ersönliche **I**dentifikations-**N**ummer", daher wird sie häufig nur **PIN** genannt. Die Pin-Nr. ist **nicht** auf dem Magnetstreifen gespeichert, sondern wird jedes Mal neu aus einer komplizierten verschlüsselten Kombination aus Bankleitzahl, Konto-Nr. und Karten-Nr. berechnet und mit der Eingabe des Kunden verglichen.

Logo für grenzüberschreitende Zahlungen innerhalb der europäischen Union u.a. Staaten (z. B. Türkei)

Chip (= elektronisches Portmonee)

Logo für Nutzung der Geldautomaten und Bezahlen im Handel mit Chip und PIN in Deutschland

Logo für kostenlose Geldausgabe an allen Automaten der Cash Group

GeldKarte-Logo

Vorteile von Electronic Cash	
Für den Einzelhändler	**Für den Kunden**
• Umsätze durch Spontankäufe können steigen, • beschleunigte Kassenabfertigung, • verringerter Bargeldbestand, daher geringeres Verlustrisiko, • geringerer Zeitaufwand für Zählen und Transport von Bargeld, • geringerer Aufwand für Belege, Schecks, • Entlastung des Kassenpersonals, weil Wechselgeldberechnung und -ausgabe entfallen.	• Kunde ist immer zahlungsfähig, ohne Bargeld und Schecks, • Spontankäufe und Ausnutzung von Sonderangeboten werden leichter, • Wartezeiten an der Kasse werden kürzer, • geringeres Verlust- und Diebstahlrisiko, • durch automatische Begrenzung des wöchentlichen Girocard-Einkauflimits (wird zwischen Geldinstitut und Karteninhaber vereinbart) durch die Bank wird der Gefahr der Überschuldung entgegengetreten.

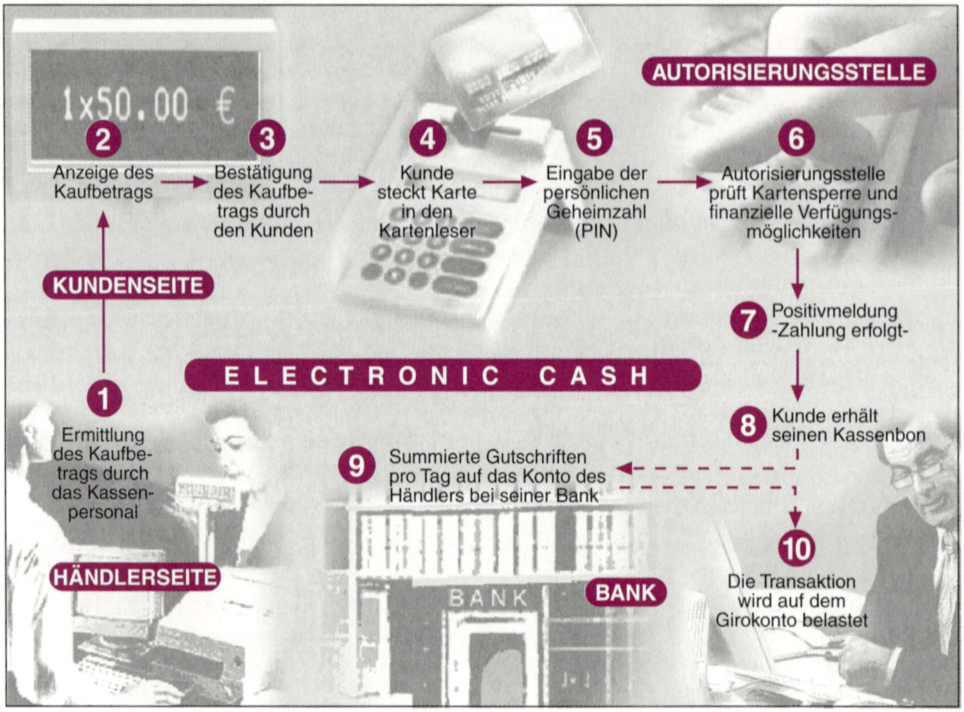

Die Grundidee des Electronic Cash besteht darin, am **POS (Point of Sale = Verkaufsort)**, also direkt beim Zahlungsempfänger (Gläubiger) ein Gerät aufzustellen, das die Daten einer Girocard lesen und verarbeiten kann. Für Gläubiger und Karteninhaber sieht ein Zahlungsvorgang so aus, als ob durch Einschieben der Girocard in den Kartenleser der Kaufbetrag vom Bankkonto des Karteninhabers direkt auf das Girokonto des Gläubigers umgebucht wird. In Wirklichkeit zieht der Gläubiger seine Forderungen aus den Electronic-Cash-Umsätzen beleglos im Lastschrifteinzugsverfahren über sein Kreditinstitut ein. Die Zahlungen sind durch das kartenausgebende Kreditinstitut garantiert.

Im Rahmen des Electronic Banking können mit einer Girocard und der Eingabe einer persönlichen Geheimzahl (PIN) an Geldautomaten Barbeträge im Inland und auch im Ausland (**MAESTRO**) außerhalb der Schalteröffnungszeiten abgehoben werden (vgl. Seite 341). Mithilfe des **maestro-service** der Geldinstitute ist es bei Reisen möglich, mit der Girocard mit persönlicher Geheimzahl auch im Ausland an elektronischen Kassen von Tankstellen, Einzelhandelsbetrieben, Hotels und Restaurants zu zahlen (vgl. Seite 341).

Sogenannte Chipkarten (Geld-Karten, Hybrid-Karten, „intelligente Karten") werden alternativ zum Electronic Cash ausgegeben. Dies sind Karten mit einem eingebauten Mikrochip, der im Vergleich zum Magnetstreifen der Girocard sehr viel mehr Informationen speichern kann (vgl. Seite 341). So kann er als wesentliche Information ein bestimmtes **Guthaben** des Karteninhabers enthalten. Der Schuldner steckt die Karte in das Lesegerät ein. Der zu zahlende Betrag wird erfasst und dem Gläubiger später von der Bank gutgeschrieben. Im gleichen Moment wird auf dem Mikrochip das Guthaben des Karteninhabers um den Rechnungsbetrag verringert (**elektronisches Portemonee** = Geldbörsenfunktion). Ist das Guthaben verbraucht, kann der Karteninhaber von seinem Girokonto einen neuen Betrag auf die Chip-Karte umbuchen lassen. Dieser Umbuchungsvorgang kann auch an Geldautomaten vorgenommen werden. Mithilfe von Chipkarten können z. B. auch öffentliche Telefone oder Fahrkartenautomaten benutzt werden.

Die **Chipkarte hat folgende Vorteile**:

- Sie bietet ein hohes Maß an **Sicherheit**, da Informationen nur von berechtigten Nutzern gelesen und verändert werden können und somit Betrugsdelikte deutlich verringert werden. Das Risiko bei Missbrauch ist auf das auf der Karte vorhandene Guthaben beschränkt.
- Während beim Electronic-Cash-System die erfassten Daten während des Verkaufsvorgangs an eine Autorisierungszentrale übermittelt werden, wodurch sich unter Umständen längere **Wartezeiten** am POS ergeben können, ist bei der Chipkarte dieser Aufwand nicht erforderlich, da alle erforderlichen Daten im Chip enthalten sind.
- Zudem entfällt die bei Vorlage von Kreditkarten bei jedem Zahlungsvorgang notwendige teure **Leitungsverbindung** zu den Bankrechnern, die bisher hergestellt werden musste, um den Kontostand festzustellen.
- Chipkarten gewinnen zunehmend auch als Mitgliedsausweise an Bedeutung, z. B. bei Krankenkassen, Sportvereinen usw.

Elektronisches Lastschriftverfahren (ELV): Beim ELV erteilt der Inhaber einer Girocard dem Händler die Ermächtigung, den Kaufpreis mit einer Lastschrift von seinem Konto einzuziehen. Im Gegensatz zum Electronic Cash wird beim kostengünstigeren **ELV** auf die ergänzende Eingabe der Geheimnummer verzichtet. Dieses System ermöglicht dem Händler die automatische Erstellung einer Einzugsermächtigung unter Verwendung der Girocard. Die Legitimation des Karteninhabers erfolgt durch seine Unterschrift. Bei diesem Verfahren übernimmt die Karten ausgebende Bank keine Zahlungsgarantie, sodass der Kontoinhaber Belastungen seines Kontos aus ELV-Lastschriften widersprechen kann. Die Lastschrift kann auch von der kontoführenden Bank mangels Deckung zurückgegeben werden. Dieses Risiko kann durch das Abfragen einer Sperrdatei vermindert, jedoch nicht ausgeräumt werden. Der Karteninhaber hat aber durch die Erteilung der Einzugsermächtigung dem Kreditinstitut die Einwilligung gegeben, dem Handelsunternehmen auf Anfrage seinen Namen und seine Adresse mitzuteilen.

Homebanking: Unter Homebanking (Onlinebanking) versteht man die elektronische Kontoführung durch Nutzung von **Onlinediensten (z. B. T-Online)**. Der Kontoinhaber kann mithilfe seines PC und entsprechender Software Kontoinformationen abrufen oder Zahlungsaufträge erteilen. Die Verbindung zum Onlinedienst wird über das Telefonnetz hergestellt.

- Der Kunde stellt die Verbindung zum Onlinedienst über ein persönliches Passwort her.
- Der Kunde gibt seine **persönliche Geheimzahl (PIN = persönliche Identifikationsnummer)** ein, der Zugriff auf das Onlinekonto steht offen.
- Der Kunde benötigt für jede Aktion bzw. Transaktion (Abfrage Kontostand, Veranlassung einer Überweisung) eine **Transaktionsnummer (TAN)**. Diese Nummer erhält der Kunde von seinem Geldinstitut. Diese Transaktionsnummern werden nach und nach verbraucht.

Trotz aller Sicherheitsmaßnahmen besteht beim Onlinebanking immer ein bestimmtes **Risiko**, dass Internetkriminelle an persönliche Daten gelangen und diese missbrauchen. Eine PIN sollte niemals auf der Festplatte eines Rechners abgespeichert werden (Schutz vor Hackern), ferner sollten E-Mails vor allem mit Anhängen fragwürdiger Herkunft nicht geöffnet werden (Schutz vor Sabotage). Die TAN sollte erst dann eingetragen werden, wenn sie für die Überweisung benötigt wird (Schutz vor Missbrauch).

PRAXISTIPP Informieren Sie sich als Online-Banknutzer über mögliche Gefahren und beachten Sie grundlegende Sicherheitstipps.

Die zurzeit sicherste Lösung besteht beim Onlinebanking in der Nutzung einer **HBCI-Karte** (Homebanking Computer Interface) mit einem Chipkartenleser, der die sichere PIN-Eingabe unterstützt. Bei diesem Verfahren kann weder der Schlüssel der Karte von Dritten ausgelesen werden noch ist das Belauschen der PIN-Eingabe möglich.

Telefon-Banking: Eine weitere Entwicklung des Zahlungsverkehrs stellt der Telefon-Service der Geldinstitute dar. Mit einer persönlichen Telefon-Geheimzahl hat jeder Kontoinhaber zu jeder Zeit und von jedem Ort aus Zugriff auf sein Konto. Der Kontoinhaber kann

- seinen Kontostand abfragen
- zusätzliche schriftliche Kontoauszüge anfordern
- Überweisungen veranlassen
- Daueraufträge einrichten, ändern, löschen sowie
- Zahlungsvordrucke bestellen.

Belegloser Datenträgeraustausch: Die Geldinstitute haben den **Elektronischen Zahlungsverkehr für Individualüberweisungen (EZÜ)** eingeführt, um den Zahlungsverkehr zu rationalisieren. Hierbei werden per Beleg erteilte Überweisungsaufträge beim beauftragten Geldinstitut oder beim Auftraggeber in Datensätze umgewandelt. Diese Daten werden auf elektronischen Datenträgern (z. B. Magnetbänder, CD-ROM oder DVD) erfasst und im Rahmen des **beleglosen Datenträgeraustauschs** zwischen den Geldinstituten weitergeleitet und verrechnet. An die Stelle des Beleges tritt somit ein Datensatz, der mithilfe **elektronischer Datenträger** oder der **Datenfernübertragung** (elektronische Leitungsverbundnetze) vom Auftraggeber über die Kreditinstitute und deren Clearingstellen bis zum Konto des Zahlungsempfängers bzw. des Zahlungspflichtigen weitergeleitet wird.

Beispiel Die Center Warenhaus GmbH gibt der Sparkasse KölnBonn statt 250 Überweisungen eine CD-ROM, auf der alle auszuführenden Überweisungen als Datensatz enthalten sind.

Durch den **elektronischen Datenaustausch** (EDI, vgl. Seite 338) von Computer zu Computer können Zahlungsbelege vollautomatisch zwischen dem Unternehmen und seiner Bank über Onlinenetze abgewickelt werden.

Kostenvergleich im Zahlungsverkehr

Zahlungsmöglichkeiten	Bei einem Betrag von 1.500,00 EUR entstehen Kosten in Höhe von ...	Kosten sind zu zahlen vom ...
Barzahlung	keine	–
Halbbare Zahlung		
– Zahlschein	etwa 2,00 EUR bis 3,00 EUR (Einzahlung auf Girokonto bei eigenem/anderem Geldinstitut)	Zahler
– Barscheck	anteilige Buchungsentgelte, abhängig vom Kreditinstitut, je nach Geldinstitut 0,20 EUR bis 0,30 EUR je Normalposten (bei Geschäftskonten); bei privaten Girokonten wird oft ein pauschaler Promillesatz von den Gutschriften (z. B. Gehalt, Versicherungsleistungen) einbehalten.	Zahler
– Postnachnahme	2,00 EUR Nachnahmeentgelt + 2,00 EUR Zahlscheinentgelt (bei Einzahlung auf Postbankkonto) für die Geldübermittlung + Beförderungsentgelt (Postkarte z. B. 0,45 EUR; Paket, abhängig vom Gewicht, z. B. 5 kg 6,90 EUR)	Empfänger
Bargeldlose Zahlung	Kreditinstitute	
– Überweisung	anteilige Buchungsentgelte	Zahler
– Dauerauftrag	anteilige Buchungsentgelte	Zahler
– Lastschriftverfahren	anteilige Buchungsentgelte	Empfänger
– Sammelüberweisung	Buchungsentgelte je Überweisung sind geringer als bei einem Einzelauftrag	Zahler
– Eilauftrag/-überweisung	5,10 EUR bis 7,60 EUR/13,00 EUR	Zahler
– Electronic Cash	Für Umsätze bis 25,00 EUR 0,08 EUR je Transaktion, für Umsätze über 25,00 EUR 0,3 % des Umsatzes	Empfänger
– Chip-Karte	anteilige Buchungsentgelte und Girocard-Entgelt für 3 Jahre 60,00 EUR Pro Buchung 0,3 % vom Kaufbetrag, mindestens 0,01 EUR	Zahler Empfänger
– Kreditkarte, z. B. Mastercard	20,00 EUR Kartenentgelt pro Jahr ca. 2–4 % vom Umsatz Buchungsentgelt 60,00 EUR	Zahler Empfänger

Bargeldlose Zahlung und Zahlungsvereinfachungen

- Voraussetzung für den bargeldlosen Zahlungsverkehr ist, dass **sowohl der Schuldner als auch der Gläubiger ein Konto haben**.
- Bei der Überweisung findet eine **Umbuchung vom Konto des Schuldners auf das Konto des Gläubigers statt**.

Sonderformen der Überweisung

- **Dauerauftrag**
  - wird bei regelmäßig wiederkehrenden Zahlungen in gleicher Höhe genutzt
- **Lastschriftverfahren**
  - **Einzugsermächtigung**
    - **Vollmacht** des Kontoinhabers **an den Gläubiger**
  - **Abbuchungsauftrag**
    - **Auftrag** vom Kontoinhaber **an sein Geldinstitut**, Geldbeträge abbuchen zu lassen
    - ermöglicht dem Gläubiger, ohne vorherige Rückfrage beim Schuldner offene Beträge einzuziehen bzw. abbuchen zu lassen
- **Sammelüberweisung**
  - Schuldner kann Überweisungen an verschiedene Gläubiger kostengünstig ausführen lassen
- **Eilüberweisung**
  - bei besonders dringlichen Überweisungen

- **Kreditkarten**: Kreditkartenunternehmen geben gegen Entgelt Karten aus, mit denen Kunden bei allen Vertragsunternehmen (Hotels, Handelsbetriebe, Restaurants usw.) bargeldlos bezahlen können.
- **Kundenkarten**: Einzel-, Großhändler und Dienstleistungsunternehmen geben an Kunden Karten aus, mit denen diese bei ihnen bargeldlos und auf Kredit einkaufen können, wenn sie eine Kreditkartenfunktion haben.
- **Electronic-Banking-Systeme**
  - Electronic Cash
  - Homebanking
  - Elektronisches Lastschriftverfahren
- **Electronic Cash**: Bei einem Zahlungsempfänger befindet sich ein Gerät, das die Daten einer Girocard lesen kann. Hierdurch wird die Kontendeckung beim Kunden überprüft und eine Zahlung vom Konto des Kunden auf das Konto des Gläubigers eingeleitet.
- **Elektronisches Lastschriftverfahren (ELV)**: Einzugsermächtigungsverfahren ohne Zahlungsgarantie durch Ausdruck eines Lastschriftbelegs, den der Kunde unterschreiben muss.

- **Homebanking**: Elektronische Kontoführung durch Nutzung von Onlinediensten.
- **Chipkarte**: Karte mit Mikrochip, auf dem Guthaben gespeichert ist.
- **Telefon-Banking**: Abwicklung des Zahlungsverkehrs mithilfe des Telefons.
- Beim **beleglosen Zahlungsverkehr** (EDI, elektronischer Datenaustausch) werden unbare Zahlungen auf elektronischen Medien oder im Wege der Datenfernübertragung weitergeleitet (= **belegloser Datenträgeraustausch**).

1. Beschreiben Sie die wesentlichen Unterschiede zwischen halbbarer und bargeldloser Zahlung.

2. In welchen Fällen würden Sie einen Dauerauftrag, eine Einzugsermächtigung oder einen Abbuchungsauftrag erteilen? Geben Sie jeweils drei Beispiele an.

3. Erläutern Sie, welche Vorteile der bargeldlose Zahlungsverkehr für den Schuldner und den Gläubiger hat.

4. Die Center Warenhaus GmbH muss täglich etwa 80 Überweisungen tätigen.
a) Geben Sie an, welche Sonderform der Überweisung die Center Warenhaus GmbH in Anspruch nehmen kann.
b) Erläutern Sie die wesentlichen Merkmale dieser Überweisung.

5. Beschaffen Sie sich bei Ihrem Kreditinstitut und der Postbank AG Vordrucke zum Zahlungsverkehr (Materialsammlung) und erstellen Sie daraus eine Übersicht, in der Sie die Formulare der Bargeldzahlung, der halbbaren und bargeldlosen Zahlung zuordnen.

6. Die Center Warenhaus GmbH hat von der Schuhfabrik Mata OHG eine Sendung Schuhe erhalten. Nach zehn Tagen soll der Rechnungsbetrag (Rechnungsnummer 529856/93 vom 16. November 20..) über 22.800,00 EUR abzüglich 2 % Skonto bezahlt werden. Die Center Warenhaus GmbH hat ein Girokonto bei der Sparkasse KölnBonn, Bankleitzahl 370 501 98, Kontonummer 02 520 138, der Lieferbetrieb bei der Volksbank Pirmasens, Bankleitzahl 542 900 00, Kontonummer 231 987 654. Füllen Sie eine Überweisung aus.

7. a) Erläutern Sie anhand eines Beispiels den Ablauf eines Zahlungsvorganges mithilfe von Chipkarten.
b) Geben Sie an, welche Vorteile sich für Chipkarteninhaber aus der Nutzung einer Chipkarte ergeben.

8. Beurteilen Sie Electronic Cash im Vergleich zu Einkäufen mit Kundenkarten und Kreditkarten aus der Sicht eines Kunden.

9. Erläutern Sie a) Telefon-Banking, b) Homebanking.

10. Sie sind an einem Kassenterminal beschäftigt. Ein Kunde schiebt seine Girocard in das Lesegerät. Nach kurzer Zeit erscheint auf dem Display: „Betrag kann nicht gebucht werden." Der Kunde errötet und ist peinlich berührt. Andere Kunden in der Warteschlange an der Kasse bemerken es, ein Kunde ruft laut: „Da hat wieder jemand sein Konto total überzogen!" Erläutern Sie, wie Sie sich verhalten sollten.

7 Kassiervorgänge abwickeln

7.1 Kassenorganisation, -arten, -systeme und Kassieranweisungen

Sabine Freund wird in der Vorweihnachtszeit an der Kasse eingesetzt. Es herrscht den ganzen Tag über ein großer Kundenandrang. Am späten Nachmittag gibt es Ärger mit einem Kunden. Dieser behauptet, er habe Sabine einen 100,00-EUR-Schein gegeben. Sabine ist der Ansicht, sie habe nur einen 50,00-EUR-Schein erhalten. Sie ist verunsichert, da sie den erhaltenen Geldschein bereits in die Kasse zu den anderen Scheinen einsortiert hat.

ARBEITSAUFTRÄGE

- Stellen Sie fest, wie Sabine überprüfen kann, ob sich der Kunde im Recht befindet.
- Erstellen Sie eine Arbeitsanweisung für die Kassierer der Center Warenhaus GmbH, wie sich diese zukünftig an der Kasse verhalten sollen, damit sich ein solcher Vorfall nicht wiederholen kann.

● Kassenorganisation

Zum Abschluss der Kaufhandlung begleicht der Kunde den Warenpreis an der Kasse. Er zahlt häufig bar, aber zunehmend mit Kundenkarte, Girocard, Kreditkarte und gelegentlich mit Scheck.

Aus der Bedeutung der Barzahlung im Einzelhandel ergibt sich die Forderung nach einer sinnvollen Kassenorganisation und genauen Kassenkontrolle.

Die Kassenorganisation ist in den Einzelhandelsunternehmungen unterschiedlich aufgebaut.

Kleine Einzelhandelsunternehmungen	Größere Geschäfte Waren- und Kaufhäuser mit Bedienung und Vorwahl	Selbstbedienungsunternehmungen mit großer Kundenfrequenz
eine Kasse	mehrere Kassen – Abteilungskassen – Warengruppenkassen – Sammelkassen	viele Kassen nebeneinander am Geschäftsausgang, jeder Kunde muss zwangsläufig an einer Kasse vorbei (Check-out-System)

Beispiel In der Center Warenhaus GmbH befindet sich in jeder Abteilung eine Kasse und für alle Abteilungen gibt es eine Hauptkasse. In der Abels-Bau- und Hobbymarkt GmbH, der Kaufland eG, Getränkemarkt Gerhards KG und im Garten Center befinden sich am Ausgang mehrere Kassen nebeneinander.

An eine gute Kassenorganisation sind **folgende Anforderungen** zu stellen:

- zügiger und fehlerfreier Zahlungsvorgang,
- fehlerfreie Erfassung aller Bareinnahmen (= Tageslosung und sonstige Einnahmen),
- Erfassung aller Barausgaben (z. B. Einlösung von Kundengutschriften),
- Kontrollmöglichkeiten (z. B. Durchführung eines Kassensturzes, d. h. Feststellung des momentanen Kassenbestandes = Istbestandes und Vergleich mit dem Sollbestand der Kasse),
- Auswertungsmöglichkeiten (z. B. Feststellung der Kundenzahl, des Tagesumsatzes, Möglichkeiten der schnellen Nachbestellung usw.),
- Kontrolle der Warenbestände, des Absatzes und Umsatzes einzelner Artikel, Sortimentsgruppen,
- Kundenkontrolle (Kundenzahl, Umsatz je Kunde, Zeiten der stärksten Frequenz zur Planung des Personaleinsatzes),
- Personalkontrolle (Umsatz einzelner Abteilungen, Warengruppen, Umsatz je Verkäufer).

Kassenarten und -systeme

Im Einzelhandel findet man je nach betriebsbedingten Erfordernissen verschiedene Kassenarten (vgl. Seite 373).

Arten von Kassen

Mechanische Registrierkassen	Der Verkaufspreis wird in die Kasse eingegeben. Die eingegebenen Preise werden intern mechanisch addiert. Die eingetippten Zahlen werden auf einem Kontrollstreifen durch ein Druckwerk aufgezeichnet. Auf dem Kassenbon werden im Wesentlichen die Preise ausgedruckt. Auswertungen sind bei diesen Kassen kaum möglich, sie sind nur noch selten in Einzelhandelsgeschäften anzutreffen.
Elektronische Registrierkassen	Diese Kassen verfügen über ein Rechen- und Schreibwerk und haben begrenzte Speichermöglichkeiten. So können gespeicherte Verkäufe nach verschiedenen Gesichtspunkten (Warengruppen, Zahlungsarten, Verkäufer) zusammengefasst werden. Auf dem Kassenbon werden der Name des Geschäfts, das Datum, die Uhrzeit und sonstige Verkaufsinformationen ausgedruckt.
Elektronische Datenkassen (Scannerkassen)	Elektronische Datenkassen sind Computer; sie sammeln und verarbeiten alle eingegebenen Daten und halten sie auf Datenträgern (DVD, Festplatte, CD-ROM) fest. Je nach eingesetzter Software sind unterschiedlichste Auswertungen möglich. Die Dateneingabe erfolgt entweder durch das Kassenpersonal über die Tastatur per Hand, meistens jedoch automatisch mithilfe von Scannern oder Lesepistolen. Voraussetzung dafür ist, dass alle Artikel mit einem maschinenlesbaren Code (EAN-Code, Magnetstreifencode oder OCR-Schrift, vgl. Seite 367) ausgezeichnet sein müssen. Elektronische Datenkassen können mit zusätzlichen Erfassungsgeräten und Ausgabeeinheiten ausgestattet werden. **Beispiele** Rückgeldgeber, Magnetkartenleser für Girocards, Kreditkarten, verbundfähige Computerwaagen, Internetanschluss zur Übertragung von Daten Auf dem Kassenbon können alle möglichen Daten wie Artikelbezeichnung, Preis, Gesamtbetrag, Datum, Uhrzeit, Umsatzsteuer, Name und Adresse des Unternehmens, Verkäufer, Werbehinweise usw. ausgedruckt werden. Ferner sind mit diesen Kassen die Kontrolle des Absatzes und Umsatzes einzelner Artikel und Artikelgruppen möglich, außerdem detaillierte Finanzberichte, kunden- und verkäuferbezogene Umsatzkontrollen (vgl. Seite 371 ff.).

Während kleine Einzelhandelsgeschäfte meistens nur eine Kasse (**Einzelkassen**) haben, findet man in großen Einzelhandelsgeschäften Verbundkassen. Von **Verbundkassen** spricht man, wenn alle Kassen mit einem zentralen Datenspeicher verbunden sind. In diesem Datenspeicher werden die Artikeldaten, Kundendaten und Liefererdaten für alle Kassen gemeinsam verwaltet.

Beispiel In der Center Warenhaus GmbH sind alle Kassen mit dem zentralen Datenspeicher in der Verwaltung verbunden. Hier sind alle Artikel mit ihrem EAN-Code hinterlegt, ebenso die Daten der Stammkunden und für Nachbestellungen die Daten der Lieferer.

○ Aufbau von Kassen

Der Aufbau der Kassen kann anhand der **Tastatur**, der **Bedieneranzeige**, der **Führungsanzeige** und der **Kundenanzeige** beschrieben werden.

- Mit der **Tastatur** werden die Daten eingegeben. Die Eingabe erfolgt bei allen Modellen über eine internationale Zehnertastatur und die Funktionstasten.

  Beispiel Soll bei der Center Warenhaus GmbH die Verkäufernummer eingegeben werden, wird die entsprechende Funktionstaste und die dazugehörige Verkäufernummer eingegeben.

- Durch die **Bedieneranzeige** wird es dem Kassenpersonal ermöglicht, die eingegebenen Daten zu kontrollieren. Falls ein Fehler unterlaufen ist, kann der Kassenbenutzer die Eingabedaten noch korrigieren, da sich die Daten erst in einem Zwischenspeicher befinden.
- Die **Führungsanzeige (Hilfemenü)** ist oft zusammen mit der Bedieneranzeige installiert. Sie gibt dem Kassenpersonal Hilfestellung beim Ablauf des Kassiervorgangs. Dies kann durch das Aufleuchten von Symbolen oder von Textanweisungen geschehen.
- Die **Kundenanzeige** informiert den Käufer über den registrierten Artikelpreis und die Gesamtsumme, daher ist sie in der Regel an einer für den Kunden gut sichtbaren Stelle angebracht.

  Eine neuere Form von Kassen stellen die **SB-Kassen** dar. Hierbei wickelt der Kunde den Bezahlvorgang selber ab, indem der Kunde den Strichcode eines jeden Artikels an das Lesegerät hält und danach den Artikel auf das Band legt. Anschließend wird ein Kassenbon ausgedruckt. Der Kunde geht mit diesem zur Zahlstation und bezahlt seinen Einkauf.

An Datenkassen können verschiedene weitere Geräte (Hardware, vgl. Seite 353) angeschlossen werden.

Kundenkarten-, Girocard-, Kreditkartenleser: Wenn ein Einzelhändler Kundenkarten ausgibt, können seine Kunden bargeldlos mit der Kundenkarte bezahlen (vgl. Seite 341). Die Kaufsumme wird dann vom Bankkonto des Kunden abgebucht. Ähnlich verläuft die Zahlung mit Kreditkarten und Girocard. Die auf den Karten (Datenträger) vorhandenen Daten werden von der Datenkasse gespeichert und sofort oder später verarbeitet.

Scanner, Lesepistolen: Wenn die Artikelauszeichnung in computerlesbarer Form vorliegt, z. B. EAN-Code (Balkencode, „Zebrastreifen“, vgl. Seite 366), dann können durch die Abfolge von Strichen (Balken) mit einem Scanner die Daten erfasst werden. Ist die Lesevorrichtung fest im Kassentisch eingebaut, so spricht man von einem „Scanner“ (scan = einlesen). Daher werden Datenkassen auch häufig als Scannerkassen bezeichnet. Bewegliche (mobile) Scanner werden auch **Scannerpistolen** genannt.

Stationäre Scanner werden besonders im Lebensmitteleinzelhandel eingesetzt. Dabei wird die Ware vom Kassierenden über ein Sichtfenster geführt. Im Kassendisplay erscheinen die Artikelbezeichnung und der Laden-/Auszeichnungspreis. **Mobile Scanner (Lesepistolen)** erleichtern die Dateneingabe besonders bei schweren und sperrigen Waren.

Beispiele Waren in Baumärkten, Möbelgeschäften

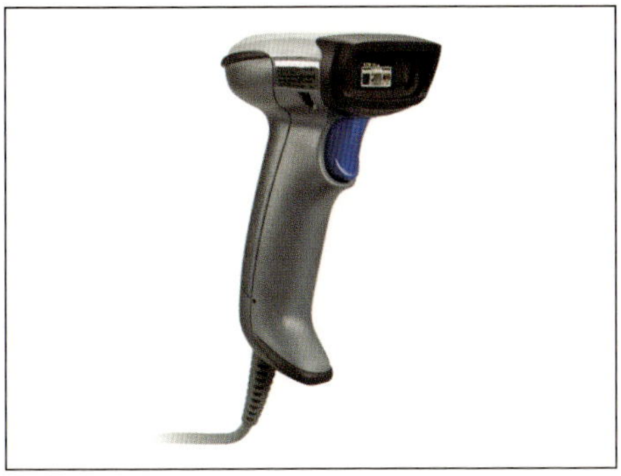

Mobiler Handscanner zur Erfassung von schweren und sperrigen Waren

Strichcode-Lesestift

Klarschriftleser, **Markierungsleser**: Es gibt Schriftarten, die ebenfalls computerlesbar sind, z. B. die OCR-A-Schrift (vgl. Seite 367 f.); man findet diese Schrift u. a. auf Schecks und Überweisungen. In einigen Branchen werden Markierungsbelege verwendet, das sind z. B. Etiketten, auf denen in bestimmten Feldern Markierungen (Striche, Kreuze wie bei einem Lottoschein) vorgenommen werden können. Die Anordnung dieser Markierungen ergibt einen Code, z. B. die Artikelnummer, den Artikelpreis usw. Mit Lesegeräten werden diese Daten an der Datenkasse erfasst.

Stationärer Scanner zur Erfassung kleinerer Artikel

Datenkassen erfassen alle wichtigen Verkaufsdaten. Der Kunde erhält einen **„sprechenden" Kassenbon**. Hiermit kann der Kunde seine Einkäufe kontrollieren und der Einzelhändler kann den Kassenbon für Informationen über den Kunden nutzen. Die Verkaufsdaten werden in allen Einzelheiten ausgegeben und gespeichert.

Datenkassen und die angeschlossene Hardware können einzeln oder im **Kassenverbund** vertrieben werden. Sind mehrere Datenkassen miteinander verbunden, so werden sie entweder über den Zentralrechner oder über eine **Master-Kasse** (Haupt- oder Zentralkasse) gesteuert.

Nach Kassenschluss oder bei Wechsel des Kassenpersonals wird von der Datenkasse ein **Kassenbericht** erstellt, der alle Verkaufsdaten umfasst. Er liefert Informationen, die für viele betriebswirtschaftliche Entscheidungen genutzt werden können.

Beispiele Durchschnittlicher Bargeldbestand, Kundenkennziffern, Manko-Übersichten, Kassenfrequenz, Fehleingaben des Kassenpersonals, Leistung des Kassenpersonals.

Kassenbon		Erläuterung
CENTER WARENHAUS GMBH KÖLN		Name des Betriebes
SCHL. BANDAGE	2,50 H	Artikelbezeichnung, H = 7 % MWSt
SCHL. BANDAGE	2,50 H	
RECHEBESEN	9,80 V	Artikelbezeichnung, Preis, V = 19 % MWSt
GARD,STIL	9,40 V	
SUMME	24,20	Gesamtbetrag
4 ART.—— SUMME ——	24,20	Anzahl der Artikel
PFANDSCHEIN	12,30	Kundengutschrift
SUMME	11,90	Vom Kunden zu zahlender Betrag
BAR	20,00	Kundenzahlung
ZURÜCK	8,10	Wechselgeld
MWST 19,0% VON 19,20	3,06	Mehrwertsteueranteil
MWST 7,0% VON 5,00	0,33	
..-01-02 13:11 0013 16 0110 62		Datum, Uhrzeit, Filialnummer, Kassennummer, Kundenzahl, Bedienungsnummer des/der Kassierers/in
VIELEN DANK - AUF WIEDERSEHEN		

Kassieranweisungen

Der Kassiervorgang erfolgt an der Kasse in **mehreren Schritten**:

Der Verkäufer/die Verkäuferin muss

1. den Preis bzw. bei Datenkassen die Artikelnummer des verkauften Artikels erfassen,
2. falls vorhanden, eine Kundenkarte durch das Lesegerät ziehen, um eventuelle Rabatte zu berücksichtigen und dann den Gesamtbetrag über die Kasse errechnen, den der Kunde zahlen muss,
3. dem Kunden den Gesamtbetrag mitteilen und den vom Kunden empfangenen Geldbetrag laut und deutlich nennen, das Geld neben die Kasse oder auf die dafür vorgesehene Geldablage legen und den Wert des entgegengenommenen Betrages in die Kasse eintippen,
4. dem Kunden das errechnete bzw. von der Kasse errechnete Rückgeld aus der Kasse nehmen und dem Kunden vorzählen,
5. das Geld des Kunden geordnet in die Kasse legen,
6. dem Kunden die gekaufte Ware mit dem Kassenbon übergeben.

Kassenorganisation, -arten, -systeme und Kassieranweisungen

- Kassen sollten einen zügigen und fehlerfreien Zahlungsvorgang zur Erfassung aller Bareinnahmen und Barausgaben mit Kontrollen und Auswertungen ermöglichen.
- **Moderne Datenkassen**: Kassen am POS mit eigenem oder angeschlossenem Computer:

Aufgaben

- Speicherung der Verkaufsdaten
- Automatische Ermittlung der Gesamtbeträge
- Drucker für „sprechenden Kassenbon"
- Display für Kunden und Kassierer
- Automatische Ermittlung des Tagesumsatzes
- Erstellung eines aussagefähigen Kassenberichts

- **Anschließbare Hardware**
  - Scanner
  - Klarschriftleser
  - Markierungsleser
  - Drucker für Lastschriftverfahren
  - Kartenleser (Kundenkarten-, Kreditkarten-, Girocardleser)
  - Prüfgerät für Geldscheine
- **Kassenverbund**
  Mehrere Kassen sind zusammengeschlossen; über eine Masterkasse (Hauptkasse) werden die übrigen Kassen gesteuert.

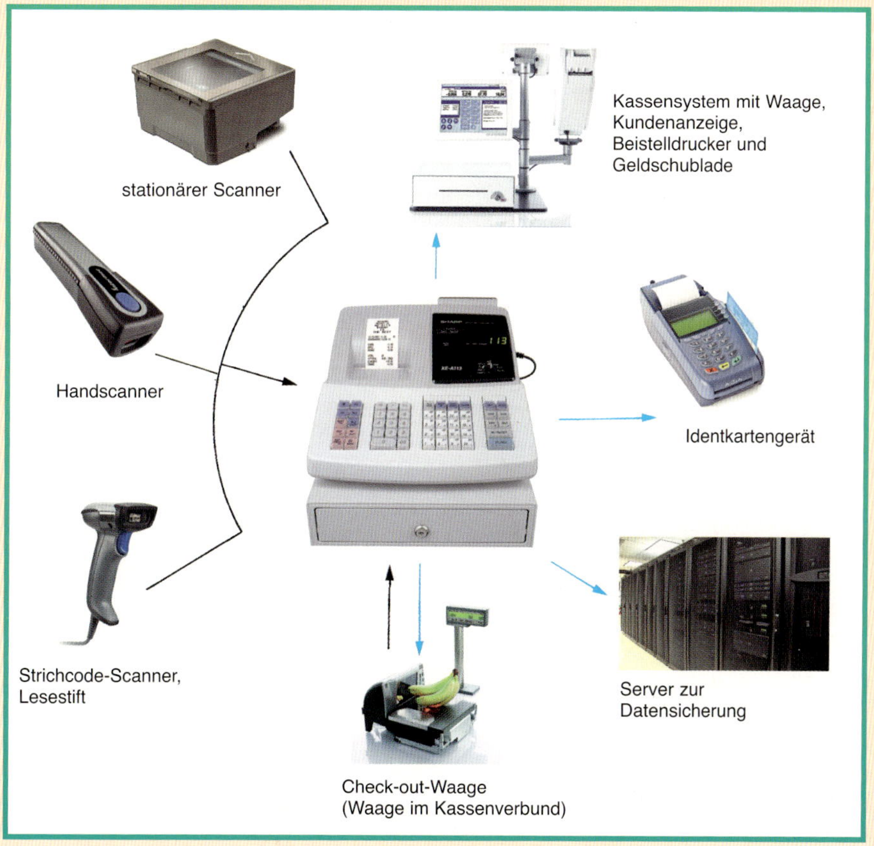

- **Die Kassieranweisungen** sollten immer beachtet werden.

1. Erläutern Sie die Anforderungen an eine gute Kassenorganisation.

2. Beschreiben Sie den ordnungsgemäßen Kassiervorgang an einer Kasse.

3. Erklären Sie, wie die Tageslosung ermittelt werden kann.

4. Erläutern Sie, welche Informationen man einem Kassenbericht einer Datenkasse entnehmen kann.

5. Beschreiben Sie den Ablauf der Verkaufsdatenerfassung in einem Kassenverbundsystem eines Lebensmitteleinzelhandelsbetriebes.

6. Ein Kunde möchte einen Artikel über 59,00 EUR bezahlen. Er gibt Ihnen einen 100-Euro-Schein und die Kundenkarte. Beschreiben Sie in 8 Schritten den Ablauf des Kassiervorgangs.

7.2 Belege an der Kasse und Unterlagen für den Kassiervorgang

Sabine Freund arbeitet in dieser Woche wieder an der Kasse bei der Center Warenhaus GmbH. Inzwischen hat sie sich gut eingelebt, das Kassieren und der Umgang mit den Kunden macht ihr viel Spaß.
Als Frau Sommer, die Geschäftsführerin des Warenhauses, sie bei einem Rundgang durch das Haus anspricht, ob ihr die Arbeit an der Kasse gefalle, antwortet Sabine: *„Die Arbeit macht mir hier richtig Spaß, nur eines gefällt mir nicht, ab und zu muss ich noch Belege wie Gutscheine, Reservierungen usw. von Hand ausstellen, da habe ich noch meine Schwierigkeiten."* Frau Sommer lächelt und sagt: *„Ach, wissen Sie, ich mache Ihnen einen Vorschlag. Sie haben doch am Montag wieder betriebsinternen Unterricht, bringen Sie doch einfach alle Belege mit, die Sie hier verwenden, Ihr Ausbilder wird Ihnen die Handhabung schon erklären."*

ARBEITSAUFTRÄGE

- Überprüfen Sie, welche Bedeutung Belege an der Kasse in einem Einzelhandelsunternehmen haben.
- Erstellen Sie eine Übersicht aller Belege an der Kasse in einem Einzelhandelsunternehmen.

LF 8 Im Einzelhandel sind an der Kasse eine Vielzahl von **Belegen und Unterlagen für den Kassiervorgang** gebräuchlich, die je nach Situation erforderlich sind. Belege und Unterlagen für den Kassiervorgang sind in erster Linie ein **Beweismittel** für den Verkäufer, welche Waren oder welche Dienstleistungen er an den Kunden verkauft oder übergeben hat, und für den Käufer, welche Waren oder Dienstleistungen er vom Einzelhändler erhalten und welche Zahlung er möglicherweise geleistet hat.

Jeder Einzelhändler muss im Rahmen seiner Buchführung Buchungen vornehmen. Alle Buchungen müssen nachgewiesen werden (z. B. gegenüber dem Finanzamt). Dies ist nur mithilfe von Belegen möglich. Aus diesen gehen sowohl der Zeitpunkt und die Art als auch die Ursache und Höhe eines Geschäftsvorgangs hervor. Belege enthalten also unentbehrliche Angaben für die Buchungen in der Buchführung. LF 8

Beispiel Aus dem Bankauszug der Center Warenhaus GmbH ist ersichtlich, welcher Scheck in welcher Höhe wann eingelöst wurde.

Kassenbon, Kassenzettel, Quittungsvordruck

Als Beweis für seine Zahlung erhält der Kunde einen **Kassenbon** (vgl. Seite 329), einen **Kassenzettel** (vgl. Seite 329) oder einen besonderen **Quittungsvordruck**, aus denen der Kunde eine Menge Daten ersehen kann. Diese Belege enthalten u. a. die **Art und Menge** der verkauften **Waren**, das **Datum** des Verkaufstages, den **Nettowarenwert** (Nettobetrag), die **Umsatzsteuer** und den **Gesamtbetrag** (Bruttowarenwert). Liegt der Kaufpreis einer Ware **über 150,00 EUR**, so ist der Einzelhändler aus steuerrechtlichen Gründen verpflichtet, die **Umsatzsteuer** gesondert auszuweisen. Da im Einzelhandel die Waren brutto ausgezeichnet werden, muss der Einzelhändler aus diesem Bruttowarenwert die Umsatzsteuer herausrechnen. Dieses geschieht bei den heutigen Computerkassen automatisch. Insbesondere wenn Kunden Kaufleute oder Handwerker sind, ist ein Beleg mit gesonderter Ausweisung der Umsatzsteuer erforderlich, da diese Kunden diese Belege für ihre Buchführung benötigen. Bei der Trennung von Kasse und Warenausgabe geht der Kunde zuerst mit dem Kassenzettel zur Kasse und bezahlt den Rechnungsbetrag. Das Original des Kassenzettels bleibt bei der Kasse, je einen Durchschlag erhalten der Kunde und der Packtisch. Am Packtisch erhält der Käufer gegen Vorlage des quittierten Kassenzettels seine Ware. LF 11

Gutscheine ausstellen und einlösen

Im Rahmen des Umtauschs, der Reklamation (vgl. Seite 335) und beim Geschenkkauf kann einem Kunden an der Kasse ein Gutschein (eine Gutschrift) ausgestellt werden, wenn der Kunde momentan keinen anderen Artikel wählt. Mit dem Gutschein kann er LF 10

innerhalb der angegebenen Frist oder zeitlich unbegrenzt einen beliebigen Artikel in dem Geschäft kaufen. Insbesondere beim Geschenkkauf können unentschlossene Kunden auf Geschenkgutscheine hingewiesen werden, um den Umtausch von Waren zu vermeiden. Der Einzelhändler erhält bereits vom Kunden Geld für Waren, die erst zu einem späteren Zeitpunkt übergeben werden.

Sonderfälle an der Kasse

Öffnen der Kasse ohne Kaufvorgang: Wird die Kasse ohne Verkaufsvorgang geöffnet, wenn also die Nulltaste (je nach Kassensystem gibt es auch andere Bezeichnungen) gedrückt werden muss, dann sollte eine Kassenaufsichtsperson gerufen werden, die den Vorgang durch Unterschrift auf dem Nullbon oder einem speziellen Vordruck bestätigt.

Vertippte Beträge: Wurde ein falscher Betrag, also zu viel oder zu wenig, registriert, muss ebenfalls eine Aufsichtsperson gerufen werden, die den Vorgang durch Unterschrift auf dem Bon oder einem speziellen Vordruck bestätigt (**Bonabbruch/Bonstorno**).

Ein Kunde hat verschiedene Möglichkeiten, mit einer **Karte** (vgl. Seite 341 ff.) bei einem Einzelhandelsunternehmen ausstehende Rechnungsbeträge zu bezahlen. Entscheidend ist bei allen Karten, dass sie auf ihre **Gültigkeit** zu überprüfen sind.

Zahlung per Girocard als ec-Cash (vgl. Seite 356 f.): Der Kunde gibt dem Kassierer seine Girocard, diese wird durch ein Lesegerät gezogen, der Kunde muss seine **Geheimnummer (PIN**, vgl. Seite 356) per Tastatur eingeben. Das Kassenterminal ist über eine Datenleitung mit der Bank verbunden, dort wird elektronisch in Sekundenschnelle überprüft, ob Karte und Geheimzahl übereinstimmen und ob der Rechnungsbetrag gedeckt ist. Der Kunde erhält über diesen Vorgang einen Beleg. Der Betrag wird dem Kunden von seinem Konto abgebucht. Mit Electronic-Cash kann ein Kunde täglich Waren bis zu einer Höchstgrenze, die die Banken ihren Kunden einräumen (z. B. 2.000,00 EUR pro Tag), einkaufen.

Bonabbruch / Bonstorno

Datum: 17. 06. ...

Filiale: Köln

Name: Sabine Freund

Verkäufer-Nr.: 2604

Grund: ☒ Tippfehler
☐ Kunde hatte kein Geld
☐ Sonstiges:

(Bitte angeben)

Sabine Freund
Unterschrift Verkäufer/in

i. A. Elena Gutowski
Unterschrift Abteilungsleitung

Bitte Bon hier befestigen

CENTER WARENHAUS / KÖLN
FI 096/1-2765
Aachener Str. 1250
50859 Köln
0221/4171-18

Terminal-ID: 65583695
ec-Nr 020944 Bnr 6666

Kartenzahlung
electronic cash

EUR 19,98

Datum 01.04... 16:03 Uhr
Kto 37040044/0310914700
Karte 1 gültig bis 12/0..
Steuernummer: 223/514/8546
Ust-IDNr.: DE-835872142
AIDPara 40005103C2
AID 9CA92867

*** Zahlung erfolgt ***

Zahlung per Girocard als elektronisches Lastschriftverfahren (vgl. Seite 343): Der Käufer benötigt hier **keine Geheimnummer**. Es wird von der Kasse ein Beleg erstellt, den der Kunde unterschreibt. Damit hat der Kunde dem Einzelhandelsunternehmen eine **schriftliche Einzugsermächtigung** erteilt, von seinem Konto den ausstehenden Betrag einzuziehen. Der Kassierer vergleicht die Unterschrift auf dem Beleg mit der auf der Girocard. Das Original des Beleges bleibt in der Kasse, die Kopie erhält der Kunde. Auf dem Beleg sind werbewirksame Aufdrucke möglich.

```
KARTEN-NR: 9280 00110 0701 7359 A
GKK
KARTE GÜLTIG BIS 01/..

VU-NUMMER: 5035
20.06...  15:06 UHR - 01
TA-NR.: 0136
TERMINAL-ID: 030 40009
GENEHMIGUNGS NR.: vcoje
KASSEN-NR.: 0009
BELEGNR.  : 00061

ZAHLUNG EUR 219,00
            **GEBUCHT**

BITTE BELASTEN SIE MEIN KONTO
MIT DER OBEN GENANNTEN SUMME

          Petra Krämer
------------------------------------
           UNTERSCHRIFT

0035 0009  0009 00061 20.06... 15.06
   VIELEN DANK FÜR IHREN EINKAUF
```

Beispiel „Vielen Dank für Ihren Einkauf"

Zahlung per Fingerabdruck: In einigen Unternehmen wurde das Bezahlen per Fingerabdruck eingeführt. Hierbei wurde in Zusammenarbeit mit Kreditkartenunternehmen ein System geschaffen, das die Rillen auf dem Finger eines Menschen optisch erfasst, mit einem zuvor gespeicherten Abdruck vergleicht und ihn damit zweifelsfrei identifiziert. Diese Zahlungsweise ist einfach und fälschungssicher.

EC-Lastschrift

CENTER
Warenhaus GmbH
Aachener Str. 1250 · 50859 Köln
Tel.: 0221/4171-18
E-Mail: info@Center-Warenhaus.de

47202 8353 16 15.04.20.. 12:30:15

EC-Lastschrift 66,45 EUR
Terminal-ID: 065097652 POS-Nr.: 063755
LKZ: E Beleg-Nr.: 4722
BLZ: 38650000 Kto.: 0136006258

Kunde

Ausweis-Nr.:

Ich ermächtige hiermit das oben genannte Unternehmen, den angegebenen Betrag von meinem Konto durch Lastschrift einzuziehen. Für den Fall der Nichteinlösung oder des Widerspruchs gegen die Lastschrift weise ich meine durch oben angegebene Bankleitzahl bezeichnete Bank unwiderruflich an, dem Unternehmen auf Anforderung meinen Namen und meine Adresse vollständig mitzuteilen.

Ich willige ein, dass die oben genannten Daten vom Unternehmen zum Zweck der Lastschriftenbearbeitung bis zur Erledigung der Forderung gespeichert werden.

Ich willige ferner ein, dass die oben genannten Daten an die ______________________ -Bank zum Zweck der Lastschriftenbearbeitung übermittelt und dort bis zur Erledigung der Forderung gespeichert werden.

Ich bin damit einverstanden, dass nur im Falle der von mir zu vertretenden Nichteinlösung der Lastschrift die oben genannten Daten in eine Sperrdatei bei der Gesellschaft für Datenverarbeitung mbH (GfD), Industriestr. 10, 42929 Wermelskirchen, aufgenommen werden, auf die ausschließlich das Unternehmen Zugriff hat. Die Speicherung der Daten erfolgt ausschließlich zur Sicherung des Unternehmens vor weiterem Forderungsausfall durch Nichteinlösung. Eine Löschung erfolgt unverzüglich nach Begleichung des Rechnungsbetrages.

Petra Krämer
____
Unterschrift Kunde

Zahlung per Kundenkarte (vgl. Seite 341): Nicht alle von Einzelhandelsunternehmen herausgegebenen Kundenkarten haben eine Zahlungsfunktion. Kann ein Kunde mit seiner Kundenkarte jedoch bezahlen, erteilt der Kunde auf einem Beleg dem Einzelhandelsunternehmen eine einmalige Einzugsermächtigung über den Rechnungsbetrag.

K U N D E N K A R T E

Aachener Str. 1250
50869 Köln
Fon 0221 487960

Abels
Bau- und
Hobbymarkt
GmbH

020686 200/0492/0
HEIDI MEYER
RUPPICHTEROTH

```
         Abels Bau- und Hobbymarkt GmbH

   47202   8058   16   15.04.20.. 12:30:15

4000159070424 STANGENBOHNMARKANT
1  ST                       A          1,99
2702991       PFLANZKUEBEL Campana
1  ST                       B         44,99
4007167532609 PLANTANIA KUEBELPFLA
1  ST                       B          6,49
4007167532609 PLANTANIA KUEBELPFLA
1  ST                       B          6,49
4007167532609 PLANTANIA KUEBELPFLA
1  ST                       B          6,49
SONDERPUNKTECOUPON
Coupon 206200038697304204

ENDSUMME in EUR:                     66,45

             ELV                      66,45

Die Endsumme enthält an MwSt
 7,00 % MwSt A          1,86           0,13
19,00 % MwSt B         54,17          10,29

KUNDENKARTE:
PAYBACK Punkte:                          33
PAYBACK Punkte Coupon:                  150
PAYBACK Kundennr.:            2408627954825
-------------------------------------------
          Umtausch nur mit Kassenbon
 ******************************************
        Vielen Dank für Ihren Einkauf
           und viel Freude daran.

          Auf Wiedersehen in Ihrem
       Abels Bau- und Hobbymarkt GmbH.
          Für alle die mehr wollen.
```

Zahlung per Kreditkarte (vgl. Seite 340): Mit einem Kreditkartenterminal wird ein Beleg erstellt. Der Käufer unterschreibt diesen Beleg, der Verkäufer vergleicht die Unterschriften auf Karte und Beleg miteinander.

Personalkauf: Mitarbeiter eines Einzelhandelsunternehmens und deren Angehörige können im eigenen Unternehmen oft rabattbegünstigt einkaufen. Hierzu muss ein Personaleinkaufsschein vorgelegt werden. In diesem werden der Name des personalkaufbevollmächtigten Kunden und der Name und die Nummer des Mitarbeiters eingetragen.

CENTER
Warenhaus GmbH

Aachener Str. 1250
50859 Köln
Tel.: 0221/4171-18
E-Mail:
info@Center-Warenhaus.de

Personalkaufausweis

für den Sonderverkauf
vom 26.04... bis 08.05...

Name/Vorname/Personal-Nummer des Mitarbeiters
Freund, Sabine 2604

Name/Vorname des personalkaufbevollmächtigten Kunden
Freund, Eva

Ich versichere, dass der vorstehend bezeichnete Kunde mein Ehegatte oder ein mit mir in häuslicher Gesellschaft lebender Familien-Angehöriger ist und von mir ermächtigt ist, für mich einzukaufen.

Reparaturschein: Dieser besteht aus dem **Reparatur-Auftrag** und dem **Abholschein** für den Kunden. Es werden Name, Adresse und Telefonnummer des Kunden, die Reparaturauftragsnummer, das Datum der Entgegennahme, die Artikeldaten und der Reparaturauftrag festgehalten. Ferner kann eingetragen werden, ob es sich um einen Garantiefall handelt oder nicht, und welche Reparaturkosten entstehen können. Der Kunde sollte den Auftrag mit seiner Unterschrift bestätigen. LF 10

CENTER
Warenhaus GmbH
Aachener Str. 1250 · 50859 Köln
Tel.: 0221/4171-18
E-Mail: info@Center-Warenhaus.de

Reparatur-Auftrag N° 190224

Name: FRIESIN, JÖRN
Str., Nr.: ASBACHSTR. 10
PLZ, Ort: KÖLN Telefon: 0221/362044
Angenommen am: 16.08. . .
Voraussichtlich fertig am: 30.08. . .
Auszuführende Reparatur: SKIER KANTEN, SCHÄRFEN, WACHSEN, BINDUNG EINSTELLEN

Die Reparaturbedingungen habe ich zur Kenntnis genommen und erkenne sie hiermit an. Kostenvoranschläge sind nur verbindlich, wenn sie schriftlich abgegeben werden und als verbindlich bezeichnet werden

Jörn Friesin

Reparaturbedingungen der Center Warenhaus GmbH:

1. Reparaturen werden nur gegen Rückgabe dieses Scheines ausgeliefert. Die Firma ist berechtigt, jedoch nicht verpflichtet, die Identität des Überbringers nachzuprüfen.
2. Der Rechnungsbetrag ist mit der Fertigstellung der Reparatur fällig und in bar ohne Abzüge zu zahlen. Angaben über den voraussichtlichen Preis sind völlig unverbindlich,
3. Die Reparatur wird voraussichtlich zu dem umseitig angegebenen Termin fertiggestellt, spätestens aber innerhalb von 21 Tagen nach Annahme, soweit nicht ein späterer Termin vereinbart ist. Falls notwendige Ersatzteile nicht rechtzeitig beschafft werden können oder aus anderen von der Firma nicht zu vertretenden Umständen die fristgemäße Fertigstellung der Reparatur nicht möglich ist, entfällt jegliche Haftung der Firma.
4. Der Reparaturgegenstand muss innerhalb von 21 Tagen nach Annahme abgeholt werden bzw. 14 Tage nach einem vereinbarten späteren Termin. Für jeden weiteren Tag der Aufbewahrung wird ein Kostenbeitrag von EUR 0,50 berechnet. Die Firma ist auch berechtigt, den Reparaturgegenstand auf Kosten des Auftraggebers anderweitig unterzustellen.
5. Wird der Reparaturgegenstand nicht innerhalb einer Frist von 2 Monaten nach Annahme abgeholt, ist die Firma berechtigt, ihn im Wege der öffentlichen Versteigerung verkaufen zu lassen und den Erlös nach Abzug der Reparaturforderungen, Lager- und sonstigen Kosten zu hinterlegen.
6. Die Haftung der Firma für Beschädigungen und Verlust ist nach Ablauf der oben genannten Frist auf Vorsatz beschränkt. Soweit Versicherungsschutz besteht, kann der Auftraggeber im Schadensfall Ersatz verlangen.
7. Von uns festgestellte Mängel, die nicht den gesetzlichen Vorschriften entsprechen, werden von uns ohne Rücksprache mit dem Kunden behoben.

Reparatur N° 190224

Objekt: SKIER VÖLKL K 30
Angenommen am: 16.08. . .
Voraussichtlich fertig am: 30.08. . .

CENTER
Warenhaus GmbH
Aachener Str. 1250 · 50859 Köln
Tel.: 0221/4171-18
E-Mail: info@Center-Warenhaus.de

CENTER
Warenhaus GmbH
Aachener Str. 1250 · 50859 Köln
Tel.: 0221/4171-18
E-Mail: info@Center-Warenhaus.de

Reparatur

Ausgeführte Arbeiten:	Betrag
KANTEN GESCHÄRFT	
SKIER GEWACHST	
BINDUNG EINGESTELLT	
	20,00
Ersatzteile:	–
Kleinteile:	–
Schmiermittel:	–
Entsorgungskosten:	–
Gesamtbetrag, zahlbar netto Kasse:	20,00

Gutes muss nicht teuer sein!

CENTER
Warenhaus GmbH
Aachener Str. 1250 · 50859 Köln
Tel.: 0221/4171-18
E-Mail: info@Center-Warenhaus.de

CENTER
Warenhaus GmbH

Firmenstempel

Auswahlsendung (vgl. Seite 324): Insbesondere unentschlossenen Kunden wird angeboten, Waren unverbindlich und ohne Bezahlung mitzunehmen, um diese in Ruhe zu Hause prüfen zu können. Für den Einzelhändler hat dies den Vorteil, dass das Umtauschrisiko verringert wird. Der **Auswahlschein** beinhaltet die Kundendaten, die Daten der mitgenommenen Artikel, den Rückgabetermin, den Vermerk des Eigentumsvorbehalts und die Unterschrift des Kunden.

Beispiele Teppiche, Gardinen, Textilien

Auswahlschein 26600

Name: Patrik Hesse
Ort: 50858 Köln
Strasse: Römerst. 16
Telefon: 0221 162436

Firma:
CENTER
Warenhaus GmbH
Aachener Str. 1250 · 50859 Köln
Tel.: 0221/4171-18
E-Mail: info@Center-Warenhaus.de

Sie erhalten nachstehende Artikel zur Auswahl. – Die Ware bleibt bis zur völligen Bezahlung unser Eigentum. Sie haften für Schäden durch unsachgemäße Behandlung. Weitergabe an Dritte ist nicht gestattet. – Wir bitten Sie, die nicht gewählte Ware innerhalb von 3 Tagen zurückzugeben.

Artikel-Nr.	Artikel	Menge	Preis		Ware zurück am	Ware zurück Menge	Ware zurück Gegenzeichnung	Belastet mit KZ; Rechnung; Quittung; Nr.
169214	Skianorak	1	298	00				
169215	Skianorak	1	498	00				

Lager-Nr.:		Zustellung durch:		Bemerkung.
Datum:		Fahrer		
Verkf.-Nr.		Boten		
Gegenzeichnung:		Akquisiteur		
		Post		

Patrik Hesse
Unterschrift des Kunden

Urheberrechtlich geschützt, nachdruck verboten. BBE Formular-Nr. 8500 Vordrucke liefern: BBE Unternehmensberatungen

Quelle: BBE – Unternehmensberatung GmbH, Köln

Reservierung: Sie erfüllt die gleichen Aufgaben wie die Auswahlsendung. Reservierungen werden insbesondere solchen Kunden angeboten, die sich nicht so recht entscheiden können. Die Ware bleibt aber im Gegensatz zur Auswahlsendung beim Einzelhändler.

Reservierung **CENTER** Warenhaus GmbH
an zurückgelegter Ware befestigen!

Nr. 077065	Abteilung 06
Name des Kunden Rolf Dahm	
Ware reserviert bis ➧	Datum 20.04…
Kunde Unterschrift Rolf Dahm	Verkäufer Datum/Unterschrift Sabine Freund

120240 | 10.97

CENTER Warenhaus GmbH
Abschnitt für Kunde
Reservierung
Nr. 077065
Abteilung Textil/Sport
Filial-Nr. 0 9 6
Bezeichnung Herrenpullover
20.04…
Ihre Center Warenhaus GmbH reserviert für Sie Ware in o. a. Abteilung bis zu nebenstehenden Datum. Es gilt der Preis am Abholtag!
Center Warenhaus GmbH

Kundenbestellung: Möchte ein Kunde einen Artikel, den der Einzelhändler im Augenblick nicht vorrätig hat oder überhaupt nicht in seinem Sortiment führt, und lehnt er Alternativangebote (vgl. Seite 237) ab, kann der Einzelhändler eine Kunden- oder Sonderbestellung durchführen.

Rückwarenschein: Aufgrund einer Reklamation (Kundenretoure) oder eines Umtauschs kann ein Rückwarenschein ausgefüllt werden. Er enthält den Wert und die Bezeichnung der zurückgenommenen Artikel, die Kundendaten, den Grund der Rücknahme, den eventuellen Auszahlungsbetrag, die Unterschriften des Kunden und des Verkäufers.

Bestellung/Angebot

Bestelldatum: 16.12. .. Termin: 30.12. ..

Name	Bellinghausen
Anred/Vorn.	Herr Peter
Verein	Tri-Power-Winterscheid
Straße	Am Südhang 53
PLZ/Ort	53809 Ruppichteroth
Tel./privat	02247 1723
Tel./dienstl.	02241 663108
Kunden-Nr.	1406

Skischuhe, Nordica M 16
Größe 46

Bestellung erfolgte: Kürzel:
❍ telefonisch ☒ persönlich ☒ Abholung ❍ Versand

Bestellung erteilt: Sabine Freund.

❍ Anzahlung EUR: ________ am: ________.

❍ Umtausch: Retoure folgt/Retoure erledigt *(nicht zutreffendes streichen)*

Es gelten unsere allgemeinen Geschäftsbedingungen

CENTER Warenhaus GmbH
Aachener Str. 1250 · 50859 Köln
Tel.: 0221/4171-18
E-Mail: info@Center-Warenhaus.de

LF 10

Rückwarenschein 4847780

CENTER Warenhaus GmbH

über EUR 129,00 VST

EINHUNDERTNEUNUNDZWANZIG
Betrag in Worten

Zurückgenommene(r) Artikel:
(genau Bezeichnung und EAN-Code)
HERRENPULLOVER BOSS
2000020365668

Grund der Rücknahme: WIRKFEHLER

Kundendaten

Name, Vorname: DOSE, HARK
Straße: FRIESENSTR. 16
PLZ/Ort: 50670 KÖLN

Buchhaltung

Betrag ausgezahlt	genehmigt	Betrag erhalten	
Sabine Freund	i. A. E. Gutowski	Hark Dose	CENTER Warenhaus GmbH 20.04...
Verkäufer/in	Abteilungsleitung	Unterschrift/Kunde	Datum/VST-Stempel

Belege an der Kasse und Unterlagen für den Kassiervorgang

- Belege und Unterlagen für den Kassiervorgang sind **Beweismittel** für Verkäufer und Käufer.
- **Kassenbon, -zettel und Quittungsvordruck** sind Beweismittel des Käufers für seine Zahlung.
- Mit **Gutscheinen** kann der Kunde zeitlich begrenzt oder unbegrenzt Waren in einem bestimmten Einzelhandelsgeschäft kaufen.
- **Sonderfälle**
  - **Störung des Kassiervorgangs**
    - Öffnen der Kasse ohne Kaufvorgang
    - vertippte Beträge
  - **besonderer Zahlungsvorgang**
    - Zahlung per Girocard
      - als ec-Cash
      - als elektronisches Lastschriftverfahren
    - Zahlung per Kundenkarte
    - Zahlung per Kreditkarte
  - **Kundendienst**
    - Personalkauf
    - Reparaturschein
    - Auswahlsendung
    - Reservierung
    - Kundenbestellung
    - Rückwarenschein

1. Bringen Sie aus Ihren Ausbildungsbetrieben Belege und Unterlagen für den Kassiervorgang mit, die an der Kasse eingesetzt werden, und erstellen Sie darüber eine Übersicht.

2. Erläutern Sie, welche Bedeutung Kassenbon, Kassenzettel und Quittungsvordruck für den Einzelhandelsbetrieb und den Kunden haben.

3. Erstellen Sie mit Artikeln Ihres Ausbildungsbetriebes einen Auswahlschein für eine Auswahlsendung.

4. Erstellen Sie für einen Artikel Ihrer Wahl einen Reparaturschein der Center Warenhaus GmbH.

5. Sie sind an der Kasse Ihres Ausbildungsbetriebes und tippen beim Artikel versehentlich 98,00 EUR statt 89,00 EUR. Beschreiben Sie, wie Sie sich verhalten.

6. Erläutern Sie, warum es erforderlich ist, bei einem Öffnen der Kasse ohne Kassiervorgang eine Aufsichtsperson zu rufen.

7. Beschreiben Sie den Zahlungsvorgang an der Kasse bei Zahlung per ec-Cash und per Girocard als elektronisches Lastschriftverfahren.

8. Beschaffen Sie sich in Ihrem Ausbildungsbetrieb Vordrucke, die an der Kasse eingesetzt werden, und stellen Sie diese Ihren Mitschülern in einer geeigneten Weise vor.

8 Verkaufsdatenerfassung und Kassenabrechnungen im Warenwirtschaftssystem vornehmen

8.1 Verkaufsdatenerfassung

In der Center Warenhaus GmbH ereignen sich folgende Vorfälle:

a) Eine Kundin beschwert sich bei Sabine Freund: *„Seitdem Sie auf allen Artikeln nur noch Zebrastreifen haben, kann ich gar nicht mehr nachprüfen, ob Sie auch den richtigen Preis eingeben."*

b) Ein Verkäufer der Elektroabteilung: *„Wenn wir Ware an Kunden ausliefern, muss ich deren Anschrift eingeben. Gebe ich die Postleitzahl ein, so erscheint sofort der dazugehörige Ort auf dem Bildschirm. Bei Bankverbindungen wissen die Kunden häufig nicht ihre Bankleitzahl, per Knopfdruck kann ich über die Bankbezeichnung schnell die richtige Bankleitzahl abfragen."*

ARBEITSAUFTRÄGE

- Beschreiben Sie beide Fälle der Verkaufsdatenerfassung in einem computergestützten Warenwirtschaftssystem (WWS).
- Beschreiben Sie, in welcher Form und mit welchem Verfahren in einem WWS Verkaufsdaten erfasst werden können.

Bei der Verkaufsdatenerfassung werden **Daten von Waren, Kunden und Verkäufern im Warenwirtschaftssystem (WWS)** erfasst, gespeichert und verarbeitet. Die Daten von Waren sind in maschinenlesbarer Form häufig an den Waren selbst oder auf dem Warenträger befestigt (Aufkleber, Aufdrucke, Etiketten, vgl. Seite 366). An der Kasse werden die Verkaufsdaten maschinell erfasst. Je nach den Erfordernissen eines Einzelhandelsbetriebes gibt es verschiedene Verkaufsdaten, insbesondere

LF 6 **Artikeldaten**:

- Ladenverkaufspreis, Umsatzsteuersatz und -betrag,
- Einzelpreis und Menge,
- Artikelnummer und -bezeichnung,
- Größe, Farbe, Qualitätsbezeichnung.

Kundendaten:

- Name, Anschrift,
- gekaufte Artikel,
- Kaufdatum, -zeit.

Verkäuferdaten:

- Umsatz,
- Kassierzeit,
- Personal-Nr.

Im Interesse eines reibungslosen Datenaustauschs sind in einem WWS alle Geräte durch ein durchgehend vernetztes System von der Computerkasse bis zum Zentralrechner miteinander verbunden.

Erfassung, Pflege und Aufbereitung von Daten

Im Zusammenhang mit dem Warenverkauf werden an der Kasse Dateien und dazugehörige Daten benötigt, die über gemeinsame Datenfelder miteinander verknüpfbar sind.

Beispiele Artikeldatei, Kundendatei, Liefererdatei

Jede Datei enthält eine geordnete Sammlung von **Datensätzen**. Darunter sind Informationen über ein spezielles Sachgebiet zu verstehen, z. B. über einzelne Kunden oder einzelne Artikel. Innerhalb der einzelnen Datensätze werden **Stamm**- und **Bewegungsdaten** unterschieden.

Stammdaten werden einmalig erfasst, ändern sich über einen längeren Zeitraum nicht und können immer wieder abgerufen werden.

Beispiele Kundennummer, Kundenanschrift, Artikelnummer, Artikelbezeichnung

Für einen Einzelhändler stellen die Stammdaten die Grundlage für alle sich vollziehenden Warenbewegungen dar, die dauernd verfolgt und beurteilt werden müssen. Dies bedeutet, dass alle kunden- und artikelbezogenen Daten auf dem neuesten Stand sein müssen. Diese Tätigkeit der ständigen Aktualisierung wird als **Datenpflege** bezeichnet.

Bewegungsdaten treten grundsätzlich einmalig auf und ändern sich je nach Geschäftsvorfall.

Beispiele Daten der Auftragseingabe, Rechnungsnummer, Bestellmenge, Lieferzeit

Die **Datensätze** einer Datei sind vom Aufbau gleich strukturiert in **Datenfelder** und **Zeichen**, deren Anzahl vom Informationsbedarf abhängt.

Neben den Stamm- und Bewegungsdaten lassen sich die Daten nach ihrer **Stellung bei der Verarbeitung** in Ein- und Ausgabedaten unterscheiden.

Eingabedaten sind die Voraussetzung für die weitere Verarbeitung von Daten.

Beispiele Eingabe des Kundennamens oder der Kundennummer, der Artikelnummer, der Einzelpreise, Mengen.

Ausgabedaten sind das Ergebnis der Verarbeitung.

Beispiele Rechnungsbetrag netto, Rechnungsbetrag brutto, Mehrwertsteuer in EUR

Aufbau und Inhalt der Kundendatei

Die Kundendatei (vgl. Seite 365) besteht aus Datensätzen für jeden einzelnen Kunden. Jeder **Datensatz** enthält spezifische Informationen über einen bestimmten Kunden, die in einzelnen **Datenfeldern** ausgeführt sind und die für unterschiedliche Zwecke abgerufen werden können: Name, Anschrift, Ansprechpartner, Telefon, Telefax, Kundennummer, Debitorenkonto, Konditionen (Rabatt, Skonto, Zahlungsziel, Kreditlimit), Umsatz, offene Posten, Bankverbindung, E-Mail-Adresse. Jedes Datenfeld besteht aus **Zeichen** (Ziffern = numerische Daten; Buchstaben = alphabetische Daten; Ziffern, Buchstaben, Sonderzeichen = alphanumerische Daten).

Beispiele
- Das Datenfeld „Datum" besteht aus Ziffern und Sonderzeichen: 20..–08–16.
- Die Artikelnummern der Center Warenhaus GmbH bestehen aus Ziffern und Buchstaben: TS 4333099709520 für den Ski (= alphanumerische Daten).

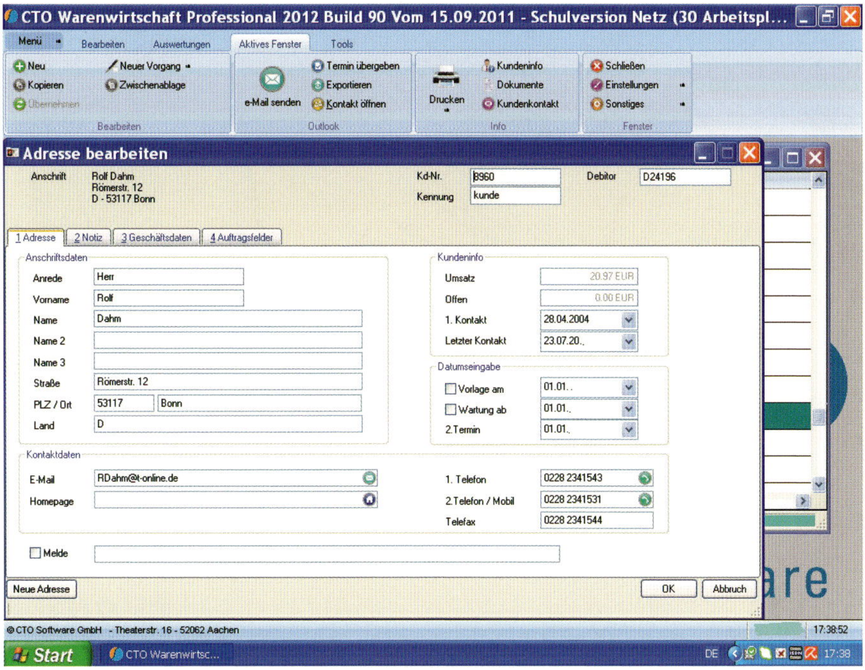

Will man den Datensatz von einem Kunden nutzen (z. B. bei der Auftragsbearbeitung, bei Feststellung des Umsatzes oder offener Posten), wird er mithilfe der Kundennummer aufgerufen. Die **Kundennummer** ist somit Verbindungsglied zu anderen Dateien. Auf ihr basieren unterschiedlichste Informations- und Auswertungsmöglichkeiten.

Ordnungsdaten dienen der kaufmännischen Organisation und Orientierung und legen bestimmte Reihen- oder Zeitfolgen für kaufmännische Vorgänge fest. Ordnungsdaten werden häufig automatisch vom Programm vorgegeben.

Beispiele

- Ausgangsrechnungen werden durch die Vorgabe aufsteigender Rechnungsnummern geordnet.
- Kunden können durch die Vergabe von Kundennummern oder alphabetisch geordnet werden.

Rechendaten sind für automatische Berechnungen im Programm festgelegt.

Beispiel Das Programm berechnet nach Eingabe von Menge und Einzelpreis einer Auftragsposition den Gesamtpreis.

Verfahren der maschinellen Verkaufsdatenerfassung

Für die maschinelle Verkaufsdatenerfassung gibt es je nach Darstellung der Daten unterschiedliche Verfahren:

Barcodes, Balkencodes: Die Artikeldaten sind in einem Code dargestellt, der aus senkrechten Strichen (Balken) besteht. Häufig wird z. B. die Artikel-Nr. zusätzlich in Klarschrift dargestellt.

Für einen großen Teil der Konsumgüter werden bereits vom Hersteller Artikelkennzeichen auf der Ware angebracht. Die bekannteste Form ist der **EAN-Balkencode** (Europäi-

sche Artikel-Nummer). Meist ist unter dem Balkencode die EAN in Normalschrift dargestellt, damit sie auch manuell eingegeben werden kann. Der EAN-Code ist genormt. Es ist aber möglich, dass ein Einzelhändler oder ein Hersteller einen **betriebseigenen Balkencode** einsetzt.

Die Artikelnummer ist im Normalfall 13-stellig, für besonders kleine Artikel wurde ein achtstelliges Kurzsymbol geschaffen.

Länderkennzeichen	Bundeseinheitliche Betriebsnummer „bbn"	Individuelle Artikelnummer des Herstellers	Prüfziffer
4 0	1 2 3 4 5	0 0 3 1 5	4
Bundesrepublik Deutschland	Franz Schuster KG Travenstieg 20 23570 Lübeck	Lübecker Edelmarzipan Geschenkpackung 100 g	99 % Sicherheit

Die ersten beiden Stellen der 13-stelligen EAN kennzeichnen das Hersteller**land**, die nächsten fünf Stellen weisen auf den **Hersteller** des Produktes hin.

Die folgenden fünf Stellen bilden die individuelle **Artikel**nummer. Diese Nummer kann der Hersteller/Lieferant selbst auswählen.

Die letzte Stelle ist eine **Prüfziffer**, es handelt sich um eine mathematische Kombination der vorangehenden 12 Ziffern.

Balkencodes werden mit Scannern (vgl. Seite 350) maschinell gelesen. Der Lesevorgang, also die Verkaufsdatenerfassung, wird als **Scanning** bezeichnet.

Vorteile des Scannings	Nachteile des Scannings
– Auszeichnung des einzelnen Artikels entfällt meist, – Preisänderungen werden zentral durchgeführt; da lediglich ein Regaletikett für jeden Artikel existiert, brauchen die Waren nicht einzeln „umgezeichnet" zu werden, – fehlerfreie und schnelle Datenerfassung beim Warenverkauf, – aussagefähige Kassenbons für die Kunden.	– Kunden können den Preis nur am Regaletikett erkennen (Probleme, wenn Waren am falschen Platz stehen), – Balkencode ist wenig aussagefähig.

Maschinenlesbare Schrift: Die häufigste maschinenlesbare Schrift ist die **OCR-Schrift** (**O**ptical **C**haracter **R**ecognizing). Sie wird z. B. auf Schecks und Überweisungsträgern von Kreditinstituten für die Konto-Nr. und die Bankleitzahl benutzt. OCR-Schrift ist maschinell und auch von Menschen lesbar. Im Einzelhandel dient die OCR-Schrift hauptsächlich der Verschlüsselung hauseigener Artikelnummern. Im Gegensatz zum EAN-Code kann die OCR-Schrift nur richtungsabhängig von links nach rechts gelesen werden. Sie eignet sich für Etiketten mit mehreren Informationsfeldern (Preis, Größe, Farbe usw.). Vor allem verwendet der Textileinzelhandel Warenetiketten mit OCR-Schrift. Etiketten mit OCR-Schrift können frei gestaltet werden und beliebige Informationen beinhalten. Somit sind diese Etiketten für Kunden aussagefähiger.

Vorteile der OCR-Technik	Nachteile der OCR-Technik
– je nach Informationsbedarf können beliebig viele Daten auf einem Etikett vorhanden sein, – Etikett hat hohe Aussagekraft mit artikelgenauen Informationen, – informationsreicher Kassenbon (wie beim Scanning) ist möglich.	– jeder Artikel ist einzeln auszuzeichnen, Preisänderungen können nicht zentral durchgeführt werden, – Lesegeschwindigkeit ist geringer als beim Scanning.

Magnetstreifenetikett: Hier ist auf den Preisetiketten zusätzlich zu einigen Daten in Klarschrift oder maschinenlesbarer Schrift ein schmaler Magnetstreifen aufgebracht, der viele Artikeldaten enthalten kann. Magnetstreifenetiketten sind teuer, sie können jedoch die größte Menge an Daten auf einem kleinen Raum aufnehmen.

Markierungsbelege: Der wohl bekannteste Markierungsbeleg ist der Lottoschein. Hier werden per Hand an bestimmten Stellen Kreuze (Markierungen) vorgenommen, die von einem Erfassungsgerät gelesen werden können. Sehr selten finden sich Markierungsbelege bei der Erfassung von Massendaten im Verkauf, weil sie in der Hektik des Verkaufsgeschehens meist zu unhandlich sind. Die Markierungen müssen sauber und eindeutig erfolgen, auch dies ist beim Kassiervorgang häufig nicht möglich. Ferner ist eine Korrektur des Beleges nicht möglich, der gesamte Beleg muss umgeschrieben werden.

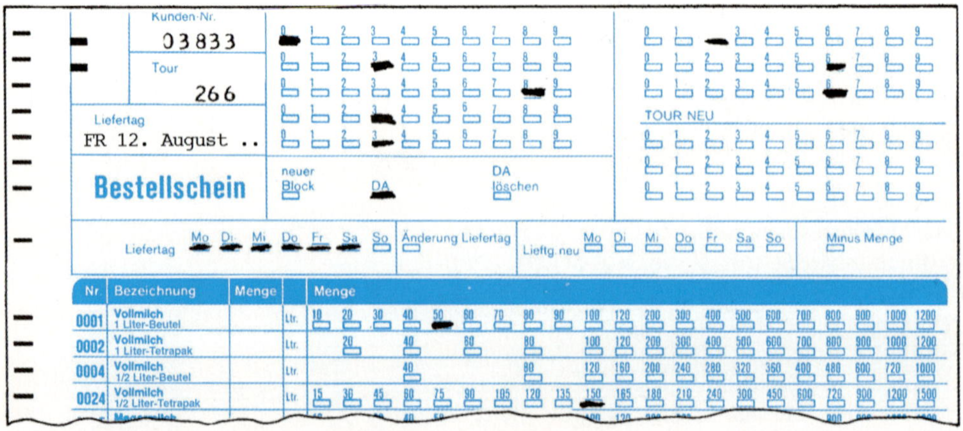

Vorteile von Markierungsbelegen	Nachteile von Markierungsbelegen
– schnelle Handhabung, – für Mensch und Maschine lesbar.	– hohe Fehlerquoten, – umfangreiche Vordrucke für nur wenige Daten.

PLU-Verfahren (Preisabrufverfahren): Über Datenleitungen wird direkt beim Erfassen (Ablesen, Einscannen) des Codes auf einen Massenspeicher (z. B. Festplatte) zugegriffen und die Artikelbezeichnung und der Einzelpreis gelesen. Auf gleichem Wege werden diese Daten an die Kasse gesendet, wo sie auf dem Kundendisplay und dem Rechnungsbon ausgegeben werden. Bei kleineren Systemen hat der Kassenterminal einen eigenen Massenspeicher. Dieses Verfahren heißt **„Price-look-up (PLU)-Verfahren"**. Zu einer Artikelnummer wird der entsprechende Einzelpreis und die Artikelbezeichnung auf einem Speicher „nachgesehen".

Der an der Kasse erfasste EAN sagt noch nichts über den Preis der Ware aus. Deshalb wird dem EAN aus dem Speicher des angeschlossenen Computers in Bruchteilen von Sekunden der dazugehörige Preis und die Artikelbezeichnung zugeordnet und an die Kasse zurückgegeben. Durch das Zuordnen des aktuell gültigen Preises zu einer bestimmten Artikelnummer kann die Einzelpreisauszeichnung völlig wegfallen. Soll der Preis für einen Artikel, z. B. für eine Sonderaktion herabgezeichnet werden, muss dies nicht nur am Produkt geschehen, sondern unbedingt auch in der Datenbank der Artikeldatei, weil sonst der ursprüngliche Preis auf dem Bon erscheint.

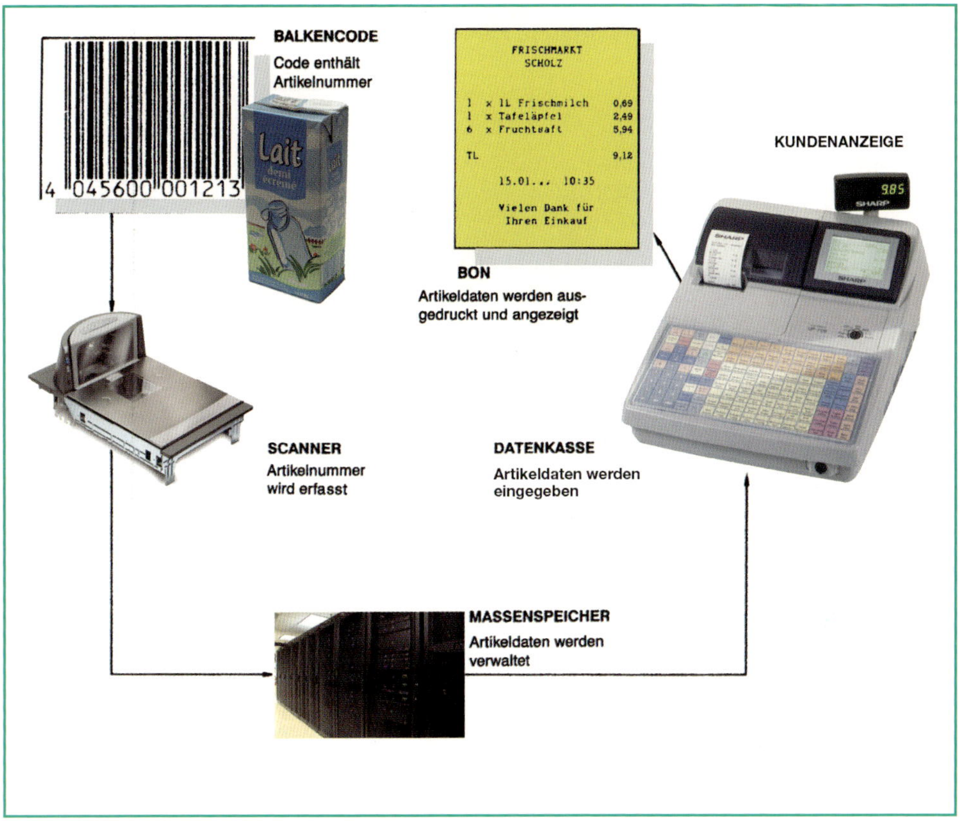

Besondere Formen der Verkaufsdatenerfassung

- **Self-Scanning**: Hier erfasst der Kunde die Daten seiner gekauften Ware selbst. Er führt jeden Artikel selbst über den Scanner und bei richtiger Erfassung ertönt ein akustisches Signal. Für Waren, die keinen Balkencode haben (Obst, Frischfleisch, Getränke in Kästen usw.), tippt der Kunde entsprechende Kennungen ein, auf einem Bildschirm werden ihm bei Bedarf Hilfen angezeigt.
- **Selbst-Wiegen**: Der Kunde wiegt seine Artikel (Obst, Gemüse usw.) selbst auf besonderen Waagen und erhält einen maschinenlesbaren Bon, den er auf der Ware befestigt.
- **Electronic Cash, Kundenkarten**: Die Bezahlung kann bargeldlos über „Electronic Cash" erfolgen, d. h., der Kunde schiebt nur seine Girocard in ein Lesegerät, der Kaufpreis wird von seinem Konto abgebucht, ähnlich wird mit Kundenkarten und Kreditkarten verfahren (vgl. Seite 340).

Verkaufsdatenerfassung

- **Verkaufsdatenerfassung** = Erfassung von **Artikeldaten** (Einzelpreis, Menge usw.)
  Erfassung von **Kundendaten** (Name, Anschrift usw.)
  Erfassung von **Verkäufer- und Kassierdaten** (Mitarbeiter-Nr., Umsatz, Kassierzeit usw.)

- **Maschinenlesbare Verkaufsdaten**: Balkencodes, z. B. EAN-Code
  in Form von
  - OCR-Schrift
  - Markierungsbelegen
  - Magnetstreifen
  - Kombination der Verfahren
- **PLU-Verfahren**: Über Datenleitungen zum Zentralcomputer oder Zugriff auf eigene Speicher des Kassenterminals werden z. B. Artikelpreis und -bezeichnung abgefragt und ausgegeben.
- **Sonderformen der Verkaufsdatenerfassung**: Self-Scanning, Selbst-Wiegen, Kundenkarten
- **Erfassung und Aufbereitung von Daten**
  - **Dateien** sind geordnete Sammlungen von Datensätzen
  - **Datensätze** enthalten Informationen (Daten) über ein spezielles Sachgebiet
  - Datensätze sind gegliedert in Datenfelder und Zeichen
  - Zu unterscheiden sind **Stamm-** und **Bewegungsdaten**, **Ordnungs-** und **Rechendaten**, **Eingabe-** und **Ausgabedaten**.
- Die **Kundendatei** beinhaltet alle Daten, die im Geschäftsverkehr mit dem Kunden erforderlich sind.

1. Beschreiben Sie, welche Vorteile maschinenlesbare Preisauszeichnungen auf der Ware für die Datenerfassung in einem WWS bringen.

2. Im Lebensmittel-Einzelhandel ist auf vielen Waren ein EAN-Code bereits vom Hersteller aufgedruckt.
a) Erläutern Sie den Aufbau des EAN-Codes.
b) Erläutern Sie die Vor- und Nachteile dieses Verfahrens für den Einzelhändler und seine Kunden.

3. Beschreiben Sie das PLU-Verfahren und nennen Sie die Vor- und Nachteile seines Einsatzes.

4. In einem Lebensmittel-Supermarkt wird beschlossen, für sechs Monate Self-Scanning zu testen.
a) Führen Sie aus, welche Voraussetzungen für das Self-Scanning gegeben sein müssen.
b) Stellen Sie dar, welche Gründe ein Einzelhandelsbetrieb haben kann, Self-Scanning einzusetzen.

5. a) Erläutern Sie die Bedeutung der Kundennummer und Verkäufernummer im Warenwirtschaftssystem.
b) Stellen Sie gegenüber: Stamm- und Bewegungsdaten.

6. Stellen Sie bei der Kundendatei a) Stamm- und b) Bewegungsdaten gegenüber.

7. Die Anzahl der Artikel in Ihrem Sortiment, die mit dem EAN-Code gekennzeichnet sind, nehmen zu. Welchen Vorteil bringt dieser EAN-Code Ihrem Ausbildungsbetrieb?
a) Der EAN-Code ermöglicht eine sichere und rationelle Datenerfassung.
b) Der EAN-Code macht die Preisauszeichnung für alle Artikel überflüssig.
c) Ware, die mit dem EAN-Code versehen ist, muss bei der Jahresinventur nicht aufgenommen werden.
d) Aus dem EAN-Code sind u. a. der Hersteller, die Artikelnummer und der Einkaufspreis ablesbar.
e) Eine Auszeichnung der Ware mit dem EAN-Code führt zu einer Verringerung der Kassiervorgänge.

8.2 Kassenabschluss, Arten der Kassenabrechnung und Auswertung der Kassendaten

Im Rahmen ihres Einsatzes an der Kasse erlebt Sabine Freund einen stressigen Samstag vor Ostern. Nachdem sie bereits vier Stunden an der Kasse gearbeitet hat, soll sie am Abend erstmalig die Kassenabrechnung machen, da die dafür zuständige Mitarbeiterin Frau Klein sich im Laufe des Tages krank gemeldet hat. Sabine hat zwar schon mehrfach Frau Klein bei der abendlichen Kassenabrechnung geholfen, aber jetzt soll sie diese Arbeit alleine erledigen. Daher ist sie ein bisschen nervös, als der Verkaufstag zu Ende ist. Erst der Stress mit den vielen Kunden und jetzt das.

ARBEITSAUFTRÄGE

- Erläutern Sie, welche Möglichkeiten der Kassenabrechnung es gibt.
- Beschreiben Sie, wie ein Kassenbericht erstellt wird.
- Erläutern Sie, welche Daten aus einem Kassenbon gewonnen werden können.

Kassenabschluss und Auswertung der Kassendaten (Datenauswertung)

Kassen unterliegen einem ständigen technologischen Wandel. Während in der Vergangenheit mechanische Registrierkassen das Bild eines Einzelhandelsbetriebes prägten, sind heute überwiegend computergesteuerte Datenkassen in den Einzelhandelsbetrieben zu finden. § 146 (1) der Abgabenordnung (AO) besagt, dass Kasseneinnahmen und -ausgaben täglich aufgezeichnet werden sollen.

Bei **mechanischen Registrierkassen** wird der Preis in die Kasse eingegeben und im Speicher der Kasse festgehalten. Auf dem Kassenbon werden im Wesentlichen die Preise ausgedruckt. Auswertungen sind bei diesen Kassen so gut wie nicht möglich.

Elektronische Registrierkassen sind in der Lage, alle gespeicherten Verkäufe nach verschiedenen Gesichtspunkten (Warengruppen, Verkäufer, Zahlungsarten usw.) zusammenzufassen. Bei diesen Kassen sind daher ausführlichere Auswertungen möglich.
Folgende **Auswertungen sind bei computergesteuerten Datenkassen** möglich:

- **Finanzbericht**: Er gibt an, welcher Umsatz (Brutto-, Nettoumsatz) am Berichtstag erreicht wurde. Ferner werden die Anzahl der Artikel, der Kunden und die Art der Kundenzahlung unterschieden.
- **Verkäuferbericht**: Er macht die Leistung der Verkaufsmitarbeiter für den Berichtstag oder einen Berichtszeitraum sichtbar, wobei nach Umsatz in EUR und der Zahl der verkauften Artikel unterschieden werden kann.
- **Warengruppenbericht**: Bei der Erfassung oder Eingabe der Verkäufe an der Kasse kann zusätzlich eine Warengruppentaste gedrückt oder ein Warengruppencode über den Scanner erfasst werden. Somit kann die Kasse die Umsätze und die Anzahl der verkauften Artikel für jede Warengruppe zusammenfassen. Zudem kann der Anteil der Warengruppe am Gesamtumsatz in Prozent angegeben werden.
- **Stundenfrequenz**: Für einen bestimmten Zeitraum, z. B. eine Stunde, ein Tag, gibt die Kasse die Artikelanzahl, den Umsatz und die Kundenanzahl an.

Beispiel Auszug aus dem Kassenbericht der Center Warenhaus GmbH für den 28. Februar 20..

Berichtsart		Erläuterungen
Center Warenhaus GmbH		Name des Unternehmens
Aachener Str. 1250, 50859 Köln		Adresse
0221 417118		Telefon
20..-02-28		Berichtstag
Finanzbericht		**Art des Berichts**
Gesamtbetrag brutto	40.460,00	Bruttoumsatz des Tages in EUR
Gesamtbetrag netto	34.000,00	Nettoumsatz des Tages in EUR
Gesamtbetrag USt	6.460,00	Umsatzsteuer des Tages in EUR
Anzahl Artikel	860	Zahl der verkauften Artikel in Stück
Anzahl Kunden	430	Zahl der Käufer
Artikelzahl pro Kunde	2	gekaufte Artikel je Käufer
Nettoumsatz pro Kunde	79,07	Nettoumsatz je Käufer in EUR
Barumsatz	22.000,00	Verkäufe gegen Barzahlung in EUR
Kundenzahl Barumsatz	270	Zahl der Käufer bei Barzahlung
Elektronisches Lastschriftverfahren	13.200,00	Verkäufe mit Girocard in EUR
Kundenzahl Elektronisches Lastschriftverfahren	100	Zahl der Käufer mit Girocard
GeldKarte	2.000,00	Verkäufe mit GeldKarte in EUR
Kundenzahl GeldKarte	40	Zahl der Käufer mit GeldKarte
Kreditkarte	3.260,00	Verkäufe mit Kreditkarte in EUR
Kundenzahl Kreditkarte	20	Zahl der Käufer mit Kreditkarte
Nr.	36	Nr. des Finanzberichts
Zeit	20:10	Erstellungszeit
Verkäuferbericht		**Art des Berichts**
2604 Freund, Sabine		Kundenberater(in) Nr., Name
Gesamtbetrag brutto	2.380,00	Bruttoumsatz Kundenberater(in)
Gesamtbetrag netto	2.000,00	Nettoumsatz Kundenberater(in)
Anzahl Artikel	80	verkaufte Artikel
Warengruppenbericht		**Art des Berichts**
WG Sport/Textil		Warengruppenbezeichnung
Anzahl Artikel	180	Stückzahl verkaufte Artikel
Umsatz	5.568,00	Umsatz Warengruppe
Umsatz in %	13,76	Umsatzanteil am Gesamtumsatz
Stundenfrequenz		**Art des Berichts**
10:00–11:00		Auswertungszeitraum Uhrzeit
Umsatz	3.712,00	Umsatzhöhe in EUR
Artikel	120	Artikelanzahl in Stück
Kunden	50	Kundenanzahl

Die entscheidende Größe bei der Auswertung von Kassenberichten ist der **Tagesumsatz**. Allerdings ist dieser Wert nur dann aussagekräftig, wenn er mit anderen Werten im Zeitablauf verglichen wird, z. B. mit dem gleichen Wochentag des Vorjahres. Die einzelnen täglichen Kassenberichte können natürlich auch zu Wochen-, Monats- oder Jahresberichten zusammengefasst werden, wodurch weitere Auswertungen möglich werden.

● Arten der Kassenabrechnung

Die Überprüfung der Kassengeschäfte wird in den Einzelhandelsgeschäften unterschiedlich durchgeführt.

○ Ermittlung der Tageslosung bei mechanischen Registrierkassen mit Kassenzetteln

Der Kassenzettel ist ein Beleg über Verkäufe von Waren an einen Kunden. Er enthält neben dem Firmenkopf

- das Datum des Verkaufstages,
- die Art und Menge der verkauften Waren,
- den Einzelpreis und den Gesamtbetrag,
- den Namen des Verkäufers.

Daneben sind häufig weitere Angaben möglich, wie nebenstehendes Beispiel zeigt.
Der Kunde erhält das Original des Kassenzettels, die Durchschrift ist Verkaufs- und zugleich Einnahmebeleg des Einzelhandelsgeschäftes.

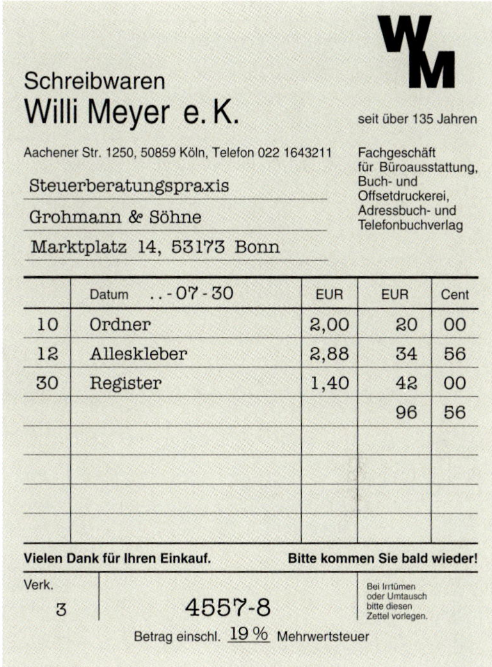

Schreibwaren
Willi Meyer e. K.
seit über 135 Jahren
Aachener Str. 1250, 50859 Köln, Telefon 022 1643211
Fachgeschäft für Büroausstattung, Buch- und Offsetdruckerei, Adressbuch- und Telefonbuchverlag

Steuerberatungspraxis
Grohmann & Söhne
Marktplatz 14, 53173 Bonn

	Datum ..-07-30	EUR	EUR	Cent
10	Ordner	2,00	20	00
12	Alleskleber	2,88	34	56
30	Register	1,40	42	00
			96	56

Vielen Dank für Ihren Einkauf. Bitte kommen Sie bald wieder!

Verk. 3 — 4557-8 — Bei Irrtümen oder Umtausch bitte diesen Zettel vorlegen.

Betrag einschl. 19 % Mehrwertsteuer

Die Summe aller Gesamtbeträge auf den Kassenzetteln ergibt die Tageslosung (= Bareinnahmen aus Warenverkäufen an einem Tag).

Die gleiche Summe ist auch über Kassenkontrolle möglich:

Beispiel

	Kassenbestand bei Geschäftsschluss	10.467,15 EUR
–	Kassenbestand bei Geschäftsbeginn	840,60 EUR
=	Tageslosung	9.626,55 EUR

Hierbei wird unterstellt, dass keine anderen Geschäftsfälle, wie Einkäufe, Geschäftsausgaben, Privatentnahmen usw. über die Kasse abgewickelt werden. Werden aber solche Geschäftsfälle über die Kasse abgewickelt, können vorgedruckte Kassenberichte genutzt werden (vgl. Seite 374).

○ Ermittlung der Tageslosung im Kassenbericht mit elektronischen Registrierkassen

In Einzelhandelsbetrieben, die über eine elektronische Registrierkasse verfügen, kann auf das zeitaufwendige Ausfüllen der Kassenzettel verzichtet werden. Voraussetzung hierzu ist jedoch, dass es sich um „schreibende" und „rechnende" Kassen handelt, die sowohl die **Kundenquittung** mit Einzelbeträgen und Gesamtsumme ausgeben als auch einen **Kontrollstreifen** für das Geschäft liefern. Auf dem Kontrollstreifen werden alle Einzel-

Beispiel Kassenbericht Schreibwaren Willi Meyer e. K.

Kassenbericht Nr. 285 vom ..-12-27

Beleg	brutto (m. USt)	Vorsteuer	netto (o. USt)	netto/gesamt	Buchungsvermerke
Kassenbestand bei Geschäftsschluss				616,95	
Ausgaben im Laufe des Tages					
1. Zahlungen für Wareneinkäufe und Warennebenkosten					
Fracht für ER 436		7,41	38,99		
				38,99	
2. Geschäftsausgaben					
Büroordner (Beleg-Nr. 8)		12,96	68,24		
Postwertzeichen			50,00		
Putzmittel		6,48	34,12		
				152,36	
3. Privatentnahmen					
		– –			
		– –			
4. Sonstige					
Zahlung an Lieferer Winter für ER 484			432,00		
Bankeinzahlung			9200,00		
				9632,00	
		26,85	Vorsteuer in Hauptspalte ➡	26,85	
			Summe	10467,15	
abzüglich Kassenbestand des Vortages				840,60	
= **Kasseneingang**				9626,55	
abzüglich sonstige Einnahmen					
= **Bareinnahmen** (Tageslosung)				9626,55	

Kundenzahl 64 | Vermerke | Unterschrift *Willi Meyer*

verkäufe und deren Summe, die Tageslosung, angegeben. Das Ergebnis der Kassenkontrolle muss hiermit übereinstimmen (vgl. Seite 373).

○ Ermittlung der Tageslosung im Kassenbericht mit elektronischen Computerkassen

In Einzelhandelsbetrieben, in denen eine Verpflichtung zur Einzelaufzeichnung nicht besteht, weil ihre Organisation einen nicht vertretbaren Aufwand erfordern würde (z. B. im Lebensmitteleinzelhandel), werden die Tageseinnahmen aus Verkäufen nur summarisch im Kassenbericht ermittelt.

Die Einnahmen aus Warenverkäufen brauchen nicht aufgezeichnet zu werden, selbst wenn andere Fälle, wie Ausgaben für Wareneinkäufe, Gehälter, Miete, Porti, Telefon, Strom, Entnahmen des Inhabers usw. über die Kasse abgewickelt werden.

Durch die maschinelle Verkaufsdatenerfassung aller Daten ist bei Computerdatenkassen eine ständige **Kassenkontrolle** möglich. Zu jeder Zeit kann auf die Datenkassen zugegriffen werden, um eine Kassenübersicht zu erhalten. Bei einem Datenkassenverbund ist es auch möglich, über den Zentralrechner den Kassenbestand sogar während eines Kassiervorgangs zu überprüfen. Bei Kassenabschluss und bei einem Wechsel des Kassenpersonals wird automatisch ein **Kassenbericht** erstellt.

Beispiel Die Einzeldaten eines Kassenberichts können für **betriebswirtschaftliche Auswertungen** verwendet werden. Insbesondere kann die Leistung des Kassen- und Verkaufspersonals gemessen werden. Hierzu werden u. a. folgende Kennziffern berechnet:
- durchschnittliche Kassierzeit je Kunde,
- durchschnittliche Anzahl der gekauften Artikel je Kunde,
- Häufigkeit von Fehleingaben,
- Anteil der Kunden je Verkäufer an der Gesamtkundenzahl je Tag.

Ferner kann über den Kassenbericht der Bargeldbestand kontrolliert und gesteuert werden.

```
Center Warenhaus GmbH
Kassenbericht 12. Mai .., 10:38 Uhr
Filiale 096, Kasse 6, Kassierer 213
Kunden                              182
Artikel                           2.973
Anzahl Kartenzahlung                  5
Betriebsstunden                     1,2
Kunden/Stunde                      43,3
Umsatz/Stunde                    392,98
Artikel/Kunde                      16,3
Stornierungen                         3

Bruttoumsatz                   1.482,52
Pfand                              4,50
Pfandrückgaben                   15,00-
Warenrückgaben                   20,00-
Nachlass                          1,00-
Bruttoumsatz bereinigt         1.451,02

Wechselgeldbestand bar          100,00-
ec-Cash (Wert)                  425,30-
Sollgeldbestand                  925,72
```

```
        Mars Elekrofachmarkt
          Kassenabschluss
Terminal-ID:      54139195
29.04...      10:50 Uhr
Belege von 1600 bis 1673
Z-System  Anzahl/Betrag
----------------------------------------
Girocard                              30
                             640,00 EUR
    electronic cash                   16
                             340,00 EUR
    Lastschrift                       14
                             280,00 EUR
Bar                                   60
                           1.200,00 EUR
MASTERCARD                             6
                             150,00 EUR
American Express                       6
                             110,00 EUR
Visa Card                              4
                             140,00 EUR
Diners Club                            3
                              90,00 EUR
Kundenkarten                           6
                             310,00 EUR
offline Zahlg                          5
                             120,00 EUR
----------------------------------------
Summen: Datensätze                   117
                           2.760,00 EUR
            **gebucht**
              GeldKarte
Einreichungen                          0
```

Die Einführung eines solchen technischen Kontrollsystems ist nach § 87 BetrVerfG mitbestimmungspflichtig (vgl. Seite 124 f.).

Die Erstellung des Kassenberichtes setzt voraus, dass die Belege über die täglichen Ausgaben und sonstigen Einnahmen lückenlos gesammelt und artmäßig getrennt werden in Belege über:

1. Zahlungen über Wareneinkäufe und Nebenkosten
2. Geschäftsausgaben
3. Privatentnahmen
4. Sonstige Ausgaben
5. Sonstige Einnahmen

Der Kassenbericht ist der Beleg über die Einnahmen aus Barverkäufen eines Tages einschließlich Umsatzsteuer und damit wichtige Grundlage für die Buchführung.

Kassenkontrollen

Kassenkontrollen können durchgeführt werden durch

- den täglichen **Kassenbericht**, der am Ende eines jeden Verkaufstages erstellt wird,

	Kassenbestand bei Geschäftsschluss
+	Ausgaben im Laufe des Tages (Wareneinkäufe, Geschäftsausgaben, Privatentnahmen, Sonstiges)
–	Kassenbestand des Vortages
–	Sonstige Einnahmen (z. B. Miete)
=	**Bareinnahmen (Tageslosung)**

- den **Kassensturz** außerhalb der Kassenabrechnung, um **Unstimmigkeiten zwischen Soll- und Istbeständen der Kasse** zu überprüfen.

Kassenabschluss, Arten der Kassenabrechnung und Auswertung der Kassendaten

- **Kassenabschluss**: Automatisch bei Datenkassen, jederzeit Kontrolle über Zentralrechner möglich
- **Kasseneingang** = Kassenendbestand bei Geschäftsschluss + Ausgaben des Tages – Kassenanfangsbestand
- **Tageslosung** = Bareinnahmen der Warenverkäufe eines Tages

Arten der Kassenabrechnung

Ermittlung der Tageslosung mit Kassenzetteln	Ermittlung der Tageslosung mit elektronischen Registrierkassen	Ermittlung der Tageslosung mit elektronischen Computerkassen
Belege über Verkäufe von Waren an Kunden werden zusammengefasst	Kasse erstellt aus den Kundenbons automatisch die Tageslosung	Beleg über die Einnahmen aller Verkäufe eines Tages, Auswertungen aller Art sind möglich

- **Kassendatenauswertung**: Betriebswirtschaftliche Auswertung von Kennziffern über Artikel, Kunden, Personal.
- **Kassensturz**: Kassenabrechnung im Laufe des Tages, um Unstimmigkeiten zwischen Soll- und Istbeständen festzustellen.

1. Erläutern Sie die Kassenberichte von Seite 374 und von Seite 375.

2. Beschreiben Sie die unterschiedlichen Arten der Kassenabrechnung.

3. Beschreiben Sie Ihren Mitschülern die Kassenabrechnung in Ihrem Ausbildungsbetrieb. Stellen Sie hierzu den Ablauf der Kassenabrechnung auf einem Plakat dar.

4. Bei der abendlichen Kassenabrechnung an einem Sonderverkaufsstand wird festgestellt, dass 88 Artikel zu je 9,98 EUR im Laufe des Tages verkauft wurden. Vor Beginn des Sonderverkaufs befanden sich morgens 50,00 EUR Wechselgeld in der Kasse. Der Istbestand der Kasse beträgt am Abend 916,00 EUR.

a) Wie viel EUR hätte die Tageseinnahme betragen müssen?

b) Wie viel EUR beträgt die Kassendifferenz?

5. Kassenabrechnung

Kassenbestand bei der abendlichen Abrechnung	3.928,00 EUR
Tageseinnahmen	3.914,00 EUR
Barentnahmen während des Tages	718,00 EUR

Wie viel EUR betrug der Kassenanfangsbestand?

6. Bei der abendlichen Kassenabrechnung an einem Sondertisch wird festgestellt, dass 112 Artikel zu je 12,98 EUR im Laufe des Tages verkauft wurden. Am Morgen befanden sich 54,50 EUR Wechselgeld in der Kasse. Der Istbestand der Kasse beträgt am Abend 1.479,12 EUR.

a) Wie viel EUR beträgt die Tageslosung?

b) Wie viel EUR beträgt die Kassendifferenz?

7. Erläutern Sie folgende Kassenbons:

Lebensmitteldiscount Schlegel KG
Aachener Str. 1250
50859 Köln

025	30.04...
	EUR
Müsli, sortiert	1,49 A
Muesli, Riegel	0,99 A
Bananen	0,96 A
Probiot. Trinkfruehstueck	0,79 A
Probiot. Trinkfruehstueck	0,79 A
GESAMT	5,02
Artikel	5
NETTO (A)	4,69
MWST 7.00%	0,33
BRUTTO	5,02

4835 3 13:28 #009

VIELEN DANK
FÜR IHREN EINKAUF

Zweirad Maus e. K.
Einsteinstr. 35
53757 St. Augustin
Tel.: 02241-97730

10001 S SW -20- Sc. e.l.		7,99
10001 S SW -20- Sc. e.l.		7,99
* Summe	EUR	15,98
gegeben bar	EUR	20,00
Rückgeld	EUR	4,02
19% MWSt. auf 13,43 EUR		2,55

13.05.20.. 14:49 B6 821594 11

Verkauf gem. im Laden aushängender allg. Geschäftsbedingungen, die zur Kenntnis gen. und akzeptiert wurden
UMTAUSCH NUR MIT KASSENBON

8. Erläutern Sie, warum mit einem Kassenbericht auch Aussagen über die Leistungen des Kassenpersonals und des Verkaufspersonals gemacht werden können.

Übungsaufgaben

1. Das Ehepaar Merten kauft im Orientteppichgeschäft M. Schneider einen echten Perserteppich für 7.000,00 EUR. Es nimmt den Teppich sofort gegen Zahlung mit einem Barscheck mit.

a) Erläutern Sie, in welchem Moment das Ehepaar Merten das Eigentum an dem Teppich erworben hat.

b) Nach einer Woche erscheint die Kriminalpolizei beim Ehepaar Merten und verlangt die Herausgabe des Teppichs, da dieser gestohlen worden sei. Erläutern Sie die Rechtslage.

c) Beschreiben Sie, ob sich die Sachlage geändert hat, wenn der Teppich beim Ehepaar Merten bereits zwei Jahre im Wohnzimmer gelegen hätte. Der Teppich ist vor fünf Jahren gestohlen worden.

2. Franz Klein kauft im Möbelgeschäft Rudolf & Co. KG eine Polstergarnitur. Mündlich hatte Herr Klein mit dem Verkäufer vereinbart, dass die Garnitur statt Schaumstoffsitzen Federkernsitze haben soll. Nach der Lieferung stellt Herr Klein fest, dass die Garnitur nur mit Schaumstoffsitzen ausgestattet ist.

a) Bei der Reklamation erklärt der Verkäufer, dass mündliche Absprachen laut den Allgemeinen Geschäftsbedingungen, die Herr Klein unterschrieben hat, nicht zulässig sind. Erläutern Sie die Rechtslage.

b) Der Stoffbezug der Möbelgarnitur weist im Vergleich zum Musterstück leichte Farbweichungen auf. Überprüfen Sie, ob der Käufer diese Farbabweichung erfolgreich reklamieren kann.

c) Beim Rechnungserhalt stellt Herr Klein fest, dass der Verkäufer einen um 10 % höheren Preis als im Kaufvertrag, der vor sechs Wochen abgeschlossen wurde, mit der Begründung berechnet, dass der Hersteller die Preise um 10 % erhöht habe. Beurteilen Sie die Rechtslage.

3. Füllen Sie folgende Vordrucke aus:

a) Quittung: Zahlungsempfänger Rita Schnell, August-Nagel-Straße 26, 89079 Ulm; Zahler Georg Klauke, Esterweg 16, 42651 Solingen, Verwendungszweck Darlehen; Betrag 1.500,00 EUR, Zahlungstag: 10 Mai 20..

b) Zahlschein: Zahlungsempfänger Sanitärgroßhandlung Dieter Ber e. K., Karlstraße 54, 53115 Bonn, Kontonummer 83 516 28, Volksbank Bonn, Bankleitzahl 380 601 86; Zahler Elmar Haus, Poststraße 86, 40878 Ratingen; Verwendungszweck Rechnung Nr. 2783/94 vom 10. Januar 20.., Betrag 3.200,00 EUR.

4. Die Auszubildende Sandra Schmitt hat im Schreibwarengeschäft Merker & Co. KG, Bahnhofstraße 45, 59423 Unna, dem Kunden Heinz Wientepper, Elektromeister, Rathausplatz 9, 59423 Unna, Schreibwaren im Werte von 456,00 EUR (15 Aktenordner zu 120,00 EUR, Kundenkarteikarten zu 200,00 EUR, DVDs und anderes PC-Zubehör zu 136,00 EUR) verkauft. Der Kunde verlangt zusätzlich zum Kassenbeleg eine Quittung. Erstellen Sie eine Quittung für den Kunden.

5. Der Einzelhändler Jochen Leng e. K., Autozubehör, hat neben vielen anderen Zahlungen laufend die Miete und die Telefonrechnung zu bezahlen.

a) Begründen Sie, welche Zahlungsart der Einzelhändler für die beiden Vorgänge benutzen sollte.

b) An verschiedenen Tagen hat der Einzelhändler mehrere Überweisungen an Lieferer zu tätigen. Überprüfen Sie, welche Zahlungsart sich für diese Vorgänge empfiehlt.

c) Der Einzelhändler Leng hat dem Stromversorgungsunternehmen eine Einzugsermächtigung erteilt. Versehentlich wurde vom Konto des Einzelhändlers 2.388,00 EUR statt 388,00 EUR abgebucht. Beschreiben Sie, wie sich der Einzelhändler verhalten sollte.

6. In vielen Einzelhandelsbetrieben gibt es Kassen, die einen „sprechenden" Kassenbon ausdrucken.
a) Erläutern Sie, was man unter einem „sprechenden Kassenbon" versteht.
b) Geben Sie an, welche Angaben solch ein Kassenbon enthalten sollte.

7. Im Berufsschulunterricht wird das Thema „Electronic-Banking" behandelt. Sabine Freund hat das Thema zu Hause gut vorbereitet und hält vor der Klasse ein Kurzreferat. Erstellen Sie ebenfalls ein Referat zu diesem Thema und gehen Sie dabei auf folgende Aspekte ein:
a) Beschreiben Sie den Ablauf einer Zahlung durch „Electronic-Banking".
b) Beschreiben Sie, wie ein Gläubiger bei „Electronic-Banking" sein Geld erhält.
c) Erläutern Sie die Chipkarte als Instrument der bargeldlosen Zahlung.

8. Die Auszubildende Sabine Freund, die in dem Center Warenhaus GmbH ausgebildet wird, verkauft dem Kunden Manfred Scharfe ein Fitnessgerät im Wert von 190,00 EUR. Der Kunde zahlt mit einem Barscheck, Ausstellungstag 8. Juni 20.. .
a) Füllen Sie den Barscheck für den Kunden aus.
b) Erläutern Sie, was die Auszubildende Sabine bei der Annahme des Barschecks zu beachten hat.
c) Das Fitnessgerät wird vom Kunden mit der Kreditkarte bezahlt. Erläutern Sie diese Zahlungsabwicklung bis zum Zahlungseingang.
d) Statt mit Kreditkarte wird das Fitnessgerät mit der Girocard im Rahmen des elektronischen Lastschriftverfahrens bezahlt. Erläutern Sie diese Zahlungsabwicklung bis zum Zahlungseingang.
e) Erläutern Sie die Kassieranweisungen, die bei den verschiedenen Zahlungsarten an der Kasse zu beachten sind.

9. Die 17-jährige Auszubildende Edith Schiefen, die mit Zustimmung ihres Vaters einen Ausbildungsvertrag mit der Center Warenhaus GmbH abgeschlossen hat, beabsichtigt die Ausbildungsstelle zu wechseln und das derzeitige Ausbildungsverhältnis zu kündigen. Ihr Vater ist dagegen.
a) Erläutern Sie Dienst- und Ausbildungsvertrag.
b) Beschreiben Sie, wodurch sich die Kündigung und das Testament unterscheiden.
c) Begründen Sie, ob Edith den Ausbildungsvertrag ohne Zustimmung des Erziehungsberechtigten kündigen kann.
d) Geben Sie an, ob Edith einen neuen Ausbildungsvertrag ohne Zustimmung des Erziehungsberechtigten abschließen kann.

Gebundene Aufgaben zur Prüfungsvorbereitung

1. Welche der folgenden Aussagen über die § 305 ff. BGB zu den AGB ist richtig?
1. Die Paragrafen zu den AGB im BGB schützen den Einzelhändler vor überzogenen Wünschen der Kunden.
2. Die Paragrafen zu den AGB im BGB ermöglichen es dem Einzelhändler, in seinen Allgemeinen Geschäftsbedingungen bei Sonderangeboten das gesetzliche Reklamationsrecht des Kunden auszuschließen.
3. Nach den Paragrafen zu den AGB im BGB sind die Allgemeinen Geschäftsbedingungen eines Einzelhändlers auch dann wirksam, wenn der Kunde bei Vertragsabschluss nicht ausdrücklich auf sie hingewiesen worden ist.
4. Eine Bestimmung aus den Allgemeinen Geschäftsbedingungen eines Einzelhändlers, die nach den Paragrafen zu den AGB im BGB nicht zulässig ist, fällt ersatzlos weg. Es gelten dann die gesetzlichen Regelungen.

2. Stellen Sie fest, ob nachfolgende Rechtssubjekte

1. natürliche
2. juristische Personen sind.

a) Stadtsparkasse Siegburg GmbH
b) Möbeleinzelhandel Josef Klein e. K.
c) Warenhaus AG
d) Einkaufsgenossenschaft Oberrhein e. G.
e) Sportverein e. V. Bonn
f) Dr. Hans Hahn, Steuerberater

3. Stellen Sie in den folgenden Fällen fest, ob ein

1. Werkvertrag
2. Werklieferungsvertrag
3. Kaufvertrag
4. Mietvertrag abgeschlossen wird.

a) Ein Möbeleinzelhändler zahlt für die Dauer der Reparatur seines Geschäftsautos für ein ihm überlassenes Ersatzfahrzeug 50,00 EUR je Tag.
b) Ein Innendekorateur fertigt eine Gardine an. Der Stoff wird vom Kunden im Geschäft des Innendekorateurs gekauft.
c) Ein Elektroeinzelhändler erhält vom Hersteller eine bestellte Lieferung Waschmaschinen.
d) Die Auszubildende Gerda erwirbt für 14,00 EUR eine CD.
e) Ein Textilgeschäft lässt für einen Kunden einen Maßanzug anfertigen, wobei der Kunde den Stoff geliefert hat.

4. Stellen Sie bei den nachfolgenden Sachverhalten fest, ob sie einen

1. einseitigen Handelskauf,
2. zweiseitigen Handelskauf oder
3. einen bürgerlichen Kauf darstellen.

a) Ein Textileinzelhändler kauft bei einem Großhändler Büromaterialien.
b) Die Kantinenleiterin eines Warenhauses kauft bei einem Großhändler 10 Zentner Kartoffeln.
c) Der Geschäftsführer eines Kaufhauses kauft für seinen Sohn in einem Sportfachgeschäft ein Paar Skier.
d) Ein Angestellter eines Supermarktes verkauft an eine Arbeitskollegin ein gebrauchtes Motorrad.
e) Die Verkäuferin eines Verbrauchermarktes kauft für ihren Ehemann in einem Münzgeschäft zwei Silbermünzen als Geburtstagsgeschenk.

5. Bei welchen der nachstehenden Rechtsgeschäfte handelt es sich um kein zweiseitiges Rechtsgeschäft?

1. Berufsausbildungsvertrag
2. Kaufvertrag
3. Mietvertrag
4. Testament
5. Kündigung eines Ausbildungsvertrages
6. Werkvertrag

6. Welche der folgenden Aussagen über den Einsatz und die Handhabung von Datenkassen treffen zu?

1. Es kann auf Einzelpreisauszeichnung verzichtet werden.
2. Die Geschäftsleitung kann jederzeit Umsatz- und Absatzstatistiken abrufen.
3. Ein Artikel, bei dem der EAN-Code beschädigt wurde, ist nicht mehr verkäuflich.
4. Es lassen sich für jeden einzelnen Artikel exakte Kalkulationswerte ermitteln.
5. Mit Datenkassen können keine Aussagen über den Abverkauf von bestimmten Artikeln gemacht werden.

7. Welche Aussage über Besitz und Eigentum ist richtig?

1. Eigentumsübertragung ist immer mit der Übergabe der Sache verbunden.
2. Eigentum ist die tatsächliche Gewalt über eine Sache, Besitz die rechtliche Gewalt über eine Sache.

3. Der gutgläubige Käufer erwirbt in der Regel das Eigentumsrecht an gestohlenen Waren.
4. Die Eigentumsübertragung an beweglichen Sachen erfolgt in der Regel durch Einigung und Übergabe.
5. Bei unbeweglichen Sachen erfolgt die Eigentumsübertragung durch die Einigung zwischen Käufer und Verkäufer.

8. Stellen Sie fest, ob für die nachfolgenden Verträge

1. Schriftform erforderlich ist,
2. notarielle Beurkundung erforderlich ist,
3. Formfreiheit besteht.

a) Bürgschaftsvertrag zwischen zwei Nichtkaufleuten
b) Kaufvertrag über einen Personal Computer im Wert von 3.000,00 EUR
c) Berufsausbildungsvertrag
d) Grundstückskaufvertrag
e) Arbeitsvertrag

9. Welche Aussage über den rechtswirksamen Abschluss von Verträgen ist richtig?

1. Ein Kaufvertrag muss immer schriftlich abgeschlossen werden.
2. Ausbildungsverträge sind auch mündlich gültig.
3. Kaufverträge über Grundstücke bedürfen der notariellen Beurkundung.
4. Darlehensverträge sind nur gültig, wenn sie schriftlich abgeschlossen werden.
5. Jeder per Telefon vereinbarte Kauf muss schriftlich bestätigt werden.

10. Ihr Vorgesetzter beauftragt Sie, die Preisauszeichnung eines reduzierten Artikels zu überprüfen. Müssen Sie nach der Preisreduzierung die EAN ändern?

1. Nein, denn der Verkaufspreis ist nicht in der EAN enthalten.
2. Ja, denn es ändert sich dadurch der Bruttoverkaufspreis und demzufolge auch die EAN für die Scannerkasse.
3. Nein, denn die EAN beinhaltet die Einkaufsmenge.
4. Nein, denn die EAN beinhaltet nur Herstellungsdatum und Herstellungsort.
5. Nein, denn der in der EAN enthaltene Bezugs-/Einstandspreis ändert sich für Ihr Unternehmen nicht.
6. Ja, denn der in der EAN enthaltene Bezugs-/Einstandspreis ändert sich.

11. Eine Kundin möchte mit der abgebildeten Karte bezahlen. Was müssen Sie bei der Annahme der Karte beachten?

1. Die Karte muss mit einem Geldbetrag „geladen" sein, sonst ist keine Zahlung möglich.
2. Das V PAY-Zeichen garantiert, dass der zu zahlende Betrag auch bei fehlender Deckung des Kundenkontos Ihrem Unternehmen gutgeschrieben wird.
3. Karten-Nr. und Konto-Nr. stimmen nicht überein, deshalb dürfen Sie diese Karte nicht mehr annehmen.
4. Karten mit dem V PAY-Zeichen dürfen Sie nur akzeptieren, wenn die Kundin beim Bezahlen ihren PIN eingibt.
5. Beim Einsatz dieser Karte im Lastschriftverfahren müssen Sie auf die Unterschrift achten.

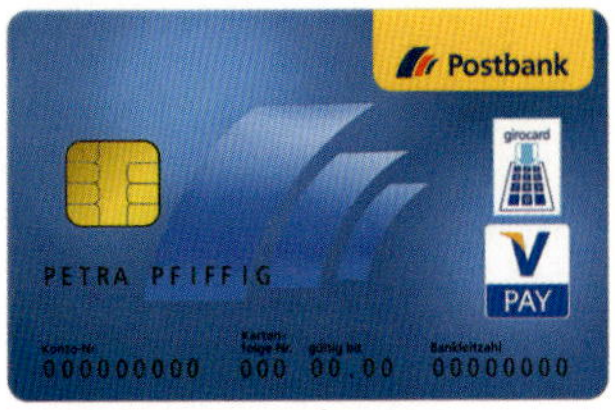

12. Ein Einzelhändler will regelmäßig wiederkehrende Zahlungen im Einzugsermächtigungsverfahren vornehmen lassen. Wie erteilt ein Einzelhändler eine Einzugsermächtigung?

1. Der Einzelhändler ermächtigt seine Bank, die Geldbeträge zu überweisen.
2. Der Einzelhändler ermächtigt den Zahlungsempfänger, den Betrag der Forderung zulasten seines Girokontos einzuziehen.

3. Der Einzelhändler beauftragt seine Bank, die Bank des Zahlungsempfängers zu ermächtigen, den Betrag einzuziehen.
4. Der Einzelhändler weist seine Bank an, mit einem Überweisungsträger verschiedene Beträge an mehrere Empfänger zu zahlen.
5. Der Einzelhändler beauftragt sein Geldinstitut, Lastschriften eines bestimmten Zahlungsempfängers ohne vorherige Rückfrage abzubuchen.

13. Zur Begleichung einer Rechnung gibt Ihr Unternehmen dem Außendienst-Mitarbeiter eines Lieferers einen Bankscheck. Wann ist die Verbindlichkeit rechtlich erloschen?
1. Am Ausstellungstag des Schecks.
2. Mit der Belastung des Scheckbetrages auf dem Konto Ihrer Hausbank.
3. Mit Einreichung des Schecks durch den Lieferer bei seiner Bank.
4. Mit Übergabe des Schecks an den Außendienst-Mitarbeiter.
5. Acht Tage nach Ausstellungsdatum des Schecks.

14. In einem Kaufvertrag wird zwischen dem Einzelhändler und dem Kunden ein „Eigentumsvorbehalt" vereinbart. Was besagt diese Vertragsklausel?
1. Nach Entrichtung des Kaufpreises wird der Kunde nur Besitzer der gelieferten Ware.
2. Der Kunde bekommt die Ware erst nach Bezahlung geliefert.
3. Der Eigentumsvorbehalt erlischt bei Lieferung mangelhafter Ware.
4. Der Kunde wird erst nach vollständiger Bezahlung des Kaufpreises Eigentümer der gelieferten Ware.
5. Der Einzelhändler bleibt bis zur Bezahlung des vollen Kaufpreises Besitzer der gelieferten Ware.

15. Ein Warenhaus setzt ein EDV-gestütztes Warenwirtschaftssystem mit Preisabrufverfahren (Price-Look-Up-Verfahren) ein. Wie funktioniert dieses System?
1. An der Datenkasse wird die EAN erfasst, die den Warenpreis enthält.
2. An der Datenkasse wird nur der auf der Ware angegebene Preis eingelesen, die dazugehörige EAN wird aus dem Speicher der EDV-Anlage der Ware zugeordnet.
3. An der Datenkasse werden weder die EAN noch der Preis eingelesen, sämtliche Angaben werden aus dem Speicher der EDV-Anlage abgerufen.
4. An der Datenkasse wird die EAN durch den Scanner eingelesen, der Preis wird aus Sicherheitsgründen vom Kassenpersonal eingetippt.
5. An der Datenkasse wird nur die EAN eingelesen, der dazugehörige Preis wird aus dem Speicher der EDV-Anlage der Ware zugeordnet.

16. Welcher Vorteil spricht für die Annahme von Kreditkarten als Zahlungsmittel?
1. Dem Einzelhändler entstehen bei der Annahme von Kreditkarten keine weiteren Kosten.
2. Der Einzelhändler wird mit den entstehenden Kosten belastet.
3. Die Unterschrift des Kunden muss nicht mit der Unterschrift auf der Karte verglichen werden.
4. Zahlungen mit Kreditkarten werden nach 6 Wochen dem Einzelhändler gutgeschrieben.
5. Kreditkarten können bei Kunden zu Impulskäufen führen.

17. Warum bietet ein Einzelhändler den Kunden Serviceleistungen an?
1. Weil dadurch Umsatzzuwächse garantiert werden.
2. Weil Serviceleistungen die einzige Möglichkeit darstellen, sich von Mitbewerbern zu unterscheiden.
3. Weil alle Serviceleistungen für den Kunden kostenlos sind, wird der Umsatz gesteigert.
4. Weil Serviceleistungen die Werbung ersetzen.
5. Weil Serviceleistungen wirkungsvolle Maßnahmen sind, um den Kundenstamm zu erhalten.

Waren präsentieren

1 Die Grundsätze der Warenplatzierung und -präsentation beachten

Die Verwaltung des EKZ Rheinpark hat über einen längeren Zeitraum einen Kundenrückgang bemerkt. Um die Ursachen zu ermitteln, wurde eine Unternehmensberatung beauftragt, eine Verbraucherbefragung durchzuführen. Die Ergebnisse sind auszugsweise in der nebenstehenden Grafik dargestellt und wurden allen Unternehmen des EKZ übermittelt.

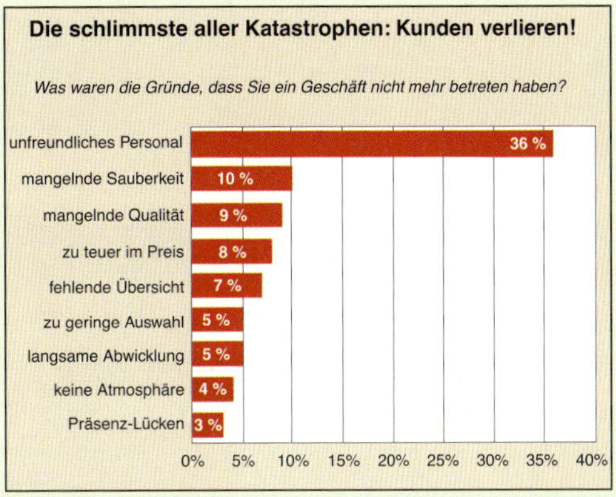

Die Geschäftsführung der Center Warenhaus GmbH hat sich entschieden, die Bereiche Atmosphäre, fehlende Übersicht, Präsenz-Lücken und Sauberkeit zu überprüfen. Sabine Freund erhält den Auftrag, in der Sportabteilung eventuell vorhandene Mängel im Hinblick auf Ordnung und Sauberkeit zu suchen.

ARBEITSAUFTRÄGE

- Beschreiben Sie die Ziele, die mithilfe einer kundenorientierten Platzierung und Präsentation von Ware erreicht werden sollen.
- Sammeln Sie mithilfe der 635-Methode (vgl. Seite 60) Möglichkeiten von Handelsunternehmen, Einkaufsatmosphäre im Geschäft zu erzeugen.
- Informieren Sie sich über Arbeitsanweisungen und Vorschriften in Ihrem Ausbildungsbetrieb, welche die Sauberkeit und den Umgang mit Präsenz-Lücken betreffen.
- Schildern Sie, mit welchen Mitteln Ihr Ausbildungsbetrieb den Verkaufsraum übersichtlich gestaltet.
- Erläutern Sie die rechtlichen Vorschriften der Warenkennzeichnung, die der Einzelhandel bezüglich der Handelsklassen, der Lebensmittelkennzeichnungsverordnung, bei Textilien und bei der Preisangabe beachten muss.

Zielgerichtete Platzierung und Präsentation

Der Einzelhandel bietet heutzutage ein abwechslungsreiches Erscheinungsbild, sodass die Kunden sehr unterschiedliche Geschäfte vorfinden. Da gibt es den einfachen Discounter neben edel eingerichteten Fachgeschäften und Warenhäusern, die von Artikeln des täglichen Bedarfs bis hin zu Luxusgütern alles anbieten. Einkaufsgalerien, die ihr Sortiment in ganzen Warenlandschaften präsentieren, gehören ebenso zum Erscheinungsbild des Einzelhandels wie eher konservative Geschäfte und junge Unternehmen, die neuen Trends folgen.

Diese verschiedenen Konzeptionen in der Einzelhandelslandschaft sind nicht zufällig entstanden, sondern Ergebnis sorgfältiger Untersuchungen und Auswertungen von Verbrauchergewohnheiten. Die **individuellen Lebensstile** der Kunden und **ständig wechselnde Verbrauchertrends** erfordern, dass die Unternehmen sich ein eindeutiges Erscheinungsbild geben. Damit grenzen sie sich von der Konkurrenz ab und finden „ihren" Kundenkreis.

Die Einzelhändler müssen daher versuchen, die **Gestaltung des Verkaufsraums** und die **Präsentation der Ware** entsprechend ihrer Zielsetzung optimal aufeinander abzustimmen, um Kunden zu gewinnen und dauerhaft zu binden. Mit den vielfältigen Konzepten verfolgt der Handel bestimmte **Ziele**, er will

- unterschiedliche Käuferschichten ansprechen,
- mithilfe einer interessanten Warenplatzierung und Warenpräsentation das Sortiment vorstellen
- und somit den Umsatz steigern.

Warenplatzierung	Warenpräsentation
WO?	WIE?
Unter **Warenplatzierung** versteht man die Anordnung der Waren in Verkaufsraum und Warenträgern (z. B. Regal), also **wo** genau den Kunden die Artikel angeboten werden. Eine erfolgreiche Warenplatzierung berücksichtigt z. B. die unterschiedlich verkaufsstarken Bereiche in Geschäft und Regal, das Preisniveau der Artikel, den Saison- oder Aktionscharakter der Ware, den Verwendungszusammenhang und die Eigenschaften der Ware wie Größe, Gewicht oder Frischebedarf.	Die **Warenpräsentation** umfasst alle Maßnahmen, die sich auf die Warendarbietung im Geschäft beziehen, also die Art und Weise, **wie** das Sortiment den Kunden nahegebracht wird. Ziel ist es, mithilfe von attraktiven Warenanordnungen den Kunden emotional anzusprechen und **Kaufimpulse** auszulösen. Dazu nutzt der Einzelhändler vielfältige Möglichkeiten wie z. B. den zielgerichteten Einsatz von Licht, besonderen Warenträgern, Dekorationsmaterial und vieles mehr.

Beispiele zur Warenplatzierung

- Konserven und andere schwere Artikel sollten im unteren Regalbereich platziert werden.
- Artikel des täglichen Bedarfs wie Zucker und Mehl werden in verkaufsschwachen Zonen des Geschäftes platziert, da die Kunden zum Kauf dieser Ware nicht besonders angeregt werden müssen.
- Aktionsware oder Artikel, deren Verkauf besonders angekurbelt werden soll, werden in den Hauptgängen des Geschäftes angeboten.
- Ausgewählte Laden- oder Regalflächen werden mit Artikeln zu bestimmten Themen bestückt, wie z. B. „Alles fürs Frühstück", was Müsli, Brotaufstrich, Heißgetränke, Brot und Backwaren umfassen kann.

Warenplatzierung und **Warenpräsentation** arbeiten Hand in Hand. Werden beide optimal eingesetzt, regen sie die Kunden zum Kauf an und sind ein sehr erfolgreiches Mittel, um den Umsatz zu steigern.

Sauberkeit und Ordnung

Eine positive Einkaufsatmosphäre wird nicht nur durch eine ansprechende Warenplatzierung und -präsentation erzielt. Neben den emotionalen Gesichtspunkten einer verkaufsaktiven Darbietung spielen auch **Sauberkeit und Ordnung** eine wichtige Rolle.

80 % der Wahrnehmung erfolgt über das Auge, und Kunden registrieren sehr aufmerksam, wenn **Ladenzonen**, **Warenträger** oder gar die **Ware** selbst verschmutzt sind. Fehlende Ware muss zügig nachgeräumt werden, um **Präsenzlücken** zu vermeiden. Präsenz-Lücken sind Leerräume zwischen Artikeln aufgrund verkaufter Ware, die nicht unverzüglich wieder aufgefüllt wurden. Geschieht dies nicht, gewinnen Kunden schnell den Eindruck, dass in dem Unternehmen nicht sorgfältig und kundenorientiert gearbeitet wird.

PRAXISTIPP Ein guter Mitarbeiter sieht die Arbeit! Gehen Sie mit „offenen Augen“ durch das Geschäft und sorgen Sie dabei stets für Sauberkeit und Ordnung!

Das grundsätzliche Gebot von Sauberkeit und Ordnung gilt nicht nur für den Lebensmittelhandel, sondern für **alle Branchen** gleichermaßen.

Beispiele

Unsaubere Käse-, Fleisch- oder Bäckereitheken, verstaubte Regale, verdreckte Gänge oder Ecken und aufgeplatzte Verpackungen wirken abstoßend. Zonen im Verkaufsbereich, die dauerhaft als Vorratsraum genutzt werden, hinterlassen bei Kunden einen schlechten Eindruck. Ware, die unordentlich angeboten wird, verführt keinen Kunden zum Kauf. Auch schmutzige Spiegel, Türen oder Fenster wirken negativ auf Kunden.

Übersichtlichkeit

Der Verkauf und alle sonstigen Arbeiten in einem Geschäft müssen reibungslos ablaufen. Daher wird eine Platzierungsordnung der Ware angestrebt, die sowohl für **Kunden** als auch für **Mitarbeiter** möglichst optimale Voraussetzungen bietet. Verkaufsmitarbeitern sind unnötige und überflüssige Wege z. B. bei der Regalbeschickung zu ersparen.

Für Kunden bietet sich an, die Waren im **Verwendungszusammenhang** zu platzieren (z. B. „Alles für den Grillabend“). Häufig werden auch gleiche **Artikelgruppen** und verwandte **Sortimentsbereiche** nebeneinander angeboten. Je übersichtlicher die Anordnung für den Kunden wird, desto weniger benötigt er die Hilfe des Personals.

Damit die Kunden die Ware leicht und bequem finden und erreichen können, hat der Handel **Leitsysteme** entwickelt, die ihnen helfen, sich möglichst selbstständig im Verkaufsraum zurechtzufinden.

In größeren Geschäften mit mehreren Abteilungen oder Etagen sind **Wegweiser** oder **Hinweisschilder** auf Sortimentsbereiche notwendig. Diese sind so platziert, dass sie sich in Sichthöhe der Kunden befinden.

Beachtung rechtlicher Vorschriften

Warenkennzeichnung

Neben einer freiwilligen Warenkennzeichnung wie z. B. „Blauer Engel“ gibt es für den Einzelhandel auch gesetzlich vorgeschriebene **Kennzeichnungspflichten**, die es dem Verbraucher möglichst leicht machen sollen, sich verlässlich über die Ware zu informieren. Beispiele für gesetzlich vorgeschriebene Warenkennzeichnungen:

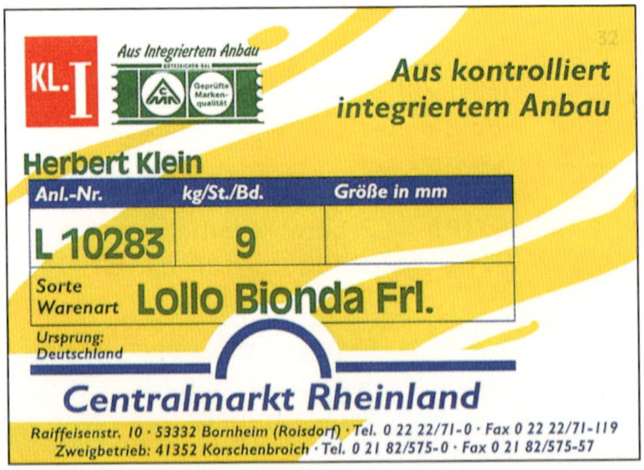

- **Handelsklassen**
  Sie geben Aufschluss über die **Qualität** der Ware, z. B. für Obst und Gemüse Extra (hervorragende Qualität), I (gute Qualität), II (marktfähige Qualität), III (starke Mängel, nur für die industrielle Verwertung). Für Geflügelfleisch und Eier gibt es die Klassen A, B, C. Im Einzelhandel werden nur Eier der Güteklasse A angeboten. Für verpackte Eier gelten noch weitere Angabevorschriften: Güteklasse, Gewichtsklasse, Anzahl der verpackten Eier, Mindesthaltbarkeitsdatum und Verbraucherhinweis zur Lagerung, Erzeugercode, Name, Anschrift und Kenn-Nummer des Verpackungsbetriebes. Außerdem werden Eier EU-weit mit einem Stempel versehen.

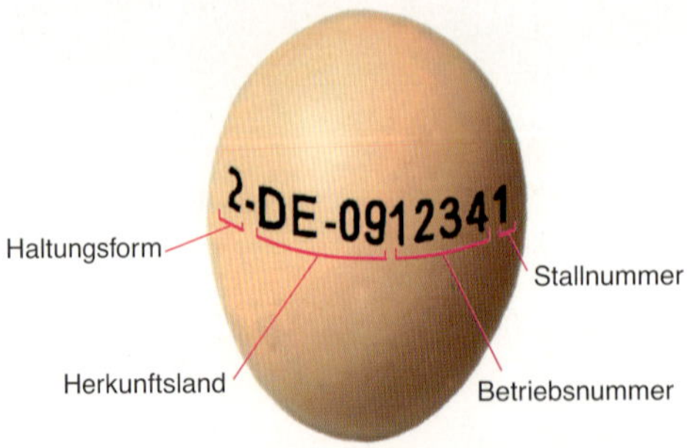

Erzeugercode
Das Ei stammt aus Bodenhaltung (2), wurde in Deutschland (DE) gelegt, genauer gesagt in Bayern (09) und zwar in dem Betrieb mit der Registriernummer 1234 und dort im Stall Nr. 1.

- **Lebensmittelkennzeichnungsverordnung**
  Sie gilt für **verpackte Lebensmittel**, um **Täuschungen** zu verhindern und vor **gesundheitlichen Gefahren** zu schützen. Folgende Angaben müssen gut sichtbar vorhanden sein:
  1. Name des Herstellers oder eines in der EU niedergelassenen Vertriebspartners
  2. Handelsübliche Bezeichnung
  3. Verzeichnis der Zutaten
  4. Menge nach deutschem Maß und Gewicht
  5. Mindesthaltbarkeitsdatum bei ordnungsgemäßer Lagerung

- **Genfood-Verordnung**
  Sie legt offen, ob Lebensmittel **gentechnisch verändert** wurden, und bestimmt, **welche Artikel kennzeichnungspflichtig** sind. Sie gilt für **verpackte und unverpackte**

Ware sowie für das Essen im Restaurant. Ein **Logo** oder **Symbol**, das auffällig auf ein gentechnisch verändertes Lebensmittel hinweist, ist **nicht zulässig.** Bei der Kennzeichnung sind zwei Formulierungen möglich: entweder **„genetisch verändert" oder „aus genetisch verändertem ... hergestellt"**. Auch die **Platzierung** des Hinweises ist festgelegt. Ausführliche Informationen gibt es im Internet unter www.transgen.de.

- **Textilkennzeichnungsgesetz**
  Sie beinhaltet eine Kennzeichnungspflicht für **Textilerzeugnisse** und verlangt die Angabe der **textilen Rohstoffe** (z. B. Wolle, Alpaka) mit ihrer Zusammensetzung. Die Kennzeichnung hat **deutlich sichtbar** und **lesbar** am oder im Textilerzeugnis zu erfolgen. Bei Textilerzeugnissen in Verpackungen (z. B. Unterwäsche, Hemden) kann die Kennzeichnung auf der Verpackung z. B. durch Etiketten erfolgen.

- **Preisangabenverordnung**
  Sie regelt, wie die Preise anzugeben sind. Der Einzelhandel muss die Artikel mit **Endpreisen** versehen, also den Preis einschließlich **Umsatzsteuer.** Alle Waren, die sichtbar ausgestellt sind, und Waren, die vom Verbraucher unmittelbar entnommen werden können, sind durch Preisschilder oder Beschriftung der Ware auszuzeichnen. Ware, die im Verkaufsraum zum Verkauf bereitgehalten wird, ist genauso auszuzeichnen oder durch Beschriftung der Warenbehältnisse oder Regale. Ferner müssen die Güteklasse und die Maßeinheit, auf die sich der Bruttoverkaufspreis bezieht, angegeben sein. Auch der **Grundpreis** muss angeben werden, er zeigt dem Verbraucher, was die Ware je üblicher Mengeneinheit (1 kg, 1 l, 1 m, 1 m^3, 1 m^2, 100 g, 100 ml) kostet. Dies erleichtert dem Kunden den Preisvergleich.

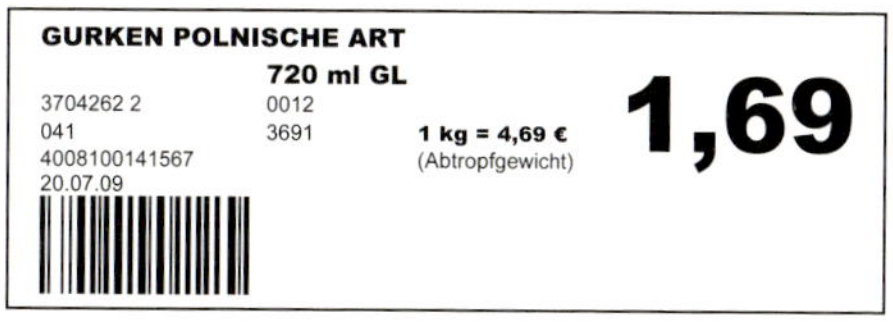

○ Rettungswege

Flucht- oder **Rettungswege** müssen gekennzeichnet und möglichst kurz sein. Ihre Anordnung und Ausführung ist betriebsabhängig und richtet sich auch nach der durchschnittlich anwesenden Zahl von Personen.

Sie sind vorgeschrieben, um Mitarbeitern und Kunden bei drohender Gefahr den Weg ins Freie oder in einen gesicherten Bereich über einen **Notausgang** zu ermöglichen, der **nur in Notfällen** verwendet werden darf. Die Größe und die Anzahl der Notausgänge ist so zu bemessen, dass Menschen auch bei Panikreaktionen schnell und ohne Beeinträchtigungen ins Freie flüchten können. Sie müssen mit dem Begriff **Notausgang** oder mit einem **Piktogramm (Rettungszeichen)** gekennzeichnet sein, oft in Verbindung mit einer **Notbeleuchtung.**

Notbeleuchtung

Kennzeichnung

Piktogramm

PRAXISTIPP Beachten Sie: Der Notausgang muss jederzeit erreichbar sein und darf nicht durch Einrichtungsgegenstände oder Waren verstellt werden. Dies gilt immer, auch für Situationen, in denen sich große Mengen Waren zum Auffüllen im Verkaufsraum befinden.

● Anpassung an die Betriebs- und Verkaufsform

Die Warenpräsentation ist abhängig von der Betriebsform eines Einzelhandelsgeschäftes und der damit verbundenen Verkaufsform.

○ Discounter

Der Discounter ist eine Form des **Selbstbedienungseinzelhandels**. Die am stärksten vertretene Branche ist der Lebensmittelbereich. Hinzu kommen Fachdiscounter aus dem Non-Food-Bereich wie der Textil- und Elektrobranche. Die Warenpräsentation zielt auf hohe **Funktionalität** und **Zweckmäßigkeit** ab. Ware wird im Regal, im Warenstapelkorb und vielfach direkt auf der **Palette** in Herstellerkartons präsentiert. Eine **übersichtliche** und **einfache Struktur** bietet dem Kunden eine **gute Orientierung**, die einen raschen Einkauf erleichtert. Daneben spielen **warenlogistische Kriterien** eine große Rolle, da aufgrund der hohen **Umschlagshäufigkeit** die Warenbestände oft mehrfach am Tag aufgefüllt werden müssen. Darum sollte die Gestaltung des Verkaufsraumes schnelle Auffüllarbeiten unterstützen.

Beispiel Im Lebensmitteldiscounter Schlegel KG müssen durchschnittlich fünfmal täglich die Mehl- und Zuckerprodukte aufgefüllt werden. Die Auszubildende Kerstin Dahm tauscht mithilfe des Hubwagens die leeren Paletten gegen volle Paletten aus dem Lager aus. Dafür benötigt sie im Gang des Geschäftes genügend Platz zum Rangieren.

○ Warenhaus

Das Warenhaus ist in seiner Verkaufsform, ebenso wie viele Fachgeschäfte, auf **Vorwahl** und **Bedienung** ausgerichtet. Es bietet dem Kunden die Möglichkeit des **„One-Stop-Shopping“**, das heißt, er findet auf einer Verkaufsfläche von mindestens 4.000 m² nahezu alle Waren des kurz-, mittel- und langfristigen Bedarfs. Die Auswahl der Ladengestaltungselemente, Wand- und Bodenbeläge, Decken- und Beleuchtungssysteme muss zusammenpassen und gemeinsam mit den ausgewählten Warenträgern und Ladenbauelementen ein **„einheitliches Ganzes“** ergeben.

Die Warenpräsentation sollte dabei so gestaltet sein, dass die angebotenen Artikel betont und deren Wertigkeiten deutlich werden. Der freie Zugang zur Ware soll die Kunden auf die Artikel aufmerksam machen und dazu führen, dass sie auf sie zugehen, sie anfassen, sie probieren und letztendlich kaufen.

Beispiel Im Center Warenhaus werden Frottierwaren, gut sichtbar nach Farben sortiert, präsentiert. Dabei wird darauf geachtet, dass ausreichend, aber nicht zu viele Handtücher im Regal liegen. Die Waren müssen außerdem ordentlich und gleichmäßig gefaltet sein, damit sich ein ansprechendes Warenbild ergibt.

In Warenhäusern kommt es häufig vor, dass Bereiche der Verkaufsfläche abgetrennt und den Kunden als eigenständige Geschäfte oder Abteilungen präsentiert werden. Hier wird mit speziellen Ladenbauelementen (z. B. Regalen, Beleuchtungssystemen, Fußböden) ein Geschäft im Geschäft geschaffen, das den Charakter eines Fachgeschäftes hat. Man spricht von einem **„Shop-in-Shop-System"**. Häufig wird die Markenproduktpalette eines bekannten Herstellers in einem solchen Shop angeboten. Die Hersteller übernehmen dabei oftmals die Regal- und Warenpflege und besetzen den Shop mit eigenem Personal.

Beispiel In der Sportabteilung des Center Warenhauses wurde ein Shop eines bekannten Funktionsbekleidungsherstellers eingerichtet. Dieser Shop präsentiert nahezu die gesamte Artikelpalette dieses Herstellers.

○ Fachmarkt

Der Fachmarkt wird durch Einzelhandelsunternehmen repräsentiert, die großflächig Ware aus dem mittleren bis niedrigen Preissegment anbieten. In diesen Märkten werden erklärungsbedürftige Waren im **Vorwahlsystem** und nicht erklärungsbedürftige Waren im **Selbstbedienungssystem** angeboten. Fachmärkte grenzen sich vom Fachdiscounter durch ein **Beratungs- und Serviceangebot** ab.

Beispiel Herr Hamann kauft sich nach ausführlicher Beratung im Mars Elektrofachmarkt e. K. ein Notebook. In Kassennähe wird er auf mehrere Paletten mit CD-Rohlingen zu Niedrigpreisen aufmerksam. Ohne eine weitere Beratung erwirbt er eine 100er Packung.

Eine übersichtliche Warenpräsentation und klare Kundenleitsysteme (vgl. Seite 411) erleichtern es dem Kunden, die gesuchte Ware zu finden und eine Vorauswahl zu treffen. Durch aufwendige Präsentationen und verkaufspsychologisch optimierte Platzierungen wird das Interesse des Kunden angeregt.

Beispiel Im Mars Elektrofachmarkt e. K. hat sich die Geschäftsleitung für ein System entschieden, mit dessen Hilfe Kunden selbstständig Auszüge von CDs anhören bzw. DVDs anschauen können.

Die Grundsätze der Warenplatzierung und -präsentation beachten

- Individuelle **Lebensstile** und wechselnde **Verbrauchertrends** fordern vom Unternehmen ein eindeutiges Erscheinungsbild.
- **Der Verkaufsraum** und die **Präsentation der Ware** müssen **kundenorientiert** aufeinander abgestimmt werden.
- **Ziele** sind, unterschiedliche **Käuferschichten** anzusprechen, über **Warenplatzierung** und **Warenpräsentation** das Sortiment vorzustellen und damit den **Umsatz** zu steigern.
- **Warenplatzierung** beschäftigt sich mit der Frage, **wo** die Artikel platziert werden.
- **Warenpräsentation** beschäftigt sich mit der Frage, **wie** das Sortiment präsentiert wird.
- **Sauberkeit** und **Ordnung** sind in allen Branchen einzuhalten.
- **Übersichtliche Warenanordnung** erspart dem **Personal** unnötige Wege und verschafft den **Kunden** einen Überblick über das Sortiment; **Leitsysteme** und **Hinweisschilder** in Sichthöhe sind hilfreich.
- **Gesetzliche Kennzeichnung** wird durch **Handels- oder Güteklassen, Genfood-Verordnung, Lebensmittelkennzeichnungsverordnung, Textilkennzeichnungsgesetz** und **Preisangabenverordnung** geregelt.
- **Rettungswege** und **Notausgänge** müssen **immer frei zugänglich** sein.
- Die Warenpräsentation orientiert sich stark an der jeweiligen **Betriebs- und Verkaufsform.** So haben z. B. Discounter, Warenhäuser und Fachmärkte ein sehr unterschiedliches Erscheinungsbild.

1. Erklären Sie den Unterschied zwischen Warenplatzierung und -präsentation. Finden Sie je zwei anschauliche Beispiele aus Ihrer Praxis.

2. Beschreiben Sie, nach welchen Grundsätzen in Ihrem Ausbildungsbetrieb Ware platziert und präsentiert wird.

3. Begründen Sie, warum ein übersichtlich gestalteter Verkaufsraum sowohl für Kunden als auch für Verkäufer vorteilhaft ist.

4. Bereiten Sie einen kurzen Vortrag vor, in dem Sie die Inhalte einer der gesetzlich vorgeschriebenen Warenkennzeichnungen anhand eines selbst gewählten Artikels aus Ihrem Ausbildungssortiment näher beschreiben.

5. Informieren Sie sich im Internet unter www.transgen.de darüber, welche Lebensmittel nach der Genfood-Verordnung kennzeichnungspflichtig sind und welche nicht. Erläutern Sie auch, welche Vorschriften es für die Kennzeichnung gibt.

6. Sammeln Sie je drei kennzeichnende Merkmale der Warenpräsentation in den Betriebsformen
a) Discounter, b) Warenhaus, c) Fachmarkt.

2 Das Geschäft verkaufsfördernd gestalten

2.1 Das Äußere des Geschäftes

Heute ist Berufsschule und Frau Schlüter eröffnet ihren Unterricht mit den folgenden Worten:

Frau Schlüter: *„In den nächsten Wochen wird uns ein Thema beschäftigen, das besonders eure Kreativität und eure gestalterischen Fähigkeiten fordern wird. Wir beschäftigen uns nämlich mit der Frage, wie ich als Einzelhändler meine Warenpräsentation so gestalten kann, dass sie möglichst viele Kunden zum Kauf anregt."*

Einige Zeit später im Unterrichtsgespräch:

Sabine: *„Die Waren im Schaufenster sind ja das Erste, was der Kunde von unserem Laden sieht."*

Mehmet: *„Stimmt, das Schaufenster ist quasi unsere ‚Visitenkarte'. Wenn das nichts hergibt, kommen die Kunden gar nicht erst rein."*

Kerstin: *„Hm, wir haben in unserem Discounter doch überhaupt kein Schaufenster."*

Sabine: *„Braucht ihr ja auch gar nicht, oder wollt ihr da Marmeladengläser drin stapeln? Aber, was mich viel mehr interessieren würde, Frau Schlüter, woran erkenne ich ein verkaufswirksam gestaltetes Schaufenster?"*

Mehmet: *„Das ist doch klar, das sieht man doch sofort."*

Sabine: *„Aber an welchen Kriterien machst du das dann fest?"*

...

ARBEITSAUFTRÄGE

- Klären Sie im Unterrichtsgespräch, inwieweit die Fassaden- und Schaufenstergestaltung im Einzelhandel von der Betriebsform abhängt.
- Informieren Sie sich über die Grundsätze der Fassaden- und Schaufenstergestaltung. Sammeln Sie anschließend in Form einer Kartenabfrage Kriterien für eine Checkliste zur Fassaden- und Schaufenstergestaltung.

Der Außenwirkung eines Einzelhandelsgeschäftes kommt eine besondere Bedeutung zu. **Fassade**, **Schaufenster** und **Eingangsbereich** sind die **„Visitenkarte"** des Geschäftes. Die Gestaltung dieser drei Elemente muss so abgestimmt sein, dass ein **harmonischer Gesamteindruck** entsteht. Fassade und Schaufenster vermitteln dem potenziellen Kunden einen ersten Eindruck. Wenn dieser positiv ausfällt, betritt der Kunde eher das Geschäft.

Die Fassadengestaltung

Als **Fassade** wird die **Vorderseite eines Gebäudes** bezeichnet. Die Fassade eines Einzelhandelsgeschäftes wird durch die Gestaltung der Schaufenster und des Ladeneingangs, die Wahl der Baumaterialien (Glas, Metall, Stein ...) sowie durch Vordächer, Schriftzüge, Schriftfahnen, Leuchtwerbung und Dekorationen geprägt.

○ Signalfunktion

Die Fassade wirkt als nonverbale Information und signalisiert dem Kunden durch den bewussten Einsatz von Materialien, Formen und Farben, was ihn im Inneren des Geschäftes erwartet.

Der **nüchterne, zweckorientierte Baustil** eines **Discounters** signalisiert, dass hier die Preiswürdigkeit absoluten Vorrang hat. Das deutlich sichtbare Logo in Verbindung mit den Farben des Unternehmens ermöglicht eine schnelle Identifizierung auch aus größerer Entfernung. Vor dem Geschäft befindet sich in der Regel eine größere Anzahl von Parkplätzen.

Die riesigen Glasfronten dieses **Warenhauses** demonstrieren eindrucksvoll die Dimensionen des Gebäudes und erlauben Rückschlüsse auf die große Artikelauswahl. Das **moderne Baumaterial** signalisiert zudem, dass das Warensortiment in diesem Geschäft dem **Trend der Zeit** entspricht. Diese Geschäfte befinden sich in der Regel in der Fußgängerzone oder in Einkaufszentren.

Die Fassaden von **Fachgeschäften** zeigen sehr **unterschiedliche Gesichter.** Je nach Branche und angesprochener Zielgruppe reicht die Palette bei der Fassadengestaltung von hochwertig, traditionell, gediegen (edle Hölzer oder Steine kommen hier zum Einsatz) bis zu jugendlich, dynamisch, sportiv (kräftige Farben und moderne Materialien wie Stahl und Glas geben hier den Ton an). Auch diese Geschäfte sind in der Regel in Fußgängerzonen oder Einkaufszentren angesiedelt.

○ Firmenschriftzug

Firmenschriftzug und **-logo** erfüllen eine wichtige Funktion. Sie geben dem Geschäft nach außen ein **Profil.** Sie müssen für den Kunden einen Bezug zur angebotenen Ware herstellen. Außerdem sollte der Firmenschriftzug originell und/oder besonders eingängig sein. Die gewählten **Farben** oder auch der Einsatz von **Beleuchtung**, die den Firmennamen bei Dunkelheit besonders hervorhebt, wirken dabei unterstützend. Firmenschriftzug oder Logo sollten sich einheitlich an der Fassade, im Schaufenster sowie im Eingangsbereich des Geschäftes wiederfinden.

○ Fassadenbeleuchtung

Eine **effektvolle Fassadenbeleuchtung** kann, insbesondere in der Winter- und Weihnachtszeit, einen schönen Kontrast zum oftmals kalten Wetter bieten und die Außenwirkung eines Einzelhandelsgeschäftes wirkungsvoll unterstützen. Licht zieht die Kunden an und schafft eine **freundliche, helle, offene Atmosphäre.** Diese mit gezielt angebrachten Spots und Strahlern beleuchtete Fassade zum Beispiel strahlt Wärme und Gediegenheit aus.

○ Eingang als Willkommenszone

Der **Eingang** muss auf den Kunden **einladend** und **offen** wirken, damit er über die Schwelle tritt. Eine **helle Beleuchtung** (durch Spots in der Überdachung), die auch bei Tageslicht eingeschaltet ist, sowie ein **bogenförmiger Eingangsbereich** wirken besonders einladend. Die Größe der Eingangstür sollte der Kundenfrequenz entsprechen und sowohl offen als auch geschlossen einen ungehinderten Blick ins Innere des Geschäftes ermöglichen.

PRAXISTIPP Für alle Maßnahmen der Fassadengestaltung gilt: Die baurechtlichen Bestimmungen müssen berücksichtigt werden! Die zuständige Baubehörde oder der Architekt geben hierzu die notwendigen Auskünfte.

● Die Schaufenstergestaltung

Das **Schaufenster** ist eine **große** und **wichtige Werbefläche** für ein Einzelhandelsgeschäft. Ein Schaufenster muss so gestaltet sein, dass es die Blicke des vorübergehenden Passanten einfängt (als sogenannter **eye-catcher** wirkt), und er zum Verweilen und Betrachten der ausgestellten Waren animiert wird.

○ Gestaltungsgrundsätze

Die folgenden Grundsätze bieten eine Orientierung für die optimale Gestaltung eines Schaufensters. Je nach den betrieblichen Besonderheiten können sie jedoch nicht alle gleichermaßen berücksichtigt werden.

Grundsatz 1	Das Schaufenster **bietet** dem Betrachter **Informationen** über das Sortiment des Geschäftes, einzelne Artikel und deren Preise.
Grundsatz 2	Das Schaufenster **aktiviert** den Betrachter **emotional.** Es vermittelt gezielt positive Gefühlserlebnisse, die z. B. auf Spannung, Originalität, Luxus oder Überraschung abzielen.
Grundsatz 3	Im Schaufenster werden **Warenaufbauten** wie Podeste, Aufsteller, Schaufensterpuppen etc. platziert. Dies ermöglicht eine anregende, drei-dimensionale Gestaltung und rückt die Ware ins Blickfeld des Kunden.
Grundsatz 4	Das Schaufenster ist eine **Bühne.** Die Inszenierung lebt auch von Licht- und Schattenwirkungen. Eine effektvoll eingesetzte **Lichttechnik erzeugt Spannung** und **Dynamik** und macht das Schaufenster zu einem echten Blickfang. Schaufenster **müssen** auch **am Tage beleuchtet** werden, weil sie sonst im Vergleich zur Umgebung zu dunkel wirken.
Grundsatz 5	Durch die Anordnung der Waren im Schaufenster entsteht ein **Warenbild,** das eine **klare Aussage** enthält. Dabei gilt die Devise: **Weniger ist oft mehr!** Einige geschickt kombinierte Einzelstücke erzielen eine größere Wirkung als ein Schaufenster, das mit Waren „vollgestopft" ist.
Grundsatz 6	Die **Grundregeln der Warenanordnung** werden berücksichtigt: **1.** Einen **Blickfang** (Ware oder Dekoration) an einer „günstigen" Stelle im Schaufenster platzieren. Welche Stelle „günstig" ist, hängt z. B. von der Kundenlaufrichtung und der Größe des Fensters ab. Grundsätzlich gilt: Den Blickfang nie genau in der Mitte platzieren, sondern immer **seitlich.** **2.** Die Ware in **Pyramidenform** gruppieren. Größere Waren stehen dabei im Zentrum, kleinere bilden den äußeren Rand, Podeste werden als Gestaltungselemente eingesetzt.
Grundsatz 7	Das Schaufenster erzielt eine optimale **Fern- und Nahwirkung.** Aus der **Ferne** nimmt der Betrachter besonders farbliche Akzente und die obere Hälfte des Schaufensters wahr. Die **Nahwirkung** lebt dagegen auch von Details, und der Betrachter konzentriert sich hier stärker auf den unteren Bereich des Schaufensters.
Grundsatz 8	Das Schaufenster wird **regelmäßig neu dekoriert,** damit kein Gewöhnungseffekt auftritt. Die höchste Aufmerksamkeit erzielt ein Schaufenster in den ersten 14 Tagen.
Grundsatz 9	Das gesamte Dekorationsmaterial sowie die ausgestellten Waren befinden sich in einem **einwandfreien Zustand**.
Grundsatz 10	Die Gestaltung des Schaufensters harmoniert mit der **Gesamtwirkung des Außenbereichs** im Hinblick auf Firmenzeichen, Fassaden- und Farbgestaltung usw.

○ Schaufensterpflege

Schaufenster leben von der kreativen Gestaltung, aber selbst das interessanteste Schaufenster wird seine Wirkung verfehlen, wenn sich Fenster, Waren und Dekorationsmaterialien nicht in einem einwandfreien Zustand befinden. Die Kunden ziehen aus dem Zustand des Schaufensters berechtigte Rückschlüsse auf die Qualität des gesamten Geschäftes.

Checkliste Schaufensterpflege

1. Der Boden vor dem Schaufenster ist gereinigt.
2. Die Scheiben sind sauber.
3. An den Fenstern befinden sich keine Reste von früheren Aufklebern.
4. Die Beleuchtung ist staubfrei und das Licht flackert nicht.
5. Der Boden des Schaufensters ist staub- und schmutzfrei.
6. Es befinden sich im Schaufenster keine Gegenstände, die nicht zur Gestaltung gehören.
7. Die ausgestellten Waren befinden sich in tadellosem Zustand.
8. Die Warenaufbauten und Dekorationsgegenstände weisen keine Beschädigungen oder Verschmutzungen auf.

○ Schaufenstertypen

Eine erfolgreiche Schaufenstergestaltung lebt vor allem vom **Einfallsreichtum** und der **Kreativität** des Gestalters. Nur so können immer wieder überraschende und anregende Schaufensterkreationen entstehen. Insofern ist jedes gelungene Schaufenster auch ein kleines „Kunstwerk". Aus diesem Grunde ist es schwierig, ein Schaufenster in eine vorgegebene Form zu „pressen". Kreativität folgt nicht vorgegebenen Formen und Regeln, sondern „erfindet" immer wieder etwas Neues. Wenn also im Folgenden eine **Typisierung** von Schaufenstern vorgenommen wird, so soll diese vor allem als **Orientierungshilfe** dienen. In der **Realität** werden Sie immer wieder **Mischformen** vorfinden, die Elemente verschiedener Schaufenstertypen miteinander verbinden.

Übersichtsfenster

geben einen Überblick über das gesamte Sortiment des Geschäftes. Möglich ist hier auch ein Überblick über das Angebot an Artikeln eines bestimmten Markenherstellers.

Stapelfenster

zeigen eine große Menge von Waren einer bestimmten Warengruppe. Diese Schaufenstergestaltung vermittelt durch die große Stückzahl einzelner Artikel den Eindruck von besonderer Preiswürdigkeit.

Plakatfenster

erzeugen Atmosphäre, indem sie eine kleine Warengruppe zusammen mit einem Werbeplakat (meistens vom Hersteller bereitgestellt) präsentieren.

Spezial- oder Qualitätsfenster

zeigen wertvolle Einzelstücke, deren Exklusivität besonders hervorgehoben werden soll. Diese Art der „Inszenierung“ bietet sich z. B. für besonders wertvolle Möbel, Kunstgegenstände oder Schmuckstücke an.

Themenfenster

sprechen vor allem die Gefühlswelt des Betrachters an. Sie stellen die Waren in ihrem Verwendungszusammenhang dar und regen so die Erinnerung oder die Phantasie an. Diese Art der Schaufenstergestaltung entspricht dem Konzept der Erlebnisorientierung (vgl. Seite 428 ff.).

Anlassfenster

werden zu bestimmten Anlässen gestaltet. Der Wechsel der Jahreszeiten, die verschiedenen Feste im Jahresverlauf (Weihnachten – Karneval – Ostern – Muttertag ...) bieten viele Möglichkeiten für eine stimmungsvolle Schaufensterdekoration. Aber auch ein Firmenjubiläum, ein herausragendes Ereignis am Standort oder ein anderer Anlass (z. B. Schulanfang) kann als Thema für eine Dekoration dienen.

○ Bauliche Gestaltung von Schaufenstern

In vielen Branchen des Einzelhandels geht der Trend zu offenen Glasfronten, den sogenannten **Durchsichtfenstern**, die vom Boden bis zur Decke oder manchmal sogar über mehrere Etagen reichen. Das verwendete Fensterglas wird durch Entspiegelung nahezu „unsichtbar“ gemacht. Der Betrachter hat einen freien Blick auf das Geschehen und die Warenpräsentation im Geschäft. Durch diese Transparenz wird die Schwellenangst verringert. Variabel einsetzbare Trennwände (siehe Zeichnung) ermöglichen eine Steuerung und Begrenzung der Durchsichtmöglichkeiten je nach Bedarf.

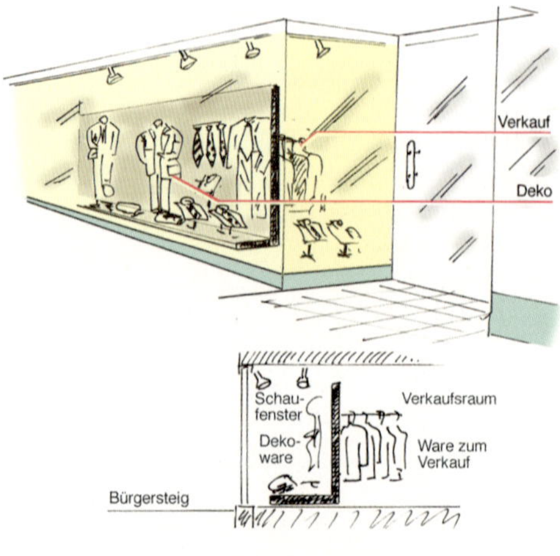

Geschlossene Fenster sind dagegen mit einer Rückwand versehen. Hier bleibt dem Betrachter der Blick in den Verkaufsraum verwehrt. Sinnvoll ist diese Form des Schaufensters für Geschäfte, die besonders wertvolle und exklusive Waren verkaufen. Deren Kunden schätzen die Intimität eines geschlossenen Raumes, weil sie bei ihren Einkäufen nicht beobachtet werden möchten.

Beispiel Juwelier Josef Kanter e. K. aus dem EKZ Rheinpark hat ein geschlossenes Schaufenster, in dem er wenige exklusive Einzelstücke präsentiert.

○ Planung und Ausführung einer Schaufensterdekoration

Bevor Sie mit der Dekoration eines Schaufensters beginnen, sollten Sie grundsätzlich zuerst einen Aktionsplan erstellen.

Beispiel Frau Schlüter erteilt ihrer Berufsschulklasse den folgenden Arbeitsauftrag:
„Gestalten Sie in Partnerarbeit eine Schaufensterdekoration. Halten Sie sich bei der Bearbeitung des Arbeitsauftrages an den vorliegenden Aktionsplan."
Kerstin entscheidet sich gemeinsam mit ihrer Banknachbarin Martina, die in einer Parfümerie ausgebildet wird, ein Schaufenster mit Kosmetikartikeln zu dekorieren. Sie arbeiten gemeinsam nach dem folgenden Aktionsplan:

Aktionsplan für eine Schaufensterdekoration

Thema der Dekoration festlegen	„Frühling" – Frische, neuer Duft für die Haut
❷ **Waren** für die Dekoration **auswählen**	Hautpflegeprodukte aus der Serie „PRIVATE SPA" von ESTÈE LAUDER, grüne u. naturweiße Verpackungen,
❸ Zur Verfügung stehende **Warenaufbauten** sichten und über ihren Einsatz entscheiden	Regal mit abgerundeten Glasböden, Spiegel → Leichtigkeit und Eleganz
❹ **Schaufenstertyp** als Arbeitsbasis auswählen	Plakatfenster/Übersichtsfenster
❺ Passendes **Dekorationsmaterial** besorgen/anfertigen/gestalten	Werbeplakat von ESTÈE LAUDER, edle Seidenblumen – rot, lachs, Dekokugeln, Efeuranken
❻ **Anordnung der Waren** im Schaufenster festlegen	Pyramidenform, Blickfang: Plakat im Hintergrund und Blumen links Kundenlauf: von rechts – Anordnung der Ware in Blickrichtung
❼ **Skizze anfertigen** →	❽ **Schaufenster gestalten**
	❾ **Foto vom Schaufenster machen**

Das Äußere des Geschäftes

- **Fassade, Schaufenster** und **Eingangsbereich** sind die „Visitenkarte" eines Einzelhandelsgeschäftes; sie signalisieren dem Kunden, was ihn im Verkaufsraum erwartet.
- Dem **Firmenschriftzug/Logo** sowie der eingesetzten **Lichttechnik** kommt eine besondere Bedeutung zu.
- Das Schaufenster ist eine **wichtige Werbefläche** und sollte den Betrachter durch seine Wirkung in das Geschäft „ziehen".

Grundsätze der Schaufenstergestaltung	
①+② **Emotionale** und **rationale Ansprache** ③ **Warenaufbauten** nutzen ④ **Lichttechnik** einsetzen ⑤ **Themenaussage** gestalten ⑥ **Warenanordnung** planen	⑦ **Fern-** und **Nahwirkung** erzielen ⑧ **Dekoration** regelmäßig erneuern ⑨ **Deko** und **Waren** in einwandfreiem Zustand ⑩ **Gesamtwirkung** berücksichtigen

- Schaufenstertypen

  - **Übersichtsfenster**
  - **Spezial- oder Qualitätsfenster**
  - **Stapelfenster**
  - **Themenfenster**
  - **Plakatfenster**
  - **Anlassfenster**

- Nach ihrer baulichen Gestaltung wird zwischen Durchsichtfenstern und geschlossenen Fenstern unterschieden.

1. a) Erklären Sie, welche Aufgaben der Firmenschriftzug für ein Einzelhandelsgeschäft erfüllt.
b) Nennen Sie drei Mittel, mit denen der Firmenschriftzug gestaltet werden kann.

2. a) Fotografieren oder zeichnen Sie eine aktuelle Schaufensterdekoration Ihres Ausbildungsbetriebes oder eines Einzelhandelsbetriebes Ihrer Wahl.
b) Überprüfen Sie die Einhaltung wesentlicher Gestaltungsgrundsätze.
c) Beurteilen Sie die Werbewirksamkeit des ausgewählten Schaufensters.

3. Erkundungsauftrag
Thema: Fassadengestaltung von Einzelhandelsgeschäften in der Region
a) Erstellen Sie eine Checkliste, anhand der Sie die äußere Gestaltung von Einzelhandelsgeschäften bewerten können.
b) Führen Sie die Erkundung in Kleingruppen durch.
c) Stellen Sie anschließend Ihre Ergebnisse in der Klasse vor.

4. Gestaltungsauftrag
a) Gestalten Sie in Partnerarbeit eine Schaufensterdekoration Ihrer Wahl. Orientieren Sie sich bei der Bearbeitung des Arbeitsauftrags an dem auf Seite 397 abgebildeten Aktionsplan.
b) Entwickeln Sie eine Checkliste für die Beurteilung von Schaufensterdekorationen.
c) Bewerten Sie die Schaufensterdekorationen Ihrer Mitschüler anhand der erstellten Checkliste.

2.2 Das Innere des Geschäftes

Sabine Freund erzählt in der Berufsschule von den Renovierungsarbeiten in der Textil-Sportabteilung der Center Warenhaus GmbH: *„Gestern hat uns Frau Gutowski beschrieben, wie unsere Abteilung nach der Renovierung aussehen wird. Alles wirklich supermodern und nach den neuesten Erkenntnissen gestaltet. Wir bekommen zum Beispiel eine Deckenbeleuchtung aus Leuchtstoffröhren kombiniert mit verschiedenen Strahlern. Damit kann man ganz tolle Lichteffekte erzielen. Und einen ganz neuen Bodenbelag aus Holz, das wirkt total edel. Ich bin jedenfalls schon ganz gespannt; das sieht bestimmt echt klasse aus, wenn alles fertig ist!"*

ARBEITSAUFTRÄGE

- Beschreiben Sie die Verkaufsraumgestaltung Ihres Ausbildungsbetriebes.
- Begründen Sie, welche Atmosphäre durch die von Ihnen beschriebene Raumgestaltung entsteht.

Bevor Sie eine neue Wohnung mit Möbeln einrichten, müssen Sie sich Gedanken um den **Fußbodenbelag**, die Tapeten an **Wänden** und **Decken** sowie die **Beleuchtung** machen. Für eine Küche werden Sie einen anderen Bodenbelag wählen als für Ihr Wohnzimmer und wenn Sie wissen, dass an einem bestimmten Platz ein Esstisch stehen soll, werden Sie an dieser Stelle eine Lampe vorsehen. Bei der **Gestaltung eines Verkaufsraumes** müssen im Prinzip genau die gleichen Vorüberlegungen angestellt werden.

Farben und ihre Wirkung

Farben wirken auf Menschen, beeinflussen Gefühle, Handlungen und Urteile. Dabei ist die Wirkung, die eine Farbe beim Betrachter auslöst, individuell verschieden. Dennoch lassen sich einzelnen Farben bestimmte **Erlebnisbegriffe** zuordnen, die ein Einzelhändler bei seiner Verkaufsraumgestaltung nutzen kann.

Farbe	Wirkung
Rot	Positiv: Erregend, dynamisch, aktiv, kraftvoll Negativ: aggressiv, warnend (Verkehrszeichen)
Orange	Positiv: freundlich, lustvoll, sonnig, warm, entspannend
Gelb	Positiv: heiter, fröhlich, aufregend Negativ: leichtsinnig, neidisch, übersteigert
Grün	Positiv: gelassen, zufrieden, beruhigend, sicher Negativ: unerfahren
Blau	Positiv: zurückhaltend, ruhig, beständig, rational Negativ: undurchschaubar, kalt
Grau	Positiv: neutral, unauffällig, dezent, seriös, elegant Negativ: nichtssagend, trostlos
Schwarz	Positiv: geheimnisvoll, dramatisch, feierlich, elegant Negativ: traurig, depressiv
Weiß	Positiv: strahlend, sauber, unschuldig, frisch, klar, festlich, unauffällig Negativ: kalt, nüchtern

Die Fußbodengestaltung

Der **Bodenbelag** beeinflusst durch seine **Farbe** und das gewählte **Material** die Atmosphäre eines Raumes in hohem Maße. Auch Pflegebedarf und Haltbarkeit sind wesentliche Kriterien für die Auswahl.

Bodenbeläge müssen den Kunden **Sicherheit** vermitteln, das heißt, rutschfest sowie frei von Stolperkanten und Stufen sein. Die Auswahl an Bodenbelägen für den gewerblichen Bereich ist heute so groß, dass sich für jedes Einzelhandelsunternehmen das Richtige finden lässt.

Farben

Empfehlenswert sind **ruhige, zurückhaltende**, eher **helle** Farben und Muster. Mischfarben im Bereich **Grau** oder **Beige** werden diesen Anforderungen in besonderem Maße gerecht. Gründe, die für diese Auswahl sprechen:

- Die Farbenvielfalt der Artikel erfordert einen „ruhigen" Untergrund. Farben wie Grün, Blau oder Rot harmonieren oft nicht mit den Farben der dekorierten Waren und wirken unangenehm für das Auge des Kunden.
- Dunkle Farbtöne schlucken viel Licht und können eine negative Stimmung erzeugen.

Material

Die Auswahl des Materials hängt in erster Linie von der Branche sowie der Betriebsform ab.

Selbstbedienungsgeschäfte (Lebensmittel, Drogerieartikel, Heimwerkerbedarf ...)	→	**Steinfußboden, Linoleum, PVC** **Merkmale:** pflegeleicht, robust, rutschfest, hygienisch
Bedienungsgeschäfte (Höherwertige Sortimentsbereiche: Textilien, Glas, Porzellan, Schmuck ...)	→	**Holzfußboden (Parkett), hochwertige Steine (Granit, Marmor), Teppichboden** **Merkmale:** Warme Raumatmosphäre, angenehm weicher Tritt, Schalldämpfung

Große Einzelhandelsgeschäfte, die in Selbstbedienung organisiert sind, gehen verstärkt dazu über, **Hauptwege** durch besondere **farbliche Akzentuierungen** hervorzuheben. Diese deutlich sichtbaren, breiten Wege leiten den Kunden durch das Geschäft und bieten so eine **Orientierungshilfe**.

Sie dienen aber auch dazu, die Verweildauer des Kunden im Geschäft zu erhöhen, indem sie ihn an möglichst vielen interessanten Warenpräsentationen vorbeiführen.

In dem abgebildeten Beispiel wird die Wegführung zusätzlich durch eine entsprechende „Lichtstraße“ an der Decke gespiegelt und somit wirkungsvoll unterstützt.

Die Wand- und Deckengestaltung

Für Wände und Decken gelten ähnliche Grundsätze wie für den Fußbodenbelag.

Farben

Auch hier ist in der Regel **hellen Farben** der Vorzug zu geben, da dunkle Töne den Raum optisch verkleinern und eine negative Atmosphäre schaffen können. Die Palette der empfehlenswerten Wand- und Deckenfarben ist sehr breit. Die folgenden Farben signalisieren beispielsweise Sauberkeit (Weiß), Fröhlichkeit (Gelb), oder Eleganz (Lachs). Dunkle oder kräftige Farben werden nur zur Akzentsetzung eingesetzt. Zudem werden in modernen Einrichtungskonzepten Farben als Orientierungshilfe für den Kunden genutzt.

Beispiel Das Center Warenhaus nutzt in der Bademodenabteilung eine blaue Wand- und Deckengestaltung. Diese Farbe verbinden Kunden mit Wasser, und die Abteilung ist so bereits von Weitem erkennbar.

Material

Die Auswahl des Wandmaterials hängt – wie beim Bodenbelag – in erster Linie von der Branche sowie der Betriebsform ab.

Selbstbedienungsgeschäfte (Lebensmittel, Drogerieartikel, Heimwerkerbedarf ...) →	**Putz** wird mit weißer Farbe gestrichen; das signalisiert Sauberkeit. **Fliesen** werden in Bereichen, die hohe Anforderungen an die Hygiene stellen, z. B. Fleisch- und Käsetheken, verwendet. **Spiegel** verdoppeln optisch das Warenangebot – der Kunde fühlt sich wie im „Schlaraffenland“, z. B. in der Obst- und Gemüseabteilung.
Bedienungsgeschäfte (Höherwertige Sortimentsbereiche: Textilien, Glas, Porzellan, Schmuck ...) →	**Tapeten** schaffen eine wohnliche Atmosphäre. **Spiegel** lassen den Verkaufsraum großzügiger erscheinen und werden für die Anprobe von Kleidungsstücken genutzt.

Die Beleuchtung

Verkaufsraumbeleuchtungen haben die Aufgabe, die **Warenwirkung** zu **steigern.** Eine gute Beleuchtung macht aus der Warenpräsentation eine spannungsvolle Inszenierung von Licht und Schatten. Besonders im Rahmen von **Erlebnishandel-Konzepten** ist die Beleuchtung deshalb von zentraler Bedeutung.

Licht hat in Verkaufsräumen drei unterschiedliche **Wirkungen** bzw. **Funktionen:**

○ Licht zum Sehen

erzeugt eine **gleichmäßige Grundhelligkeit** im Verkaufsraum. Die Allgemeinbeleuchtung gibt dem Kunden einen Überblick über den Verkaufsraum und das Warenangebot. Sie dient somit zur Orientierung. Als Leuchtmittel dienen **Wand-** oder **Deckenfluter**, wie in dem nebenstehenden Beispiel, oder **Leuchtstoffröhren**, wie sie in vielen Supermärkten oder Discountern anzutreffen sind.

○ Licht zum Hinsehen

lenkt den Blick des Kunden auf bestimmte **Objekte** oder **Präsentationsflächen** und setzt Wareneigenschaften wie Farbe, Form und Oberflächenstruktur gekonnt in Szene. Um dieser Aufgabe gerecht zu werden, müssen die eingesetzten **Strahler** und **Downlights** eine deutlich höhere Lichtstärke aufweisen als die Allgemeinbeleuchtung.

○ Licht zum Ansehen

ist eine spezielle Variante der Akzentbeleuchtung. Hier wird das Licht selber zum Gegenstand der Wahrnehmung. Zum Einsatz kommen dabei **farbige Lichtquellen** sowie bewegliche **Lichtkegel**, **Lauflichter** oder **wechselnde Farben.** Licht zum Ansehen kann vor allem Schaufensterdekorationen aufwerten.

Für die Akzentbeleuchtung gilt: **Je stärker der Kontrast, umso wirkungsvoller der erzielte Effekt.**

Welche der oben beschriebenen Lichtwirkungen in einem Einzelhandelsgeschäft zum Einsatz kommen, hängt wiederum von Betriebsform und Branche ab. **Licht zum Sehen** steht bei der Präsentation von **Artikeln des täglichen Bedarfs** im Vordergrund. So sind Discounter mit Leuchtstoffröhren ausgestattet, die dem Kunden einen Überblick über das Sortiment verschaffen. Auf eine besondere Akzentbeleuchtung wird ganz verzichtet. Bei der **Präsentation hochwertiger Artikel** dagegen entscheidet die richtige Lichtdramaturgie über den Verkaufserfolg. **Licht zum Hinsehen** und **Licht zum Ansehen** soll positive Stimmungen erzeugen, den optischen Reiz der Waren erhöhen und den Kunden zum Kauf motivieren.

● Verkaufsraumgestaltung – ein Gesamtkonzept

Beispiel In der Berufsschule bearbeitet Frau Schlüter mit ihrer Einzelhandelsklasse zurzeit das Unterrichtsthema: „Das Geschäft verkaufsfördernd gestalten." Sabine berichtet von der gerade abgeschlossenen Renovierung im Center Warenhaus. Frau Schlüter bittet Sabine daraufhin, eine kurze Übersicht zu diesem Thema zu erstellen. Sabine willigt ein und informiert sich in den nächsten Tagen detailliert über die in ihrer Abteilung durchgeführten Renovierungsmaßnahmen. Sie präsentiert das Ergebnis in der Klasse:

Verkaufsraumgestaltung der Center Warenhaus GmbH	
Betriebsform	Warenhaus
Sortimentsbereiche	Sportartikel, Textilien, Schreibwaren, Spielwaren, Parfümerie, Haushaltswaren, Elektro, TV und Hi-Fi.
Bodenbelag	Sehr aufwendige Kombination aus verschiedenen Materialien: Buchenholzparkett als Basis, Akzentuierung einzelner Abschnitte durch weißes Linoleum mit eingelegten Mustern aus gehärtetem Spiegelglas (reflektiert die Deckenbeleuchtung, ergibt interessante Spiegelungen).
Wand- und Deckengestaltung	Alle Flächen mit Glasfasertapete tapeziert und mit naturweißer Latexfarbe gestrichen (sehr robust und abwaschbar).
Beleuchtung	Kombination verschiedener Lichtquellen: Leuchtstoffröhren (angeordnet als Quadrate in die Decke integriert), breit strahlende Deckenfluter zur Beleuchtung der Treppe, Punktstrahler, die je nach Bedarf zu- oder abgeschaltet werden können, an der gesamten Decke verteilt.
Raumatmosphäre	 Sehr hell, lichtdurchflutet, offen und einladend, gleichzeitig hochwertig, mit topaktuellem Design.

Das Innere des Geschäftes

- Für den **Fußbodenbelag** eignen sich besonders zurückhaltende, helle Farben. Als Materialien kommen je nach Betriebsform und Branche Stein, Holz, Linoleum, PVC und Teppichboden infrage.
- **Wände** und **Decken** sollten in hellen Farben gehalten, kräftige Farben nur als Akzente eingesetzt werden. Die Materialpalette reicht von Putz über Fliesen und Spiegel bis zu Tapeten.
- Die **Beleuchtung** hat die Aufgabe, die Wirkung der Ware zu unterstreichen bzw. die Ware in Szene zu setzen (in modernen Erlebnishandel-Konzepten).
- Licht hat in Verkaufsräumen drei unterschiedliche Wirkungen:

Licht zum Sehen

Licht zum Hinsehen

Licht zum Ansehen

1. Erläutern Sie den Zusammenhang, der zwischen der Raumgestaltung eines Einzelhandelsgeschäftes und der erzeugten Verkaufsatmosphäre besteht.

2. Beschreiben Sie die Lichtwirkungen, die in Ihrem Ausbildungsbetrieb genutzt werden. Berücksichtigen Sie dabei Betriebsform und Branche.

3. Sie wollen ein Einzelhandelsgeschäft einrichten. Welche Elemente der Raumgestaltung müssen Sie berücksichtigen?

4. Erläutern Sie die Bedeutung von Farben bei
a) der Fußbodengestaltung,
b) der Wand- und Deckengestaltung,
c) der Beleuchtung.

5. Beschreiben Sie die Verkaufsraumgestaltung Ihres Ausbildungsbetriebes detailliert.
a) Überprüfen Sie, ob die Gestaltung den Anforderungen der Betriebsform und Branche entspricht.
b) Machen Sie eventuell begründete Verbesserungsvorschläge.

6. Erstellen Sie ein Konzept für die Gestaltung eines Verkaufsraumes. Orientieren Sie sich dabei am Konzept zur „Verkaufsraumgestaltung der Center Warenhaus GmbH“
a) für einen neuen Lebensmitteldiscounter,
b) für eine Boutique, die junge, trendige Mode verkauft,
c) für einen Baumarkt.

3 Kundengerecht und verkaufswirksam platzieren und präsentieren

3.1 Visual Merchandising

Frau Gutowski: *„Hallo Sabine, heute ist die neue Frühjahrskollektion der Laufschuhe eingetroffen. Bitte überlege dir doch, wie wir diese tolle Kollektion ansprechend präsentieren können.“*

Sabine: *„Klasse, und wie soll ich das machen?“*

Frau Gutowski: *„Du bist doch kreativ, lass dir mal was einfallen! Stelle mir doch bitte morgen deine Ideen vor, damit wir die Präsentation dann in den nächsten Tagen aufbauen können.“*

ARBEITSAUFTRÄGE

- Entwickeln Sie in Partnerarbeit Ideen für eine gelungene Präsentation der neuen Laufschuhkollektion.
- Stellen Sie Ihre Ideen in Form einer Skizze dar.

Visual Merchandising ist ein **ganzheitliches Konzept**. Zum Visual Merchandising zählen alle Maßnahmen eines Geschäftes, bei denen durch optisch (visuell) attraktive **Warenpräsentation** die angebotenen Artikel verkaufsfördernd dargeboten werden. Kurz und knapp kann der Begriff daher auch wie folgt erklärt werden:

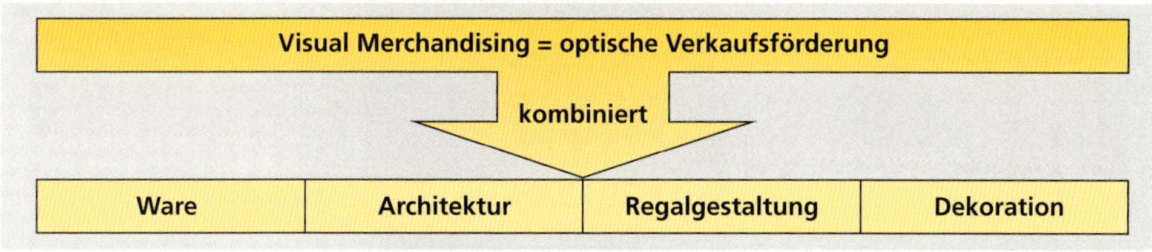

Zentrales Ziel ist es, eine für den Kunden **wahrnehmbare, kompakte Einheit** zu schaffen, die zum Kauf einlädt. Dabei wird ein Stimmungsbild geschaffen, das **Kaufimpulse** erzeugt.

Ergänzende **Ziele** des **Visual Merchandising** sind:

- Die Ware so verkaufsattraktiv präsentieren, dass sie **ohne** ein **Verkaufsgespräch** einen **starken Kaufanreiz** auslöst. Dies ist besonders für alle Betriebsformen wichtig, die auf Vorwahl und Selbstbedienung ausgerichtet sind.
- Die Warenpräsentation aufregend und verführerisch gestalten, um **Spontan- und Impulskäufe** zu steigern.
- Dem Unternehmen zu einem **individuellen** und **unverwechselbaren Marktauftritt** verhelfen.
- Die Kunden durch eine erlebnisbetonte Einkaufsatmosphäre dazu bewegen, **länger** im **Geschäft** zu **verweilen.** Sie sollen auf diese Weise besser und nachhaltiger in ihren Gefühlen angesprochen werden. Dadurch wird eine **Stammkundenbindung** erzeugt.

Beispiel Die Center-Warenhaus GmbH hat für ihre Abteilungen im Rahmen des Visual Merchandisings die folgenden, grundlegenden Gestaltungsvorgaben entwickelt:

Warenaufbau einer Abteilung

Beim Warenaufbau ist darauf zu achten, dass sich ein Sortimentsbereich vom Gang über den Mittelbereich bis zur Rückwand durchzieht.

Zone 3 – Rückwand
Die farbliche Themenpräsentation sorgt für eine Fernwirkung der Abteilung.

Zone 2 – Mittelzone
Hier wird die Sortimentsvielfalt präsentiert: Materialien, Marken, Größen, Funktionen.

Zone 1 – Gangzone
Direkt am Gang, Themen und Aktionen sollen die Aufmerksamkeit der Kunden binden.

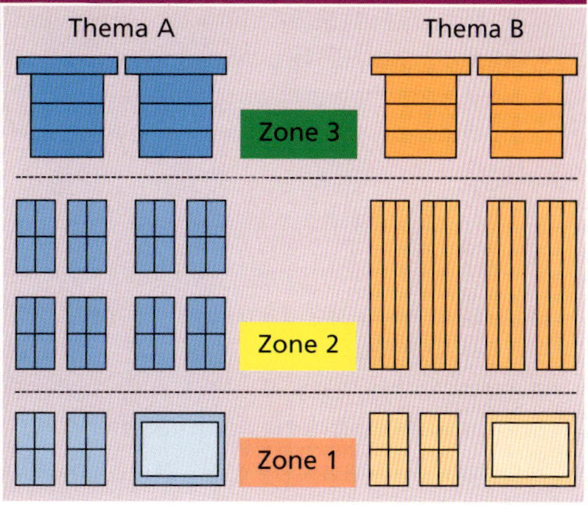

Dreidimensionaler Warenaufbau

Die **Höhe der Warenträger** ist so abzustimmen, dass sich ein dreidimensionaler Warenaufbau in aufsteigender Höhe vom Gang bis hin zur Rückwand der Abteilung ergibt. Dies verbessert die Sortimentsübersicht für die Kunden und lässt eine Abteilung großflächiger erscheinen.

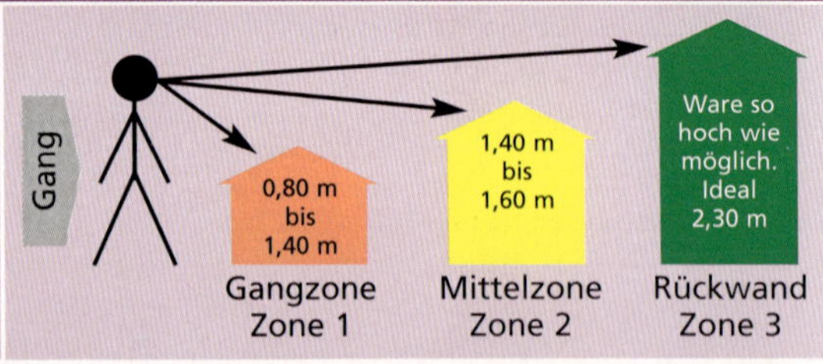

Farbkreis

Wenn möglich, dann sollten alle Sortimente innerhalb einer Größe nach dem Farbkreis sortiert werden. Bei dieser Form der Anordnung entsteht für den Betrachter eine wellenförmige Farbdynamik.

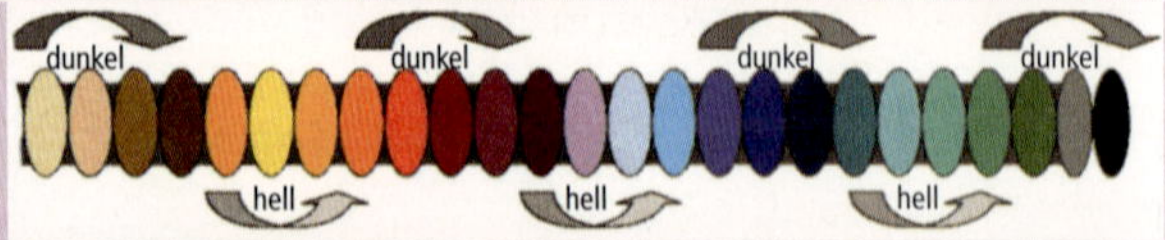

Preisbeschilderung

Durch die Gestaltung der Preisbeschilderung soll neben der Information die Leistungsfähigkeit und Sortimentskompetenz unterstrichen werden. Zudem ist es ein wesentlicher Bestandteil, der zu einer einheitlichen Wahrnehmung des Unternehmens beiträgt. Deshalb sind bei der Preisbeschilderung die entsprechenden Vorgaben zu beachten.

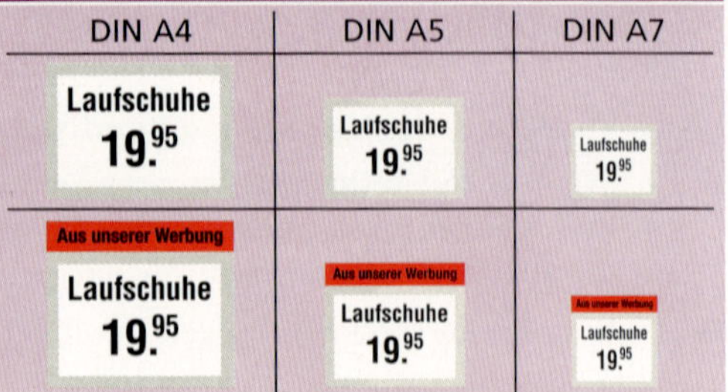

DIN A4	DIN A5	DIN A7
Standard-Format für fast alle Verkaufsaggregate	Einsatz in Rückwänden und auf Tischen	Einsatz in Gondelstrecken und Rückwänden

PRAXISTIPP Mit der folgenden Checkliste kann zügig festgestellt werden, ob wesentliche Elemente des Visual Merchandisings in Ihrem Ausbildungsbetrieb umgesetzt werden:
- **Segmente/Warenwelten:** Sind die einzelnen Segmente und Warenwelten klar auf der Verkaufsfläche zu unterscheiden?
- **Dreidimensionaler Warenaufbau:** Ist die dreidimensionale Optik auf der Verkaufsfläche erkennbar?
- **Farbkeis:** Sind die Sortimente nach dem Farbkreis sortiert?
- **Warendichte:** Ist die Ware gestapelt bzw. gehängt oder gestellt, sodass der Kunde die Ware sehen und ausprobieren kann?
- **Beschilderung:** Sind Beschilderung und Preisauszeichnung aussagekräftig und informativ?

Visual Merchandising

- **Visual Merchandising** umfasst alle optischen Maßnahmen der Warenpräsentation mit dem Ziel der Verkaufsförderung.
- In den Augen der Kunden soll durch Visual Merchandising das Geschäft als eine **kompakte Einheit** erscheinen.
- Visual Merchandising schafft **Warenbilder**.

1. Erklären Sie den Begriff des Visual Merchandising.

2. Stellen Sie die besondere Bedeutung des Visual Merchandising für Betriebsformen dar, die überwiegend mit Selbstbedienung und Vorwahl arbeiten.

3. Suchen Sie in Ihrem Ausbildungsbetrieb mindestens drei Formen der Warenpräsentation, die den Prinzipien des Visual Merchandising folgen. Beschreiben Sie diese und stellen Sie sie anschließend in Ihrer Klasse vor.

3.2 Platzierung im Verkaufsraum

Mehmet und Kerstin treffen sich auf dem Parkplatz des Einkaufscenters.

Kerstin: *„Habe ich das gestern richtig gesehen, dass du Kunden mit einem Notizblock durch den Laden verfolgst? Spielst du jetzt den Ladendetektiv?"*

Mehmet: (Lachend) *„Nein, falsch! Ich beobachte die Laufwege der Kunden durch den Laden, wo und wie oft sie anhalten und trage das auf einem Lageplan ein. So soll ich für ca. 150 Kunden ein Laufbewegungsprofil erstellen."*

Kerstin: (Guckt noch etwas ungläubig) *„Und was soll das bringen, außer dass einem zum Feierabend die Füße wehtun?"*

Mehmet: *„Also, ich erklär' es dir mal kurz. Bei der letzten Verkaufsleiterbesprechung wurde beschlossen, das Konzept der Warenpräsentation für unseren Elektrofachmarkt neu zu überdenken. Dafür ist es wichtig festzustellen, wie und wo sich unsere Kunden im Geschäft bewegen. Na ja, und mein Abteilungsleiter hat mich ausgesucht, um die Laufwege schriftlich festzuhalten. Aber immerhin habe ich fünf Tage Zeit dafür!"*

ARBEITSAUFTRÄGE

Erstellen Sie ein Laufbewegungsprofil! Halten Sie sich dabei an die Reihenfolge der aufgeführten Arbeitsschritte.

- Fertigen Sie eine Skizze des Grundrisses Ihres Ausbildungsbetriebes oder eines ausgewählten Betriebes mit allen wichtigen Warenträgern an.
- Kopieren Sie diesen Plan zehnmal. Markieren Sie die Laufwege und die Stopps für zehn Kunden. Erstellen Sie so für jeden Kunden ein Laufprofil.
- Erfassen Sie dann die Laufwege und ihre Häufigkeit auf einem Extrablatt! Markieren Sie häufig genutzte Wege mit der Farbe Grün und weniger häufig genutzte mit Rot.
- Tragen Sie abschließend die Standorte Ihrer Hauptartikel, Sonderangebote, Massenartikel, Aktionsflächen ein.
- Analysieren Sie abschließend das Ergebnis Ihrer „Mini-Studie". Liegen zum Beispiel Ihre Hauptartikel an stark frequentierten Wegeführungen? Machen Sie gegebenenfalls Veränderungsvorschläge.

Entscheidungen über die **optimale Platzierung der Ware** im Verkaufsraum basieren auf der Frage, wo die Ware am sinnvollsten gezeigt werden sollte. Dabei ist zu beachten, dass die Warenplatzierung – insbesondere in den Verkaufsformen Selbstbedienung und Vorwahl – einen sehr großen **Einfluss auf die Umsatzhöhe** hat. Darum werden Entscheidungen zur Platzierung nicht dem Zufall überlassen, sondern auf der Grundlage von Erkenntnissen zum Einkaufsverhalten getroffen.

● Der Kundenlauf

Wichtige Aussagen bieten **Kundenlaufstudien**, die sich mit den Bewegungen von Kunden in Verkaufsräumen befassen:

- Der **Eingangsbereich** wird von Fachleuten als „**Rennstrecke**“ bezeichnet, weil Kunden beim Betreten des Geschäftes eine hohe Gehgeschwindigkeit aufweisen. Dadurch haben sie in diesem Bereich zu wenig Zeit, um sich mit der Ware zu beschäftigen.
- Die **Laufrichtung** der meisten Kunden verläuft **gegen den Uhrzeigersinn.** Dies führt dazu, dass sie sich oft an den Außenwänden entlang bewegen.
- Mehr als drei Viertel der Kunden sind rechtsorientiert. Sie **gehen** auf der rechten Seite des Ganges, sie **blicken** und **greifen** bevorzugt **nach rechts.** Das bedeutet, dass rechte Platzierungseinheiten besonders stark beachtet werden.
- Kunden machen in ihrer Bewegung durch das Geschäft **ungern Kehrtwendungen** z. B. in Sackgassen.
- **Lange Gänge erhöhen** die **Begehungsgeschwindigkeit; Gangkreuzungen bremsen** wiederum.
- Die Kunden sind bestrebt, den Verkaufsraum auf dem kürzesten Weg zu durchqueren, deshalb werden **Ecken ausgespart.**
- **Helle Ladenbereiche** wirken auf Kunden **anziehend,** dunkle Bereiche werden gemieden.
- **Mittelgänge** oder Mittelräume werden oft **weniger frequentiert,** weil sie nicht in Laufrichtung liegen.
- Im **Kassenbereich** wird der Kundenlauf oft durch **Wartezeiten** gebremst.
- Warenplatzierung an Wänden, auf welche die Kunden zulaufen, sogenannte **Auflaufflächen,** werden **stark beachtet.**
- Auf **zu breiten Gängen erhöhen** die Kunden ihre **Laufgeschwindigkeit** und blicken in ihren Einkaufswagen.

Verkaufsintensive Zonen

- Gangkreuzungen
- Präsentationsflächen rechts vom Kundenlauf
- Außengänge/rechts liegende Wege
- Kassenzone
- Zonen um Rolltreppen
- Auflaufflächen und Kopfseiten von Gondeln

Verkaufsschwache Zonen

- Mittelgänge und -räume
- Präsentationsflächen links vom Kundenlauf
- Ladenecken
- Eingangszone
- Lange und breite Gänge
- Dunkle Ladenbereiche

Beispiel

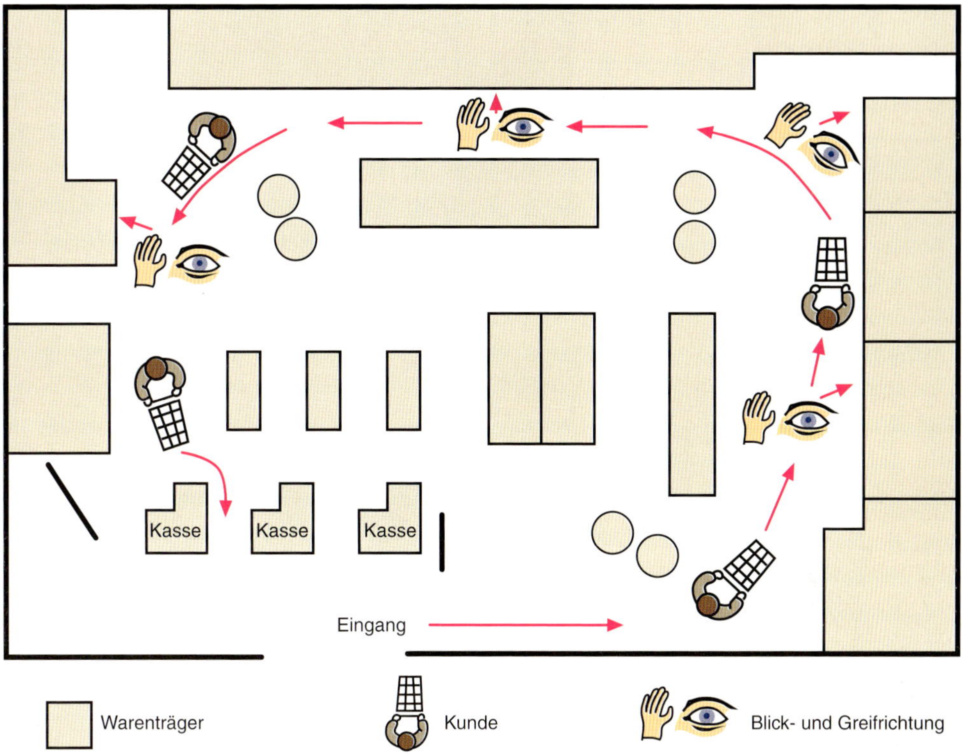

Darstellung eines Ladenquerschnittes mit typischem Kundenlaufweg, Blick- und Greifrichtung rechts

Platzierungsstrategien

Beispiel Im EKZ Rheinpark wurde die durchschnittliche Ladenverweildauer gemessen:

	Lebensmittel-discount Schlegel KG	Mars Elektrofachmarkt e. K.	Center Warenhaus GmbH
Durchnittliche Verweildauer	8,2 min	12,7 min	25,85 min

Der Einzelhändler muss Strategien entwickeln, wie er z. B. verkaufsschwache Zonen aufwertet oder welche Artikel in den verkaufsintensiven Bereichen platziert werden sollten. Im Mittelpunkt steht dabei die Aufgabe, den **Kundenstrom** zu **verlangsamen** und zu **lenken.** So soll die Anzahl der **Warenkontakte** und damit die **Ladenverweildauer erhöht** werden.

In der folgenden Darstellung werden verschiedene Strategien zur gezielten und verkaufsfördernden Warenplatzierung aufgeführt:

Platzierungsstrategien	
Verkaufsintensive Bereiche	**Maßnahmen**
Präsentationsflächen – rechts vom Kundenlauf – Außengänge – rechts liegende Wege – Auflaufflächen	Gut kalkulierte Artikel und Impulsartikel werden platziert. Alternativ können absatzschwache Artikel („Penner") angeboten werden, um deren Abverkauf zu steigern.
Zonen im Bereich von Treppen, Rolltreppen und Aufzügen	Hier werden Impulsartikel, Artikel aus dem Niedrigpreissegment oder Sonderangebote platziert. Aktions- und Sonderplatzierungen (vgl. Seite 425 ff.) sind ebenfalls möglich.
Gangkreuzungen	Sinnvolle Nutzungsmöglichkeiten sind: Aktionsplatzierung, Zweitplatzierung von Magnetartikeln und Impulsartikeln.
Kassenzone	Die Platzierung von Impulsartikeln und Artikeln der niedrigen Preiskategorie ist empfehlenswert.
Verkaufsschwache Bereiche	**Maßnahmen**
Eingangsbereich	Um den Kundenstrom im Eingangsbereich zu bremsen, werden „Stopper" eingesetzt. **Beispiele** Drehkreuze, Erfrischungsstände, Sonderplatzierungen und absatzstarke, visuell interessante Abteilungen (z. B. Obst/Gemüse).
Hintere Ladenbereiche, Ecken	Die Zonen werden durch Suchartikel, Aktionsplatzierungen, Sonderangebote, Faszinationspunkte (vgl. Seite 430) aufgewertet.
Mittelgänge, -räume	Die Kundenfrequenz wird durch visuelle Anreize erhöht. **Beispiele** erhöhte Fokuspunkte, Platzierung von Suchartikeln, Aktionsplatzierung, Sonderangebote.
Dunkle Ladenbereiche	Durch den Einsatz von Licht, hellen Farben, auffälligen Warenpräsentationen wird Aufmerksamkeit erregt.
zu lange Gänge	Regale werden quer angeordnet.
zu breite Gänge	Es wird eine Gangbreite von ca. 2 m hergestellt.

In der Praxis werden in der Kassenzone häufig Impulsartikel speziell für Kinder (z. B. Süßigkeiten) platziert. Dieses Prinzip der kassennahen „**Quengelzone**" führt für Eltern oft zum Einkaufsstress. Deshalb steht der Einzelhandel in einem **Entscheidungskonflikt.** Einerseits sollen Impulskäufe gefördert werden, andererseits möchte man Kunden über die Serviceleistung „stressfreies Einkaufen" binden. Da die Kundenbindung an Bedeutung gewinnt, werden zunehmend „quengelfreie Kassen" ohne Impulsartikel für Kinder eingerichtet.

○ Kundenleitsysteme

Die bisher aufgeführten Maßnahmen werden oftmals durch **„Kundenleitsysteme"** ergänzt. Zielsetzung ist es, den Kunden durch **gestalterische Elemente** mit einer Vielzahl von Warenkontakten durch den Laden zu führen. Die Intensität der Kundenführung hängt dabei von der Bedienungsform sowie von den räumlichen Vorgaben ab. Kunden werden in einem großflächigen Selbstbedienungsgeschäft wesentlich stärker geführt als Kunden in Fachgeschäften mit hoher Beratungsintensität.

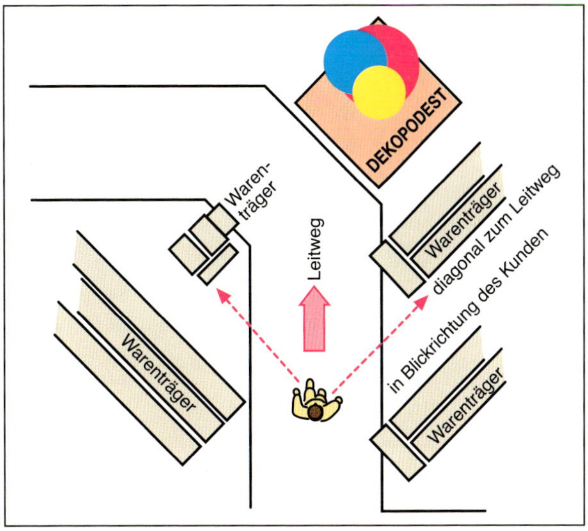

Gezielte Wegeführung lenkt den Kunden

○ Arenaprinzip

Eine wichtige Strategie – vor allem in **Fachgeschäften** und **Fachmärkten** – ist das **Arenaprinzip.** Verkaufsräume werden wie eine Arena aufgebaut: Hohe Präsentationsflächen an den Wänden, die dann zum mittleren Raum hin flacher werden. Sie ermöglichen dem Kunden, über die terrassenförmige Anordnung der Warenträger **große Flächen** mit Warenangeboten zu **überblicken.**

PRAXISTIPP Nutzen Sie die Wegeführung zur Verkaufsförderung und bieten Sie dem Kunden ein „Innenschaufenster" mit interessanten Präsentationen.

○ Anordnung der Warenträger

Im Hinblick auf die Verteilung der Warenträger im Verkaufsraum kann der Einzelhändler zwischen folgenden Möglichkeiten wählen:

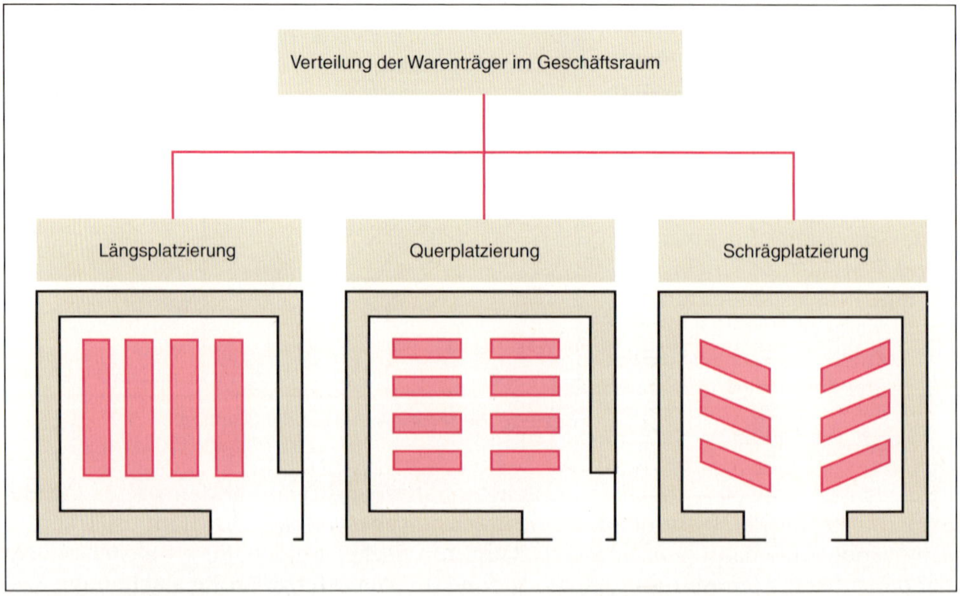

- Die **Längsplatzierung** ermöglicht dem Einzelhändler eine **optimale Raumausnutzung**, in der die Kunden an langen Warenträgern vorbeigeführt werden. In dieser Platzierungsform kann das Geschäft vom Verkaufspersonal gut überblickt werden. Das hilft, Diebstähle zu verhindern.
- In der **Querplatzierung** sind die Warenträger wesentlich kürzer gehalten. Sie erzeugt eine **übersichtliche Warenpräsentation** und bietet viele Möglichkeiten zur Platzierung von **Impulsartikeln.** Die Querplatzierung wirkt auf den Kunden interessanter als die Längsplatzierung und führt zu einer **höheren Verweildauer.**
- Die **Schrägplatzierung** wirkt auf den Kunden aufgelockert und anregend. Sie bietet zahlreiche Möglichkeiten für die Platzierung von Impulsartikeln und lädt ein, die Gänge zu betreten. So wird der Nachteil einer geringeren Raumnutzung oft ausgeglichen.

Beispiel In Sabines Sportabteilung sind viele Warenträger im 45°-winkel zur Kundenführung ausgerichtet. Dadurch entstehen z. B. an der Kopfseite der Regale Fokuspunkte (vgl. Seite 430), die mit Magnet- und Impulsartikeln dekoriert werden.

- Je nach Bedienungsform und räumlichen Gegebenheiten findet man in vielen Geschäften **Mischformen** bzw. **Weiterentwicklungen** der aufgeführten Grundtypen. Diese unterscheiden sich durch die **Intensität der Kundenführung:**

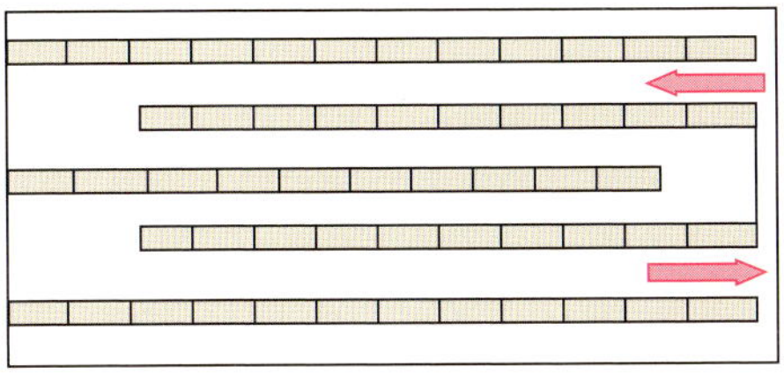

Zwangsablauf

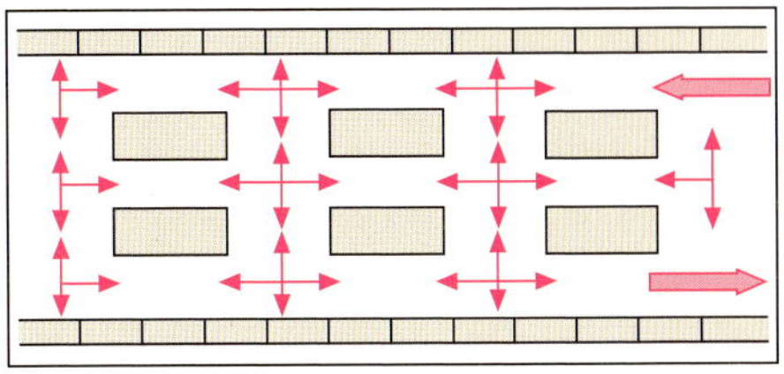

Individualablauf

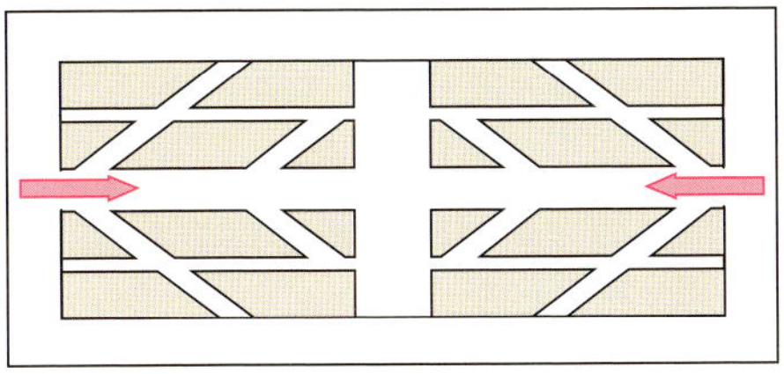

Winkelanlage

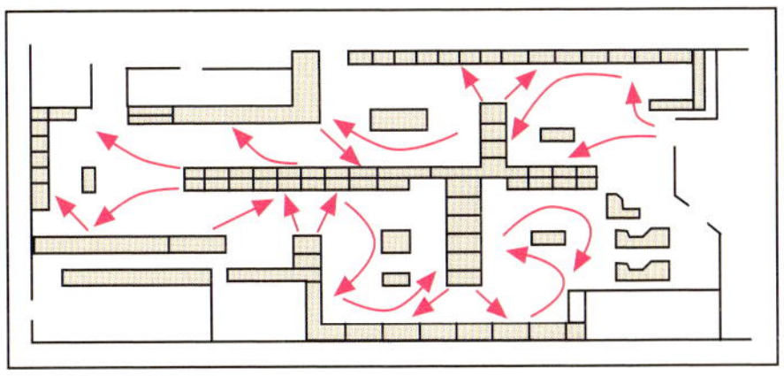

schaufelartiges Layout

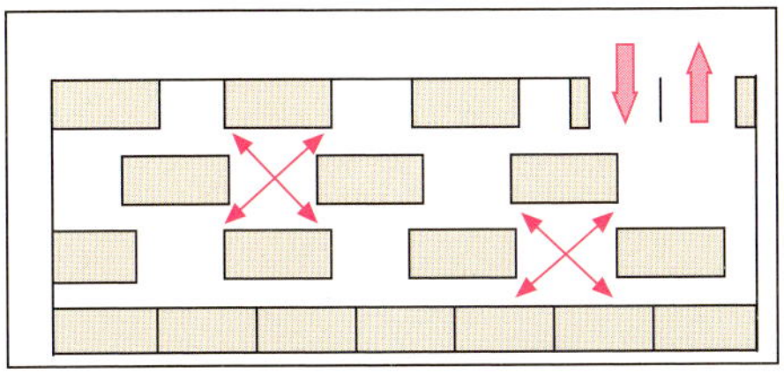

kreuzartiges Layout

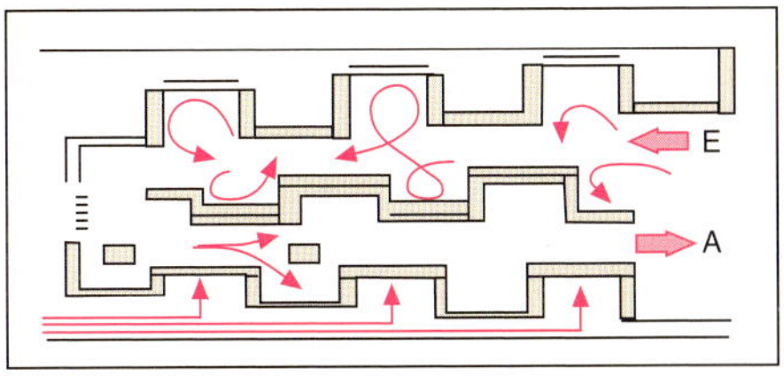

kojenartiges Layout

Platzierung im Verkaufsraum

- Ausgangspunkt für Entscheidungen zur Warenplatzierung im Verkaufsraum sind **verkaufsintensive** und **verkaufsschwache** Zonen. Diese ergeben sich aus dem Kundenlauf.
- **Platzierungsstrategien** befassen sich mit Maßnahmen, die verkaufsschwache Zonen aufwerten und die Wirkung von verkaufsintensiven Zonen nutzen.
- **Kundenleitsysteme** haben das Ziel, den Kunden mit einer **hohen Zahl** von **Warenkontakten** durch das Geschäft zu **führen.**
- Das **Arena-Prinzip** ermöglicht dem Kunden, größere Flächen mit **Warenangeboten** zu **überblicken.**
- Für die Verteilung der Warenträger im Verkaufsraum gibt es drei Grundtypen: **Längsplatzierung, Querplatzierung** und **Schrägplatzierung.**

1. Nennen Sie drei verkaufsschwache Zonen, begründen Sie die jeweilige Problematik und schlagen Sie Maßnahmen zur Aufwertung der Zonen vor.

Verkaufsschwache Zonen	Begründung	Maßnahmen zur Aufwertung

2. Zeigen Sie am Beispiel Ihres Ausbildungsbetriebes, mit welchen Maßnahmen Kunden durch Ihren Verkaufsraum geleitet werden.

3. Erklären Sie die Bedeutung von Kundenleitsystemen in den unterschiedlichen Bedienungsformen.

4. Nennen Sie zwei Vorteile der Querplatzierung von Warenträgern.

5. Untersuchen Sie den dargestellten Verkaufsraum und markieren Sie umsatzstarke Zonen mit einer (1) und umsatzschwache Zonen mit einer (0).

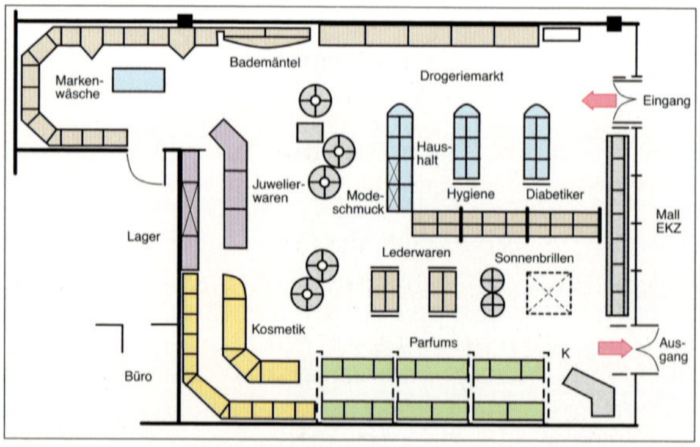

3.3 Platzierung in Warenträgern

In der Abteilung für Haushaltsgeräte des Mars-Elektrofachmarktes e. K. wird ein neues Regal aufgestellt. Mehmet erhält von seiner Verkaufsleiterin Nicole Orth den Auftrag, dieses Regal eigenständig mit Kaffee- und Espressomaschinen verschiedener Hersteller und Preisklassen zu bestücken.

Nicole Orth: *„Mehmet, achte bitte darauf, dass du unsere Markengeräte von SAECA und COFFITA bevorzugt platzierst. Diese Artikel haben wir mit einer hohen Handelsspanne kalkuliert!"*

Mehmet: *„Aber heute wurde doch gerade ein Gerät eines preisgünstigen Herstellers in einer Zeitungsanzeige beworben. Sollten wir nicht lieber diesem Gerät einen guten Platz geben, damit die Kunden es im Regal schnell finden?"*

ARBEITSAUFTRÄGE

- Informieren Sie sich über die Bedeutung der Regalzonen für den Verkauf.
- Diskutieren Sie in Partnerarbeit die unterschiedlichen Ansichten zur Vergabe der bevorzugten Regalplätze. Entscheiden Sie sich für eine Platzierungsstrategie und begründen Sie Ihre Entscheidung schriftlich.
- Entwickeln Sie einen Belegungsplan für das abgebildete Regal (Breite 3 m, Tiefe 60 cm, Höhe 185 cm) mit Produkten verschiedener Hersteller und unterschiedlicher Preisklassen aus Ihrer Branche! Visualisieren Sie Ihr Ergebnis in Form einer Skizze.

Grundlagen

Die am häufigsten genutzten Warenträger sind **Regale.** Es gibt sie in zahlreichen Varianten und Ausführungen. Jede Form der Regalplatzierung ist nur dann **dauerhaft verkaufswirksam**, wenn die allgemeinen Platzierungsregeln beachtet werden:

Das 1 x 1 der Regalpräsentation

- Achten Sie stets auf **Ordnung und Sauberkeit.** Vom Kunden verursachte Unordnung muss regelmäßig aufgeräumt werden!
- Bieten sie nur **unbeschädigte Ware** an und sortieren Sie beschädigte Ware sofort aus!
- **Pflegen** Sie die angebotene Ware, dies gilt besonders für Frischware, damit diese verkaufsattraktiv bleibt.
- Platzieren Sie das **Packungsbild** bzw. die visuell ansprechende Seite nach vorne, in die Sichtrichtung der Kunden.
- Achten Sie darauf, dass die Kunden die Ware ungehindert entnehmen können und lassen Sie eventuell **Grifflücken** zwischen den Waren!
- Wenn Ware abverkauft wurde, **ziehen** Sie die verbliebenen **Artikel nach vorne,** damit sie gesehen werden, und sich ein einheitliches Regalbild ergibt.
- **Füllen Sie** Lücken in den Warenträgern möglichst schnell **nach.**
- Räumen Sie **neu gelieferte** Artikel immer **hinter die vorhandenen**, noch nicht verkauften Artikel. Dies ist besonders im Lebensmittelbereich notwendig, da die ältere Ware sonst verdirbt.
- Halten Sie beim Nachfüllen Ihre **Platzierungsstruktur** ein, damit sich die Kunden nicht immer neu orientieren müssen.
- Die Preisangabenverordnung verlangt eine vollständige **Preisauszeichnung.**
- Die **Hinweis- und Preisschilder** an den Warenträgern müssen mit der ausgestellten Ware übereinstimmen.

Allen Regalvarianten ist gemeinsam, dass sie sehr flexibel genutzt werden können. So lassen sich in die meisten **Ladenbausysteme** verschiedene Regalböden einsetzen. Je nach Bedarf sind sie in unterschiedlichen Materialien sowie Breiten und Tiefen erhältlich. Die Konstruktion der Regale ermöglicht es, die Ware zu legen, zu stellen oder aufzuhängen.

PRAXISTIPP Wenn Sie vor der Aufgabe stehen, ein Regal vollständig neu mit Ware zu bestücken, gehen Sie planvoll vor. So stellen Sie sicher,
- dass die Waren optisch zusammenpassen und den Kunden ansprechen,
- alle wichtigen Ladenbauelemente vorhanden sind,
- die gewünschte Warenmenge im Regal untergebracht werden kann und
- der Verkaufsraum während dieser Zeit auf die Kunden dennoch ansprechend wirkt.

Die **Belegplanung** von Regalen ist eine anspruchsvolle und nicht immer leicht zu lösende Aufgabe. In der Praxis müssen Wünsche und daraus entstehende Idealbilder der Warenpräsentation mit dem Machbaren und Möglichen in Übereinstimmung gebracht werden. Deshalb verlangt eine verkaufswirksame Warenpräsentation neben einer **guten Planung** auch immer wieder ein gewisses **Improvisationstalent und Kreativität.**

Für eine **Belegplanung** sollten Sie immer die folgenden Fragen klären:

- **Welche Artikel** müssen eingeräumt werden?
- **Wie viele Artikel** sind es insgesamt?
- Welche besonderen **Ziele** sollen verfolgt werden?
- Wie viel **Regalfläche** wird benötigt?
- Welche **Ladenbauelemente** werden benötigt?
- Welche Artikel sollen **besonders herausgestellt** werden?
- Welche **Form der Platzierung,** horizontal, vertikal oder Kreuzblock (vgl. Seite 419 ff.), ist zu wählen?

PRAXISTIPP Für die übersichtliche Gestaltung der Regale ist es in den meisten Fällen hilfreich, eine Skizze anzufertigen, auf der die geplante Platzierung zu erkennen ist.

● Die Wahrnehmung des Regals durch den Kunden

Ebenso wie in der Wahrnehmung des Verkaufsraumes gibt es auch Unterschiede in der **visuellen Erfassung der Regalebenen.** Da Menschen ein **eingeschränktes Sichtfeld** („Taucherbrilleneffekt“) haben, wird ihre Wahrnehmung in der **Höhe** und in der **Breite** begrenzt. Sie nehmen unbewusst vorrangig nur das wahr, was sie ohne Mühe erkennen können.

○ Darstellung der Sichthöhe

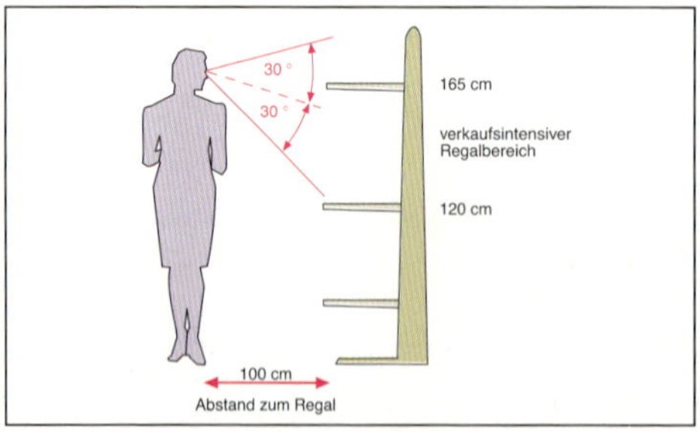

Die beste visuelle Wahrnehmung der Regalebenen (vertikale Ebene) hat der Kunde in **Sichthöhe.** Diese variiert mit der Körpergröße des Kunden. Für die meisten Kunden liegt die **„Sichtzone“** in einer Höhe von **120–165 cm.** Die Sichtzone stellt bezüglich der Platzierungshöhe daher die **umsatzstärkste Regalzone** dar.

○ Darstellung der Sichtbreite

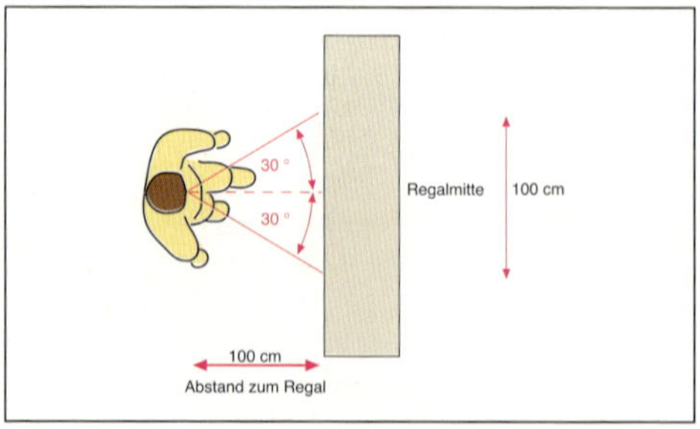

Neben den vertikalen kommt es durch das Blickverhalten der Kunden auch zu **horizontalen Regalwertigkeiten.** Weil Kunden die Ware mit einem ca. 100 cm breiten horizontalen Blickfeld suchen, sollte sich der Warenblock im Regal auf maximal einen Meter erstrecken, wobei er aber durchaus schmaler gehalten werden kann. Die Blickrichtung des Kunden bewegt sich dabei fast immer von der Mitte auf die rechte Seite des Regals.

Aus den dargestellten Erkenntnissen zum vertikalen Blickverhalten ergeben sich im Hinblick auf die Verkaufsaktivität folgende Regalzonen:

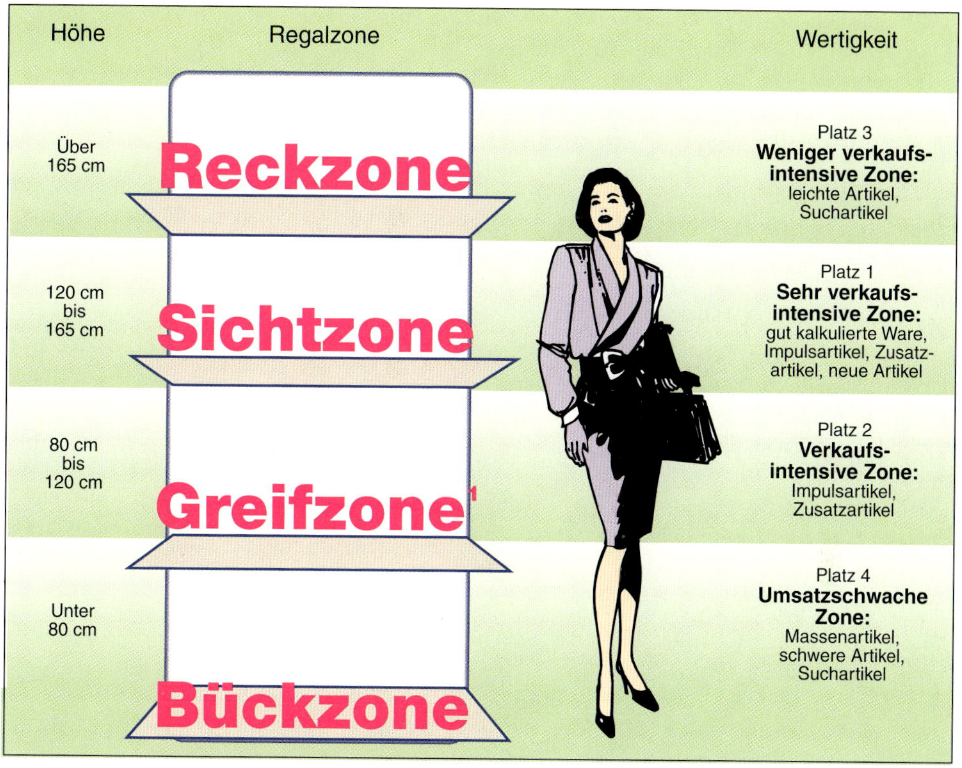

Beispiel In der Sportabteilung der Center Warenhaus GmbH wurden die folgenden Zahlen ermittelt: Ware, die von der Sichtzone in die Greifzone verlagert wurde, verlor 20 % des Umsatzes; legte man sie in die Bückzone, nahm der Umsatz um 30 % ab.

Horizontale Wertigkeit

Linke Regalseite	Regalmitte	Rechte Regalseite
Platz 3 Umsatzschwache Zone	**Platz 1** sehr verkaufsintensive Zone	**Platz 2** Verkaufsintensive Zone

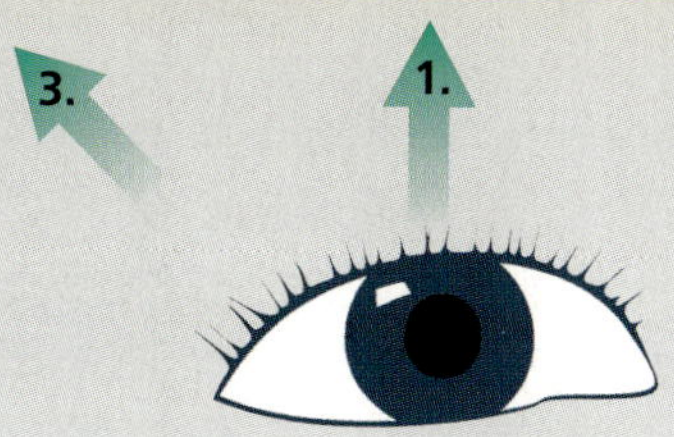

Die Konsequenz aus der obigen Darstellung ist, dass die **linke Regalseite** für Kunden mit **attraktiven Waren** aufgewertet werden sollte, damit diese das gesamte Warenangebot wahrnehmen.

[1] *Diese Zone wird auch als Griffzone bezeichnet.*

PRAXISTIPP Nutzen Sie die umsatzstarken Regalzonen auch, um den Absatz bestimmter Artikel (z. B. Ladenhüter oder Artikel mit einer hohen Handelsspanne) zu beschleunigen. Erhöhen Sie die Verkaufsaktivität in einer verkaufsschwachen Ebene durch absatzstarke Artikel und/oder Suchartikel!

Grundstrukturen der Regalplatzierung

Jede Form der Regalplatzierung ist an eine Grundstruktur gebunden. Je nach den zur Verfügung stehenden Warenträgern, der Menge oder Vielfalt der Artikel, bieten sich unterschiedliche Grundprinzipien an.

Horizontale Regalplatzierung

Bei dieser Form der Platzierung wird eine **Artikelgruppe** unabhängig vom Hersteller und der Artikelgröße **nebeneinander** platziert.

	Höhe über	Artikel		Artikel		Artikel	
Reckzone	1,70 m	Suppen	Suppen	Suppen	Suppen	Suppen	Suppen
Sichtzone	1,60 m	Suppen	Suppen	Suppen	Suppen	Suppen	Suppen
Sichtzone	1,40 m	Suppen	Suppen	Suppen	Suppen	Suppen	Suppen
Sichtzone	1,20 m	Soßen	Soßen	Soßen	Soßen	Soßen	Soßen
Greifzone	1,00 m	Soßen	Soßen	Soßen	Soßen	Soßen	Soßen
Greifzone	0,80 m	Brühe	Brühe	Brühe	Brühe	Brühe	Brühe
Bückzone	0,50 m	Dressing	Dressing	Dressing	Dressing	Dressing	Dressing
Bückzone	0,30 m	Dressing	Dressing	Dressing	Dressing	Dressing	Dressing

Beispiele Suppen, Soßen, Brühe und Dressings verschiedener Hersteller werden **nebeneinander,** also **horizontal** platziert.

Vorteil der horizontalen Platzierung

- Die horizontale Platzierung eignet sich für Warenträger mit einer maximalen Breite von 1 bis 2 Metern.

Nachteile der horizontalen Platzierung

- Diese Regalplatzierung wirkt durch die verschiedenen Verpackungsgrößen häufig unübersichtlich.
- Der Kunde konzentriert sich nur auf einen Regalboden. Die Artikel darüber und darunter liegen außerhalb seines Blickfeldes.

○ Vertikale Regalplatzierung

Bei der vertikalen Platzierung können die Kunden die gesamte Artikelgruppe von oben nach unten überblicken. Man spricht hier von einer **Blockbildung.**

	Höhe über	Artikel		Artikel		Artikel	
Reckzone	1,70 m	Suppen	Suppen	Soßen	Soßen	Brühe	Dressing
Sichtzone	1,60 m	Suppen	Suppen	Soßen	Soßen	Brühe	Dressing
Sichtzone	1,40 m	Suppen	Suppen	Soßen	Soßen	Brühe	Dressing
Sichtzone	1,20 m	Suppen	Suppen	Soßen	Soßen	Brühe	Dressing
Greifzone	1,00 m	Suppen	Suppen	Soßen	Soßen	Brühe	Dressing
Greifzone	0,80 m	Suppen	Suppen	Soßen	Soßen	Brühe	Dressing
Bückzone	0,50 m	Suppen	Suppen	Soßen	Soßen	Brühe	Dressing
Bückzone	0,30 m	Suppen	Suppen	Soßen	Soßen	Brühe	Dressing

Beispiele Suppen, Soßen, Brühe und Dressings werden von **oben nach unten,** also **vertikal** platziert.

Vorteile der vertikalen Platzierung

- Die Blockbildung ist besonders für breitere Warenträger geeignet.
- Der Kunde kann mit einem Blick alle angebotenen Artikel einer bestimmten Artikelgruppe oder eines Herstellers, oder alle Artikel mit ähnlichen Eigenschaften, z. B. Größe, überschauen.
- Die vertikale Regalplatzierung ist auch für die Präsentation von Textilien geeignet, da sie ideal mit einer Farbsortierung (vgl. Seite 420) kombiniert werden kann.

Nachteile der vertikalen Platzierung

- Durch Beiplatzierungen ergeben sich unattraktive Verschiebungen der Regalblöcke.
- Bei einem schnellen Abverkauf entstehen häufig große Lücken, die erst spät erkannt werden. Dies kann zu Fehlbeständen führen.

○ Kreuzblock-Platzierung

Aus der Kombination der horizontalen und der vertikalen Platzierungsform wird die Kreuzblock-Platzierung abgeleitet. Hier geht man von einem Regal aus, in dem eine bestimmte Warengruppe untergebracht werden soll.

In der Senkrechten ist der Marken- bzw. Herstellerblock angeordnet. In der Waagerechten befinden sich die vergleichbaren Artikel der verschiedenen Marken bzw. Hersteller.

	Höhe über	Artikel		Artikel		Artikel	
Reckzone	1,70 m	Soßen	Suppen 3	Suppen 1	Suppen 2	Brühe	Brühe
Sichtzone	1,60 m	Soßen	Suppen 3	Suppen 1	Suppen 2	Brühe	Brühe
Sichtzone	1,40 m	Soßen	Suppen 3	Suppen 1	Suppen 2	Brühe	Brühe
Sichtzone	1,20 m	Soßen	Tomatensuppen 3	Tomatensuppen 1	Tomatensuppen 2	Brühe	Brühe
Greifzone	1,00 m	Soßen	Suppen 3	Suppen 1	Suppen 2	Dressing	Dressing
Greifzone	0,80 m	Soßen	Suppen 3	Suppen 1	Suppen 2	Dressing	Dressing
Bückzone	0,50 m	Soßen	Suppen 3	Suppen 1	Suppen 2	Dressing	Dressing
Bückzone	0,30 m	Soßen	Suppen 3	Suppen 1	Suppen 2	Dressing	Dressing

Beispiele In der Regalmitte werden die Suppen des marktführenden Herstellers (Suppen 1) vertikal platziert. Entsprechend werden die Suppen des zweitstärksten Herstellers in der rechten Regalhälfte angeordnet und in der linken die des drittstärksten.
Auf der horizontalen Ebene hingegen werden die vergleichbaren Sorten, z. B. Tomatensuppen der Hersteller gruppiert.

Vorteile der Kreuzblock-Platzierung

- Die Kunden überblicken die gesamte Artikel- und Herstellerpalette.
- Die Herstellerblöcke bekannter Marken innerhalb des Kreuzblocks helfen dem Kunden, die Warengruppe zu identifizieren und ermöglichen einen zügigen Preis- und Artikelvergleich.
- Die Kreuzblock-Platzierung kommt sowohl dem markenorientierten (vertikal) als auch dem sortenorientierten (horizontal) Kunden als sinnvolles Konzept entgegen.

○ Farbsortierung

Die beschriebenen Grundformen der Regalplatzierung können zudem nach Farben sortiert werden. Ist die Warenpräsentation „bunt durcheinander gewürfelt", wirkt dies unruhig und die Blicke der Kunden wandern ab. Eine Präsentation, die klar nach Farben geordnet ist, zieht Kundenblicke an. Sie signalisiert eine große Auswahl und eine hohe Artikelkompetenz des Händlers. Die Kunden finden insbesondere im **Textilbereich** schneller den gesuchten Artikel und Warenbestände lassen sich leichter nachbestücken. Sortieren Sie dabei entweder von **hell nach dunkel** oder nach den fünf Grundfarben von Weiß, Gelb, Rot, Blau bis Schwarz.

○ Preislagensortierung

	Höhe über	Artikel	Preis in EUR
Reckzone	1,70 m	Hochpreisige und qualitativ hochwertige Artikel	74,99
Sichtzone	1,60 m	Einzelhandelsattraktive Artikel mit einer hohen Handelsspanne, mittlerer und gehobener Preislage und guten Abverkäufen	64,99
Sichtzone	1,40 m		
Sichtzone	1,20 m		49,99
Greifzone	1,00 m		
Greifzone	0,80 m		39,99
Bückzone	0,50 m	kundenattraktive Artikel, mit geringer Spanne und niedrigen Verkaufspreisen	29,99
Bückzone	0,30 m		19,99

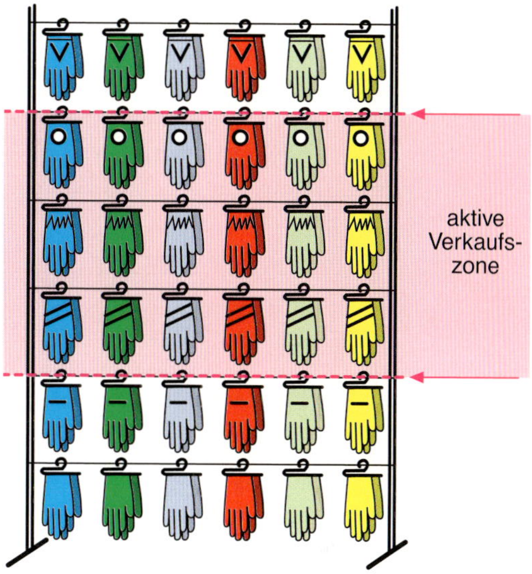

○ Herkunftsorientierte Sortierung

Bei dieser Form der Warenpräsentation ist die **Herkunft** der präsentierten Ware das entscheidende Strukturelement. Anwendung findet diese Präsentationsform vor allem in den Betriebsformen **Warenhaus und Verbrauchermarkt**, die ein breites Sortiment anbieten und verschiedene Warengruppen unter einem Dach vereinigen. Aber auch Fach- und Spezialgeschäfte werden zunehmend nach diesem Prinzip ausgerichtet.

Die Herkunft kann sich dabei auf

- die **Region** beziehen, → **Beispiel** Präsentation typischer Lebensmittel aus Italien
- einen **Hersteller** beziehen, → **Beispiel** Präsentation aller Sony-Geräte
- das **Material** beziehen, → **Beispiel** Präsentation aller Molkereiprodukte
Präsentation aller Lederwaren
- besondere **Herstellungsverfahren** beziehen. → **Beispiel** Präsentation aller ökologisch erzeugten Lebensmittel

Computergestützte Regaloptimierung

Viele Einzelhandelsunternehmen – insbesondere aus dem Selbstbedienungsbereich – nutzen spezielle Software zur Optimierung ihrer Regalplatzierungen.

Computergestützte Regalbestückung

Programme planen auf der Grundlage von Daten wie Regalmaß, Abverkaufszahlen, Verpackungsgröße und Wertigkeit der Regalzonen die optimale Regalbestückung in Art und Menge. Immer stärker spielt auch die Aufgabe der Warenbevorratung im Regal eine Rolle. Die Programme erstellen dem Händler auf Grundlage der eingegebenen Daten Platzierungspläne. Diese geben die Position für Art und Menge der Ware im Regal zentimetergenau vor, was wenig Freiraum für eigene Platzierungsideen des Händlers zulässt.

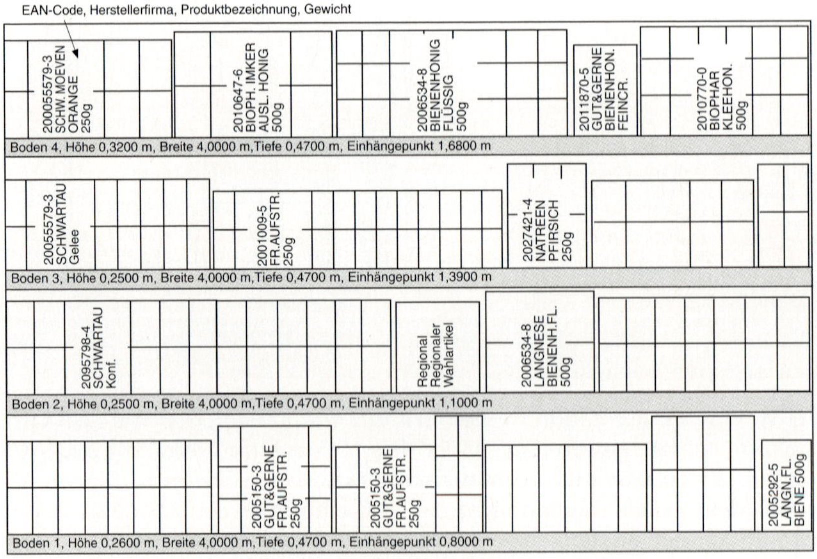

Vorgabe zur Regalplatzierung Konfitüre & Honig, Länge 4 m

Regalplatzierung Konfitüre & Honig, Länge 4 m

○ Intelligente Regale

Die RFID-Technologie ermöglicht eine **berührungslose Übertragung von Produktinformationen.** Das Herzstück von RFID ist ein winziger Computerchip mit Antenne, der auf der Transport- und Produktverpackung angebracht werden kann. Lesegeräte in den intelligenten Regalen gewährleisten, dass stets genug Vorrat vorhanden ist. Das Regal „sieht", wann Ware entnommen oder Ware aufgefüllt wird, und sendet automatisch die Informationen an das zentrale WWS. Somit kann das Personal im Regal Ware sofort wieder auffüllen, wenn es erforderlich ist. Das Regal erkennt auch sofort, wenn jemand ein falsches Produkt eingestellt hat.

Platzierung in Warenträgern

- Jede **Warenpräsentation** muss gründlich **geplant** werden. Skizzen helfen dabei.
- Die Wertigkeit der Regalzonen wird durch das **Blickverhalten der Kunden** bestimmt.
- In der **vertikalen Regalwertigkeit** ist die **Sichtzone** am verkaufsintensivsten, in der **horizontalen** ist die **Regalmitte** am umsatzstärksten.
- Besonders die **vertikale** und die **Kreuzblock**-Regalplatzierungen sind für die Kunden leicht wahrnehmbar, ermöglichen gute Abverkäufe und erleichtern die Warenpflege.
- **Farbsortierungen** sind besonders im Textilbereich ein Strukturelement, das die Kunden besonders anzieht und ihnen eine große Auswahl signalisiert.
- In der **Preislagensortierung** werden Artikel mit einer hohen Handelsspanne in die Sicht- und Greifzone eines Regals platziert. Artikel mit geringerer Handelsspanne und niedrigeren Preisen werden in der Bückzone untergebracht.
- Die **computergestützte Regaloptimierung** unterstützt den Einzelhändler bei der Bestückung der Regale mit Ware. Position, Art und Menge der Ware im Regal können exakt vorgegeben werden. Computerchips an der Ware und Lesegeräte an den Regalen ermöglichen zudem eine genaue Verfolgung der Artikelbewegungen.

1. a) Entwickeln Sie eine Checkliste für die Einhaltung der allgemeinen Platzierungsregeln!
b) Setzen Sie Ihre Checkliste im Verkaufskunderaum Ihrer Schule oder in einem Geschäft Ihrer Wahl ein.

2. Erklären Sie den „Taucherbrilleneffekt" bei der Wahrnehmung eines Regals.

3. Unterscheiden Sie die Regalzonen nach ihrer vertikalen Wertigkeit.

4. Nennen Sie typische Artikel Ihrer Branche für folgende Regalzonen:
a) Sichtzone b) Bückzone

5. Beschreiben Sie das Prinzip der computergestützten Regaloptimierung und erläutern Sie in diesem Zusammenhang intelligente Regale.

6. Bestücken Sie die vorgegebene Regalfläche auf Grundlage des horizontalen Blickverhaltens von Kunden mit Artikeln Ihrer Ausbildungsbranche! Platzieren Sie Artikel unter Berücksichtigung des höchsten Rohertrages je Artikel.

7. Entwerfen Sie einen vertikalen Regalbelegungsplan für die aufgeführten Artikel. Verwenden Sie dazu die beigefügte Regalskizze. Schreiben Sie die Artikel zunächst auf Karteikarten und stellen Sie anschließend Ihren Belegungsplan vor. Begründen Sie Ihre Entscheidungen.

Artikel:
Toaster Standard zu 21,00 EUR – viel gekaufter Artikel, Toaster de Luxe 64,90 EUR – neues Produkt mit großer Handelsspanne, Toaster Kitchen zu 39,90 EUR – solide und gut ausgestattet, Kaffeevollautomat 16 kg, 750,00 EUR – hervorragende Handelsspanne, Kaffeemaschine Standard zu 19,95 EUR, Kaffeemaschine Rowanta SX mit abnehmbarem Wassertank – ein Dauerbrenner bei den Kunden für 49,90 EUR, Waffeleisen 9 kg zu 32,50 EUR, Kaffee-/Teeautomat – neues Produkt, zum Testen für die Kunden 259,00 EUR, Bügeleisen Dolfi zu 24,90 EUR – viel gekaufter Artikel mit geringer Handelsspanne, Bügeleisen Standard 29,00 EUR, Dampfbügeleisen Delfini mit externem Wassertank und elektronischer Temperaturregelung für 79,90 EUR – sehr gute Handelsspanne, Bügeleisen Hot – mittlere Handelsspanne für 34,90 EUR.

Reckzone	
Sichtzone	
Greifzone	
Bückzone	

8. Erläutern Sie das Prinzip der Kreuzblock-Platzierung anhand eines Beispiels.

9. Die Sportabteilung des Center Warenhauses soll um Boxsportartikel ergänzt werden. Dazu wurden die folgenden Artikel eingekauft:
- 150 rote Boxhandschuhe, davon je 50 Stück in den Größen S, M und L
- 150 schwarze Boxhandschuhe, davon je 50 Stück in den Größen S, M und L
- 10 rote Boxsäcke
- 10 schwarze Boxsäcke
- 10 Boxsäcke in Naturleder

Durch Umräumen in der Abteilung konnte eine etwa 4 Meter lange Wandfläche freigemacht werden. Diese ist mit einer 2,40 Meter hohen Lochwand versehen, die mit verschiedenen Trägerelementen (Abhänger, Regalböden usw.) bestückt werden kann und vielseitig nutzbar ist. Dort können die Boxhandschuhe und Boxsäcke präsentiert werden.

a) Erläutern Sie, welche Grundstrukturen der Regalplatzierung für eine verkaufsfördernde Warenpräsentation der Boxsportartikel infrage kommen.

b) Entwickeln Sie ein erstes Platzierungskonzept und stellen Sie auf einem Plakat dar, wie Sie die Boxhandschuhe und Boxsäcke auf der vorhandenen Fläche präsentieren würden. Arbeiten Sie dazu in Gruppen und präsentieren Sie Ihre Ergebnisse.

3.4 Verkaufsfördernde Sonderplatzierungen

Der April ist der Monat, in dem die Inliner-Verkäufe nach dem Winter wieder stark anziehen. Die Sportabteilung der Center Warenhaus GmbH plant deshalb für das erste Aprilwochenende eine Saisoneröffnung, in der die neuen Modelle vorgestellt werden und die Kunden mit zahlreichen Angeboten ins Geschäft gezogen werden sollen. Als besonderer Knüller wurde ein großer Sonderposten Schutzausrüstung eingekauft. Diese wurden in einer Anzeige beworben und können den Kunden zu sehr attraktiven Preisen angeboten werden.

ARBEITSAUFTRAG

◆ Erarbeiten Sie verschiedene Möglichkeiten, wie der Verkauf der Schutzausrüstungen durch Sonderplatzierungen gefördert werden kann.

Alle Formen der Sonderplatzierung sollen die Aufmerksamkeit der Kunden auf ausgewählte Artikel lenken und die Anzahl der Artikelkontakte steigern.

● Verbundplatzierung

Zusammengehörige und sich ergänzende Artikel werden in **Bedarfsbündeln** als Verbund gemeinsam präsentiert. Bei einem Bedarfsbündel handelt es sich um eine Zusammenfassung von Artikeln, die aus Sicht des Kunden einen sich ergänzenden Gebrauchswert haben. Dadurch lässt sich nicht nur die Anzahl der Impulskäufe steigern, sondern es fällt sowohl den Kunden als auch den Verkäufern leichter, an **Ergänzungs-** und **Zusatzkäufe** zu denken.

Beispiele
- Jacke – Rock – Tasche – Schuhe
- Pullover – Hemd – Krawatte – Gürtel
- Grill – Holzkohle – Gartenstühle
- Wanderjacke – Wanderschuhe – Rucksack
- Brot – Butter – Brotaufstriche

● Zweit- und Mehrfachplatzierung

Zweit- und Mehrfachplatzierungen bedeuten, dass einzelne Artikel neben dem normalen, festen Platz in den Warenträgern an einem oder sogar mehreren **weiteren Standorten** des Verkaufsraumes platziert sind. Dadurch wird die Anzahl der Warenkontakte erhöht und die Chance auf einen Verkauf steigt.

Beispiele

Eine Zweit- oder Mehrfachplatzierung kann verschiedene Anlässe haben:

- Zeitlich befristete **Sonderaktionen**

  Beispiel In Kerstins Ausbildungsbetrieb sind diese Woche Chips im Angebot. Deshalb werden sie nicht nur im üblichen Regalplatz präsentiert, sondern auch verkaufswirksam in einer Schütte im Mittelgang.

- Anregung zu **Impulskäufen**

  Beispiel Bei Sabine in der Sportabteilung werden im Kassenbereich zusätzlich zum Standort im Verkaufsraum Pflegemittel für Funktionsbekleidung angeboten.

- Bildung von **Bedarfsbündeln (Verbundplatzierung)**

  Beispiel Bei Mehmet im Elektrofachmarkt werden Batterien gemeinsam mit Discmen und Walkmen angeboten, obwohl sie ihren Hauptstandort im Zubehörregal haben.

Aktionsplatzierung

Eine Aktion ist eine zeitliche begrenzte Maßnahme der Werbung und Verkaufsförderung, die oftmals durch eine entsprechende Platzierung unterstützt wird.

Beispiel

Im Rahmen der diesjährigen Bundesländerwoche werden in der Lebensmittelabteilung des Center Warenhauses typisch bayrische Lebensmittel präsentiert.

Zu diesem Anlass wird eine Aktionsplatzierung aufgebaut. Als besonderer **Blickfang** dient ein Verkostungsstand. Die zusätzlich angebrachten Plakate und **Displays** erregen die Aufmerksamkeit der Kunden.

Die bekanntesten und umsatzstärksten bayrischen Lebensmittel, wie z. B. Wurst und Bier, werden in Form von Stapelplatzierungen dargeboten.

Eine Aktion kann als eigenständige Maßnahme des Einzelhändlers erfolgen oder aber in Kooperation mit Herstellern, Einkaufsvereinigungen oder regionalen Partnern. Eine **Aktion** ergibt sich häufig aus einem günstigen **Wareneinkauf.** Der Händler erhält entsprechende Angebote, Sonderposten oder neue Artikel.

Ablaufplan für eine Aktionsplatzierung

- Erst wenn die Warenbeschaffung geklärt ist, können Sie die Aktionsplatzierung konkret planen. Zuvor müssen Sie die Dauer, den Standort und begleitende Maßnahmen der Werbung und Verkaufsförderung festlegen.

↓

- **Während** der Aktion achten Sie darauf, dass die ausgestellte Ware immer in ausreichender Menge zur Verfügung steht und die Warenpräsentation während der gesamten Aktion anziehend auf die Kunden wirkt.

↓

- **Nach** Ablauf der Aktion sollten Sie den Erfolg kontrollieren. Das Warenwirtschaftssystem stellt hierzu Informationen bereit, wie z. B. Absatz- und Umsatzzahlen. Daneben können Kundenbeobachtungen ausgewertet, sowie Kunden- und Mitarbeiterbefragung durchgeführt werden.

Verkaufsfördernde Sonderplatzierungen

- Durch **Sonderplatzierungen** sollen die Warenkontakte erhöht werden, um die Verkaufschancen zu steigern.
- **Zusammengehörige und sich ergänzende** Artikel können in einer **Verbundplatzierung** präsentiert werden.
- Bei einer Zweitplatzierung oder Mehrfachplatzierung werden bestimmte Artikel neben ihrem festen Platz zusätzlich an einem oder sogar mehreren **weiteren Standorten** im Geschäft platziert.
- Eine **Aktionsplatzierung** im Rahmen einer **Werbe- oder Verkaufsförderungsmaßnahme** soll die Aufmerksamkeit der Kunden für die entsprechenden Artikel erhöhen.

1. Beschreiben Sie die Vorteile einer Verbundplatzierung
a) aus Sicht der Kunden, b) aus Sicht des Einzelhändlers.

2. Führen Sie je zwei Beispiele aus den Bereichen Lebensmittel, Elektrofachmarkt und Sportabteilung/Sportgeschäft auf, die für Verbundplatzierungen geeignet sind.

3. Möbelhäuser präsentieren Großpakete von Teelichtern an bis zu 26 verschiedenen Plätzen in ihren Verkaufsräumen.
a) Nennen Sie den Fachbegriff für diese Form der Sonderplatzierung.
b) Erläutern Sie, was sich die Möbelhäuser von dieser Maßnahme versprechen.
c) Beurteilen Sie diese Platzierungsstrategie aus Sicht der Kunden.

4. a) Erklären Sie den Begriff der Aktionsplatzierung in eigenen Worten.
b) Beschreiben Sie die Wirkung dieser Platzierung beim Kunden.

5. In Ihrem Ausbildungsbetrieb wird eine Aktionsplatzierung geplant.
a) Entscheiden Sie sich für eine entsprechende Aktion.
b) Erstellen Sie einen Ablaufplan, in dem Sie alles auflisten, was bei der Vorbereitung, Durchführung und Auswertung der Aktionsplatzierung zu beachten ist.

3.5 Erlebnisorientierte Präsentationen

Die Leiterin der Sportabteilung, Frau Gutowski, bittet Sabine in ihr Büro.

Sabine: *„Guten Tag Frau Gutowski.“*

Frau Gutowski: *„Hallo Sabine, schön, dass du gleich vorbeikommen konntest. Ich habe ein kleines Projekt für dich, bei dem du deine Kreativität einbringen kannst. Wie du ja weißt, soll die Abteilung um Skateboards ergänzt werden. Nächste Woche haben wir unsere Teambesprechung, da geht es vor allem um den Umbau der Abteilung und die Frage, wie wir diese neue Artikelgruppe präsentieren wollen.“*

Sabine: *„Wir wollten die Skateboards doch zu den anderen Inlinern packen.“*

Frau Gutowski: *„Hm, ganz so einfach ist das nicht, schließlich wollen wir unsere Kunden ja auf diese neuen Artikel aufmerksam machen, um vom ersten Tag an gute Abverkaufszahlen zu erzielen. Da halte ich es für schlecht, wenn wir die neuen Artikel nur zu den anderen stellen. Ich habe mir bereits überlegt, dass wir für die neuen Artikel eine extra Verkaufsfläche von 18 m^2 zur Verfügung stellen. Der Lieferant hat uns angeboten, uns diverse Präsentationshilfen zur Verfügung zu stellen. Da brauchen wir nur Kontakt aufzunehmen.“*

Sabine: *„Dann fange ich mal direkt an!“*

Frau Gutowski: *„Nun mal nicht so schnell, ich würde mich freuen, wenn du für uns zunächst einmal eine Idee für ein erlebnisorientiertes Präsentationskonzept erarbeiten würdest, das du uns auf der nächsten Teamsitzung vorstellst.“*

ARBEITSAUFTRÄGE

- Entwickeln Sie ein erstes Präsentationskonzept und stellen Sie auf einem Plakat dar, wie Sie die Skateboards auf der vorhandenen Fläche präsentieren würden (Warenträger nach eigener Wahl). Arbeiten Sie in Gruppen und präsentieren Sie Ihre Ergebnisse im Rahmen eines „Marktes der Möglichkeiten“ (vgl. Seite 441).
- Erstellen Sie auf der Basis Ihrer Skizze eine Liste mit den benötigten Warenträgern und Dekorationsmaterialien.

Die erlebnisorientierte Warenpräsentation hat durch die aufwendige Dekoration eine hohe **Signalwirkung** für die Kunden und erzeugt ein besondere Atmosphäre. Die Kunden werden in eine angenehme Einkaufsstimmung versetzt.

Die wesentlichen **Vorteile** der erlebnisorientierten Warenpräsentation liegen in:

- der längeren Verweildauer der Kunden,
- einer höheren Anzahl an Artikelkontakten,
- einer größeren Zahl an Zusatz- und Ergänzungskäufen und
- einer Stärkung der Kundenbindung.

Erlebniswelten

Auf der einen Seite entwickelt sich der Handel zum **Versorgungshandel**, der verstärkt in der Betriebsform des Discounters erscheint. Diese Betriebsform setzt auf eine uniforme, funktionelle und schlichte Warenpräsentation.

Auf der anderen Seite entwickelt sich der **Erlebnishandel**, der eine **individuelle und erlebnisorientierte** Kundenansprache über die Warenpräsentation erreichen möchte. Erlebniswelten präsentieren **Bedarfsbündel.** Diese werden durch die Dekoration als deutlich erkennbare **Erlebnissituation** dargestellt. Sie präsentieren durch die besondere Form der Dekoration immer ein bestimmtes **Thema.** Entscheidend für das Schaffen erfolgreicher Erlebniswelten ist, dass diese die **Zielgruppe** ansprechen und sich deutlich von Mitbewerbern abheben.

Beispiel In der Sportabteilung der Center Warenhaus GmbH wird eine Erlebniswelt zum Thema „Campingurlaub" gestaltet. Artikel wie Zelte, Trekking-Kleidung, Grill- und Campingzubehör werden gemeinsam platziert. Als besonderes Highlight wird dem Kunden ein Kanubecken zum Erproben von Kanus und Kajaks geboten.

Die Erlebnispräsentationen sollten **nie dauerhaft**, sondern nur für eine begrenzte Zeit verwendet werden, denn Kunden wollen die Abwechslung und das Besondere. Erlebniszonen, die den Kunden bekannt sind, werden kaum noch wahrgenommen und verlieren ihre anregende Wirkung.

Ablaufplan zur Gestaltung von Erlebniswelten

- Zunächst müssen Sie ein **Thema** oder **Motto** festlegen. In vielen Fällen ergeben sich diese durch den Verwendungszweck der ausgestellten Artikel (z. B. Fußball-WM) oder aus bestimmten Anlässen (Karneval, Ferienbeginn, Jahreszeiten usw.).

↓

- Suchen Sie einen gut zugänglichen **Standort** im Verkaufsraum. Dieser sollte in der Nähe der dargebotenen Artikel sein, damit keine Artikel aus der Erlebniswelt herausgenommen werden.

↓

- Eine **Skizze** hilft Ihnen als Grundlage, um einen ersten Eindruck von der geplanten Erlebniswelt zu erhalten. Gehen Sie beim Aufbau der Skizze immer vom vorgesehenen **Blickfang** aus und bauen Sie davon ausgehend das weitere Warenarrangement auf.

↓

- Beschaffen Sie sich anschließend das notwendige **Dekorationsmaterial.** Dies sollte sauber und unbeschädigt sein; so haben z. B. zerkratzte Schaufensterpuppen in keiner Dekoration etwas verloren.

Fokuspunkte – Fascination Points

Fokuspunkte ergeben sich durch die Hauptkundenführung im Geschäft. Es handelt sich dabei um Verkaufsflächen, die im zentralen Blickfeld des Kunden liegen, weil er z. B. auf sie zuläuft. Durch entsprechende Dekoration werden diese Flächen so aufgewertet, dass daraus **Fascination Points** (Faszinationspunkte) entstehen. Solche Plätze im Verkaufsraum werden dazu genutzt, um die ganze Aufmerksamkeit des Kunden zu gewinnen und Kaufimpulse auszulösen.

Besonders geeignet für die Dekoration von Fokuspunkten sind **Magnet- und Impulsartikel. Magnetartikel** sind Waren, die den Kunden anziehen, und nach denen er in der Warenpräsentation aktiv sucht.

Beispiele Milch in einem Lebensmittelgeschäft oder Tennisbälle in einem Sportgeschäft!

Impulsartikel werden von den Kunden aufgrund auffälliger Präsentationen oder gezielter Platzierung spontan gekauft.

Beispiele Süßigkeiten in der Kassenzone oder eine CD/DVD in einer Aktionsplatzierung.

PRAXISTIPP Nutzen Sie die Hauptkundenführung in Ihrem Geschäft, um geeignete Standorte für Fokuspunkte zu finden. So machen Sie Ihren Geschäftsraum zum echten Schaukasten Ihrer Leistungsfähigkeit.

Erlebnisorientierte Präsentationen

- Eine erlebnisorientierte Warenpräsentation hat eine hohe **Signalwirkung** für die Kunden.
- Durch die erlebnisorientierte Warenpräsentation soll eine **Atmosphäre** erzeugt werden, die die Kunden in eine angenehme Einkaufsstimmung versetzt.
- **Erlebniswelten** präsentieren **Bedarfsbündel**, die als erkennbare Erlebnissituation dekoriert werden.
- Durch Erlebniswelten erhalten die Kunden neue **Ideen** zur **Verwendung** der dekorierten Artikel, es werden somit Kaufanreize geschaffen.
- **Fokuspunkte** erregen Aufmerksamkeit und ziehen den Blick der Kunden an.
- Durch Dekoration können **Fokuspunkte** so aufgewertet werden, dass daraus **Fascination Points** (Faszinationspunkte) entstehen.

1. Erläutern Sie die Bedeutung einer erlebnisorientierten Warenpräsentation.

2. Erklären Sie in eigenen Worten die Begriffe
a) Erlebniswelt, b) Fokuspunkt, c) Fascination Point.

3. a) Welche Möglichkeiten nutzt Ihr Ausbildungsbetrieb bereits, um Ware erlebnisorientiert zu präsentieren? Listen Sie diese auf und stellen Sie die Bespiele in der Klasse vor.

b) Entwickeln Sie zwei weitere Ideen, die Ihr Ausbildungsbetrieb für eine erlebnisbezogene Warenpräsentation nutzen könnte.

4. Planen Sie in einer Gruppe mit maximal vier Mitgliedern eine Erlebniswelt (Branche nach Wahl).
a) Legen Sie ein Thema oder Motto für Ihre Erlebniswelt fest.
(Dieses kann sich aus dem Verwendungszweck der Ware oder aus bestimmten Anlässen wie Feiertage, Karneval, Ferienbeginn oder Jahreszeit ergeben.)
b) Listen Sie die Artikel auf, die Sie in der Erlebniswelt präsentieren wollen.
c) Legen Sie einen geeigneten Standort für den Aufbau der Erlebniswelt fest.
d) Fertigen Sie eine Skizze Ihrer geplanten Erlebniswelt an.
e) Listen Sie auf, welches Dekorationsmaterial Sie benötigen.
f) Präsentieren Sie das Konzept Ihrer Klasse.

5. a) Beschreiben Sie besondere Fokuspunkte im Verkaufsraum.
b) Zeigen Sie anhand eines Beispiels, wie aus einem Fokuspunkt ein Fascination Point werden kann.

3.6 Warenpräsentation für alle Sinne

In der Center Warenhaus GmbH fand am Wochenende ein „Fest der Sinne“ statt. In sämtlichen Abteilungen wurden den Kunden zahlreiche Möglichkeiten eröffnet, die Ware zu erproben und zu kosten. Passende Gerüche und unterschiedliche, der jeweiligen Ware angepasste Musik brachten eindrucksvolle Einkaufserlebnisse. Eine zusätzliche Sensation war eine Erlebniswelt in der Sportabteilung mit dem Thema *„Faszination Trekking“:* Die Kunden konnten in einem speziellen Raum atmungsaktive und wetterfeste Kleidung testen. Sie sahen mit Spezialbrillen einen dreidimensionalen Film einer aufregenden Trekking-Tour. Zusätzlich wurden in dem Raum Sonne, Wind und Regen simuliert. Die Kunden hatten das Gefühl, die Tour bei verschiedenen Wetterbedingungen selbst zu erleben und waren begeistert. Der Absatz für die entsprechende Kleidung stieg erheblich.

ARBEITSAUFTRAG
◆ Sammeln Sie für Ihren Ausbildungsbetrieb Ideen, wie möglichst viele Sinne der Kunden in einer angenehmen und verkaufsfördernden Weise angesprochen werden können.

● Ganzheitliche Erlebnisorientierung

Bei der erlebnisorientierten Warenpräsentation wirken neben visuellen Reizen auch **Temperatur, Gerüche** und **akustische Reize** anregend auf das Kaufverhalten der Kunden. Außerdem sollte möglichst oft der **Tastsinn** angesprochen werden. Daher müssen in einer durchdachten **Gesamtkonzeption** alle Sinne berücksichtigt werden.

Ein häufig verwendetes Element, das zur Schaffung einer verkaufsfördernden Atmosphäre beitragen soll, ist **Musik.** Ein stiller Laden wirkt für viele Kunden wenig lebendig. Dabei sollte sich die Musikauswahl an der Zielgruppe orientieren. Ist z. B. in einem auf junge Kunden ausgerichteten Textilgeschäft reizstarke und relativ laute Musik angemessen, so führt dies bei den meisten anderen Kundengruppen zu Stressreaktionen und einer verkürzten Verweildauer. Deshalb werden in der überwiegenden Zahl der Geschäfte eingängige und bekannte Melodien ausgewählt, die dezent als Hintergrundmusik dienen.

PRAXISTIPP Wählen Sie zielgruppengerechte Musik aus. Ein Radioprogramm ist in der Regel nicht geeignet!

Die Nase ist ein besonders empfindliches Sinnesorgan, das Reize sehr schnell aufnimmt und über den Geruchssinn das Verhalten von Menschen beeinflusst.

Werden die Nasen der Kunden mit verkaufsfördernden **Düften** umgarnt, so kann sich dies positiv auf deren Kaufverhalten auswirken. Nahezu alle Branchen machen sich dies zunutze und schaffen gezielt **Duftinseln** in ihren Verkaufsräumen, welche die Kunden auf die ausgestellten Artikel aufmerksam machen und sie zum Kauf veranlassen sollen.

Beispiele
- Frühlingsduft neben den Waschmitteln
- Ledergeruch in der Textilabteilung
- Frischegeruch bei den Waschmaschinen
- Pizzageruch rund um die Tiefkühlpizza
- Kuchenduft beim Gebäck
- Duft frisch gebackener Brötchen im Brotbereich

Einer Studie der Universität Paderborn zufolge verweilen die Kunden in bedufteten Verkaufsräumen durchschnittlich 16 % länger als sonst, die Kaufbereitschaft steigt um 15 % und der Umsatz um 6 %.

Häufig werden Duftinseln für den Kunden unsichtbar platziert und in der Intensität des Geruches sehr niedrig eingestellt. Die Kunden nehmen den Geruch dann nicht bewusst wahr und werden dennoch von ihm „sinnlich verführt“. Diese unmerkliche Beeinflussung des Kaufverhaltens wird aus Sicht des Verbraucherschutzes kritisch bewertet.

● Verkostung, Duftstationen, Teststationen

Die Kunden möchten die angebotene Ware möglichst mit **allen Sinnen wahrnehmen** und insbesondere mit ihrem persönlich **bevorzugten Wahrnehmungskanal** (vgl. Seite 211 ff.) prüfen.

PRAXISTIPP Wenn Sie die Kunden die Ware auswählen, anfassen, prüfen und ausprobieren lassen, dann sind diese eher überzeugt und zum Kauf bereit.

Daher bedarf es einer entsprechenden Warenpräsentation, die sich in erster Linie durch einen **freien Artikelzugang** auszeichnet.

○ Verkostung

Im Lebensmittelbereich werden Verkostungen angeboten. Die Kunden erhalten dabei die Gelegenheit, Lebensmittel, die besonders herausgestellt werden sollen, zu probieren.

Beispiel In Kerstins Ausbildungsbetrieb konnten die Kunden am vergangenen Wochenende bayrische Spezialitäten probieren.

○ Duftstationen

Beispiel In vielen Parfümerien und Drogerieabteilungen sind für die Kunden frei zugängliche Duftstationen eingerichtet worden. Hier werden die neuesten Düfte dargeboten und die Kunden haben die Möglichkeit, den Geruch zu testen.

○ Teststationen

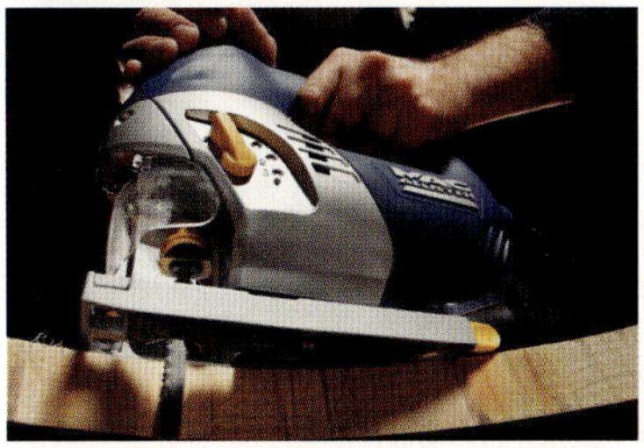

Beispiele

- Einige Baumärkte bieten ihren Kunden an, die ausgestellten Artikel vor Ort sofort auszuprobieren. So haben Kunden dieses Baumarktes die Möglichkeit, die angebotenen Bohrmaschinen zu testen. Dazu wurden verschiedene Materialen ausgelegt, in welche die Kunden probeweise bohren können. So können sie die angepriesene Bohrmaschine mit mehreren Sinnen wahrnehmen.
- In vielen CD- und DVD-Abteilungen haben die Kunden die Möglichkeit, alle im Sortiment befindlichen CDs und DVDs anzuhören bzw. anzusehen. Dazu wurden eigens Teststationen im Verkaufsraum installiert. Mithilfe des Barcodes auf den Verpackungen der Tonträger können die Kunden an den Teststationen die Titel jeder CD und DVD aufrufen.

Warenpräsentation für alle Sinne

- Neben dem visuellen Wahrnehmungskanal können alle weiteren Sinnesorgane im Rahmen einer **durchdachten Gesamtkonzeption** angesprochen werden.
- Gezielter Einsatz von **Musik und Duftinseln** kann die Kunden zum Kauf anregen.
- **Verkostungen, Duft- und Teststationen** ermöglichen es den Kunden, die Ware bewusst mit mehreren Sinnen wahrzunehmen.
- Das **Anfassen**, **Ausprobieren** und **Prüfen** der Ware regt die Kunden zum Kauf an.

1. a) Nennen Sie die fünf Sinne.
b) Beschreiben Sie mit je zwei Beispielen (Artikel nach Wahl), wie die Sinne bei der Warenpräsentation gezielt angesprochen werden können.

2. Diskutieren Sie in Ihrer Klasse den Einsatz von Duftinseln. Stellen Sie dabei die Positionen des Einzelhandels und des Verbraucherschutzes einander gegenüber.

3. **Rollenspiel**
a) Führen Sie mehrere Verkaufsgespräche mit Musik unterschiedlicher Lautstärke und verschiedenen Musikrichtungen als Hintergrundgeräusch durch.
b) Beschreiben Sie anschließend die Wirkung der Musik auf die Rollenspieler.

4 Ein Konzept für die Warenpräsentation entwickeln und vorstellen

Mehmet Aydin trifft seinen Ausbildungsleiter Nico Bonnet, der ihm lächelnd einen E-Mail-Ausdruck übergibt. *„Mehmet, in der Berufsschule kommt Arbeit auf dich zu, bei der du deine ganze Kreativität nutzen kannst – und wir haben auch noch was von deinen Ideen ...“* Mehmet ist neugierig geworden und liest die E-Mail:

Seite 1 von 1

MARS ELEKTRONIKFACHMARKT E.K.

Von: klink@ekz-rheinpark-gmbh.de
Gesendet: 25. April 20.. 09:35
An: bonnet@mars-elektro.de; meys@center-warenhaus.de; bergmeier@schlegel.de
Betreff: Ideenwettbewerb für Auszubildende

Sehr geehrte Damen und Herren,

neben der Freundlichkeit unseres Personals schätzen die Kunden des EKZ Rheinpark vor allem die unterschiedlichen Betriebs- und Verkaufsformen, die mit vielfältigen Warenpräsentationen verbunden sind.

Zur Sicherung und Weiterentwicklung von **kundenorientierten Warenpräsentationen** im EKZ Rheinpark rufen wir alle Auszubildenden auf, an einem Ideenwettbewerb teilzunehmen. Die Auszubildenden sollen **Konzepte** zu einem selbst gewählten **Teilbereich** der Warenpräsentation entwickeln. Der Wettbewerb wird von der Berufsschule unterstützt, sodass die Auszubildenden einen Großteil dieser kreativen Arbeit in der Schule erledigen können.

Die Arbeitsergebnisse der Auszubildenden werden im Rahmen unseres **EKZ-Sommerfestes** am **25. Juni 20..** allen Interessierten und der Presse **präsentiert**. Besonders gelungene Ideen werden zudem prämiert. Wir erhoffen uns eine starke Motivation der Auszubildenden bei dieser Aufgabe und natürlich umsetzbare Ideen und Impulse für die Warenpräsentation in den Unternehmen des EKZ.

Ich bitte Sie, diese Mail an Ihre Auszubildenden weiterzugeben und den Ideenwettbewerb zu unterstützen. Nähere Informationen erhalten die Auszubildenden in der Berufsschule.

Mit freundlichen Grüßen

i. V. Elisabeth Klink

ARBEITSAUFTRÄGE

- Sammeln Sie mögliche Konzeptthemen zur kundenorientierten Warenpräsentation.
- Entwickeln Sie Ihr Konzept.
- Präsentieren Sie Ihr Konzept.

Vorgehensweise bei der Konzeptentwicklung

Ein Konzept ist die erste **Umsetzung** einer **Idee.** Die **Konzeptentwicklung** ist eine schwierige und umfangreiche Arbeit, die Sie genau **planen** sollten. Dies gilt insbesondere dann, wenn Sie Ihr Konzept zu einem bestimmten Zeitpunkt präsentieren sollen.

Beispiel Als grobe Orientierung für die Konzeptentwicklung stellt die Klassenlehrerin, Frau Schlüter, Kerstin, Mehmet und Sabine einen Ablaufplan vor:

„Wir entwickeln ein Konzept zur Warenpräsentation"

Wann	Arbeitsschritte
03.05.20..	Themen- und Gruppenfindung – Mögliche Konzeptthemen sammeln – Für Themen entscheiden – Gruppenzuordnung vornehmen – Anforderungen an die Konzepte kennenlernen
10.05.20..	Konzeptplanung – Erste Ideen sammeln – Material sammeln – Tätigkeitskatalog erstellen
17.05. – 31.05.20..	Konzepterstellung – Den Tätigkeitskatalog abarbeiten – Die Arbeit dokumentieren – Inhaltliche Zusammenfassung erstellen – Die Präsentation vorbereiten
07.06.- 14.06.20...	Probepräsentation der Konzepte – Präsentation durchführen – Feedback nehmen und geben
21.06.20..	Überarbeitung der Präsentationen
25.06.20..	Präsentation der Konzepte im EKZ

Themenfindung und Gruppenbildung

Ein Konzeptthema sollte deutlich machen, was das Ergebnis Ihrer Arbeit sein soll und womit Sie sich inhaltlich befassen wollen.

Beispiel In der Klasse werden im Unterrichtsgepräch Themen gesammelt und an der Tafel festgehalten:

Mögliche Konzeptthemen	Inhalte (Beispiele)
Wo und wie laufen unsere Kunden? - Wir erstellen einen aufschlussreichen Plan	Kundenlauf, Verkaufszonen
Ein verkaufsaktives Regal gestalten	Kundenblick, Regalzonen, Platzierungsregeln im Regal
Faszinierende Präsentationen in unserem EKZ - Bilder von guten Beispielen	Visual-Mechandising, Fascination Points, Warenlandschaften

Nach der Themensuche werden Kleingruppen gebildet (vgl. Seite 53 ff.). Es bietet sich in diesem Fall an, die Einteilung der Gruppen nach Interesse an einem Thema vorzunehmen.

Beispiel Die Themen werden nummeriert und jeder Schüler der Klasse schreibt auf einen Zettel seinen Erst- und seinen Zweitwunsch. Die Lehrerin nimmt dann die Gruppeneinteilung vor und versucht, die Wünsche zu berücksichtigen.

○ Konzeptplanung

Bei der Konzeptplanung ist es wichtig, dass Sie zunächst Ihr **Thema** näher **analysieren** und klären, welche **Inhalte** und **Aufgaben** Sie zu bearbeiten haben. Dann gilt es, die **Ideen** zur Umsetzung zu sammeln und festzuhalten. In dieser Phase sollten Sie in der Gruppe nicht diskutieren, sondern zunächst **alle Vorschläge** schriftlich festhalten.

Im nächsten Schritt sammeln Sie **Material**, das für Ihr Thema nützlich sein könnte. Hierbei helfen Ihnen z. B. Ihr **Lehrbuch** und das **Internet** (vgl. Seite 67 f.).

Beispiel Kerstin recherchiert im Internet mithilfe einer Suchmaschine: Mit Suchbegriffen wie „Warenpräsentation", „Ladeneinrichtung" und „Visual Merchandising" findet sie eine Menge informativer Seiten und Bilder.

Nachdem Sie Ideen und Material gesammelt haben, sollten Sie in Ihrer Gruppe festhalten, welche Aufgaben bis wann zu erledigen sind und wer dafür verantwortlich ist. Hierzu können Sie einen **Tätigkeitskatalog** nutzen (vgl. Seite 439).

○ Konzepterstellung

Bei der Konzepterstellung **setzen** Sie Ihre **Planungen um.** Die vereinbarten Aufgaben werden abgearbeitet. Dabei zeigt sich häufig, dass die ursprünglichen Planungen ergänzt werden müssen und **weitere Aufgaben** hinzukommen. Gerade daher ist es wichtig, dass Sie die Erfüllung der Aufgaben in der geplanten Zeit im Auge behalten, damit Sie nicht am Schluss unter Zeitdruck geraten.

PRAXISTIPP Wählen Sie in der Gruppe einen Zeitwächter, der die rechtzeitige Aufgabenerfüllung kontrolliert. Nur so können Sie Ihre Planungen schnell genug ändern, um Ihr Ziel zu erreichen!

Ganz wesentlich bei der Konzepterstellung ist die **Dokumentation** Ihrer Arbeit. Sämtliche genutzten **Materialien**, Ihre **Planungen** und die **Ergebnisse** Ihrer Arbeit sollten gesammelt werden, z. B. in einer **Konzeptmappe** (vgl. Seite 437). So können Sie sich immer schnell einen Überblick verschaffen, auf Informationen zurückgreifen und den Fortgang Ihres Arbeitsprozesses verfolgen. Konzepte, die in der Schule angefertigt werden, werden in der Regel auch benotet. Diese **Note** können Sie durch eine lückenlose Dokumentation Ihrer Arbeit positiv beeinflussen.

○ Konzeptpräsentation

Die Art und Weise, wie Sie Ihr Konzept präsentieren, hängt von Ihrem **Thema,** Ihrem **Publikum,** der zur Verfügung stehenden **Zeit** und den vorhandenen **Medien** ab. Bedenken Sie, dass die Konzeptpräsentation ein eigener Arbeitsschritt ist, da sich oft nicht alle Ergebnisse Ihrer Arbeit in einer Präsentation sinnvoll unterbringen lassen und eine bewusste Auswahl getroffen werden muss (vgl. Seite 71 ff.).

PRAXISTIPP Entscheiden Sie für Ihre Präsentation sorgfältig, „was" Sie „wie" „vor wem" und „durch wen" präsentieren.

Hilfen für die Konzeptentwicklung und -präsentation

Für die Konzeptentwicklung zur Warenpräsentation in einer Kleingruppe gibt es zahlreiche Methoden und Hilfsmittel, die Ihre Arbeit erleichtern und Ihr Arbeitsergebnis verbessern.

Hilfen zur Steuerung und Dokumentation der Gruppenarbeit

Konzeptmappe

In der Konzeptmappe werden alle **Materialien** und **Ergebnisse** zusammengestellt, die während der Konzeptentwicklung gesammelt bzw. erstellt wurden.

Beispiel Das Deckblatt von Kerstins Gruppe sieht wie folgt aus:

Konzeptmappe	
Name der Gruppe:	*Die Regalos*
Mitglieder der Gruppe:	*Mehmet, Sabine, Kerstin, Kevin*
Gruppenleiterin:	*Kerstin*
Zeitwächter:	*Mehmet*
Thema der Gruppe:	*Ein verkaufsaktives Regal gestalten*
Diese Konzeptmappe enthält ❑ Alle Materialien ❑ Gruppenprotokolle ❑ Tätigkeitskatalog ❑ Arbeitsergebnisse (z. B. Vorlagen für Präsentation)	
Sonstiges, und zwar: ❑ *Zusammenfassung für die Klasse* ❑	

Gruppenprotokoll

Das Gruppenprotokoll sollte am Ende jeder längeren Gruppenarbeitsphase angefertigt werden. Dort wird unter anderem beschrieben, was die **Gruppe geleistet** hat, welche **Probleme** auftraten und was die Gruppe unternommen hat, um die Probleme zu lösen.

Beispiel Das Gruppenprotokoll von Kerstins Gruppe nach der ersten Sitzung:

Gruppenprotokoll		
Datum *03.05.20..*	Gruppenname *Die Regalos*	Unser Thema *Ein verkaufsaktives Regal gestalten*
Gruppenmitglieder		
anwesend: *Kerstin* *Mehmet* *Kevin*	abwesend: *Sabine*	Grund der Abwesenheit: *krank*
Protokollführer: *Kevin*		

Folgende Punkte sind (nach Möglichkeit) zu bearbeiten (ggf. Rückseite nutzen):

(1) Unser Ziel für heute
(2) Wie wir vorgegangen sind
(3) Informationsquellen, die wir genutzt haben
(4) Ergebnisse, die wir heute erzielt haben
(5) Probleme, die bei der Arbeit auftraten
(6) Was wir unternommen haben, um die Probleme (siehe 5) zu lösen
(7) Unsere Vereinbarungen für das nächste Treffen (Aufgabenverteilungen bitte im Tätigkeitskatalog festhalten)

(1) Regeln für die Gruppenarbeit vereinbaren. Ideen für unser Thema sammeln und erste Planungen in den Tätigkeitskatalog übernehmen.

(2) Wir haben die Regeln diskutiert und die drei, die uns am wichtigsten waren, schriftlich festgehalten. Dann haben wir Ideen gesammelt und festgestellt, dass wir erstmal Material im Internet sammeln wollen, um einen Überblick über das Thema und zusätzliche Ideen zu bekommen. Diese Aufgaben haben wir dann untereinander aufgeteilt.

(3) Das Lehrbuch

(4) Gruppenregeln, erste Ideensammlung

(5) Wir hatten zu wenig Ideen, die dann auch noch lang und breit diskutiert wurden.

(6) Kerstin hat uns an das Diskussionsverbot bei Ideensammlungen erinnert; dann lief es besser.

(7) Ergebnisse der Internet-Recherche austauschen. Ideensammlung fortsetzen und die Konzeptplanung abschließen. Die Arbeit in Teilschritte zerlegen und in den Tätigkeitskatalog übernehmen. Außerdem einen Zeitwächter wählen.

Unterschriften: Kerstin Mehmet *Kevin*

Tätigkeitskatalog

Der Tätigkeitskatalog ist ein sehr gutes Instrument, um Ihre **Planungen verbindlich** festzuhalten und die **Durchführung** zu **kontrollieren.**

Beispiel Am Ende der ersten Sitzung beginnen Kerstin und ihre Gruppe mit der Bearbeitung des Tätigkeitskataloges:

Tätigkeitskatalog					
Datum der Aufgabenverteilung	Aufgabe Was wird getan?	Zuständigkeit Wer? Mit wem?	Frist Bis wann?	Erledigung Ja/Nein	Grund für Nichterledigung
03.05.20..	Internetsuche zu Regalzonen	Mehmet, Sabine	10.05.		
03.05.20..	Internetsuche zu Regalsystemen	Kerstin, Kevin	10.05.		

○ Hilfen für die Konzeptentwicklung

Neben einer durchdachten Planung können Sie auf zahlreiche Hilfen bei der Konzeptentwicklung zurückgreifen. Hierbei sind vor allem **Veranschaulichungen** zu nennen, die Sie z. B. aus dem **Lehrbuch** oder dem **Internet** übernehmen können oder die Sie selbst erstellen.

Skizzen, Pläne, Zeichnungen

Zahlreiche Aspekte der Warenpräsentation, wie z. B. ein Ladenaufbau oder Kundenlaufwege, lassen sich am besten durch **Skizzen, Pläne** oder selbst erstellte **Zeichnungen** verdeutlichen.

Beispiel Die Gruppe mit dem Thema „Wo und wie laufen unsere Kunden? – Wir erstellen einen aufschlussreichen Plan" skizziert den Grundriss eines SB-Geschäftes. In diesen Plan möchte die Gruppe später den Kundenlauf einzeichnen, den sie mithilfe einer selbst durchgeführten Kundenlaufstudie erfasst hat.

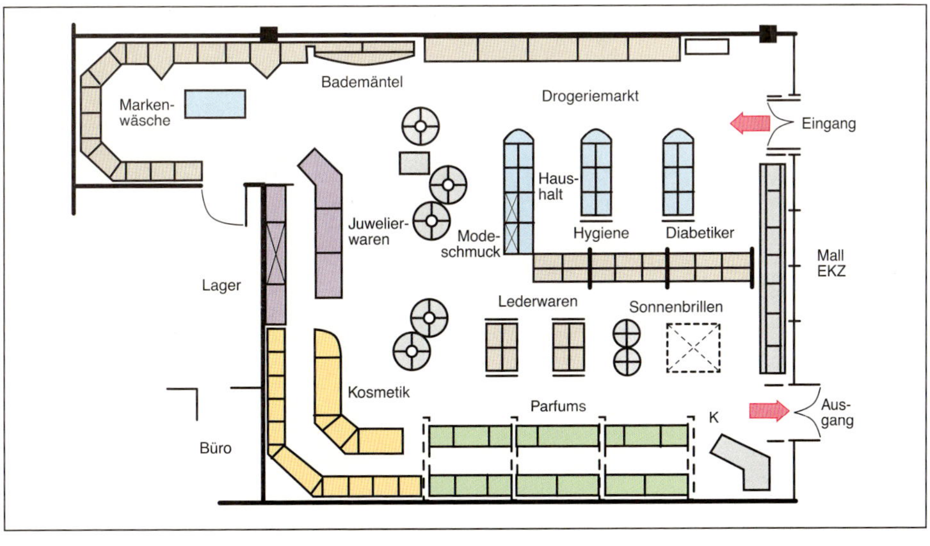

Bilder

Bei der Warenpräsentation ist die **visuelle Ansprache** des Kunden von überragender Bedeutung. Folglich können Sie auch bei der Konzeptentwicklung und -präsentation sehr gut mit **Bildern** arbeiten.

PRAXISTIPP Bildmaterial aus Büchern, Fachzeitschriften und dem Internet ist häufig beispielhaft und professionell erstellt – mit eigenen Photos können Sie Ihre eigene betriebliche Praxis abbilden. Nutzen Sie diese Möglichkeit!

Beispiel Eine Gruppe sammelt Bildmaterial zu Warenträgern und erstellt selbst Photos in den Ausbildungsbetrieben. Später sollen diese Bilder in einer Collage verwendet werden.

○ Hilfen für die Präsentation

Bei der Präsentation eines Konzeptes zur Warenpräsentation gelten die gleichen Grundsätze wie bei jeder anderen Präsentation. Darüber hinaus bieten sich hier spezielle Präsentationsmethoden und die Nutzung bestimmter Medien an.

Markt der Möglichkeiten

Der Markt der Möglichkeiten eignet sich besonders für **arbeitsteilige Gruppenarbeiten.** Die Präsentationen der einzelnen Gruppen werden wie „**Marktstände**" im Raum verteilt, an denen sich alle Schüler informieren können. An jedem Stand kann ein Mitglied der jeweiligen Gruppe als **Experte** zur Verfügung stehen, um Fragen zu beantworten oder ergänzende Erklärungen abzugeben. Eine andere Möglichkeit ist, dass die Schüler Fragen, Kommentare oder Anregungen zu den einzelnen Präsentationen auf Karten notieren. In einer anschließenden **Präsentationsphase** in der Klasse gehen dann die Gruppen gezielt auf die Karten ein.

Beispiel Bei der „Probepräsentation" in der Klasse erteilt die Klassenlehrerin, Frau Schlüter, die folgenden Arbeitsaufträge:

Der Markt der Möglichkeiten

1. Informiert euch über die Arbeitsergebnisse der anderen Gruppen auf dem **Markt der Möglichkeiten.**

2. Haltet auf den beiliegenden Karten eure Fragen, Rückmeldungen oder auch Empfehlungen fest, und heftet oder legt sie an die passende Stelle des Präsentationsstandes. Seid dabei möglichst konkret.

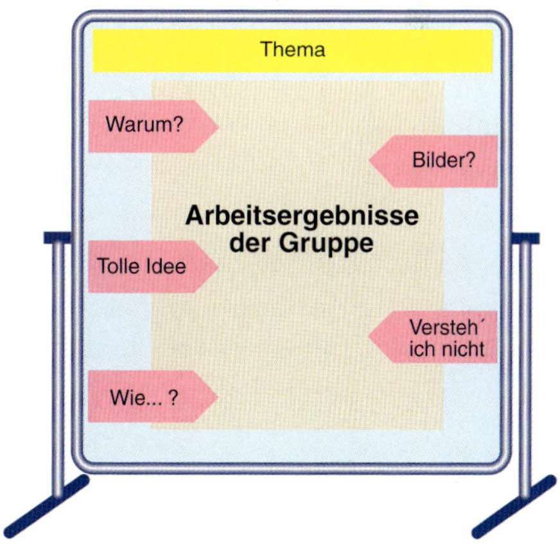

3. Ein bis zwei Gruppenmitglieder gehen vor der Klasse auf die Fragen zu ihrer Präsentation ein. Der Rest der Klasse gibt weitere Rückmeldungen/Empfehlungen an die Gruppe, die diese schriftlich festhält.

4. Gruppenarbeit: Überdenkt anhand der Rückmeldungen und Empfehlungen eure Präsentation und ergänzt/ändert sie gegebenenfalls.

Mediennutzung

Jede gute Präsentation wird durch Medien unterstützt. Neben ganz üblichen Präsentationshilfen, wie z. B. einem **Plakat**, bietet sich bei Konzepten zur Warenpräsentation die Nutzung von **audio-visuellen Medien** an.

Beispiele Die Gruppe mit dem Thema „Wo und wie laufen unsere Kunden?" erstellt ein Video, mit dem die Blickrichtungen und der Kundenlauf erfasst werden sollen. Das **Video** wird anschließend noch geschnitten und mit einem erklärenden Kommentar unterlegt.

Die Gruppe mit dem Thema „Faszinierende Präsentationen in unserem EKZ" macht eine Diashow mit vielen Bildern. Die Diashow wird mit einer Präsentationssoftware und einem **Beamer** der Klasse präsentiert und die Gruppe kommentiert die dargestellten Bilder.

PRAXISTIPP Gelungene Präsentationen mit audio-visuellen Medien sind mit einem hohen Vorbereitungsaufwand verbunden. Planen Sie daher ausreichend Zeit ein.

Ein Konzept für die Warenpräsentation entwickeln und vorstellen

- Bei der Entwicklung eines Konzeptes zur Warenpräsentation können Sie kreativ in der Gruppe arbeiten. Durch die **aktive Aneignung** und **Anwendung** von **Fachwissen** lernen Sie intensiver und nachhaltiger.
- Eine intensive **Konzeptplanung** ermöglicht Ihnen eine zielgerichtete und effiziente **Konzepterstellung.**
- **Konzeptmappe, Gruppenprotokoll** und **Tätigkeitskatalog** unterstützen die Steuerung und Dokumentation Ihrer Gruppenarbeit.
- **Skizzen, Pläne, Zeichnungen** und **Bilder** erleichtern die Konzepterstellung und die spätere Präsentation.
- Der **Markt der Möglichkeiten** ermöglicht eine abwechslungsreiche Präsentation unterschiedlicher Konzepte.
- Bei Konzepten zur Warenpräsentation bietet sich die Nutzung **audio-visueller Medien** an.

1. Schreiben Sie einen persönlichen Erfahrungsbericht zur Arbeit an dem Warenpräsentationskonzept. Gehen Sie dabei auf folgende Fragen ein:
a) Welche positiven Aspekte haben Sie in der Gruppenarbeit erlebt?
b) Was war für Sie ärgerlich?
c) Was sollte bei der nächsten längeren Gruppenarbeit anders gemacht werden?
d) Wie haben Sie sich in die Arbeit eingebracht?
e) Was haben Sie gelernt?

2. Erklären Sie die Funktion der folgenden Hilfsmittel:
a) Konzeptmappe b) Gruppenprotokoll c) Tätigkeitskatalog

3. Beschreiben Sie die Vorteile der Methode „Markt der Möglichkeiten".

Übungsaufgaben

1. Beschreiben Sie das „Arenaprinzip". In welchen Betriebsformen wird es vorzugsweise eingesetzt?

2. **Gruppenarbeit**
Gestalten Sie in Ihrem Warenverkaufskunderaum ein Regal neu. Alternativ: Fertigen Sie eine saubere, farbige Zeichnung an. Die Branche ist freigestellt; entscheiden Sie sich für drei Hersteller mit jeweils vier Artikeln. Beschicken Sie das Regal wahlweise entweder in
a) horizontaler Platzierung, b) vertikaler Platzierung, c) Kreuzblock-Platzierung
und erläutern Sie die jeweiligen Vor- oder Nachteile Ihrer Platzierungsentscheidung.

3. Geschäfte lassen sich bei der Präsentation bestimmter Artikel zunehmend von deren Herkunft leiten. Begründen Sie diese Entscheidung.

4. Begründen Sie, warum der Einsatz von „Düften" bei der Warenpräsentation zunehmend eine Rolle spielt.

5. **Gruppenarbeit**
Die Grafik zeigt den Übersichtsplan eines SB-Lebensmittelmarktes mit kleinen, unabhängigen Geschäften und einer seitlich angeordneten großen Getränkeabteilung mit eigenem Eingang, die zum SB-Markt gehört.

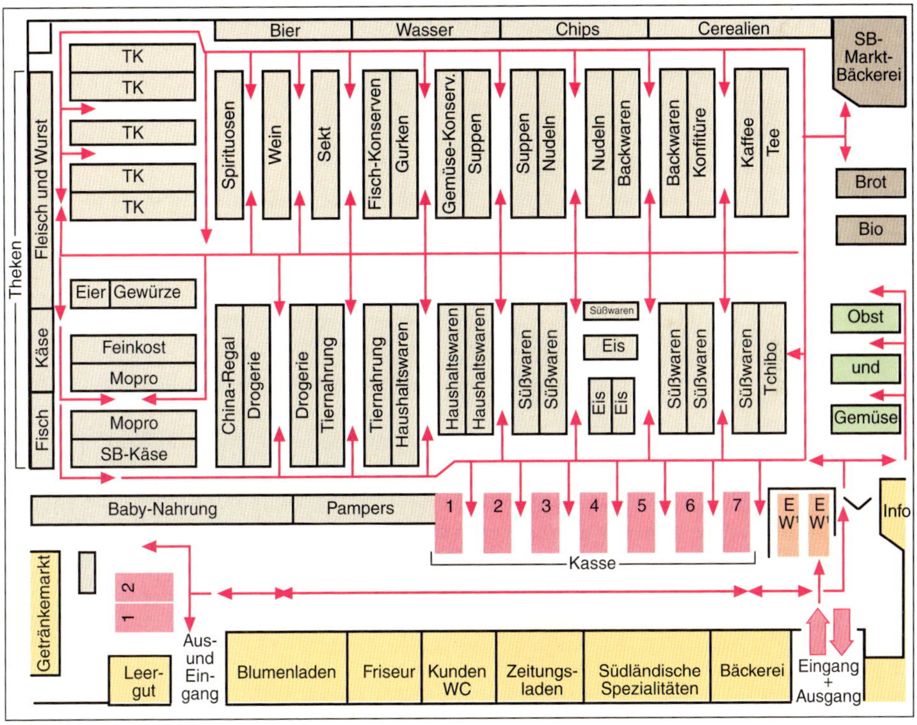

a) Nach welchem Prinzip sind die Warenträger des SB-Marktes angeordnet? Schildern Sie die Vor- und Nachteile dieser Anordnung.
b) Markieren Sie die verkaufsschwachen Zonen des Marktes und erläutern Sie, mit welchen Mitteln versucht wird, sie verkaufsintensiver zu gestalten.
c) Entwerfen Sie eine neue Konzeption des Verkaufsraumes auf einem Plakat. Berücksichtigen Sie dabei grundlegende Prinzipien der Warenplatzierung und -präsentation und beachten Sie die folgenden Hinweise:

[1] *EW = Einkaufswagen*

ca) Behalten Sie alle Warengruppen bei (Ergänzungen, die Ihnen sinnvoll erscheinen, nehmen Sie vor und begründen sie).
cb) Zeichnen Sie die geplanten Laufwege der Kunden ein.
cc) Entwickeln Sie besondere Faszinationspunkte (Ideen auf einem besonderen Blatt aufschreiben oder Skizze anfertigen).
cd) Kennzeichnen Sie eventuelle Zweitplatzierungen (begründen Sie Ihre Entscheidung!).

6. Fachbericht
Sie erhalten den Auftrag, einer neu eingestellten Auszubildenden die Warenpräsentation in einem Selbstbedienungsgeschäft zu erläutern. Erstellen Sie dazu einen Fachbericht über die verkaufsaktive
a) Anordnung/Verteilung der Warenträger im Verkaufsraum (Verkaufsraumgestaltung).
b) Präsentation der Waren in den Warenträgern (z. B. Regale).

Gebundene Aufgaben zur Prüfungsvorbereitung

1. Welche der unten genannten Verkaufs- bzw. Regalzonen ist verkaufsschwach?
1. Greifzone 2. Regalkopf 3. Kassenzone 4. Mittelgang 5. Sichtzone

2. Welche der unten stehenden Aussagen über das Kundenverhalten beim Einkauf in einem SB-Geschäft 1. treffen zu 9. treffen nicht zu?
Die meisten Kunden ...
a) schauen vorwiegend nach links,
b) beachten hauptsächlich die Waren, die in Augenhöhe platziert sind,
c) meiden die Ecken,
d) machen häufig eine Kehrtwendung beim Gang durch das Geschäft,
e) schauen selten nach hinten,
f) zahlen mit Kreditkarte.

3. Welche der folgenden Aussagen über die Warenpräsentation im Verkaufsraum trifft **nicht** zu?
1. Sonderangebote sollen den Kunden in verkaufsschwache Zonen lenken.
2. Die Anordnung der Ladenausstattung soll den Kunden unnötige Wege ersparen.
3. Artikel, die besonders gefördert werden sollen, werden in der Kassenzone angeboten.
4. „Schüttplatzierungen" sollen den Kunden auf Sonderangebote aufmerksam machen.
5. Durch die Anordnung der Ladeneinrichtung soll der Kunde so gelenkt werden, dass er mit möglichst viel Ware in Sichtkontakt kommt.
6. Kundenattraktive Artikel sollen den Blick des Kunden so lenken, dass er auch die linke Gangseite beachtet.

4. Welche der folgenden Grundsätze sind für die Warenpräsentation ungeeignet?
1. Magnetartikel am Ende eines Kundenlaufweges platzieren.
2. Packungsbilder nach vorne sortieren.
3. Grifflücken freilassen.
4. Schwere Artikel in der Sichtzone platzieren.
5. Impulsartikel in der Mitte eines Kundenlaufweges platzieren.
6. Verstaubte Ware griffgünstig platzieren.
7. Verkaufsschwache Zonen durch Sonderangebote aufwerten.

5. Bearbeiten Sie die folgenden Aufgaben unter Berücksichtigung der unten stehenden Skizze.

a) Ordnen Sie die mit 1 bis 4 gekennzeichneten Regalböden den unten stehenden Regalzonen zu.

aa) Sichtzone ab) Bückzone ac) Reckzone ad) Greifzone

b) Welche der folgenden Verkaufswirksamkeiten haben die unten stehenden Regalzonen?

5. groß 6. mittel 7. gering

ba) Zone 1 bb) Zone 2 bc) Zone 3 bd) Zone 4

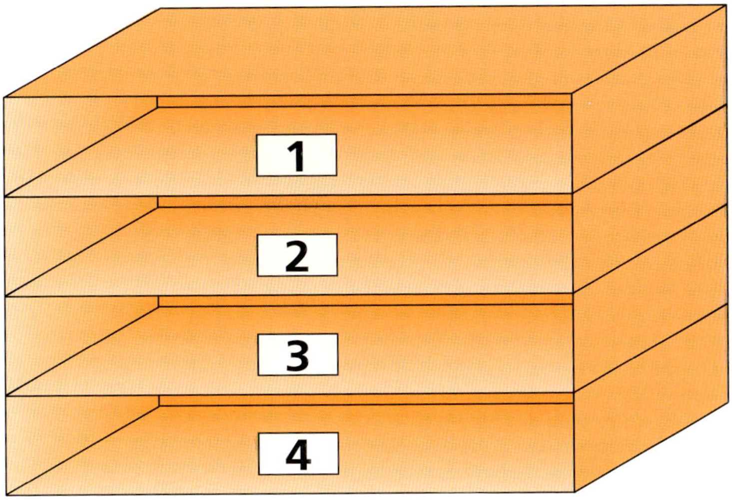

6. Welche der folgenden Aussagen über die Gestaltung des Schaufensters einer Einzelhandelsunternehmung ist zutreffend?

1. Das Schaufenster soll einen Blickfang haben.
2. Im Schaufenster sollen nur Einzelstücke gezeigt werden.
3. Die Auslagen im Schaufenster müssen grundsätzlich nicht ausgezeichnet werden.
4. Die Auslagen sollten sehr lange im Schaufenster bleiben.
5. Im Schaufenster sollte immer möglichst viel Ware gezeigt werden.

7. Welche der nachstehenden Grundsätze entsprechen den Regeln der Warenpräsentation in einem Lebensmittel-Discountgeschäft?

1. Der Warenaufbau soll eine lange Verweildauer des Kunden begünstigen.
2. Linke und rechte Regalzonen sind als gleichwertig anzusehen.
3. Schlecht kalkulierte Suchartikel sind in der Greifzone zu platzieren.
4. Der Kassenbereich ist für den Aufbau von Impulsartikeln zu nutzen.
5. Der Warenaufbau ist verkäufergerecht zu gestalten.
6. Sonderangebote sind mit großer oder auffallender Beschilderung zu versehen.

8. Welche der nachfolgenden Maßnahmen entsprechen den Grundsätzen der Verkaufsförderung?

1. Hochwertige Waren werden besonders aufwendig präsentiert.
2. Waren werden zu Themengruppen zusammengestellt.
3. Die Warenpflege wird einmal pro Woche durchgeführt.
4. Impulsartikel werden in den verkaufsschwachen Zonen aufgebaut.
5. Die Laufgeschwindigkeit der Kunden soll nach Betreten des Geschäfts verlangsamt werden.
6. Niedrig kalkulierte Artikel des täglichen Bedarfs werden in der Sichtzone platziert.

9. Welche der folgenden Aussagen über die Warenpräsentation sind zutreffend?
1. Sperrige Artikel des täglichen Bedarfs werden in der Sichtzone platziert.
2. Die mit hoher Gewinnspanne kalkulierten Artikel erhalten einen Platz in der Sichtzone.
3. Impulsartikel werden in Kassennähe platziert.
4. Diebstahlgefährdete Waren werden in den Ecken aufgebaut.
5. Sonderposten werden immer auf Kopftheken und Auflaufköpfen angeboten.
6. Artikel des täglichen Bedarfs werden besonders herausgestellt.

10. Sie nehmen an einem Seminar zur Arbeitssicherheit teil. Ordnen Sie die drei richtigen Beschreibungen der Schilder den Abbildungen zu.
1. Rauchen verboten
2. Feuer, offenes Licht, Rauchen verboten
3. Richtungsangabe für Rettungsweg
4. Warnung vor feuergefährlichen Stoffen
5. Richtungsangabe zur Ersten Hilfe
6. Warnung vor explosiven Stoffen

A.

B.

C.

11. Die Center Warenhaus GmbH präsentiert auf einem Tisch unterschiedliche Artikel mit einer Preisangabe auf einem Deckenabhänger an. „Jeder Artikel 2,00 EUR". Eine Einzelauszeichnung der Artikel ist nicht vorhanden. Beurteilen Sie die Auszeichnung in rechtlicher Hinsicht.
1. Es hätte angegeben werden müssen, dass es keine Einzelauszeichnung gibt.
2. Jeder Artikel muss immer einzeln ausgezeichnet sein.
3. Lediglich gleichartige Artikel müssen nicht einzeln ausgezeichnet sein.
4. Sonderangebote müssen mit neuem und altem Preis ausgezeichnet sein.
5. Die Angabe der Preise ist entsprechend der Preisangabenverordnung korrekt.

12. Entscheiden Sie, in welchem Fall die Center Warenhaus GmbH die Warenpräsentation nach der Verbundplatzierung durchführt (bedarfsorientierte Warenplatzierung).
1. Waren werden an besonders auffälligen Stellen platziert.
2. Waren werden den Kunden in Verbindung mit einer Anprobe, Kostprobe oder Vorführung angeboten.
3. Waren sollen Kunden optisch ansprechen und werden farblich passend zusammengestellt.
4. Waren werden unter Verwendungsgesichtspunkten aus unterschiedlichen Warengruppen zusammengestellt.
5. Niederwertige Ware wird zusammen mit hochwertiger Ware dekorativ im Verbund präsentiert.

Ungebundene Aufgaben zur Prüfungsvorbereitung

1. Ein Fachgeschäft für exklusive Damen- und Herrenmode entschließt sich zu einer kundenorientierten Neugestaltung des Verkaufsraumes. Beschreiben Sie mögliche Gestaltungselemente, die zum hochwertigen Sortiment passen.

2. a) Beschreiben Sie verkaufsschwache und verkaufsstarke Zonen in einem SB-Geschäft.
b) Welche Möglichkeiten zur Umsatzsteigerung durch Warenpräsentation und -platzierung sehen Sie jeweils für diese Zonen?

3. Für ein Regal (siehe abgebildete Grafik zum Regal) soll ein Belegungsplan erstellt werden. Dabei sind als Planungsgrundlagen zu beachten …

- die beiliegende Artikelstatistik,
- die folgenden Platzierungsgrundsätze:
  - Artikel mit dem höchsten Gesamtrohertrag/-gewinn erhalten die besten Regalplätze.
  - Je zwei Artikel werden in einer Regalzone platziert.

a) Tragen Sie in die Regalzonen 1 bis 4 die jeweiligen Fachbezeichnungen ein.

b) Ordnen Sie die Artikel A bis H den vier Regalzonen zu; begründen Sie jeweils Ihre Entscheidung.

c) Im Rahmen einer Sortimentsbereinigung wird entschieden, dass der „Penner"-Artikel im Sortiment bleibt.

ca) Begründen Sie diese Entscheidung.

cb) Erläutern Sie drei Maßnahmen zur Förderung dieses Artikels.

Regal

	Fachbezeichnung	Artikel/Begründung
Regalzone 4		
Regalzone 3		
Regalzone 2		
Regalzone 1		

Artikelplan

Rang	Artikel	Verkaufte Stückzahl	Rohertrag	
			Je Stück	Gesamt
	A	298	21,50	6 407,00
	B	272	17,66	4 803,52
	C	291	25,00	7 275,00
	D	273	12,50	3 412,50
	E	234	15,75	3 685,50
	F	98	34,60	3 390,80
	G	198	27,50	5 445,00
	H	320	11,34	3 628,80

4. Ein Warenhaus leidet unter Kundenschwund und sucht Hilfe bei einem Unternehmensberater. Dieser rät, verstärkt „Bedarfsbündelung" vorzunehmen.

a) Erklären Sie den Begriff „Bedarfsbündelung" und erläutern Sie ein konkretes Beispiel.

b) Schildern Sie je einen Vorteil dieser Warenpräsentation für Kunden und Einzelhändler.

5. „Teile des Kernsortiments können auch in verkaufsschwachen Zonen platziert werden." Beurteilen Sie diese Behauptung.

6. Impulskäufe tragen im Einzelhandel zur Umsatzsteigerung bei.
a) Erläutern Sie an einem Beispiel Ihrer Wahl den Begriff „Impulskauf".
b) Unterbreiten Sie zwei Vorschläge zur Präsentation von Impulskaufartikeln.

7. Der Einzelhändler Felix Neumüller plant, ein neues Ladenlokal mit einer Verkaufsfläche von 750 m^2 zu eröffnen. Bearbeiten Sie die folgenden Aufgaben anhand des unten stehenden Einrichtungsplans.
a) Erläutern Sie, welche Verkaufsformen/Bedienungsformen in diesem Geschäft realisiert werden können.
b) Zeichnen Sie in die Skizze den geplanten Kundenlauf ein.
c) Welche der mit „da)" bis „de)" gekennzeichneten Zonen sind
- 1. verkaufsaktiv,
- 2. verkaufsschwach?

Tragen Sie die Ziffer vor der jeweils zutreffenden Antwort in den Kreis ein.

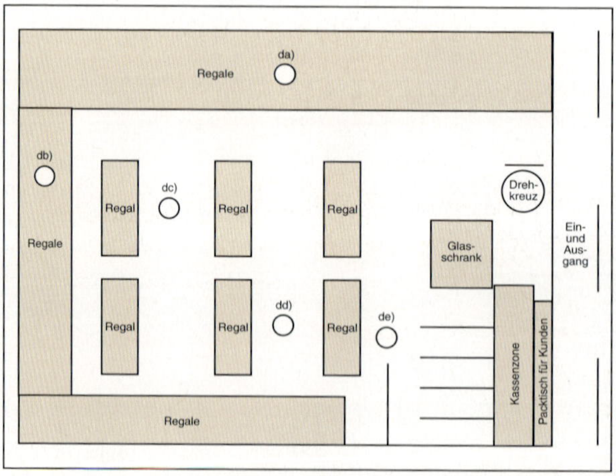

8. In der Center Warenhaus GmbH sind Sonderaktionen geplant. Beschreiben Sie zwei Vorschläge für eine wirksame Warenpräsentation.

9. Sie haben für den abgebildeten Artikel ein Preisschild vorbereitet. Welche zwei Informationen müssen laut Preisangabenverordnung angegeben werden?

- Sportartikel
- Verpackung dient der Aufbewahrung
- Leichter Transport
- Verkaufspreis 14,99 EUR je Box
- Kugeln sind aus Metall
- Boulekugeln, 6 Stück in der Box

10. Ihr Abteilungsleiter erwartet von Ihnen Vorschläge, wie Sie durch Visual Merchandising Kaufwünsche bei Kunden wecken können. Machen Sie drei Vorschläge.

11. Die Center Warenhaus GmbH führt eine Aktion mit dem abgebildeten Kaffeevollautomaten durch. Sie werden beauftragt, eine entsprechende Präsentation für eine Dauer von einer Woche durchzuführen. Schlagen Sie eine Möglichkeit zur Präsentation vor und begründen Sie Ihre Entscheidung.

Werben und den Verkauf fördern

1 Werbung wirkungsvoll einsetzen

1.1 Ziele, Grundsätze und Arten der Werbung unterscheiden

Mehmet surft zu Hause im Internet. Dabei stößt er zufällig auf folgende Meldung:

Weltweite Werbeausgaben steigen auf 500 Mrd. Dollar

Der weltweite Werbemarkt soll im kommenden Jahr um fast sechs Prozent ansteigen und ein Volumen von knapp 500 Mrd. Dollar erreichen. Diese Diagnose kommt von Robert J. Coen, einem Analysten bei Universal McCann. Demnach soll der US-Werbemarkt noch stärker anwachsen und mit einer Steigerung von fast sieben Prozent ein Volumen von 266,4 Mrd. Dollar erreichen. Damit wird weltweit mehr als jeder zweite Werbe-Dollar in den USA ausgegeben, berichtet das Wall Street Journal ...
Vor allem die Kosmetikindustrie, Pharmaunternehmen und die Kfz-Produzenten hätten in den ersten neun Monaten des laufenden Jahres erheblich mehr für Werbung ausgegeben. Die Ausgaben der Kosmetikindustrie seien um 20 Prozent über denen des Vorjahres gelegen, die der Pharmaindustrie um 14,7 Prozent und die der Automobilerzeuger um 8,6 Prozent. Die Top-10-Werber in den USA, unter ihnen Procter & Gamble, General Motors und Time Warner, haben von Januar bis Ende September knapp 13 Prozent mehr für Werbung ausgegeben.
2004 verheiße für die Werbebranche ebenfalls Gutes, erklärte Coen. Trotz anhaltender „Probleme im Irak" und der Möglichkeit weiterer terroristischer Anschläge sollte sich der US-Werbemarkt gut entwickeln. Impulse erwartet der Analyst vor allem von den im kommenden Jahr anstehenden Wahlen und den Olympischen Spielen. Davon sollten vor allem TV und Radio profitieren. Marketing- und Werbeverantwortliche würden sich im nächsten Jahr nicht mehr davor „fürchten", bei den Werbeausgaben freizügig zu sein. „Es gibt keine Begründung mehr dafür, bei den Ausgaben zurückhaltend zu sein", erklärte Coen.

Quelle: Georg Panovsky, pressetext.austria, 09.12.2003, unter: http://www.pressetext. at/pte.mc?pte=031209013, Stand: 26.11.2007

„500 Mrd. Dollar! Bei dieser Summe wird mir schwindelig. So viel Umsatz macht unser Laden ja nicht mal in tausend Jahren!", sagt Mehmet zu sich. Er wird neugierig und will wissen, wie viel in Deutschland für Werbung ausgegeben wird. Über eine Suchmaschine findet er nebenstehende Grafik:

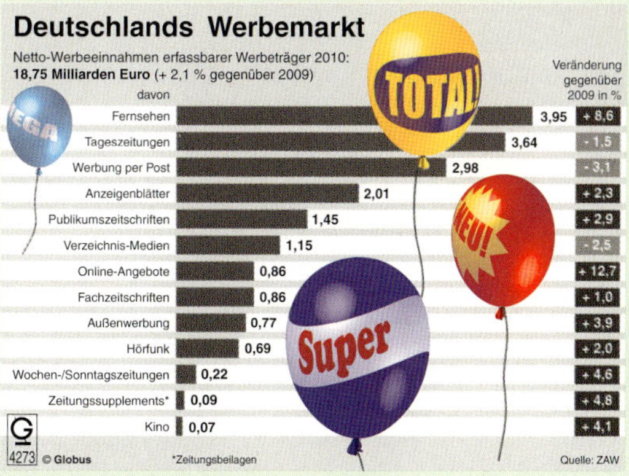

„Warum“, fragt er sich, *„wird so viel Geld für Werbung ausgegeben? Lohnt sich das auch für die Unternehmen?“*

ARBEITSAUFTRÄGE

- Bilden Sie in Ihrer Klasse Arbeitsgruppen. Ihre Aufgabe ist es, betriebliche Ziele der Werbung zu sammeln. Erfassen Sie die Gründe stichwortartig auf einem Plakat und besprechen Sie Ihre Arbeitsergebnisse in der Klasse.
- Wählen Sie in Arbeitsgruppen einige Werbeanzeigen aus einer Zeitschrift aus. Finden Sie heraus, welche Gemeinsamkeiten es bei der Gestaltung der verschiedenen Werbeanzeigen gibt.

Werbung ist ein wichtiges **Marketinginstrument** des Einzelhändlers. Neben den Maßnahmen der Verkaufsförderung (vgl. Seite 469) und der Öffentlichkeitsarbeit (vgl. Seite 470) gehört sie zur Kommunikationspolitik eines Einzelhandelsunternehmens. Durch die Werbung macht der Einzelhändler auf sein Geschäft und seine Leistungen (Waren und Dienstleistungen) aufmerksam.

Diese Gründe sind sehr allgemein gehalten und beziehen sich auf Werbung in der gesamten Wirtschaft. Der Einzelhandel spielt dabei aber eine entscheidende Rolle, weil über ihn der Kontakt zum Kunden abgewickelt wird. Werbung ist ein bedeutsamer **Wirtschaftsfaktor**. Bei der Herstellung von Werbeprodukten (Prospekte, Plakate usw.), der Verbreitung von Werbung über Medien (Zeitungen, TV usw.) und der Entwicklung von Werbestrategien sind Menschen in vielen Unternehmen beteiligt und haben dort ihre Arbeitsplätze. Werbung verursacht bei den Werbetreibenden **Kosten**. Anzeigen, Prospekte, Plakate, TV-Spots müssen entwickelt, produziert und somit auch bezahlt werden.

● Ziele der Werbung im Einzelhandel

Wenn ein Einzelhändler Werbung betreibt, dann verfolgt er damit ganz bestimmte Ziele. Zur Erreichung dieser Ziele muss er bestimmte Mittel einsetzen, die mit Kosten verbunden sind. Wenn er sich über seine Werbeziele nicht im Klaren ist, so kann er nicht überprüfen, ob seine Werbemaßnahmen erfolgreich waren. Je nach verfolgtem Ziel wird er unterschiedliche Werbeentscheidungen treffen.

Absatz- und Umsatzsteigerung: Durch Werbung sollen neue Kunden angesprochen und bereits vorhandene Kunden, z. B. Stammkunden, sollen gehalten und zu Mehrkäufen veranlasst werden (Kundenbindung). Hierdurch können Umsatz (Verkaufswert in EUR) bzw. der Absatz (Verkaufsmenge) gesteigert werden.

Beispiele
- Der Mars Elektrofachmarkt e. K. wirbt mit großflächigen Anzeigen in der regionalen Presse. Hier werden Abbildungen von Waren mit kurzen Erklärungen zu den technischen Einzelheiten und ihren Verkaufspreisen angekündigt.
- Die Center Warenhaus GmbH lässt in den Haushalten ihres Einzugsgebietes wöchentlich Postwurfsendungen verteilen. Hierin wird auf Sonderangebote und neue Waren hingewiesen.
- Die Lebensmitteldiscount Schlegel KG hat an vielen publikumsreichen Stellen in der Stadt großflächige Plakatwände angemietet. Hierauf werden Aktionswochen und spezielle Waren angepriesen.

Kundeninformation: Die Kunden werden über das Sortiment des Einzelhändlers informiert, Sonderangebote und besondere Verkaufsveranstaltungen werden angekündigt.

Beispiel Die Center Warenhaus GmbH wirbt mit dem Slogan „Von A bis Z – Alles unter einem Dach“. Damit will sie ihren Kunden mitteilen, dass sie über ein breites Sortiment verfügt und der Kunde bequem in einem Hause seinen gesamten Bedarf decken kann.

Produkteinführung (Einführungswerbung): Den Kunden werden neue Produkte und Dienstleistungen vorgestellt. Erst wenn die Kunden über die Verwendungszwecke und den Gebrauch neuer Produkte informiert werden, sind sie bereit, die Artikel zu kaufen.

Beispiele
- Die Lebensmitteldiscount Schlegel KG wirbt: „China Suppen – jetzt neu, einfach und schnell zubereitet, jetzt zum Einführungspreis".
- Der Mars Elektrofachmarkt e. K. hat einen neuen MP3-Player in sein Sortiment aufgenommen und möchte seine Kunden über die Vorzüge des Gerätes informieren.

Die Werbeziele sollten so formuliert werden, dass sie konkret und messbar werden, damit überprüft werden kann, ob sie erreicht wurden. Messbare Ziele sind insbesondere Umsatzerhöhung, Erhöhung der Kundenanzahl, Steigerung des Gewinns.

Beispiele
- Die Lebensmitteldiscount Schlegel KG bewirbt: „China-Suppen" (s. o.). Ihr Werbeziel ist, dass nach der Produkteinführung innerhalb von 4 Wochen 4.000 Packungen zu 1,98 EUR verkauft werden. Das Umsatzziel ist somit 7.920,00 EUR.
- Der Mars Elektrofachmarkt e. K. möchte von seinem neuen MP3-Player (s. o.) in den nächsten zwei Wochen 600 Stück verkaufen (Absatzziel).

Gegenstand der Werbung

Die Werbung eines Einzelhändlers kann sich auf ein einzelnes Produkt, ein Teilsortiment, sein gesamtes Sortiment oder auf sein Unternehmen beziehen.

Produktwerbung: Bei Werbemaßnahmen kann der Einzelhändler einzelne Artikel seines Geschäftes herausstellen, für die häufig von den Herstellern Werbung betrieben wurde. Hier nutzt der Einzelhändler die Werbeaktivitäten seiner Zulieferer, um den Kunden sein Geschäft zu empfehlen.

Beispiele
- Die Center Warenhaus GmbH wirbt in einer Anzeige: „Das neue Waschpulver PROSAN-HD mit der Tiefenwirkung, jetzt bei uns im Sonderangebot!"
- Der Mars Elektrofachmarkt e. K. wirbt auf einem Plakat: „Die neue Sany Pocket-Digitalkamera, mit 5 Mio. Pixel, so groß wie ein 5-Euro-Schein!"
- Die Lebensmitteldiscount Schlegel KG wirbt in einer Postwurfsendung: „Schlegel-Eiscreme – Jetzt in der preiswerten Familienpackung!"

Sortimentswerbung: Wenn kein einzelnes Produkt, sondern ein Teil oder das gesamte Sortiment eines Einzelhändlers Gegenstand der Werbung ist, dann spricht man von Sortimentswerbung. Die Kunden werden über Breite, Tiefe und Niveau des Sortiments informiert.

Beispiele
- Die Center Warenhaus GmbH im EKZ wirbt auf einem Prospekt: „Bei uns können Sie die ganze Familie einkleiden. Wir haben Sonderabteilungen für Übergrößen, Sportbekleidung und peppige Jugendkleidung!"
- Der Mars Elektrofachmarkt e. K. wirbt in einer Zeitungsanzeige: „Unsere Auswahl an Digitalkameras wird Sie beeindrucken, wir haben alles – für den Hobbyfotograf ebenso wie für den Profi!"

Firmenwerbung: Häufig wirbt der Einzelhändler aber nicht mit seinem Warenangebot allein, er stellt vor allem seine sonstigen Leistungen heraus, um die Kunden über sein Geschäft zu informieren. Dies ist insbesondere dann der Fall, wenn im näheren Umkreis des Standortes Konkurrenz mit gleichartigem Sortiment vorhanden ist, z. B. in Ballungszentren. Hier muss sich der Einzelhändler von seinen Mitbewerbern abheben.

Beispiel Die Lebensmitteldiscount Schlegel KG wirbt in allen Anzeigen mit der Aussage „Unser Unternehmen bürgt für Preiswürdigkeit und gleichbleibende Qualität der Waren."

Grundsätze der Werbung

Wahrheit: In erster Linie soll die Werbung der sachlichen Information der Kunden dienen. Zwar wird mit einer Werbebotschaft häufig versucht, bestimmte Assoziationen beim Kunden zu erwecken oder eine Scheinwelt mit Sachinhalten zu vermischen, um ihn zu einem Kauf zu bewegen. Jedoch darf die Werbung keine Unwahrheiten beinhalten (vgl. Seite 489 ff.).

Beispiele
- In einer Zigarettenwerbung wird behauptet: „Merlbarum – Der Geschmack von Freiheit und Abenteuer!" Hier wird dem Käufer zwar eine Scheinwelt vorgespielt, jedoch keine Unwahrheit behauptet.
- Ein Möbelfachhändler wirbt: „Alle unsere Stühle sind von der Stiftung Warentest mit ‚sehr gut' bewertet worden", obwohl nie ein Test durchgeführt wurde. Hier liegt ein grober Verstoß gegen das Gebot der Wahrheit in der Werbung vor.

Klarheit: Der Werbezweck ist eindeutig und unmissverständlich anzustreben. Der Kunde soll eindeutig über die Vorzüge eines Produktes informiert werden.

Beispiel Die Center Warenhaus GmbH nimmt in der Vorweihnachtszeit Modelleisenbahnen in ihr Sortiment auf. Es soll die Produktlinie „Mini-Trax" durch besondere Preiswürdigkeit herausgestellt werden. In einer Anzeige der Tageszeitung wird aufgrund eines Fehlers aber nur ausgesagt: „Wir bieten Ihnen ein interessantes Angebot von Spielzeug aller Art!" Diese Aussage ist für den Kunden unklar und wird ihr beabsichtigtes Ziel nicht erreichen.

Wirksamkeit: Die Art und Weise der Werbung muss den Werbezweck unterstützen und den Marketingzielen dienen, sie muss also wirksam sein.

Beispiel „Der Käseladen Wolfgang Wilke" im EKZ Rheinpark möchte für ein Sonderangebot für Weichkäse werben. In der Zeitungsanzeige wird die Anschrift des Käseladens vergessen. Die Werbemaßnahme ist unwirksam.

Wirtschaftlichkeit: Die finanziellen Aufwendungen für die Werbemaßnahmen müssen in einem angemessenen Verhältnis zu ihrem möglichen Erfolg stehen.

Beispiel Die Center Warenhaus GmbH möchte eine neue Abteilung für Gartenmöbel einrichten und plant für das erste Jahr einen Umsatz von 1,2 Mio. EUR. Eine Werbeagentur gibt für eine Werbekampagne ein Angebot in Höhe von 500.000,00 EUR ab. Die Geschäftsleitung lehnt daraufhin das Angebot wegen Unwirtschaftlichkeit ab.

Stetigkeit (Werbebeständigkeit), Einheitlichkeit, Einprägsamkeit: Ein Einzelhändler sollte in seiner Werbung stets einen einheitlichen Stil verfolgen. Damit sichert er sich bei seinen Kunden einen **Wiedererkennungseffekt**. Oft werden hierzu bestimmte Symbole, Farben, Figuren, Logos, Slogans usw. verwendet. Ferner erhöhen regelmäßige **Wiederholungen** der Werbebotschaft den Erfolg der Werbemaßnahme, indem sie dem Umworbenen besonders gut in Erinnerung bleiben.

Beispiel Die Lebensmitteldiscount Schlegel KG wirbt jeden Mittwoch in den Tageszeitungen mit einer ganzseitigen, stets gleich aufgemachten Anzeige für ihre Wochenangebote. Alle Sonderangebote werden besonders herausgestellt mit dem Slogan: „Schlegel KG informiert ...! Preise, über die Sie nur lachen können!"

Gestaltung der Werbung

Bei der Gestaltung von Werbemaßnahmen hat sich die **AIDA-Formel** bewährt. Danach sind Werbebotschaften so zu gestalten, dass sie beim Kunden zu **Kaufhandlungen** führen.

Attention	Aufmerksamkeit erzeugen (Blickfang, Schlagzeile, Farbe)
Interest	Interesse an Ware wecken
Desire	Drang, Wunsch auslösen, den Artikel zu besitzen
Action	Aktion, Kaufhandlung

Beispiele
- **A**ttention, Aufmerksamkeit erzeugen: Auf einem Plakat des Mars Elektrofachmarktes e. K. wird als Blickfang ein riesengroßer goldener Fußball gezeigt, auf dem in schwarzer Schrift steht: „Live dabei ... mit unseren neuen Digital-TVs".
- **I**nterest, Interesse wecken: Unter dem Fußball wird eine fröhliche Männerrunde gezeigt, die sich gemeinsam an einem Fernseher ein Fußballspiel ansieht.
- **D**esire, Drang, Wunsch auslösen: Der Betrachter verspürt den Wunsch, mit einem neuen Digital-Fernseher ebenfalls gemütlich mit Freunden ein Fußballspiel zu betrachten.
- **A**ction, Aktion, Kaufhandlung: Der Kunde ist nun bereit, ggf. einen Fernseher zu kaufen.

Diese Gestaltungsgrundsätze gelten grundsätzlich für alle Werbemaßnahmen im Einzelhandel. Bei der Gestaltung von Werbung sind jedoch gesetzliche Vorschriften und Verhaltensregeln zu beachten (vgl. Seite 489 ff.).

Arten der Werbung

Nach der **Zahl der Werbetreibenden** kann unterschieden werden in:

- **Einzelwerbung (Alleinwerbung):** Werbung eines Einzelhändlers für sein Sortiment und sein Unternehmen.

  Beispiel Siehe nebenstehende Abbildung.

- **Sammelwerbung, Verbundwerbung:** Mehrere Einzelhandelsunternehmen unterschiedlicher Branchen werben gemeinsam mit Angabe ihrer Firmen.

  Beispiel Alle Einzelhändler im EKZ Rheinpark Köln werben gemeinsam für das Zentrum.

- **Gemeinschaftswerbung:** Mehrere Einzelhandelsunternehmen derselben Branche werben gemeinsam für ihre Belange.

  Beispiel Alle Fotofachgeschäfte einer Stadt werben gemeinsam für neue Messeprodukte.

Nach der **Zahl der Umworbenen** kann unterschieden werden in:

- **Einzel(um)werbung:** Ein Kunde wird direkt und persönlich angesprochen (= **Direktwerbung**).

  Beispiel Persönliche Werbung

- **Massen(um)werbung:** Alle Kunden werden zugleich angesprochen.

  Beispiele Prospekte, Zeitungsinserate, Fernsehwerbung

PRAXISTIPP Werbung verursacht hohe Kosten.

☞ Überprüfen Sie, ob es möglich ist, sich mit anderen Einzelhändlern zu gemeinsamen Werbemaßnahmen zusammenzuschließen.

☞ Überlegen Sie, inwieweit Ihr Unternehmen vom positiven Image Ihrer Partner (z. B. Lieferer) profitieren kann.

Ziele, Grundsätze, Arten und Gestaltung der Werbung unterscheiden

- **Ziele:** Absatz- und Umsatzsteigerung, Gewinnung neuer Kunden, Bindung von Kunden, Kundeninformation, Produkteinführung
- **Grundsätze:** Wahrheit, Klarheit, Wirksamkeit, Wirtschaftlichkeit, Stetigkeit, Einheitlichkeit, Einprägsamkeit
- **Gegenstand:** Einzelne Waren(-gruppen), Sortiment, Unternehmen
- **Gestaltung:** AIDA-Formel (Aufmerksamkeit, Interesse, Drang (Wunsch), Aktion)
- **Arten:** Einzelwerbung, Sammelwerbung (Verbundwerbung), Gemeinschaftswerbung, Einzel(um)werbung, Massen(um)werbung

1. Der Inhaber eines Elektrokaufhauses, Herr Schneider, sagt bei einer Abteilungsleiterbesprechung: „Wir müssen mal wieder intensiv Werbung betreiben." Sein Sohn, der Juniorchef, meint hingegen: „Wozu? Unser Geschäft läuft doch gut, warum sollen wir noch Geld für Werbung ausgeben?"
a) Nehmen Sie Stellung zu beiden Aussagen.
b) Erläutern Sie, welche Ziele ein Einzelhändler mit Werbung verfolgen kann.

2. Erläutern Sie an selbst gewählten Beispielen die Grundsätze der Werbung.

3. Erläutern Sie, weshalb Werbung als bedeutsamer Wirtschaftsfaktor bezeichnet werden kann.

4. Betrachten Sie die Werbung Ihres Ausbildungsbetriebes oder eines Einzelhandelsbetriebes Ihrer Wahl. Untersuchen Sie, mit welchen Mitteln hier Umsatzsteigerung, Neukundengewinnung, Kundenbindung, Kundeninformation oder Produktinformation erreicht werden soll.

5. Vergleichen Sie in Arbeitsgruppen drei Werbeanzeigen Ihrer Wahl und prüfen Sie, wie die AIDA-Formel angewendet wurde.

6. Entwerfen Sie für ein Produkt Ihrer Wahl eine Werbeanzeige für eine Tageszeitung. Gehen Sie bei der Gestaltung nach der AIDA-Formel vor. Bilden Sie in Ihrer Klasse hierzu Gruppen von jeweils drei Schülern. Vergleichen Sie anschließend Ihre Ergebnisse hinsichtlich folgender Kriterien: Werbeziel, Einhaltung der Grundsätze der Werbung und Kosten der Werbung.

7. Geben Sie aus Ihrer persönlichen Erfahrung Beispiele an für:
a) Einzelwerbung
b) Sammelwerbung
c) Gemeinschaftswerbung
d) Einzelumwerbung
e) Massenumwerbung

8. Welchen Anspruch müssen Sie hinsichtlich der Werbewirksamkeit an einen Slogan stellen?
1. Er muss einprägsam sein.
2. Er muss witzig sein.
3. Er darf sich nur auf ein einzelnes Geschäft beziehen.
4. Er muss in Versform sein.
5. Er muss aus einem vollständigen Satz bestehen.

9. Erläutern Sie, welche Arten der Werbung in Ihrem Ausbildungsbetrieb gemacht werden.

1.2 Werbemittel und Werbeträger einsetzen

Sabine tuschelt mit Kerstin über einen Azubi aus dem Sportfachgeschäft des EKZ Rheinpark. *„Der Ingo ist ja recht nett, aber wie der angezogen ist. – Wie eine Litfaßsäule läuft der herum, der ist ja ein lebendiger Werbeträger!“* Kerstin antwortet: *„Ja, genau! Seine Schuhe sind von Neki, seine Hose von Adabas und sein T-Shirt von Pamu.“* Sabine ergänzt: *„Seine Mütze hat eine Aufschrift von einer Firma, die ich gar nicht kenne, und dann hat er immer seinen Schlüssel um den Hals, mit einem schrillen Umhänger von Walkers. Jetzt fehlt nur noch, dass er sich seine Arme mit Werbung tätowieren lässt!“* Mehmet bekommt nur noch den letzten Teil des Gespräches mit, er mischt sich aber sofort ein: *„Ich würde das auch so machen wie Ingo. Der bekommt sein Outfit doch von den Lieferern seines Geschäftes gestellt, so spart er sich jede Menge Geld, ich weiß das genau, denn er ist Stammkunde in unserer Musikabteilung, da kauft er regelmäßig die neuesten Scheiben. Außerdem ist doch gegen einen lebendigen Werbeträger gar nichts zu sagen. Das machen doch alle Sportler. Selbst die Trainer haben doch bei allen Fernsehinterviews Werbeaufschriften auf ihren Jacken und sogar am Hemdkragen. Außerdem müsst ihr beiden ganz ruhig sein. Schaut mal auf eure eigenen Sachen. Was lese ich da auf Kerstins Jeans? – Ja richtig! ‚Vogue‘ steht da ganz groß drauf und Sabine hat ein T-Shirt von ‚Lorell‘.“*

ARBEITSAUFTRÄGE

- Beurteilen Sie die Argumente von Sabine, Kerstin und Mehmet.
  Führen Sie in Ihrer Klasse folgendes Verfahren durch: Jeder schreibt auf ein Blatt ein Werbemedium, z. B. Plakat. Dieses Blatt wird an den Banknachbarn weitergereicht, der ein weiteres Medium darauf schreibt (bitte keine Wiederholungen). Anschließend haben Sie eine große Sammlung von Werbemedien. Im nächsten Schritt werden diese Medien gemeinsam daraufhin untersucht, inwiefern sie im Einzelhandel (speziell in Ihrem Ausbildungsbetrieb) Bedeutung haben. So erhalten Sie in kurzer Zeit in Ihrer Klasse eine Übersicht von Werbemedien für den Einzelhandel.
- Werbebotschaften finden wir in allen Bereichen des Lebens. Wir können uns ihnen gar nicht mehr entziehen. Jede Werbung braucht ein Medium, das die Werbebotschaft trägt (Werbeträger).
  Ordnen Sie anschließend den Werbemedien (Werbeträgern) geeignete Werbemittel zu.

Dem Einzelhändler steht eine Vielzahl von Werbemöglichkeiten zur Verfügung. Er muss sie meist kombiniert einsetzen, um den gewünschten Erfolg zu erzielen. Vielfach bedient er sich der Hilfe von **Werbeberatern** bzw. **Werbeagenturen**. Sie beraten ihn über Auswahl, Gestaltung, Platzierung, Zeitpunkt, Wiederholungshäufigkeit und Kosten der Werbemittel und Werbeträger. Werbemittel und Werbeträger sind eng miteinander verknüpft.

Werbemittel

Wenn ein Einzelhändler Werbung betreiben möchte, so stellt sich ihm zunächst die Frage, womit er werben soll. Hierzu steht ihm eine Fülle von Werbemitteln zur Verfügung.

Beispiele Anzeigen in der Zeitung, Plakate, Prospekte, Schaufenster

Werbemittel sollen eine Werbebotschaft an die Kunden herantragen, deshalb sind sie verkaufswirksam zu gestalten. Zunächst wird also das Werbemittel ausgewählt und bestimmt, anschließend wird über seine Gestaltung entschieden.

Werbemittel	Gestaltungsmöglichkeiten (Auswahl)
Anzeige	Texte (Sprache, Stil), Schriftart und -farbe, Fotos, Grafiken, Logos, Hintergrundfarben, Format (ganzseitig, halbseitig)
TV- und Kino-Spot	Hintergrundmusik, Jingle, gesprochene Texte (Sprache, Stil, Lautstärke usw.), Länge des Spots, Besetzung mit Schauspielern bzw. Models
Prospekte	Texte (Sprache, Stil), Schriftart und -farbe, Fotos, Grafiken, Logos, Farben, Format, Umfang (einseitig, mehrseitig)
Plakat	Größe, Texte (Sprache, Stil), Schriftart und -farbe, Fotos, Grafiken, Logos, Hintergrundfarben, Format
Schaufenster	Größe, Motive, Anordnung der Waren, Beleuchtung, Dekoration
Werbebrief	Sprache, Stil, Schriftart und -farbe, Ansprache des Kunden (namentlich, allgemein), Anlagen zum Brief
Internetseite	Texte (Sprache, Stil), Schriftart und -farbe, Rahmen (Frames), Fotos, Grafiken, Navigationshilfen (Buttons, Schaltflächen), Logos, Hintergrundfarben, Format, Interaktionen
E-Mail	Sprache, Stil, Schriftart und -farbe, Ansprache des Kunden (namentlich, allgemein), Anlagen
Newsletter	Erscheinungsweise (regelmäßig, unregelmäßig nach Bedarf), Ansprache des Kunden (namentlich, allgemein), Anlagen

○ Plakat

Plakate auf Plakatwänden oder Litfaßsäulen sind beliebte Werbemittel im Einzelhandel. Hier können sowohl einzelne Artikel als auch Sortimentsbereiche oder das gesamte Unternehmen beworben werden.

○ Schaufenster

Das Schaufenster (vgl. Seite 393 ff.) soll die Aufmerksamkeit des Kunden auf sich ziehen, Kaufwünsche wecken und den Kunden veranlassen, das Geschäft zu betreten. Es ist für einen Einzelhändler daher sehr wichtig, sein Schaufenster sorgfältig mit ausgesuchten Waren zu dekorieren.

Schaufenster können durch ihre bauliche Gestaltung unterschiedlich angelegt sein. Man unterscheidet offene und geschlossene Schaufenster:

Offene Schaufenster: Sie haben keine Rückwand und ermöglichen dem Kunden einen Blick durch das Schaufenster in den Verkaufsraum. Durch einen fließenden Übergang der Warenpräsentation im Schaufenster zur Warenpräsentation im Verkaufsraum ist eine erhöhte Wirkung des Schaufensters möglich. Der Durchblick in den Verkaufsraum macht einen möglichen Kunden neugierig, die „Schwellenangst“ zum Betreten des Geschäfts wird herabgesetzt.

Geschlossene Schaufenster: Sie sind mit einer Rückwand versehen. Es ist dem Kunden nicht möglich, Einblick in den Verkaufsraum zu nehmen.

Die Art der Ware bestimmt in erster Linie die Gestaltung von Schaufenstern. Nach der Art der Schaufensterauslagen lassen sich verschiedene **Schaufensterarten** (vgl. Seite 393 ff.) unterscheiden:

- **Übersichtsfenster (Sortimentsfenster):** Es stellt das gesamte Sortiment des Einzelhandelsbetriebes vor (vgl. Seite 393 f.).

- **Stapelfenster:** Es werden größere Warenmengen gezeigt, um den Eindruck von Preiswürdigkeit zu erzeugen. Geeignet ist es für Waren, die sich leicht stapeln lassen (Flaschen, Konserven, Pullover, Hemden, Bettwäsche, Kosmetika, vgl. Seite 393 f.).

- **Ideenfenster (Anlass-, Themenfenster):** Sie zeigen nur wenige Artikel aus dem Sortiment, die nach Verwendungsbereichen oder Verwendungsanlässen dekorativ zusammengestellt werden (vgl. Seite 393 f.).

Beispiele Bademoden am Strand, Karnevalskostüme in einem mit Luftschlangen und anderen Materialien dekorierten Schaufenster, Silvesterparty

- **Plakatfenster:** Einzelstücke oder eine kleine Warengruppe werden zusammen mit Werbeplakaten, die oft von Herstellern zur Verfügung gestellt werden, dargeboten (vgl. Seite 393 f.).

○ Werbebrief

Werbebriefe dienen der **persönlichen Ansprache** eines ausgewählten Kundenkreises. Sie sind so zu gestalten, dass sie Aufmerksamkeit und Interesse wecken (vgl. AIDA-Formel, Seite 452 f.). Sprachlich müssen sie auf die Zielgruppe abgestimmt sein. Es gibt Werbebriefe, die sich lediglich an wenige spezielle Kunden richten, und Werbebriefe, die als Massendrucksache verschickt werden.

○ Internetseite, E-Mail und Newsletter

Das Internet bietet verschiedene Werbemittel für den Einzelhändler. Zunächst ist die **Website** (die Homepage ist die Startseite einer Website) des Unternehmens zu nennen. Auf der Startseite informiert sie den Kunden meist über das Sortiment des Einzelhändlers, Sonderaktionen und Sonderangebote, besondere Serviceleistungen, Anfahrtswege und Parkmöglichkeiten. **E-Mails** sind spezielle Werbebriefe, die an Kunden kostengünstig verschickt werden können. Allerdings dürfen Werbe-E-Mails nur mit Zustimmung des Empfängers verschickt werden. Ein **Newsletter** ist eine spezielle E-Mail, die Kunden nach Anforderung (Abonnement) zugestellt wird. Zunehmend vermieten **Suchmaschinen** Platz auf ihren Seiten, um gezielt zu bestimmten Suchstichworten Werbung zu platzieren.

● Werbeträger

Werbeträger sind die Medien, über die Werbebotschaften an die umworbenen Kunden herangetragen werden.

Werbeträger sind die Medien für die Werbebotschaften!

Beispiele Zeitschriften, Funk, Fernsehen, Internet, Litfaßsäulen

Bei einer Entscheidung für einen Werbeträger geht es zunächst um die Bestimmung des Werbeträgers, also entweder **Printmedium** (z. B. Zeitung, Plakat) oder **elektronische Medien** (z. B. Fernsehen). Anschließend wird geklärt, welcher konkrete Werbeträger gewählt wird (z. B. welche Zeitung, welcher Fernsehsender). Die Entscheidung hängt insbesondere davon ab, welche Kosten entstehen und mit welchem Erfolg die umworbenen Kunden (Zielgruppe) angesprochen werden können.

Zur **Mediennutzung** haben zahlreiche Studien zu verschiedenen Zielgruppen (Jugendliche, Senioren, Familien, Sportler usw.) Ergebnisse geliefert. Wenn ein Werbetreibender also weiß, welcher Kunde wie oft welche Medien nutzt, so kann er entsprechende Auswahlentscheidungen treffen.

Beispiele

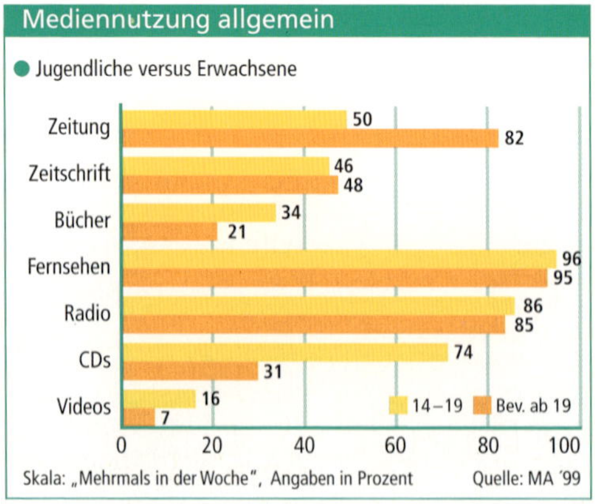

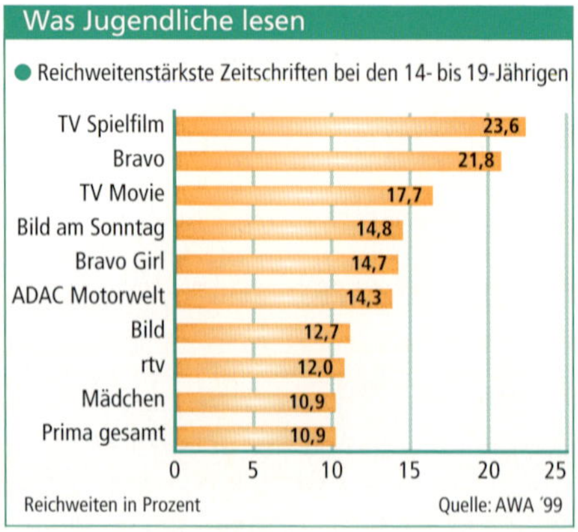

○ Zeitungen, Zeitschriften

Zeitungen und Zeitschriften gehören zu den häufigsten Werbeträgern. Kaum eine Zeitung kommt ohne Werbung aus. Einzelhändler sind daher stets daran interessiert, die Zielgruppen, die Auflagenhöhe und die regionale Verbreitung einzelner Zeitungen zu erfahren. Zeitungen und Zeitschriften haben immer eine bestimmte Zielgruppe.

Beispiel Fachzeitschriften wenden sich an eine Interessengruppe, Tageszeitungen an die ganze Familie usw.

Mit der Angabe von Auflagenhöhe und Zielgruppen informieren die Verlage von Zeitungen und Zeitschriften über ihre **Mediadaten**.

Eine besondere Art von Zeitungen sind regional erscheinende **Vereins-, Jubiläums- oder Schülerzeitungen**. Hier sind zahlreiche Einzelhändler mit ihren Anzeigen zu finden, da sie kostengünstig eine spezielle Zielgruppe ansprechen können.

Beispiel Die Center Warenhaus GmbH schaltet regelmäßig Anzeigen in den Vereinszeitschriften der regionalen Sportvereine und bewirbt dabei seine Sportabteilung (Bekleidung und Sportgeräte).

Anzeigenblätter sind regional erscheinende Druckerzeugnisse (Printmedien), die keinen oder nur geringen redaktionellen Teil haben. Sie werden von Einzelhandelsunternehmen wegen ihrer Preiswürdigkeit gerne als Werbeträger genutzt.

Vielfach werden Zeitungen, Zeitschriften und Anzeigenblätter auch mit **Beilagen** versehen, die ausführlich über Sortimente und Sonderaktionen von Einzelhändlern informieren.

Oft finden sich auch **Kundenzeitungen** als Werbeträger. Kundenzeitungen werden von Einzelhändlern häufig zur Kundenbindung und zur Gewinnung von Neukunden eingesetzt. Elektronische Kundenzeitungen finden sich zunehmend im Internet. Sie sind eng verwandt mit den Newslettern (vgl. Seite 456).

○ Fernsehen, Rundfunk

Diese Werbeträger sind wegen der erheblichen Kosten nur für überregional tätige Einzelhandelsunternehmen sinnvoll. Allenfalls sind Radio-Spots für Einzelhändler interessant, wenn sogenannte Regional- oder Lokalsender sie ausstrahlen.

Beispiel Ein Zehn-Sekunden-Werbespot im Fernsehen kostet je nach Sender und Sendezeit bis zu 20.000,00 EUR.

Insbesondere bei **Markenartikeln** werden diese Medien von den Herstellern gerne genutzt. Der Einzelhandel profitiert davon, indem die beworbenen Produkte letztlich bei ihm gekauft werden. Je nach Zielgruppe ist das Medium Fernsehen ein wichtiger Werbeträger.

Beispiel

Das Urteil der Schüler: Tops und Flops bei Werbeformen

Die 10 beliebtesten Werbeformen		Die 10 nervigsten Werbeformen	
Plakate an Haltestellen	73	Werbung im Fernsehen	76
Promotion-Teams	72	Radiospots	64
Litfaßsäulen	70	Werbebeilagen in Zeitschriften	57
Großflächenplakate	68	Direkt-Mailing	54
Werbung auf Verkehrsmitteln	66	Kinowerbung	46
Werbung am PoS	57	Werbung im Internet	44
Anzeigen in Zeitungen und Zeitschriften	55	Anzeigen in Zeitungen und Zeitschriften	42
Kinowerbung	52	Werbung bei Veranstaltungen	40
Event-Sponsoring	52	Flyer, Flugzettel	39
Gratispostkarten	49	Sponsoring von Fernsehsendungen	38

n = 311 Schüler 15 bis 24 Jahre, Angaben in Prozent.

Quelle: Media & Marketing 3/2001, S. 91

○ Kino

Die Kinowerbung ist für Einzelhändler interessant, weil sie zielgruppenorientiert und regional eingesetzt werden kann. So können speziell Besucher von Kinder-, von Jugend- oder Erwachsenen-Filmen angesprochen werden.

○ Plakatwände, Litfaßsäulen, Außenwerbung

Fast jedes Stadtbild ist geprägt von zahlreichen Plakatwänden und Litfaßsäulen, deren Flächen für Werbezwecke angemietet werden können. Außenwerbung findet sich häufig in Form von Neon-Beleuchtungen oder Logos, die an Gebäuden angebracht sind.

○ Weitere Werbeträger

Fast alle Medien und Gegenstände lassen sich als Werbeträger einsetzen. Meist werden auch **Verpackungen** (vgl. Seite 475 ff.) als Werbeträger genutzt. Speziell Textilien und Schuhe sind häufig als Markenartikel mit Logos oder Namenszügen versehen, sodass also selbst die vom Kunden gekauften **Waren als Werbeträger** dienen.

Beispiele Werbegeschenke, Taxis, Busse, Straßenbahnen, Bandenwerbung in Sportarenen, Trikotwerbung bei Sportlern

Bedeutung von Werbeträgern und Werbemitteln bei Kunden

Für den werbetreibenden Einzelhändler ist bei der Auswahl von Werbemitteln und Werbeträgern zu beachten, welche Akzeptanz diese Medien bei ihren Kunden haben. Akzeptanz bedeutet hierbei die Bereitschaft von Kunden, bestimmte Werbeformen bewusst wahrzunehmen. Allerdings sind unbewusste Wahrnehmungen ebenfalls werbewirksam.

PRAXISTIPP

- Werbung wirkt nur, wenn sie auf die jeweilige Zielgruppe ausgerichtet ist.
- Werbung muss eine klare Botschaft haben.
- Werbung muss die Sinne ansprechen.

Werbemittel und Werbeträger einsetzen

- **Werbemittel** sind die Form der Werbung bzw. der Werbebotschaft (Anzeigen, Plakate, TV-, Kino-, Radiospot, Prospekte, Werbebrief, Internetseiten, E-Mail, Newsletter, Schaufenster).
- **Werbeträger** sind die Medien der Werbung bzw. der Werbebotschaft (Zeitungen, Zeitschriften, Anzeigenblätter, Kundenzeitungen, Beilagen in Zeitungen, Fernsehen, Rundfunk, Kino-Plakatwände, Litfaßsäulen, Außenwerbung, Werbegeschenke, Verpackungen, Internet).
- **Weitere Werbeträger:** Verpackungen, Produkte mit Logos oder Namenszügen.
- Die **Mediennutzung** der Kunden ist maßgebend für die Wahl der Werbeträger.

1. a) Erstellen Sie eine Übersicht über die Werbemittel und Werbeträger, die in Ihrem Ausbildungsbetrieb regelmäßig eingesetzt werden.
b) Vergleichen Sie in Gruppen jeweils zwei ausgewählte Werbemittel miteinander und stellen Sie jeweils Vor- und Nachteile gegenüber.

2. In Ihrem Ausbildungsbetrieb soll ein neues Produkt (wählen Sie sich eines aus) eingeführt und mit einem Werbebrief allen Stammkunden exklusiv vorgestellt werden. Verfassen Sie diesen Werbebrief.

3. Entwerfen Sie in Gruppen zu jeweils 4 Schülern ein Werbeplakat für Ihren Ausbildungsbetrieb (bzw. für ein Einzelhandelsunternehmen Ihrer Wahl). Ziel der Maßnahme soll die Gewinnung neuer Kunden sein. Nutzen Sie dabei Hilfsmittel nach Wahl, z. B. Textverarbeitungsprogramm, Fotos, Abbildungen, Klebestifte, Farben usw. Entscheidend ist nicht ein „professionelles" Ergebnis, sondern Ihre Ideen und Ihr Konzept. Bilden Sie in Ihrer Klasse eine Jury, die begründen soll, welches Plakat das Werbeziel am besten erreichen könnte.

4. Versetzen Sie sich in die Rolle eines „Anzeigenverkäufers" Ihrer Lieblingszeitschrift. Erstellen Sie nun eine Liste von Argumenten, die den Preis einer Werbeseite in Ihrer Zeitung begründen sollen. Denken Sie dabei an die Auflagenhöhe, die Zielgruppe der Leser usw.

5. Führen Sie eine Internetrecherche durch. Rufen Sie die Webseiten aller Ausbildungsbetriebe in Ihrer Klasse auf und finden Sie Gemeinsamkeiten und Unterschiede bezüglich Aufmachung, Navigation, Ansprache der Leser usw. heraus.

1.3 Einen Werbeplan erstellen, den Werbeetat und den Werbeerfolg ermitteln

Sabine Freund, Kerstin Dahm und Mehmet Aydin sitzen wieder einmal zusammen. Sie besprechen eine Mitteilung des Center-Managements, die ihnen durch ihre jeweiligen Geschäftsleitungen übermittelt wurde.

EKZ
RHEINPARK
KÖLN

Wir, das Center-Management des EKZ Rheinpark, haben beschlossen, einen **Wettbewerb** für die Auszubildenden der Berufsbilder Verkäufer/Kaufleute im Einzelhandel aller im EKZ vorhandenen Betriebe durchzuführen.

„Azubis werben für das EKZ!"

Bilden Sie Teams, die gemeinsam ein Werbekonzept für unser EKZ erstellen! Es steht Ihnen ein Werbebudget von 5.000,00 EUR zur Verfügung.

Der erste Preis ist eine viertägige Reise für das Team nach New York, sie wird von unserem Reisebüro gesponsert.

Einzelheiten sind im Büro des Center-Managements zu erfahren. Dort liegen für Sie die kompletten Ausschreibungsunterlagen bereit.

„Was haltet ihr davon?", fragt Sabine, *„ich fände es toll, mitzumachen."* Mehmet ruft sofort: *„Wir machen da nicht nur mit, sondern wir holen uns den ersten Preis! Ich war noch niemals in New York, da will ich unbedingt hin!"* Kerstin beschwichtigt ihn: *„Klar, ich will auch nach New York, aber wie schaffen wir den ersten Preis? Die anderen Azubis im EKZ werden doch auch darum kämpfen."*

Sie diskutieren noch eine ganze Weile, schließlich gehen sie ins Büro des Center-Managements und melden sich als teilnehmendes Team an.

ARBEITSAUFTRÄGE

- Versetzen Sie sich in die Lage von Sabine, Kerstin und Mehmet. Bilden Sie in Ihrer Klasse ebenfalls Teams, die eine Werbekonzeption erstellen sollen. Wählen Sie dabei einen oder mehrere Ihrer Ausbildungsbetriebe aus. Dabei ist es egal, um welche Branche, Betriebsform oder Größe es sich bei dem Betrieb handelt. Wichtig ist nur, dass Sie den Auftrag ernst nehmen und bereit sind, Zeit und Arbeit zu investieren.
- Stellen Sie nach Abschluss des Projektes Ihre Ergebnisse in der Schule aus und lassen sie diese von einer Jury bewerten. Die Jury kann aus Mitschülern, Lehrern, Ausbildern oder eingeladenen Experten der Werbewirtschaft bestehen.
- Bei Ihrer Arbeit kommt es darauf an, ein komplettes Konzept mit Ihren persönlichen Kenntnissen und Fähigkeiten zu erstellen und zu präsentieren. Wichtig ist nicht eine möglichst professionelle Darstellung Ihrer Ergebnisse, sondern Ihre Kreativität und Ihr Engagement. Benutzen Sie bei der Arbeit als Hilfsmittel private oder schulische PC mit entsprechender Software (z. B. Textprogramme, Präsentationsprogramme, Fotobearbeitungsprogramme usw.). Nutzen Sie auch das Schulbuch und ggf. weitere Literatur. Auch

im Internet lassen sich interessante Tipps finden. Fragen Sie auch Ihre Ausbilder, die Ihnen sicherlich helfen werden. Gehen Sie planvoll vor, erstellen Sie deshalb zunächst für Ihr Team einen Arbeits- und Terminplan, an den Sie sich alle halten.

- Auch wenn Sie dabei keine Reise nach New York gewinnen können, so werden Sie in jedem Fall profitieren, denn Sie lernen in einem Team, gemeinsam eine größere Aufgabe zu bewältigen und ebenso, dass so eine Arbeit auch Spaß machen kann.

Werbeplan

Es ist nicht sinnvoll, Werbung ohne sorgfältige Zielbestimmung, Koordination mit den übrigen Marketinginstrumenten und eine genaue Planung durchzuführen. Daher wird bei der Werbung nach einem Werbeplan vorgegangen, wobei Fragen zu klären und Entscheidungen zu treffen sind.

Beispiel Um die Erstellung eines Werbeplans zu verstehen, begleiten wir die Center Warenhaus GmbH bei einer Werbeaktion für die Schreibwarenabteilung. Sie möchte zum Schuljahresbeginn eine Sonderaktion für den Schulbedarf für Erstklässler durchführen.

Hierfür erstellt sie folgende **Checkliste** zur Aufstellung eines Werbeplanes:

Entscheidungen	Fragen	Antworten für die Center Warenhaus GmbH
Werbeziel	**Was** soll mit der Werbung erreicht werden?	– Zusätzlicher Umsatz von 100.000,00 EUR in der Schreibwarenabteilung – Zusätzlicher Umsatz während der Aktionswoche in den anderen Abteilungen durch Zusatz- und Spontankäufe: 5 % – Gewinnung neuer Kunden – Bindung vorhandener Kunden
Werbeetat	**Wie viel** finanzielle Mittel stehen für die Werbemaßnahme zur Verfügung?	Es werden 5 % vom geplanten Zusatzumsatz für Werbung bereitgestellt (also 5.000,00 EUR). Damit sind alle Ausgaben für Dekorationsmaterial, Anzeigen, Prospekte zu bestreiten.
Werbeobjekte	**Wofür** soll geworben werden?	– Produktwerbung für Markenartikel und No-Name-Produkte des Schulbedarfs (Hefte, Malkästen, Buntstifte, Ranzen, Turnbeutel, Füller usw.), Einschulungsgeschenke (Schultüte, Dose für Pausenbrote, Süßigkeiten) – Sortimentswerbung (gesamtes Sortiment an Schreib- und Bürowaren) – Sonstige Sortimente: Sportbekleidung (Turnunterricht), Fahrrad-Abteilung (Sicherheitshelme usw.), Kinderbekleidung – Firmenwerbung (Serviceleistungen)

Entscheidungen	Fragen	Antworten für die Center Warenhaus GmbH
Zielgruppe (Streukreis)	**Wer** soll umworben werden?	– Schulkinder – Eltern, Großeltern, Verwandte, Nachbarn von Schulkindern
Werbebotschaft	**Was** wird der Zielgruppe gesagt?	Mit dem Motto: „Fit für die Schule mit der Center Warenhaus GmbH" wird den Kunden signalisiert, dass sie ein umfangreiches Sortiment erwartet, das alle Artikel für den Schulanfang umfasst.
Streugebiet	**Wo** soll geworben werden?	Im gesamten Einzugsgebiet des EKZ Rheinpark
Werbezeitpunkt	**Wann** soll geworben werden?	Start der Werbeaktion: 2 Wochen vor Einschulungstermin
Werbezeitraum (Streuzeit)	**Wie lange** soll geworben werden?	4 Wochen
Werbemittel, Werbeträger (Streumedien)	**Wie** soll geworben werden?	– Plakate im EKZ – Plakate an publikumsreichen Stellen im Einzugsgebiet (insbesondere vor Kindergärten und Schulen) – Anzeigen in allen Anzeigenblättern – Beilage im auflagenstärksten Anzeigenblatt – Anzeigen in drei Regionalzeitungen – Hinweis auf Sonderaktion bei allen anderen Werbeaktionen der Center Warenhaus GmbH – Flyer und Prospekte zum Mitnehmen für Kunden (im Kassenbereich und in der Abteilung Schreibwaren) – Werbegeschenke (Stundenpläne, Aufkleber, Mützen mit Aufschrift „Fit für die Schule mit der Center Warenhaus GmbH") – Internet: Sonderseite für Schulbedarf mit Gewinnspiel

○ Erläuterungen spezieller Inhalte eines Werbeplans

- **Zielgruppe (Streukreis):** Das ist die Personengruppe, die umworben werden soll, sie kann in spezielle Zielgruppen unterteilt werden. Der Streukreis ergibt sich aus Informationen der **Marktforschung**. LF 12

- **Werbebotschaft:** Hier wird festgelegt, **was** in der Werbung der Zielgruppe mitgeteilt werden soll. Durch die Werbung soll ein Produkt vom Nachfrager eindeutig identifiziert werden können, z. B. durch einen einprägsamen Namen, durch ein Markenzeichen, ein Logo, ein Symbol usw. Gleichzeitig muss in der Werbebotschaft der Zielgruppe ein besonderer Nutzen (Grund- und Zusatznutzen) des Produktes mitgeteilt werden. Ferner wird bestimmt, **wie** die Botschaft präsentiert wird, z. B. durch Auswahl geeigneter Sprache, Farben, Sounds, Aktionsformen usw.

- Bestimmung der **Werbemittel und Werbeträger:** Mit Werbemitteln werden die **Werbebotschaften** an die Abnehmer herangetragen. Die Institutionen (Medien), die die Werbemittel an die Zielgruppen herantragen, heißen **Werbeträger**. Durch sie soll die in den Werbemitteln enthaltene Werbebotschaft gestreut werden.

- **Werbezeitraum (Streuzeit):** Hier werden Beginn und Dauer der Werbung kalendermäßig festgelegt. Meist wird in einem Ablaufplan auch bestimmt, in welchem zeitlichen Umfang die Vorbereitungsarbeiten für die Werbung stattfinden (Fristen für Anzeigen in Zeitungen, Fristen für die Erstellung von Werbespots usw.).

- **Streugebiet:** Hier wird der geografische Raum für die Werbung festgelegt. Häufig bestimmt das Streugebiet die Auswahl der Werbemittel.

- **Werbeintensität:** Sie ergibt sich als Verhältnis der eingesetzten Werbemittel zum Streugebiet und zur Zielgruppe (**Streudichte**). Wenn die Auswahl der Werbemittel und -träger nicht auf das Streugebiet und die Zielgruppe abgestimmt ist, kommt es zu **Streuverlusten**.

- **Werbebudget:** Das Werbebudget bzw. der **Werbeetat** ist der Betrag in EUR, der für Werbezwecke ausgegeben werden kann. Dieser Betrag kann für einzelne Sortimente bzw. Teilsortimente, spezielle Artikel oder Artikelgruppen oder bestimmte Werbeaktionen aufgeteilt werden. Häufig wird er als Prozentanteil am Umsatz angegeben. Die Aufwendungen für Werbung werden in die Preiskalkulation der Produkte einbezogen.

Beispiel Die Center Warenhaus GmbH hat in den vergangenen Jahren regelmäßig ca. 4 % vom Jahresumsatz für Werbezwecke ausgegeben.

Werbeerfolgskontrolle

Mit Werbemaßnahmen und -aktionen werden wirtschaftliche Ziele angestrebt. Sie verursachen Kosten. Deshalb ist es erforderlich, diese Maßnahmen auf ihren Erfolg hin zu kontrollieren. In jedem Einzelhandelsunternehmen kann es geschehen, dass Artikel nicht oder nur sehr schwer verkauft werden können und zu einem **„Flop“** oder **„Ladenhüter“** (Penner) werden. Die Ursachen hierfür können im Artikel selbst liegen, z. B. wenn bei den Kunden kein Bedarf vorhanden ist oder der Preis zu hoch angesetzt war. Es kann aber auch eine „falsche Werbung“ verantwortlich sein, wenn z. B. die Zielgruppe nicht richtig angesprochen wurde.

Beispiel Die Lebensmitteldiscount Schlegel KG hatte im letzten Jahr „Fitness-Riegel“ mit Nüssen erfolglos angeboten, während in vergleichbaren Geschäften diese Artikel verkauft wurden. Eine Ursachenanalyse hat nun ergeben, dass die Werbung unpassend war. In der Werbung für die Fitness-Riegel wurden ausschließlich Leistungssportler angesprochen: „Schaffen Sie den Marathon mit unseren Fitness-Riegeln.“ In anderen Geschäften wurden auch Freizeitsportler und sogar Nichtsportler mit dem Motto „Fit für Beruf, Freizeit und Sport“ angesprochen.

Im Werbeplan müssen alle Ziele und Entscheidungen so formuliert sein, dass sie nach der Werbedurchführung überprüft werden können. Für die gesamte Werbemaßnahme muss eine Werbeerfolgskontrolle durchgeführt werden, um aus Fehlern für die Zukunft zu lernen.

Die wirtschaftlichen Werbewirkungen sind meist leicht zu überprüfen. Hierzu eignen sich **Maßnahmen**, die durch die Erfassung, Aufbereitung und Analyse von betrieblichen Kennzahlen gekennzeichnet sind.

Abverkaufskontrolle: Die Verkaufszahlen je Artikel, Artikelgruppe, Teilsortiment bzw. Abteilung werden regelmäßig erfasst und ausgewertet. Falls erwartete Verkäufe nicht eintreten, können rechtzeitig Fehlentwicklungen erkannt und ggf. Maßnahmen zur Korrektur eingeleitet werden.

Beispiel Der Mars Elektrofachmarkt e. K. hat eine Sonderaktion für CD-Rohlinge (20 Stück-Packungen) geplant. Hierfür hat er sich mit entsprechendem Vorrat eingedeckt. Die Aktion soll 10 Tage dauern. In dieser Zeit soll die gesamte Ware verkauft sein. Der Abteilungsleiter rechnet mit durchschnittlich 150 Verkaufspackungen täglich. An den ersten beiden Verkaufstagen werden seine Erwartungen übertroffen – es wurden je Tag 250 Packungen verkauft. Am dritten Tag sackt der Absatz auf 40 Stück je Tag ab. Daraufhin senkt er zunächst den Preis und bewirbt seine Aktion zusätzlich durch Handzettel und Plakate im EKZ.

Kundenfrequenzvergleich: Die Anzahl der Kunden je Verkaufstag, -woche, -monat wird erfasst und mit Vorperioden verglichen. Hieraus lassen sich Rückschlüsse auf den Werbeerfolg ziehen.

Beispiel Die Lebensmitteldiscount Schlegel KG hat ermittelt, dass die Anzahl der Kunden jeweils spürbar zunimmt, wenn sie eine Aktionswoche, z. B. „Grillen im Sommer – Schlegel hat alles, was Sie brauchen!" ankündigt.

Ausgabenentwicklung der Kunden: Der durchschnittliche Kaufbetrag je Kunde wird ermittelt und ausgewertet. Es ist möglich, den Kaufbetrag nach Abteilungen oder Sortimentsgruppen aufzuschlüsseln. Auch so können wertvolle Informationen zur Beurteilung des Werbeerfolges gewonnen werden.

Beispiel In der Center Warenhaus GmbH wird der durchschnittliche Kaufbetrag je Kunde im Lebensmittelbereich aufgeschlüsselt nach Fleisch- und Wurstwaren, Backwaren usw.

Kassenbonanalyse: Es wird untersucht, ob eine Werbemaßnahme für ein bestimmtes Produkt auch zu Umsatzsteigerungen bei anderen Produkten geführt hat.

Beispiel In der Center Warenhaus GmbH findet in der Lebensmittelabteilung eine Aktionswoche für Wein statt. Durch die Kassenbonanalyse kann festgestellt werden, welcher Kunde Wein gekauft hat. Nun kann untersucht werden, welche weiteren Artikel diese „Weinkunden" außerdem gekauft haben.

Die erforderlichen Daten für die Werbeerfolgskontrolle liefert meist ein **computergestütztes Warenwirtschaftssystem** (vgl. Seite 363), bei dem auf alle Informationen schnell zugegriffen werden kann. LF 6

Kosten der Werbung

Die Kosten der geplanten Werbung sind genau zu planen. Nur so ist es möglich, den Erfolg der Werbung zu ermitteln.

Beispiele
- Anzeigen in Zeitungen
- Druckkosten für Plakate, Flyer, Prospekte
- Kosten für Erstellung und Versand von Werbebriefen
- Kosten für Außenwerbung (Schriftzüge, Neonbeleuchtung usw.)
- Kosten für Werbegeschenke (Kugelschreiber, Kalender usw.)

Der absolute Preis einer Werbemaßnahme muss ins Verhältnis zu seinem Nutzen gesetzt werden (vgl. Werbeerfolgskontrolle, Seite 458). Hier ist insbesondere der sogenannte „**Tausenderpreis**" wichtig: Es wird der Preis für die Belegung eines Werbeträgers ins Verhältnis zu der Anzahl der erreichten Personen gesetzt. So kann ermittelt werden, was es kostet, z. B. 1.000 Personen mit dem Werbeträger zu erreichen.

$$\textbf{Tausenderpreis (TP)} = \frac{\text{Preis für Werbeträger} \cdot 1.000}{\text{Zahl erreichter Personen} \cdot \text{(Anteil der Zielgruppe/100)}}$$

Bei Anzeigen in Zeitungen wird die Auflage (Anzahl der verkauften Zeitungsexemplare) ins Verhältnis zu dem Preis einer Anzeige gesetzt. Je höher die Auflage ist, desto mehr Leser werden erreicht, desto mehr Leser können also die Anzeige wahrnehmen. Wenn man weiß, wie hoch der Anteil der Zielgruppe an den Lesern einer Zeitung ist, kann dies berücksichtigt werden.

Beispiel Die Garten-Center Klein KG im EKZ möchte im Frühjahr ihr Sortiment in Zeitungsanzeigen bewerben. Die Anzeigen sollen in der örtlichen Tageszeitung und in einem Anzeigenblatt erscheinen. Folgende Daten (Mediadaten) der Verlage liegen vor:

	Tageszeitung	Anzeigenblatt
Verkaufte Auflage	350.000	100.000
Anteil der Zielgruppe in % der Leser (Gartenbesitzer)	20	35
Preis je Anzeigenseite in EUR	25.000	2.000

Aus diesen Angaben ist der Tausenderpeis zu berechnen.

$$\text{TP für Tageszeitung} = \frac{\text{Preis für Werbeträger} \cdot 1.000}{\text{Zahl erreichter Personen} \cdot (\text{Anteil der Zielgruppe}/100)} = \frac{25.000 \cdot 1.000}{350.000 \cdot 0,2} = \underline{\underline{357,14\ \text{EUR}}}$$

$$\text{TP für Anzeigenblatt} = \frac{\text{Preis für Werbeträger} \cdot 1.000}{\text{Zahl erreichter Personen} \cdot (\text{Anteil der Zielgruppe}/100)} = \frac{2.000 \cdot 1.000}{100.000 \cdot 0,35} = \underline{\underline{57,14\ \text{EUR}}}$$

Für das Erreichen von jeweils 1.000 möglichen Kunden entstehen somit Kosten in Höhe von 357,14 EUR bzw. 57,14 EUR.

PRAXISTIPP Nur wenn Sie Ihre Werbemaßnahmen sorfältig planen, können Sie erwarten, dass sich die hohen Kosten für die Werbung lohnen.

Werbeplan erstellen, Werbeetat und Werbeerfolg ermitteln

- Inhalte des **Werbeplans**

Werbeziel	**Was** soll mit der Werbung erreicht werden?
Werbeetat	**Wie viel** finanzielle Mittel stehen für die Werbemaßnahme zur Verfügung?
Werbeobjekte	**Wofür** soll geworben werden?
Zielgruppe (Streukreis)	**Wer** soll umworben werden?
Werbebotschaft	**Was** wird der Zielgruppe gesagt?
Streugebiet	**Wo** soll geworben werden?
Werbezeitpunkt	**Wann** soll geworben werden?
Werbezeitraum (Streuzeit)	**Wie lange** soll geworben werden?
Werbemittel, Werbeträger (Streumedien)	**Wie** soll geworben werden?

- **Werbeerfolgskontrolle:**
  - **Abverkaufskontrolle** (Verkaufszahlen je Artikel und Zeit)
  - **Kundenfrequenzvergleich** (Anzahl Kunden je Verkaufstag)
  - **Ausgabenentwicklung der Kunden** (durchschnittlicher Kaufbetrag je Kunde)
  - **Kassenbonanalyse** (Umsatzbezug eines Artikels zu anderen Artikeln)
- **Kosten der Werbung** (Der absolute Preis ist ins Verhältnis zu seinem Nutzen zu setzen)

$$\textbf{Tausenderpreis (TP)} = \frac{\text{Preis für Werbeträger} \cdot 1.000}{\text{Zahl erreichter Personen} \cdot (\text{Anteil der Zielgruppe}/100)}$$

1. Die Center Warenhaus GmbH will eine neue Warengruppe in das Sortiment aufnehmen. Dazu soll das Instrument der Werbung genutzt werden.

a) Als Erstes muss ein Werbeplan erstellt werden. Unterscheiden Sie hierzu die Begriffe: Zielgruppe, Streugebiet, Streuzeit und Werbebudget und ihre Bedeutung für die Werbeplanung.

b) Beschreiben Sie drei konkrete Möglichkeiten, wie Sie den Erfolg der Werbeaktion messen können.

2. Erläutern Sie, was unter Streuverlusten im Zusammenhang mit Werbung gemeint ist.

3. Geben Sie Beispiele für Fälle aus Ihrem Erfahrungsbereich an (Ausbildungsbetrieb oder private Erfahrungen), in denen eine Werbung erfolglos war, und erläutern Sie, welche Gründe hierfür vorlagen.

4. Bringen Sie in Erfahrung, welche Kosten eine Anzeige in Ihrer Tageszeitung verursacht (Tipps: Schauen Sie auf der Internetseite der Zeitung nach, suchen Sie dort nach Links mit den Bezeichnungen: Mediadaten, Anzeigen o. Ä. Schauen Sie auch unter www.die-zeitungen.de nach, dort sind die Tarife ebenfalls abrufbar). Ermitteln Sie nun den Tausenderpreis, schätzen Sie dabei den Anteil der Zielgruppe. Berechnen Sie nun, wie viel Umsatz erzielt werden muss, damit sich die Anzeige lohnt.

5. Sie wollen verschiedene Werbemaßnahmen nutzen. Welche der Werbemaßnahmen hat den kleinsten Streukreis?

1. Anzeige in einer Illustrierten
2. Werbespots in einem regionalen Fernsehsender
3. Persönliche Werbebriefe
4. Werbeflächen an öffentlichen Verkehrsmitteln
5. Postwurfsendung mit Prospekten für alle Haushalte

6. Erstellen Sie einen Katalog von Maßnahmen der Werbeerfolgskontrolle. Nutzen Sie dabei die Maßnahmen, die in Ihrem Ausbildungsbetrieb eingesetzt werden (Fragen Sie hierzu z. B. Ihren Ausbildungsleiter).

7. Gemeinsam mit Ihrem Vorgesetzten planen Sie ein Werbekonzept. Hierbei werden die Werbemittel, Werbeträger, Werbekosten und die Zielgruppe für einen bestimmten Zeitraum festgelegt. Welcher Begriff steht für diese Überlegungen?

1. Sortimentswerbung
2. Werbeerfolgskontrolle
3. Werbebudget
4. Werbebrief
5. Werbestrategie

2 Verkaufsförderung und Öffentlichkeitsarbeit anwenden

2.1 Verkaufsförderung und Öffentlichkeitsarbeit als Ergänzung zur Werbung einsetzen

Mehmet will während der Mittagspause Sabine im Center Warenhaus besuchen. Er weiß, dass sie gerade in der Sportabteilung im ersten Stock rechts neben der Rolltreppe eingesetzt ist. Er war schon lange nicht mehr im Center Warenhaus, deshalb ist er erstaunt, als er im ersten Stock ankommt und feststellt, dass die Sportabteilung Neuerungen aufweist, die er noch nicht kennt.
Auf zwei großen Monitoren laufen Videos mit Demonstrationen zu den neuen Fitnessgeräten, auf einer kleinen Sonderfläche zeigt und erklärt ein Mitarbeiter von Adabas den Kunden die Vorteile des neuen Fußballschuhs Lichtgestalt Y 12 und schließlich ertönt eine Lautsprecherdurchsage, bei der eine freundliche Frauenstimme dazu einlädt, an einem Preisausschreiben teilzunehmen. Hauptpreis: „Zwei Eintrittskarten zu einem Fußballländerspiel, Anreise natürlich inbegriffen." Nicht genug damit, neben der Umkleidekabine hängt ein Plakat, auf dem ein Mitarbeiter des Center Warenhauses einen übergroßen Scheck über 1.000,00 EUR an einen Kindergarten überreicht.
„Ihr macht hier ja einen ganz schönen Wirbel", sagt er zu Sabine, als er sie endlich gefunden hat. *„Reichen euch die Zeitungsanzeigen und Werbebeilagen nicht mehr aus, um auf euch aufmerksam zu machen?"* – *„Auf keinen Fall"*, erklärt ihm Sabine. *„Verkaufsförderung und Öffentlichkeitsarbeit sind neben der Werbung für uns ganz wichtige Marketinginstrumente, und wir Verkäufer profitieren oft auch noch davon, stell dir vor, für jedes Paar Adabas-Schuhe, das ich verkaufe, bekomme ich noch eine Extraprovision."* – *„Hm"*, sagt Mehmet, *„so ganz verstehe ich das noch nicht."* – *„Also, pass mal auf"*, antwortet Sabine, *„das ist so ..."*

ARBEITSAUFTRÄGE

- Erklären Sie die Unterschiede zwischen Werbung, Verkaufsförderung und Öffentlichkeitsarbeit.
- Erstellen Sie einen Katalog von Gründen, weshalb Werbung allein nicht ausreicht, um bestimmte Umsatzzahlen zu erreichen.
- Erläutern Sie, welche Maßnahmen der Verkaufsförderung und Öffentlichkeitsarbeit in Ihrem Ausbildungsbetrieb eingesetzt werden, und vergleichen Sie diese mit Ihren Mitschülern. Diskutieren Sie die Gründe für Gemeinsamkeiten und Unterschiede.

Neben der Absatzwerbung sind weitere Maßnahmen zu planen, die positiv auf die Erreichung der betrieblichen Ziele von Einzelhandelsunternehmen einwirken sollen. Hierzu gehören besonders die Maßnahmen der Konditionen- und Kundendienstpolitik (vgl. Seite 473 f.), Maßnahmen der Verkaufsförderung (vgl. Seite 469) und der Öffentlichkeitsarbeit (vgl. Seite 470).

● Verkaufsförderung (Salespromotion)

Die Werbemaßnahmen eines Einzelhändlers sollen Kunden auf sein Sortiment und sein Geschäft aufmerksam machen und ihn auffordern, sich in seine Geschäftsräume zu begeben. Wenn der Kunde aber ein Einzelhandelsgeschäft betreten hat, enden nicht die Aktivitäten, ihn zu umwerben. Hier am Ort des Verkaufsgeschehens, am **Point of Sale, POS, bzw. Point of Purchase, POP**, beginnen Maßnahmen der Verkaufsförderung bzw. der **Salespromotion**. Eine exakte Trennung zwischen Maßnahmen der Werbung und Maßnahmen der Verkaufsförderung ist zwar möglich, jedoch für die Kunden des Einzelhandels nicht immer erkennbar.

Die Verkaufsförderungsmaßnahmen sollen die Werbung unterstützen. Gemessen an den Gesamtausgaben für die Werbung nahmen die Ausgaben für Verkaufsförderung in den letzten Jahren erheblich zu. In einigen Bereichen und Branchen, z. B. der Lebensmittelindustrie, haben sie einen Anteil von ca. 50 % der Aufwendungen für die Kommunikation mit den Kunden. Die Maßnahmen der Verkaufsförderung lassen sich einteilen in Verbraucher-, Verkaufs- und Händlerpromotions.

○ Verbraucherpromotion

Maßnahmen der Verbraucherpromotion richten sich direkt an den Endverbraucher am Ort des Verkaufes. Das Ziel besteht darin, ihn auf bestimmte Artikel bzw. Aktionen aufmerksam zu machen und einen Kaufanreiz zu schaffen. Einige Maßnahmen sollen den Kunden veranlassen, möglichst lange im Geschäft zu verweilen, damit er mit vielen Artikeln in Kontakt kommt und sich zu Spontan- oder Zusatzkäufen entschließt. Die Durchführung der Maßnahmen wird vom Einzelhändler organisiert.

Beispiele

- Lautsprecherdurchsagen im Verkaufsraum, z. B.: „In unserer Tiefkühlabteilung bieten wir Ihnen heute Putenfleisch zum Sonderpreis an."
- Sonderstände z. B. für Aktionsware wie: „Alles für die Adventsfeier"
- Verkaufsgondeln und -stände in den Laufzonen
- Bereitstellung von besonderen Einkaufswagen (z.B. für Kinder) für Sonderaktionen
- Plakate, Displays an den Regalen bzw. Verkaufsständern
- Musik im Verkaufsraum
- selbst ablaufende Videos mit Produktdemonstrationen, z. B.: „So funktioniert unser neuer Hochdruckreiniger."
- Warenproben zur Verkostung der Kunden, z. B. für Brot, Süßigkeiten, Knabbereien, Getränke
- besondere Präsentationsformen, z. B. Obstmarkt als südländischen Markt gestalten
- Einsatz von **Propagandisten** (meist Mitarbeiter von Herstellern der Produkte bzw. Lieferern) zur Vorführung z. B. von technischen Neuerungen
- Prominentenaktionen, z. B. Autogrammstunde eines bekannten Showstars oder Sportlers
- Modenschauen, Sonderausstellungen
- Gewinnspielaktionen, Preisausschreiben
- spezielle Beratungen, z. B. computergestützte Beratung bei der Auswahl von Sportschuhen

○ Verkaufspromotion

Diese Maßnahmen richten sich an das **Verkaufspersonal**, dessen Leistungsfähigkeit und -bereitschaft so verbessert und unterstützt werden soll.

Beispiele

- Schulungen der Mitarbeiter, insbesondere Produktschulungen bei neuen Geräten, Grund- und Aufbaukurse für Produktreihen bzw. Sortimentsbereiche durch den Einzelhändler
- Verkaufstraining und Rhetorik der Mitarbeiter: Hier werden Fähigkeiten der Gesprächsführung, der Argumentationstechnik, Techniken der Kundenansprache und -betreuung, Telefonverkaufstechniken u. Ä. trainiert
- Info-Dienst: Die Mitarbeiter erhalten monatlich eine geeignete Auswahl aus Presseberichten, Fachaufsätzen und Fachliteratur zum eigenen Studium
- Motivationshilfen: Hierzu gehören Provisions- und Prämiensysteme, Verkäuferwettbewerbe mit attraktiven Preisen und sonstige finanzielle Anreize
- Verkaufsunterstützung, z. B. Muster, Proben, Vorführgeräte, Prospekte, Broschüren, Displays, Werbegeschenke (Aufkleber, Sticker usw.)

○ Händlerpromotion

Hersteller unterstützen häufig den Einzelhandel bei seinen Bemühungen, Waren an den Verbraucher zu verkaufen.

Beispiele

- Ausbildung und Information der Mitarbeiter des Handels, z. B. spezielle Händlerzeitschriften, die vom Hersteller herausgegeben werden, Händler-Meetings oder Tagungen, Ausbildung von Verkäufern des Händlers (Herstellerseminare mit hauseigenen Zertifikaten) durch den Hersteller
- Beratung bei der Gestaltung der Verkaufsräume und der Kundenbetreuung, z. B. Einteilung der Verkaufsfläche, Hilfen bei der Warenplatzierung, Bereitstellen von Regalen, Vitrinen, Displays (Verkaufsständer, Poster, Schaufensterdekoration u. Ä.), Verpackungsmaterial, Druck von Preislisten und Katalogen für Händler usw.
- Preis- und Kalkulationshilfen, z. B. Einführungs- und Mengenrabatte, Verkaufsaktionen mit Sonderrabatten
- Motivation des Handels, z. B. Händlerpreisausschreiben, Händlerwettbewerbe, Produktdemonstrationen beim Händler, Ausrichten von Verkaufsshows beim Händler, Schaufensterwettbewerbe usw.

Die Händlerpromotion wird ausgerichtet nach dem **Push-pull-System**. Die Produkte sollen in den Handel **„gepusht"** (hineinverkauft, gedrückt) werden und mit **„Pull-Maßnahmen"** (Werbung, Verbraucherpromotion) sollen die Kunden zu den Produkten „gezogen" werden.

Beispiel Ein neues Produkt wird durch niedrige Preise und günstige Konditionen (Rabatte) in den Einzelhandel abverkauft (= „gepusht"). Anschließend werden durch gezielte Werbung in Verbindung mit preispolitischen Maßnahmen Kaufanreize für den Endverbraucher geschaffen. Es wird verstärkt nachgefragt („Pull-Effekt").

LF 12 Alle Maßnahmen der Verkaufsförderung müssen mit den übrigen **Marketinginstrumenten** abgestimmt sein. Die Maßnahmen müssen finanziell und im Ablauf geplant sein und ständig auf ihren Erfolg hin kontrolliert werden.

● Öffentlichkeitsarbeit (Public Relations)

Öffentlichkeitsarbeit umfasst alle Maßnahmen eines Einzelhändlers, sein Ansehen in der Öffentlichkeit zu pflegen oder zu verbessern (**Imagebildung**). Sie sollen beim Kunden eine positive Grundeinstellung zu dem Einzelhändler erwecken.

Tue Gutes und sprich darüber!

Für die PR-Arbeit wird wie für die Werbung und die Verkaufsförderung ein **Etat** bereitgestellt. Eine exakte Kontrolle der Wirksamkeit ist jedoch nicht immer möglich, da mit Öffentlichkeitsarbeit kein direkter Umsatzzuwachs bei einzelnen Produkten angestrebt wird. Jedoch kann eine gezielte PR-Arbeit auch **wirtschaftliche Erfolge** erzielen, wenn das Image eines Unternehmens in der Öffentlichkeit verbessert wird. Letztlich kann gute PR-Arbeit zum Überleben eines Unternehmens beitragen und seine Wettbewerbsfähigkeit stärken.

Beispiele für Maßnahmen der Öffentlichkeitsarbeit im Einkaufszentrum Rheinpark

- Das Textilkaufhaus Werl stiftet den Jugendmannschaften eines nahe gelegenen Fußballclubs Trikots mit der Aufschrift „Werl-Textilkaufhaus KG im EKZ Rheinpark" (**Sponsoring**).
- Die Center Warenhaus GmbH spendet der nahe gelegenen Berufsschule 12 Personal Computer für den Unterricht in Datenverarbeitung und veranstaltet anlässlich der Übergabe eine Pressekonferenz (**Spenden**).
- Das Möbelfachgeschäft „Exklusives Wohnen Waltraud Schiffer GmbH" veranstaltet an einem Wochenende eine Sektparty für alle Besucher. Die Verkaufsräume sind geöffnet, jedoch ist kein Verkauf gestattet (**Events**).
- Der Supermarkt Kaufland eG gibt kostenlos eine Kundenzeitschrift heraus, in der Kochrezepte und Tipps für gesunde Ernährung vorgestellt werden (**Kundenbetreuung**).
- Das Management des Einkaufszentrums Rheinpark hat eine eigene Presseabteilung, die regelmäßig Journalisten mit Informationen über das EKZ versorgt (**Pressearbeit**).
- Die meisten Unternehmen des EKZ haben sich verpflichtet, Ausbildungsplätze für verschiedene Berufsbilder anzubieten (Verkäufer, Kaufleute im Einzelhandel, Gestalter für visuelles Marketing, Bürokaufleute, Fachkraft für Lagerwirtschaft). Ferner bieten sie für Schüler und Studenten Betriebspraktika an. Aus sechs Unternehmen des EKZ Rheinpark sind Mitarbeiter in Prüfungsausschüsse der IHK berufen (**Bildungsarbeit**).
- Im EKZ Rheinpark wird Wert auf Maßnahmen des Umweltschutzes gelegt. Jährlich findet ein „Tag des Umweltschutzes im EKZ" statt (**Umweltschutz**).

PRAXISTIPP Informieren Sie sich darüber, welche verkaufsfördernden Maßnahmen bei Ihren Mitbewerbern eingesetzt werden, und übertreffen Sie diese mit eigenen Ideen.

Verkaufsförderung und Öffentlichkeitsarbeit als Ergänzung zur Werbung einsetzen

- **Verkaufsförderung (Salespromotion)**: Diese Maßnahmen dienen der **Motivation, Information** und **Unterstützung** aller Beteiligten am Absatzprozess.
  - **Verbraucherpromotion** richtet sich an den Endverbraucher (Lautsprecherdurchsagen, Sonderstände, Warenproben, Propagandisten, Gewinnspielaktionen usw.)
  - **Verkaufspromotion** bezieht sich auf das eigene **Verkaufspersonal**.
    - **Schulungen** (Produktkunde und Verkaufstechnik)
    - **Motivationsmaßnahmen** (finanzielle Anreize)
    - **Verkaufsunterstützung** (Prospekte, Präsentationsmedien)
  - **Händlerpromotion** richtet sich an **Groß- und Einzelhändler**.
    - Ausbildung und Information
    - Beratung bei Verkaufsraumgestaltung und Kundenbetreuung
- Die **Öffentlichkeitsarbeit (Public Relations)** eines Unternehmens bezieht sich nicht auf einzelne Produkte, sondern soll ein **positives Bild bzw. Image des Unternehmens in der Öffentlichkeit erzeugen** und verstärken. **Maßnahmen** sind z. B.: Sponsoring, Spenden, Kundenzeitschriften, Berichte über erfolgreichen Umweltschutz usw.

1. Erstellen Sie eine Übersicht über Maßnahmen der Verkaufsförderung in den Ausbildungsbetrieben Ihrer Klasse und diskutieren Sie über ihre Wirksamkeit.

2. Erläutern Sie die Public Relations-Aussage „Tue Gutes und sprich darüber!"

3. Was will man durch Public Relations-Maßnahmen erreichen?
1. Sie wollen ein neues Produkt in der Öffentlichkeit bekannter machen.
2. Sie wollen dadurch bestimmten Waren in der Öffentlichkeit ein positives Image verschaffen.
3. Sie wollen den Absatz von bestimmten Artikeln ankurbeln.
4. Sie wollen durch Propagandisten Umsatzsteigerungen erzielen.
5. Sie wollen damit das Werbebudget auslasten.

4. a) Beschreiben Sie vier verkaufsfördernde Maßnahmen, durch die Sie die Einführung eines neuen Produktes in Ihr Sortiment besonders positiv beeinflussen können.
b) Wie kann Sie der Hersteller bei diesen Maßnahmen unterstützen?

2.2 Konditionen- und Kundendienstpolitik als zusätzliche verkaufsfördernde Maßnahmen nutzen

Kerstin und Sabine sitzen in der Frühstückspause gemeinsam in der Kantine des Center Warenhauses: *„Also"*, sagt Kerstin, *„dass Mehmet gestern in der Berufsschule sagte, wir würden uns bezüglich Sortiment und Werbung kaum noch von unseren Mitbewerbern abgrenzen können, hat mich ganz schön nachdenklich gemacht. Stimmt das denn wirklich?" „Ich sehe das anders"*, antwortet Sabine, *„wir haben zwar die gleiche Ware, aber denk doch mal an all die Zusatzleistungen, die wir anbieten, z. B. unser Lieferservice und unsere Aktion ‚Kauf jetzt – Zahlung erst in 14 Tagen'!"*

ARBEITSAUFTRÄGE
- Beurteilen Sie die Aussage von Sabine.
- Erstellen Sie eine Tabelle aller Leistungen, die die Center Warenhaus GmbH ihren Kunden im Rahmen der Konditionenpolitik anbietet und vergleichen Sie diese Leistungen mit den Angeboten Ihres Ausbildungsbetriebes. Diskutieren Sie Gründe für Gemeinsamkeiten und Abweichungen.

● Konditionenpolitik

Im Rahmen der **Konditionenpolitik** legt ein Unternehmen die Bedingungen fest, zu denen es seine Produkte an seine Kunden verkauft. Für ein Einzelhandelsunternehmen stellt die Konditionenpolitik ein wesentliches marketingpolitisches Instrument dar und kann die gesamte Absatzstruktur beeinflussen.

Wichtige Mittel der Konditionenpolitik sind Rabatte, Lieferungs- und Zahlungsbedingungen und Garantiebedingungen.

LF 10 **Rabatte (Preisnachlässe):** Preisnachlässe werden gewährt, um die Preise wirtschaftlich begründet möglichst flexibel auf die unterschiedlichen Kunden abstellen zu können.

Rabattart	Beispiele
Mengenrabatt Anreiz zu höheren Abnahmemengen	Die Center Warenhaus GmbH hat für den Bezug von Tennisbällen eine Rabattstaffel: ab 50 Bällen 5 %, ab 100 Bällen 10 %, über 200 Bälle 20 %.
Treuerabatt Gewährung von Dauerpreisermäßigungen an langjährige Kunden	Kunden, die bereits zehn Jahre bei der Center Warenhaus GmbH einkaufen, erhalten einen Treuerabatt von 5 %.
Sonderrabatt Rabattgewährung an bestimmte Personenkreise oder zu besonderen Anlässen	Die Stadtverwaltung Köln erhält als Behörde (Großverbraucher) einen Sonderrabatt.

Lieferbedingungen: Die Gestaltung der Lieferbedingungen ist ein wichtiges Instrument des Marketing. Oft sind für Kunden die Produkte verschiedener Einzelhändler austauschbar bezüglich Preis, Ausstattung und Qualität. Die Entscheidung für einen bestimmten Einzelhändler hängt dann z. B. von den Lieferkonditionen ab. Nach der gesetzlichen Regelung muss sich ein Käufer seine Waren beim Lieferer auf eigene Kosten abholen (§ 448 BGB). Im Rahmen der Konditionenpolitik kann jedoch ein Einzelhändler seinen Kunden entgegenkommen, indem er die Beförderung übernimmt. Dies gilt ebenfalls für die Verpackung und die Kosten für eine Transportversicherung. LF 6

Beispiel Die Center Warenhaus GmbH beliefert alle Käufer von sperrigen Waren im Umkreis von 50 km ab 1.000,00 EUR Umsatz zuzüglich Mehrwertsteuer porto- und frachtfrei.

Zahlungsbedingungen: Wenn über den Zahlungszeitpunkt im Kaufvertrag nichts ausgesagt ist, so gilt die gesetzliche Regelung, d. h., der Käufer hat sofort bei Übergabe der Ware zu zahlen. Auch hier kann eine großzügige Erweiterung dieser Regelung Kaufanreize geben. LF 6

Beispiel Rechnungen der Center Warenhaus GmbH sind innerhalb von 10 Tagen zu begleichen.

Zahlungsziel (Kundenkredit): Ein Zahlungsziel liegt vor, wenn ein Verkäufer Ware liefert und dem Käufer einräumt, erst zu einem bestimmten späteren Zeitpunkt zu zahlen. LF 6

Skonto: Skonto ist ein Nachlass für vorzeitige Zahlung. Zwar wird ein Zahlungsziel vereinbart, jedoch wird dem Kunden erlaubt, z. B. 2 % vom Rechnungspreis abzuziehen, wenn er innerhalb der kürzeren Skontofrist die Rechnung bezahlt. Der Zinssatz ist auf ein Jahr gesehen so hoch, dass nur eine vorzeitige Zahlung für den Kunden attraktiv ist. LF 6

Finanzierung: Viele Einzelhandelsunternehmen bieten ihren Kunden Finanzierungshilfen an. Diese beinhalten insbesondere den Ratenkauf sowie den Kauf auf Kredit. Häufig werden die Kredite über bestimmte Kreditinstitute abgewickelt, mit denen die Unternehmen zusammenarbeiten.

Garantiebedingungen: Die Sachmängelhaftung für die Lieferung mangelfreier Produkte (Sachmängelhaftung) beträgt nach gesetzlicher Regelung zwei Jahre. Häufig verlängern Einzelhändler auf dem Kulanzwege diese Frist, um ihren Kunden entgegenzukommen und sich von dem Angebot der Konkurrenz abzuheben. LF 7, 10

Beispiel Die Center Warenhaus GmbH übernimmt für alle Waren eine Mindestgarantie von 36 Monaten.

● Kundendienstpolitik

Neben dem Warenangebot als Kernleistung bieten viele Einzelhändler immer mehr Serviceleistungen an, die den Absatz im Einzelhandel fördern sollen. Die Dienste können warenbezogen oder auch vom Warenabsatz unabhängig, entgeltlich oder unentgeltlich angeboten werden.

Zu den **Serviceleistungen** (vgl. Seite 481 f.) zählen diejenigen Dienste, die vor, während oder nach dem Einkauf angeboten werden. Die **warenunabhängigen** Serviceleistungen sind generell auf den Kunden gerichtet und sollen seine Einkaufstätigkeit erleichtern.

Der Einzelhändler kann seinen Kunden kostenlose oder kostenpflichtige Serviceleistungen anbieten, die in keinem unmittelbaren Zusammenhang zu der gekauften Ware stehen. Dieser Service soll dem Kunden eine positive Einkaufsatmosphäre vermitteln und ihm den Einkauf erleichtern. Für den Kunden soll der Kauf von Waren zum **Einkaufserlebnis** werden.

Beispiele Das Center Warenhaus bietet seinen Kunden: kostenlose Kundenparkplätze; Spielecken für Kinder mit Aufsicht; Rolltreppen und Fahrstühle; Sitzgelegenheiten im Verkaufsraum; bequeme Möglichkeiten, Waren einzupacken (Packtische, Tüten usw.); Warenproben; Möglichkeiten, Waren auszuprobieren (Computer, Fotoartikel, Sportartikel); Babywickelraum.

Darüber hinaus können selbstständige Dienstleistungen die Servicepolitik abrunden. Bei der Betriebsform (vgl. Seite 100 ff.) „Einkaufszentrum" und bei einigen Warenhäusern sind solche Dienstleistungen bereits selbstverständlich.

Im Mittelpunkt der **warenabhängigen** Serviceleistungen kann sowohl die Ware als auch der Kunde stehen. Sie sollen die Ingebrauchnahme der Ware, die Erhaltung und Verbesserung der Gebrauchstauglichkeit und die Entsorgung vereinfachen.

Beispiele Installation, Reparatur, Wartung, Pflege, Gebrauchsberatung, Warenkredite, Kulanz, Zustellung, Entsorgung

Serviceleistungen werden immer mehr zu einem wichtigen Marketinginstrument. Hierin kann für die Kunden ein entscheidendes Auswahlkriterium für die Wahl des Einzelhändlers bestehen.

PRAXISTIPP Bedenken Sie, dass die Kundendienstleistungen, die für Ihre Kunden kostenlos sind, für das Unternehmen immer Kosten verursachen.

Konditionen- und Kundendienstpolitik als zusätzliche verkaufsfördernde Maßnahmen nutzen

- Die **Gestaltung der Konditionen (Konditionenpolitik)** muss darauf abgestimmt sein, dass für die Kunden Kaufanreize entstehen. Sofern durch die Konditionen Kosten verursacht werden, müssen sie in der Preiskalkulation berücksichtigt werden. Hierzu zählen Liefer- und Zahlungsbedingungen und Garantie.
- Die **Kundendienstpolitik** umfasst alle warenbezogenen und warenunabhängigen Leistungen, die neben dem Handel mit der Ware entgeltlich oder unentgeltlich erbracht werden.

  Serviceleistungen: Dienstleistungen, die vor, während oder nach dem Einkauf zusätzlich angeboten werden.

1. Sammeln Sie alle Kundendienstleistungen Ihres Ausbildungsbetriebs und ordnen Sie diese danach, ob sie warenabhängig oder warenunabhängig sind.

2. Entwerfen Sie eine Werbeanzeige für Ihren Ausbildungsbetrieb, in der Sie ausgewählte Maßnahmen der Konditionen- und Kundendienstpolitik besonders herausarbeiten. Stellen Sie anschließend Ihre Ergebnisse auf einem Markt vor.

3 Die Verpackung der Ware auswählen

Die Kundin Annette Neigenfind betritt die Elektroabteilung der Center Warenhaus GmbH, um einen neuen Fernseher zu erwerben. Nach einer ausführlichen Beratung entschließt sie sich zum Kauf eines LCD-Gerätes mit 105er-Bildschirm. Vor der Bezahlung des Fernsehgerätes sagt die Kundin: *„Packen Sie mir das Gerät bitte aus, für den großen Karton habe ich keine Verwendung."* Der Auszubildende Marc Cremer antwortet: *„Wenn uns jeder Kunde die Verpackung der gekauften Ware dalassen würde, dann wäre unser Lager bald nur noch mit Kartons gefüllt. Sie können die Verpackung Ihres Fernsehgerätes leider nicht hier lassen."* Annette Neigenfind ist sehr verärgert. Sie erinnert sich, gelesen zu haben, dass Kunden Verpackungen in Einzelhandelsgeschäften lassen können.

ARBEITSAUFTRÄGE

- Beurteilen Sie das Verhalten des Auszubildenden und der Kundin, und zeigen Sie Alternativen auf.
- Besprechen Sie in Ihrer Klasse, wie in Ihrem Ausbildungsbetrieb mit der Verpackung umgegangen wird.

Die Bedeutung der Verpackung hat sich in den letzten Jahrzehnten sowohl für den Einzelhändler als auch für den Verbraucher wesentlich geändert. Heute trägt jeder Verbraucher pro Jahr etwa 9.000 Verpackungen nach Hause. Dadurch ergeben sich für den einzelnen Haushalt **Entsorgungsprobleme**. Gemeinden und Städten fällt es immer schwerer, diese Müllflut geordnet zu deponieren und zu entsorgen. Für die Umwelt ergeben sich aus überflüssigen und nutzlosen Verpackungen Gefahren, da Rohstoffe und Energie verschwendet werden und große Müllprobleme entstehen.

Verpackung, Packung und Umverpackung

Unter **Verpackung (Versand-, Transportverpackung)** versteht man die Umhüllung der Ware aus Gründen der Hygiene und Zweckmäßigkeit, um die Waren auf dem Transport vom Erzeuger zum Groß- und Einzelhändler zu schützen. Die wesentliche Aufgabe der Verpackung besteht darin, die Ware vor äußeren Einflüssen wie Feuchtigkeit, Druck, Stoß, schädlichen Temperaturen usw. zu schützen. Man unterscheidet die **Einwegverpackung**, die nur einmalig verwendet wird, und die **Dauerverpackung (Mehrwegverpackung)**, die mehrmalig verwendet werden kann.

Erfüllt die Verpackung über ihre Zweckmäßigkeit hinaus einen zusätzlichen verkaufsfördernden Zusatznutzen, der vom Hersteller oder Einzelhändler als Verkaufsanreiz zur Umsatzsteigerung genutzt wird, dann nennt man die Verpackung **Packung** oder **Verkaufsverpackung**. Packung ist somit die Umhüllung einer Ware zum Zwecke des Verkaufs und der Werbung. Die Packung und ihre Aufmachung bieten die Ware in einprägsamer Form durch Text, Bild, Farbe zum Kauf an. Die Packung erfüllt somit die Aufgabe eines Werbemittels und Werbeträgers.

Beispiele Zigaretten, Schokolade, Reis, Nudeln, Kaffee, Tee, Getränke, Spülmittel

Mit der zunehmenden Verbreitung der Verkaufsform Selbstbedienung haben Packungen an Bedeutung gewonnen. Ohne Packungen wären viele Waren nicht in Selbstbedienung verkaufsfähig.

Neben den Begriffen der Verpackung und Packung gibt es in der Verpackungsverordnung (vgl. Seite 478 f.) den Begriff der **Umverpackung**. Hierunter versteht man Blister, Folien, Kartonagen oder ähnliche Umhüllungen, die als **zusätzliche Verpackung** um bereits vorhandene Verkaufsverpackungen dienen.

Hauptmerkmal der Umverpackung ist die zusätzliche Verpackung um eine bereits vorhandene Packung.

Anforderungen und Aufgaben der Packung

Viele Waren können ohne Packungen nicht verkauft werden. Die Packung von Waren erfüllt somit wichtige Aufgaben (Schutz der Ware vor äußeren Einflüssen, Werbemittel usw.).

Zweckmäßigkeit: Eine zweckmäßige Packung sollte **kundenfreundlich, umweltfreundlich** und **kostengünstig** sein. Die Kundenfreundlichkeit von Packungen wird dadurch erreicht, dass keine überflüssigen Packungen verwendet werden.

Beispiele Mogelverpackungen täuschen dem Kunden mehr Inhalt vor. Einwegflaschen und Getränkedosen aus wertvollem Weißblech vermehren die Müllberge, eine Mehrwegflasche erspart 50 Einwegflaschen. Kosmetika werden häufig sehr aufwendig verpackt.

Ferner will ein Kunde durch Packungen über die Ware informiert werden, z. B. über Gewicht, Inhalt, Herkunftsland usw.

Kosten: Die Kosten der Packung sind i. d. R. im Ladenverkaufspreis des Einzelhändlers enthalten. Durch den sparsameren Umgang mit Verpackungs- und Packungsmaterial können Kosten eingespart und somit dem Kunden niedrige Ladenverkaufspreise angeboten werden. Verlangen Kunden besondere Packungen, z. B. Geschenkpackungen, kann der Einzelhändler diese dem Kunden in Rechnung stellen. In der Praxis werden
LF 10 Geschenkpackungen oft als Serviceleistung eines Einzelhandelsbetriebes kostenlos angeboten, d. h., diese Leistung wurde bereits in den Ladenverkaufspreis einkalkuliert.

Werbewirksamkeit: Die Packung eines Artikels kann zur Werbung eingesetzt werden, um die Aufmerksamkeit des Kunden zu erregen.

Beispiel Der Käseladen Wolfgang Wilke e. K. benutzt für das Einwickeln seiner Käseerzeugnisse mit seinem Firmenemblem bedrucktes Papier. Außerdem stellt er dem Kunden kostenlose bedruckte Papiertüten für den Transport der Waren zur Verfügung.

Umweltgesichtspunkte (vgl. Seite 122): Aufgrund der immer mehr zunehmenden Müllberge und der damit verbundenen Entsorgungsprobleme spielt die Umweltverträglichkeit von Packungen eine bedeutende Rolle. Das Packungsmaterial sollte den Erfordernissen des Umweltschutzes entsprechen und sollte daher möglichst

- **wiederverwendbar** sein,

  Beispiele Mehrwegflaschen, Kartons aus Altpappe, Papiertüten oder Jutetaschen statt Plastiktüten

- aus **Materialien** bestehen, die durch **die Natur abgebaut werden** können,

  Beispiele Papier, Materialien aus Naturstoffen

- **recycelbar** (= in den Produktionsprozess rückführbar, **Recycling = Wiederverwendung bereits genutzter Rohstoffe**) sein,

  Beispiele Glas, Metalle, Pappe, Kunststoffe

- **umweltfreundlich hergestellt** worden sein.

  Beispiele keine Verwendung knapper Rohstoffe; Kauf von Produkten, die keine oder nur geringe Verschmutzung von Luft, Gewässern oder Böden verursachen.

Ein Einzelhandelsbetrieb hat verschiedene Möglichkeiten, die Menge anfallender Verpackungsmaterialien zu senken bzw. einer Wiederverwertung zuzuführen:

- Aufstellung von Müllbehältern auf Kundenparkplätzen, um recyclingfähige Materialien einer Wiederverwertung zuzuführen

  Beispiele Müllbehälter für Papier, Glas, Metalle

- Einführung umweltfreundlicher Einkaufstüten und -behälter

  Beispiel Papier- statt Plastiktüten

- Umstellung der Verpackung auf umweltfreundliche Materialien

  Beispiel Statt alubeschichtetem Geschenkpapier wird einfaches bedrucktes Papier für das Einpacken von Waren verwendet.

- Rückgabe der von Lieferanten gelieferten Verpackungen

  Beispiele Paletten, Folien, Kisten

Insbesondere der Gesichtspunkt der Umweltverträglichkeit kann von einem Einzelhändler in der Werbung herausgestellt werden.

Beispiel Der Lebensmitteldiscounter Schlegel KG wirbt in seinen Zeitungsanzeigen regelmäßig damit, dass er nur Produkte mit umweltfreundlichen Packungen anbietet.

Einzelhandelsbetriebe können den Umweltschutz auch zu einer betrieblichen Aufgabe machen. Mit einem offensiven Umweltschutzkonzept (**Ökomarketing**) können sie das geänderte Umweltbewusstsein der Kunden auf unterschiedliche Weise ansprechen:

- Erweiterung des Sortiments um umweltschonende Produkte: Umweltschonende Produkte haben als Emblem den „**Blauen Engel**“ (vgl. Seite 181). Das Umweltzeichen wird an solche Produkte verliehen, die in **besonderem Maße** umweltfreundlich sind. Auf dem Zeichen wird angegeben, weshalb es vergeben wurde.

Beispiel umweltfreundlich, weil salzfrei; umweltfreundlich, weil quecksilberarm; umweltfreundlich, weil lärmarm

Weiterhin gibt es für alle Getränkeverpackungen das Pfandlogo der Deutschen Pfandsystem GmbH (DPG, vgl. Seite 477). Neben dem „Blauen Engel" gibt es noch auf vielen Produkten den sogenannten **Grünen Punkt**. Er besagt, dass die Verpackung des Produktes vom Hersteller oder Händler über das eigens eingerichtete **duale Entsorgungssystem** zurückgenommen und verwertet wird.

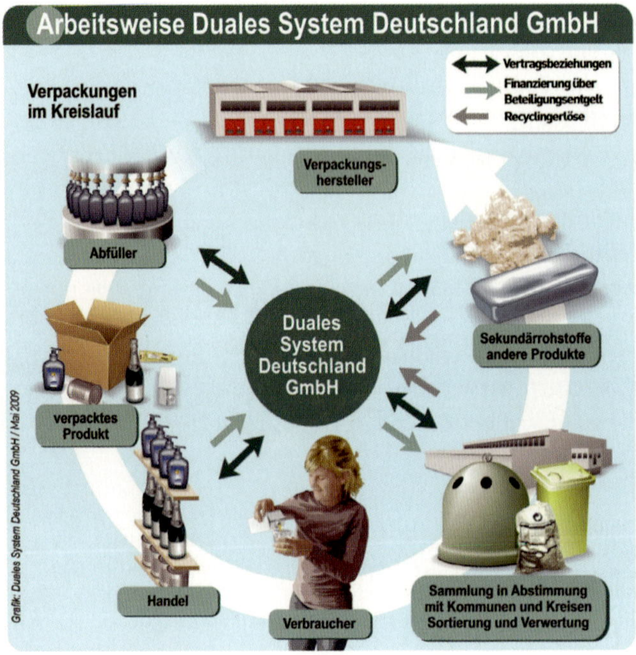

Der Einzelhandel kann durch die Aufnahme von Produkten mit dem Blauen Engel folgende Ziele fördern:

- Bereinigung des Sortiments von umweltschädlichen Produkten
- Förderung der umweltfreundlichen Produkte durch geeignete Warenpräsentation (Aktionsplatzierung, Verbundplatzierung)
- Förderung der Nutzung von Mehrwegverpackungen
- Beteiligung des Einzelhandelsbetriebes an Recycling-Systemen

  Beispiele Flaschen statt Dosen, Batterie-Sammelbehälter

- Information der Kunden über Umwelteigenschaften der Waren

Verpackungsverordnung (VerpackV)

Ziel der Verpackungsverordnung ist grundsätzlich die **Vermeidung von Abfällen aus Verpackungen**.

Nach der Verpackungsverordnung ist der Einzelhändler verpflichtet, bei der Abgabe der Waren an den Endverbraucher in der Verkaufsstelle (Geschäft) oder auf dem zur Verkaufsstelle gehörenden Gelände dem Verbraucher **Gelegenheit zum Entfernen der Umverpackungen** zu geben. Soweit der Einzelhändler die Umverpackungen nicht selber entfernt, muss an der Kasse durch deutlich erkennbare und lesbare Schrifttafeln darauf hingewiesen werden, dass der Verbraucher die Möglichkeit hat, die Umverpackungen von der erworbenen Ware zu entfernen und zurückzulassen. Der Einzelhändler ist verpflichtet, geeignete Sammelgefäße zur Aufnahme der Umverpackungen bereitzustellen und Umverpackungen einer erneuten Verwendung oder einer Wiederverwertung außerhalb der öffentlichen Abfallentsorgung zuzuführen.

LF 6

Die **Verpackungsverordnung** regelt im Einzelnen die Behandlung von:

- **Transportverpackungen:** Hersteller und Vertreiber sind verpflichtet, Transportverpackungen (Fässer, Kanister, Kisten, Säcke einschließlich Kartonagen, Schrumpffolien und ähnliche Umhüllungen) nach Gebrauch zurückzunehmen und einer erneuten Verwendung oder einer Verwertung zuzuführen.
- **Verkaufsverpackungen:** Einzelhändler sind verpflichtet, vom Verbraucher gebrauchte Verkaufsverpackungen (geschlossene oder offene Behältnisse und Umhüllungen von Waren wie Becher, Beutel, Blister, Dosen, Eimer, Fässer, Flaschen, Tragetaschen) zurückzunehmen und einer erneuten Verwendung oder einer Verwertung zuzuführen. In einigen Bundesländern ist der Handel von der Rücknahmepflicht für Verkaufsverpackungen befreit. Das **Duale System** (vgl. Seite 478) übernimmt anstelle des Handels die Verantwortung für das Sammeln und Verwerten.
- **Umverpackungen:** Einzelhändler, die Waren in Umverpackungen (Blister, Folien, Kartonagen oder ähnliche Umhüllungen) anbieten, sind verpflichtet, bei der Abgabe an den Verbraucher die Umverpackung zu entfernen oder dem Verbraucher Gelegenheit zum Entfernen der Umverpackung zu geben.

Beispiel Die Kundin Annette Neigenfind hat nach der Verpackungsverordnung das Recht, Transportverpackungen von gekauften Waren im Einzelhandelsgeschäft zurückzulassen. Davon abgesehen sollte ein Einzelhandelsgeschäft auch aus Servicegründen bereit sein, Verpackungen und Umverpackungen für den Kunden zu entsorgen. Dazu bietet sich die Aufstellung von Containern zur Entsorgung von Papier, Glas und Metallen an. Diese können ggf. gemeinsam mit anderen benachbarten Einzelhandelsbetrieben aufgestellt werden.

- **Getränkeverpackungen und Verpackungen für Wasch-, Reinigungsmittel und Dispersionsfarben:** Einzelhändler sind verpflichtet, auf Einwegverpackungen von Getränken, Wasch-, Reinigungsmitteln und Dispersionsfarben ein Pfand zu erheben, das dem Verbraucher bei Rückgabe der Verpackung erstattet wird. Einzelhandelsbetriebe können sich von dieser Verpflichtung befreien, indem sie sich an einem privaten Abholungssystem (**Duales Entsorgungssystem**) beteiligen, das eine regelmäßige Abholung gebrauchter Verkaufsverpackungen gewährleistet.

Seit 2006 gilt die gesetzliche Regelung zum **Dosenpfand**. Die Regelung gilt für Einwegverpackungen von Bier, Mineralwasser sowie von Cola, Limonaden, Softdrinks und alle Erfrischungsgetränke mit oder ohne Kohlensäure. Für Dosen und Flaschen wird ein Pfand in Höhe von 25 Cent erhoben. Vom Dosenpfand befreit sind Milch, Wein und umweltfreundliche Einwegverpackungen.

PRAXISTIPP

☞ Vergessen Sie nicht, die Behälter für die Entsorgung von Umverpackungen regelmäßig zu leeren.

☞ Viele Verpackungen sind wertvolle Rohstoffe, die recycelt werden können.

Die Verpackung der Ware auswählen

(Transport-) Verpackung	Packung (Verkaufsverpackung)	Umverpackung
Umhüllung der Ware zum Schutz auf dem Transport	Umhüllung der Ware zum Zwecke des Verkaufs	Zusätzliche Verpackung um eine bereits vorhandene Packung

- **Verpackungen und Packungen** sollen die Waren schützen und transportierbar machen, werbewirksam sein, die Ware verkaufsfähig machen, zum Kauf anregen, die Verwendung erleichtern und umweltfreundlich sein.
- **Packungsmaterial** sollte
  - wiederverwendbar sein,
  - aus durch die Natur abbaubaren Stoffen bestehen,
  - recycelbar sein,
  - umweltfreundlich hergestellt sein.
- Förderung des Verkaufs umweltfreundlicher Produkte:
  - **mit dem „Blauen Engel"**: Produkte, die in besonderem Maße umweltfreundlich sind,
  - **mit dem „Grünen Punkt"**: Die Verpackung des Produktes kann über das **duale Entsorgungssystem** zurückgenommen und verwertet werden.
- Durch die **Verpackungsverordnung** werden Einzelhandelsbetriebe und Hersteller verpflichtet, alle Transport-, Verkaufs- und Umverpackungen vom Verbraucher zurückzunehmen und einer Wiederverwertung zuzuführen.
- **Dosenpfand:** Pflichtpfand für Getränkedosen und andere Einwegverpackungen mit Bier, Mineralwasser, Cola, Alcopops, Eistee, Energiedrinks und Limonade.

1. Unterscheiden Sie Transport-, Verkaufs- und Umverpackungen an einem Beispiel.

2. Städten und Gemeinden fällt es immer schwerer, die Müllflut, zu der auch Verpackungen beitragen, geordnet zu deponieren und zu entsorgen.
a) Geben Sie Artikel aus Ihrem Ausbildungsbetrieb an, die zu aufwendig verpackt sind.
b) Machen Sie Vorschläge zur Vermeidung dieser Müllflut.

3. Stellen Sie dar, welche Gefahren sich für die Umwelt aus einer zu aufwendigen Nutzung von Packungen ergeben.

4. Erläutern Sie die Bestimmungen der Verpackungsverordnung.

5. Ihr Ausbildungsbetrieb will eine Aktion „Saubere Umwelt" durchführen. Sie werden mit der Vorbereitung dieser Aktion beauftragt. Machen Sie einige Vorschläge, welche Maßnahmen und Aktionen Ihr Betrieb durchführen könnte.

6. Unterscheiden Sie Einweg- und Mehrwegverpackungen an Beispielen.

7. Rufen Sie im Internet die Seite www.gruener-punkt.de auf und informieren Sie sich über die Inhalte.

8. Um welche der folgenden Verpackungsarten handelt es sich bei den unten stehenden Beispielen?

1. Transportverpackung
2. Verkaufsverpackung
3. Umverpackung

a) Weißblechdose für Ananasscheiben
b) Pappschachtel für eine Tube Schuhcreme
c) 1,5 Liter PET-Flasche für Limonade
d) Schrumpffolie für eine Europalette
e) Plastiktüte, an der Kasse zu erwerben

4 Warenzustellung als Serviceleistung anbieten

In der Uhren-/Schmuckabteilung der Center Warenhaus GmbH im EKZ Rheinpark Köln hat sich der Kunde Hans Straub aus Saarbrücken zum Kauf einer Armbanduhr entschieden. Leider ist das Armband der Uhr zu lang, es müsste gekürzt werden. Diese Änderung könnte frühestens in zwei Tagen erledigt sein. Der Kunde ist bereit, die Uhr vollständig zu bezahlen. Er fragt die Verkäuferin Sabine Freund, die aushilfsweise für zwei Tage in der Abteilung eingesetzt wird: *„Unglücklicherweise muss ich heute Abend bereits nach Saarbrücken zurückfahren, da mein Urlaub zu Ende ist. Besteht die Möglichkeit, dass ich die Uhr von Ihnen zugesandt bekomme?"*

ARBEITSAUFTRÄGE

- Erläutern Sie die verschiedenen Möglichkeiten der Warenzustellung für die Center Warenhaus GmbH.
- Vergleichen Sie die Möglichkeiten der Warenzustellung in Ihren Ausbildungsbetrieben und diskutieren Sie die Gründe für Gemeinsamkeiten und Unterschiede in Ihrer Klasse.

Für viele Einzelhandelsbetriebe ist die Warenzustellung ohne Bedeutung, da die Kunden den Transport der gekauften Ware selbst übernehmen. In einigen Branchen, z. B. dem Versand-, Möbel-, Küchen- und Elektrohandel, wird es sich nicht vermeiden lassen, den Kunden im Rahmen des Service (vgl. Seite 323) eine kostengünstige Zustellung der Ware anzubieten, insbesondere bei großen, schweren und sperrigen Waren.

Beispiele Möbel, Kühlschränke, Fernsehgeräte

● Firmeneigene Zustellung

In kleineren Einzelhandelsbetrieben übernimmt der Inhaber, das Verkaufspersonal oder ein Bote die Warenzustellung.

Mittlere und große Einzelhandelsbetriebe (z. B. Waren-, Kaufhäuser, Möbelgeschäfte) unterhalten oft eine **eigene Versandabteilung** mit Fuhrpark. In manchen Branchen ist es üblich, dass die betriebseigenen Fahrzeuge nach einem genau festgelegten Fahrplan bestimmte Routen abfahren, um die Waren den Kunden „frei Haus" zu liefern (Tourenplanung). Hierdurch erhöhen sich die Handlungskosten des Betriebes, sie sind daher bei der Kalkulation des Ladenpreises zu berücksichtigen.

Die Ware wird dem Kunden mit einem **Lieferschein** ausgehändigt. Der Kunde muss auf einer Kopie des Lieferscheins mit seiner Unterschrift bescheinigen, dass ihm die Ware ordnungsgemäß zugestellt wurde. Hat der Auslieferungsfahrer Inkassovollmacht, kassiert er den fälligen Rechnungsbetrag an Ort und Stelle. Der **Einzelhändler haftet für Verlust und Beschädigung der Ware bis zur Übergabe an den Kunden**. LF 7

Bei firmeneigener Warenzustellung ergeben sich **folgende Vor- und Nachteile für den Einzelhändler:**

Vorteile	Nachteile
– Umsatzerhöhung – Verbesserung des Firmenimages durch geschultes Personal (z. B. bei Aufstellung, Installation, Montage) – zusätzliche Werbewirkung durch Einsatz eigener, mit Firmenwerbung versehener Fahrzeuge	– erhöhte Handlungskosten für Kosten des Fuhrparks, Personal usw. – höheres Risiko durch Haftung für Verlust und Beschädigung der Ware bis zur Warenübergabe – bei Lieferung auf Lieferschein erhöhtes Forderungsausfallrisiko

● Firmenfremde Zustellung

Hat der Einzelhändler keine eigene Versandabteilung oder liegen die zu beliefernden Kunden außerhalb des Umkreises der firmeneigenen Zustellung, kann er sich der Dienste von **Frachtführern** bedienen. Frachtführer sind selbstständige Kaufleute, die gewerbsmäßig Güter befördern (§ 407 ff. BGB).

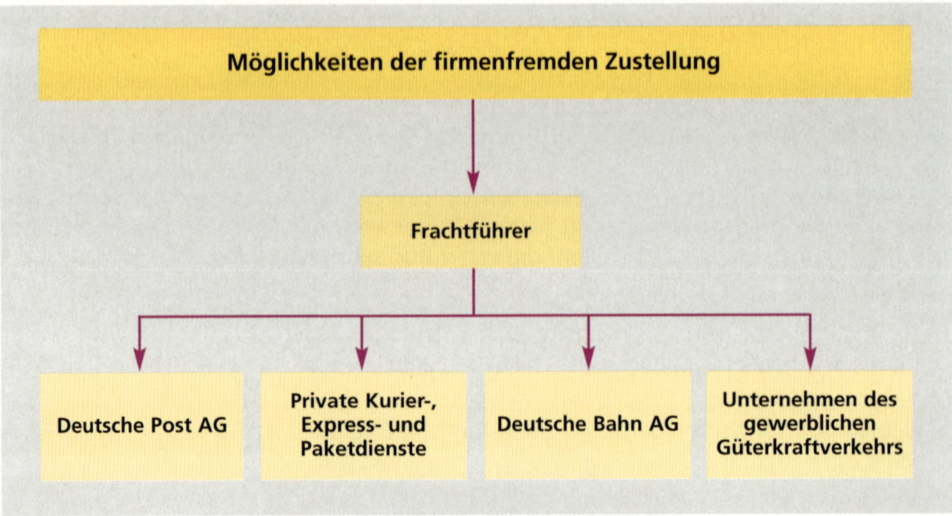

Folgende Gesichtspunkte sind bei der Beförderungswahl ausschlaggebend:

- Kosten (unterschiedliches Beförderungsentgelt)
- Warenart
- Schnelligkeit
- Sicherheit

○ Warenzustellung durch die Deutsche Post AG

Die Deutsche Post AG (DP) muss alle Sendungen befördern, die ihren Beförderungsbestimmungen entsprechen (**Kontrahierungszwang**, vgl. Seite 300). Die Angebote der DP für die Warenzustellung sind sehr vielfältig. Die DP unterhält eine Reihe von Tochterunternehmen für die verschiedenen Sendungsarten, z. B. Deutsche Post Brief (DP Brief), Deutsche Post Paket DHL (DHL), Deutsche Post Euro Express.

Versandarten

Sendungsarten der DP

Gewöhnliche Sendungen

Warensendungen (DP Brief)

- nicht verschlossene Umhüllung
- Proben, Muster, kleine Gegenstände
- keine persönlichen Mitteilungen
- Höchstgewicht 500 g
- keine Haftung

Büchersendungen (DP Brief)

- unverschlossene Umhüllung
- Bücher und sonstige Druckerzeugnisse
- keine persönlichen Mitteilungen
- Höchstgewicht 1 kg
- keine Haftung

Päckchen (DP Brief)

- verschlossene Umhüllung
- Gegenstände aller Art
- persönliche Mitteilungen erlaubt
- Höchstgewicht 2 kg
- keine Haftung

Paket (DP Brief)

- wie Päckchen

Ausnahmen:
- Höchstgewicht 20 kg
- Haftung bis 500,00 EUR

ePaket (DP Brief)

- wie Paket
- verbilligte Standardpaketsendungen von Selbstbuchern, d. h. von Unternehmen, die innerhalb der Europäischen Union ihre Sendungen per Internet für den Postversand vorbereiten

Ausnahme: Höchstgewicht bis 31,5 kg

Sendungen mit besonderer Sicherheit gegen zusätzliches Entgelt

Einschreiben

- Warensendungen, Briefe, Postkarten
- Empfänger erhält Sendung nur gegen Empfangsbestätigung
- Haftung max. 25,00 EUR

Nachnahme

- Empfänger erhält Sendung nur gegen Zahlung des Nachnahmebetrages
- Höchstbetrag bei Paketen 3.500,00 EUR
- Haftung je nach Sendungsart

Wertangabe

- Empfänger erhält Sendung nur gegen Empfangsbestätigung
- DP garantiert besonders sichere Übermittlung zum Empfänger
- Wertangabe bei Post-Paketen und Express-Briefen bis 25.000,00 EUR
- Haftung in Höhe des unmittelbaren Schadens (max. 25.000,00 EUR)

Rückschein

Der Absender erhält ein vorbereitetes Dokument (Rückschein) mit der Bestätigung durch die Unterschrift eines Empfangsberechtigten, dass die Sendung abgeliefert wurde.

Eigenhändig

Die Sendung wird nur an den Empfänger persönlich oder an einen besonders Bevollmächtigten übergeben.

Für die optimale Auswahl der entsprechenden Sendungsart ist die jeweils gültige Preisliste der Deutschen Post AG heranzuziehen.

Beschleunigte Sendungen gegen zusätzliches Entgelt

Express-Sendungen (Deutsche Post Euro Express GmbH)

- **Express-Briefe** (bis 2.000 g), **Express-Pakete** (bis 20 kg), **Waren-, Büchersendungen, Päckchen** werden am Tag nach der Einlieferung zugestellt
- Gegen zusätzliches Beförderungsentgelt erfolgt eine Früh-Zustellung (Montag bis Samstag) vor 09:00 Uhr, vor 10:00 Uhr bzw. vor 12:00 Uhr, ebenso an Sonn- und Feiertagen.
- Transportversicherung erfolgt gegen Aufpreis auf Wunsch bis 25.000,00 EUR
- Sendung darf äußerlich keinen Hinweis auf Inhalt oder Wert tragen

OFFICEPAK (Deutsche Post Euro Express GmbH)

- Wichtige Dokumente, Muster oder sonstige Unterlagen bis 3.000 g werden für eilige Sendungen von heute auf morgen bis 12:00 Uhr dem Empfänger innerhalb der Europäischen Union zugesandt, gegen zusätzliches Beförderungsentgelt auch vor 12:00 Uhr und an Sonn- und Feiertagen

Beispiel Die Center Warenhaus GmbH kann einem Kunden eine Uhr als Wertsendung mit der Deutschen Post AG zukommen lassen. Somit ist die Warensendung gegen Verlust und Beschädigung versichert.

Haftung der DP

Die DP haftet

- ohne zusätzliche Transportversicherung bei Verlust oder Beschädigung eines gewöhnlichen Paketes bis zum Höchstbetrag von 500,00 EUR je Paket,
- bei Verlust eingeschriebener Sendungen pauschal mit 25,00 EUR,
- bei Verlust oder Beschädigung von Sendungen mit Wertangaben für den entstandenen Schaden bis zur Höhe der Wertangabe (maximal 25.000,00 EUR),
- bei Verlust oder Beschädigung von Nachnahmesendungen in derselben Weise wie bei entsprechenden Sendungen ohne Nachnahme.

Die DP haftet nicht, wenn der Schaden

- durch den Absender verursacht wurde,

  Beispiel Das Versandhaus „ABO-AG" versendet Porzellangeschirr an einen Kunden per Paket. Das Geschirr wurde im Paket nur mit Zeitungspapier verpackt.

- der zuständigen Poststelle nicht unmittelbar nach Entdecken mitgeteilt wird,
- durch höhere Gewalt entstanden ist,

  Beispiel Aufgrund eines unverschuldeten Verkehrsunfalls kann eine Terminware nicht zugestellt werden.

- vom Absender nicht nachgewiesen werden kann, da er keinen Beleg vorweisen kann.

Die DP haftet grundsätzlich nicht bei Beschädigung oder Verlust von Päckchen, Warensendungen oder Büchersendungen.

○ Warenzustellung durch private Kurier-, Express- und Paketdienste

Insbesondere Großversender des Einzelhandels (z. B. Versandhäuser) nutzen aus Kostengründen die Dienste privater Kurier-, Express- und Pakettransportunternehmen.

Während die DP keine Sendungen, die den Zulassungsbestimmungen entsprechen, ablehnen darf, können die privaten Kurier-, Express- und Paketdienste Warensendungen ablehnen, z. B., wenn diese für sie nicht gewinnbringend sind.

Private Kurier-, Express- und Paketdienste haben folgende **Vorteile**:

- Beförderung von Paketen über 20 kg,
- Transport von Haus zu Haus,
- oft kostengünstiger und schneller als die DP,
- höhere Haftung als bei der DP.

○ Warenzustellung durch Unternehmen des gewerblichen Güterkraftverkehrs

Einzelhändler können für die Güterbeförderung auch **Spediteure** beauftragen. Spediteure sind selbstständige Kaufleute, die auf Rechnung des Versenders, aber in eigenem Namen, die Güterversendung durch Frachtführer vermitteln. Sie sind somit **Transportvermittler**. Zwischen dem Spediteur und seinem Auftraggeber (Einzelhändler) wird ein **Speditionsvertrag** geschlossen. Wenn der Spediteur nicht selbst Frachtführer ist, schließt er mit einem von ihm beauftragten Frachtführer **Frachtverträge** ab.

Beispiel Das Möbelfachgeschäft Exklusives Wohnen Waltraud Schiffer GmbH im EKZ Köln möchte dem Kunden Karl Huber in Dortmund einen altdeutschen Schrank zusenden. Hierzu beauftragt es den in Köln ansässigen Spediteur Alois Schnell mit der Beförderung des Schrankes (Speditionsvertrag). Der Spediteur beauftragt den Frachtführer Xaver Hintermaier mit der Beförderung des Schrankes zum Kunden Huber (Frachtvertrag).

Versandarten: Im Güterkraftverkehr unterscheidet man:

Stückgut	Ladungsgut
Es handelt sich um in Kisten, Säcken, Paketen usw. verpackte Güter. Sie werden beim Güterkraftverkehrsunternehmen aufgegeben oder durch einen Frachtführer gegen zusätzliches Rollgeld abgeholt. Bei einer **Sammelladung** werden Stückgüter unterschiedlicher Absender und Empfänger gemeinsam befördert.	Beladung eines vorher bestellten Lkw oder von Containern mit einem Mindestfrachtberechnungsgewicht von 5 t.

Haftung: Beim Güterverkehr haftet der Frachtführer nur bei Verschulden für den Schaden, der durch Verlust oder Beschädigung des Gutes in der Zeit von der Annahme bis zur Ablieferung entsteht.

Versandpapiere: Wesentliche Versandpapiere sind der **Frachtbrief (Warenbegleitpapier**, d. h., mit der Aushändigung dieses Papiers können keine Rechte, z. B. Eigentumsrecht, übertragen werden) und die **Ladeliste (Warenbegleitpapier)**.

○ Warenzustellung durch die Deutsche Bahn AG

Die Deutsche Bahn AG (DB) hat eine Beförderungspflicht (**Kontrahierungszwang**, vgl. Seite 300). Sie muss daher alle Waren befördern, die ihren allgemeinen Beförderungsbedingungen entsprechen.

Der Versender schließt mit der DB einen **Frachtvertrag**, indem er einen **Frachtbrief** ausfüllt und der DB übergibt.

Der **Bahnfrachtbrief** besteht aus:

- Empfangsblatt (für den Bestimmungsbahnhof)
- Frachtbrief (für den Empfänger, begleitet die Sendung)
- Versandblatt (bleibt beim Versandbahnhof)

Der Auftraggeber erhält eine Quittung des Auftrages als Fax (Auftragsquittung zu Auftrags-Nr.). Für nationale Schienentransporte gibt es keine beförderungsbegleitenden Transportdokumente mehr.

- **Stückgut:** Der Gütertransport durch die DB wird durch die CargoLine GmbH für den Stückgutverkehr durchgeführt.

  Für den Stückgutverkehr (Einzelstücke bis zu 1,2 t) mit der CargoLine GmbH, der teilweise mit der Bahn und mit Lkw gemacht wird, gibt es bei Anlieferung zwischen Montag und Freitag innerhalb von Deutschland folgende Angebote:
  - **NightLine:** Stückgut-Service in Deutschland mit 24 Stunden Regellaufzeit
  - **NightLine NextDay:** Garantierte Zustellung am nächsten Tag
  - **NightLinePlus:** Garantieverkehr mit Zustelloptionen (Zustellung nach Wahl 08:00, 10:00 oder 12:00 Uhr sowie zwischen 18:00 und 22:00 Uhr)
  - **ServiceLine:** CargoLine-Produkte mit Value-added Services wie Abtragen, Auspacken, Rücknahme der Verpackung und Aufstellen

Der Preis richtet sich nach Entfernung, Größe und Gewicht.

Beispiele Kisten, Fässer, Pakete, Collicos (Zusammenlegbare Faltbehälter für den Transport zerbrechlicher Waren, die nach der Entleerung zusammengelegt werden und nur wenig Platz einnehmen. Sie werden von der DB zur Verfügung gestellt.)

- **Sammelladung**: Ein Spediteur versendet Stückgüter mehrerer Versender zusammen als Wagenladung an einen Empfangsspediteur. Dieser liefert die Einzelstücke an die verschiedenen Empfänger weiter.

Haftung der DB

Sie haftet für Schäden durch Verlust und Beschädigung der Güter oder durch Überschreitung der Lieferfrist.

Sie haftet nicht bei

- höherer Gewalt (Unwetter, Überschwemmungen, Schneeverwehungen),
- Schäden, die sich aus der Beschaffenheit des Gutes ergeben (z. B. Schwund, Verderb usw.),
- mangelhafter Verpackung,
- sonstigem Verschulden des Absenders (z. B. unzureichende Transportsicherung der Waren innerhalb eines Transportbehälters).

Warenzustellung im Einzelhandel als Serviceleistung einbeziehen

- Warenzustellung an Kunden ist eine **freiwillige Dienstleistung** des Einzelhändlers.

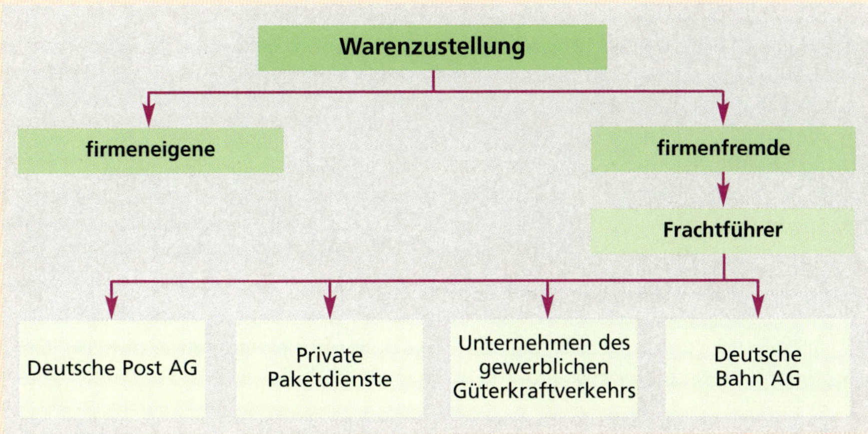

- **Frachtführer** sind selbstständige Kaufleute, die gewerbsmäßig Güter befördern.
- Die **Deutsche Post AG** befördert alle Waren, die ihren Beförderungsbedingungen entsprechen.

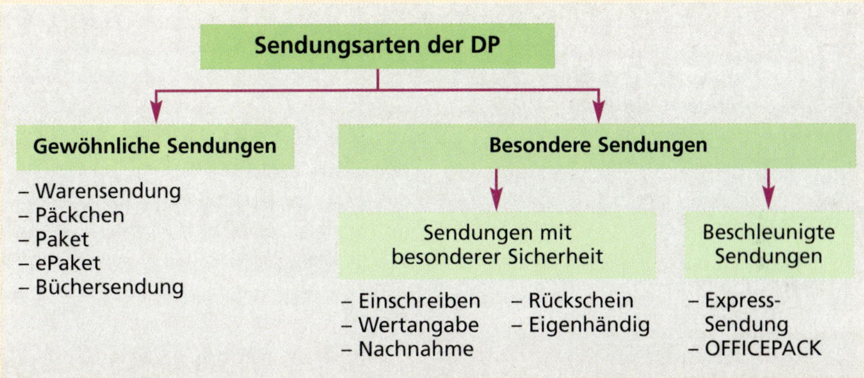

- **Private Kurier-, Express- und Paketdienste** unterliegen keiner Beförderungspflicht. Entgelte und Berechnung sind denen der DP angeglichen.
- Die **Deutsche Bahn AG** befördert alle Waren, die ihren Beförderungsbedingungen entsprechen.
  Versandarten der Deutschen Bahn AG
  - Stückgut
  - Sammelladung
- Die Warenzustellung kann durch Unternehmen des **gewerblichen Güterkraftverkehrs** als Stückgut oder Ladungsgut erfolgen.
- **Spediteure** sind selbstständige Kaufleute, die auf Rechnung des Versenders, aber in eigenem Namen, die Güterversendung durch Frachtführer vermitteln.

1. Der Möbeleinzelhändler Karl Eiche e. K. sendet einem Kunden durch einen betriebseigenen Lkw eine Schrankwand und drei Ledersessel zu.
a) Beschreiben Sie, auf welche Weise sich der Auslieferungsfahrer die ordnungsgemäße Anlieferung der Ware beim Kunden bestätigen lassen kann.
b) Ein Sessel wurde auf dem Transport zum Kunden beschädigt. Begründen Sie, wer den Schaden trägt.
c) Erläutern Sie, welche Möglichkeiten der Möbeleinzelhändler zur Beförderung der Waren zum Kunden hätte, wenn aus innerbetrieblichen Gründen kein betriebseigener Lkw zur Verfügung stände.

2. Unterscheiden Sie
a) Frachtführer,
b) Spediteur.

3. Erläutern Sie die verschiedenen Versendungsarten von Waren bei der Deutschen Post AG.

4. Stellen Sie Vor- und Nachteile dar, die sich aus der firmeneigenen Zustellung von Waren für einen Einzelhändler ergeben.

5. Erläutern Sie die Unterschiede der Versendungsarten, die die Deutsche Bahn AG Einzelhandelsbetrieben anbietet.

6. Geben Sie für nachfolgende Waren und Nachrichten eine geeignete Versandart an.
a) schriftliche Kündigung eines Arbeitnehmers
b) ein teures Gemälde, Entfernung 200 km
c) Katalog 1 kg
d) 2 Bürostühle, 40 kg, Entfernung 350 km
e) 20 Goldmünzen, Gewicht 1 kg
f) kleine, eilige Ersatzteile, Entfernung 600 km, Gewicht 4 kg
g) Wohnzimmergarnitur bestehend aus 1 Tisch, 3 Sessel, 1 Couch

7. Ein Spediteur liefert Ihrem Warenhaus 3 Paletten Ware von der Elektro AG an. Welches Begleitpapier legt Ihnen der Fahrer zur Unterschrift vor?
1. Den Frachtbrief
2. Den Packzettel des Lieferers
3. Den Bestelldurchschlag
4. Den Paketschein
5. Die Auftragsbestätigung

8. Durch welche besondere Vereinbarung mit der Deutschen Post AG ist es möglich, den Inhalt eines Paketes zu versichern?
1. Durch Versand per Einschreiben
2. Durch Versand als Postpaket mit Wertangabe
3. Durch Versand mit Boten
4. Durch Versand per Nachnahme
5. Durch Versand als ePaket

9. Erstellen Sie eine Übersicht aller Möglichkeiten der Warenzustellung, die ein Einzelhandelsbetrieb nutzen kann.

5 Gesetzliche Vorschriften berücksichtigen

Sabine, Kerstin und Mehmet sprechen im Politik-/Gesellschaftslehreunterricht über die „Würde des Menschen", die im Grundgesetz verankert ist. Die Politiklehrerin sagt zum Ende der Stunde: *„Verletzungen der Menschenwürde finden nicht nur in totalitären Staaten oder in Kriegen statt. Auch bei uns ist das täglich zu beobachten. Schlagt doch nur mal eine Zeitschrift auf und betrachtet euch kritisch die Werbeanzeigen!"* Mehmet sagt beim Heimweg zu Sabine: *„Das kapiere ich nicht! Wieso kann Werbung denn die Menschenwürde verletzen? Im Unterricht haben wir doch gelernt, dass Werbung für die Einzelhandelsbetriebe unverzichtbar ist."* Sabine antwortet: *„So genau weiß ich auch nicht, was gemeint ist, aber wenn ich mir so manche Werbung anschaue, so ist sie doch ziemlich sexistisch. Frauen werden oft genug als Lustobjekt dargestellt, ohne dass ein Zusammenhang zu dem beworbenen Produkt erkennbar ist. Ich fühle mich dabei manchmal in meiner Würde als Frau beeinträchtigt."* Mehmet: *„Das ist nicht nur bei Frauen so, auch wir Männer fühlen uns in der Werbung manchmal sexistisch angegriffen."*

ARBEITSAUFTRÄGE

- Bilden Sie in Ihrer Klasse Arbeitsgruppen. Jede Gruppe nimmt sich eine Illustrierte und durchsucht sie nach Werbung, in der Frauen oder Männer abgebildet sind. Überprüfen Sie jede Anzeige daraufhin, ob erotische oder sexistische Elemente in den Abbildungen zu finden sind. Diskutieren Sie darüber in Ihrer Gruppe. Erstellen Sie eine Liste, aus der hervorgeht, für welche Produkte in diesen Anzeigen geworben wird. Suchen Sie nach einer Antwort, weshalb in dieser Form geworben wird.
- Alle Schüler der Klasse sollen folgenden Satz auf einem DIN-A4-Blatt ergänzen: „Die Werbung überschreitet meines Erachtens dann Grenzen, wenn ..." Alle Blätter werden anschließend im Klassenzimmer ausgehängt und bezüglich Gemeinsamkeiten und Unterschieden diskutiert. Danach wird ein Katalog von Maßnahmen erstellt, wie sich Unternehmen und Verbraucher verhalten können, damit Werbung ihre Grenzen nicht überschreitet.

Werbung in der sozialen Marktwirtschaft

Die soziale Marktwirtschaft ist eine Wirtschaftsordnung, die verfassungsrechtlich verankert, dem Sozialstaatprinzip verpflichtet ist. Zwei Ordnungsmerkmale kennzeichnen die soziale Marktwirtschaft:

- Marktwirtschaft bedeutet, dass dem **freien Spiel der Marktkräfte** (Marktteilnehmer: Anbieter, Nachfrager) Raum gegeben wird. Individuelles Gewinnstreben verbunden mit einem funktionsfähigen Wettbewerb soll dafür sorgen, dass sich die Unternehmen bei ihren Entscheidungen an den Bedürfnissen der Konsumenten orientieren.

- Das Merkmal „sozial" soll zum Ausdruck bringen, dass der **Staat ordnend und steuernd** in das Wirtschaftsgeschehen eingreifen kann, wenn die sich selbst überlassenen Marktkräfte die sozialen Fragen der Volkswirtschaft nicht lösen können.

Diese beiden Ansätze verfolgen auch Unternehmen, die marketingorientiert denken und Werbung betreiben, da sie nur unter dieser Voraussetzung langfristig als Anbieter überleben können.

Insofern ist Marketing in einer sozialen Marktwirtschaft systembedingt.

Rechtliche Rahmenbedingungen der Werbung

Um sicherzustellen, dass es im Kampf um Marktanteile fair zugeht, hat der Gesetzgeber eine Reihe von Gesetzen und Verordnungen erlassen, die Verbraucher und Mitbewerber vor unzulässigen Maßnahmen von Werbetreibenden schützen soll. Eine der wichtigsten Rechtsgrundlagen ist das Gesetz **gegen den unlauteren Wettbewerb** (UWG, siehe: www.bmj.bund.de/media/archive/831.pdf).

§

(§ 1 UWG) Zweck des Gesetzes: Dieses Gesetz dient dem Schutz der Mitbewerber, der Verbraucherinnen und der Verbraucher sowie der sonstigen Marktteilnehmer vor unlauteren geschäftlichen Handlungen. Es schützt zugleich das Interesse der Allgemeinheit an einem unverfälschten Wettbewerb.

Das Gesetz ist somit nicht nur ein reines Verbraucherschutzgesetz, das B2C-Beziehungen (Business to Customer) regelt, sondern es regelt ebenfalls B2B-Beziehungen (Business to Business). Das Gesetz definiert eindeutig die relevanten Begriffe, um Missverständnissen vorzubeugen.

§

(§ 2 UWG) Definitionen (1) im Sinne dieses Gesetzes bedeutet
1. **„geschäftliche Handlung"** jedes Verhalten einer Person zugunsten des eigenen oder eines fremden Unternehmens vor, bei oder nach einem Geschäftsabschluss, das mit der Förderung des Absatzes oder des Bezugs von Waren oder Dienstleistungen oder mit dem Abschluss oder der Durchführung eines Vertrags über Waren oder Dienstleistungen objektiv zusammenhängt; als Waren gelten auch Grundstücke, als Dienstleistungen auch Rechte und Verpflichtungen;
2. **„Marktteilnehmer"** neben Mitbewerbern und Verbrauchern alle Personen, die als Anbieter oder Nachfrager von Waren oder Dienstleistungen tätig sind;
3 **„Mitbewerber"** jeder Unternehmer, der mit einem oder mehreren Unternehmern als Anbieter oder Nachfrager von Waren oder Dienstleistungen in einem konkreten Wettbewerbsverhältnis steht; ...

Vor diesem Hintergrund leitet der Gesetzgeber ab, dass unlauterer Wettbewerb zu verbieten ist.

§

§ 3 (UWG) Verbot unlauterer geschäftlicher Handlungen: Unlautere geschäftliche Handlungen sind unzulässig, wenn sie geeignet sind, die Interessen von Mitbewerbern, Verbrauchern oder sonstigen Marktteilnehmern spürbar zu beeinträchtigen.

Hierzu gibt er in § 4 (UWG) konkrete Beispiele für unlauteren Wettbewerb an.

Beispiele gem. § 4 (UWG) **Unlauter im Sinne des UWG handelt, wer ...**	**Erläuterungen**
... Wettbewerbshandlungen vornimmt, die geeignet sind, die Entscheidungsfreiheit der Verbraucher oder sonstiger Marktteilnehmer durch Ausübung von Druck, in menschenverachtender Weise oder durch sonstigen unangemessenen unsachlichen Einfluss zu beeinträchtigen.	Hier handelt es sich um psychologische Kaufzwänge. **Beispiel** Bei einem Kaufhausbesuch erhalten die Kunden am Eingang Gutscheine für ein Hemd bzw. eine Bluse. In der entsprechenden Verkaufsabteilung werden die Kunden dann massiv bedrängt, auch einen Anzug oder ein Kostüm zu kaufen.
... Wettbewerbshandlungen vornimmt, die geeignet sind, die geschäftliche Unerfahrenheit insbesondere von Kindern oder Jugendlichen, die Leichtgläubigkeit, die Angst oder die Zwangslage von Verbrauchern auszunutzen	Hier werden Notlagen oder Unerfahrenheit gezielt ausgenutzt, bzw. Angstwerbung betrieben. **Beispiele** – Eine Bank wirbt mit dem Slogan: „Kredite für Schüler bis 500,00 EUR ohne Elternunterschrift!" – Ein Verlag bewirbt gezielt ältere Menschen und täuscht dabei vor, er sei offiziell von einem Rentenversicherungsträger beauftragt.
... den Werbecharakter von Wettbewerbshandlungen verschleiert	Hier wird häufig die Bezeichnung Schleichwerbung verwendet. **Beispiel** In einer Kinder-TV-Sendung werden stets Preise eines bestimmten Spielwarenherstellers verteilt.
... bei Verkaufsförderungsmaßnahmen wie Preisnachlässen, Zugaben oder Geschenken die Bedingungen für ihre Inanspruchnahme nicht klar und eindeutig angibt	Hier werden z. T. Kunden vorsätzlich verwirrt. **Beispiel** Ein Baumarkt wirbt für seine Produkte mit dem Hinweis: „Die Mehrwertsteuer holen Sie sich vom Finanzamt zurück!" und verschweigt dabei, dass dies für Endverbraucher nicht möglich ist.
... bei Preisausschreiben oder Gewinnspielen mit Werbecharakter die Teilnahmebedingungen nicht klar und eindeutig angibt	**Beispiel** Bei einem Gewinnspiel eines Spirituosenherstellers wird nicht darauf hingewiesen, dass Jugendliche nicht daran teilnehmen dürfen.
... die Teilnahme von Verbrauchern an einem Preisausschreiben oder Gewinnspiel von dem Erwerb einer Ware oder der Inanspruchnahme einer Dienstleistung abhängig macht, es sei denn, das Preisausschreiben oder Gewinnspiel ist naturgemäß mit der Ware oder der Dienstleistung verbunden	**Beispiel** Bei einem Preisausschreiben wird den Teilnehmern verschwiegen, dass nur Kunden mit einem Mindesteinkaufswert von 100,00 EUR gewinnberechtigt sind.

Beispiele gem. § 4 (UWG) **Unlauter im Sinne des UWG handelt, wer ...**	**Erläuterungen**
... die Kennzeichen, Waren, Dienstleistungen, Tätigkeiten oder persönlichen oder geschäftlichen Verhältnisse eines Mitbewerbers herabsetzt oder verunglimpft	Dies kann eine geschäftsschädigende üble Nachrede sein. **Beispiel** Die Bäckerei Meyer wirbt im Schaufenster: „Die Brötchen der Bäckerei Müller enthalten Sägespäne – bei uns gibt's nur erstklassige Ware!"
... über die Waren, Dienstleistungen oder das Unternehmen eines Mitbewerbers oder über den Unternehmer oder ein Mitglied der Unternehmensleitung Tatsachen behauptet oder verbreitet, die geeignet sind, den Betrieb des Unternehmens oder den Kredit des Unternehmers zu schädigen, sofern die Tatsachen nicht erweislich wahr sind; handelt es sich um vertrauliche Mitteilungen und hat der Mitteilende oder der Empfänger der Mitteilung an ihr ein berechtigtes Interesse, so ist die Handlung nur dann unlauter, wenn die Tatsachen der Wahrheit zuwider behauptet oder verbreitet wurden	Hier ist z. T. eine vergleichende Werbung angesprochen. **Beispiele** Erlaubt: „Leistungsstarke Bohrmaschinen ab sofort 20% billiger als bei Baumarkt XYZ." Verboten: „Bei uns steht der Kunde im Mittelpunkt – beim Baumarkt XYZ nur im Wege!" Verboten: „Der Geschäftsführer des XYZ-Baumarktes betrügt seine Mitarbeiter bei der Überstundenabrechnung!", derjenige, der dies behauptet, weiß selbst, dass er lügt.
... Waren oder Dienstleistungen anbietet, die eine Nachahmung der Waren oder Dienstleistungen eines Mitbewerbers sind, wenn er a) eine vermeidbare Täuschung der Abnehmer über die betriebliche Herkunft herbeiführt, b) die Wertschätzung der nachgeahmten Ware oder Dienstleistung unangemessen ausnutzt oder beeinträchtigt oder c) die für die Nachahmung erforderlichen Kenntnisse oder Unterlagen unredlich erlangt hat	Hierzu gehört u. a. die Produktpiraterie. **Beispiele** Ein Herrenausstatter wirbt für hochwertige Anzüge und verwendet dabei leicht veränderte Namen von Markenherstellern. In Wahrheit handelt es sich um billige Imitate aus Südostasien, die den Qualitätsansprüchen nicht genügen.
... Mitbewerber gezielt behindert	**Beispiele** – Der Geschäftsführer eines Supermarktes parkt einen Lkw vor der Einfahrt seines Konkurrenten, um eine Warenlieferung zu verhindern. – Ein Warenhaus schließt mit einem Sportartikelhersteller einen Liefervertrag ab, in dem festgelegt wird, dass ein Konkurrent nicht mit den Waren des Herstellers beliefert wird.
... einer gesetzlichen Vorschrift zuwiderhandelt, die auch dazu bestimmt ist, im Interesse der Marktteilnehmer das Marktverhalten zu regeln	**Beispiel** Ein Supermarkt unterlässt die exakte Preisauszeichnung seiner Waren (er verstößt dabei gegen die Preisangabenverordnung).

Ferner ist **irreführende Werbung** nicht erlaubt (§ 5 UWG).

Beispiele:
- Falsche Angaben über Verwendungsmöglichkeiten, Beschaffenheit oder Herkunft von Waren („Deutsche Tomaten – frisch vom Feld!" – Tatsächlich handelt es sich um spanische Treibhaustomaten)
- Irreführende bzw. nur sehr kurzfristige Preisherabsetzungen („Morgen für 10 Minuten alles zum halben Preis")

Eine **vergleichende Werbung** ist gemäß § 6 UWG nicht zulässig, wenn sie sich nicht auf vergleichbare Produkte bezieht, nicht objektiv auf nachprüfbare typische Eigenschaften bezogen ist.

Anders als bei den meisten Gesetzen liefert das UWG keinen Rechtsanspruch an alle Betroffene, also z. B. an Verbraucher gegen einen unlauter Handelnden (z. B. Händler). Insofern kann von direktem Verbraucherschutz durch das UWG nicht direkt die Rede sein. Rechtsansprüche haben vielmehr nur Mitbewerber, Interessenverbände von Marktteilnehmern (also auch Verbraucherverbände). Privatpersonen bietet sich jedoch die Möglichkeit, eine Beschwerde bei der Wettbewerbszentrale einzureichen.

○ Geräte- und Produktsicherheitsgesetz (GPSG)

Mit dem **Geräte- und Produktsicherheitsgesetz** soll eine allgemeine Rechtsgrundlage dafür geschaffen werden, dass die von Herstellern, Importeuren und Händlern in den Verkehr gebrachten für den privaten Verbrauch bestimmten Produkte (Verbraucherprodukte) und technische Arbeitsmittel (Arbeitseinrichtungen und Zubehör-Teile) für gewerbliche Nutzer sicher sind.

Mit diesem Gesetz wird der **vorbeugende Verbraucherschutz** gestärkt. Die Behörden können bei Vorliegen von Geräte- und Produktgefahren Warnungen an die Bevölkerung veranlassen oder selbst aussprechen, den Rückruf unsicherer Produkte anordnen und den weiteren Verkauf untersagen. Grundsätzlich ist der Hersteller der primär Verantwortliche für die Produktsicherheit. Gleichwohl verpflichtet das Geräte- und Produktsicherheitsgesetz auch den Einzelhändler, dazu beizutragen, dass nur **sichere Produkte in den Verkehr** gebracht werden dürfen. Der Händler darf somit kein Produkt verkaufen, von dem er weiß oder, anhand der ihm vorliegenden Informationen, wissen müsste, dass das Produkt nicht sicher ist. Für den Fall, dass der Hersteller oder der Händler wissentlich ein unsicheres Produkt in den Verkehr bringt, sieht das Gesetz eine Geldstrafe vor.

Sonderregelungen für Verbraucherprodukte: Der Hersteller, Importeur oder Händler muss beim In-Verkehr-Bringen eines Produktes

- sicherstellen, dass der Verbraucher die erforderlichen Informationen erhält, um die Gefahren eines Produktes zu kennen,
  Beispiel Gebrauchsanleitung in deutscher Sprache
- Name und Adresse des Herstellers oder Importeurs sind auf dem Produkt anzugeben und eindeutige Kennzeichnung des Verbrauchsproduktes,
  Beispiele Typen-, Seriennummer
- bei Gefahren geeignete Maßnahmen treffen.
  Beispiel Rückrufaktionen

○ Preisangabenverordnung

LF 9

Ein Einzelhändler ist verpflichtet, seine Waren und Dienstleistungen mit dem Bruttoverkaufspreis (inklusive 7 oder 19 % USt) auszuzeichnen.

Werberat

Auch die Wirtschaft hat für den Markt Spielregeln geschaffen. Insbesondere der Deutsche Werberat hat Verhaltensregeln für die Werbung geschaffen und wacht über deren Einhaltung.

Aufgaben und Ziele des Werberates

Der Deutsche Werberat

... ist eine Institution der Wirtschaft. Seine selbstdisziplinierte Arbeit entfaltet er auf diesem Gebiet. Dem Mechanismus sind daher Bereiche außerhalb der werbenden Wirtschaft nicht unterworfen – wie zum Beispiel Werbemaßnahmen der politischen Parteien, staatlicher Instanzen, der Kirchen, der Gewerkschaften oder von sozialen Einrichtungen.

Aufgaben des Gremiums

- Werbung im Hinblick auf Inhalt, Aussage und Gestaltung weiterzuentwickeln und Missstände festzustellen und zu beseitigen,
- Leitlinien selbstdisziplinären Charakters zu entwickeln,
- Grauzonen im Vorfeld der gesetzlichen Grenzen zu ermitteln und Darstellungen, die anstößig oder unzuträglich sind, zum Schutze der Umworbenen abzustellen.

Grundlagen der Entscheidungen

Vier zentrale Maßstäbe bilden die Grundlage für Entscheidungen des Werberats:

- Die allgemeinen Gesetze,
- die zahlreichen werberechtlichen Vorschriften – sie verbieten Unlauterkeit und Irreführungen in der Werbung,
- die Verhaltensregeln des Deutschen Werberats zu einigen Sozialbereichen – zum Beispiel für die Werbung mit und vor Kindern in Fernsehen und Hörfunk oder für die Bewerbung von alkoholischen Getränken,
- die aktuell herrschende Auffassung über Sitte, Anstand und Moral in der Gesellschaft. Dazu zählen nicht nur die Verhaltensweisen der Bürger im öffentlichen Leben, sondern auch die dargestellte Wirklichkeit in den redaktionellen Teilen der Medien.

Quelle: vgl. http://www.gwa.de/themen-wissen/deutscher-werberat/

Beschwerden beim Werberat

Jeder Bürger hat das Recht, über diskriminierende bzw. unlautere Werbung beim Werberat Beschwerde einzulegen.

PRAXISTIPP So legen Sie Beschwerde ein:
Sie können sich beim Deutschen Werberat über die Werbung von Unternehmen beschweren – per Post (Deutscher Werberat, Am Weidendamm 1A, 10117 Berlin), per Telefax (030 590099-722) oder per E-Mail (werberat@werberat.de). Wenn möglich, senden Sie bitte das kritisierte Motiv mit und nennen Sie den Grund Ihrer Beanstandung.
Beschwerdeführer werden gegenüber den Firmen und der Öffentlichkeit nicht genannt.

Emotionale Werbung

Werbung ist immer ein Abbild des Zeitgeistes und entwickelt sich aus der gegenwärtigen Kultur. Insofern sind also Einschätzungen über Originalität, Geschmack, Ästhetik und Zulässigkeit von Werbung jeweils von gesellschaftlich akzeptierten Werten bestimmt, die sich im Lauf der Zeit verändern können. Wenn Werbung aus vorwiegend objektiven und nachprüfbaren Aussagen und Tatsachen besteht, spricht man von **informativer Werbung**.

Beispiel Kraftfahrzeugwerbung: „Dieses Fahrzeug hat 120 KW, 5 Türen, ein Ladevolumen von 520 l., ..."

Wenn jedoch durch Werbung in erster Linie Gefühle übermittelt oder bestimmte Empfindungen des Kunden gezielt erzeugt werden, spricht man von **emotionaler Werbung.**

Beispiel Kraftfahrzeugwerbung: „Grenzenlose Freiheit und Fahrspaß mit dem neuen XL ..."

○ Gründe emotionaler Werbung

Emotionale Werbung hat verschiedene Gründe und Ursachen. Sie entstammen der Wettbewerbsstruktur heutiger Märkte.

- Viele Artikel des täglichen Gebrauchs sind heute weitgehend ähnlich oder **austauschbar**. Die Unterschiede werden teilweise künstlich hergestellt, indem über emotionale Werbung dem Verbraucher Erlebnis- und Gefühlswelten vorgestellt werden.

  Beispiel Haarshampoos können vom Verbraucher meist nicht bezüglich ihrer Produkteigenschaften exakt unterschieden werden. Die Werbung erzeugt hierbei für verschiedene Marken Unterschiede bezüglich Image und Erlebniswelt.

- Die meisten Märkte sind heute **gesättigt**. In den meisten Haushalten befinden sich bereits eine Vielzahl von technischen Geräten (Fernseher, Hi-Fi-Anlage, Staubsauger, Kühlschrank, PC usw.). Das bedeutet, dass Hersteller und Handel nur mit Schwierigkeiten neue Produkte vermarkten können. Daher wird über emotionale Werbung der Wunsch nach neuen Produkten bzw. nach Ersatzprodukten ausgelöst.

  Beispiel Der Bedarf an Kleidung ist in deutschen Haushalten meist befriedigt. Über die Erzeugung von Modetrends werden aber Verbraucher veranlasst, ständig neue Kleidung zu kaufen.

- Etliche Märkte sind für die Verbraucher nicht **transparent**, d. h., sie kennen nicht alle Anbieter und Produkte mit ihren Unterschieden. Hieraus entsteht Unsicherheit. Emotionale Werbung greift diese Unsicherheit auf und nutzt sie für ihre Interessen.

  Beispiel Werbung einer Versicherungsgesellschaft: „Machen Sie sich Sorgen um Ihre Altersversorgung? Haben Sie Probleme mit dem Tarif-Wirrwarr? – Dann kommen Sie zu uns! Wir lösen Ihre Probleme!"

○ Grenzen emotionaler Werbung

Wenn in Werbung mit Gefühlen von Menschen umgegangen wird, so kann das zu Problemen führen. Wenn z. B. Ängste von Menschen ausgenutzt werden, um zusätzliche Umsätze zu erzielen, dann sind Grenzen der emotionalen Werbung erreicht. Gesetzgebung und Werberat (vgl. Seite 494) wachen darüber, dass diese Grenzen nicht überschritten werden. Bisweilen haben Gerichte darüber zu entscheiden, wann eine Grenze überschritten ist.

Beispiel Der Bundesgerichtshof hat in einem Urteil (NJW 1995, 2488/2489) gesagt, dass schockierende oder geschmacklose Werbung zwar nicht ausdrücklich verboten ist, ein Gericht könne nicht Richtlinien für guten Geschmack erlassen. Jedoch sieht das Gericht Grenzen für emotionale und schockierende Werbung, besonders dann, wenn
- ekelerregende, Furcht einflößende oder jugendgefährdende Bilder oder Texte gezeigt werden,
- die Würde des Menschen beeinträchtigt wird, z. B. durch Diskriminierung einzelner Gruppen, Darstellung menschenverachtender Bilder oder Texte,
- sexueller Missbrauch dargestellt wird bzw. erkennbar ist,
- religiöse Empfindungen verletzt werden.

Gemäß § 5 UWG ist irreführende Werbung ausdrücklich verboten. Dies gilt besonders auch für emotionale Werbung. Ebenso ist emotionale Werbung verboten, wenn sie gegen die guten Sitten verstößt.

Gesetzliche Vorschriften, Grenzen und Verhaltensregeln der Werbung berücksichtigen

- Das **Gesetz gegen den unlauteren Wettbewerb** (UWG) schützt die Entscheidungsfreiheit der Verbraucher vor unlauteren geschäftlichen Handlungen, Mitbewerber vor Beeinträchtigungen und die Allgemeinheit vor einem verfälschten Wettbewerb (§ 1 UWG).

  Beispiele hierfür sind z. B. (§ 4 UWG):
  - Ausnutzung der geschäftlichen Unerfahrenheit von Kindern und Jugendlichen,
  - Ausnutzung der Angst oder Zwangslage von Verbrauchern,
  - Verkaufsförderungsmaßnahmen, bei denen die Inanspruchnahme nicht klar und eindeutig angegeben wird, und Ähnliches.
- **Irreführende geschäftliche Handlungen** (§ 5 UWG)
- **Vergleichende Werbung** (§ 6 UWG), wenn sie sich nicht auf vergleichbare Produkte bezieht.
- **Rechtsfragen**
  - Wer **zuwiderhandelt, kann** auf **Beseitigung und Unterlassung** in Anspruch genommen werden (§ 8 UWG).
  - **Schadenersatzleistungen** bei **nachweislich entstandenem Schaden** an die Mitbewerber (§ 9 UWG).
  - **Herausgabe des Gewinns an den Bundeshaushalt**, wenn durch den unlauteren Wettbewerb eine Vielzahl von Abnehmern geschädigt wird und der Einzelhändler dadurch Gewinn erzielt (**Gewinnabschöpfung** § 10 UWG).
  - **Freiheitsstrafe bis zu zwei Jahren oder Geldstrafe** bei unwahren Mitteilungen, die irreführend und an einen größeren Kreis von Personen gerichtet sind (§ 16 **Strafbare Werbung**).
- **Geräte- und Produktsicherheitsgesetz:** Stärkung des **vorbeugenden Verbraucherschutzes** durch Verpflichtung der Hersteller und Händler zu sicheren Produkten.
- Der **Deutsche Werberat** erstellt und überwacht Verhaltensregeln in der Werbung.
- **Preisangabenverordnung:** Waren und Dienstleistungen müssen mit dem Bruttoverkaufspreis ausgezeichnet werden.

1. Prüfen Sie, welche der nachfolgenden Sachverhalte gegen das UWG verstoßen. Begründen Sie Ihre Entscheidung.

a) Zur Neueröffnung des Baumarktes Braun KG gibt es ein kaltes Buffet. Im Anschluss daran werden die Kunden aufgefordert, die Eröffnungsangebote wahrzunehmen. Als der Kunde Klein ohne Einkäufe den Laden verlassen will, nötigt Braun ihn mit dem Hinweis auf das kostenlose Essen zum Kauf eines Werkzeugkastens.

b) Zu einer Werbeveranstaltung für Küchengeräte werden die Kunden mit der Ankündigung angelockt, dass jeder Besucher kostenlos eine Kaffeemaschine erhält.

c) Der Fachmarkt Fein e. K. verkauft so lange Werkzeuge unter dem Bezugs-/Einstandspreis, bis der gegenüberliegende Baumarkt Braun KG schließen muss.

d) Gemüsehändler Bauer verkauft Erdbeeren unter dem Bezugs-/Einstandspreis, da diese nicht mehr lagerfähig sind.

e) Erika Schneider ist leidenschaftliche Fotografin. Als sie am Morgen eine Anzeige des Verbrauchermarktes in der Zeitung findet, in der Diafilme zu einem sensationellen Preis angeboten werden, fährt sie sofort los. Im Verbrauchermarkt steht sie jedoch vor einem leeren Regal.

2. Erläutern Sie die Bestimmungen des Geräte- und Produktsicherheitsgesetzes.

3. a) Erläutern Sie die Aufgaben des Deutschen Werberates.
b) Rufen Sie die Seite www.interverband.com auf und suchen nach aktuellen Einzelfällen. Teilen Sie sich die Arbeit in der Klasse auf. Bilden Sie Arbeitsgruppen. Jede Gruppe berichtet über einen Einzelfall nach Wahl.

4. Geben Sie konkrete Beispiele für informative und emotionale Werbung an.

5. Erläutern Sie, wo die Grenzen emotionaler Werbung liegen. Diskutieren Sie Ihre Ergebnisse in der Klasse.

Übungsaufgaben

1. In Ihrem Ausbildungsbetrieb wird für einen bestimmten Artikel, der neu in das Sortiment aufgenommen wurde, in Zeitungsanzeigen Werbung betrieben. Erstellen Sie ein Konzept, wie der Erfolg dieser Aktion gemessen werden kann.

2. a) Entwerfen Sie für einen selbst gewählten Artikel aus dem Sortiment Ihres Ausbildungsbetriebes eine Anzeige für eine Zeitung (Produktwerbung). Berücksichtigen Sie dabei die AIDA-Formel.
b) Erläutern Sie, welche Grundsätze der Werbung Sie dabei beachten müssen.
c) Welche gesetzlichen Bestimmungen müssen Sie bei der Gestaltung von Werbemaßnahmen berücksichtigen?

3. Entwerfen Sie für Ihren Ausbildungsbetrieb ein Konzept für Publicrelations.

4. Ihr Ausbildungsbetrieb beteiligt sich an einem Wettbewerb der IHK. Im Ausschreibungstext heißt es: „Unsere heutigen Auszubildenden sind die Leistungsträger der Zukunft. Geben Sie ihnen eine Chance, bereits heute ihre Fähigkeiten unter Beweis zu stellen. Im täglichen Umgang mit Waren und Kunden sind sie nah am Puls des Verkaufsgeschehens und wissen zunehmend, welche Bedürfnisse ihre Kunden haben. Deshalb können sie auch für ihre Betriebe Konzepte für wirksame Werbung entwickeln. Nutzen Sie die Ideen der „jungen Garde"! Lassen Sie Ihre Auszubildenden deshalb für Ihren Betrieb ein Werbekonzept entwickeln."
Sie sind aufgefordert, sich an diesem Wettbewerb zu beteiligen. Ihr Ausbildungsbetrieb stellt Ihnen hierzu ein Werbebudget in Höhe von 2.000,00 EUR zur Verfügung.
a) Entwickeln Sie ein Werbekonzept (Einzelheiten nach Wahl).
b) Erstellen Sie einen entsprechenden Werbeplan.
c) Geben Sie konkret an, wie der Erfolg Ihrer Maßnahmen gemessen werden kann.
d) Erstellen Sie eine Checkliste für die Jury der IHK, aus der hervorgeht, wie die Leistungen der Auszubildenden bewertet und gewichtet werden können.

5. Die Center Warenhaus GmbH plant eine Generalrenovierung. Es sollen weiterhin alle Verkaufsformen beibehalten werden (z. B. Lebensmittel mit Selbstbedienung, Textilien im Vorwahlsystem, Fotoartikel mit Bedienung). Erläutern Sie die unterschiedlichen Anforderungen an die Ladengestaltung bei verschiedenen Verkaufsformen.

6. In einem Preisausschreiben der Center Warenhaus GmbH konnten Kunden eine Wochenendreise gewinnen. Auf den Teilnahmekarten haben die Kunden ihre Anschrift und ggf. E-Mail-Adresse angegeben. Hierdurch sind Sie im Besitz von zahlreichen Kundenadressen. Erstellen Sie eine Liste von Aktivitäten, bei denen diese Adressen werbewirksam genutzt werden können.

7. Die Buchhandlung Tauber OHG eröffnet am 30. November 20.. nach einer Modernisierung des Verkaufsraumes ihr Geschäft wieder. Zur Wiedereröffnung soll ein persönlicher Werbebrief an die Stammkundschaft verschickt werden. Verfassen Sie diesen Brief an den Stammkunden Franz Schuster, Bahnhofstr. 40, 50674 Köln.

Gebundene Aufgaben zur Prüfungsvorbereitung

1. Was versteht man unter Sammelwerbung?

1. Werbung für eine Produktgruppe
2. Werbung mehrerer Betriebe aus verschiedenen Branchen
3. Werbung mehrerer Betriebe aus der gleichen Branche
4. Werbung für verschiedene Produktgruppen und Dienstleistungen
5. Gemeinsame Werbung von Hersteller und Einzelhandel

2. Welche der folgenden Aussagen über die Kommunikationspolitik sind richtig?

1. Werbung soll die Aufmerksamkeit der Kunden auf die Waren und Dienstleistungen lenken, Bedürfnisse wecken sowie neue Kunden gewinnen und den Kundenstamm erhalten.
2. Grundsätze bei der Werbung sind: Klarheit, Wahrheit, Wirksamkeit, Wirtschaftlichkeit und eine damit verbundene soziale Verantwortung.
3. Der Werbeplan gibt Auskunft über den Streukreis der Werbung, die Streuzeit, das Streugebiet.
4. Die Öffentlichkeitsarbeit (Publicrelations) ist Bestandteil der Verkaufsförderung.
5. Verkaufsförderung (Salespromotion) ist Bestandteil der Absatzwerbung, z. B. durch den Einsatz von Propagandisten oder durch Zeitungsanzeigen.

3. Stellen Sie fest, ob die unten stehenden Angaben auf 1. Werbeplanung oder 2. Werbeerfolgsanalyse oder 3. Marktforschung bzw. -erkundung zutreffen:

a) Befragung von Kunden per Interview
b) Auswahl und Bestimmung der Werbeträger
c) Entscheidung über Werbezeitpunkt
d) Festlegung des Werbeetats
e) Kassenbonanalyse

4. Welche der nachstehenden Maßnahmen sind der Verkaufsförderung zuzurechnen?

1. Einsatz von Propagandistinnen
2. Hilfe des Herstellers in Form von Displays für den Abverkauf beim Händler
3. Einladungen an Journalisten
4. Bandenbeschriftung auf Sportfeldern
5. Preisausschreiben im Verkaufsraum

5. Welche der nachfolgenden Aussagen über emotionale Werbung ist richtig?

1. Emotionale Werbung ist grundsätzlich verboten
2. Der Deutsche Werberat empfiehlt emotionale Werbung
3. Emotionale Werbung ist grundsätzlich zulässig
4. Emotionale Werbung ist immer wirksamer, da sie die Gefühle der Kunden anspricht
5. Emotionale Werbung ist teurer als informative Werbung

6. Geben Sie an, welche der unten stehenden Angaben auf Verkaufsförderung zutreffen.

1. Verkaufsförderungsmaßnahmen werden auch Salespromotion genannt
2. Verkaufsförderungsmaßnahmen werden auch Publicrelation genannt
3. Verkaufsförderungsmaßnahmen werden immer von den Lieferern der Einzelhändler bezahlt
4. Verkaufsförderungsmaßnahmen unterstützen die Werbung
5. Werbung und Verkaufsförderungsmaßnahmen werden immer getrennt voneinander geplant

7. Geben Sie an, welche der unten stehenden Angaben auf die Werbeplanung zutreffen.

1. Bestimmung des Streukreises
2. Ermittlung der Lagerdauer von Waren
3. Preisauszeichnung von Waren
4. Gestaltung von Schaufenstern
5. Festlegung des Werbeetats

8. Ordnen Sie unten stehende Maßnahmen folgenden Bereichen zu:

1. Werbung, 2. Verkaufsförderung, 3. Publicrelations

a) Zeitungsanzeigen mit Hinweisen auf Sonderangebote
b) Zeitungsanzeigen zur Neueröffnung einer Filiale
c) Pressemitteilung zur Übernahme von Auszubildenden nach bestandener Abschlussprüfung
d) Aufstellen von Displays im Verkaufsraum
e) Lautsprecherdurchsagen im Verkaufsraum

9. Prüfen Sie in unten stehenden Fällen, ob sie 1. warenabhängige oder 2. warenunabhängige Serviceleistungen beinhalten.

1. Bereitstellen von kostenlosen Parkplätzen
2. Zustellservice
3. Reparaturservice
4. Kinderbetreuung
5. Geschenkverpackungen

Das in Ihrem Unternehmen verwendete Kopierpapier trägt auf der Verpackung das abgebildete Zeichen. Welches umweltpolitische Ziel wird mit dem Einsatz dieses Papiers unterstützt?

1. Reduzierung des Papierverbrauchs im Unternehmen
2. Einsparung von Rohstoffen
3. Schonung der Kopiergeräte
4. Reduzierung der Entsorgungskosten
5. Reduzierung des Energieverbrauchs im Unternehmen

11. Welche der folgenden Marketingaktivitäten gehören nicht zu einem Werbeplan?

1. Festlegung des Verkaufspreises
2. Bestimmung der Zielgruppe
3. Festlegung des Streukreises
4. Kassenbonanalyse
5. Entscheidungen über Werbeträger und -mittel

Kunden in der Fremdsprache Englisch bedienen

1. Useful words for the shop assistant in the retail trade

English	German	English	German
aisle	Gang	sale(s)	Schluss-/Ausverkauf
brand	Marke	services	Dienstleistungen
brochure	Prospekt	shelf/shelves	Regal(e)
cashier	Kassierer(in)	shop/sales assistant	Verkäufer
changing/fitting room	Umkleidekabine	shopkeeper	Ladeninhaber
convenience food	Fertiggerichte	shopping bag	Einkaufstasche
counter	Tresen/Theke/Ladentisch	showcase	Vitrine
customer	Kunde	special offer	Sonderangebot
department	Abteilung	specialist shop	Fachgeschäft
department store	Warenhaus	stockroom	Lagerraum
disabled	behindert	superstore	Verbrauchermarkt
discount	Rabatt	to be out of stock	ausverkauft sein
discount shop	Discounter	to deliver	liefern
freezer	Tiefkühltruhe	to exchange articles	Artikel umtauschen
office	Büro	to offer	anbieten
own/generic brand	Eigenmarke	to order sth.	etwas bestellen
price label	Preisschild	to reduce a price	einen Preis reduzieren
rack	Ständer	to sell sth.	etwas verkaufen
range	Sortiment	voucher	Gutschein
retail trade	Einzelhandel	you should try the ...	Sie sollten ... probieren

2. Your range of products/sortiment

Make a list with the English names of ten different articles that you sell in your shop.

3. At a supermarket

Below you find a list of English words for the different articles/information/places you need to know when working at a supermarket (see page 443). Work in pairs:

a) Make out a list of English/German words. Find out the German meaning for the English words by comparing them with the plan on page 443.

b) Fill in the English words in the correct place in the empty plan of the supermarket. Your teacher will give you an empty plan on a separate paper.

baby food bakery beer biscuits bread butcher's cereals
champagne checkout cheese Chinese coffee cosmetics crisps
dairy products deli eggs empties entrance exit fish florist's
frozen food fruit hairdresser's homewares honey ice cream
in-store bakery information desk jam mineral water nappies
newspapers&tobacco organic pasta pastry pet food pickles
soups spices spirits sweets tea till tinned fish tinned vegetables
trolleys vegetables WC/toilet wine

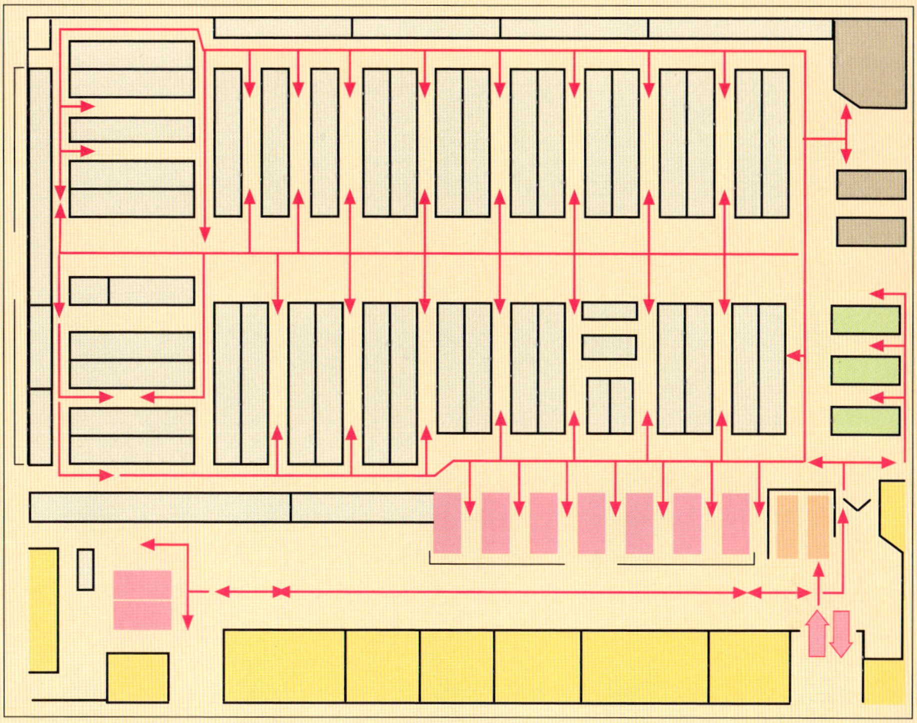

4. Showing the way

You work at the information desk of the above supermarket. A group of English tourists arrive and the customers ask you to show them the way to different places/articles in your market.

Helpful phrases and words:

Take this way to the ... At the second aisle please turn left/right
Go straight ahead

You'll find it – right next to/in the corner/behind/in front of/between/opposite

Work in pairs and make up a dialogue, one is the shop assistant, one the customer. Change your roles!

a. Where do I find the champagne?
b. I'm looking for the toilet.
c. I'd like to buy some cheese.
d. Where do you have mineral water?
e. Have you got English newspapers and magazines?
f. Where can I find cigarettes?
g. Where are the sun blockers?
h. I'd like to have a sixpack of German beer.
i. I need some rolls and sausage.
j. Where is the changing room for my baby? Oh, I need some diapers before!
k. Where is the chocolate?

Bildquellenverzeichnis

Angelika Brauner, Hohenpeißenberg/BV1: S. 11_1, 217_1
Bayerisches Staatsministerium für Ernährung, Landwirtschaft und Forsten - www.food-from-bavaria.de: S. 426_3, 432_2
Behrla/Nöhrbaß GbR, Foto Stephan, Köln : S. 19_1, 21_2, 26_1, 28_1, 29_1, 45_1, 52_1, 65_1, 71_1, 74_1, 76_1, 79_1, 83_1, 100_1, 113_1, 124_1, 151_1, 152_1, 155_1, 158_1, 159_1, 169_1, 172_1, 173_1, 173_2, 175_1, 178_2, 179_1, 179_2, 179_3, 183_1, 190_1, 191_1, 191_2, 191_3, 192_1, 193_1, 194_2, 195_2, 208_2, 221_1, 224_1, 224_2, 228_1, 231_1, 232_1, 233_1, 234_2, 235_2, 237_1, 244_3, 248_1, 254_1, 254_2, 255_1, 267_1, 305_1, 317_1, 328_1, 336_1, 348_1, 354_1, 363_1, 371_1, 391_1, 416_1, 418_1, 419_1, 421_2, 422_1, 426_1, 426_2, 435_1, 440_1, 468_1, 469_1, 489_1
Bergmoser + Höller Verlag AG, Aachen: S. 127_1, 128_1, 131_2
Bizerba GmbH & Co. KG, Balingen: S. 353_1, 353_2, 353_4, 353_9
Bundesanstalt für Landwirtschaft und Ernährung: S. 181_3
Bundesinstitut für Berufsbildung, Bonn: S. 67_1
Bundesverband deutscher Banken e.V., Frankfurt a. M.: S. 265_1
Bildungsverlag EINS GmbH, Köln/Ingo Schaub: S. 63_1, 66_1, 188_1
Bildungsverlag EINS GmbH, Köln: S. 16_1, 20_1, 20_2, 180_2, 273_1, 366_1, 366_2, 366_3, 366_4, 366_5, 366_6, 367_1, 367_2, 369_1, 369_3, 386_1, 387_1
CTO Software GmbH, Aachen: S. 365_1
Datalogic Scanning GmbH, Darmstadt: S. 351_3, 353_12, 369_6
Der Grüne Punkt - Duales System Deutschland GmbH, Köln: S. 477_3, 478_1
Deutsche Bundesbank, Frankfurt a. Main: S. 269_1, 269_2, 269_3, 269_4, 269_5, 269_6
Deutsche Post AG, Bonn: S. 332_1, 483_1, 484_1
Deutsche Postbank AG, Bonn: S. 324_3, 341_3, 341_4, 381_1
Digital Grafik, Bad Homburg v. d. Höhe/BV1: S. 69_1, 342_1, 396_4, 396_5, 409_1, 411_1, 411_2, 412_1, 413_1 bis _6, 414_1, 416_2, 416_3, 421_1, 439_1, 443_1, 445_1, 501_1
Dirk Rossmann GmbH, Burgwedel: S. 440_2, 440_4
dm-drogerie markt GmbH + Co. KG, Karlsruhe: S. 392_4
DPD Dynamic Parcel Distribution GmbH & Co. KG, Aschaffenburg: S. 485_1
DPG DEUTSCHE PFANDSYSTEM GMBH, Berlin: S. 477_2
Galeria Kaufhof GmbH, Köln: S. 21_3, 21_4, 103_2, 389_1, 393_2, 393_3, 400_1, 420_1, 425_1, 430_1
GermanFashion Modeverband Deutschland e.V., Köln: S. 182_5
Globetrotter Ausrüstung; Denart & Lechhart GmbH, Hamburg: S. 425_2, 429_1
Google Germany GmbH: S. 68_1
Gütegemeinschaft Kerzen e.V., Stuttgart: S. 180_4
Henkel AG & Co. KGaA, Düsseldorf: S. 180_3
HORNBACH-Baumarkt-AG, Bornheim: S. 433_2
Intermec Technologies, Düsseldorf: S. 351_1, 351_2, 353_10, 353_11
Jack Wolfskin GmbH & KGaA, Idstein/Ts.: S. 264_3
Koelnmesse GmbH, Köln: S. 184_1
licht.de, Frankfurt am Main: S. 392_3, 393_1, 393_4, 395_3, 397_1, 397_2, 402_1, 402_2, 402_3, 403_2
Metro AG, Düsseldorf: S. 19_2, 21_1, 28_2, 33_2, 389_2, 389_3, 392_2, 433_3
MEV Verlag GmbH, Ausgburg: Umschlag, S. 12_1, 31_1, 33_1, 35_1, 59_1, 81_1, 89_1, 104_1, 116_1, 118_1, 137_1, 139_1, 152_2, 153_1, 153_2, 157_1, 160_1, 161_1, 168_1, 168_2, 168_3, 186_1, 186_2, 187_1, 195_1, 200_1, 211_1, 211_2, 211_5, 212_1, 212_2, 212_3, 212_4, 213_1, 213_2, 213_3, 216_1, 219_1, 219_2, 220_2, 220_3, 220_4, 222_1, 235_1, 238_1, 246_1, 246_2, 246_3, 246_4, 246_5, 270_1, 300_1, 324_1, 344_1, 386_2, 387_4, 432_1, 446_1, 481_1
möve Frottana Textil GmbH & Co. KG, Großschönau: S. 388_2, 403_3
Netto Marken-Discount AG & Co. KG, Maxhütte-Haidhof: S. 388_1
Nova Development Corporation, Calabasas, USA: S. 37_1, 40_1, 55_1, 86_1, 114_1, 125_1, 162_1, 164_1, 167_1, 167_2, 177_1, 177_2, 177_3, 178_1, 178_3, 218_1, 221_2, 225_1, 225_2, 225_3, 229_1, 247_1, 249_1, 249_2, 265_2, 265_3, 265_4, 265_5, 265_6, 301_1, 323_1, 323_2, 323_3, 323_4, 325_1, 325_2, 325_3, 325_4, 409_2, 417_1, 417_2, 431_1, 441_1
Oliver Heidrich, Köln: S. 10_1, 25_1, 101_1, 385_1, 392_1

Oliver Wetterauer, Stuttgart: S. 408_1
Parfümerie Douglas GmbH, Hagen: S. 433_1
PAYBACK GmbH, München: S. 341_1, 341_2
Pflanzen Breuer OHG, St. Augustin: S. 453_1
picture-alliance/dpa: S. 396_2
picture-alliance/dpa-infografik: S. 24_1, 24_2, 53_1, 117_1, 121_1, 132_1, 136_1, 137_2, 328_2, 449_1, 476_1
picture-alliance/KEYSTONE: S. 396_3
Praktiker AG, Kirkel: S. 102_2
Project Photos GmbH & Co. KG, Augsburg: S. 50_1, 72_1, 97_1, 131_1, 138_1, 138_2
real,- SB-Warenhaus GmbH, Mönchengladbach: S. 350_1
RÖSLE GmbH & Co. KG, Marktoberdorf: S. 440_3
Sharp Electronics Europe GmbH, Hamburg: S. 15_3, 353_8, 369_4
Steffié Becker, Unkel-Scheuren/BV1: S. 70_1
Stiftung Warentest, Berlin: S. 181_1
TransFair e.V., Köln: S. 181_4
TÜV SÜD Product Service GmbH, München: S. 182_2
Umweltbundesamt, Berlin: S. 181_2, 264_1, 477_1, 499_1
Wrigley GmbH, Unterhaching: S. 410_1

www.fotolia.com:
S. 15_1 (Monkey Business), 15_2 (Spectral Design), 26_2 (Didier PRIX), 47_1 (Sven Hoppe), 102_1 (Eisenhans), 102_3, 103_1 (Elenathewise), 107_1 (Andy Dean) 180_1 (Ben Chams), 182_3 (Carsten Reisinger), 182_4 (Dark Vectorangel), 187_2 (frankoppermann), 194_1 (Yuri Arcurs), 205_1 (ASK_H), 208_1 (James Steidl), 210_1 (Simonkr), 211_3 (by-studio), 211_4 (sonne Fleckl), 213_4 (luckylight), 213_5 (BoL), 217_2 (Tomasz Trojanowski), 220_1 (Adnan Music), 234_1 (Marco Birn), 243_1 (Dreadlock), 244_1 (photlook), 244_2 (Photlook), 264_2 (BEAUTYofLIFE), 291_1 , 324_2 (Dan Race), 343_1 (puje), 353_5 (NatUlrich), 353_7 (Amy Walters), 369_2 (Gilles Paire), 369_5 (Amy Walters), 387_2 (tournee), 387_3 (r.classen), 395_1 (FM2), 395_2 (Kica Henk), 396_1 (Diana Kosaric), 403_1 (Nomad_Soul), 420_2 (Dinga), 421_3 (Sally), 446_2 , 446_3 (LaCatrina), 448_1 (Djama), 448_2 (toolklickit), 486_1 (Jana Lumley), 495_1 (mangostock)

Mit freundlicher Unterstützung der Karstadt-Filiale Köln-Porz, der expert Bielinsky- Filiale Troisdorf, des REWE-Marktes Kolmitz GmbH Neunkirchen und der Porzer Sportladen Lifestyle GmbH Köln.

Sachwortverzeichnis